LE GUIDE VERT

Vietnam

DÉCOUPAGE GÉOGRAPHIQUE DU GUIDE SUR LA CARTE CI-CONTRE

L'équipe du Guide Vert Michelin, de gauche à droite :
Camille Bouvet, Denis Rasse, Natacha Brumard, Amaury de Valroger, Lucie Fontaine, Philippe Orain, Florence Dyan, Catherine Guégan, Hervé Dubois, Fiona Lale, Hélène Payelle, Marie-Pierre Renier, Éric Boucher, Véronique Aissani, Marie Simonet, Carole Diascorn, Jérôme Lévêque, Marion Capéra, Pascal Grougon, Dominique Auclair.

Édito

Redonner du sens au voyage en prenant son temps et dans un plus grand respect de l'environnement, voilà ce à quoi devraient ressembler nos déplacements d'aujourd'hui.

Alors, ralentissons le pas pour nous imprégner en profondeur de la richesse des lieux que nous traversons et des gens que nous rencontrons. Laissons-nous surprendre et réapprenons à nous étonner de tout ce qui se trouve sous nos yeux, en ville ou à la campagne, sur un chemin de traverse, loin de chez nous ou juste au bout de la rue.

Le Vietnam est une destination magnifique, riche de milliers de sites naturels, villages, îles, temples, pagodes… sans oublier les femmes et les hommes qui font vivre ces patrimoines et leurs traditions d'exception. Autant de lieux incontournables ou insolites, connus ou confidentiels, que l'équipe du Guide Vert Michelin a cherchés et dénichés pour vous au cours de ses innombrables tournées sur le terrain.

Cette nouvelle édition du Guide Vert Michelin a été entièrement mise à jour. En complément des sites étoilés ★★★, nos auteurs ont également souhaité partager avec vous leurs itinéraires, leurs infos pratiques, leurs plus belles expériences de slow tourisme ainsi que leurs coups de cœur pour des adresses qui s'engagent dans une démarche écoresponsable, signalées au fil des pages par le symbole .

À votre tour de faire le plein de beau, de bon et de rencontres. Et vos meilleurs moments de voyage seront peut-être publiés dans la prochaine édition !
#coupsdecoeurGuideVertMichelin

Bon voyage au Vietnam !

Philippe Orain,
Directeur du Guide Vert Michelin

Sommaire

DÉCOUVRIR LE VIETNAM

Retrouvez nos carnets d'adresses à la fin de chaque chapitre

COMPRENDRE LE VIETNAM

Gargolas/Getty Images Plus

wichianduangsri/Getty Images Plus

ORGANISER SON VOYAGE

Mlenny/Getty Images Plus

Nos incontournables

★★★

Hanoi

La capitale vietnamienne mêle avec bonheur les genres architecturaux, façades coloniales jaune pâle, maisons-tubes des quartiers d'artisans, élégantes toitures retroussées des pagodes... **Voir p. 32.**

Daniel Gauthier/Getty Images Plus

Luong Le/Alamy/hemis.fr

★★★

Les portes du Ciel

Tout au nord du pays, à la frontière chinoise, les cols montagneux ouvrent sur l'univers à part des Hmongs, des Daos et des Tays, les minorités ethniques des confins septentrionaux. **Voir p. 129.**

longthieugia/Getty Images Plus

★★★

Baie de Ha Long

Une croisière en jonque dans la somptueuse baie reste une expérience inoubliable. Le plus grand karst marin du monde compte près de 2000 îles et îlots. **Voir p. 93**.

★★

Ho Chi Minh-Ville

La *skyline* étincelante de la cité fluviale témoigne du dynamisme de la mégalopole : l'ancienne Saigon regarde vers l'avenir ! **Voir p. 262**.

HuyThoai/Getty Images Plus

longthieugia/Getty Images Plus

★★

Tam Coc

Ses beaux massifs karstiques en font le pendant terrestre de la baie de Ha Long. On les découvre en barque, en suivant les méandres de la rivière Ngo Dong. **Voir p. 80**.

Nos incontournables

★★★

Hoi An

Ses vieilles maisons chinoises aux façades patinées, ses boutiques où œuvrent les artisans, ses ruelles où pendent des lampions colorés composent un paysage urbain hors du temps. **Voir p. 195.**

efired/Getty Images plus

★★

Lac Lak

Une larme bleue sur les hauts plateaux, un miroir au creux d'un cirque de volcans éteints. L'île au centre du lac accueille une communauté Mnong qui a conservé ses traditions. **Voir p. 250.**

VuCongDanh/Getty Images Plus

bluesky85/Getty Images Plus

chanuth/Getty Images Plus

★★

Baie de Nha Trang

Malgré la surfréquentation touristique, ses superbes plages de sable blanc et ses myriades d'îles sont le prétexte à des promenades en bateau dans un cadre grandiose. **Voir p. 219**.

★★

Sapa

L'ancienne station d'altitude bâtie par les Français dans les « Alpes tonkinoises » s'entoure de magnifiques rizières en terrasses, que l'on découvre en de longues et belles randonnées. **Voir p. 118**.

Javier Dall/Getty Images Plus

★★★

Hué

Sa cité impériale lovée dans un méandre de la rivière des Parfums, ses tombeaux royaux et ses pagodes, tout y parle d'une splendeur envolée, qui a légué à la ville un art de vivre incomparable. **Voir p. 160**.

Nos coups de cœur

Fête du Tet, Nouvel An vietnamien.
Tatiana Terekhina/Getty Images Plus

TOP 5
Paysages d'exception

Baie de Ha Long.
Mlenny/Getty Images Plus

❤ **Pédaler** de tombeau en mausolée dans les environs de Hué. La balade à vélo dans la jolie campagne, à l'ombre des frangipaniers ou le long des rivières, est aussi plaisante que la découverte de la demeure ultime des illustres empereurs Nguyen. **Voir p. 172**.

❤ **Reculer** d'un siècle d'un simple coup de calèche, en flânant devant les vestiges d'architecture coloniale de Dalat. Dans ce « Petit Paris », on respire un doux parfum de nostalgie. **Voir p. 238**.

❤ **Chiner** pour dénicher un souvenir insolite sur le marché Binh Tay, à Cholon. Laissant passer les portefaix, se faufiler entre les sacs regorgeant d'épices, les cages à oiseaux, les montagnes d'encens et les échoppes d'offrandes. **Voir p. 278**.

❤ **Partager** le Tet avec une famille vietnamienne et vivre de l'intérieur ce Nouvel An coloré, la fête la plus importante de l'année, avec son cortège de floralies et de spécialités gastronomiques. **Voir p. 363**.

❤ **Chanter** à en perdre la voix et se sentir une star : les soirées karaoké sont un véritable sport national, et chaque ville possède ses restaurants dédiés, dont le cadre souvent kitschissime contribue à réjouir l'ambiance. **Voir p. 445**.

Vélo à Hué.
John Milligan/Getty Images Plus

Nos coups de cœur

Bar de Nha Trang.
S. Vidler/mauritius images/age fotostock

❤ **Siroter** une pression bien fraîche dans l'ambiance populaire d'un *bia hoi*, un débit de bière de quartier, en l'accompagnant de nems au crabe. C'est à Hanoi qu'ils sont les plus nombreux. L'un de ces petits plaisirs simples qui réenchantent une journée ! **Voir p. 58**.

❤ **Explorer** les grottes de Phong Nha, gigantesque réseau de galeries creusées dans les massifs karstiques d'une forêt primitive, et se croire transporté dans un paysage fantastique en traversant cet étrange univers sculpté par l'érosion. L'accès en barque participe à la magie de l'endroit. **Voir p. 156**.

❤ **Cuisiner** comme un chef et percer le secret des saveurs vietnamiennes en suivant une *cooking class* à Hanoi. Les virées sur les marchés aux fruits et légumes prennent tout de suite un autre sens ! **Voir p. 65**.

Cuisine vietnamienne.
redonion1515/Getty Images Plus

Sur le fleuve Mékong.
bzzuspajk/Getty Images Plus

La pagode Giac Lam à Ho Chi Minh Ville.
F. Guiziou/hemis.fr

TOP 5 Pagodes

1. Pagodes Giac Vien et Giac Lam à Ho Chi Minh-Ville (p. 278)
2. Pagode But Thap près de Hanoi (p. 73)
3. Pagode Thien Mu à Hué (p. 170)
4. Pagode Keo près de Nam Dinh (p. 83)
5. Pagode du Lotus d'Or à Hanoi (p. 51)

❤ **Naviguer** au fil des arroyos, ce lacis d'étroits bras d'eau qui dessinent un labyrinthe miroitant sur le delta du Mékong. Entre marchés flottants et pagodes sur pilotis, entre luxuriants vergers et couloirs de mangrove, découvrir un monde d'une infinie poésie – vite, vite, avant que la modernité n'achève de le faire disparaître. **Voir p. 321**.

❤ **Faire la fête** jusqu'au bout de la nuit à Nha Trang. Après avoir épuisé les plaisirs des sports nautiques dans la journée, programmer une tournée des bars de la cité balnéaire la plus délurée du Vietnam. Ici, décibels et cocktails font volontiers la rime ! **Voir p. 228**.

Nos coups de cœur

Train entre Nha Trang et Hué.
Joel Carillet/Getty Images Plus

❤ **Prendre de la hauteur** le temps d'un apéritif sur une terrasse panoramique et regarder la tentaculaire Ho Chi Minh-Ville s'illuminer après le crépuscule : les *rooftops* sont légion dans la mégalopole, et l'on peut en changer chaque soir ! **Voir p. 285**.

❤ **Se rhabiller** de pied en cap en se faisant confectionner une robe ou un costume sur mesure par les tailleurs de Hoi An ; prévoir plusieurs séances d'essayage, par prudence mais aussi parce qu'elles donnent un petit supplément d'histoire au vêtement. **Voir p. 206**.

Tailleur à Hoi An.
P. Langer/Design Pics RM/age fotostock

TOP 5
Patrimoine architectural

1. Temple cham de My Son (p. 209)
2. Maisons chinoises de Hoi An (p. 195)
3. Cité impériale de Hué (p. 161)
4. Quartier colonial de Dalat (p. 238)
5. Citadelle de Thang Long (p. 48)

Cité impériale de Hué.
Mlenny/Getty Images Plus

❤ **S'immerger** dans la vie rurale en logeant dans un *homestay*, (maison d'hôtes) parmi les luxuriants vergers du delta du Mékong ; partager les travaux et les jours d'une famille paysanne locale et savourer un petit coin de campagne resté comme hors du temps. **Voir p. 318**.

❤ **Savourer** un *pho*, la délicieuse soupe nationale aux parfums si subtils, dans une gargote de rue ou sur un coin de trottoir ; assis sur un minuscule tabouret, partager une table basse et quelques mots avec les habitués. **Voir p. 449**.

❤ **Lézarder** sur l'une des plages de la côte ouest de Phu Quoc, les seules du Vietnam d'où l'on puisse contempler le coucher du soleil sur la mer ; la nuit venue, partager un plateau de fruits de mer les pieds dans le sable au doux bruit du ressac. **Voir p. 340**.

❤ **Embarquer** à bord de l'express de la Réunification et, confortablement installé sur la banquette de moleskine, se perdre dans la contemplation des paysages. La longue traversée du Vietnam par son train côtier reste pour les amoureux du rail la plus belle manière d'apprivoiser le pays. **Voir p. 455**.

Coucher de soleil sur l'île de Phu Quoc.
Andrei Selikatov/Getty Images Plus

Nos coups de cœur

Représentation traditionnelle de marionnettes sur l'eau.
Davian Chang/Getty Images Plus

❤ **Applaudir** à une représentation de marionnettes sur l'eau en soirée à Hanoi. Voir danser ces petits personnages gracieux a toujours quelque chose de magique. **Voir p. 65**.

❤ **Écarquiller** les yeux entre Dong Van et Meo Vac pour ne pas perdre une miette du spectacle : la route domine une forêt de pitons rocheux et offre sur quelques kilomètres l'un des paysages les plus époustouflants du Haut Tonkin. **Voir p. 137**.

❤ **Enfourcher** une vespa et, suivant roue à roue un guide expérimenté, se glisser dans la folle circulation des scooters à Ho Chi Minh-Ville ; à l'aise comme un Saigonnais sur son deux-roues, partir avec lui à la découverte des meilleures cuisines de rue de la ville. **Voir p. 282**.

❤ **Décrypter** à My Son les vestiges du Champa, ce brillant royaume qui s'épanouit dans le centre du pays du 4e au 17e s. Une page d'histoire teintée d'hindouisme qui légua des temples classés par l'Unesco. **Voir p. 209**.

❤ **Communier** à la grand-messe de midi à Tay Ninh avec les milliers d'adeptes du syncrétisme caodaïste. Entre ferveur et spectacle en costumes, la cérémonie vaut le détour. **Voir p. 292**.

Croisière sur la baie de Ha Long.
Khoa Nguyen/Getty Images Plus

TOP 5
Au fil de l'eau

1. Arroyos du delta du Mékong (p. 308)
2. Tour des îles au large de Nha Trang (p. 228)
3. En jonque dans la baie de Ha Long (p. 96-97)
4. Excursion dans les îles chames près de Hoi An (p. 203)
5. Remontée du Mékong jusqu'au Cambodge (p. 330)

Sanctuaire de My Son à Da Nang.
efired/Getty Images Plus

Et vous, quels sont vos plus beaux souvenirs de voyage ?

Partagez-les nous sur Instagram ! Vous serez peut-être sélectionnés pour une publication dans une prochaine édition en mentionnant le # : **#coupsdecoeurGuideVertMichelin**

Nos itinéraires

6 jours

Hanoi et la baie de Ha Long

En bref : boucle de 400 km dans le nord du Vietnam.

efired/Getty Images Plus

Dans le vieux quartier de Hanoi.
Selcuk Oner/Getty Images Plus

Hanoi — J-1, 2 & 3

Visite de la capitale (**p. 32**).

Ha Long — J-4 & 5

Excursion en bateau dans la célèbre baie (**p. 93**). Retour à Hanoi.

Montagne des Parfums — J-6

Mi-excursion touristique, mi-pèlerinage populaire, à faire à pied ou en téléphérique (**p. 74**).

Bateau dans la baie de Ha Long.
efired/Getty Images Plus

6 jours

Le delta du Mékong

En bref : boucle de 800 km au départ de Ho Chi Minh-Ville.

NgKhanhVuKhoa/Getty Images Plus

Conseil : programmez votre périple dans le delta en novembre ou en décembre, lorsque la météo est la plus clémente.

My Tho J-1

Point de départ pour une excursion vers les îles du fleuve (**p. 306**).

Can Tho J-2

Une petite ville pleine de charme et des marchés flottants parmi les plus beaux du delta (**p. 319**).

Phu Quoc J-3 & 4

Vol au départ de Can Tho ou ferry au départ de Rach Gia/Ha Tien. Farniente sur les plages de la grande île (**p. 340**).

Conseil : réservez dès que possible votre transport (avion ou bateau) pour l'île de Phu Quoc.

Chau Doc J-5

La ville, frontalière avec le Cambodge, dispose d'un magnifique marché (**p. 326**).

Environs de Chau Doc J- 6

Excursions vers les villages chams des bords du Mékong (**p. 327**) et la réserve ornithologique de Lam Vien (**p. 329**). Retour à Ho Chi Minh-Ville.

Le marché flottant de Cai Rang dans le delta du Mékong.
Manuela Finetti/Getty Images Plus

Nos itinéraires

16 jours

Le nord du Vietnam

En bref : boucle de 1 400 km au départ de Hanoi.

Chaiyaporn1144/Getty Images Plus

Conseils : gardez toujours sur vous une petite laine car l'air est frais en altitude. Les rizières sont cultivées à partir du mois de mai et prennent des teintes dorées en septembre-octobre.

Hanoi — J-1 & 2

Visite de la capitale vietnamienne (**p. 32**) : le Vieux Quartier, le lac de l'Ouest, l'ancienne concession française, la citadelle.

Circuit des pagodes — J-3

En excursion à la journée depuis Hanoi, circuit des pagodes de l'Ouest (**p. 70**) ou circuit le long du canal des Rapides (**p. 73**).

Tam Coc — J-4

Excursion vers la baie de Ha Long terrestre (**p. 80**).

Circuit vers Moc Chau — J-5

Visite des villages traditionnels de Hoa Binh, Mai Chau et Moc Chau (**p. 103 et 105**).

Circuit de Moc Chau à Dien Bien Phu — J-6

Découverte des paysages et des villages ethniques autour de Son La (**p. 108**). Visite du site de la célèbre bataille d'Indochine (**p. 110**).

Région de la rivière Noire — J-7

Route pour Sapa. Traversée de superbes paysages boisés et haltes dans des villages de minorités ethniques (**p. 103**).

Sapa — J-8, 9 & 10

La station climatique française (**p. 118**), à l'ombre du Phan Si Pan, et ses alentours. Randonnées parmi les plus belles rizières en terrasses du pays (**p. 120**).

Circuit aux portes du Ciel — J-11 & 12

Le Vietnam montagnard à la frontière chinoise : Bac Ha (**p. 130**), Ha Giang (**p. 135**), lac Thac Ba (**p. 139**).

Haiphong J-13

Étape dans la ville portuaire créée par les colons (**p. 85**).

Ha Long J-14 & 15

Point d'orgue de tout circuit dans le nord du Vietnam : croisière dans le plus grand karst marin au monde (**p. 93**).

Cat Ba J-16

Détente sur les jolies plages de l'île et randonnée dans son parc national verdoyant (**p. 89 et 90**), puis retour à Hanoi (**p. 32**).

Marché à Moc Chau.
NgKhanhVuKhoa/Getty Images Plus

Bateaux sur la rivière Ngo Dong à Tam Coc Bich Dong.
Vu Viet Dung/Getty Images Plus

Nos itinéraires

21 jours

Du nord au sud : grande traversée du Vietnam

En bref : 2 800 km pour découvrir les plus beaux sites du Vietnam

Angela Grant/Getty Images Plus

Conseil : combinez bus, train et avion pour gagner du temps sur les distances assez longues de ce circuit.

Hanoi — J-1, 2 & 3

Visite de la capitale vietnamienne, cité millénaire parsemée de lacs (**p. 32**), qui a gardé une bonne part de son charme colonial. Excursion à Tam Coc (**p. 80**).

Environs de Hanoi — J-4

Les pagodes les plus prestigieuses de la région (**p. 70**).

Ha Long — J-5 & 6

Croisière en jonque parmi les pitons karstiques de la baie la plus célèbre du monde(**p. 93**).

Sapa — J-7 & 8

Rizières en terrasses et randonnées nature autour de Sapa ou de Bac Ha (**p. 118 et 130**), découverte des villages traditionnels.

Hanoi-Hué — J-9

Retour à Hanoi et départ pour Hué en train ou en avion (**p. 178**).

Hué — J-10 & 11

Visite de l'ancienne capitale impériale et de sa citadelle (**p. 160**) ; le lendemain, circuit des tombeaux royaux (**p. 172**) dans la campagne entourant la ville.

Hoi An — J-12 & 13

Flânerie dans la belle cité aux maisons chinoises préservées (**p. 195**).

Kon Tum — J-14

Montée vers la région des Hauts Plateaux (**p. 248**) ; découverte des villages ethniques autour de Kon Tum (**p. 253**).

Buon Ma Thuot — J-15

Plantations de café et villages traditionnels (**p. 248**).

Dalat J-16 & 17

Élégante petite ville coloniale d'altitude et destination de week-end favorite des Saigonnais (**p. 248**).

Mui Ne J-18

Ses hautes dunes de sable orange composent un paysage hors du commun (**p. 233**). Farniente à l'ombre des cocotiers.

Ho Chi Minh-Ville J-19, 20 & 21

Découverte de la mégalopole fluviale, capitale économique du pays, de son quartier colonial (**p. 262**) et du quartier chinois de Cholon (**p. 275**).

Conseils : depuis Ho Chi Minh-Ville, vous pouvez aussi envisager une prolongation de circuit dans le delta du Mékong : voir itinéraire décrit p. 19. Pour terminer le circuit sur une note balnéaire, envisagez une dernière journée à Vung Tau (p. 294). Le climat n'est pas le même entre le Nord et le Sud. Pour traverser le pays, l'idéal est de partir pendant les mois de novembre à mars.

Arrivée en gare de Ho Chi Minh-Ville.
HendrikSulaiman/Getty Images Plus

Nos spots en famille

hcongthanh/Getty Images Plus

Balade en bateau-panier à Hoi An.

Tout au long du guide, ce symbole vous aidera à repérer les sites ou activités qui intéresseront les enfants.

▸ **Ainsi font font font les marionnettes sur l'eau à Hanoi ou Ho Chi Minh-Ville.** Au son d'un orchestre, les marionnettistes, cachés derrière la scène, actionnent leurs personnages de bois, qui s'animent sur l'eau et révèlent la vie des paysans du Vietnam, de leurs animaux et de tous les personnages issus des contes populaires. Un spectacle millénaire incontournable ! **Voir p. 65 et 287**.

▸ **Kayak et nuit sur l'eau dans la baie de Ha Long.** Les fascinants paysages de la baie se découvrent dans le cadre d'une croisière. Entre l'observation des pains de sucre depuis le pont du bateau, la visite de grottes ou de villages flottants, la balade en kayak, les repas et la nuit à bord, les enfants en prennent plein les yeux ! **Voir p. 91**.

Spectacle de marionnettes sur l'eau à Hanoi.
Hajakely/Getty Images Plus

▸ **Acrobaties et percussions à Hoi An ou Ho Chi Minh-Ville.** Sous un chapiteau de bambou à Hoi An ou dans le beau théâtre de Saigon, les jeunes acrobates du cirque Lune sont saisissants d'agilité et de grâce. Au son des percussions, immergez-vous dans les légendes des ethnies vietnamiennes. Réservé aux enfants de plus de 7 ans. **Voir p. 206 et 287.**

▸ **Et vogue la barque dans la baie de Ha Long terrestre.** Embarquez en famille pour une balade au fil de l'eau sur la rivière Ngo Dong dans l'extraordinaire paysage karstique de Tam Coc ou de Trang An. Traversez des grottes en prenant garde de bien baisser la tête et tentez de ramer avec les pieds comme les rameuses ! **Voir p. 80**.

▸ **Mange ta soupe... avec des baguettes !** Nems, soupe de nouilles, *banh beo* (crêpes de Hué) ou *banh mi* (sandwich baguette) feront le bonheur des enfants. Ils adoreront s'attabler dans la rue, sur de mini tabourets, et manger avec des baguettes. À Hanoi, le restaurant Quan An Ngon leur permettra de voir tous les plats avant de choisir. **Voir p. 59**.

▸ **Randonnée dans les rizières à Sapa.** Avec la sympathique agence des Sapa Sisters, optez pour une randonnée adaptée à l'âge des enfants, doublée de trajets en voiture pour rejoindre plus facilement les villages. Sur les chemins, à travers les rizières, les enfants croiseront poules, buffles et canards : de quoi égayer la route ! **Voir p. 126**.

▸ **Entre ciel et mer à Phu Quoc.** Ce ne sont pas les *resorts* au bord de l'eau qui manquent sur l'île tropicale de Phu Quoc. L'occasion de s'offrir un peu de farniente en famille et de s'initier à la plongée avec masque et tuba. Au sud de l'île, un long téléphérique au-dessus des flots garantit quelques sensations fortes et permet de rallier un immense parc aquatique. **Voir p. 340 et 344**.

▸ **Grand angle sur Saigon depuis la tour Bitexco.** Du 49e étage de la très futuriste tour Bitexco, la vue à 360° sur Ho Chi Minh-Ville est tout simplement saisissante. N'hésitez pas à prendre de la hauteur ! **Voir p. 268**.

▸ **Maisons des ethnies grandeur nature à Hanoi.** 54 ethnies vivent au Vietnam, chacune possédant sa propre culture et un habitat particulier. Pour en faire le tour en un seul jour, direction le musée d'Ethnographie du Vietnam, qui offre une belle vitrine sur l'artisanat, les costumes et les coutumes de toutes les minorités du pays, et a reconstitué les maisons traditionnelles de chacune d'elles. **Voir p. 52**.

▸ **Vélo et bateau-panier à Hoi An.** Aux alentours de la charmante ville de Hoi An, la campagne et les rizières se découvrent aisément en famille. Les agences locales proposent des circuits adaptés aux enfants avec balade à vélo, visite des villages d'artisans et promenade dans la mangrove à bord d'un étonnant bateau-panier en bambou. Sinon, option jardinage et cours de cuisine au village des légumes de Tra Que. **Voir p. 203**.

Vous avez vécu une super expérience en famille ?

Partagez-la nous sur Instagram ! Vous serez peut-être sélectionnés pour une publication dans une prochaine édition en mentionnant le # : **#enfamilleGuideVertMichelin**

Le téléphérique de Phu Quoc.
Vera Tikhonova/Getty Images Plus

La baie de Ha Long.
Khoa Nguyen/Getty Images Plus

DÉCOUVRIR LE VIETNAM

1

Le delta du fleuve Rouge

CARTE RABAT DE COUVERTURE

La baie de Ha Long.
Ph. Body/hemis.fr

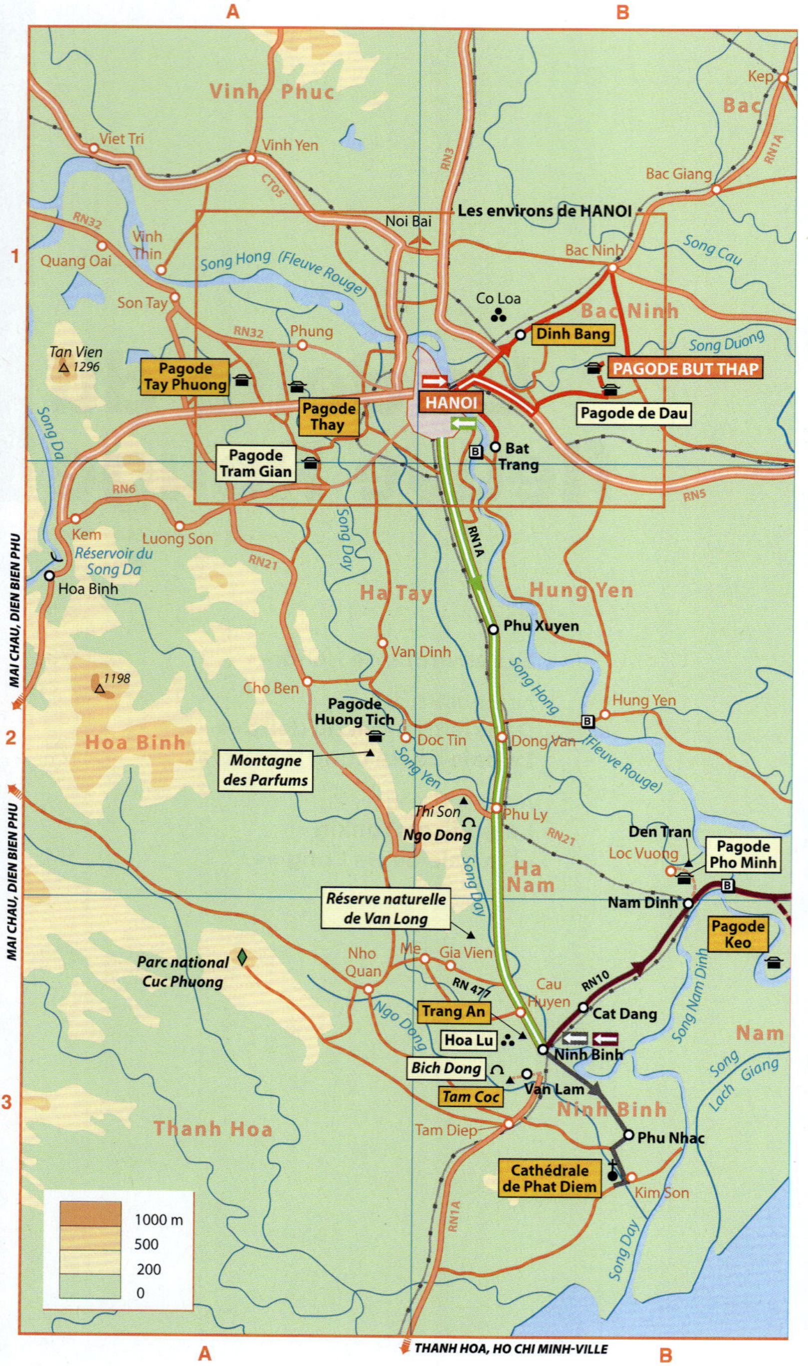
A
B
1
2
3
Vinh Phuc
Viet Tri
Vinh Yen
CT05
RN3
Les environs de HANOI
Noi Bai
Kep
Bac
RN1A
Bac Giang
Song Cau
RN32
Vinh Thin
Quang Oai
Song Hong (Fleuve Rouge)
Bac Ninh
Co Loa
Son Tay
Bac Ninh
Dinh Bang
Song Duong
RN32
Phung
Tan Vien
1296
Pagode Tay Phuong
PAGODE BUT THAP
HANOI
Pagode Thay
Pagode de Dau
Song Da
Bat Trang
Pagode Tram Gian
RN6
RN5
Kem
Luong Son
Song Day
RN1A
Réservoir du Song Da
RN21
Hoa Binh
MAI CHAU, DIEN BIEN PHU
Ha Tay
Hung Yen
Phu Xuyen
Van Dinh
1198
Song Hong
Cho Ben
Hung Yen
Pagode Huong Tich
Hoa Binh
Doc Tin
Dong Van
(Fleuve Rouge)
Montagne des Parfums
Song Yen
Thi Son
Phu Ly
Ngo Dong
RN21
Den Tran
Pagode Pho Minh
Loc Vuong
MAI CHAU, DIEN BIEN PHU
Song Day
Ha Nam
Nam Dinh
Réserve naturelle de Van Long
Pagode Keo
Parc national Cuc Phuong
Nho Quan
Me
Gia Vien
RN 477
Cau Huyen
RN10
Song Nam Dinh
Trang An
Cat Dang
Ngo Dong
Hoa Lu
Ninh Binh
Nam
Bich Dong
Van Lam
Song Lach Giang
Tam Coc
Ninh Binh
Thanh Hoa
Tam Diep
Phu Nhac
Cathédrale de Phat Diem
Kim Son
1000 m
500
200
0
RN1A
Song Day
THANH HOA, HO CHI MINH-VILLE
A
B

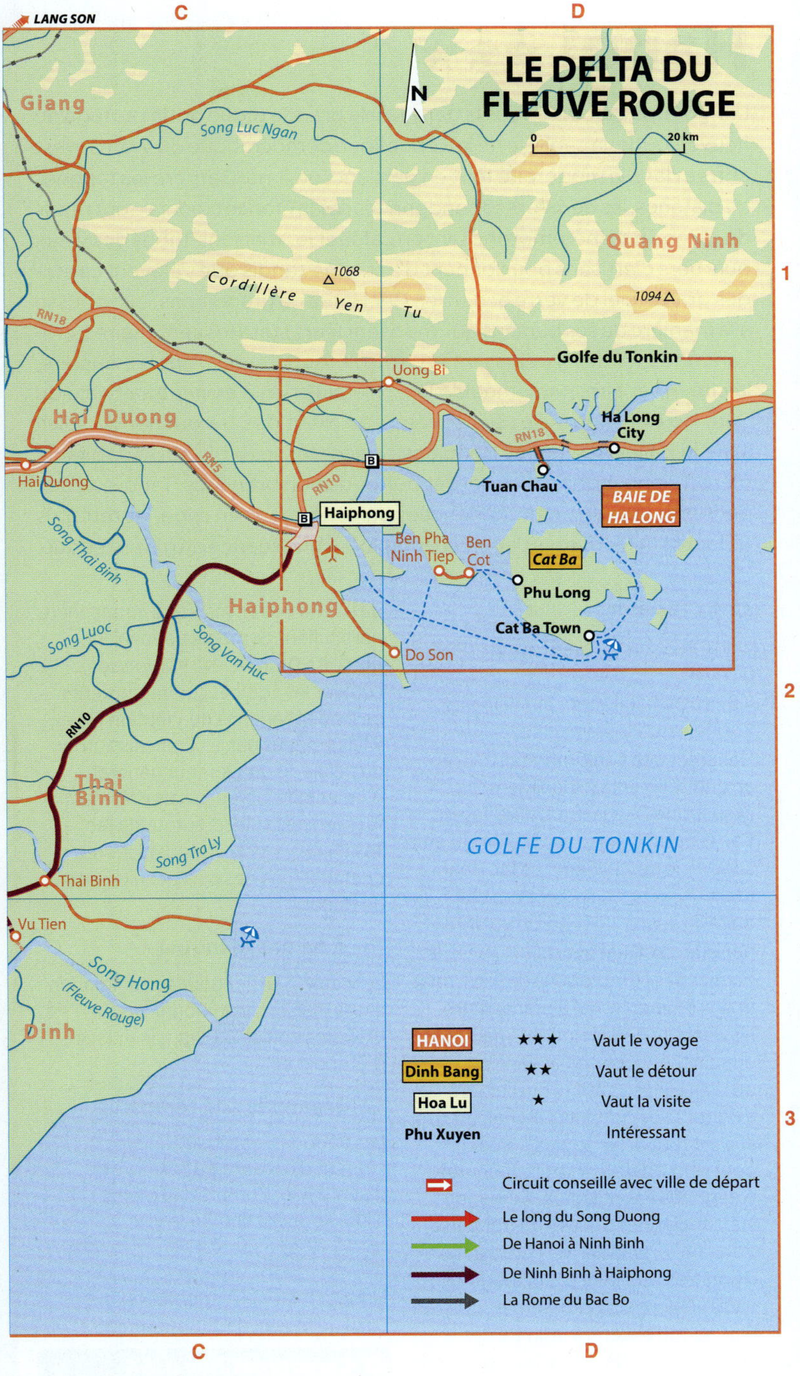
LANG SON
C
D
LE DELTA DU FLEUVE ROUGE
N
0
20 km
Giang
Song Luc Ngan
Quang Ninh
1
Cordillère Yen Tu
1068
1094
RN18
Golfe du Tonkin
Uong Bi
Hai Duong
Ha Long City
RN18
RN5
B
Hai Duong
RN10
Tuan Chau
BAIE DE HA LONG
B
Haiphong
Song Thai Binh
Ben Pha Ninh Tiep
Ben Cot
Cat Ba
Phu Long
Haiphong
Cat Ba Town
Song Luoc
Song Van Huc
Do Son
2
RN10
Thai Binh
GOLFE DU TONKIN
Song Tra Ly
Thai Binh
Vu Tien
Song Hong
(Fleuve Rouge)
Dinh
HANOI
★★★
Vaut le voyage
Dinh Bang
★★
Vaut le détour
Hoa Lu
★
Vaut la visite
3
Phu Xuyen
Intéressant
Circuit conseillé avec ville de départ
Le long du Song Duong
De Hanoi à Ninh Binh
De Ninh Binh à Haiphong
La Rome du Bac Bo
C
D

Hanoi ★★★

Longtemps assoupie sous la garde de la grande digue qui la protège du fleuve Rouge, la capitale de la République démocratique du Vietnam est entrée dans la modernité tout en gardant son âme. Derrière les rangées de platanes, les demeures abandonnées par la France coloniale ont repris du galon en se métamorphosant en cafés et les maisons-tubes des vieux quartiers d'artisans bouillonnent d'activités, tandis que s'élèvent çà et là des gratte-ciel de verre et d'acier. Car Hanoi ne grandit pas ; elle pousse à la manière de ses banians qui imposent leurs statures centenaires, crevant une façade, envahissant un trottoir. Auparavant réputée austère, la cité millénaire, parsemée de lacs, n'a plus rien à envier à sa rivale du Sud, Ho Chi Minh-Ville : ses soirées s'animent dès le coucher du soleil avec le ballet des jeunes Hanoiens en scooter, les « bia hoi » (débits de bière fraîche) bondés, les bars et boîtes de nuit branchés. Tandis qu'aux petites heures du matin, annoncées par les oiseaux en cage, les retraités affluent sur les rives du lac Hoan Kiem pour une séance de gymnastique.

Se repérer

CARTE B1 (P. 30-31) - PLAN I (P. 40) ET PLAN II (P. 36-37).

4678000 habitants – Municipalité – Capitale du Vietnam.

Hanoi est une agglomération de sept arrondissements (Hoan Kiem, Ba Dinh, Dong Da, Hai Ba Trung, Tay Ho, Cau Giay et Thanh Xuan) couvrant une superficie de 2146 km². Le **lac Hoan Kiem** (PLAN I B2-3) constitue le cœur du centre-ville. Il est bordé au nord par le **Vieux Quartier** (PLAN I AB1-2), le damier des corporations de l'artisanat et du commerce, qui a grandi entre les quais du fleuve Rouge, à hauteur du pont Long Bien, et le flanc est de la citadelle. C'est lui qui confère à Hanoi sa personnalité si chaleureuse et c'est le quartier le plus agréable pour séjourner : les hôtels de toutes catégories y sont légion. Au sud du lac, l'**ancienne concession française** (PLAN I BC3), émaillée de constructions coloniales, suit un tracé orthogonal entre l'Opéra et la cathédrale.

Plus au sud encore, à la limite des arrondissements de Hai Ba Trung et de Dong Da, le quartier étudiant autour du **parc Lénine** (PLAN II C4) offre peu de lieux à visiter, mais une atmosphère particulière. Symbole national, la **place Ba Dinh** (PLAN II B3) voit se côtoyer les édifices commémoratifs de l'indépendance du Vietnam et les villas édifiées par les Français autour du palais du gouverneur général d'Indochine, actuel palais présidentiel. Au nord de la place, autour du **lac Tay** (PLAN II AB1-2), vous dénicherez quelques-uns des plus beaux temples de Hanoi.

À ne pas manquer

Le Vieux Quartier pour son animation et ses maisons traditionnelles ; la grandiose place Ba Dinh ; le musée d'Ethnographie.

Organiser son temps

Les périodes les plus agréables courent d'octobre à décembre et d'avril à juin. Comptez au moins 3 jours pour découvrir la ville.

En famille

Un spectacle de marionnettes sur l'eau ; le musée d'Ethnographie.

Carnet pratique p. 54

Nos adresses p. 58

La pagode Tran Quoc à Hanoi.
steffie82/Getty Images Plus

Se promener

PLANS I ET II

Flânez à pied dans le Vieux Quartier et le centre-ville, où musées et pagodes ne sont que prétextes pour découvrir des tranches de vie hanoienne. Pour rallier les sites plus éloignés, vous trouverez sans peine taxis et moto-taxis.

★ Lac Hoan Kiem (LAC DE L'ÉPÉE RESTITUÉE) PLAN I B2-3

Ancien bras du fleuve Rouge devenu lac résiduel, il forme la limite sud de l'ancienne ville commerçante. Ses berges furent aménagées en promenade dès le début des années 1930. À l'aube, elles deviennent le terrain favori des Hanoiens de tout âge qui y pratiquent jogging, badminton ou taï-chi-chuan. Au crépuscule, elles se transforment en lieu de rendez-vous des amoureux ou des familles qui viennent

HANOI INCONTOURNABLE	
Jour 1	Le matin, flânerie dans le Vieux Quartier et vers le lac Hoan Kiem *(p. 33)*, promenade le long du lac Tay et visite du temple Quan Thanh *(p. 50)* et de la pagode du Lotus d'Or *(p. 51)*. L'après-midi, visite du musée d'Ethnographie *(p. 52)* (attention, il est fermé le lundi).
Jour 2	Promenez-vous le matin dans l'ancienne concession française, sur l'avenue de l'Opéra et dans le Petit Paris *(p. 42)*, et profitez-en pour visiter le musée des Femmes vietnamiennes *(p. 44)*. L'après-midi, découvrez, à l'ouest du centre-ville, le temple de la Littérature *(p. 49)* puis les monuments de la place Ba Dinh (mausolée de Ho Chi Minh, palais présidentiel...) *(p. 46)* et la Citadelle *(p. 48)*. Terminez votre journée par un spectacle traditionnel de marionnettes sur l'eau *(p. 65)*.
Jour 3	Excursion à Tam Coc, la baie de Ha Long terrestre, située au sud de Hanoi *(p. 80)*.

Hanoi, berceau historique du Vietnam

Une cité sous influence

En 1010, le jeune État vietnamien déplaça le siège du pouvoir de Hoa Lu à Hanoi. Cette ville s'avérait un meilleur poste de contrôle du nord du pays, car, située à la tête du delta du fleuve Rouge, elle bénéficiait de son réseau de communications fluviales. À ce choix stratégique s'alliaient des considérations géomantiques qu'illustre la légende de sa fondation. Abordant ces rives, le roi **Ly Thai To** vit un dragon s'élever dans les airs. En Extrême-Orient, les manifestations de cette bête bénéfique consacrent le pouvoir d'un souverain. Ainsi baptisa-t-on la cité **Thang Long**, « Envol du Dragon ».

Les Ly (1009-1225) aménagèrent leur capitale sur le **modèle chinois**. La **Cité impériale** s'étendait au centre, doublée des lieux des cultes d'État : l'**Esplanade** pour le sacrifice au Ciel et à la Terre (détruite en 1937) et le **temple de la Littérature** affecté au culte de Confucius, saint patron des lettrés qui régissaient le royaume. À l'est s'étendaient les quartiers commerçants et artisans, qui s'appuyaient sur les quais de transbordement de la rivière To Lich et du fleuve Rouge. L'ensemble fut protégé des crues par une digue, élevée en 1108. Hanoi demeura capitale des dynasties vietnamiennes jusqu'au 19e s., période du transfert des instances du pouvoir à Phu Xuan (Hué). Durant cette longue séquence, la cité ne connut aucun changement notable, hormis son nom. L'un d'eux, **Dong Kinh**, « capitale de l'Est » (1427), demeura longtemps attaché à la région du Nord en devenant le Tonkin des Français d'Indochine.

De Dong Kinh au Tonkin

Le 19e s. sonna, pour un temps, le glas de Hanoi. En 1802, **Gia Long** contrôlait tout le pays. Anticipant l'insoumission des gens du Nord, il fixa sa capitale à **Hué**, base traditionnelle des seigneurs Nguyen, et ordonna en 1805 de réduire l'ancienne citadelle pour la ramener à des normes plus modestes que celles de ses palais d'Annam. En 1831, lorsque Minh Mang créa les divisions administratives de l'empire, la cité devint la résidence du gouverneur de la province de Hanoi. Sous le règne de **Tu Duc**, les derniers palais furent démolis, et toutes les richesses transférées à Hué.

En 1873, dans la foulée des guerres de l'Opium menées en Chine, les **Français** arrachèrent une concession de 2,5 ha, au sud de la cité. Puis ils élargirent leur emprise avec la mise en place du protectorat de l'Annam-Tonkin en 1883, puis de l'Union d'Indochine en 1887, dont Hanoi, entièrement concédée aux Français, fut la capitale. La ville devint un greffon des institutions républicaines, rétablies en France, et la citadelle de Gia Long, jugée anachronique, fut rasée en 1896-1897.

Capitale de l'Indochine

De 1888 à 1945, les Français d'Indochine réglèrent le sort de leurs colonies asiatiques (Vietnam, Laos et Cambodge) depuis la résidence du gouverneur général à Hanoi.

Les aménagements effectués dans la capitale coloniale au tournant du 19e s., inspirés de l'éclectisme architectural en vigueur sous la IIIe République, modifièrent durablement la physionomie de la ville. Des villas de style néorégionaliste ou néo-Renaissance apparurent sur l'ancien territoire de la concession et à l'emplacement de la citadelle démolie. **Auguste-Henri Vildieu**, chef du service des

Bâtiments civils d'Indochine, logea les instances administratives dans des édifices néoclassiques, dont témoignent toujours la résidence du gouverneur, le bureau des Postes et Télégraphes ou l'Opéra. Le centre-ville fut peu à peu électrifié, et la première ligne de tramway inaugurée en 1917. Les soirs d'été et le dimanche, la société élégante sortait en rickshaw, un moyen de transport importé du Japon et que rendaient silencieux ses roues équipées de pneumatiques, fabriqués avec le caoutchouc des plantations coloniales.
Pourtant, la capitale indochinoise ne connut pas le destin brillant de Shanghai, de Hong Kong ou de Singapour, autres nouvelles métropoles asiatiques alors en plein essor. Hanoi n'était pas un port et celui de Haiphong, auquel elle était reliée par un service de vapeurs, demeurait à l'écart des grandes routes du trafic maritime.

Guerres et paix

Hanoi fut au centre du processus d'indépendance engagé par **Ho Chi Minh** lors de la révolution d'août 1945, au sortir de l'occupation japonaise. Le 2 septembre de la même année, il choisit la place Ba Dinh, site de l'ancienne citadelle et quartier général de l'administration coloniale, pour proclamer la naissance de la **République démocratique du Vietnam**. Après neuf ans de guerre d'Indochine, le **9 octobre 1954**, les forces françaises quittèrent Hanoi, mais celle-ci n'était plus capitale que jusqu'au 17ᵉ parallèle.
Le nouveau pouvoir ne connut que dix années de répit pour industrialiser la région et remodeler la ville, recourant à une politique collectiviste de grands travaux basée sur le volontariat. En février 1965, les B52 américains envahirent le ciel du delta et la survie s'organisa au gré des sirènes et des longues nuits passées dans les abris antiaériens.

La capitale du Vietnam réunifié

La vieille capitale royale, pôle culturel et berceau historique des Vietnamiens, devint celle du pays unifié en 1976. Sur la place Ba Dinh, les nouvelles institutions nationales occupèrent les anciens bâtiments publics français, ou les côtoyèrent dans des édifices construits avec le partenariat soviétique. Une grande partie des années 1980 fut employée à doter Hanoi et sa région de nouvelles infrastructures, les anciennes ayant été anéanties par les années de guerre. La plus notable fut la construction du pont Thang Long, qui désenclave la ville au nord et la relie à l'aéroport de Noi Bai.
Les quartiers de Thanh Xuan et de Gia Lam reçurent les principaux équipements industriels. Le **doi moi**, la « politique d'ouverture et de changement » qui accompagna l'arrêt de l'aide financière soviétique en 1986 *(voir p. 425)*, façonna la physionomie actuelle de la cité.
Ces dernières années, Hanoi s'est considérablement développée. Dans le quartier de Cau Giay, situé à l'ouest de la ville, les immeubles de luxe sortent de terre. De nouvelles infrastructures et routes voient le jour comme le pont Nhat Tan, inauguré en 2015, et la voie rapide reliant l'aéroport au centre-ville. La construction d'un métro a débuté afin de décongestionner le trafic et réduire la pollution de l'environnement dans cette ville bourdonnante de scooters et de voitures. La première ligne, financée pour moitié grâce à des prêts octroyés par la France, a été inaugurée en 2021. La capitale est en perpétuelle expansion...

HANOI
plan II
0
400 m
N
GIA LAM
TAY HO
BA DINH
Song Hong
(fleuve Rouge)
Lac Tay
(lac de l'Ouest)
Lac
Truc
Bach
Pont Long Bien
Pont Chuong Duong
voir plan I
(LONG BIEN)
(GIA LAM),
HA LONG
HAIPHONG
CAO BANG, LANG SON
(NOI BAI)
MUSÉE D'ETHNOGRAPHIE DU VIETNAM
Tran Nhat Duat
Hang Dau
Phung Hung
Ly Nam De
Yen Phu
Nghi Tam
Yen Phu
Thanh Nien
Quan Thanh
Phan Dinh Phung
Nguyen Tri Phuong
Hoang Dieu
Hoang Van Thu
Bac Son
Dien Bien Phu
Le Hong Phong
Hung Vuong
Thuy Khue
Hoang Hoa Tham
Doi Can
Pho Ngoc Ha
Lieu Giai
Lac Long Quan
Au Co
Xuan Dieu
To Ngoc Van
Dang Thai Mai
Tay Ho
Nam Trang
Citadelle de Thang Long
Temple Quan Thanh
Pagode de la Défense du Pays
Pagode du Lotus d'Or
Pagode Pho Linh
Temple Tay Ho
Ancien jardin botanique Bach Thao
Mausolée du président Ho Chi Minh
Place Ba Dinh
Pagode au Pilier unique
AMBASSADE DU CANADA
AMBASSADE DE BELGIQUE
ZOO
1
2
3
4
5
6
8
9
10
13
16
17
A
B
C
D

Maison sur pilotis
de Ho Chi Minh 1
Club Ba Dinh 2
Assemblée nationale 3
Ministère des
Affaires étrangères 4
Musée de l'Armée 5
Tour hexagonale du Drapeau 6
Square Chi Lang 7
Musée Ho Chi Minh 8
Palais présidentiel 9
Comité central 10
SE RESTAURER
Quan An Ngon 9
Bun Thit Nuong 10
Cua Hang An
Uong Mau Dich 13
Nang Tam Vegetarian 14
Maison de Tết Décor 16
Home Hanoi 17
La Badiane 18
Koto 19
SE LOGER
Dragon 1
Pan Pacific 6
HOAN KIEM
HAI BA TRUNG
DONG DA
Lac Hoan Kiem
Lac Thien Quang
Lac Bay Mau
Lac Thanh Nhan
Lac Dong Da
Lac Giang Vo
Cathédrale St-Joseph
Opéra
Marché Cho Hom
Parc Lénine
Musée des Beaux-Arts
Temple de la Littérature
Entrée
AMBASSADE DE SUISSE
PARC THU LE
HA NOI
To Lich
MY DINH
(NOI BAI)
HOA BINH
(VOIE EXPRESS)
UNIVERSITÉ
(GIAP BAT)
(GIAP BAT, NUOC NGAM)

La légende de l'épée restituée

En 1427, Le Loi organisa sur l'actuel lac Hoan Kiem une parade nautique pour célébrer la défaite des troupes chinoises envoyées par les Ming *(voir « Histoire », p. 410)*. Une partie de sa victoire était due à une épée magique, entrée en sa possession dans des circonstances extraordinaires. Quand parut le souverain, appuyé sur son glaive à la proue de son navire, une immense tortue émergea des flots, qui saisit l'arme dans sa gueule et l'engloutit à jamais : l'épée magique avait rempli sa mission, le Vietnam était libéré du joug chinois. Au milieu du lac, l'**île de la Tortue**, avec sa tour, commémore cet épisode merveilleux, ainsi, bien sûr, que le nom de baptême du petit lac.

profiter de la fraîcheur du soir en dégustant une glace au riz. La nuit, le lac et ses berges sont alors très joliment mis en lumière. Du vendredi soir au dimanche soir, les rues autour du lac deviennent piétonnes et sont alors joyeusement investies par des marchands ambulants, des skaters, des portraitistes et des loueurs de petites voitures électriques pour enfants.

★★ Temple de la Montagne de Jade (DEN NGOC SON) B2

8h-18h - 30 000 VND (enf. 15 000 VND).

Sur le lac, un joli pont de bois rouge dessert le temple, édifié au 19e s. sur un îlot, à l'emplacement d'un ancien palais des seigneurs Trinh. Il est dédié au dieu de la Littérature Van Xuong, au général Tran Hung Dao, vainqueur des Mongols au 13e s., et au génie de la Médecine La To. Dans une salle latérale gît une tortue géante naturalisée, découverte dans les eaux du lac en 1968. C'est peut-être ici que l'histoire croise la légende *(voir encadré ci-dessus)*...

★★★ Vieux quartier (Quartier des 36 guildes) PLAN I B1-2

Prévoyez une demi-journée.

La vieille ville de Hanoi est un véritable labyrinthe où il fait bon se perdre. Pas un trottoir qui n'ait ses commerces de poche, improvisés autour d'un brasero, d'une bassine d'huile fumante ou de quelques pains dans un panier en plastique fluo.

Au nord du lac court la très passante **Hang Dao** (« rue des Fleurs de Pêcher ») avec ses maisons début 20e s. aux façades occidentalisées. Elle était la « rue de la Soie » des Français d'Indochine et son nom vietnamien fait allusion à la couleur rose, alors à la mode pour teindre les articles en soie. Ce rôle est dévolu aujourd'hui à sa voisine, **Hang Gai** (« rue du Chanvre »), où se trouvent plusieurs magasins de soieries réputés.

Parallèlement à Hang Dao, **Dinh Liet**, la rue des *com pho*, délimite désormais, avec **Hang Bac** (« rue des Orfèvres ») et **Hang Be** (« rue des Canots »), le quartier d'une corporation d'un genre nouveau : les mini-hôtels pour budgets serrés qui ont poussé comme des champignons dans les années 1990.

Hang Bac, la plus vieille artère urbaine de Hanoi (13e s.) accueillait le commerce des orfèvres, qui s'est éteint avec le transfert de la capitale à Hué au début du 19e s. ; celui des marbres funéraires l'a remplacé sur la portion est. Elle débouche sur **Nguyen Huu Huan**, qui prolonge la très chic rue Ly Thai To dans un registre très différent : c'est le quartier des marchands de meubles en contreplaqué, des *bia hoi* fréquentés par de vieux Hanoiens et du **café Lam** (n° 60). Nguyen Van Lam ouvrit ce café en 1956. Peu à peu, les murs de l'établissement se couvrirent de gouaches, d'aquarelles, de peintures à l'huile, données par des artistes pour payer les longues heures passées ici à boire et discuter.

Sur le lac Hoan Kiem, un petit pont de bois rouge mène au temple de la Montagne de Jade.
Le Thang/Getty Images Plus

★ Maison communale Kim Ngan B2

42 Hang Bac - 8h-17h - gratuit.

Une belle restauration a rendu vie à cet édifice emblématique du quartier. Il appartenait à la corporation des orfèvres, dont les artisans étaient issus de trois villages de la région. Leur principale activité était la frappe de la monnaie. Sous l'autorité de leurs divinités tutélaires, ils recevaient ici le métal, puis le fondaient en sapèques (anciennes pièces de monnaie chinoise) qu'ils remettaient ensuite aux agents de l'empereur.

De Hang Bac, empruntez à gauche Ma May

★ Maison traditionnelle B1-2

87 Ma May - 8h30-17h - 10 000 VND.

Dans la « rue du Rotin », l'une des allées les plus animées de la vieille ville, la ville de Toulouse a également financé la réhabilitation d'une superbe maison-boutique en bois et maçonnerie. Une belle occasion de découvrir l'intérieur de l'une de ces célèbres « maisons-tubes », disposées tout en longueur. Au rez-de-chaussée se succèdent la boutique, la remise, la cuisine et la cours, tandis qu'à l'étage, accessible par un escalier très raide, se trouvent l'indispensable autel des ancêtres et la chambre à coucher.

Après un coude à gauche, Ma May se prolonge par Hang Buom.

Dans **Hang Buom** (« rue des Voiles »), nombre de vieilles maisons ont été transformées en bars et restaurants. À gauche de la rue, au niveau du n°40, se dessine une allée étroite, Ta Hien, haut lieu de la vie nocturne avec sa succession ininterrompue de terrasses.

★ Temple de Quan De (DEN QUAN DE) B1

28 Hang Buom - 8h-17h - gratuit.

Il trahit l'empreinte de la communauté chinoise sur le quartier marchand de la vieille ville. Quan De (Guan Yu) était un général chinois de l'époque des Trois Royaumes

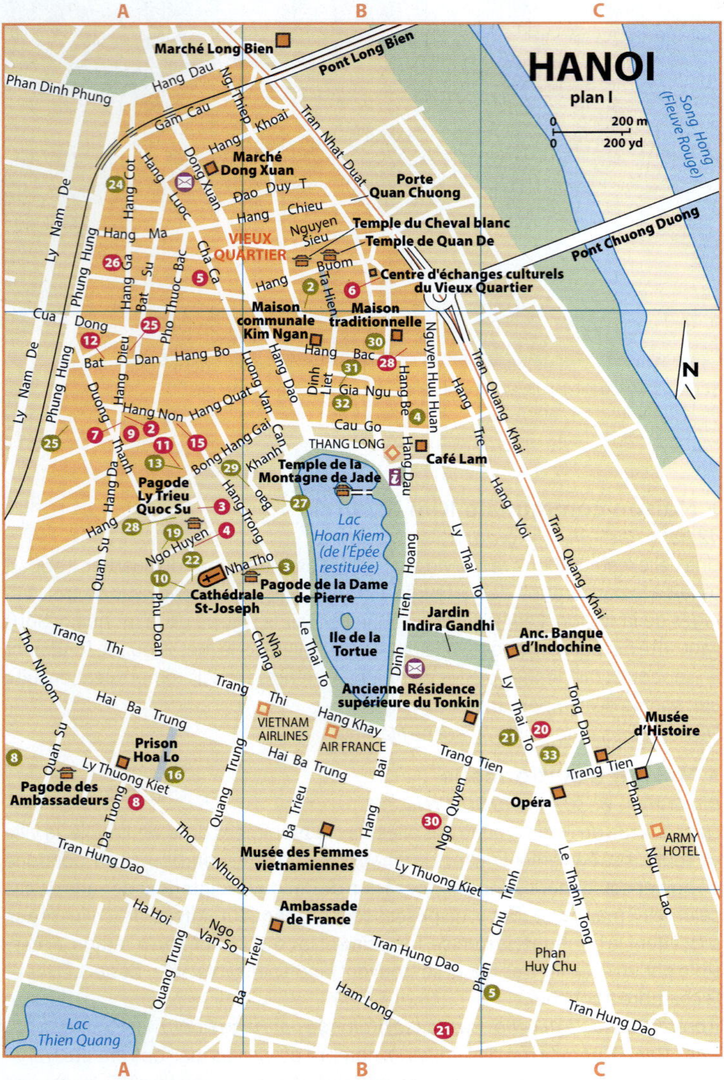

SE RESTAURER

Bun Bo Nam Bo 2
Pho 10 3
Duong's 4
Cha Ca La Vong 5
Era 6
Mr Bay 7
Quan Nhau Tu Do 8
Dong Thinh 9
Garden 11
Vejo the vege journey 12
Dac Kim 15
La table Hanoia 20
Hanoi Gourmet 21
Hu Tieu 25
Banh Cuon Gia Truyen 26
Hanoi Food Culture 28
The Moose and Roo Smokehouse 30

(2e-3e s.), divinisé après sa mort en raison de sa loyauté et de sa droiture. Patron des commerçants et des hommes d'affaires, c'est ce personnage que l'on voit souvent statufié dans les boutiques et restaurants chinois, sous les traits d'un homme à la face rouge et à la longue barbe, la main sur son épée. Une admirable restauration a restitué l'aspect original de l'édifice, occupant une parcelle longue et étroite à l'image des maisons-tubes du quartier. La structure en bois est particulièrement remarquable avec ses éléments emboîtés.

★ Temple du Cheval blanc (DEN BACH MA) B1

76 Hang Buom - 9h-17h30 - gratuit.

Derrière une porte aux lourds vantaux de bois, ce temple est le plus vieil ensemble religieux du quartier (11e s.), mais son aspect actuel, fortement marqué d'influences chinoises, doit beaucoup à une importante restauration effectuée au 19e s. Il est dédié au génie tutélaire **Long Do** qui aida le roi Ly Thai To lors de la création de Thang Long. Considéré comme l'esprit gardien de l'Est, il formait un dispositif sacré avec le temple Quan Thanh au nord *(voir p. 50)*, le temple Voi Phuc à l'ouest, et Kim Lien au sud.

★★ Centre d'échanges culturels du Vieux Quartier B1

50 Dao Duy Tu - 8h-18h - gratuit.

Ce musée, conçu grâce à une coopération entre les villes de Hanoi et Toulouse, retrace l'histoire du centre-ville d'Hanoi, cœur palpitant de la cité. Soit 1000 ans pendant lesquels cet espace, parsemé de petits lacs, est devenu un centre marchand organisé en corporations, chaque rue étant liée à un village d'artisans à l'extérieur de la cité. Pendant la colonisation, les Français remblaient nombre de canaux et équipent le quartier d'égouts, d'électricité et de trottoirs. « Hanoi, bien brossée, bien peignée, bien alignée, en 1909, nous fait regretter la pittoresque de 1889 », commente l'écrivain Albert de Pouvourville, cité dans l'exposition. Après 1954, le pouvoir communiste reloge des centaines de familles de fonctionnaires dans les maisons-tubes alors privées de leur fonction commerciale. Depuis, les affaires ont repris dans le Vieux Quartier. Mais celui-ci est soumis à de nouvelles menaces : la prolifération des enseignes publicitaires et les démolitions-reconstructions qui ne respectent ni son architecture ni sa physionomie.

Si vous avez plus de temps à consacrer à la visite de ce quartier, vous pouvez poursuivre votre excursion plus au nord. Vous croisez **Hang Chieu** (« rue des Joncs »), barrée à l'est par la **porte Quan Chuong** (1749), seul ouvrage subsistant des 16 portes de l'enceinte fortifiée qui enfermait les villages du quartier commerçant jusqu'au 19e s.

Plus au nord encore s'élève le **marché Dong Xuan**★ (CHO DONG XUAN), le plus grand de Hanoi. Construit par l'administration coloniale, il fut endommagé par un incendie en 1994 et ne conserve plus que la façade de la halle originale. Dans cette version hanoienne de La Samaritaine, on trouve tout sur trois étages.

Rejoignez Gam Cau, encore plus au nord, et prenez la direction du fleuve Rouge.

SE LOGER

Hanoi Buffalo Hostel 2
Church Boutique 3
The Classic Street Hotel & Spa Hanoi 4
De Syloia 5
Mövenpick 8
Cheers Hostel 10
Hong Ngoc Dynastie 13
Melia Hanoi 16
Hanoi Lucky 19
Sofitel Legend Metropole 21
Hanoi Capital 22
The Hanoian Hotel 24
Bespoke & Trendy 25
Bonsella 27
Maison d'Orient 28
Dal Vostro 29
La Siesta Classic Ma May 30
Hanoi Tirant 31
May de Ville 32
Conifer 33

Les 36 guildes

Ce quartier prit forme sous les Ly, lorsque s'établirent les premières guildes d'artisans, réquisitionnées par le pouvoir royal pour son usage et celui de la cour. Au 15e s., leur nombre fut fixé à 36. Équivalent urbain de l'organisation rurale, chaque quartier de guilde *(hang)* rassemblait des **artisans** exerçant un même métier et originaires d'un même village, greffant à Hanoi leurs pagodes, leurs temples de héros tutélaires *(den)* et leurs maisons communales *(dinh)*. Ils s'articulaient en rues *(pho)*, où s'alignaient les boutiques spécialisées dans les objets fabriqués sur place. Le quartier des **corporations**, aujourd'hui entre mutation et réhabilitation, est peu à peu déserté par ses habitants. Ceux qui en ont les moyens préfèrent vivre ailleurs que dans ce musée architectural surpeuplé, dont beaucoup de maisons manquent des équipements les plus élémentaires. De vieux Hanoiens nostalgiques murmurent que l'argent a fait plus de mal à ce quartier que n'en firent les bombardements américains.

★★ Pont Long Bien B1

Construit entre 1897 et 1902, l'ex-pont Paul-Doumer étire sa carcasse de métal entre les rives du fleuve et fut longtemps son seul point de franchissement. Désormais doublé par le **pont Chuong Duong**, à 650 m en aval, qui relie Hanoi à Gia Lam, il ne sert plus qu'au passage des trains, des deux-roues et des piétons. Sous le pont Long Bien s'étend le **marché★** (CHO LONG BIEN) le plus fascinant de la ville. Chaque soir, à partir de 22h, l'animation bat son plein lorsque des norias de camions venus de tout le pays y déchargent leurs cargaisons de fruits, de poissons et de crevettes séchées. Le quartier ne retrouve un semblant de calme qu'entre 4h et 7h, avant l'arrivée des premiers chalands.

★ Ancienne concession française PLAN I

Comptez une demi-journée, voire une journée si vous visitez les musées.
Le premier quartier investi par les Français s'étendait au sud de la vieille ville. On repère aisément le tracé de ses avenues au cordeau sur le plan de la ville aujourd'hui. Ici, on croise d'intéressantes architectures coloniales, dans une atmosphère bien plus animée que celle des ambassades de Ba Dinh.

★ « Petit Paris » et avenue de l'Opéra (TRANG TIEN) BC3

Les instances municipales ont investi les bâtiments abandonnés par l'administration coloniale, dans le périmètre situé entre Dinh Tien Hoang et les cafés chics de Ly Thai To, au nord de Trang Tien. Repeintes de frais, ces constructions forment un ensemble très Belle Époque, au voisinage de l'hôtel Métropole et du **jardin Indira Gandhi** (CHI LINH) (B3). L'ex-square Paul-Bert, créé lors de l'aménagement des rives du lac en 1886, a gardé son kiosque à musique de style indochinois. Côté lac, la poste occupe toujours le **bureau des Postes et Télégraphes** (B3) conçu par Auguste-Henri Vildieu, mais un bâtiment plus soviétique a été construit à l'emplacement de la mairie IIIe République, désormais siège du Comité populaire de Hanoi.
À l'autre bout du jardin, l'ancienne **Banque d'Indochine★** (C3), bâtie en 1930 par Georges-André Trouvé, mêle motifs Art déco et citations indochinoises et constitue l'un des édifices les plus étonnants du style colonial international.
À l'entrée de Ngo Quyen (ex-boulevard Henri-Rivière), le gouvernement a réquisitionné l'imposant bâtiment néoclassique de la **Résidence supérieure du Tonkin★** (B3) pour y installer sa maison d'hôtes. Juste en face, au nº 15, le plus vieux palace de Hanoi (1901), le **Metropole** (C3), est peut-être l'un des lieux les plus chargés

Le pont Long Bien.
D. Sutton/Alamy/hemis.fr

de l'histoire contemporaine de la ville, car de nombreuses personnalités se sont croisées ici.

Trang Tien ou **avenue de l'Opéra** (BC3), axe principal de l'ancienne concession française, est située entre le fleuve Rouge et la citadelle. Au début du 20e s., elle accueillait Les Magasins réunis, le Crédit foncier, la Banque franco-chinoise, l'imprimerie d'Extrême-Orient et le Club des vétérans. Avec ses galeries d'art, ses librairies et ses arcades ombragées, l'ancienne rue Paul-Bert a fière allure. Inspiré du palais Garnier de Paris, l'**Opéra★** (NHA HAT LON) (C3) ferme la perspective. Construit entre 1901 et 1911, il était l'unique Opéra de style européen à l'est du Caire. Sa programmation (spectacles de magie et orchestres militaires) ne fut pas toujours à la hauteur, et « aller au concert » était surtout l'occasion de se montrer habillé à la dernière mode d'Europe. En août 1945, le comité d'insurrection organisa le premier rassemblement pour l'indépendance du haut de ses balcons. Aujourd'hui, de nombreux concerts et spectacles y sont donnés.

★ Musée d'Histoire (BAO TANG LICH SU) C3

1 Trang Tien - www.baotanglichsu.vn - 8h-12h, 13h30-17h - fermé le 1er lun. du mois - 40 000 VND.

Les collections sont présentées dans deux édifices : le bâtiment principal de la rue Trang Tien (de la préhistoire à 1945) et l'annexe au 216 rue Tran Quang Khai, de l'autre côté de la rue (histoire du parti communiste vietnamien et de la guerre d'indépendance).

Bâtiment principal – Dessiné par Ernest Hébrard, l'édifice (1932) puise dans le répertoire architectural tonkinois, comme ces bras de console agencés pour former la grande coupole. Le parcours muséographique présente l'histoire du Vietnam à la manière d'une vaste fresque, depuis les origines jusqu'à la dernière dynastie des Nguyen. Chaque période, commentée à l'aide de panneaux explicatifs (souvent uniquement en vietnamien), est illustrée de reconstitutions peintes, de documents et d'objets. Quelques étapes à ne pas manquer :

Au rez-de-chaussée, le parcours s'ouvre avec de splendides tambours de bronze ouvragés, symboles de la civilisation de Dong Son qui s'épanouit dans le nord du pays au 1er millénaire avant notre ère. Dans la salle de droite, un monumental cercueil de bois en forme de bateau appartient à la même période.
Au premier étage, dans la rotonde, la **collection d'art du Champa** *(voir p. 386)* est un des temps forts de la visite. Elle présente notamment 70 œuvres, sculptures et terres cuites, réalisées entre le 7e et le 16e s. Admirez notamment un Shiva du 12e s., une déesse-mère (« Uma ») du 9e s., ainsi qu'un éléphant du 10e s. qui ornait la base d'un temple. La galerie ouvrant sur la rotonde est dédiée à la **culture Oc Eo**, qui s'épanouit dans le delta du Mékong au 1er millénaire. Parmi la centaine d'objets joliment présentés, voyez deux beaux bouddhas de bois des 4e-6e s. Les présentations passent ensuite en revue les dynasties qui se sont succédé au fil du 2e millénaire, jusqu'aux Nguyen (1788-1945). Enfermés dans leur cité de Hué, les derniers souverains vietnamiens prirent pour modèle la pompe impériale chinoise. En témoignent une jolie série d'aquarelles représentant la cour ou des costumes impériaux.
Annexe – Le second bâtiment intéressera les amateurs d'histoire contemporaine. Photographies et documents d'époque retracent l'histoire de la lutte anti coloniale, de la naissance du parti communiste vietnamien à l'indépendance.
De retour au carrefour de l'opéra, prenez au sud par Phan Chu Trinh.
Les avenues **Hai Ba Trung** (ex-boulevard Rollandes) et **Ly Thuong Kiet** (ex-boulevard Carreau) furent tracées en 1897 et quelques villas remontent à cette époque. Certaines hébergent de luxueuses résidences ou des bureaux d'ambassades, mais d'autres sont occupées par des familles, de petits restaurants ou autres commerces improvisés.

★★ Musée des Femmes vietnamiennes

(BAO TANG PHU NU VIET NAM) B3

36 Ly Thuong Kiet - 8h-17h - 40 000 VND - audioguide en français.
Une belle et riche exposition, présentée sur quatre niveaux. On y découvre le rôle social des femmes dans les différentes ethnies du pays, notamment dans certaines sociétés matrilinéaires des Hauts Plateaux. Une section est consacrée au culte de la déesse-mère, très présente dans le quotidien vietnamien. Le troisième niveau présente les femmes célèbres du Vietnam, tandis que le dernier expose une somptueuse collection de costumes reflétant la diversité culturelle du pays.
Poursuivez sur Ly Thuong Kiet. Au détour de la rue, un porche est surmonté de l'inscription sans équivoque « Maison centrale ».

Prison Hoa Lo (NHA TU HOA LO) A3

1 Hoa Lo (au carrefour Tho Nhuom-Ly Thuong Kiet) - 8h-17h - 30 000 VND - audioguide en français.
Elle servit de geôle à l'administration coloniale avant d'accueillir les pilotes américains capturés par les Vietnamiens (le sénateur John McCain y fut incarcéré). Transformée en musée, elle retrace les mauvais traitements infligés aux prisonniers politiques par les Français et le séjour, présenté sous un jour presque idyllique, des captifs américains qui avaient baptisé la prison « Hanoi Hilton ».

Pagode des Ambassadeurs (CHUA QUAN SU) A3

73 Quan Su (entre Ly Thuong Kiet et Tran Hung Dao) - 6h-19h.
Édifiée au 15e s. dans un quartier affecté au logement des ambassades en visite à Thang Long, elle se repère à ses longs murs jaunes à claire-voie. En 1822, le temple fut restauré à l'usage des soldats d'une garnison voisine, puis accueillit

en 1934 le siège de l'Association bouddhiste du Tonkin. Il fut alors reconstruit sous l'aspect qu'on lui voit aujourd'hui. Les salles ont été dotées de belles pièces de bois sculpté et laqué, telle cette énorme suspension de dragons enroulés portant Bouddha enfant. Très fréquentée par une population féminine, la pagode héberge l'Institut d'études bouddhiques du pays.

Remontez vers l'avenue Trang Thi pour emprunter la rue Phu Doan, puis la ruelle Au Trieu, qui longe le chevet de la cathédrale.

La rue **Au Trieu** (A2) présente un intéressant ensemble de façades de la période coloniale : l'inspiration Art déco domine, avec ses angles courbes et ses ornementations en fer forgé. Beaucoup de ses immeubles ont été transformés en hôtels de charme *(voir « Nos adresses » p. 66)*.

★ Cathédrale St-Joseph (NHA THO LON) A2

Sa façade à deux tours carrées, édifiée entre 1883 et 1891 dans un style gothique d'inspiration Viollet-le-Duc, évoque la silhouette de Notre-Dame de Paris. Elle a été rouverte au culte en 1990. Depuis, la cloche sonne à nouveau à partir de 5h du matin et, le dimanche à la messe (en français à 10h), dames et demoiselles rivalisent d'élégances dans leurs traditionnels *ao dai*. L'intérieur, sous ses hautes voûtes, conserve au maître-autel une statue de saint Joseph et, dans le bas côté droit, une statue de la Vierge particulièrement vénérée par les fidèles. Le parvis sert de place centrale à ce quartier, très animé le soir venu grâce à ses nombreux cafés et restaurants.

Face à la cathédrale, la rue **Nha Tho** est l'artère branchée du quartier avec ses bars, restaurants et boutiques.

Pagode de la Dame de Pierre (CHUA BA DA) B2

3 Nha Tho - 8h-21h - gratuit.

Reconstruite au 18e s., elle fut fondée au 15e s. pour abriter un bloc de pierre, découvert lors de travaux de terrassement dans la citadelle, dans lequel les ouvriers avaient vu l'apparence d'un bouddha féminin. Ne cherchez pas l'image, remplacée depuis par une statue en bois.

Empruntez la rue Ly Quoc Su vers le nord.

★ Pagode Ly Trieu Quoc Su (CHUA LY TRIEU QUOC) A2

50 Ly Quoc Su - 6h-17h.

Beaucoup plus ancienne que la précédente, fondée en 1131, mais restaurée en 1855 et 1954, cette pagode possède le cachet indéfinissable des pagodes hanoiennes, avec son triple porche chantourné, ses caractères chinois et son débordement de banians sur la rue.

Autour du parc Lénine PLAN II C4

Tout près de l'ambassade de France, dans un quartier résidentiel calme composé de quelques villas huppées, vous pouvez vous échapper vers le sud en suivant la ruelle Ha Hoi. Vous parvenez ainsi au petit **lac Thien Quang**, bien tranquille avec ses pêcheurs à la ligne et ses salons de coiffure improvisés autour d'un miroir, ses cafés-karaokés et ses pédalos en forme de cygne, de phénix ou de dragon… Il jouxte le **parc Lénine**, le plus grand de la ville *(5h-22h30)*, dont le cirque perpétue les grands numéros de la tradition soviétique : acrobaties et ours roulant à vélo *(voir « En soirée », p. 65)*. Le jardin a été créé à la fin des années 1950 dans le cadre des journées de travail socialistes, en assainissant ce qui n'était alors qu'une décharge sur un terrain marécageux. À l'est, autour de Nguyen Du et Mai Hac De, c'est le quartier étudiant, avec ses cafés et restaurants populaires.

★ Autour de la Place Ba Dinh PLAN II B2-3

La place Ba Dinh est située au nord-ouest du lac Hoan Kiem. Vous pouvez vous y rendre en taxi ou en xe om. Attention, de nombreux monuments sont fermés les lundi et vendredi, et le mausolée de Ho Chi Minh ne se visite que le matin. Comptez 1 journée.

Du 11e s. à nos jours, Ba Dinh fut le théâtre du pouvoir. Ce quartier très officiel offre une étonnante anthologie d'édifices, où cohabitent temples classiques du 11e s., architectures de la IIIe République française et imposants monuments nationaux construits dans le style soviétique. Un cocktail détonnant auquel il faut ajouter le vieux temple de la Littérature, qui bordait l'ancienne cité royale au sud. Cette promenade est d'autant plus agréable que les trottoirs sont larges et ombragés. Arrêtez-vous déjeuner dans **Tong Duy Tan** (C3), surnommée « la rue de la Gastronomie » pour sa profusion de gargotes. Le soir, l'austère place Ba Dinh s'anime : les Vietnamiens envahissent les pelouses du mausolée ou chaussent leurs rollers sur l'esplanade du square Chi Lang, au pied de la statue de Lénine.

Monuments de la place Ba Dinh B2-3

Le site où Ho Chi Minh proclama l'indépendance du Vietnam fut entièrement réaménagé à partir des années 1970 en une vaste esplanade rectangulaire, plantée de 168 carrés d'herbe pour évoquer le damier des rizières du delta. Autour s'élèvent les façades des organes politiques et diplomatiques du pays.

Au nord, le **palais présidentiel** (B2) est installé derrière la façade dessinée par Auguste-Henri Vildieu (1901-1906) pour le gouverneur général, et l'ancien lycée Albert-Sarraut (1919), que fréquentaient les jeunes Français et l'élite vietnamienne, héberge le siège du **Comité central**.

À l'angle de Hoang Van Thu, les volumes 1930 de l'ex-Cercle sportif abritent le **club Ba Dinh** (BC2), destiné aux membres retraités du Parti. Il voisine avec l'**Assemblée nationale** (B3), reconstruite entre 2009 et 2014 dans un style néo-soviétique. La coupole en verre posée sur l'édifice donne à l'ensemble une note futuriste.

Installé dans le bâtiment de la Direction des finances, construit en 1931 par Hébrard dans le style indochinois, le **ministère des Affaires étrangères** ferme la place au sud, là où commence l'avenue Dien Bien Phu. Celle-ci est bordée d'une suite continue de villas françaises, aujourd'hui sièges d'ambassades.

En face, sur le côté ouest de la place, s'élèvent différents monuments élevés à la mémoire du « Père de la nation ».

Mausolée du président Ho Chi Minh (CHU TICH HO CHI MINH) B3

Tlj sf lun. et vend. 8h-11h (7h30-10h30 d'avr. à oct.) - dernière entrée à 10h15 - 25 000 VND.

La consigne au 8 Hung Vuong est obligatoire, car appareils photo, sacs, chapeaux et casquettes sont interdits ; il est défendu de garder ses mains dans les poches et de parler. Épaules couvertes obligatoires, pas de short.

Au sud du palais présidentiel, surplombant la place Ba Dinh, s'élève la lourde silhouette de marbre gris du mausolée (1973-1978). Chaque dimanche, la file des visiteurs venus saluer l'Oncle Ho s'étire sur plusieurs centaines de mètres. Leur attente est récompensée par l'autorisation de traverser, en une minute à peine, la salle baignée d'une lumière sépulcrale, où repose la dépouille embaumée du leader.

★ Pagode au Pilier unique (CHUA MOT COT) B3

Ong Ich Kiem - 7h-18h.

À quelques mètres au sud du mausolée, cette pagode est un rare souvenir de la Thang Long du 11e s. Le pavillon en bois, à la toiture élégamment relevée, est

Mausolée du président Ho Chi Minh.
Tarzan9280/Getty Images Plus

posé sur un unique pilotis au milieu d'un bassin. Cette pagode d'un modèle sans lendemain fut élevée en 1050 par Ly Thai To, à l'issue d'un rêve où il eut la vision du palais du Lotus de Quan Am. C'est ce que dit la légende. Pour les ethnologues, elle trahirait plutôt une analogie avec les niches cultuelles que les paysans édifiaient sur des poteaux, en des temps reculés, pour les esprits des rizières et des forêts. L'édifice fut reconstruit à l'identique en 1249, sous la dynastie des Tran. Le pavillon actuel fut relevé sur un pilier de béton en 1955, après sa destruction lors de l'évacuation de Hanoi par les Français.

★ Musée Ho Chi Minh (BAO TANG HO CHI MINH) B3

3 Ngoc La - www.baotanghochiminh.vn - 8h-11h30, 14h-16h - fermé lun. après-midi et vend. après-midi - 40 000 VND - les sacs doivent être laissés au vestiaire.
Le musée fut construit avec l'aide de l'URSS entre 1985 et 1990. Sa muséographie peut vous laisser perplexe si vous ne connaissez pas un minimum d'histoire du Vietnam et de la biographie de Ho Chi Minh, mais vous pouvez néanmoins y consulter de nombreux documents d'archives et photographies. Mémorial d'une conception audacieuse, il combine réalisme socialiste et mythologie traditionnelle vietnamienne : une **statue** colossale de Ho Chi Minh accueille le visiteur en levant la main dans un geste d'enseignement, sur un fond de soleil émergeant des nuages. Le parcours suit les étapes de la vie du leader, de son enfance à ses voyages en Europe et en Chine, à travers des mises en scène très fortes (espace noir et blanc autour des figures de Guernica pour dénoncer le fascisme, fleur aux pétales métalliques symbolisant l'unité du parti communiste, arc-en-ciel annonçant la réunification). Un **autel funéraire**, élevé devant le rideau de pluie de l'automne 1969, évoque la mort du leader.

★ Maison sur pilotis de Ho Chi Minh (NHA SAN BAC HO) B3

Accès par Hung Vuong - hiver : 7h30-11h, 14h-16h ; été : 8h-11h, 13h30-16h - 40 000 VND.
Une allée de manguiers conduit à la maison en teck dans laquelle Ho Chi Minh vécut et travailla de 1958 à 1968. Sa sobriété contraste avec les fioritures stuquées du

palais voisin. Au rez-de-chaussée, derrière des fenêtres simplement fermées de stores, il tenait ses conseils de guerre autour de la grande table de conférence. À l'étage, on accède à sa chambre et à son bureau où trônent encore quelques objets personnels de l'Oncle Ho.

Ancien jardin botanique Bach Thao (CONG VIEN BACH THAO) B3

Au nord de la place Ba Dinh (accès par la rue Hoang Hoa Tham ou la rue Ngoc Ha) - 7h-22h - gratuit.

Ce parc établi en 1890 pour servir d'arboretum à différentes essences recueillies dans les colonies d'Indochine est aujourd'hui prisé des jeunes mariés pour leurs longues séances photo... Idéal pour faire une pause.

★ Citadelle de Thang Long (HOANG THANH THANG LONG) C3

Entrée par la rue Hoang Dieu - www.hoangthanhthanglong.vn - 8h-17h - 30 000 VND.

Le hall d'accueil mérite une petite halte : on y a joliment reconstitué un tronçon de la rue de la Soie avec ses boutiques traditionnelles.

Vous pénétrez ensuite dans la citadelle, site classé au patrimoine mondial de l'Unesco depuis 2010. Du 11e s. à 1975, elle a abrité le cœur du pouvoir : cité impériale, puis siège des gouverneurs quand les empereurs Nguyen émigrèrent à Hué, et centre du pouvoir politique de 1954 à 1975. Les fouilles ont même révélé l'existence d'une citadelle chinoise datant du 7e s.

L'ensemble est dominé par la **porte de Doan Mon**, l'entrée de la Cité interdite qui, dans son état actuel, date de la période des Nguyen (19e-déb. 20e s.). Au-delà, les archéologues ont mis au jour le pavement de la cour du Dragon, la première esplanade de l'ancienne cité impériale. Deux pavillons modernes présentent le produit des fouilles conduites sur le site : céramiques, remontant pour les plus anciennes au 14e s., objets de la vie quotidienne à la cour, outils de la pharmacie traditionnelle. La visite conduit ensuite à un monumental escalier orné de dragons qui menait autrefois au palais impérial, rasé par les Français en 1886.

Plus au nord, place à l'histoire récente. Le **pavillon D67** abritait les réunions du commandement général de l'Armée populaire du Vietnam communiste après 1954. C'est là notamment que le général Giap avait son bureau, dont vous pourrez admirer une reconstitution. Un double escalier conduit 9 m plus bas, dans une salle de réunion souterraine à l'abri des bombardements.

De l'autre côté de la rue Hoang Dieu (n°18), un second champ de fouilles a révélé l'ampleur de la cité impériale. On peut notamment y voir les soubassements de constructions remontant au 7e s. et un puits en briques disposées en écailles de poisson (14e s.). Une maquette permet de mieux comprendre le site.

★ Musée de l'Armée (VIEN BAO TANG QUAN DOI) C3

28-30 Dien Bien Phu - 8h-11h30, 13h-16h30 - fermé lun. et vend. - 40 000 VND.

Le musée s'étend au pied de la **tour hexagonale du Drapeau** (COT CO) qui fut élevée en 1812, sous le règne des empereurs Nguyen *(accès possible aux heures d'ouverture du musée)*. Dans la cour, une installation faite d'un enchevêtrement de ferraille, avions abattus et prises de guerre annonce la couleur : le musée est tout entier dédié aux longs conflits que vécut le pays. Un pavillon est consacré à la bataille de Dien Bien Phu avec une maquette, des images filmées à l'époque, et la fameuse bicyclette viet-minh qui servit au transport de l'artillerie. D'autres salles exposent cartes de campagne, reliques, armes et photos très émouvantes, notamment de la guerre contre les Américains.

Un peu plus bas, le **square Chi Lang** (C3) est un clin d'œil au grand frère russe. Il fut aménagé en 1985-1987 pour célébrer le 70e anniversaire de la révolution

soviétique et accueillir une **statue de Lénine** spécialement importée d'URSS.
Pour gagner le musée des Beaux-Arts, empruntez la rue Tran Phu, le long de laquelle des grilles protègent du regard les villas cossues.

★★ Musée des Beaux-Arts (VIEN BAO TANG MY THUAT) B3

66 Nguyen Thai Hoc (au coin de Cao Ba Quat) - 8h30-17h - 40 000 VND - audioguide en français.
Derrière la façade couleur vanille et café d'un ancien lycée de jeunes filles, le musée explore sur trois étages le patrimoine artistique du pays.
Les salles du rez-de-chaussée débutent avec l'**art du Dong Son**, rare occasion d'admirer la virtuosité des bronziers de ces âges (1er millénaire av. J.-C.). Les objets d'apparat déploient figures humaines ou animales.
Les salles suivantes, à droite, présentent une rapide rétrospective de l'art médiéval vietnamien. La délicatesse de l'**art des Ly** (1009-1225) transparaît dans sa sculpture architecturale : piédestal où deux lions s'enroulent pour jouer avec une perle, base de colonne ciselée d'une farandole de danseurs et musiciens. Au contraire, l'**art des Tran** (1225-1413) joue sur la vigueur de formes amples, à l'exception des claustras de porte ou de fenêtre sculptés de figurines. La **sculpture chame**, de belle qualité, est également représentée : une jolie danseuse de Tra Kieu (9e s.), un buste féminin de la même époque, une joueuse de flûte à l'air mélancolique ou un Shiva (12e-13e s.).
Dans la longue galerie qui suit, la renaissance artistique sous les **Le** et les **Mac** (15e-16e s.) éclate dans une Quan Am aux 40 bras, assise sur un lotus porté par un géant émergeant des flots, ou un bouddha de l'Ouest au visage penché et empreint d'une beauté androgyne (copie d'une sculpture de la pagode Phat Tich de Bac Ninh). L'**art des Le postérieurs** (1428-1789) est de facture plus fruste, mais pleine de saveur quand il s'agit de camper des scènes quotidiennes pour orner les maisons communales.
Après la galerie, une dernière salle présente des peintures anciennes, tels ce couple du roi Ly Nam et de sa reine exécuté en laque sur bois au 17e s., le portrait, très précis, de Nguyen Chu Ai en costume de mandarin (début 19e s.), ou un rouleau vertical peint à l'encre sur soie représentant le retour des mandarins avec tous les honneurs.
Au 1er étage, il est question d'**art populaire** avec les estampes de Dong Ho, la broderie de Hanoi, les tableaux rituels sur bois des Tays et des Nungs, et les sculptures funéraires des Gia Lais. Les salles suivantes amorcent les collections du dernier étage qui déroulent la grande séquence de la **peinture réaliste** avec des peintures à l'huile ou à la laque des élèves des Beaux-Arts.
Le temple de la Littérature s'étend face au musée, mais il faut longer son mur d'enceinte pour en trouver l'entrée qui, selon les normes de la géomancie extrême-orientale, ouvre au sud.

★★ Temple de la Littérature (VAN MIEU) B3

Quoc Tu Giam - 8h-17h - 30 000 VND - audioguide en français 50 000 VND.
Le vénérable Van Mieu, haut lieu de la culture vietnamienne, a repris du service. De 1076 à 1779, c'est là que se tenaient les examens impériaux, concours dont les lauréats étaient destinés aux plus hautes fonctions de l'État. Chaque année, à la fin de leur cycle d'études, les étudiants viennent aujourd'hui y célébrer l'obtention de leur diplôme, le temps d'une cérémonie, devant les statues de Confucius et de ses disciples. Ces dernières, reléguées dans des remises par le Vietnam révolutionnaire, ont été replacées en grande pompe à la faveur de la politique de libéralisation conduite à partir de la fin des années 1990. L'ensemble a connu de nombreuses restaurations, la dernière en 1999.

Le complexe suit la disposition traditionnelle des temples chinois : une succession de cinq cours, ponctuées de portes alignées sur un axe Nord-Sud, le tout agrémenté de jardins et de bassins dans lesquels nagent des poissons rouges.
Passé la première porte, une allée conduit à la **porte du Juste Milieu** (DAI TRUNG), jadis réservée aux nobles et aux mandarins. Les autres visiteurs étaient priés d'emprunter les passages latéraux, dédiés à la Vertu et au Talent.
L'allée qui traverse la deuxième cour conduit à un gracieux **kiosque en bois** aux fenêtres ajourées, juché sur quatre piliers, devenu un des symboles de Hanoi.
La cour suivante est bordée de deux forêts de stèles protégées sous un auvent moderne, entre lesquelles s'étend le **bassin de la Clarté céleste**. Chacune de ces **82 stèles** est juchée sur une tortue, symbole de l'univers pour les Chinois : le ventre carré figure la terre, tandis que la carapace évoque la voûte céleste. Elles répertorient les dates des examens et les noms des 1304 candidats reçus de 1484 à 1779.
La cour suivante marque le cœur du complexe avec le **temple dédié à Confucius**. L'empereur lui-même ne pouvait y pénétrer. La statue de maître Kong est accompagnée de celles de ses quatre disciples. Dans la cour qui précède le temple, deux pavillons servaient à honorer les 72 sages qui maîtrisèrent l'ensemble de son enseignement à travers les siècles. Celui de droite abrite aujourd'hui une boutique, celui de gauche un atelier de calligraphie.
Dans la dernière cour se dressent deux bâtiments construits en 1999 dans le style traditionnel pour évoquer le **camp des Lettrés** (QUAOC TU GIAM), où séjournaient les candidats durant la période des examens. À l'intérieur, on peut voir les statues monumentales de trois empereurs vietnamiens protecteurs du confucianisme, ainsi que des robes de mandarins.
En sortant du temple de la Littérature, traversez la route et franchissez la grille pour faire le tour du charmant **lac Ho Van** où l'on trouve aussi des artisans.

★ Berges du lac de l'Ouest (HO TAY) PLAN II AB1-2

Faites des sauts de puce en xe om, *car les distances sont importantes, et la circulation sur les digues se révèle décourageante. Comptez une demi-journée.*
L'ancien lieu de villégiature des empereurs a connu une métamorphose radicale dans la seconde moitié des années 1990. Une intense spéculation immobilière a transformé ce qui n'était encore que villages, spécialisés dans la culture des fleurs et la fabrication du papier, en une agglomération affolante de résidences pour les nouveaux riches et la nomenklatura. Éclectiques et tape-à-l'œil, les demeures d'aujourd'hui découpent les berges en rangs serrés de « maisons de Blanche-Neige », coiffées de clochetons couverts de tuiles roses, et de villas hollywoodiennes, avec balcons à balustres et bow-windows de verre fumé. C'est pourtant dans ce drôle de capharnaüm que l'on déniche quelques-uns des plus beaux temples de Hanoi.
Le **Lac Tay★** (lac de l'Ouest) et **lac Truc Bach** (lac de la Soie blanche) forment le plus grand plan d'eau résiduel que les caprices du fleuve Rouge aient légué à Hanoi. Le nom du second évoque la mélancolie des concubines royales délaissées, qui passaient là leurs journées, cloîtrées dans les palais, à filer et à tisser la soie.

★★ Temple Quan Thanh (DEN QUAN THANH) B2

8h-17h - 10 000 VND.
Sur la rive sud du lac de l'Ouest, ce temple taoïste fut fondé en 1010, sous les Le antérieurs, en l'honneur de Tran Vu, le Guerrier Noir gardien du Nord, vainqueur d'un renard à neuf queues qui terrorisait la région. L'édifice actuel remonte aux 17e-18e s. et le travail du bois y est superbe : battants de porte ornés de natures

Le temple de la Littérature.
A. Pistolesi/hemis.fr

mortes à la chinoise, encadrements en bois sculpté, consoles en forme de dragon. Tous les supports de charpente sont travaillés et des motifs auspicieux en bois découpé courent le long des poutres. Dans la première travée, un splendide **autel** sculpté à la mode cantonaise est encadré d'armes cérémonielles, d'enseignes et de grues perchées sur des tortues. Au fond, Tran Vu s'appuie sur son glaive, où s'enroule le serpent et qui repose sur une tortue, les deux compagnons de ce génie du Nord. Fondue en 1677, avec 4 000 kg de bronze noir, sa terrible effigie domine tout l'espace de ses 3,72 m.

La **route de la Jeunesse** (DUONG THANH NIEN) sépare les deux lacs. C'est une ancienne digue, élargie dans le cadre des journées du travail des années 1960, et dont les bords furent aménagés en promenade plantée vingt ans plus tard.

★★ Pagode de la Défense du Pays (CHUA TRAN QUOC) B2

Thanh Nien - 7h30-11h30, 13h30-17h30 - gratuit.

On découvre d'abord le **cimetière monastique**, petite forêt de « pagodons » en brique gravés de caractères en *nom*. Une diguette mène à l'îlot Ca Vang (« Poisson d'Or »), traverse des cours, des travées abritant des portraits de vénérables et des autels consacrés aux immortels jusqu'à la salle principale qui, malgré une réfection en 1815, préserve l'harmonie rustique d'une architecture du 17e s. Fondée au 6e s., cette pagode est l'une des plus anciennes du pays. Elle occupait alors les berges du fleuve Rouge. En 1615, elle fut démontée à la suite d'un glissement de terrain pour être dressée à son emplacement actuel.

★★ Pagode du Lotus d'Or (CHUA KIM LIEN) B1

Ngo 1, Au Co - 8h-17h - gratuit.

La pagode semble échouée entre l'hôtel Intercontinental et le Sheraton. Mais à peine franchit-on le portique d'entrée qu'opère le charme du lieu, posé comme un îlot d'encens parfumé. La statuaire est récente, mais placée sous une charpente aussi belle que celle du porche, avec ses entraits sculptés de dragons et ses bras de consoles. Les colonnes en bois sont posées sur des dalles sculptées en forme de lotus épanouis. À l'arrière, les plantes dans des pots de céramique bleu et blanc égaient un cloître moderne. La pagode fut fondée au 12e s. par une fille du roi Ly Thanh Tong, la princesse Tu Hoa. Celle-ci enseigna aux villageoises qui vivaient sur ces berges l'art d'élever les vers à soie et l'une d'elles entra dans le panthéon des divinités féminines, au titre de Quynh Hoa, la « princesse des Vers à soie ». C'est elle que l'on vénère dans la salle principale de la pagode, en compagnie d'une effigie de Tu Hoa.

★ Temple Tay Ho (PHU TAY HO) A1

Une enclave de quelques pépiniéristes et horticulteurs est tout ce qui subsiste de ce qui avait été le paysage de l'ancien village de Nghi Tam. Situé à l'extrémité d'un promontoire, le temple est planté au beau milieu d'un quartier résidentiel. On y accède par une digue bordée de guinguettes *(accès interdit aux véhicules)*. Réhabilités dans les moindres détails, les lieux sont empreints d'une atmosphère de vénération, surtout les jours d'affluence *(le dim., ainsi que le 1er et le 15 du mois lunaire)*. Seuls les arbres de la cour attestent l'ancienneté de ce lieu de culte : un vieil arbre rampe sur le sol en direction des eaux du lac et un banian crée déjà une petite forêt. Le temple, 100 % moderne, est surchargé d'or, de rouge, d'ombrelles et de lampions. La **chapelle principale** est dédiée à une Sainte Mère, dont la statue est dissimulée derrière un claustra, sous la bonne garde de fonctionnaires coiffés du bonnet à ailettes. On mesure ses pouvoirs aux piles de Tiger Beer dont on lui fait offrande. En annexe, une **chapelle bouddhique** est dominée par la figure de Quan Am aux mille bras environnée d'un panthéon, logé dans une véritable crèche de Noël réalisée avec des morceaux de calcaire, ornés de fleurs et de raisins en plastique.

Une diguette bordée de palmiers dessert la petite **pagode Pho Linh**, installée au milieu des cabanes de pêcheurs et bourrée de charme avec son fouillis de plantes en pot et son jardin de nonne.

Concluez la balade dans l'une des gargotes de **Phu Tay Ho** *(voir « Restauration », p. 60)* et observez les diseurs de bonne aventure installés entre les échoppes.

À voir aussi

PLAN II

★★★ Musée d'Ethnographie du Vietnam

(BAO TANG DAN TOC HOC VIET NAM) A2 EN DIR.

Prenez un taxi pour vous y rendre. Le bus no 14 s'arrête sur l'avenue Hoang Quoc Viet, à 10mn à pied.

Nguyen Van Huyen, Cau Giay - ☎ (24) 3756 21 93 - www.vme.org.vn - tlj sf lun. 8h30-17h30 - 40 000 VND (6-18 ans 10 000 VND). Explications en français.

C'est un passionnant musée où l'on prend toute la dimension de la diversité ethnique du Vietnam. La qualité des pièces et de la présentation donne le choix de se laisser mener par la poésie d'objets inusités chez nous, comme les épouvantails des Ba Nas ou les pièges à écureuils des Muongs, ou de découvrir la fabuleuse richesse ethnographique du pays dans un parcours pédagogique qui suit le découpage en cinq familles linguistiques, utilisé pour introduire aux 54 ethnies du pays *(voir « Les peuples du Vietnam », p. 356)*.

Majorité oblige, les **Viets**, ou **Kinhs**, inaugurent l'exposition à travers les techniques artisanales dans lesquelles ils sont passés maîtres : laques, sculptures sur bois, céramiques de Bat Trang, confection de chapeaux coniques et estampes populaires de Dong Ho. Les marionnettes sur l'eau, manipulées pour le divertissement des dieux et des hommes, et une **bicyclette chargée de plus de 180 nasses** peuplent le chapitre des Viets. Il se clôt sur la reconstitution d'un **autel domestique** avec ses tablettes ancestrales. On découvre ensuite les « montagnards », **Muong**, **Tho** et **Chut**. Les premiers, qui seraient aujourd'hui 1,2 million principalement dans la province de Hoa Binh, sont évoqués à travers la reconstitution d'une veillée funèbre (elle durait traditionnellement 12 jours) autour d'un cercueil creusé dans un tronc. Filets de pêche, arbalètes, flûtes et hautbois ramènent au monde des vivants.

À l'étage, la visite se poursuit avec la grande famille des **Thaïs** et permet de se familiariser avec les habitats de ces ethnies installées dans les vallées au sol fertile, le long des frontières chinoise et laotienne : maison sur pilotis des Tays, Thaïs noirs et Thaïs blancs, ou maison au sol, parfois fortifiée, des Nungs. Des trésors d'art textile sont dépliés dans une maison thaï noir reconstituée : brocarts de soie et de coton de Lao Cai, tunique des Tays Pa Di rehaussée de perles en argent, veste à boutons d'argent et jupe plissée des Nungs, sarong à motifs de losanges des Thaïs blancs. Les plus élaborés des tissages sont l'œuvre des Co Laos et des Lus, établis à la frontière du Laos.

Les **Hmongs** et les **Daos** s'imposent par la variété de leurs costumes. Ainsi, la tunique à disques d'argent et la coiffe ornée de pièces des Daos « aux sapèques » de Tuyen Quang, ou le costume écarlate des Pa Thens de Ha Giang.

La section des **Mons-Khmers** vous fera pénétrer dans un univers radicalement différent, d'architectures imposantes et de vanneries habiles. Les **Ba Nas** confectionnent des épouvantails sonores en bambou natté, ou en forme de cerfs-volants, munis d'une tête animale. Ils s'illustrent, de même que les **Sedangs**, dans une statuaire funéraire qui puise dans la sexualité et l'environnement contemporain. Ces statues sont le prélude à une architecture funéraire encore plus élaborée, celle des **Gia Rais**, dont on voit un modèle réduit de tombe ainsi que quelques statues. **Chams**, **Hoas** et **Khmers** sont chacun évoqués par des objets emblématiques de leur culture : charrette pour le transport des jarres, dragon du Nouvel An et soie ikatée.

La visite continue vers d'autres horizons. Au rez-de-chaussée d'un bâtiment ouvert en 2014, l'exposition permanente croise les cultures ethniques de l'ensemble de l'**Asie du Sud-Est**. Un métier à tisser miao du sud de la Chine voisine avec un manuscrit religieux du Myanmar sur des feuilles de palmes laquées et une jupe en batik de Malaisie. Dans le domaine des arts du spectacle, les masques expressifs du théâtre de Java représentent princes, divinités ou démons face aux silhouettes du théâtre d'ombres indonésien et aux marionnettes à fil birmanes.

Avant de quitter le musée d'Ethnographie, ne manquez pas de vous promener dans le jardin, parsemé de maisons traditionnelles des minorités du Vietnam. Parmi les plus impressionnantes, celle des Bahnars culmine à 19 m quand celle des E Des s'étire sur 42 m de long.

Carnet pratique

PLAN I (P. 40) ET PLAN II (P. 36-37)

S'informer

Hanoi Tourism Department – PLAN I B2 - *28 Hang Dau - ✆ 09 4133 66 77 - https://tourism.hanoi.gov.vn.*
Une multitude de petites agences de voyage pourront par ailleurs vous renseigner et vous aider à organiser vos excursions.

Adresses utiles

Ambassade/Consulat

Voir p. 442.
Pour l'obtention de visas pour les pays voisins, voir aussi « Sur place de A à Z », p. 442.

Banque/Change

Nombreuses banques avec distributeurs (ATM) et service de change dans les quartiers centraux, notamment dans la rue Hang Bac.

Internet

Tous les hôtels, bars, cafés et agences de voyage disposent d'un accès wifi gratuit pour les clients.

Poste/Téléphone

Poste centrale (BUU DIEN HA NOI) – PLAN I B3 - *75 Dinh Tien Hoang - ✆ (24) 3825 44 03 - 7h30-20h.*
Bureau de poste internationale – *À l'angle de Dinh Tien Hoang et de Dinh Le - 7h30-20h.*

Urgences/Santé

Hanoi French Hospital – PLAN II C5 - *1 Phuong Mai (près de l'hôpital Bach Mai) - ✆ (24) 3577 11 00 - www.hfh.com.vn.* Le mieux équipé avec un service d'urgences 24h/24 (*✆ 24 3574 11 11*).
Hanoi Family Medical Practice – PLAN II A3 - *298 Kim Ma, Van Phuc Compound - ✆ (24) 3843 07 48 - www.vietnammedicalpractice.com.* Consultations en anglais.
Raffles Medical – PLAN II B1 - *51 Xuan Dieu - ✆ (24) 3676 22 22 - www.rafflesmedical.vn.*
Pharmacie Nguyen Luan – PLAN I B3 - *3 Trang Thi - ✆ (24) 3826 86 44 - tlj sf dim. apr.-midi 8h-18h.* Accueil francophone.

Arriver/Partir

En avion

Aéroport international de Noi Bai – PLAN II B1 OU A3 EN DIR. - *À 35 km du centre - ✆ (24) 3886 50 47 - noibaiairport.vn.* L'aéroport dispose de deux terminaux, national et international, reliés par une navette gratuite. Des distributeurs de billets sont à votre disposition dans l'aéroport.
Liaisons avec le centre-ville – Comptez de 25 à 45mn de trajet pour rejoindre le centre-ville. Le plus rapide est de prendre un **taxi** *(18 $ environ, péage compris)*. À l'aller comme au retour, vous pouvez réserver un véhicule auprès d'**Airport Taxi** *(✆ 24 3886 66 66)* ou de **Noi Bai Taxi** *(✆ 24 3886 88 88)* ou via votre hôtel.
Les **navettes de la Vietnam Airlines** *(dép. ttes les 30-45mn de 4h à 21h - 40 000 VND)* vous prennent ou vous déposent à leur bureau, au 1A Quang Trung (à l'intersection des rues Quang Trung et Trang Thi).
Le **bus 86** vous dépose notamment au lac Hoan Kiem ou au terminus de la gare d'Hanoi *(dép. ttes les 45mn de 7h à 22h - 45 000 VND)*.
Des **bus publics** relient aussi l'aéroport au centre-ville *(dép. ttes les 15-20mn de 5h à 22h - 9 000 VND - comptez 1h de trajet)* : **ligne 17** vers la gare routière de Long Bien, dans le centre-ville ; **ligne 7** vers la gare routière de Cau Giay.

Compagnies aériennes –
Air France – PLAN I B3 - *1 Ba Trieu (1er étage) - ✆ (24) 3825 34 84.*
Cathay Pacific – PLAN I B3 - *Hanoi Tower, 49 Hai Ba Trung - ✆ (24) 3822 32 03.*
China Airlines – PLAN I C3 - *Opera Business Center, 60 Ly Thai To - ✆ (24) 3936 63 64.*
Jetstar Pacific – PLAN II C2 - *Vietbank Tower, Ba Trieu 70-72, (8e étage) - ✆ (24) 3974 31 67.*
Malaysia Airlines – PLAN I A3 - *Somerset Grand Hanoi, 49 Hai Ba Trung - ✆ (24) 3826 88 20.*
Singapore Airlines – PLAN I B3 - *17 Ngo Quyen - ✆ (24) 3826 88 88.*
Thai Airways – PLAN II C2 - *Hanoi Lake View Building, 28 Thanh Nien - ✆ (24) 3826 79 21.*
Vietnam Airlines – PLAN I B3 - *25 Trang Thi - ✆ (24) 6270 02 00 - www.vietnamairlines.com.*
VietJet Air – *www.vietjetair.com. Deux agences : 32 Tran Hung Dao* (PLAN I B4) - *✆ (24) 7108 82 68; 80 Ly Thuong Kiet* (PLAN II C3) - *✆ (24) 3941 13 39.*
Air Asia – PLAN II B2 EN DIR. - *345 Kim Ma - ✆ (24) 7307 87 77.*

En bus

Ben Xe My Dinh – PLAN II A3 EN DIR. - *20 Pham Hung - ✆ (24) 3768 55 49.* La plus grande gare de bus de la ville. Dessert le Nord et le Nord-Ouest.

Ben Xe Gia Lam – PLAN II D2 EN DIR. - *9 Ngo Gia Kham - ✆ (24) 3827 15 29.* Dessert le Nord et le Nord-Est.

Ben Xe Giap Bat – PLAN II C5 EN DIR. - *Giai Phong - ✆ (24) 3864 14 67.* Bus pour la baie d'Ha Long, le Centre et le Sud.

Ben Xe Nuoc Ngam – PLAN II C5 EN DIR. - *1 Ngoc Hoi - ✆ (24) 3861 82 64.* Bus pour le Centre.

Ben Xe Luong Yen – PLAN II D4 - *3 Nguyen Khoai - ✆ (24) 3987 48 85.* Dessert notamment Haiphong et l'île de Cat Ba grâce à des billets combinés bus-bateau.

En train

Il existe trois gares à Hanoi, la gare principale, **Ga Ha Noi** (PLAN II C3), étant double.

Ga Hang Co (A Station) – *120 Le Duan (au carrefour avec Tran Hung Dao) - ✆ (24) 3942 36 97 (informations) - guichets ouverts tlj et pour toutes les destinations : 7h30-11h30, 13h30-15h30 (guichet spécial pour les étrangers).* C'est de là que part l'Express de la Réunification, qui dessert le centre et le sud du Vietnam, notamment Hué et Ho Chi Minh-Ville *(pour les horaires, voir p. 455).*

Ga Tran Quy Cap (B Station) – *Située plus au nord, elle est accessible en remontant vers Nguyen Khuyen, puis en tournant dans Tran Quy Cap.* Elle dessert les localités du Nord, notamment Lao Cai (d'où vous pouvez rejoindre Sapa ou passer en Chine direction Kunming *via* Hekou).

Ga Long Bien – PLAN II D2 EN DIR. - *sur la rive est du fleuve Rouge - ✆ (24) 3826 82 80.* Dessert Haiphong et certaines localités du Nord, telles que Viet Tri, Yen Bai et Lang Son.

Transports

Pour arpenter Hanoi, que vous soyez piéton ou motocycliste, vous devez connaître quelques règles pour vous mettre au diapason de la circulation. Soyez prudent au détour d'une rue, car vous risquez de tomber nez à nez avec un véhicule qui aurait pris son virage à la corde. Si vous roulez, essayez de freiner le moins possible et d'adopter la fluidité d'un mouvement qui n'est jamais trop rapide. Si vous marchez, faites confiance à la capacité d'anticipation : ne ralentissez surtout jamais au milieu de la route et ne vous arrêtez pas avant d'avoir atteint le trottoir opposé. Il existe des feux et quelques passages protégés, mais, si les voitures s'arrêtent, la circulation des deux-roues continue de s'écouler.

Bus

Les Hanoiens dédaignent ce moyen de transport, peu utile pour se déplacer dans le centre. L'essentiel du trafic concerne la banlieue. Les lignes utiles aux touristes sont les lignes **n° 7** (lac Hoan Kiem, Hang Gai, Hang Bong, Nguyen Thai Hoc, Kim Ma, Cau Giay) et **n° 14** (lac Hoan Kiem, marché Dong Xuan, Quan Thanh, Thuy Khe et musée d'Ethnologie). Vous pouvez télécharger le plan du réseau de bus sur *www.tramoc.com.vn.*
Un ticket coûte de 7 000 à 15 000 VND selon le trajet.

Cyclo-pousse

Inutile de les chercher, ils viennent à vous, avec un talent inimitable pour attirer votre attention.
La course dans le centre, à négocier avant de monter, coûte environ 4 $ et la balade de 1h revient à 10 $.
Les conducteurs de cyclo-pousse connaissent bien la ville et peuvent être de précieux guides, malgré l'obstacle de la langue.
Évitez les heures de pointe pour découvrir Hanoi en cyclo-pousse, au risque de payer pour faire du surplace.

Métro

L'unique ligne (2A) Cat Linh-Ha Dong concerne la banlieue ouest.

Moto-taxi

Le mode de transport le plus **pratique** et un excellent moyen de se familiariser avec le code motard de Hanoi. Adressez-vous directement à l'un des nombreux *« xe om »* (moto-taxi) postés aux carrefours en négociant le prix de la course avant de monter sur la moto.

Taxi

Tous sont équipés d'un compteur qui doit être mis en route lors de la prise en charge (15 000 VND). En journée, vous trouverez sans peine des taxis en maraude pour un trajet en ville. À titre indicatif, un trajet du lac Hoan Kiem à la pagode du Lotus d'Or (lac de l'Ouest) coûte env. 100 000 VND.
ABC – *✆ (24) 3719 19 19.*
G7– *✆ (24) 3232 32 32.*
Mai Linh Taxi – *✆ (24) 3833 33 33.*
Vic Taxi – *✆ (24) 3823 02 30.*

Location de deux-roues

On peut louer un vélo ou une moto dans de nombreux endroits. Le mieux est de vous adresser directement à votre hôtel. Il vous en coûtera de 5 à 8 $/j. selon les modèles ou 70 $/mois. Garez toujours votre scooter ou moto dans les emplacements prévus à cet effet et surveillés.
Cuong Motorbike Adventure – PLAN II D5 EN DIR. - *122 Pho Vinh Tuy - ✆ 09 1876 35 15 - www.cuongs-motorbike-adventure.com.* Propose des tours à moto.
Duc Chi – PLAN I B1 - *37 Ta Hien - ✆ 09 1506 60 96.* Motos et vélos.
Rent a Bike – PLAN II B1 - *Alley 52, 27 To Ngoc Van - ✆ 09 0439 24 23 - www.rentabikevn.com.* Peut organiser des tours à moto.

Location de voiture avec chauffeur

Location dans les agences d'excursions *(voir « Visite », ci-dessous).* Il existe des forfaits pour les itinéraires classiques, mais on peut aussi louer une voiture à la journée. Pour un itinéraire sur plusieurs jours, prévoyez de 60 à 100 $/j. selon le véhicule.

Visite

Agences de voyage

De nombreux hôtels représentent des voyagistes et proposent les mêmes services. La concurrence étant féroce, comparez les prix et demandez la catégorie des hôtels prévus.

ACA Voyage – PLAN II C3 - *10B Tong Duy Tan - ✆ (24) 3942 97 24 - www.aca-voyage.com.* Cette agence franco-vietnamienne propose des voyages personnalisés.

Far Eastour – PLAN II B3 - *20 Dinh Dai - ✆ (24) 3747 58 77 - www.fareastour.fr.* Une équipe très professionnelle qui organise excursions et circuits sur mesure. Personnel francophone.

Vietindotravel – PLAN II D2 EN DIR. - *TT3.9 Minh Tam Project, Co Linh (dans le quartier Long Bien)- ✆ 09 1330 39 17 - www.vietindotravel.com.* Une équipe sérieuse et expérimentée qui organise croisières et excursions sur mesure au Vietnam, mais aussi en Birmanie, au Laos, au Cambodge et en Thaïlande. Personnel francophone.

Compagnie Bourlingue – PLAN II C2 - *62 Yen Phu - ✆ (24) 3926 27 43 - www.freewheelin-tours.com.* Le spécialiste incontesté du Vietnam à moto. Plus de vingt ans de repérages sur le terrain pour des étapes loin des sentiers battus (tourisme équitable).

Handspan Travel Indochina – PLAN I B2 - *78 Ma May - ✆ (24) 3926 28 28 - www. handspan.com.* La plus sérieuse des agences pour petits budgets.

Happy Luan – PLAN II D2 EN DIR. - *3 Ngo 465 Ngoc Thuy (dans le quartier Long Bien) - ✆ (24) 3871 61 91 - www.happyluan.com.* Une mini-agence dirigée par une Vietnamienne francophone qui se plie en quatre pour ses clients. Propose notamment des excursions à bord de bateaux privés sur la baie de Ha Long.

Motaïba Indochina Travel – PLAN II B1 - *17/1/22 Au Co - ✆ (24) 3512 35 74 - www.motaiba.com.* Cette agence créée par un Français et une Vietnamienne propose des circuits sur mesure au Vietnam ainsi qu'au Laos, au Cambodge et en Birmanie.

Viet Attitude – PLAN I B1 - *197 Hong Ha - ✆ (24) 3932 36 80 - vietattitude.net.* Dirigée par une équipe franco-vietnamienne, c'est l'une des rares agences à proposer des excursions de qualité en baie de Ha Long. Les circuits s'organisent loin des routes maritimes embouteillées, et le bateau est une superbe jonque fabriquée dans le respect des traditions.

Vietnam Open Tour – PLAN I A1 - *6 Hang Hong - ✆ (24) 3836 42 12.* Pour les petits budgets.

Excursions en deux-roues

Bicycle Tours Hanoi – PLAN I B2 - *33B Gia Ngu - ✆ 09 8109 09 89 - www.bicycletourshanoi.com.* Cette agence propose de sympathiques balades à vélo à la découverte des coins secrets de la ville et de leurs habitants. Excursions à la demi-journée *(1 270 000 VND, matériel, casque et déjeuner inclus).* Également tour au coucher du soleil ou tôt le matin, de 5h30 à 8h *(910 000 VND),* à la rencontre de l'activité des marchés.

Motorbike City Tours – PLAN I A3 - *91 Tho Nhuom- ✆ 09 8840 20 08.* Découvrez la ville depuis le siège passager d'un scooter. Nombreuses formules : demi-journée à travers la ville *(1 330 000 VND),* excursion à la journée dans la campagne environnante ou sortie nocturne avec arrêts « *street food* » *(1 550 000 VND).* Les pilotes sont toujours des femmes.

1

Nos adresses

PLAN I (P. 40) ET PLAN II (P. 36-37)

Restauration

De la *street food* aux restaurants gastronomiques, Hanoi est un bonheur pour les papilles.

Dans les adresses huppées, vous devrez parfois ajouter la TVA (10 %) et le service (5 %) aux tarifs indiqués : la carte le précise.

Vieux Quartier et cathédrale

PLAN I

Premier prix

26 **Banh Cuon Gia Truyen** – A1 - *14 Hang Ga - (24) 3828 01 08 - - 7h-13h, 17h-21h - 45 000/ 75 000 VND.* Cette gargote sert de savoureuses crêpes à base de farine de riz garnies de viande de porc hachée (ou de crevettes) et de champignons noirs.

25 **Hu Tieu** – A2 - *21 Hang Dieu - - 10h-13h, 16h30-0h - 50 000/ 60 000 VND le bol.* Une excellente adresse de trottoir (à partir de 18h) pour goûter le *hu tieu* : les nouilles de riz, saupoudrées de cacahuètes et de viande hachée, sont servies « sèches », accompagnées d'un bouillon parfumé aux tiges de ciboule.

3 **Pho 10** – A2 - *10 Ly Quoc Su - - service continu - 65 000/120 000 VND le bol.* Le bouche-à-oreille a fonctionné : de 11h à 22h, on fait la queue pour déguster un des meilleurs *pho* de la ville. Vue l'affluence, on ne traîne pas à table : on avale sa soupe et on laisse la place aux suivants.

2 **Bun Bo Nam Bo** – A2 - *73-75 Hang Dieu - (24) 3923 07 01 - 70 000/77 000 VND.* Une adresse qui se distingue, comme son nom l'indique, pour ses *bun bo.*

7 **Mr Bay** – A2 - *79 Hang Dieu - - fermé dim. - 100 000/ 240 000 VND.* La salle à l'étage ne désemplit pas. Touristes et locaux s'attablent au coude à coude pour se régaler de succulentes crêpes vietnamiennes *(banh xeo)* garnies de viande, de fruits de mer et de verdure.

15 **Dac Kim** – A2 - *1 Hang Manh - (24) 3828 70 60 - service continu - 85 000/150 000 VND.* L'un des spécialistes du *bun cha.*

9 **Dong Thinh** – A2 - *87 Hang Dieu - (24) 3826 79 43 - service continu - 30 000/65 000 VND le bol.* Spécialiste de l'anguille en soupe aux œufs et aux champignons *(sup luon)*, en salade avec des nouilles de manioc *(mien tron luon)* et du pâté de crabe *(cha cua).*

Budget moyen

5 **Cha Ca La Vong** – A1 - *14 Cha Ca - (24) 3825 39 29 - .* Une institution familiale qui, depuis 1871, se transmet la recette du *cha ca* : une cassolette de poisson, mijoté dans un mélange d'épices et servi avec des nouilles de riz et des herbes aromatiques. Un plat unique (170 000 VND) que l'on déguste au coude à coude, entre amateurs, au premier étage d'une maison-tube du quartier.

28 **Hanoi Food Culture** – B2 - *60 Phat Loc - (24) 6675 55 60 - service continu.* Dans une ruelle pittoresque, une vieille maison signalée par des lampions de couleur invite à goûter une cuisine vietnamienne délicieusement parfumée, comme la cocotte de porc au caramel ou les rafraîchissants rouleaux de Printemps. Rés. conseillée le soir. Demandez une table à l'étage.

12 **Vejo the vege journey** – A2 - *46B Bat Dan - 08 9946 46 46 -10h-21h - fermé dim. - 180 000 VND.* Algues, tofu, chou kale, papaye verte, champignons, nouilles de riz et herbes aromatiques sont les produits phares de ce charmant et délicieux restaurant 100 % végétarien.

Pour se faire plaisir

11 **Garden** – A2 - *36 Hang Manh - ✆ (24) 3824 34 02 - 11h-14h, 17h-22h - 270 000/630 000 VND.* Excellente cuisine vietnamienne, dont la préparation et la présentation sont revisitées dans un esprit moderne. À savourer dans un rafraîchissant jardin à l'écart du tumulte.

6 **Era** – B1 - *48 Ma May - ✆ (24) 3661 09 99 - www.erarestaurant.com - service continu - 220 000/500 000 VND.* Une belle étape gourmande au cœur de l'animation de la vieille ville. Dans un cadre plutôt bistrot, vous trouverez les classiques de la cuisine hanoienne (délicieux *bun cha*), préparés et présentés avec soin. Excellent service.

4 **Duong's** – A2 - *27 Ngo Huyen (autre adresse au 101 Ma May) - ✆ (24) 3636 45 67 - www.duongsrestaurant.com - service continu - 265 000/595 000 VND.* Son passage dans le « Top Chef » local a fait de Hoang Duong une vedette de la gastronomie vietnamienne. Une célébrité amplement méritée. Dans une jolie salle, accompagné par un personnel souriant et professionnel, vous pourrez vous délecter des créations du chef, inspirées par ses voyages culinaires à travers tout le pays. Un plat emblématique de son talent et de sa créativité ? Le *cha ca la vong*, un poisson doucement grillé accompagné d'aromates et que l'on roule dans une crêpe de riz. Réservation conseillée.

Ancienne concession française

PLANS I ET II

Premier prix

14 **Nang Tam Vegetarian Restaurant** – PLAN II C4 - *79A Tran Hung Dao - ✆ (24) 3942 41 40 - www.nangtam.com.vn - service continu - menu 65 00/100 000 VND.* La cuisine vietnamienne revue à la mode bouddhiste, où tofu et champignons remplacent la viande. Essayez les boulettes *tuyet hoa*, le chou farci *bap cai nhoi* ou les nems végétariens, un régal.

Budget moyen

21 **Hanoi Gourmet** – PLAN I B4 - *6T Ham Long - ✆ (24) 3943 10 09 - www.hanoigourmet.com - fermé dim. - service continu.* Ambiance de bar à vin pour un choix de quiches, de sandwiches et autres viennoiseries, à conclure avec une tarte ou un yaourt.

9 **Quan An Ngon** – PLAN II C3 - *18 Phan Boi Chau - ✆ 09 0212 69 63 - www.quananngon.com.vn - service continu.* Une bonne introduction à la cuisine vietnamienne de rue. Vous ferez le tour des différents stands, chacun ayant ses spécialités, avant de vous installer dans la cour ou à l'intérieur d'une belle villa coloniale. Toujours très animé.

8 **Quan Nhau Tu Do** – PLAN I A3 - *68 Tho Nhuom - ✆ 09 8419 19 31 - www.quannhautudo.com - service continu - 200 000/400 000 VND.* Ambiance plutôt jeune et sympathique, animée en soirée, dans ce restaurant où vous pourrez tester des spécialités aussi « exotiques » que de la tête de poisson au riz fermeté, de la tortue grillée ou de la carpe braisée aux légumes fermentés. Le tout servi dans un grand jardin ou dans une salle cosy plus intime.

Pour se faire plaisir

5 **Cay Cau** – PLAN I C4 - *De Syloia Hotel, 17A Tran Hung Dao - ✆ (24) 3824 53 46 - www.desyloia.com - plats 250 000/1 800 000 VND.* Le restaurant de l'hôtel De Syloia est logé dans une très chic demeure coloniale. Sa carte propose une anthologie de la cuisine vietnamienne, avec une petite préférence pour les traditions de Hué et du Sud, présentées de manière extrêmement raffinée.

30 **The Moose and Roo Smokehouse** – PLAN I B3 - *21 Hai Ba Trung - ✆ (24) 3939 24 70 - service continu - 375 000/ 825 000 VND.* On s'installe en extérieur, sous une toiture traditionnelle en bois et feuilles de palme, pour manger grillades au barbecue et burgers dans la pure tradition US. Carte de cocktails si on veut se contenter d'un verre.

Une folie

18 **La Badiane** – PLAN II C3 - *10 Nam Ngu - ✆ (24) 3942 45 09 - formule déj. 620 000 VND, menu 1 690 000 VND.* Dans le cadre élégant d'une ancienne demeure coloniale, le chef Benjamin Rascalou régale ses convives avec sa cuisine française qui fusionne avec les saveurs des épices et des herbes du Vietnam.

20 **La Table Hanoia** – PLAN I C3 - *12 Ly Dao Than - ✆ 09 0406 76 86 - www.latablehanoia.com - formule déj. 690 000 VND, menus à partir de 1 490 000 VND (+ 15 % de taxes).* Dans le cadre luxueux du Press Club, à l'esprit 1920, le chef vietnamien Dao Van Son concocte une cuisine gastronomique internationale à laquelle il apporte sa touche asiatique. La carte des vins compte plus de 600 références !

21 **Le Beaulieu** – PLAN I C3 - *Sofitel Legend Metropole, 15 Ngo Quyen - ✆ (24) 3826 69 19 - ww.sofitel-legend-metropole-hanoi.com - 11h30-14h30, 18h-22h - fermé à midi le w.-end - menu 1 800 000/3 800 000 VND.* Le brunch du dimanche est ici un *must* : on profite d'un buffet inventif et original, concocté avec les produits les plus frais. Réservation indispensable.

Parc Lénine

PLAN II

Premier prix

10 **Bun Thit Nuong** – PLAN II C4 - *3 To Hien Thanh - ✆ (0165) 944 00 30 - service continu - plats env. 25 000/45 000 VND.* Un restaurant spécialisé dans la gastronomie de Hué. Essayez notamment le *bun thit nuong* (vermicelles de riz au porc grillé avec herbes et salade) ou le *banh xeo* (galette à base de farine de riz et de curcuma garnie de viande de porc, de crevettes et de haricots mungo).

Temple de la Littérature

PLAN II

Budget moyen

19 **Koto** – B3 - *39-41 Van Mieu - ✆ (24) 6686 77 36 - www.koto.com.au - 10h-14h, 16h-20h - 300 000 VND.* On se régale de salade de papaye verte et de poisson cuit dans une feuille de bananier. Cadre agréable et service attentionné. Entreprise sociale depuis sa création en 1999, Koto forme et emploie de jeunes Vietnamiens défavorisés.

Lac Tay (lac de l'Ouest)

PLAN II

Premier prix

Vous trouverez d'excellentes guinguettes *oc tom ca* (escargots, crevettes et poissons) dans la **rue Phu Tay Ho** (B1). Plutôt que les *banh tom* (beignets de crevettes), fades et décevants, essayez le *ca qua nuong*, le poisson grillé à la mode du Sud, à déguster roulé dans une crêpe de riz avec de la banane verte, de l'ananas, du concombre, des herbes aromatiques et des vermicelles. Goûtez aussi aux *oc hap la gung*, les escargots à la mode de Hanoi, farcis de citronnelle.

Budget moyen

13 **Cua Hang An Uong Mau Dich** – C2 - *37 Nam Trang - ✆ (24) 3715 43 36 - plats env. 200 000 VND.* Témoin d'une certaine nostalgie des Vietnamiens pour l'époque socialiste des années 1970-1980, ce restaurant, situé sur la presqu'île de Truc Bach, mérite le détour, ne serait ce que pour son décor

d'objets désuets : vélo, vaisselle en fer-blanc, postes de radio, machines à coudre. Vous achetez des tickets de rationnement au serveur. Ils vous sont ensuite échangés contre vos plats ! Cuisine rustique savoureuse ; signe que cette période ne rappelle pas que des bons souvenirs à ceux qui l'ont vraiment vécue, la clientèle vietnamienne est plutôt jeune.

Pour se faire plaisir

16 **Maison de Têt Décor** – B1 - *26 Quang Ba - ✆ (24) 3823 97 22 - 8h-20h - 280 000 VND.* À deux pas du lac de l'Ouest, dans un quartier calme prisé des expatriés, on vient bruncher dans une jolie maison coloniale. Légumes et fruits proviennent de la ferme familiale. Les intolérants au gluten pourront goûter à l'excellent gâteau citrouille et graines de chia.

17 **Home Hanoi** – C2 - *34 Chau Long - ✆ (24) 3938 26 88 - menu à volonté 409 000 VND.* Dans ce sympathique quartier à l'écart de la foule, une belle villa coloniale, joliment réaménagée dans un esprit contemporain, accueille une bonne table gentiment bobo. Les grands classiques vietnamiens sont revisités dans une présentation moderne. *Pho* de bœuf très réussi ou crevettes marinées et grillées. Musique certains soirs.

Petite pause

Héritage français oblige, le café est une institution, du *ca phe den* au café chic. Les cafés hanoiens traditionnels sont ouverts de 6h à 22h, tandis que les cafés chics ouvrent plus tard.

Vieux Quartier et cathédrale

PLAN I

Loading T Café – A2 - *8 Chan Cam (1er étage) - ✆ 09 0334 20 00 - 8h-18h.* L'emblématique café à l'œuf de Hanoi, les jus de fruits frais et le *coco latte* se sirotent dans une maison coloniale dont l'allure un peu décatie fait tout le charme. Chansons françaises en fond sonore.

Tranquil Books & Coffee – A2 - *5 Nguyen Quang Bich - ✆ 39 504 90 75 - 9h-17h.* Portant parfaitement son nom, ce café à l'ambiance délicieusement surannée propose une halte au calme et un excellent cappuccino.

Café Lam – B2 - *60 Nguyen Huu Huan - ✆ (24) 3824 59 40 - 7h-22h.* Malgré la disparition de son créateur *(voir p. 38)*, ce café typiquement hanoien a conservé son atmosphère. L'esprit du lieu est entretenu par la famille de M. Lam, ainsi que la qualité exceptionnelle de son café. On peut aussi consommer bière et citron pressé.

Café Kinh Do – A2 - *252 Hang Bong - ✆ 09 1659 60 30 - 6h30-22h.* Pour un petit-déjeuner à la française, avec des croissants et un accueil chaleureux. Petite restauration franco-italo-vietnamienne.

Thuy Ta Café – B2 - *1 Ly Thai To - ✆ (24) 3828 81 48 - thuyta.vn/en/thuy-ta-legend - 6h-23h.* Établissement chic, en terrasse sur le lac. Café à la mode vietnamienne, espresso ou cappuccino, pâtisseries et glaces.

Nola Café – B2 - *89 Ma May - ✆ 09 7773 88 35 - 10h-23h30.* Charmant café situé en plein cœur du Vieux Quartier mais à l'écart de l'agitation de la rue. On y accède par un couloir étroit qui débouche sur une maison atypique offrant une multitude de niveaux et une décoration hétéroclite.

The Note Coffee – B2 - *64 Luong Van Can - ✆ 09 7519 44 66 - 8h-22h (sf lun. 18h).* Juste à côté du lac Hoan Kiem, on s'offre une pause café ou smoothie dans une maison de trois étages dont tous les murs, bancs et chaises sont recouverts de petits messages laissés par les clients. Une vraie curiosité. Crayons et post-it sont à disposition sur les tables. À vous de laisser la trace de votre passage!

Ancienne concession française

PLAN I

Bamboo Bar – C3 - *15 Ngo Quyen - ☏ (24) 3826 69 19 - www.sofitel-legend-metropole-hanoi.com - 6h-23h.* Le bar de l'hôtel Sofitel Legend Metropole est idéal pour prendre un verre au bord de la piscine.

Lac Tay (lac de l'Ouest)

PLAN II

Manzi Hanoi – C2 - *14 Phan Huy Ich - ☏ (24) 3716 33 97 - www.manziart.space - 8h-19h.* Installé dans une demeure coloniale, ce café-galerie organise régulièrement des expositions d'art, des concerts ou d'autres événements culturels. À l'étage, sa boutique vend des œuvres de la nouvelle génération d'artistes hanoiens.

Boire un verre

PLAN I

La gamme est vaste dans cette catégorie. Elle commence avec les *bia hoi*, où l'on sert la bière brassée la veille *(20 000 VND le demi)*, et s'achève avec les bars très sélects des grands hôtels, en passant par les bars de la rue Tha Hien, l'épicentre de la vie nocturne dans la vieille ville.

The Hanoi Social Club – A2 - *6 Hoi Vu - ☏ (24) 3938 21 17 - 8h-23h.* Savourez un cocktail ou une bière dans l'atmosphère bohème de cette ancienne maison coloniale aux volets verts. Concerts de groupes locaux le mardi soir. Plats vietnamiens, sandwichs et burgers.

GC Bar – B2 - *5A Bao Khanh - ☏ (24) 3825 04 99 - 19h-0h, vend.-sam. 19h-2h.* Fréquenté par de nombreux Vietnamiens, ce pub, connu pour être LE bar gay de Hanoi, offre une excellente ambiance. Billard gratuit.

Cong Caphe – A2 - *54 Hang Dieu - ☏ 09 1181 11 29 - 7h30-23h30.* Très populaire parmi la jeunesse hanoienne, cette chaîne locale compte une trentaine d'adresses à Hanoi (dont une face à la cathédrale). Ne manquez pas leur spécialité : le café glacé au lait de coco.

Café Pho Co – B2 - *11 Hang Gai - ☏ (24) 3928 81 53 - 8h-23h.* On n'arrive pas dans ce café par hasard... Pour le trouver, il faut traverser une boutique de souvenirs (y compris à moto!). On commande au rez-de-chaussée (jus de fruits, bière ou thé) avant de gravir les escaliers pour jouir de la vue sur le lac Hoan Kiem. Au passage, jetez un œil sur le massif et magnifique autel des ancêtres de la maison.

Laca – A2 - *24 Ly Quoc Su - ☏ (24) 3928 52 09 - 9h-23h.* Terrasse en hauteur, pour prendre un verre en regardant l'animation de la rue. La salle, tout aussi grande, accueille parfois des soirées karaoké.

Pasteur Street Brewing Co – A2 - *1 Au Trieu - ☏ (24) 6294 94 62 - 11h-23h.* Agréable terrasse surplombant la charmante rue Au Trieu pour boire les bières de la brasserie Pasteur (IPA, pale ale, stout), certes beaucoup plus chères que la *bia hoi* (demi à partir de 65 000 VND) mais excellentes! Également des burgers et des snacks à partager.

Shopping

PLANS I ET II

Les boutiques ferment en général vers 19h, plus tard pour les magasins touristiques de Hang Gai.

Artisanat et décoration

Plusieurs boutiques de bambou et rotin bon marché à l'angle de Tran Nhan Tong et de Quang Trung, en face du parc Lénine (PLAN II C4).

CraftHouse – PLAN I B3 - *19 Nha Chung - ☏ (24) 6292 09 19.* Idéal pour remplir sa valise de petits objets artisanaux et souvenirs à prix doux, comme des pailles en bambou.

Collective Memory – PLAN I B3 - *20 Nha Chung - ✆ 09 8647 42 43 - www.collectivememory.vn - 9h30-19h.* Charmante boutique pour rapporter de jolies affiches, des bols en bambou, de petits carnets ou du poivre et du café du Vietnam joliment emballés.

After Glow – PLAN I B3 - *6 Nha Chung - ✆ 09 2969 92 96.* Petite boutique de bijoux signés d'une créatrice vietnamienne.

Vu Gia Gallery – PLAN I B3 - *7 Nha Chung - ✆ 09 6663 98 93.* Portrait d'Ho Chi Minh ou de paysannes révolutionnaires... Vous trouverez ici des copies d'affiches de propagande du Vietnam communiste des années 1960 et 1970. Également une boutique du même type au 16 Hang Bac.

Craftlink – PLAN II B3 - *43-51 Van Mieu (le long du temple de la Littérature) - ✆ (24) 3733 61 01 - www.craftlink.com.vn - 9h-18h.* Cette organisation à but non lucratif tente de promouvoir le commerce éthique et équitable avec des communautés d'artisans du Vietnam. Vous y trouverez notamment des tissus à des tarifs très raisonnables et fixes.

Hanoia – PLAN I B2 - *38 Hang Dao (plusieurs boutiques en ville) - ✆ (24) 3710 08 19 - www.hanoia.com - 8h30-20h.* Séduisante rencontre entre l'art traditionnel de la laque et les design contemporains. Bijoux et objets décoratifs sont présentés dans une maison-tube traditionnelle splendidement restaurée. Cher.

Tan My Design – PLAN I AB2 - *61 Hang Gai - ✆ (24) 3938 11 54 - www.tanmydesign.com - 8h-20h.* Cette boutique haut de gamme spécialisée dans la broderie artisanale fourmille sur trois étages de robes, de foulards, mais aussi de linge de maison, de sacs, de bijoux et d'objets de décoration. Un charmant petit café de l'enseigne Koto se niche à l'intérieur..

Van Tribal Heritage – PLAN I B2 - *26 Hang Be - ✆ 09 8809 31 00.* Artisanat et costumes traditionnels des minorités.

Brûlerie

Café Mai – PLAN II C4 - *52 Nguyen Du - ✆ (24) 3822 77 13 - cafemai.vn.* Choix de cafés du Vietnam, mélangés et torréfiés sur place. Un souvenir idéal pour ceux qui auront apprécié le café vietnamien.

Galeries

Vous trouverez des petites gouaches, xylographies ou aquarelles pour une poignée de dollars, mais aussi des créations contemporaines à 1000 $ et plus.

Apricot Gallery – PLAN I A2 - *40B Hang Bong (voisine de Co Do, près du carrefour avec la ruelle Tam Thuong) - ✆ (24) 3828 89 65 - www.apricotgallery.com.vn.* Très bel espace sur deux niveaux où une cinquantaine d'artistes locaux sont présentés. Exposition très éclectique, à tous les prix.

Mai Gallery – PLAN I A2 - *113 Hang Bong - ✆ 09 0918 08 70.* Peintres contemporains vietnamiens exposant sur quatre niveaux.

Librairies

Les livres photocopiés sont une grande tradition hanoienne qui permet d'acheter quantité d'ouvrages à bon marché. Vérifiez quand même la qualité. On peut en trouver dans l'enceinte du Van Mieu, au kiosque situé près de la pagode au Pilier unique, et dans la ruelle des bouquinistes qui ouvre à hauteur du 47 Trang Tien, près du carrefour avec Hang Bai (PLAN I B3).

Trang Tien Bookstore – PLAN I C3 - *44 Trang Tien - ✆ (24) 3825 78 57.* Au 1er étage, un grand choix de livres étrangers dont quelques

1

ouvrages français : littérature, poésie, méthodes de langue, etc.

Librairie française de Hanoi – PLAN II A3 - *76 Ngo Nui Truc - ✆ (24) 3726 48 96 - www.librairiefrancaisehanoi.com.* Romans, ouvrages de cuisine, livres pour enfants.

Bookworm Hanoi – PLAN II C2 - *44 Chau Long - ✆ (24) 3715 37 11 - www.bookwormhanoi.com - 9h-19h.* Vaste choix de livres neufs et d'occasion, majoritairement en anglais. Une salle est réservée aux ouvrages sur le Vietnam.

Marchés

Bon choix au marché **Dong Xuan** (PLAN I A1), au nord de la ville. Le marché aux tissus **Cho Hom** (PLAN II C4), à l'angle des rues Hué et Tran Xuan Soan, mérite également le détour.

Dans la vieille ville, un immense marché nocturne se déploie le long de la rue Hang Dao les vendredi, samedi et dimanche (un peu d'artisanat, mais beaucoup d'objets de contrefaçon !).

Mode

Indigo Store – PLAN II B3 - *33A Van Mieu - ✆ (24) 3719 30 90 - 8h-19h (mar. 17h).* Cette boutique sociale et éthique, tenue par un couple vietnamo-japonais, propose une sélection de bijoux, de vêtements et d'écharpes ainsi que des sacs en coton, en lin ou en chanvre, teints de manière traditionnelle et inspirés par les habits des ethnies du Vietnam du Nord. À l'étage, vous pouvez assister au processus de broderie ou de teinture des étoffes.

Huulala – PLAN I A2 - *2 Nha Chung - ✆ 09 3890 23 29 - 9h-22h.* Prêt à porter tendance fripe chic.

Ginkgo T-shirts – PLAN I B2 - *44 Hang Be - ✆ (24) 3929 16 39 - ginkgotshirts.com - 9h-21h.* Tee-shirts tendance *made in* Vietnam, en coton bio de bonne qualité, colorés et au design originaux.

Chula – HORS PLAN - *43 Nhat Chieu - ✆ (24) 3710 11 02 - www.chulafashion.com - 9h-18h.* Robes, manteaux, jupes : les créations de ces deux designers espagnols sont toutes plus colorées les unes que les autres. Boutique excentrée dans le quartier de Tay Ho, prisé des expatriés.

L'Atelier – PLAN II B1 - *33 Xuan Dieu - ✆ (24) 3718 67 58.* Robes, chemises, foulards, bijoux, sacs et objets de décoration peuplent cette boutique chic du quartier de Tay Ho.

En soirée

PLANS I ET II

Cinémas

Megastar CGV Vincom Ba Trieu – PLAN II C4 - *Vincom Tower, 191 Ba Trieu (6e étage) - ✆ 1900 60 17.* Films internationaux.

Cirque

Central Circus – PLAN II C4 - *67-69 Tran Nhan Tong (à l'entrée nord du parc Lénine) - ✆ 09 6898 99 85 - rapxiectrunguong.com.*

Club de jazz

Binh Minh Jazz Club – PLAN I B3 - *1 Trang Tien - ✆ (24) 3933 65 55 - minhjazzvietnam.com.* Pour les amateurs de jazz, concert tous les soirs à 21h. Il est possible de s'y restaurer (cuisine internationale).

Concerts

Opéra de Hanoi – PLAN I C3 - *1 Trang Tien - ✆ (24) 3933 01 31 - www.ticketvn.com (réserv. en ligne) - poss. de visite guidée, se rens.*

Nhat Hat Cheo Hanoi – PLAN II C4 - *15 Nguyen Dinh Chieu - ✆ (24) 3845 74 03 - www.nhahatcheovietnam.vn.* Théâtre traditionnel.

Ca Trù Thang Long – PLAN I B1 - *28 Hang Buom - ✆ 3853 67 32 - jeu.*

et sam. à 20h. Concerts de *ca trù*, musique traditionnelle classée au patrimoine de l'Unesco.

Hanoi Rock City – PLAN II B1 - *27-52 To Ngoc Van - ✆ 08 6869 34 93 - www.hrcwelive.com - 16h-0h, sam. 16h-2h.* Un lieu qui soutient les musiques émergentes et la création alternative (danse, *street art*) dans la capitale. Concerts réguliers.

Discothèques

LightHouse Bar – PLAN I B1 - *51 Tu Gian Phuc - ✆ 09 7773 11 12 - 16h-4h.* C'est dans ce club, situé près du fleuve Rouge, qu'il faut aller danser quand tous les autres sont fermés.

1900 Le Théâtre – PLAN I B2 - *8 Ta Hien - ✆ 09 1111 19 00 - entrée payante.* Comme son nom l'indique, le club est installé dans un ancien théâtre : *dance floor* au parterre avec DJs aux platines et bar à chicha au balcon. Un spot plutôt jeune et branché. Programmation sur la page Facebook.

Marionnettes sur l'eau

La traditionnelle représentation de temple est devenue un spectacle à part entière. Les manipulateurs, cachés derrière la scène, actionnent les marionnettes sur l'eau grâce à des perches en bambou, le tout accompagné par un orchestre.

Thang Long Water Puppet Theatre – PLAN I B2 - *57B Dinh Tien Hoang - ✆ (24) 3824 94 94 - www.thanglongwaterpuppet.com.* Cinq représentations (50mn) par jour de 15h à 20h.

Lotus Water Puppet Theater – PLAN I B3 - *16 Le Thai To - ✆ 09 7203 04 20.* Représentation à 17h.

Activités

PLANS I ET II

Cours de cuisine

La plupart des hôtels sont en lien avec des cours de cuisine pour tous les budgets.

Duong Cooking Class – PLAN I A2 - *16A Ly Nam De - ✆ (24) 3636 45 67 - duongcookingclass.com - 55 $ les 4h (transport depuis votre hôtel et repas inclus).* Hoang Duong, vedette de la gastronomie vietnamienne depuis son passage dans le Top chef local, a ouvert son cours de cuisine. Au programme : visite et achat d'ingrédients au marché Dong Xuan, préparation d'un menu de trois plats (chaque jour différent), initiation à la sculpture de fruits puis dégustation de ses œuvres !

Massages/Soins

Yakushi Clinic – PLAN II B1 - *6/28 Xuan Dieu - ✆ (24) 3719 19 71 - www.yakushicenter.com - 8h30-20h - massages (1h) env. 300 000 VND.* Ambiance zen dans ce centre de massage réputé.

Be Welness Spa – PLAN I A2 - *12 Nguyen Quang Bich - ✆ (24) 3923 40 26 - www.bespokehotels.vn - 12h-21h - massages (1h) à partir de 750 000 VND.* Gommages, massages et soins du visage de qualité dans ce salon chic qui jouxte l'hôtel Bespoke & Trendy (30 % de remise pour les résidents).

Patinoire

Vincom Ice Rink Royal City – PLAN II A5 EN DIR. - *72A Nguyen Trai - ✆ (09) 8869 08 08 - www.vincom.com.vn - 170 000 VND, location de patins 30 000 VND.* En hiver seulement.

Piscines

May De Ville – PLAN I B2 - *43-47 Gia Ngu - ✆ (24) 3933 56 88.* Pour se rafraîchir en plein-centre ville. La piscine en terrasse de l'hôtel *(voir p. 67)* est accessible aux non résidents.

Thang Loi – PLAN II B1-2 - *200 Yen Phu - ✆ (24) 3829 42 11.* L'hôtel ouvre sa piscine aux non-résidents.

Yoga

Zenith Yoga – PLAN II B1 EN DIR. - *275 Au Co - ✆ 09 0435 65 61 - 8h-20h,*

1

w.-end 9h-17h. Cours de yoga et de pilates. Ce studio dispose aussi d'un café-restaurant avec plats végétariens.

Hébergement

Hanoi regorge de mini-hôtels bon marché. La climatisation n'est pas un luxe, car elle permet de combattre l'humidité, particulièrement en hiver. Le choix est également vaste parmi les hôtels de catégories moyenne et supérieure, et la quantité pléthorique d'établissements de luxe permet d'y obtenir des tarifs très intéressants.

Vieux Quartier et cathédrale

PLAN I

Premier prix

19 **Hanoi Lucky** – A2 - *11 Ngo Huyen - ✆ (24) 3928 79 89 - ▤ - lit à partir de 350 000 VND, 11 ch. 960 000 VND.* Cette auberge de jeunesse, bien tenue et calme, accueille aussi bien une clientèle étrangère que vietnamienne. Service très attentionné.

2 **Hanoi Buffalo Hostel** – B1 - *44 Hang Giay - ✆ (24) 3936 59 59 - ▤ - lit en dortoir (4 à 12 lits) à partir de 160 000 VND, 12 ch. 800 000 VND.* Une adresse sympathique et décontractée, au confort convenable et à deux pas de la rue Ta Hien. Idéal pour profiter de l'animation nocturne.

Budget moyen

28 **Maison d'Orient** – A2 - *26 Ngo Huyen - ✆ (24) 3938 25 39 - ▤ - 10 ch. 820 000/1 100 000 VND.* Une ravissante maison où chaque objet a été choisi avec soin. L'aménagement et la décoration font la part belle au bois et au carrelage ancien. Certaines chambres n'ont pas de vue dégagée, mais toutes restent accueillantes et chaleureuses. Délicieux buffet au petit-déjeuner, avec confitures maison. Réserv. indispensable.

10 **Cheers Hostel** – A2 - *5 Au Trieu - ✆ 03 7444 45 54 - vietnamcheershostel.com - ▤ - 9 ch. 670 000 VND.* Un petit établissement très agréable, dans la rue qui longe la cathédrale, bordée d'immeubles d'époque coloniale. Accueil jeune et sympathique. Chambres soignées, certaines avec balcon. Pas de petit-déjeuner mais le quartier regorge de cafés.

22 **Hanoi Capital** – A2 - *54-56 Au Trieu - ✆ (24) 3903 45 67 - www.hanoicapitalhotel.com - ▤ - 17 ch. 1 000 000 VND.* Installé dans un bel immeuble Art déco, au pied de la cathédrale, cet hôtel allie décoration contemporaine dans les parties communes et confort cosy dans les chambres avec parquet, lits douillets et balcon pour la plupart d'entre elles.

4 **The Classic Street Hotel & Spa Hanoi** – B2 - *41 Hang Be - ✆ (24) 3825 24 21 - www.classicstreethotelhanoi.com - ▤ ✕ - 32 ch. 830 000 VND.* Étape pratique en plein cœur de la vieille ville. Les chambres sont un peu vieillissantes, mais fonctionnelles et bien équipées. Certaines disposent d'un balcon.

Pour se faire plaisir

3 **Church Boutique Hotel** – B2 - *9 Nha Tho - ✆ (24) 3938 81 19 - www.churchhotel.com.vn - ▤ - 18 ch. 1 200 000/1 600 000 VND.* Ce charmant hôtel propose des chambres de standing au cœur de la ville, dans une rue où se côtoient restaurants, bars et boutiques chics. La petite terrasse au 7e, dont tout le monde peut profiter, offre une vue sur le quartier et l'église.

24 **The Hanoian Hotel** – A1 - *42A Hang Cot - ✆ (24) 3933 11 66 - www.thehanoianhotel.com - ▤ - 30 ch. 1 300 000 VND.* Une excellente option pour profiter de l'animation du centre, tout en

restant à l'écart de la foule. Les chambres sont pimpantes (pour quelques dollars de plus, optez pour les mini suites avec balcon) et le personnel, d'une grande gentillesse, est aux petits soins.

32 **May De Ville** – B2 - *43-47 Gia Ngu - ✆ (24) 3933 56 88 - www.maydeville.com - ▤ ♨ - 110 ch. à partir de 1 300 000 VND ☕.* Excellent confort moderne en pleine vieille ville : lobby vaste comme un hall de gare, chambres fonctionnelles avec parquet et déco inspirée des traditions locales, accueil souriant et professionnel. En prime, une piscine sur le toit-terrasse. Attention, les chambres premier prix n'ont pas de fenêtre sur l'extérieur.

27 **Bonsella** – B2 - *3 Bao Khanh - ✆ (24) 2283 86 66 - www.bonsellahotel.com - ▤ - 26 ch. 1 300 000/1 900 000 VND ☕.* Un hôtel au calme tout en étant à deux pas du lac Hoan Kiem. Chambres confortables, toutes avec fenêtres. Personnel accueillant et serviable.

29 **Dal Vostro** – B2 - *12 Bao Khanh - ✆ (24) 3932 06 66 - dalvostrohotel.com - ▤ ✕ - 35 ch. 1 500 000/2 000 000 VND ☕.* Demandez bien une chambre avec fenêtre dans cet établissement parfaitement tenu et confortable. On déjeune avec vue sur le lac Hoan Kiem et, le soir venu, on peut boire un verre sur le toit ! Parking gratuit pour les motos.

31 **Hanoi Tirant** – B2 - *38 Gia Ngu - ✆ (24) 6265 59 99 - www.tiranthotel.com - ▤ ✕ ♨ - 80 ch. 1500 000/2 000 000 VND ☕.* Avec son imposante façade blanche, cet établissement de standing domine la rue Gia Ngu. Ses chambres décorées et meublées dans un style rococo accueillent principalement une clientèle asiatique huppée. Évitez celles de la catégorie « Classic », sans fenêtre. Rareté dans le Vieux Quartier, une piscine occupe le 11e étage avec vue panoramique sur les toits de Hanoi. Salle de fitness.

13 **Hong Ngoc Dynastie** – A2 - *30-34 Hanh Manh - ✆ (24) 3828 50 53 - ▤ ✕ - 50 ch. 1 650 000/2 100 000 VND ☕.* Très central, sans être bruyant. Les chambres, élégantes, sont dotées d'un mobilier en bois sombre sculpté et de salles de bains modernes avec douches à l'italienne.

25 **Bespoke & Trendy** – A2 - *12 Nguyen Quang Bich - ✆ (24) 3923 40 26 - www.bespokehotels.vn - ▤ ✕ - 50 ch. 1 800 000/2 500 000 VND ☕.* En retrait des rues les plus animées et les plus bruyantes du Vieux quartier, cet hôtel chic affiche une déco chaleureuse et contemporaine. Excellent petit-déjeuner où soupes de nouilles et raviolis côtoient jus de fruit frais, croissants et panacotta.

Une folie

30 **La Siesta Classic Ma May** – B2 - *94 Ma May - ✆ (24) 3926 36 41 - lasiestahotels.vn/mamay - ▤ ✕ - 75 ch. 2 500 000/3 000 000 VND ☕.* L'adresse chic et très courue de cette rue animée du Vieux Quartier. On apprécie notamment sa décoration raffinée, son excellente literie et le buffet du petit-déjeuner, varié et plein de fraîcheur.

Ancienne concession française

PLAN I

Pour se faire plaisir

33 **Conifer** – C3 - *9 Ly Dao Thanh - ✆ (24) 3266 99 99 - coniferboutiquehotel.com - ▤ ✕ - 42 ch. 1 800 000/2 500 000 VND ☕.* Une bonne adresse près de l'Opéra et du lac Hoan Kiem. Les très belles chambres donnent sur une rue peu fréquentée, certaines avec balcon. L'hôtel dispose d'une terrasse au rez-de-chaussée, idéale pour boire un verre en soirée ou déjeuner.

1

5 **De Syloia** – C4 - *17A Tran Hung Dao - ☏ (24) 3824 53 46 - www.desyloia.com - ▤ ✕ - 32 ch. 2250 000/3 000 000 VND ☕.* Une ancienne maison coloniale sert d'accès à l'hôtel proprement dit, installé dans une tour de dix étages avec ascenseur. L'établissement joue la carte de la sobriété élégante, y compris dans les parties communes. Service attentionné et accueil excellent, libre accès à la salle de gym. Réservation indispensable. Très bon restaurant au pied de l'hôtel *(voir Cay Cau, p. 59).*

Une folie

16 **Melia Hanoi** – A3 - *44B Ly Thuong Kiet - ☏ (24) 3934 33 43 - www.melia.com - ▤ ✕ ≈ P - 306 ch. 3 000 000/3 800 000 VND - ☕ 1 000 000 VND.* Le plus de cet hôtel de standing international somme toute assez banal : sa piscine en plein air au 3e étage.

8 **Mövenpick** – A3 - *83A Ly Thuong Kiet - ☏ (24) 3822 28 00 - moevenpick-hotels.com - ▤ ✕ ≈ - 154 ch. 3 300 000/ 4 900 000 VND ☕.* Luxe feutré et cosy dans une architecture néocoloniale. Chambres à l'élégance classique et grandes salles de bains. Centre fitness équipé dernier cri et gratuit pour les hôtes. Clientèle d'hommes d'affaires. Buffet international au déjeuner. Bar très intime ouvert de 16h à minuit. Restaurant extérieur attenant avec barbecue tous les soirs.

21 **Sofitel Legend Metropole** – C3 - *15 Ngo Quyen - ☏ (24) 3826 69 19 - accorhotels.com - ▤ ✕ ♿ ≈ - 364 ch. 7 500 000/ 8 700 000 VND ☕.* Le plus vieil hôtel de Hanoi (1901) a gardé tout son charme. À l'aile « historique », avec ses couloirs feutrés et ses chambres au mobilier colonial, s'est ajoutée l'aile « Opéra » (1996), tout aussi luxueuse, mais dans un esprit plus contemporain. L'hôtel dispose de trois bars, trois restaurants de haute volée (français, italien et vietnamien), d'une piscine... Si vous n'y résidez pas, vous pourrez tout de même vous installer sur la terrasse pour commander un *pompier*, l'apéritif préféré des administrateurs coloniaux (vermouth, crème de cassis, eau gazeuse).

Lac Tay (lac de l'Ouest)

PLAN II

Budget moyen

1 **Dragon Hotel** – B1 - *48 Xuan Dieu - ☏ (24) 3829 29 54 - hanoidragonhotel.com - ▤ ✕ - 25 ch. 650 000/1 300 000 VND ☕.* Après avoir franchi la haie de bambous, vous trouverez des chambres avec vue sur le lac de l'Ouest ou le petit lac Dinh Lien. Un très bon point pour son restaurant en terrasse, sur le lac, cerné de bambous où sont accrochées des cages d'oiseaux chanteurs et creusé d'un bassin où s'ébattent des carpes. Partout, une avalanche d'architecture, de sculptures et de décoration de l'ancien Orient. On regrette seulement la route entre l'hôtel et le lac.

Une folie

6 **Pan Pacific** – C2 - *1 Thanh Nien - ☏ (24) 3823 88 88 - www.panpacific.com - ▤ ✕ ≈ P - 273 ch. 3 100 000/ 4 300 000 VND ☕.* Un hôtel magnifiquement situé dont les chambres bénéficient d'une vue sur les lacs du nord et le fleuve Rouge. Deux restaurants (international et cantonais) et un spectaculaire *rooftop* pour siroter un verre avec vue panoramique sur le lac et la ville.

Vendeur dans les rues de Hanoi.
Pyrosky/Getty Images Plus

Les environs de Hanoi ★★

Route n° 1, route n° 2, route n° 6… les nationales qui quittent Hanoi en étoile traversent sur des dizaines de kilomètres le même décor de vilains bourgs, dont les maisons arborent des façades très étroites. Pour trouver les vieilles pagodes enluminées de pourpre et d'or, il faut s'en aller par les chemins de traverse. Alors se déroule le panorama de la campagne du Bac Bo, la région Nord. On roule sur les digues, au-dessus d'une mer de riz où s'échouent des tombeaux blêmes que les pluies marbrent de gris. Parfois, le porche d'un temple crève le ciel bas comme un devant de scène, avec ses tigres aux airs de matous, ses éléphants à la peau plissée et au sourire débonnaire et, tout là-haut sur le faîte, un passage de dragons filiformes qui se disputent une perle. Sur les rives des fleuves, les briqueteries composent des agglomérations de nefs pareilles à des églises en ruine.

Se repérer

CARTE AB1-2 (P. 30-31) - CARTE DES ENVIRONS DE HANOI (P. 72).

Provinces de Ha Tay, Bac Ninh, Hung Yen et Vinh Phuc.

À ne pas manquer

La pagode de l'Empreinte parfumée à la saison des pèlerinages ; les pagodes Tay Phuong et Tram Gian, en harmonie avec le paysage ; les statues de la pagode But Thap.

Organiser son temps

Ces excursions se font en 1 j. au départ de Hanoi. Il n'y a pas de bus : louez une voiture avec chauffeur ou recourez aux excursions organisées par les agences de Hanoi. Avis aux photographes : à la mi-mai et la mi-novembre, les rizières sont moissonnées et la plaine devient une friche de terre brune.

Circuits conseillés

★★ Pagodes de l'Ouest CARTE P. 72

Comptez une grosse demi-journée.

★★ Pagode Thay (PAGODE DU MAÎTRE)

Dans le village de Sai Son, à 24 km à l'ouest de Hanoi par la voie express en dir. de Hoa Binh ; à Yen Son, prenez à droite la sortie Sai Son/Quoc Oai et continuez sur la route 421B sur 2 km. 8h-17h - 10 000 VND.

Une colline karstique reflétée dans une pièce d'eau, plusieurs fondations religieuses et une grotte-sanctuaire font de cet ensemble une montagne des Parfums miniature *(voir p. 74)*, à la seule différence que l'endroit se visite à pied et non en bateau. Les lieux sont tout entiers dédiés à la mémoire du bonze magicien Tu Dao Hanh, moine célèbre sous le règne de Ly Nhan Tong (1072-1128). Né dans les environs de Hanoi, il prit la robe sur cette colline. Devenu moine, il passa sous la protection d'un prince de la famille royale qui désespérait d'avoir un fils. Le patriarche

La pagode Thay.
Vu Viet Dung/Getty Images Plus

lui en promit un, et lui assura de plus que cet enfant serait sa « réincarnation ». La prédiction se réalisa : l'enfant régna de 1128 à 1138 sous le titre de Ly Than Tong.

La **pagode de la Félicité céleste** (CHUA THIEN PHUC), plus communément appelée la pagode du Maître, s'étend au pied de la colline. Fondée au 11e s. et restaurée au 15e s., elle se compose de trois longues salles parallèles, bâties en bois sur une haute terrasse en schiste bleuté et entourées de galeries où les pèlerins peuvent se reposer. Leurs courettes, agrémentées de plantes en pot, sont balayées chaque jour par des nonnes en habit brun. Vous pénétrez d'abord dans la salle dédiée au culte de Tu Dao Hanh et de sa réincarnation. Devant l'autel central, où siège le bouddha Amitabha encadré de deux bodhisattvas, est assise une statue du Maître, enveloppé dans la robe jaune monastique et coiffé de la tiare en forme de lotus des vénérables. Le piédestal en pierre sur lequel il est posé est délicatement sculpté d'un lion portant un lotus. À sa droite, un second autel est consacré à la tablette de sa réincarnation, le roi Ly Than Tong. Vous accédez ensuite aux salles consacrées aux offrandes et au culte du Bouddha.

Le temple est bordé par l'**étang du Dragon**, un plan d'eau qu'enjambent deux petits ponts couverts où s'abritent les marchandes d'encens. Le pavillon au centre du bassin était utilisé autrefois pour les représentations de marionnettes sur l'eau.

Un rude sentier grimpe sur la colline *(attention, les dalles sont très glissantes lorsqu'il pleut)*. Il débouche au sommet, 100 m au-dessus de la plaine, sur une petite cour rocheuse naturelle offrant un magnifique panorama sur le Song Day. Un pavillon protégeant une statue moderne de Quan Am marque l'emplacement du **temple Cao**, où Tu Dao Hanh prit la robe.

Le sentier se poursuit à travers la colline pour descendre vers la **grotte Cac Co**, un antre sombre et profond, lieu de rencontre des amoureux durant la fête du site, le 7 du 3e mois lunaire.

Un chemin bordé de vieux arbres monte enfin vers le **Temple supérieur** et la **grotte du Vent**, un corridor rocheux où s'engouffrent les courants d'air. Du Temple supérieur, vous pouvez redescendre sur le versant ouest vers la **pagode au Toit**

unique (CHUA MOT MAI), ainsi nommée car, contrairement à l'usage, sa toiture n'a qu'une pente, l'arrière du temple s'adossant à la colline.

★★ Pagode Tay Phuong

À 29 km à l'ouest de Hanoi par la voie express en dir. de Hoa Binh ; empruntez la sortie Duong 80 et prenez à droite sur la route 419 puis, à Nga Tu Cau Lieu, à gauche sur Thach Xa. 7h-17h30 - 10 000 VND.

Il faut gravir 235 marches en latérite pour atteindre cette pagode de la fin du 18e s. à l'architecture des plus étonnantes. Trois salles massives aux murs de brique percés d'*oculi* portent chacune une toiture hardiment recourbée surmontée de dragons. Mais si les charpentes témoignent de la virtuosité de la sculpture décorative vietnamienne, la pagode est réputée pour les **statues en bois laqué★★★** qui occupent ses autels, toutes exécutées dans un style réaliste et expressif.

Vous pénétrez dans la première salle où un détachement de guerriers-gardiens brandissent leur arme de manière suggestive. Au centre, Quan Am déploie ses mille bras, encadrée de suivantes aux mains graciles. Dans la deuxième salle, **un bouddha ascète★★★** est campé comme un homme entre deux âges, au corps noueux, au milieu de disciples en robe brune et de fonctionnaires serrant leur tablette. La troisième salle est dominée par une trinité bouddhique, précédée des **Huit Juges des Enfers**. Tout autour, **Seize Patriarches★★★** se dressent, se grattent, rient et agitent leurs mains, poursuivant une conversation sans fin.

Vous pouvez redescendre par un autre chemin, qui dessert d'autres pagodes récemment relevées et traverse le village de Yen, puis revenir à votre point de départ en contournant le pied de la colline.

Revenez sur la route de Hoa Binh et suivez-la sur 6 km avant de prendre à gauche en direction de Chuc Son et de Ha Dong. Environ 2 km plus loin, une très mauvaise piste traverse le village de Tien Phuong. La pagode s'élève sur une colline à 3 km.

★ Pagode Tram Gian (PAGODE AUX CENT ENTRECOLONNEMENTS)

Dans le village de Tien Phuon, à 27 km au sud-ouest de Hanoi par la voie express en dir. de Hoa Binh, puis à gauche les routes 72/70A et 419. Entrée payante.

Des volées de marches serpentent sur une colline basse plantée de vieux arbres, où s'échelonnent, en harmonie avec le paysage, tour de la Cloche, pavillon de la Stèle et temple proprement dit.
Les salles sobres, aux volumes amples, ont été repeuplées d'un panthéon moderne qui luit à peine dans la pénombre, sous les lourdes toitures. Tout ici respire les vertus bouddhiques d'austérité et de renoncement. Fondé au début du 13e s., l'ensemble fut remanié à maintes reprises et date, dans son état actuel, de la fin du 18e s.
Vous pouvez faire demi-tour ou rentrer à Hanoi par la RN 6 via *Chuc Son et Ha Dong.*

Le long du Song Duong (CANAL DES RAPIDES) CARTE CI-CONTRE

Circuit de 99 km au départ de Hanoi, tracé en rouge sur la carte des environs de Hanoi ci-contre - Comptez une demi-journée.
Quittez Hanoi par la route de Bac Ninh-Lang Son (RN 1A) qui franchit le fleuve Rouge sur le pont Chuong Duong. Dinh Bang est situé à 18 km au nord-est de Hanoi. Les deux temples sont accessibles par un chemin, à la sortie du village sur la droite.

★★ Dinh Bang

Ce riche village du delta est célèbre à deux titres. Berceau des rois Ly (1009-1225), il abrite leur temple dynastique, le *den* Do, ainsi qu'une maison communale financée par la commune de Dinh Bang au milieu du 18e s., le *dinh* Dong Khang, dont l'ornementation de bois sculpté est sans égale.
Entouré d'étangs, le **dinh Dong Khang★★** *(8h-17h - gratuit)* est posé sur une terrasse de schiste. Sa **toiture★★** est à elle seule un morceau de bravoure de charpentier : elle occupe les deux tiers de l'élévation du temple et repose sur 60 colonnes de bois de fer. Les caissons du plafond déploient des entrelacs de fleurs, de dragons et autres chimères tirées du bestiaire chinois, taillés dans des bois précieux. Les autels des deux extrémités, dédiés aux divinités tutélaires de Dinh Bang (les génies de la Terre, de l'Agriculture et de l'Eau), sont surélevés sur des pilotis, à la différence des autres *dinh* du delta, tous construits sur terrasse et colonnes à la mode chinoise. Ce dispositif trahit l'inspiration ancienne de cet édifice du 18e s. Lors de la retraite de 1954, des Français tentèrent de détruire le temple en tirant les pilotis avec des chaînes, mais l'orgueil de Dinh Bang tint bon. La fête du *dinh*, accompagnée de représentations d'opéra traditionnel, a lieu chaque année le 12e jour du 2e mois lunaire.
À 500 m de là, le **den Do** *(7h-17h - gratuit)* n'a pas, quant à lui, résisté aux ravages de la guerre d'Indochine. Détruit en 1950, il a été relevé en 1990 pour perpétuer le culte de la quatrième dynastie nationale. La fête célébrée chaque année en son honneur, le 15e jour du 3e mois lunaire, est un spectacle inouï. Venus de tout le delta, les Vietnamiens représentent toute la société du temps des cours royales, dans une grande procession à travers les rizières.
Poursuivez jusqu'à Bac Ninh (27 km de Hanoi) et prenez à droite, au premier carrefour, en direction de Pha Ho (14 km) où vous traversez en bac le canal des Rapides (Song Duong). Parvenu sur l'autre rive, suivez la direction de Dinh To par une piste tracée sur la digue et traversez le village de Lang.

★★★ Pagode But Thap (PAGODE DE LA POINTE DU PINCEAU)

7h-18h - 30 000 VND.
On pénètre dans cet ensemble du 17e s., construit sur une levée de terre au milieu des rizières, en traversant le pavillon de la Cloche sous la garde de guerriers de terre émaillée. Devant l'entrée, des calligraphes font la démonstration de leur art. Vous passez deux pavillons avant d'atteindre le sanctuaire principal.

1

Les **statues en bois laqué★★★** disposées sur les autels de la salle principale sont de purs chefs-d'œuvre de l'art vietnamien. À droite d'une trinité bouddhique, **Quan Am aux mille bras** émerge de l'eau, assise sur un lotus que porte un dragon. Cette pièce majeure fut exécutée en 1656 par un dénommé Truong. À gauche, un **bouddha ascète** est en position de méditation.

À l'arrière, un petit pont de pierre conduit à un pavillon à étages, construit autour d'une **tour** en bois sculpté qui pivote sur un axe. Les panneaux qui la composent déroulent la vie du Bouddha en scènes de sermons et d'assemblées de saints personnages.

Dans la cour latérale, à droite, s'élève l'édifice qui a donné son appellation populaire à la pagode : une **pagode funéraire**, construite en 1646 par une reine de la dynastie des Trinh en l'honneur du vénérable Chuyet Chuyet. Sa base en pierre est ornée de **bas-reliefs animaliers★★** traités avec beaucoup de saveur : des singes s'amusent à déloger un nid d'oiseaux, un couple de lions joue avec une balle, tandis que crabes et carpes s'ébattent parmi les vagues.

Retraversez le village de Lang pour trouver à droite la direction « Chua Dau ». La pagode de Dau est située dans le village de Thanh Khuong.

★ Pagode de Dau

La région de Dau est l'une des plus anciennes terres bouddhistes du Vietnam. Cette pagode, de son vrai nom Phap Van (« Nuage du Dharma »), aurait été fondée au début de l'ère chrétienne et aurait reçu la visite de missionnaires indiens. À la fin du 6e s., un moine venu de Chine y établit la secte du Dhyana.

L'édifice fut entièrement reconstruit au 14e s. et conserve dans la salle principale des sculptures sur bois du temps des Tran et des Le. Dans la cour s'élève une puissante **tour** en brique où sont suspendus le gong et la cloche en bronze, sous la garde des quatre statues des dieux des Orients. L'autel principal est dédié à Dame Nuage du Dharma, précédée de deux autres déesses : Dame Pluie du Dharma et Dame Lumière du Dharma. Ces trois statues laquées de rouge datent du 18e s. Des jeunes filles vêtues de la tunique à longs pans et du turban traditionnel assistent ces divinités féminines du bouddhisme.

Retournez vers Hanoi, via *Kim Son (7 km) où vous récupérez la RN 5. Juste avant le pont Chuong Duong, prenez une route sur la gauche. Bat Trang est situé à environ 8 km du centre de Hanoi.*

Bat Trang

Depuis des générations, ce village est spécialisé dans la **céramique**, en particulier les « bleu et blanc » *(voir « Artisanat », p. 372)*. Vous pouvez découvrir les techniques de fabrication dans les ateliers et acheter les produits finis dans de nombreux magasins sur place.

★ Montagne des Parfums (HUONG SON) CARTE A2 P. 30-31

▶ *À 59 km au sud-ouest de Hanoi. Quittez Hanoi par la route de Ha Dong (6 km), puis prenez à gauche en dir. de Van Dinh (25 km). À la sortie de Van Dinh, tournez à droite vers Cho Ben (13 km). Quelques kilomètres plus loin, un panneau indique « Chua Huong 10 km » par une petite route sur la gauche. À la sortie du village de Doc Tin, vous devez acquitter un droit d'entrée de 80 000 VND, puis payer le bateau (environ 50 000 VND), ainsi que le pourboire des rameuses, qui vous sera réclamé avec véhémence. L'embarcadère et le parking sont situés 1 km plus loin. Comptez une journée.*

La légende rapporte que Dieu Tien, une princesse bouddhiste, choisit le mont des Parfums pour retraite, afin d'expier les égarements d'un père cruel. À l'issue

La montagne des Parfums.
C. Boisvieux/hemis.fr

d'une vie pieuse et charitable, elle connut l'Illumination et se réincarna sous la forme de Quan Am, le bodhisattva compatissant. Ce massif aux contours escarpés devint le pèlerinage le plus célèbre du delta, lorsqu'en 1686, sous la dynastie des Le, le moine Huyen Quang orchestra restaurations et agrandissements. Depuis, le voyage saint à la montagne des Parfums est perpétué chaque année pendant les deux premières lunes *(en fév.-mars ou mars-avr.)*. Au fil des siècles, ses pentes et les berges de la rivière Yen ont vu naître temples, pagodes et chapelles qui sont autant d'étapes pour les fidèles sur le chemin de la **pagode de l'Empreinte parfumée**, une immense grotte où stalactites et stalagmites forment candélabres et autels naturels. Mystère et mysticisme imprègnent ces lieux, où résonne l'écho mélancolique du cri des gibbons.

Au fil du Song Yen

Un sampan (petite barque) mené à la rame vous conduit en 1h au pied de la montagne située à 5 km de l'embarcadère, mais, selon les règles du pèlerinage, il convient de faire une escale au **temple des Présentations** (DEN TRINH) pour demander au génie-gardien des lieux la permission de poursuivre le voyage. De vieilles femmes, vêtues à l'ancienne mode impériale version Nylon, font répéter les paroles des prières et règlent le protocole du rituel : il faut se présenter successivement devant les trois autels, en brandissant des deux mains au-dessus de la tête un plateau de gâteaux, de fruits et de monnaie votive. Le dieu est invisible, dissimulé par un écran. Une fois cette formalité accomplie, on remonte en barque pour la plus jolie partie du parcours, quand la rivière sinue au pied des **pitons karstiques** qui découpent l'horizon. Durant les deux mois de pèlerinage, le train des embarcations est continu. Elles sont chargées d'une population essentiellement féminine, silhouettes vêtues de brun et de noir, les cheveux serrés dans un bandeau, chantant des hymnes à Quan Am, blotties à vingt ou trente dans un bateau où dix Occidentaux tiennent à peine. Arrivées au pied de la montagne, elles se déploient à l'assaut du chemin escarpé qui conduit à la grotte.

Ascension de la montagne des Parfums

Comptez 2h pour gravir les 2,5 km du chemin qui mène à la grotte. Vous pouvez également emprunter un téléphérique (120 000 VND AS) jusqu'au sommet, d'où 120 marches descendent à la pagode de l'Empreinte parfumée.

Empruntez de préférence le sentier au retour, car le trajet en téléphérique offre des vues splendides.

Le sentier est bordé, durant la saison de pèlerinage uniquement, de stands où l'on peut boire, manger ou acheter des objets de piété. Durant ces deux heures, vous gravirez le chemin au milieu d'une foule compacte. Surveillez votre porte-monnaie, car la sainteté des lieux ne trouble pas les pickpockets. Évitez les jours ou lendemains d'averse, le chemin se transformant alors en un cloaque dangereusement glissant. Vous pouvez néanmoins vous équiper à la mode locale en achetant une canne à sucre : elle fera office de canne de marche avant de vous rafraîchir de son suc.

La **pagode de l'Antichambre du Ciel** (CHUA THIEN TRU) constitue une première halte. Détruite en 1947, elle fut reconstruite pour abriter une statue en pierre de Quan Am de près de 3 m. À l'entrée, un tripode géant en bronze reçoit les offrandes d'encens, tandis que dans un jardin attenant s'élèvent quelques pagodes funéraires. De temps à autre, des sentiers s'écartent du chemin pour conduire tantôt à des grottes célèbres pour leurs concrétions calcaires, tantôt à des oratoires, tels la **pagode Tien Son**, où Quan Am trône en compagnie de ses sœurs, la **pagode Giai Oan** et le **temple Cua Vong**, où l'on rend un culte à la déesse de la Montagne.

Pagode de l'Empreinte parfumée (CHUA HUONG TICH)

Parvenu au sommet, vous franchissez tout d'abord un portique arborant le titre de « première grotte sous le ciel méridional » que lui conféra un seigneur Trinh en 1770. Cent vingt marches vous conduisent ensuite vers l'antre obscur. Dans ce sanctuaire pétrifié, la fantaisie des concrétions compose des tableaux étranges. L'un d'eux, baptisé mont Thieu Nhi, semble héberger dans ses replis des effigies d'enfants, que caressent les femmes désireuses d'être enceintes. Partout, des statues et des autels occupent les anfractuosités. L'intérieur est baigné d'une lumière bleutée que rend presque palpable la fumée des bâtons d'encens.

Prévoyez 1h pour redescendre, et une autre pour gagner en bateau le point de départ. Si vous disposez d'un véhicule, vous pouvez gagner Ninh Binh via *Phu Ly* *(voir p. 80).*

Dans le triangle du delta ★★

La baie de Ha Long terrestre

Les bras du delta du fleuve Rouge, le Song Thai Binh et le Song Day, ont accueilli la naissance du premier État indépendant du joug chinois, le Dai Co Viet. Sa capitale, Hoa Lu, s'inscrivait dans le cadre étonnant de collines et de pitons karstiques, où apparaît et disparaît une rivière, bien loin du bel ordonnancement des futures villes royales de Hanoi ou de Hué. Il y eut là des palais lambrissés d'or et couverts de tuiles d'argent. Mais il n'en reste rien. Tout fut déménagé en grande pompe à Thang Long, la future Hanoi, à la tête du delta. Pourtant, pour qui est sensible à l'histoire, à la quête obstinée d'indépendance des Viet et à la fantaisie de ces paysages, cette région, rebaptisée « baie de Ha Long terrestre », conserve un charme indiscutable. Autour de la ville de Ninh Binh, vous pouvez faire des escapades dans le berceau des grandes dynasties nationales près de Nam Dinh, dans la Rome vietnamienne sur la route de Phat Diem, ou découvrir les fabuleux paysages karstiques de Tam Coc et la forêt tropicale de Cuc Phuong.

1

Se repérer

CARTE ABC2-3 (P. 30-31).
Provinces de Ha Tay, Ha Nam, Nam Dinh, Ninh Binh et Thai Binh. Ninh Binh est situé à 95 km au sud de Hanoi.

À ne pas manquer

Les temples dynastiques de Hoa Lu ; la cathédrale de Phat Diem ; la pagode Keo ; les petits temples de la campagne de Tam Coc.

Organiser son temps

Comptez 3 jours pour voir l'ensemble des curiosités proposées dans le triangle du delta. La baie de Ha Long terrestre est une étape rêvée pour ceux qui voyagent en solo. Attention, en juillet et en août les températures dépassent fréquemment les 40 °C.

En famille

Une promenade en barque à Tam Coc, dans la baie de Ha Long terrestre.

Carnet pratique p. 83

Nos adresses p. 83

Circuits conseillés

CARTE P. 30-31

De Hanoi à Ninh Binh B1-3

Circuit de 95 km tracé en vert sur la carte p. 30-31 - Comptez 2h30 sans les arrêts.
À une quinzaine de kilomètres de Hanoi apparaissent les premières enseignes de *banh day*, spécialité de Quan Ganh. Aux devantures, ces gâteaux de riz et de pâte de haricot étuvés forment des piles de paquets verts, emballés de feuilles végétales. Bientôt se manifestent les premiers signes de l'évangélisation de la région avec les cimetières chrétiens, dont les tombes se serrent parfois autour de la coque vide d'une église, abandonnée au milieu des rizières.

À 36 km de Hanoi, **Phu Xuyen** (B2) annonce la proximité des bouches du delta, pays quadrillé par les eaux du fleuve Rouge et de ses affluents, ainsi que celles des canaux, où partout l'on pratique la pêche. L'entrée de l'agglomération est d'ailleurs balisée par des échoppes vendant des éperviers et autres matériels du même acabit.

5 km après le village de Dong Van (à 45 km de Hanoi), un panneau signale les grottes de Ngo Dong sur la droite. Ces dernières sont situées 5 km plus loin.

Une kyrielle de cavernes et d'avens ponctuent cette région karstique. Les **Ngo Dong** (« Cinq Grottes ») (B2) forment un tunnel de 100 m de long qui fore le Thi Son, un récif calcaire appartenant au système de la montagne des Parfums *(voir p. 74)*. Celle-ci ne s'élève qu'à 7 km de là à vol d'oiseau.

Revenez sur la RN 1 et poursuivez votre route en direction de Ninh Binh. Parvenu à Cau Huyen, à 89 km de Hanoi, prenez à droite vers Trung Yen. 5 km plus loin, un panneau indique « Co Do Hoa Lu 1700 m ».

Les premiers pas d'un nouvel État

Le royaume indépendant constitué par Ngo Quyen à l'issue de sa victoire contre les Chinois en 938 *(voir encadré, p. 84)* s'effondra rapidement suite aux révoltes suscitées par les seigneurs du delta et de la Moyenne Région. L'un d'eux choisit pour lui succéder un jeune homme valeureux du nom de Bo Linh. Tel un lion, ce dernier soumit un à un les seigneurs rebelles, se proclama **Dinh Tien Hoang De**, « Premier Auguste Empereur des Dinh », et établit la capitale de son empire, le **Dai Co Viet**, dans sa ville natale, Hoa Lu, en 968. En reconnaissant la souveraineté chinoise, il rétablit la paix aux frontières mais, fatalité des artisans du premier État vietnamien, il mourut assassiné en 979, alors que son successeur n'avait que six ans.

Ce fut son épouse, **Duong Van Nga**, qui assuma la régence, assistée par le généralissime **Le Hoan**. La fragilité du jeune État était extrême. Il fallait de nouveau mettre au pas les feudataires, s'affirmer vis-à-vis de l'Empire chinois et contenir les Chams au sud. L'urgence poussa Duong Van Nga à transmettre en 980 la couronne à Le Hoan qui, sous le titre de **Le Dai Hanh**, triompha sur tous les fronts. Une nouvelle dynastie, les **Le antérieurs**, était née. Elle fut tout aussi éphémère que celle des Dinh. À la mort de Le Dai Hanh en 1005, ses fils s'entre-déchirèrent pour le pouvoir. L'arbitrage des dignitaires y mit fin en portant sur le trône l'un des leurs, le mandarin Ly Cong Van. Devenu le roi **Ly Thai To** (1009-1028), il ouvrit enfin une ère de stabilité pour près de quatre cents ans.

Rizière dans les environs de Ninh Binh.
dth8x/Getty Images Plus

★ Hoa Lu B3

6h30-17h - 20 000 VND (enf. 10 000 VND).

De la citadelle de Hoa Lu, qui ne servit de siège au pouvoir que quarante-deux ans, ne subsistent que quelques ruines. Mais la mémoire des premiers pas du Dai Co Viet sommeille toujours dans la pénombre des beaux **temples dynastiques**, élevés en souvenir de ses rois. Construits après le déménagement de la capitale à Hanoi et restaurés sous les Nguyen, ces *den* troublent de par leur sobriété.

Le premier temple desservi par le chemin qui part du parking est le **den Dinh★★**, dédié à l'empereur Dinh Tien Hoang. Le temple, un bâtiment à la lourde toiture, ferme la troisième et dernière cour. Les colonnes en bois sont posées sur des bases en pierre octogonales sculptées en bas-relief de fleurs et d'oiseaux. Des dragons jouant parmi les nuages ornent l'encadrement des portes qu'il faut enjamber d'un pas de géant. À l'intérieur, l'autel du Bonnet royal luit dans une ambiance de pourpre fanée et de vieux ors, encadré des armes et enseignes processionnelles. Colonnes et poutres gardent des vestiges de leur décor laqué. Un claustra, déploiement virtuose d'oiseaux et de dragons évoluant dans les nuages, fait écran avec la salle arrière où siègent des statues laquées. Dinh Tien Hoang, coiffé de la couronne à double écran de perles, est entouré de ses fils en vêtements de cour. Les visiteurs vietnamiens sont pèlerins avant d'être touristes et renouvellent toujours les offrandes d'encens, de biscuits et d'argent à leurs premiers souverains. Dans les pavillons latéraux, quelques photos et objets proviennent des fouilles du site.

Des marches grimpent au sommet du **mont Ma Yen** d'où le regard embrasse le site. Là-haut repose **Dinh Tien Hoang** dans la sépulture royale la plus ancienne conservée au Vietnam. Bien différente du protocole funéraire chinois adopté dans les tombeaux impériaux de Hué, il s'agit d'un simple tertre adossé à un autel.

À 50 m au nord du *den* Dinh, le **den Le★**, dédié à l'empereur Le Dai Hanh, est disposé selon un plan moins rigoureux. Ses recoins et ses contre-allées font office de potagers, agrémentés de buissons de rosiers remontants et d'hibiscus. Sur un côté, un passage conduit à une salle d'exposition construite au-dessus des maigres vestiges du **palais** de Dinh Tien Hoang, mis au jour en 1998 : un pavement, un pan de mur et quelques poteries ornementales. Le temple dynastique obéit au même agencement que celui des Dinh, à la différence que dans la salle des statues trône Duong Van Nga au côté de Le Danh Hanh.

À environ 350 m du site, suivez le panneau **Dong Am Tien** pour accéder à un lac romantique entouré de pagodes à flanc de montagne, un lieu prisé des Vietnamiens pour les photos de mariage. Possibilité de faire une promenade en barque ou à vélo.

De Hoa Lu, les routes 491B et Trang An vous conduisent au complexe paysager de Trang An, à 5 km au sud (voir plus loin), puis vous permettent de rejoindre Ninh Binh (8 km à l'est).

Ninh Binh B3

Le grand **marché** de Ninh Binh s'anime chaque jour sur les berges de la rivière, et une petite **pagode**, nichée sous le rocher de Ninh Binh, à la sortie de la ville, ne manque pas de charme. Cette fantaisie karstique est d'ailleurs fameuse pour les acteurs de la guerre d'Indochine, puisque c'est là que le lieutenant Bernard de Lattre, fils du célèbre maréchal, trouva la mort en 1951, lors de l'offensive du Song Day. La ville ne présente cependant que peu d'intérêt pour le voyageur.

★★ Baie de Ha Long terrestre B3

Cette excursion est proposée sur une journée, au départ de Hanoi, par la plupart des agences de voyage, mais passer une nuit sur place permet de faire une balade en barque avant ou après le passage des groupes.

★★ Tam Coc

Quittez Ninh Binh par la RN 1 vers le sud. À 3 km, prenez à droite vers Bich Dong, puis continuez sur 5 km jusqu'à l'embarcadère de Van Lam, d'où s'organise la visite en bateau de Tam Coc (comptez 3h de navigation AR).
Entrée 120 000 VND, bateau 150 000 VND (2 pers.).

Curieusement baptisé d'un nom chinois, le site de Tam Coc (« Trois Grottes ») marie pitons, cavernes et caprices d'une rivière. La **rivière Ngo Dong** y déroule ses splendides méandres sur 3 km, autour des pains de sucre et au fil des avens. On peut également jouir en toute quiétude de ce paysage étrange et fantastique en randonnant à pied ou à vélo à travers la campagne. Quelques temples y ont été bâtis, beaux prétextes à la promenade.

Le **dinh Cac★**, la maison communale du village de **Van Lam**, près de l'embarcadère, donne le ton avec son imposante charpente sculptée de dragons. Les chemins de Tam Coc, qui empruntent les levées de terre entre les rizières, sont un enchantement avec leurs maisonnettes chaulées, enfouies parfois sous une anfractuosité, et les chèvres gambadant sur les abrupts calcaires.

À environ 700 m, par l'unique chemin qui file vers le nord-ouest de Van Lam, on parvient au **den Tran Vi★** dont la porte est gardée par deux chevaux en pierre. Partiellement reconstruit, il dresse sa **tour de la Cloche** en bois dans le cadre splendide d'un cirque de karsts. À l'intérieur, deux grues, perchées sur des tortues, veillent la **tablette de Tran Vi**, ancêtre du roi Tran Thai Ton, dont la statue siège, en compagnie de celles de son fils et de son épouse, dans la petite salle à l'arrière.

★ Pagode Bich Dong

À 3 km à l'est de Tam Coc.

On accède à ce site empreint de paix et de poésie par un pont de pierre jeté sur un étang parsemé de lotus. Dédié à une grande triade bouddhique, la « Grotte de Jade » se compose de trois pagodes bâties à flanc de montagne. Vue splendide depuis celle dite « du haut ».

En sortant, à 200 m à droite se trouve la **Vallée du soleil★** (THUNG NANG). Cet embarcadère est le point de départ d'une balade en barque (1h30) un peu moins spectaculaire qu'à Tam Coc et Trang An, mais très paisible. Tarif à négocier avec la rameuse *(comptez 400 000 VND/2 pers).*

★★ Complexe paysager de Trang An (QUAN THE DANH THANG TRANG AN)

À 8 km à l'ouest de Ninh Binh.
7h-18h - 3 parcours au choix (3h env.) - 250 000 VND.

Depuis son classement au Patrimoine mondial en 2014, cet exceptionnel ensemble de paysages karstiques est un peu victime de son succès. Évitez de vous y rendre le week-end et préférez une balade avant 10h ou après 16h pour éviter la queue à la billetterie et l'affluence sur l'eau.

Sur un peu plus de 6 000 ha se dressent plus de 200 pitons calcaires, coiffés d'une luxuriante végétation, au-dessus de vallées tapissées de rizières. Des promenades en barque vous conduiront au fil des canaux, voire à l'intérieur des grottes creusées à la base des pitons.

★ Réserve naturelle de Van Long (KHU BAO TON THIEN NHIEN VAN LONG)

À 18 km au nord-ouest de Ninh Binh.

Pour découvrir les paysages karstiques de Van Long, on embarque près de Me dans de petits bateaux pour un tour de 1h30 dans une autre « baie de Ha Long terrestre », peu fréquentée *(comptez 100 000 VND/pers.)*. Les karsts y sont plus épars que sur le site de Tam Coc, mais la vie des paysans y est beaucoup plus lacustre, comme au village de Ken Ga. Avec un peu de chance, vous apercevrez le langur de Delacour, un étonnant singe noir et blanc en voie d'extinction.

1

À l'ouest de Ninh Binh AB3

★ Hoa Lu B3

Voir p. 79.

Parc national Cuc Phuong (VUON QUOC GIA CUC PHUONG) A3

À 44 km à l'ouest de Ninh Binh par les RN 1A et 12B (au sud) ou la 477 (au nord). Accès au parc par Nho Quan - (229) 384 80 06 - www.cucphuongtourism.com.vn - 60 000 VND. La meilleure période pour visiter le parc court d'oct. à janv.

Le parc Cuc Phuong dispose d'hébergements pour tous les budgets, aménagés en trois points du site *(170 000/1 200 000 VND)*. Réservation possible par téléphone ou sur le site Internet.

Créé en 1962, ce parc national est la dernière forêt tropicale primaire et abrite quelque 2 000 variétés de plantes et 250 espèces d'animaux, mammifères, oiseaux et reptiles, notamment plusieurs espèces que l'on croyait disparues, tels les renards. Le plaisir de la randonnée sous le couvert de la forêt se double de celui de la visite des villages muongs établis dans le parc.

De là, revenez à Ninh Binh ou reprenez la RN 477 pour rejoindre Mai Chau (voir p. 105).

La Rome du Bac Bo B3

Circuit de 30 km au départ de Ninh Binh, tracé en gris sur la carte p. 30-31 - Comptez 3h AR. Quittez Ninh Binh en direction de Kim Son (au sud-est).

Le long de la route, pas un village qui n'ait sa basilique néogothique ou son église de style colonial peinte en rouge et blanc. Mais cette région, si près de l'estuaire et de la côte, est aussi une campagne des eaux, au maillage dense de canaux qu'enjambent de petits ponts en dos d'âne. Il y règne un trafic incessant de barques, dont les bateliers manient les rames avec les pieds, ou de barges équipées d'un levier en bambou pour la pêche au carrelet.

À 15 km de Ninh Binh, **Phu Nhac** était le siège d'un petit séminaire. C'est un site curieux où s'élèvent aujourd'hui trois grandes **basiliques**. Signe d'œcuménisme conciliant, le vieux *dinh* à la sortie du village a repris du service.

★★ Cathédrale de Phat Diem (NHA THO PHAT DIEM) B3

À 28 km de Ninh Binh, à la sortie du village de Kim Son. Offices à 5h et 17h.
La célèbre cathédrale du Tonkin fut construite de 1875 à 1899 par le père Tran Luoc (« Père Six ») qui puisa dans le répertoire de l'architecture des pagodes et des *dinh* tonkinois. Au-delà du symbole chrétien, c'est un exemple magistral de l'architecture vietnamienne de l'époque de Hué. Demeuré intact, cet imposant ouvrage se révèle plus impressionnant que les vestiges de la capitale de l'Annam, rescapés de l'offensive du Tet. Son pavillon d'entrée, où l'on sonne les heures au gong, évoque d'ailleurs l'architecture impériale. Le **portail** de l'église est sculpté d'un étonnant mélange de symboles vietnamiens de bon augure, d'anges, de saints et de scènes de la vie du Christ. Sur le porche principal, des chérubins mutins évoluent dans un rinceau de fleurs. La **nef**, dont la charpente est portée par des colonnes en bois de fer *(lim)*, s'étire sur 80 m de long. La sculpture en bois y est extraordinaire, tels ces dragons s'enroulant sur les poutres sculptées, ou le grand retable laqué rouge et or autour d'une Vierge à l'Enfant. Les cloisons en bois des bas-côtés ont la particularité d'être amovibles, pour offrir plus d'espace en cas d'affluence. Sur le côté nord de la basilique, la **chapelle du Sacré-Cœur**, qui permit au Père Six d'expérimenter son projet, n'a rien à envier à l'église en matière d'ornementation de bois sculpté. Enfin, la **grotte de Lourdes** a été reconstituée au chevet de la cathédrale. À l'heure de la messe, les femmes viennent par paires, mères et filles, revêtues de leur plus bel *ao dai*, pour prier.

De Ninh Binh à Haiphong B3-C2

Circuit de 150 km, tracé en marron sur la carte p. 30-31 - Comptez une demi-journée. Quittez Ninh Binh par la RN 10, au nord-est.
À 3 km de Ninh Binh, vous traversez **Cat Dang**, le premier d'une série de villages où l'on travaille le bois pour en faire du mobilier de temple. Des camions y livrent d'énormes grumes du Nghe Anh ou du Thanh Hoa.
À la sortie nord de Nam Dinh (31 km de Ninh Binh), laissez à droite la direction de Thai Binh et suivez l'indication « Den Tran 6 km », jusqu'au village de Loc Vuong.

Nam Dinh B3

La région de Nam Dinh fut le berceau de la famille royale des Tran (1226-1400) qui y fit édifier plusieurs palais... depuis longtemps partis en fumée.
Le **den Tran** est posé au milieu des rizières. Ce temple dynastique a été refait avec beaucoup d'allure et abrite un petit musée consacré aux victoires de Tran Hung Dao contre les Mongols au 13e s. *(voir encadré, p. 84)*.
La **pagode Pho Minh★**, à 300 m à l'ouest du *den*, s'élevait dans l'enceinte d'un palais des Tran. Plusieurs de ses briques sont estampillées de l'année 1305, sans doute celle de sa construction. Posée sur un terrassement orné de fleurs de lotus et précédée de deux bassins en forme de lune, elle répète sur 13 étages la même structure d'un pavillon percé de quatre portes et coiffé d'un auvent. À l'arrière, les salles du temple bouddhique ont été repeintes de rouge et d'or et repeuplées de statues. Remarquez les effigies de trois patriarches bouddhistes influents à la cour des Tran.
Retournez à Nam Dinh pour emprunter la RN 10 vers Thai Binh. À 5 km, vous traversez le Song Hong sur le bac de Tan De. 8 km plus loin, prenez à droite vers la pagode Keo (Chua Keo), très bien balisée. Elle se trouve à 12 km, après le village de Vu Tien.

★★ Pagode Keo (CHUA KEO) B3

Simple, ample et rustique, cette pagode posée au milieu de la campagne a des allures de temple japonais. Il faut, pour y entrer, contourner un immense bassin où s'ébattent des poissons et qui sert de lavoir aux femmes du village. L'ensemble fut édifié au 17e s. grâce aux subsides octroyés par une dame de la cour. La salle principale épouse un plan en forme de T et sa lourde charpente repose sur des consoles où s'enroulent des dragons. Tout l'arrière forme un cloître accueillant des salles de repos. Là aussi se dresse la **tour de la Cloche**, un impressionnant ouvrage en bois. Vous pouvez monter sonner ses trois cloches en bronze, suspendues sur trois niveaux, et admirer la mer de tuiles grises des toits de la pagode. *Revenez sur la RN 10 pour rejoindre Thai Binh (à 16 km de Nam Dinh et 107 km de Hanoi) puis Haiphong (à 83 km).*

Carnet pratique

Adresses utiles

Banque/Change – Peu de distributeurs (ATM) à Tam Coc, mais nombreuses boutiques avec service de change.

Location de vélo – Les hôtels prêtent ou louent des vélos *(2 $/j)*.

Arriver/Partir

Gare ferroviaire de Ninh Binh – *Sur la rive est.* Depuis Hanoi *(2h15 de trajet)* et vers Hué *(12h)*.

Gare routière de Ninh Binh – *Au sud de Ninh Binh.* Liaisons fréquentes avec Hanoi-Giap Bat *(2h env. de trajet)*.

Nos adresses

C'est au milieu des rizières ou dans le village de Tam Coc qu'il est agréable de séjourner. On y trouve de nombreux bars et restaurants.

Restauration/ Hébergement

Premier prix

Tam Coc Center Boutique – *1 Van Lam - 09 0318 38 83 -* - *9 ch. 600 000 VND*. Tong et sa famille sont aux petits soins pour leurs hôtes dans leur maison toute neuve, à deux minutes à pied de l'embarcadère de Tam Coc.

Pour se faire plaisir

Le Clos du Fil – *Van Lam - 08 6511 14 65 - www.leclosdufil.com -* *- 32 ch. à partir de 1 250 000 VND*. Rare adresse de charme du village de Tam Coc. Bois, bambou et jolis tissus brodés dominent dans la décoration des vastes chambres. Savoureux restaurant et atelier de broderie..

Une folie

Tam Coc Garden – *Hai Nham - 09 6603 25 55 - tamcocgarden.com -* *- 25 ch. à partir de 4 900 000 VND*. Posé au milieu des rizières, cet ensemble de bungalows offre une retraite de rêve en pleine nature. Le luxe réside ici dans le souci du détail, une forme de sobriété et l'utilisation de matériaux naturels (céramique, bois, pierre, bambou). Jolie piscine au sein d'un jardin tropical. Excellente cuisine vietnamienne à base de produits du potager bio.

Shopping

Le village de **Kim Son** est un centre réputé de vannerie en bambou et roseau, vendue dans les échoppes voisines de la cathédrale de Phat Diem.

Le golfe du Tonkin et la baie de Ha Long

★★★

La baie de Ha Long : un rêve pour le voyageur, un eldorado touristique pour le Vietnam. L'un et l'autre restent vrais, à condition d'oublier un littoral transformé en ersatz de Costa Brava. Il n'y a pas si longtemps, rejoindre la fameuse baie était un voyage en soi, à travers le pays amphibie du bassin du fleuve Rouge, de ponts Eiffel à circulation alternée en bacs. Désormais, une voie rapide filant à travers les rizières permet d'accéder en 3h à l'embarcadère touristique de Tuan Chau. Mais il existe une alternative pour gagner l'archipel des pics engloutis. Il suffit de se ménager des étapes sur la route de la baie, le temps d'une pause dans le port de Haiphong, d'une randonnée sur l'île de Cat Ba... un peu de suspense en somme, et la baie déroulera les panoramas de sa flotte pétrifiée et sans âge.

Se repérer

CARTE CD2 (P. 30-31) - PLAN DE HAIPHONG (P. 86) - CARTE DU GOLFE DU TONKIN (P. 89).
Provinces de Haiphong et Quang Ninh. Haiphong, capitale de la province du même nom, se trouve à 106 km à l'est de Hanoi.

À ne pas manquer

Une nuit à bord dans la baie de Ha Long ; une randonnée dans le parc national de Cat Ba.

Organiser son temps

Comptez une demi-journée pour Haiphong. Évitez les mois de février à avril, frais (10-15 °C), pluvieux et brumeux, ainsi que les périodes d'affluence, en juillet dans la baie, et le week-end à Cat Ba.

Carnet pratique p. 87, 91, 96

Nos adresses p. 88, 92, 97

Découvrir

★ Haiphong PLAN P. 86

Principal port et premier centre industriel du Vietnam, Haiphong (658 572 habitants ; agglo. 1,9 million) est une création du colonialisme français (1874). Le port établi sur le Cua Cam servait, et sert toujours, aux charbonnages de la province de Quang Ninh. Défigurée par les bombardements américains de 1965 à 1972, Haiphong n'était plus que le souvenir d'une ville, triste et noire, au début des années 1990. Mais, à l'instar de Hanoi, elle s'est refait une beauté. Même si sa réhabilitation vise plus à séduire les investisseurs que les touristes, Haiphong a du chic et l'étape permet de croiser l'ambiance d'une grande ville du Bac Bo, autre que la métropole.

Centre-ville

L'agglomération s'étend sur des kilomètres carrés de vilains faubourgs industriels et de HLM, mais le centre-ville offre une meilleure mine. Une ville coloniale s'était

La baie de Ha Long.
Nikada/Getty Images Plus

développée en rues tracées au cordeau de part et d'autre de l'avenue Dien Bien Phu, le long de laquelle se dressent toujours quelques anciens édifices coloniaux, réhabilités depuis avec plus ou moins de bonheur.

Les collections du **musée d'Histoire** (BAO TANG LICH SU) *(66 Dien Bien Phu - 8h-10h30, 14h-16h30 - fermé lun. et l'apr.-midi en w.-end - gratuit)* balaient l'histoire régionale de la préhistoire à nos jours. À voir : des céramiques Le du 15e s., une sépulture de briques de la période Dong Son (1er millénaire av. notre ère), ainsi qu'une collection de photos et de documents évoquant le passé colonial de Haiphong.

À l'angle de Dien Bien Phu et de Minh Khai, qui conserve plusieurs constructions de caractère, se dresse l'ancienne Chambre de Commerce (1895).

Non loin de là, le double boulevard Tran Hung Dao-Tran Phu se prolonge en un mail, aménagé en promenade plantée sur un bras de rivière comblé, jusqu'au

Défaites chinoises sur la rivière Blanche

Haiphong signifie « défense maritime » et la région fut de tout temps la tête de pont de la résistance antichinoise. Le **Song Bach Dang**, l'un des bras du fleuve Rouge, était la voie traditionnelle de communication entre les terres du delta et le golfe du Tonkin. Pour l'empire de Chine, il était aussi un moyen commode de venir rétablir l'ordre en envoyant ses jonques, quand le voisin vietnamien se montrait trop turbulent. En 939, **Ngo Quyen**, à la tête d'un soulèvement contre l'administration chinoise, tendit un formidable traquenard à la flotte du Fils du Ciel. Après avoir installé des pieux armés à l'embouchure, Ngo Quyen, profitant de la marée montante, envoya ses sampans provoquer l'ennemi en amont. À la marée descendante, les sampans attirèrent derrière eux les lourds vaisseaux chinois qui tombèrent dans le double piège des pieux et du reflux. Pour la première fois, la Chine capitula et c'est ainsi que Ngo Quyen fonda la première et très brève dynastie nationale : les Ngo (939-968). Trois siècles plus tard, le même stratagème permit d'écarter les tentatives d'invasion des Mongols.

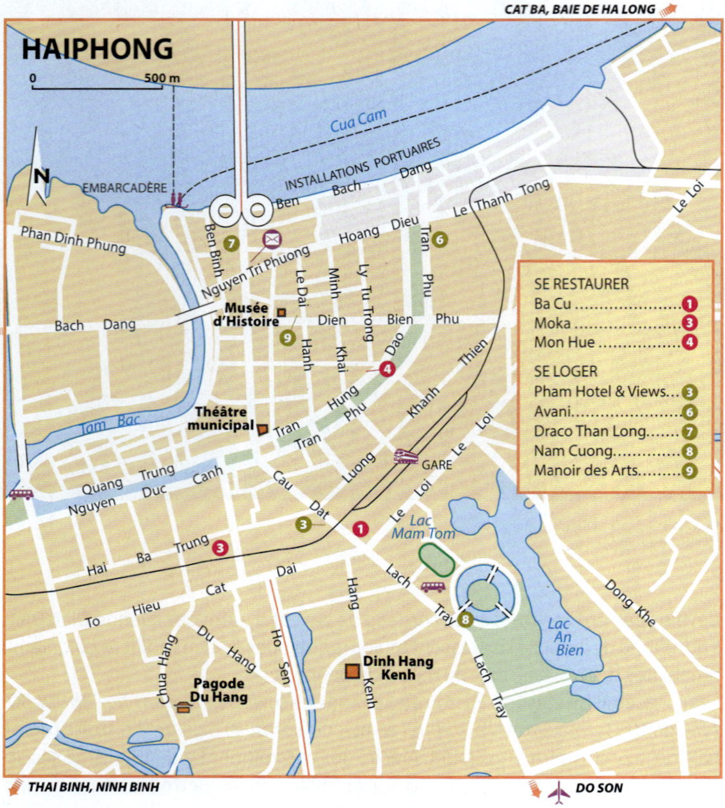

théâtre municipal (NHA HAT LON), dont la façade néoclassique a été repeinte en rose. La place est investie par les marchandes de fleurs d'ornement et de couronnes mortuaires.

Quartiers sud

Tandis que la rivière réapparaît à l'ouest de cette esplanade, la très commerçante rue Cau Dat s'échappe vers les quartiers sud en prenant le nom de Lach Tray. Avant la voie de chemin de fer qui traverse la ville, suivez à droite la rue Hai Ba Trung, débordante d'activité, où vous pourrez faire halte à une terrasse *(voir « Petite pause »)*, puis engagez-vous à gauche dans Chua Hang. Vous pénétrez dans la vieille ville de Haiphong, dont l'ambiance et le charme sont comparables à ceux du quartier des Trente-Six Guildes de Hanoi *(voir p. 38)*, peut-être même en plus authentique. L'étage des maisons-boutiques est resté en bois et le rez-de-chaussée est occupé par des boutiques. La rue Du Hang, qui prend à gauche, accueille le marché du quartier. Les étals disposés au bord de la rue débordent de poissons et de fruits de mer, de fruits et légumes, d'herbes aromatiques, d'œufs de cent ans.

Pagode Du Hang – *Accès entre le 121 et le 123 de Chua Hang - 7h-19h - gratuit.* Appelée aussi Phuc Lam, la pagode ouvre au fond d'une ruelle bordée de boutiques d'articles pieux. Selon la tradition, ce sanctuaire remonterait au 10ᵉ s., mais les constructions actuelles datent du 17ᵉ s. et ont été redécorées au début du 20ᵉ s. Au delà d'un premier pavillon où s'entasse un bric-à-brac d'objets religieux, une jolie cour ornée de brûle-parfums et de bonsaïs précède le sanctuaire principal. L'intérieur est d'un kitsch étourdissant, avec son autel principal, dédié à la trinité bouddhique et richement orné de bois sculptés dans le style cantonais.

Revenez sur vos pas pour prendre à droite la rue Du Hang.

Dinh Hang Kenh – *Nguyen Cong Tru - 7h30-12h, 13h30-17h30 - gratuit.* Cette maison communale est l'un des plus jolis ensembles d'architecture traditionnelle. Elle date pour l'essentiel du 18e s., mais a fait l'objet d'une restauration plutôt réussie achevée en 2007. Cette imposante bâtisse est rythmée de fenêtres à claire-voie et surmontée d'un imposant toit à croupe. À l'intérieur, la **charpente de bois★**, posée sur des arbalétriers et des consoles à tête de dragon, est une petite merveille. Devant la tablette du génie tutélaire, un **palanquin** doré attend la prochaine procession. Le lieu est toujours très fréquenté par les habitants du quartier, retraités qui viennent prendre l'air ou gamins turbulents poursuivant un ballon.

Carnet pratique

PLAN DE VILLE CI-CONTRE

Adresses utiles

Poste

Buu Dien Trung Uong – *3 Nguyen Tri Phuong.*

Arriver/Partir

En avion

Aéroport de Cat Bi – *À 7 km au sud - ✆ (225) 397 64 08.* Liaisons avec Ho Chi Minh-Ville, Plei Ku, Da Nang, Phu Quoc.

Vietnam Airlines – *166 Hoang Van Thu - ✆ (225) 381 08 90 - 7h30-12h, 13h30-17h.*

En bateau

Embarcadère de Binh – *Au nord du centre-ville, au bout de la rue Ben Binh.* Deux ou trois liaisons quotidiennes entre Haiphong et Cat Ba *(180 000 VND - durée 1h30)*. Près de l'embarcadère, de nombreux rabatteurs proposent des transferts moins coûteux *(120 000 VND - dép. de Ben Dinh - durée 1h30-2h)* : il s'agit en fait d'un transport en bus jusqu'à Cat Hai, d'où on prend le bac pour rejoindre en 5mn le port de Phu Long, sur la côte ouest de l'île de Cat Ba ; un second bus vous attend alors pour vous conduire à Cat Ba Town. La formule est plus économique, mais ne permet pas de découvrir les installations portuaires de Haiphong.

En bus

Ben Xe Lac Long (gare routière) – *Tam Bac (à l'ouest du centre-ville).* Nombreuses liaisons quotidiennes pour Hanoi *(1h45 de trajet)* et Ninh Binh *(4h)*.

Ben Xe Niem Nghia (gare routière)– *273 Tran Nguyen Han.* Pour des liaisons avec le Sud.

En train

Gare ferroviaire – *Luong Khanh Thien (au sud-est de la ville coloniale) - ✆ (225) 392 13 33.* 4 trains/j. entre Haiphong et Hanoi *(env. 2h30 de trajet)*.

Transports

Les *xe om* (scooters) sont le moyen de transport le plus couramment utilisé.

Taxi

Taxi Hung Vuong – *✆ (225) 378 57 85.*

Mai Linh Taxi – *✆ (225) 383 38 33.*

Nos adresses

PLAN DE VILLE P. 86

Restauration

Premier prix

1 **Ba Cu** – *179 Cau Dat - 09 0466 60 53 - - service continu - 30 000/100 000 VND le bol.* Une petite cantine populaire pour déguster un bol de *banh da cua,* les nouilles rouges, spécialités de Haiphong. Les meilleures de la ville dit-on. Elles doivent leur couleur à l'ajout de jus de *gac*, un fruit qui commence à faire fureur en Occident pour ses vertus nutritives.

4 **Mon Hue** – *240 Trang Hung Dao - (225) 106 66 13 - service continu - 70 000/130 000 VND.* Dans une salle claire et fraîche, vous dégusterez des spécialités de Hué (bol de nouilles, rouleaux au porc grillés).Idéal pour une pause-déjeuner.

Petite pause

3 **Moka** – *115 Hai Ba Trung - (225) 351 04 70 - 7h-22h.* La terrasse de cette sympathique pâtisserie est un observatoire idéal pour s'imprégner de l'animation de la rue Hai Ba Trung. Excellents cocktails de jus de fruits ultra frais.

Hébergement

Haiphong est pauvre en hébergements de milieu de gamme : on y trouve surtout des établissements à petit prix et des hôtels pour voyage d'affaires ou pour groupes de touristes.

Premier prix

3 **Pham Hotel & Views** – *7/134 Caut Dat - 09 3427 88 90 - - 6 ch. 625 000 VND.* Charmant petit hôtel en plein centre d'Haiphong. Pas de restaurant ni de petit-déjeuner, mais une cuisine à partager avec les autres voyageurs.

Pour se faire plaisir

7 **Draco Thang Long**– *2 Hoang Van Thu - (225) 351 55 99 - www.dracohotelqk3.vn - - 106 ch. 1 150 000/1 900 000 VND.* Pour un séjour confortable dans un grand hôtel de style international.

9 **Manoir des Arts** – *64 Dien Bien Phu - (225) 883 17 26 - - 44 ch. 1 350 000/2 500 000 VND .* Une restauration plutôt réussie a rendu son lustre à cet établissement de l'époque coloniale. Parties communes et chambres cosy. Préférez celles du 2e étage qui disposent d'un balcon.

8 **Nam Cuong** – *47 Lach Tray - (225) 382 85 55 - - 76 ch. 1 850 000/2 600 000 VND .* Hôtel de standard international, avec des chambres tout confort qui satisfont une clientèle d'hommes d'affaires. Demandez une chambre dans les étages élevés pour bénéficier de belles vues sur la ville. Restaurant panoramique (cuisine internationale) au dernier étage.

Une folie

6 **Avani** – *12 Tran Phu - (225) 382 78 27 - - 122 ch. 2 300 000/2 800 000 VND .* Construit dans un style néocolonial, c'est le plus élégant hôtel de la ville. Chambres parfaites, avec parquet au sol, décoration et équipements modernes. Deux restaurants (occidental et asiatique), un bar et une piscine complètent l'ensemble. Personnel compétent et cordial.

★★ Île de Cat Ba (DAO CAT BA) CARTE DU GOLFE DU TONKIN CI-DESSOUS

À 40 km à l'est de Haiphong, 55 km au sud-ouest de Ha Long City.

Cat Ba suscite un engouement toujours grandissant. Sur le front de mer de Cat Ba Town, sa petite capitale, les hôtels, toujours plus imposants, sont au coude à coude, tandis que bars, restaurants et karaokés se livrent à une concurrence impitoyable. C'est tout d'abord une destination très prisée des Vietnamiens : le week-end, l'île joue à guichets fermés, les prix des chambres s'envolent et l'animation, bruyante, ne s'éteint qu'à une heure avancée de la nuit. Les touristes occidentaux et chinois leur ont emboîté le pas afin de profiter de ses belles plages de sable, parcourir ses sentiers de randonnée ou explorer la baie de Ha Long, qui borde la façade orientale de l'île. Les excursions à la journée ou les croisières avec nuit à bord parcourent en effet des endroits moins fréquentés par les bateaux touristiques au départ de Tuan Chau, qui se cantonnent dans la partie nord de la baie.

Cat Ba Town

À la pointe sud de l'île.

La plus grande des îles de la baie de Ha Long compte quelque 14 000 habitants. Elle ressemble à une forteresse imprenable et sauvage quand on l'aborde en bateau, jusqu'à ce qu'au détour d'une falaise s'ouvre l'anse abritée de Cat Ba Town. Avant d'être une station balnéaire, la ville était un port de pêcheurs. Elle l'est toujours et la rade est piquetée de centaines de sampans, qui servent tout à la fois de maisons et de bateaux de pêche. Une fois à terre vous pourrez visiter le port, particulièrement animé le matin. Ne manquez pas non plus le marché de la ville, où se côtoient fruits de mer, poissons frais ou séchés, fruits, légumes... et quelques fausses Rolex.

Au nord-est du port, Cat Ba possède trois jolies plages de sable fin, répondant aux doux noms de **Cat Co 1, Cat Co 2** et de **Cat Co 3** et ouvrant sur des panoramas de minibaies de Ha Long. On accède à la première par une rampe très

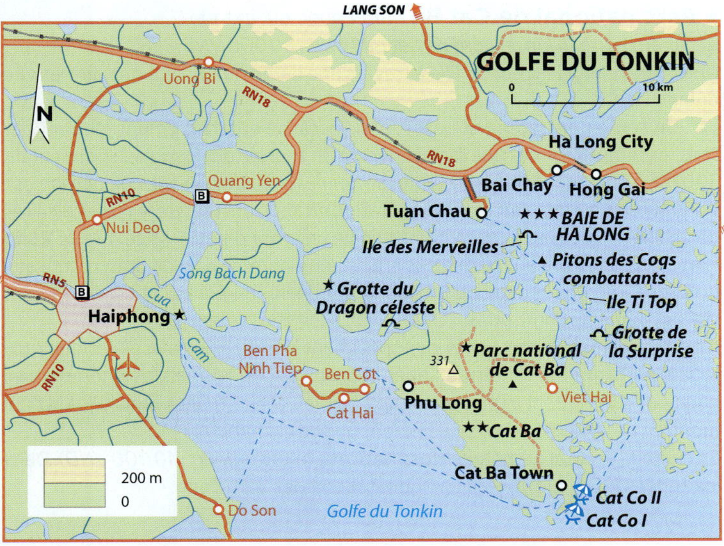

Le soleil se couche sur Cat Ba.
Creative-Family/Getty Images Plus

raide qui grimpe au bout du front de mer de Cat Ba Town. La seconde, située dans le prolongement de Cat Co 1, est accessible par une passerelle de 700 m, suspendue à flanc de rocher.

Cannon Fort

Accès par la route du port de Ben Beo, à 2 km du centre (la montée est raide, mieux vaut être motorisé) - 6h30-18h - 50 000 VND.
La colline qui domine la ville est coiffée d'installations militaires, qui remontent à la période coloniale et furent réutilisées pendant la guerre contre les Américains. Vous y verrez des canons posés sur leur plate-forme de tir, des tranchées, des casemates... Même si vous n'êtes pas « fana mili », l'excursion vaut le coup pour ses formidables vues panoramiques sur la région, avec le port en contrebas. Vous trouverez même un bar pour siroter une boisson fraîche ou un cocktail.

★ Parc national de Cat Ba (VUON QUOC GIA CAT BA)

Accès au parc à 16 km au nord de Cat Ba Town - 80 000 VND.
Une route rejoint le cœur de l'île à travers une nature luxuriante qui fait très vite oublier la mer.
Un sentier entretenu et balisé, mais escarpé et terriblement glissant par tous les temps, permet une randonnée de 3h aller-retour jusqu'au sommet (alt. 300 m), d'où le regard embrasse l'île *(de bonnes chaussures sont indispensables)*. Vous aurez ainsi un aperçu de la végétation étrange qui tapisse les pics calcaires de la baie. Au passage, un écriteau signale un arbre d'une espèce rare, le **Rung Kim Giao** ou « arbre aux baguettes ». Il est ainsi nommé car son bois, réactif aux poisons alimentaires, était utilisé pour fabriquer les baguettes utilisées à la cour, éternel domaine d'intrigues.
Il est rare de pouvoir observer des spécimens des dizaines d'espèces que protège le parc (grande variété de singes, faucons, cervidés), mais les innombrables papillons contribuent à l'enchantement des lieux et les trilles assourdissants qui montent de la jungle vous convaincront qu'elle est habitée.
En chemin, visitez l'étonnante **Hospital Cave** (HANG QUAN Y) *(40 000 VND)*. Dans les années 1960, elle abritait un hôpital secret des Viet-Cong.

Carnet pratique

S'informer

Tourist Information Center – *Au débarcardère des ferries, Cat Ba - ✆ (225) 388 71 71.* Accueil en anglais, plans gratuits de l'île et vente d'excursions.

Arriver/Partir

En bateau

L'île de Cat Ba possède quatre ports. **Cat Ba Town**, au sud, accueille les ferries assurant la liaison avec Haiphong *(voir Haiphong, p. 87)* ; **Ben Beo** *(à 2 km au nord-est de Cat Ba Town)* est le point de départ des promenades en mer ; **Gia Luan** *(à 20 km au nord de Cat Ba Town)* voit partir les ferries pour Tuan Chau ; **Phu Long**, sur la côte ouest, où amarrent les bacs reliant l'île à Cat Hai *(voir Haiphong, p. 87)*.

☺ Le **Tourist Information Center** *(voir ci-dessus)* propose une formule intéressante pour rejoindre Tuan Chau : un trajet en bateau à travers les splendides paysages de la baie de Ha Long *(durée 6h env. - 464 000 VND)*. Une mini-croisière idéale pour découvrir cette merveille naturelle si vous n'avez pas le temps ou l'envie de participer à une croisière avec nuit à bord.

En téléphérique

Depuis 2020, un téléphérique relie Haiphong (depuis Dong Bai) à l'île de Cat Ba *(15 m de trajet - 150 000 VND/AS)*, offrant de splendides vues sur la baie. Il était toutefois fermé pour travaux lors de la rédaction de ce guide : renseignez-vous.

En bus

Les agences de voyage (à Hanoi et Cat Ba) proposent des liaisons entre Hanoi et Cat Ba Town ou des bus de nuit vers Sapa *(dép. 16h, arrivée 7h - 600 000 VND)*, tous avec changement de bus à Phu Long.

Transports

Les reliefs de l'île rendent l'usage de la bicyclette très sportif. Le meilleur moyen de circuler est de louer un scooter. Vous trouverez de nombreux loueurs le long du front de mer.

Un service de navette en **minibus électriques** est assuré entre le front de mer et les plages *(10 000 VND par trajet)*.

Visite

Quasiment tous les hôtels et restaurants ont une agence de voyage proposant location de motos, randonnées, promenades en mer, réservation de billets sur les bateaux de ligne, etc. Prestations et prix sont interchangeables. À titre indicatif, le tour complet de Cat Ba (randonnée dans la forêt du parc national, pique-nique dans un village de pêcheurs et retour en bateau à travers la baie de Lan Ha) coûte env. 500 000 VND, et la croisière d'une journée en baie de Ha Long (visite de plusieurs grottes, baignade et repas à bord) autour de 450 000 VND.

Cat Ba Local Adventures – *Front de mer - ✆ 09 7249 86 66 - www.catbalocal.com.* Cette agence propose des balades en kayak *(28 $/pers.)* et des croisières d'une nuit dans la baie de Ha Long *(à partir de 125 $/pers. en pension complète, avec sortie en kayak et plongée avec palme et tuba)*.

Voir aussi « Arriver/Partir » ci-contre.

1

Nos adresses

Restauration

Les restaurants du front de mer proposent tous la même carte aux mêmes prix, avec une large place faite aux fruits de mer. Rien de mémorable... Les meilleurs restaurants (fréquentés par les Vietnamiens) se trouvent dans les rues perpendiculaires. Il existe également plus d'une dizaine de restaurants flottants amarrés dans le port, qui brillent de tous leurs néons le soir venu. Chacun dispose d'une barque pour vous y conduire. Plus chers que les restaurants à terre et pas forcément meilleurs, mais c'est tout de même l'occasion d'une agréable soirée. Pour faire votre choix, repérez celui où il y a le plus de monde.

Pour se faire plaisir

Bien Dong – *8 Nui Ngoc - ✆ (225) 343 44 43 - service continu - env. 300 000 VND.* Ne vous fiez pas à la salle un peu tristounette. C'est l'une des meilleures tables de la ville et la nombreuse clientèle locale est là pour le dire. Les fruits de mer et poissons sont à l'honneur.

Vien Dong - *12 Nui Ngoc - ✆ (225) 388 88 39 - service continu - 250 000/550 000 VND.* En devanture, un mur de viviers où gigotent tout ce que la mer a de meilleur (poissons, crabes, crevettes, langoustes)... On repère son poisson, on paie au poids et on choisit sa préparation. Attention, si vous êtes gourmand l'addition grimpe vite.

Boire un verre

The Big Man – *face au débarcadère - ✆ 03 9330 40 34 - 7h-3h.* Le point de rendez-vous de tous les jeunes voyageurs étrangers qui viennent y siroter une bière dans la soirée. Au choix, le bar du 2e étage avec son billard et sa musique d'ambiance ou, plus calme, la terrasse du rez-de-chaussée. L'endroit propose également une restauration assez passable (pizzas, burgers, pâtes). Service jeune et survolté.

Hébergement

Succès oblige, Cat Ba fourmille d'hôtels de toutes catégories. Ils sont très fréquentés, en hiver par les étrangers, en été par les Vietnamiens. Les tarifs sont saisonniers et varient du simple au triple. Les prix donnés ici sont ceux de la semaine. Attention, les hôtels donnant sur le front de mer peuvent être bruyants, voire très bruyants le week-end, en raison de l'animation et des karaokés.

Premier prix

Le Pont – *62 Nui Ngoc - ✆ (225) 388 83 53 - www.lepont.vn - ▤ ✕ - lit en dortoir à partir de 100 000 VND, 24 ch. 360 000 VND ☕.* L'hôtel est situé dans une rue perpendiculaire au front de mer et n'offre pas de vue sur le port... D'où ses tarifs avantageux. Il est très prisé des voyageurs occidentaux de tous âges qui viennent profiter de l'accueil cordial et de dortoirs ou chambres simples mais bien tenus. Souvent complet, pensez à réserver.

Woodstock Beach Camp – *Xuan Dam (à 9 km au nord-ouest de Cat Ba Town, au bord de la route côtière en dir. de Phu Long) - ✆ (225) 388 85 99 - woodstockbeachcamp@gmail.com - ✕.* Comme son nom l'indique, le lieu baigne dans un esprit *hippie revival*. Les journées se passent entre farniente sur la plage, *drinks* sur la terrasse et discussions sous les étoiles. Si l'on a la bougeotte, on peut toujours enfourcher un vélo (location sur place). Lits en dortoir *(à partir de 180 000 VND)*, tentes pour deux et, pour ceux qui ont connu le célèbre festival, chambres plus confortables *(650 000 VND)*. N'oubliez pas guitare et bandana.

Thao Minh New Star Hotel – *197 Duong 1/4 - ✆ (225) 388 84 08 - www.khachsancatba.vn - ▤ ✕ - 39 ch. 550 000 VND ☕.* Hôtel moderne, sans originalité, mais chambres confortables, donnant sur la baie pour les plus chères. Personnel plein de bonne volonté.

Bungalow Hostel - *Rte de Cat Co 3 Beach - ✆ (225) 288 48 88 - lepont.catba@gmail.com - ▤ ✕ - 18 ch. 720 000/850 000 VND ☕.* Plusieurs bons points pour cet établissement : sa situation, un peu à l'écart du centre (500 m) pour éviter l'animation et en surplomb sur un cap, une terrasse ouvrant sur la mer pour le petit-déjeuner ou les repas. Parmi les différentes catégories de chambres, préférez les bungalows posés sur le toit de l'édifice, avec leur balcon offrant une vue spectaculaire sur la baie.

Budget moyen

Cat Ba Mountain View – *452 Ha Sen (à 4 km au nord-ouest de la ville en dir. du parc national) - ✆ (225) 368 86 41 - ▤ ✕ ≋ - 2 dortoirs et 18 ch. - lit à partir de 220 000 VND et ch. 400 000/720 000 VND ☕.* Si l'animation de la ville ne vous tente pas et que loger au bord de l'eau n'est pas un impératif, voici un bon point de chute. Une *guesthouse* familiale avec des chambres correctes, aménagées dans des bungalows en bois, et un accueil cordial. Possibilité de dîner sur réservation, location de scooters. En prime, une piscine aménagée sur le piton rocheux qui domine la maison. N'oubliez pas votre serviette, ça grimpe.

Cat Ba Dream – *226 Duong 1/4 (face au débarcadère) - ✆ (225) 388 82 74 - ▤ ✕ - 39 ch. 400 000/830 000 VND.* Chambres simples, mais confortables. Préférez celles situées à un étage élevé, avec une vue fabuleuse sur la baie. Si vous réservez en ligne, ne choisissez pas l'option petit-déjeuner à 72 000 VND ; l'hôtel dispose d'un restaurant où vous pourrez prendre votre petit-déjeuner pour moins cher. Accueil sympathique et débonnaire.

Pour se faire plaisir

Huong Long Hotel - *268 Duong 1/4 - ✆ (225) 626 92 69 - www.hunglonghotel.vn - ▤ ✕ - 88 ch. 1 200 000/1 500 000 VND ☕.* Un peu à l'écart du centre, un établissement moderne, sans grande originalité mais de très bon confort, avec des chambres de belle dimension, dont le balcon ouvre sur la baie.

1

★★★ Baie de Ha Long (VINH HA LONG) CARTE DU GOLFE DU TONKIN

Le spectacle est infini, entre pitons fantomatiques, montagnes englouties, antres et cavernes et mers intérieures. Le plus singulier est que ces collines aux formes étranges semblent flotter à la surface de l'eau, tant leur base est rongée et que partout règne le silence de cette mer étale, parfois rompu par le cri d'un oiseau de mer. Les Français d'Indochine ont dressé des cartes précises des îles de la baie, en les baptisant des noms que leur évoquaient ces contours accidentés. Il y eut le Sampan et le Buffle, le Képi, le Polichinelle ou le Bonnet phrygien. Les Vietnamiens ont fait de même, voyant ici la Tête humaine *(Hon Dau)*, la Vieille Dame *(Hon Ba)*, la Forteresse *(Dao Phao Dai)* ou le Brûle-parfum *(Hon Dinh Huong)*.

Un site d'exception

Nul doute que Ha Long, inscrite au **patrimoine mondial de l'Unesco** en 1994, est l'une des merveilles du monde. Ce sont 1969 îles qui émergent de ses eaux de jade, mais seules 980 d'entre elles sont nommées. Si Hanoi fut Thang Long, « Envol du Dragon », la baie est Ha Long, « Descente du Dragon », et son chaos irréel de pitons rocheux, le fruit des ébats de cette bête, maîtresse des eaux. Les hommes qui s'établirent dans ses cavernes il y a 6 000 ans ont-ils croisé le monstre ? En tout cas, ils ont laissé quelques vestiges de leur industrie lithique.

Une alchimie des eaux

Cônes, aiguilles rocheuses, pitons ou collines, toutes ces fantaisies calcaires sont nées de la mer. Il y a des millions d'années, la sédimentation marine a laissé, de la Chine du Sud au Vietnam, une couche épaisse de coquilles, fracturée par les mouvements de la croûte terrestre. Au retrait de la mer succédèrent l'action chimique des eaux pluviales et la dissolution par les rivières souterraines, creusant un fantastique réseau de grottes et de cavernes. Celles-ci se sont parfois effondrées, isolant des pitons, sculptés à leur tour. Les géologues nomment **karst** ce phénomène né des caprices de l'eau. Ha Long est le plus grand karst marin du monde. Les arbres ordinaires ne pouvant s'accrocher aux rochers, ici règnent les **saxifrages**, des plantes qui s'accommodent du peu de terre qu'elles trouvent dans les aspérités.

La baie des pirates

Ces côtes trouées de cavernes offrirent des bases de rêve aux pirates chinois et vietnamiens. À la fin du 18e s., il y régnait une piraterie intense, qui fournissait, à l'occasion, des recrues de qualité aux insurrections de l'arrière-pays. Jusqu'en 1810, les pirates tinrent tête aux armées chinoises ou vietnamiennes avec une armada de 50 000 marins embarqués sur des centaines de jonques armées. Ils déplacèrent progressivement leurs activités vers les rivières et les fleuves quand la flotte de guerre britannique, basée à Singapour puis à Hong Kong, les chassa de la côte pour protéger le commerce de la Couronne.

De l'or noir à l'or bleu

L'archipel ne contient pas de charbon, mais les terrains du nord de la baie recèlent le plus vaste gisement vietnamien de houille. Exploité jadis à ciel ouvert, il fit la fortune de la Société française des charbonnages du Tonkin qui possédait la région de Hong Gai et traitait ses habitants en esclaves. Il s'écrivit ici quelques-unes des pages les plus noires de l'exploitation coloniale.

Aujourd'hui, les couches d'anthracite et de charbon s'épuisent et il faut aller les chercher de plus en plus profond. Mais la région préfère investir dans un autre trésor, le **tourisme**. Les croisières dans la baie ne sont jamais tout à fait improvisées et vous conduiront au cœur des ensembles de formations rocheuses, dont les accès ont été aménagés.

La baie de Ha Long compte près de 2 000 îles.
OldCatPhoto/Getty Images Plus

Visite de la baie

Plus de 500 bateaux sont habilités à sillonner la baie, qui reçoit chaque année 10 millions de visiteurs. Dans un souci de préservation du site, les autorités ont défini quatre routes que les bateaux touristiques doivent suivre sans s'en écarter. C'est dire que vous ne vous sentirez jamais seuls, quel que soit le type d'excursion que vous choisissez. Il en est de même pour les croisières avec nuit à bord : les bateaux s'amarrent dans les points désignés ; n'espérez pas passer une nuit en solitaire.

Tous les trajets prévoient des arrêts dans les îles pour visiter leurs grottes. Les routes 1 et 2 sont destinées aux croisières à la journée. La route 1 (4h) permet de découvrir notamment l'île de **Dau Go**, avec sa grotte des Merveilles, hérissée de pieux en pierre qui font penser à une architecture médiévale ; l'île de **Thien Cung** et son « Palais céleste », une grotte dont les concrétions calcaires sont éclairées en Technicolor. Vous passerez également en vue des deux îlots les plus photographiés : deux pitons rocheux se faisant face et qui évoquent des coqs combattants. La route 2 (6h) comprend l'île de **Sung Sot** et sa « grotte de la Surprise » avec ses spectaculaires stalactites ; la grotte de **Bo Nau**, à 20 m au-dessus du niveau de l'eau, d'où l'on découvre une vue idyllique ; l'île de **Luon**, avec sa cavité en forme de tunnel et sa colonie de macaques ; l'île de **Ti Top** et son observatoire aménagé au sommet du piton, d'où l'on découvre une large vue panoramique.

Les routes 3, 4 et 5 nécessitent de passer une nuit à bord.

La route 3 permet notamment de visiter **Cua Van** et son centre d'interprétation où est évoquée la vie des pêcheurs de la baie ; le temple de **Ban Men**, vénéré par les pêcheurs qui y viennent en pèlerinage les 19 et 20 janvier.

La route 4 comprend la grotte de **Cap La** en vue de laquelle les bateaux s'amarrent pour la nuit ; **Cong Do**, ses massifs coralliens et son lagon ; l'îlot de **Wep** en forme de pyramide...

Carnet pratique

Adresses utiles

Toutes les excursions dans la baie partent de **Tuan Chau**, un port créé de toutes pièces sur l'île du même nom, reliée au continent par un pont.

Gare maritime – ✆ *(203) 382 48 67 - www.halongbay.com.vn.* C'est là que vous achèterez les billets d'entrée *(voir plus bas)*. Vous y trouverez un bureau de renseignements touristiques, des boutiques de souvenirs, des distributeurs automatiques de billets.

Arriver/Partir

Ben Xe Bai Chay (gare routière) – *À 8 km au nord de Tuan Chau.* Liaisons toutes les 15mn avec Hanoi. Services de bus (ligne 1) entre Tuan Chau et la gare routière.

Croisières dans la baie

Droit d'entrée

L'accès touristique à la baie est payante *(200 000 à 250 000 VND selon la route)*. L'entrée est toujours comprise dans les forfaits souscrits auprès d'une agence de voyage, mais les voyageurs individuels doivent acheter leur billet à la gare maritime.

Croisière organisée

Toutes les agences de voyage de Hanoi proposent des forfaits avec repas, visites et activités (kayak et séance de tai chi au réveil), comprenant l'acheminement depuis la capitale. La croisière type, avec une nuit à bord, débute vers midi pour rentrer après le déjeuner le lendemain. Comptez de 2 500 000 VND à 9 500 000 VND selon le standing du bateau et les repas servis à bord. Les jonques et bateaux Indochina Cruise, Paradise Luxury, Sena Cruise et Indochina junk ont très bonne réputation. Ces croisières peuvent être achetées sur les sites de réservation hôtelière en ligne. Attention, si vous souhaitez rejoindre le groupe par vos propres moyens, sachez que l'embarquement s'effectue dans le port dédié, à 2 km à l'ouest de la marina *(pas de transport public, en taxi comptez env. 30 000 VND).*

Pour éviter la foule, vous pouvez aussi découvrir la baie depuis Cat Ba *(voir « Carnet pratique » p. 91).*

Sortie en individuel

Une fois acheté votre billet, vous trouverez sans difficulté un bateau prêt à partir. Les départs s'effectuent le matin entre 8h et 9h et en début d'après-midi (route 1). Les tarifs maximum sont fixés par les autorités : pour une place dans un bateau partagé avec d'autres visiteurs (maxi. 48 passagers), comptez 150 000 VND pour la route 1, 200 000 VND pour la route 2. Si vous voulez découvrir la baie en solo, il est possible de louer sa propre embarcation pour 500 000 VND/h. C'est plus cher bien sûr, mais c'est l'assurance de faire de sa journée une expérience unique. Tous les tarifs sont majorés de 30 % les w.-end et jours fériés.

1

Nos adresses

Restauration

Tuan Chau ne brille pas par son offre gastronomique, ni par sa vie nocturne de manière générale. Vous trouverez des stands pour manger sur le pouce à la gare maritime, quelques gargotes le long des quais (ouv. à midi seult).

Hébergement

Tuan Chau compte de nombreux hôtels, tous modernes et sans grand caractère, disposés le long des deux quais de la marina. Pour une étape d'une nuit avant ou après une croisière dans la baie.

Premier prix

Minh Duc Hotel - *E16 - 09 8888 86 36 - - 16 ch. 360 000/450 000 VND.* Parfait pour une étape économique. Les chambres, toute blanches, dans un style contemporain, ne sont pas immenses, mais très agréables : parquet, excellente literie, jolie salle de bains. Personnel souriant… quand il est là.

Budget moyen

The Postcard Hotel - *O so 1, Khu Biet Thu Tuan Chau - 03 6622 02 26 - - 33 ch. 1 000 000 VND.* Ouvert en 2022, cet établissement neuf propose de jolies chambres équipées de petits balcons avec vue splendide sur la baie. Vélos à disposition.

Paradise Suites - *Ngoc Chau - (203) 381 50 88 - paradisevietnam.com - - 156 ch. 1 000 000/2 800 000 VND.* L'hôtel le plus luxueux de la marina. Vastes et élégantes parties communes, chambres de plusieurs catégories mais toutes de grande superficie avec parquet et décoration soignée.

2

Le Haut Tonkin

CARTE RABAT DE COUVERTURE

La statue du Bouddha au sommet du Phan Si Pan.
User3a14f790_939/Getty Images Plus

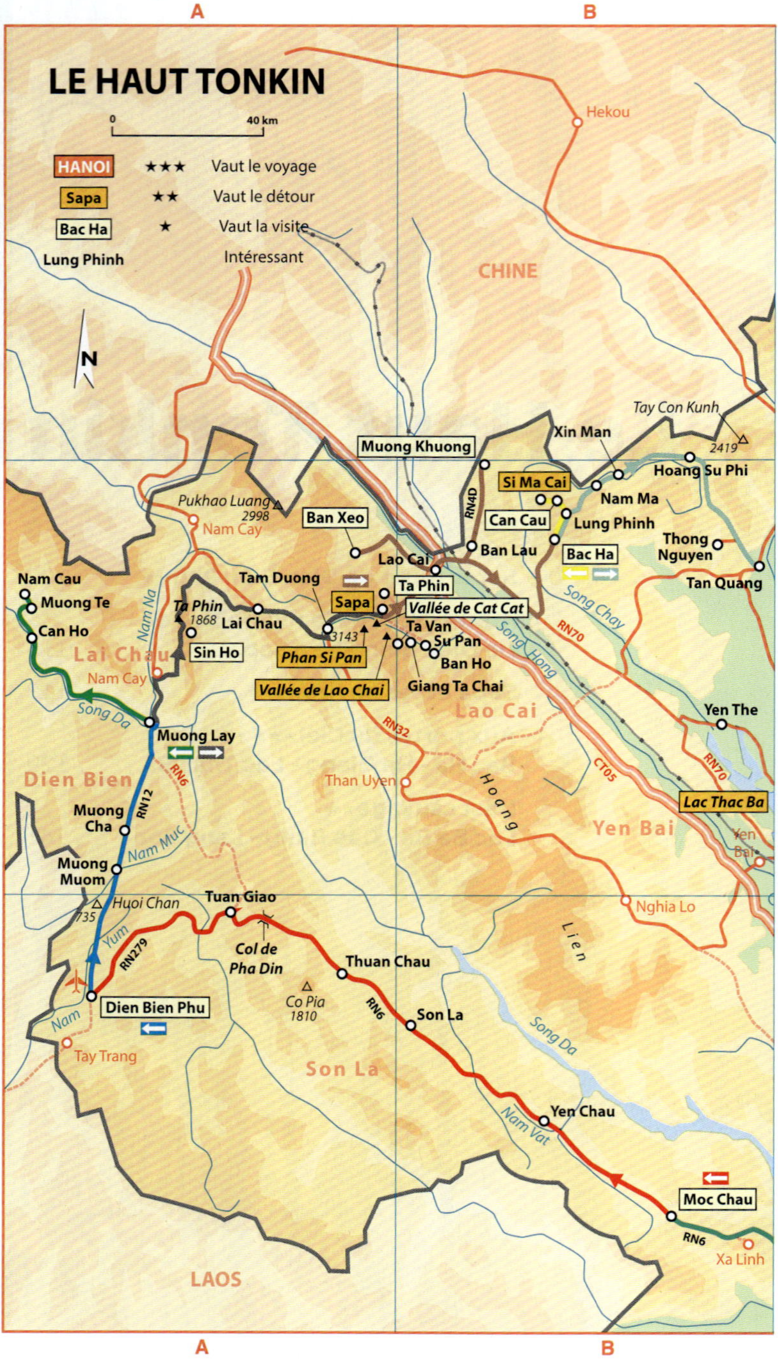

A
B
1
2
3
LE HAUT TONKIN
0
40 km
HANOI ★★★ Vaut le voyage
Sapa ★★ Vaut le détour
Bac Ha ★ Vaut la visite
Lung Phinh Intéressant
N
CHINE
Hekou
Tay Con Kunh
2419
Xin Man
Muong Khuong
Hoang Su Phi
Nam Ma
Si Ma Cai
Can Cau
Lung Phinh
Ban Lau
Bac Ha
Thong Nguyen
Tan Quang
Pukhao Luang
2998
Nam Cay
Ban Xeo
Lao Cai
RN4D
Tam Duong
Ta Phin
Sapa
Vallée de Cat Cat
Ta Phin
1868
Lai Chau
3143
Ta Van
Su Pan
Ban Ho
Giang Ta Chai
Sin Ho
Phan Si Pan
Vallée de Lao Chai
Nam Cau
Muong Te
Can Ho
Lai Chau
Nam Na
Nam Cay
Song Da
Muong Lay
Song Chay
Song Hong
RN70
RN32
Lao Cai
Yen The
RN6
Dien Bien
Than Uyen
Hoang
CT05
RN70
Lac Thac Ba
RN12
Muong Cha
Nam Muc
Yen Bai
Yen Bai
Muong Muom
Huoi Chan
735
Tuan Giao
Nghia Lo
Lien
Yum
RN279
Col de Pha Din
Thuan Chau
Dien Bien Phu
Co Pia
1810
RN6
Son La
Song Da
Nam
Tay Trang
Son La
Yen Chau
Nam Vat
Moc Chau
RN6
Xa Linh
LAOS
A
B

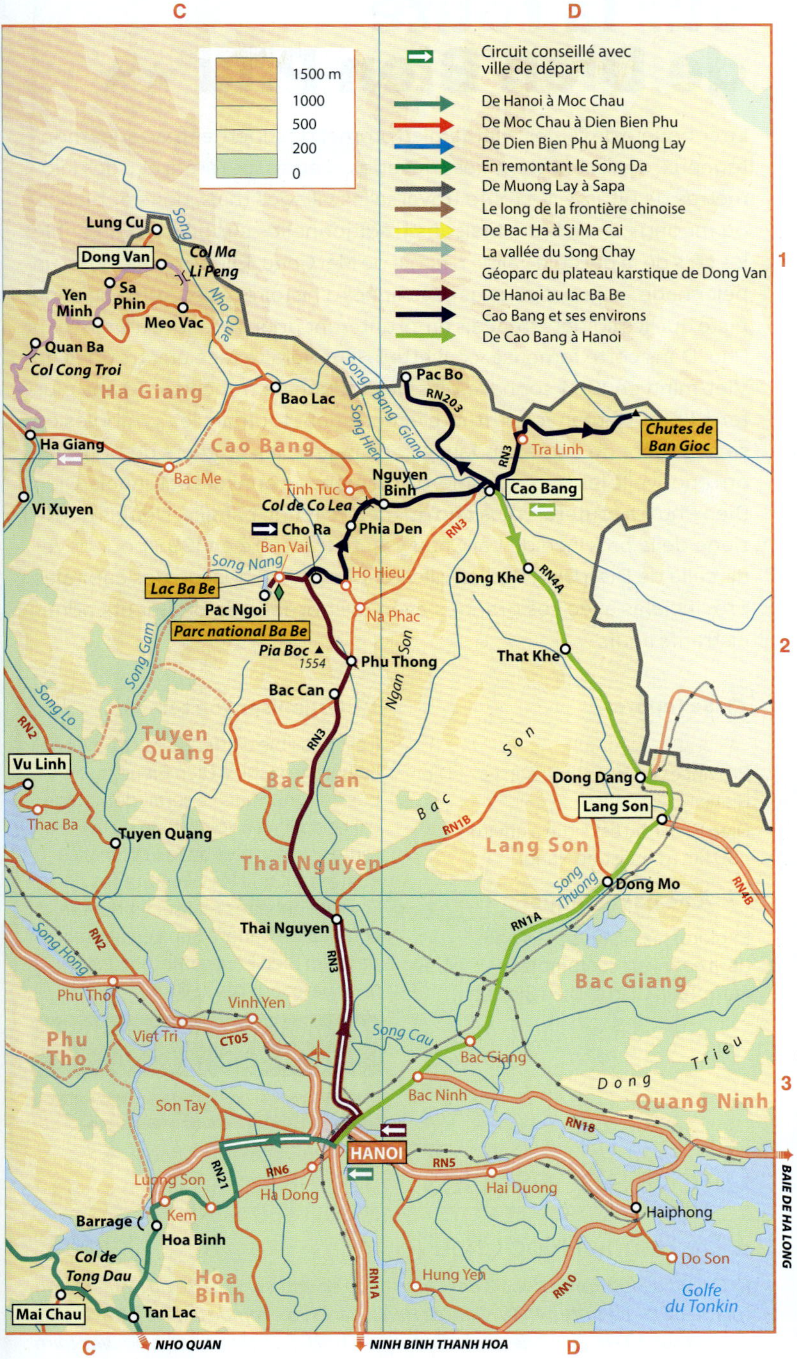

C
D
1500 m
1000
500
200
0
Circuit conseillé avec ville de départ
De Hanoi à Moc Chau
De Moc Chau à Dien Bien Phu
De Dien Bien Phu à Muong Lay
En remontant le Song Da
De Muong Lay à Sapa
Le long de la frontière chinoise
De Bac Ha à Si Ma Cai
La vallée du Song Chay
Géoparc du plateau karstique de Dong Van
De Hanoi au lac Ba Be
Cao Bang et ses environs
De Cao Bang à Hanoi
1
2
3
Lung Cu
Dong Van
Col Ma Li Peng
Song Nho Que
Yen Minh
Sa Phin
Meo Vac
Quan Ba
Col Cong Troi
Ha Giang
Bao Lac
Song Bang Giang
Song Hien
Pac Bo
RN203
RN3
Tra Linh
Chutes de Ban Gioc
Ha Giang
Cao Bang
Bac Me
Tinh Tuc
Nguyen Binh
Cao Bang
Vi Xuyen
Col de Co Lea
Cho Ra
Phia Den
RN3
Ban Vai
Song Nang
Ho Hieu
Dong Khe
RN4A
Lac Ba Be
Pac Ngoi
Na Phac
Parc national Ba Be
Pia Boc
1554
Phu Thong
Ngan Son
That Khe
Song Gam
Bac Can
Song Lo
RN2
RN3
Tuyen Quang
Son
Vu Linh
Bac Can
Dong Dang
Bac
Lang Son
Thac Ba
RN1B
Tuyen Quang
Lang Son
Thai Nguyen
Song Thuong
Dong Mo
RN4B
RN1A
Thai Nguyen
Song Hong
RN2
RN3
Bac Giang
Phu Tho
Vinh Yen
Viet Tri
CT05
Song Cau
Phu Tho
Bac Giang
Trieu
Dong
Bac Ninh
Quang Ninh
Son Tay
RN18
HANOI
RN21
RN6
RN5
Luong Son
Ha Dong
Hai Duong
Kem
Barrage
Hoa Binh
Haiphong
BAIE DE HA LONG
Col de Tong Dau
Do Son
Hoa Binh
RN1A
Hung Yen
RN10
Golfe du Tonkin
Mai Chau
Tan Lac
NHO QUAN
NINH BINH THANH HOA
C
D

Sur la route de Dien Bien Phu ★★

La conquête de l'Ouest vietnamien promet de superbes paysages montagneux, de vastes étendues sauvages, d'épaisses forêts et... des kilomètres de bitume. La route traverse les villages thaïs, noirs et blancs, ou muongs, avec leurs maisons traditionnelles sur pilotis. Elle enfile les cols de la paisible vallée rizicole de Mai Chau. Elle se révèle aussi un pèlerinage poignant pour les passionnés d'histoire : c'est cette ancienne piste que les soldats français empruntèrent pour se rendre à Dien Bien Phu. Dans cette fameuse « cuvette », leur défaite face aux troupes du Viet-minh en 1954 sonna le glas de l'Indochine française. 70 ans plus tard, l'État vietnamien restaure et entretient toujours les symboles de sa conquête de l'indépendance : on cimente les cratères de bombes, on renouvelle les sacs de sable, on réaménage bunkers et tunnels. Dien Bien Phu n'a toutefois plus rien du théâtre d'une bataille. Depuis que le siège de la province de Lai Chau y a été transféré en 1995 pour devenir celle de Dien Bien Phu, la ville s'est mise au diapason des capitales provinciales avec ses grandes avenues bordées de bâtiments administratifs neufs.

Se repérer

CARTE AC3 (P. 100-101).
Provinces de Hoa Binh, Son La et Dien Bien.
Dien Bien Phu est situé à environ 450 km à l'ouest de Hanoi.

À ne pas manquer

Explorer les villages thaïs noirs de la *nam Vat* ; contempler les rizières entre Tuan Giao et Dien Bien Phu.

Organiser son temps

Il est possible d'effectuer la totalité de l'itinéraire jusqu'à Dien Bien Phu en bus de ligne, mais ce serait dommage, car ce qu'il y a à voir le long de la route est bien plus beau et bien plus intéressant que les villes-étapes.
Si vous souhaitez réaliser l'itinéraire complet de Hanoi à Sapa en passant par Dien Bien Phu, comptez 5 jours pour parcourir ces 750 km.

Carnet pratique p. 106, 109, 112

Nos adresses p. 106, 109, 112

Circuits conseillés

CARTE P. 100-101

★ De Hanoi à Moc Chau BC3

Circuit de 192 km au départ de Hanoi, tracé en vert sur la carte du Haut-Tonkin (p. 100-101) - comptez 4h30. Quittez Hanoi par la voie rapide qui file à travers les rizières sur 30 km avant de rejoindre la route nº 21. En chemin, vous pouvez faire halte aux pagodes de l'Ouest (voir p. 70).

Champs de thé vert à Moc Chau.
hansgertbroeder/Getty Images Plus

Hoa Binh C3

À 68 km de Hanoi. La localité s'étire le long de la rue Cu Chinh Lan, au bout de laquelle une route mène au barrage. Un large boulevard permet de contourner le centre par le sud.

Hoa Binh, « la Paix » en vietnamien, porte bien son nom : cette capitale provinciale offre une première occasion d'échapper au tumulte de Hanoi. Son développement doit beaucoup au premier grand **barrage hydroélectrique** du pays, situé sur le cours de la rivière Noire (Song Da). Construit à partir de 1979 avec le support financier de l'URSS et l'assistance technique de ses « experts », il fournit de l'électricité au Nord ainsi qu'à la région de Ho Chi Minh-Ville depuis l'installation d'une ligne à haute tension en 1994. Il permet aussi de prévenir, en aval, les crues de la rivière Noire. L'ouvrage se visite. En contrebas, sur la rive gauche, un **monument** rend hommage aux ouvriers morts lors de sa construction. Une immense **statue de Ho Chi Minh**, perchée sur la colline d'en face, domine le site. De ce point de vue *(petit droit d'accès)*, vous bénéficierez d'un panorama à 360° sur Hoa Binh et le réservoir du barrage. Des croisières sont organisées sur le lac pour visiter les villages muongs et dao tien disséminés parmi les collines.

En ville, l'**Espace Culturel muong** *(202 Tay Tien - ☏ 218 389 38 88 - muong.vn)* offre une bonne introduction aux modes de vie et aux traditions de cette ethnie.

De Hoa Binh à Mai Chau C3

Après Hoa Binh, on quitte le plat pays du delta pour la région montagneuse. Les premières rizières en terrasses apparaissent, bordées de bosquets de bananiers. L'habitat change lui aussi radicalement. La campagne se piquette de chaumières, parmi lesquelles la maison muong se reconnaît à sa toiture à pans coupés et à ses pilotis bas. Sur les panneaux de signalisation, les noms des agglomérations sont tantôt en vietnamien, tantôt en thaï. La route monte ainsi en lacets pendant 25 km jusqu'à **Tan Lac**, un petit village entouré de pitons calcaires où il est possible de se restaurer.

Une région au cœur de l'histoire

Un œil sur de turbulents vassaux

Les Thaïs établirent leurs premières chefferies dans le Nord-Ouest, au moment où naissait le Dai Co Viet, le premier État viet indépendant *(voir p. 78)*. À Hanoi, puis à Hué, les souverains du Vietnam réglèrent leur attitude vis-à-vis de ces pouvoirs « barbares » sur le système chinois. Ils maintenaient les chefs coutumiers, leur donnaient à marier des princesses vietnamiennes et leur distribuaient des titres en échange du versement d'un tribut de vassalité à la cour. En 1067, par exemple, les Thaïs noirs présentèrent à Hanoi de l'or et de l'argent, du bois de santal, des cornes de rhinocéros et des pointes d'ivoire d'éléphant. Ces seigneuries indigènes conservaient une emprise sur leur territoire à travers une hiérarchie de vassaux, seigneurs d'une cuvette cultivée, le *muong* (ou *muang*), comprenant villages et bourgs et dont les limites étaient définies par les collines et montagnes qui la circonscrivaient. À défaut d'alliances sûres, cette politique garantissait une relative stabilité dans ces régions trop difficiles à contrôler. Lorsque les Vietnamiens lançaient des expéditions vers le haut pays, c'était pour une remise au pas, comme lors de la campagne de Le Thai To au 15e s. qui mit fin au piratage exercé par le chef thaï blanc Deo Cat Han. L'émergence du Dai Co Viet autour de l'an mille contribua aussi à définir le territoire de leurs cousins linguistiques, les **Muongs**. Toujours centré de nos jours sur Hoa Binh, leur peuplement s'étend bien au sud, sur le Nghe Anh et le Thanh Hoa. Mais les Muongs se montrèrent d'un voisinage bien plus paisible que les Thaïs.

Le temps des rébellions

Les Français ignoraient ce que savaient les souverains vietnamiens, à savoir que toute tentative d'administration directe se soldait par un soulèvement. Ils en firent les frais en provoquant une série de rébellions des Muongs, des Thaïs et des Daos à la fin des années 1880. Suite à la riposte militaire française, des garnisons furent créées à Hoa Binh, Son La, Lai Chau (aujourd'hui Muong Lay) et Lao Cai. Les mouvements de mécontentement ne cessèrent pas pour autant, stigmatisés par les bandes des **Pavillons noirs**, guérilleros sino-vietnamiens qui œuvraient le long de la frontière. La situation conduisit les Français à une attitude plus répressive : Son La est aujourd'hui le seul vestige des pénitenciers qu'ils établirent dans la Haute Région.

Hmongs cherchent l'amour

Fin août, début septembre, les Hmongs des environs – certains viennent de la Chine ou du Laos – accourent à Moc Chau. En marge de la fête de la ville, principal événement de l'année, se tient « **le marché de l'Amour** ». Selon la tradition, les garçons doivent enlever les jeunes filles, censées se débattre, et les emmener dans la forêt. Les couples qui passent plus de deux jours dans la nature se marient à leur retour. Si vous séjournez à Moc Chau à cette période, pensez à réserver : le temps de la fête du village, tous les hôtels sont pleins.

De Tan Lac, une route conduit également à Nho Quan et au parc Cuc Phuong, situé à 84 km de là *(voir p. 81)*.
Enfin, parvenu au **col de Tong Dau**, vous découvrirez la vallée de Mai Chau, sereine et splendide, en contrebas de la route, tapissée de rizières cultivées par les Thaïs blancs.
Passé le col, suivez la dir. de Mai Chau, à 5 km à l'ouest de la route de Son La.

★ Mai Chau C3

À 60 km de Hoa Binh. Alt. 400 m.
Ce bourg fut l'un des pionniers dans l'ouverture du Nord-Ouest au tourisme dans les années 1990. Que de changements en trente ans ! Les villages de **Van** et de **Lac**, les plus proches de Mai Chau, se sont rodés à l'accueil des visiteurs. Leurs maisons sont toujours aussi belles et peu de béton défigure l'environnement, mais les bassins creusés au pied de chaque demeure pour lutter contre le feu et élever d'énormes poissons-chats ont été comblés... pour servir de parking aux visiteurs. Les femmes thaïs de Mai Chau sont habiles au tissage. Le matin, le village résonne du bruit des rouets que manœuvrent les jeunes filles à l'étage. Aux heures chaudes, elles tissent sur de grands métiers à pédales dans l'espace aménagé sous les pilotis. Le village de Lac est tout pavoisé de leurs travaux, vendus à des prix très raisonnables.

★ Moc Chau B3

À 64 km de Mai Chau. Alt. 1000 m.
Bienvenue dans la ville du lait ! Tous les Vietnamiens connaissent cette bourgade nonchalante réputée pour ses élevages de vaches qui fournissent en fromage les plus grandes tables de la capitale.
Moc Chau se divise en deux parties. À l'ouest, en direction de Son La, le marché principal, la poste et les quelques possibilités d'hébergement se concentrent le long de la RN 6. À l'est, la route mène au hameau de Nong Truong, où se trouvent le deuxième marché couvert de Moc Chau et les coopératives de lait (repérables à leur large toit bleu) et de thé. Vous pourrez déguster les délicieux yaourts produits sur place au **Milk Product Shop** *(échoppe à proximité du marché de Nong Truong)*.
Dans le cadre de la coopération franco-vietnamienne, une tome de Moc Chau a été créée. Elle est vendue à Hanoi, dans la boutique de la coopérative laitière *(29 Cat Linh)* (PLAN II B3).
Autour de Moc Chau, les collines se couvrent de **plantations de thé** parcourues par des sentiers propices aux balades.
Dernières spécialités locales, les alcools de prune et de maïs sont servis dans les restaurants de la ville.

2

Carnet pratique

S'informer

Dans les villes traversées, aucun bureau touristique ne vous renseignera sur l'ensemble de la zone. En revanche, vous pouvez facilement préparer votre voyage depuis Hanoi, où vous trouverez plusieurs agences spécialisées dans les circuits « Haut Tonkin » *(voir « Nos adresses », p. 56-57).*

Arriver/Partir

En bus

Gare routière de Hoa Binh – *À l'entrée de la ville en venant de Hanoi.* Bus réguliers pour Hanoi *(1h30 de trajet, arrivée à la gare de My Dinh)* et Mai Chau *(1h30).*

De Moc Chau – Plusieurs bus/j. relient Moc Chau à Hanoi *(5h de trajet)* et à Son La *(3h).*

À moto

Comptez 10 $/j. de location au départ de Hanoi. Grâce aux travaux d'aménagement du réseau routier, faire le tour du Haut Tonkin en louant une moto à Hanoi est une agréable option.

Durant la saison des pluies, préférez les itinéraires courts et prévoyez des étapes de secours, au cas où la route serait impraticable ou la météo menaçante.

Le trajet étant sans grand intérêt avant Mai Chau, il est préférable de trouver un bus qui accepte de charger la moto, au moins jusqu'à Hoa Binh (de même au retour de Sapa, vous pouvez la mettre dans le train). Toutes les villes sont équipées de postes d'essence.

En voiture avec chauffeur

Les tarifs tournent autour de 100 $/j), sur la base d'un itinéraire établi. Le prix comprend les frais d'essence, ainsi que le chauffeur et son hébergement en cas de voyage de plusieurs jours. Les chauffeurs parlent rarement anglais et ne connaissent pas forcément les routes. Emportez des cartes et/ou faites appel à un guide.

Nos adresses

Restauration

Moc Chau

Premier prix

Dans le hameau de Nong Truong, un *com pho* où l'accueil est aussi agréable que le repas délicieux. Le veau de lait est la spécialité locale.

Shopping

Mai Chau

Tissage – Les doigts experts des femmes thaïs blancs réalisent des tissages basés sur des combinaisons de losanges ou des variations sur des soies sauvages. Elles savent aussi travailler des étoffes d'autres groupes ethniques. Le village de Lac est ainsi orné de batiks hmongs, d'ikats des Thaïs du Laos et de broderies daos.

Marché de Pa Co

Chaque dimanche matin, les ethnies locales hmong, muong et thai, vêtues de leurs vêtements colorés, viennent à Pa Co *(à 30 km de Mai Chau)* pour se rencontrer et vendre vêtements, artisanat et nourriture.

Hébergement

Lac et Van

Le hameau de Lac se trouve à environ 3 km après Mai Chau, sur la droite. Pour se rendre à Van, bifurquez à gauche à hauteur du centre de Mai Chau. Dans ces deux localités vous trouverez des logements chez l'habitant (nha nghi). Le prix tourne autour de 250 000 VND par personne pour le dîner, la nuit et le petit-déjeuner. Les conditions d'hébergement sont grosso modo les mêmes partout : matelas au sol, pas de chambres séparées, mais l'isolement diaphane d'une moustiquaire, salle de bains et WC communs. Blocs sanitaires en dur avec douche et eau chaude.

Lac est plutôt fréquenté par les voyageurs en groupes organisés. Ses habitants savent s'occuper des étrangers peu habitués à vivre au ras du sol.

Les voyageurs en solo préfèrent en revanche la tranquillité de **Van**, où l'on ne vend pas de tissus et où aucun spectacle folklorique n'est organisé. Malgré la multiplication des maisons d'hôtes, le site reste préservé.

Mai Chau

Pour se faire plaisir

Mai Chau Lodge – *En bordure de route, à hauteur de Mai Chau - ✆ (0218) 386 89 59 - www.maichaulodge.com - ▤ ✕ ⛱ - 16 ch. 1600 000/3 000 000 VND ☕.* La décoration ethnique, la cuisine savoureuse et les chambres douillettes de cet hôtel séduiront les amoureux du confort. En demi-pension, les cottages (avec ventilateur mais sans climatisation) proposent le meilleur rapport qualité-prix. Les chambres du bâtiment principal se négocient pendant la saison des pluies. Excursions en kayaks et vélos.

Une folie

Mai Chau Hideaway Lake Resort – *À 27 km au nord-est de Mai Chau - Suoi Lon, Son Thuy - ✆ (0218) 628 88 99 - maichauhideaway.com - ▤ ✕ ⛱ - 31 ch. 2 000 000/ 3 000 000 VND.* Cet ecolodge de luxe propose des chambres ravissantes bâties dans le respect de l'architecture traditionnelle. Calme absolu au bord du lac de Hoa Binh dans un paysage de rizières et de montagnes. Possibilité de faire du kayak ou du radeau de bambou sur le lac.

Moc Chau

Budget moyen

Huong Sen – *En face de la poste dans la rue principale - ✆ (212) 386 61 74 - ▤ ✕ P ⊭ - 38 ch. 550 000/950 000 VND.* Un établissement sans beaucoup de charme, mais qui offre la possibilité d'une étape confortable. Juste en face, le marché s'anime aux premières heures de la journée.

2

★★ De Moc Chau à Dien Bien Phu AB3

▶ *Circuit de 272 km au départ de Moc Chau, tracé en rouge sur la carte du Haut-Tonkin (p. 100-101) - comptez 6h.*

La route traverse la province de Son La, l'une des trois plus grandes du pays (19 000 km²). Les Thaïs constituent le groupe ethnique le plus important de cette région. Leur peuplement se concentre le long des principales rivières dont ils tirent profit pour irriguer leurs cultures et fournir de l'énergie grâce à d'astucieux bricolages hydrauliques en bambou.

★ Sur la route de Son La B3

Après le plateau de Moc Chau, vous longez sur 40 km une vallée très large qui tantôt se resserre en pentes déboisées par le brûlis, tantôt s'élargit.

Le nord-ouest et ses barrages

Obsédé par son indépendance énergétique, le Vietnam multiplie les projets de barrages, notamment dans le nord-ouest du pays. L'hydroélectricité représente environ 40 % du mix énergétique du pays. Outre **l'ouvrage de Hoa Binh** construit en 1979, celui de **Son La** – mis en service en 2012 – est l'un des plus importants d'Asie du Sud-Est : sa construction a coûté plus de 3 milliards de dollars. Ses 6 turbines de 400 mégawatts/h produisent environ 10 000 Mw/an, soit environ 15 % de la production hydroélectrique du pays. 91 000 personnes, quasi exclusivement des minorités ethniques (Thaï, La Ha, Kho Mu), ont été délogées. Mais déjà un autre barrage a vu le jour dans la vallée de la rivière Noire *(song Da)* : **le barrage de Lai Chau** en amont de Muong Lay, inauguré en décembre 2016.

Vous descendez enfin le long de la **nam Vat** (en pays thaï, les rivières ne s'appellent plus *song*, mais *nam*) ou suôi Sâp, jalonnée de **villages thaïs noirs★**, tous bâtis sur le même modèle. Situés sur la rive opposée, seuls les signalent un petit drugstore à auvent vendant sel, huile et confiseries, et un pont en bambou, sans garde-fou, suspendu au-dessus de la rivière. Le village s'étire en longues maisons sur pilotis, comme celles des Thaïs blancs de Mai Chau, mais à la différence qu'elles sont pourvues d'une véranda, où les femmes s'installent pour coudre, préparer les repas ou tresser de grandes hottes en bambou qu'elles portent à l'aide d'un bandeau frontal. En contrebas, le cours d'eau est barré de gués de galets où tournent de microscopiques moulins qui, grâce à un réseau de câbles, alimentent les ampoules électriques du village.
Vous parvenez ainsi à **Yen Chau** *(à 51 km de Moc Chau)*, un village-rue où vous trouverez un marché, une station-service et de quoi vous ravitailler. Dans cet univers de moyenne montagne, seuls les fonds de vallée sont travaillés en rizières. Partout, c'est le domaine du manioc et du bananier, qui dessinent des frises dentelées sur les croupes laissées nues par le brûlis.

Son La B3

À 113 km de Moc Chau. Alt. 600 m.

Capitale de province, dotée d'un aérodrome (à Na San), Son La est, avec Dien Bien Phu, l'une des deux plus grandes villes de l'Ouest vietnamien. Son importance se renforce avec la présence de l'un des **plus grands barrages d'Asie du Sud-Est**, mis en service en 2012 *(voir encadré ci-dessus)*. La ville, sans charme, constitue une étape sur la longue route de Dien Bien Phu.
Elle compte cependant quelques curiosités comme la **prison de Son La** (NHA NGUC SON LA) *(7h30-17h30 - 15 000 VND)* construite en 1908 sur Doi Thanh Nien, la « colline de la Jeunesse », pour incarcérer les chefs des rébellions ethniques. À partir de 1942, les effectifs grossirent avec l'arrivée d'autres rebelles : les activistes du Viet-minh pour qui Son La fut un foyer de diffusion d'idées. C'est à ce titre que les ruines du pénitencier, laissées en l'état après le transfert des prisonniers dans le delta et le bombardement par les Français en 1945, ont été partiellement relevées par les Vietnamiens. Elles permettent d'évoquer les conditions effroyables de détention de cette prison qui abrita jusqu'à 600 détenus. On y entre par les vestiges des dépendances. Çà et là, des mains anonymes ont allumé des bâtons d'encens à la mémoire des hommes morts dans cette sinistre geôle.
Un **musée** (BAO TANG SON LA) occupe les anciens bureaux de l'administration pénitentiaire. Ses collections ne sont pas exceptionnelles, mais permettent de démêler l'écheveau des 12 groupes ethno-linguistiques peuplant la province, à travers

leurs costumes et quelques objets (poteries utilitaires, jouets en céramique et paniers). Enfin, le **marché**, au nord de Chu Van Thinh, mérite le détour. On y déniche quelques tissus et sacs d'épaule des Thaïs noirs.

★★ De Son La à Dien Bien Phu AB3

La route s'échappe à travers les montagnes qui enserrent Son La à l'ouest et redescend dans une vallée plantée de pêchers et de pruniers. La variété de l'habitat reflète celle du peuplement : les maisons, très dispersées, y sont en bois ou en bambou, couvertes de tuiles ou de chaume, de plain-pied ou sur pilotis. À proximité de **Thuan Chau** *(à 33 km de Son La)*, la vallée s'élargit. Le bourg est le marché principal de cette campagne et s'anime tôt le matin.

La RN 6 quitte Thuan Chau, puis suit la crête des montagnes sur une dizaine de kilomètres. On atteint le **col de Pha Din**, à 1000 m. De l'autre côté débutent la province de Dien Bien Phu et les premières plantations d'abrasins, l'arbre à huile emblématique du Nord-Ouest. Paraissent aussi les premiers villages daos dans un cadre montagneux entièrement défriché pour la culture du maïs.

Tuan Giao *(à 50 km de Thuan Chau)* est la dernière étape avant Dien Bien Phu, que vous pouvez rejoindre par la RN 279 *(à 75 km - comptez 2h30)*.

Les voyageurs qui ne souhaitent pas se rendre sur le site de la fameuse bataille poursuivront depuis Tuan Giao sur la RN 6 qui gagne directement Muong Lay *(à 86 km - voir p. 115)*. Peu après Tuan Giao, des dizaines de **roues à eau** irriguent une nouvelle vallée rizicole, domaine des Thaïs noirs, fermée par un rideau de pitons calcaires.

Carnet pratique

Arriver/Partir

Gare routière de Son La – *À l'entrée de la ville en arrivant de Mai Chau.* Liaisons régulières avec Hanoi *(7-8h de route)*. 2 bus/j. à 5h et 12h30 pour Dien Bien Phu *(4h de route)* et 3 bus/j. pour Moc Chau.

Nos adresses

Restauration/ Hébergement

Tuan Giao

Premier prix

Hong Ky Hotel Cafe Restaurant – *85 Khoi Tan Tien - ✆ (215) 383 82 87 - ▤ ✕ - 10 ch. 400000 VND - ☕ 95000 VND.* Un sympathique hôtel familial avec petit-déjeuner sur la terrasse et accueil chaleureux. Les chambres et salles de bains sont impeccables, certaines disposant d'un balcon. Les propriétaires gèrent une petite agence de voyage et sauront vous conseiller sur la poursuite de votre périple.

Budget moyen

Thanh Thuy – *Sur la route de Dien Bien Phu - ✆ 09 8693 33 97 - service continu - plats 100000/ 200000 VND.* Ce petit restaurant très correct travaille pour les tour-opérateurs, qui s'y arrêtent généralement le midi. Chambres pour faire étape.

★ Dien Bien Phu A3

À 75 km de Tuan Giao. Dien Bien Phu se trouve à 32 km au nord de Tay Trang, un des points de passage entre le Vietnam et le Laos. Comptez une demi-journée.

Government Tourist Office - *9 Muong Thanh - (215) 383 50 26.*

Les distances étant importantes, mieux vaut être motorisé (vous pourrez louer un vélo ou un scooter par l'intermédiaire de votre hôtel).

La ville est traversée par une longue avenue baptisée **Nguyen Giap**, en l'honneur du vainqueur de la célèbre bataille. Un vaste rond-point marque le centre-ville. De là, l'avenue Thanh Binh file vers l'ouest et franchit la *nam* Rom. Sur la rive opposée se trouvent l'aéroport, la gare routière et le quartier général français de 1954. Les autre sites liés à la bataille se trouvent le long de l'avenue Nguyen Giap.

Plus au sud, entre l'avenue Nguyen Giap et la rivière, la rue Muong Thanh est bordée de nombreux cafés et restaurants. Elle conduit au pittoresque **marché** qui s'étend jusqu'au bord de la *nam* Rom. De là, une passerelle accessible aux deux-roues débouche en face de l'entrée du quartier général français.

Musée de Dien Bien Phu (BAO TANG DIEN BIEN PHU)

897 Nguyen Giap - (215) 382 82 08 - 7h-11h, 13h30-17h30 - 100 000 VND.

Il a été inauguré en mai 2014 à l'occasion du **60e anniversaire de la victoire des Vietnamiens** sur l'armée française à Dien Bien Phu en mai 1954. D'une surface de 22 000 m², l'édifice en forme de cône, doté de poutres enchevêtrées, rappelle les filets

Les 57 jours de Dien Bien Phu

Après l'évacuation désastreuse de Cao Bang en 1950, les Français perdirent progressivement tout contrôle sur la région montagneuse. Dans le Nord-Ouest, le Viet-minh, soutenu par des actions du Pathet Lao révolutionnaire (une organisation révolutionnaire communiste établie au Laos), les contraignit à abandonner leur base aérienne de Son La en 1953, et la garnison de Lai Chau à la fin de la même année. Sûr de rallier les minorités ethniques, le général Giap avait concentré des forces dans la région dès 1952, poussant même jusqu'aux portes de Luang Prabang au Laos. C'est dans ce contexte qu'Henri Navarre, nouveau commandant en chef des forces françaises d'Indochine, lança l'opération Castor, destinée à s'emparer de Dien Bien Phu, où le général de Castries fut parachuté avec six bataillons. Henri Navarre avait sous-estimé l'engagement de Giap en se refusant à déplacer des unités cantonnées dans le Centre, même après le début de la bataille. Il n'avait pas non plus pris en compte la mobilité du Viet-minh, qui concentra une force telle qu'elle contraignit les soldats français à se battre à un contre cinq. Prévoyant une attaque directe au centre de la cuvette, les Français avaient établi trois points de résistance, tous baptisés de prénoms féminins : Gabrielle et Béatrice au nord, Isabelle au sud. La première vague d'attaques se déroula selon leurs prévisions et Giap essuya de telles pertes qu'il suspendit les combats pour changer de stratégie. Le Viet-minh abandonna l'assaut en vagues pour l'étranglement, et le fusil pour la pelle : en trois mois, un réseau de galeries et de tranchées encercla les Français. Dans l'après-midi du 13 mars, Giap mit fin au siège et attaqua. Les Français se tournèrent vers l'aide américaine, mais Eisenhower refusa de laisser l'Amérique s'engager seule et les Britanniques firent la sourde oreille. Le 7 mai 1954, le drapeau viet-minh flottait sur Dien Bien Phu et le 8 mai débutait la conférence de Genève.

Quand le hérisson devient une souricière

Pour le **général Christian de Castries** et son supérieur **Henri Navarre**, Dien Bien Phu devait jouer le rôle de hérisson, sur lequel s'écraserait l'armée sous-équipée du Viet-minh. Pour les Vietnamiens, la plaine encadrée de montagnes servit en revanche de souricière. L'un des bas-reliefs du cimetière vietnamien de Dien Bien Phu campe la parabole dont se serait servi Ho Chi Minh pour illustrer cette stratégie aux yeux du QG de Giap, en retournant son casque de bo doi : les bataillons français étaient coincés au fond, tandis que l'armée viet-minh pouvait manœuvrer sur les bords.

de camouflage des casques des soldats vietnamiens, les *bo doi*. Le musée expose plus de 1000 objets répartis en quatre grandes thématiques : les neuf ans de résistance vietnamienne face au colonialisme français, le déroulement de la bataille de Dien Bien Phu, le soutien international lors de ce conflit et les conséquences de cette victoire dans le pays et dans le monde. Les vitrines livrent une version émouvante des 57 jours de combat, avec leurs photos en noir et blanc, leurs caricatures des journaux d'époque, leurs documents et objets, tels des vélos viet-minh qui servirent au transport de l'artillerie, des outils pour creuser les tunnels ou encore une tunique de Ho Chi Minh. On trouve aussi des reconstitutions de scènes de combat et de soldats dans les tranchées ainsi que des armes et des chars utilisés pendant la bataille. En face du musée s'étend un des cimetières où reposent les dépouilles des combattants. Sous les galeries, des bas-reliefs racontent les épisodes marquants de la bataille.

Colline A1 (Eliane)

Nguyen Giap (à 400 m au nord du musée) - 7h-17h30.

Cette redoute fut la dernière à tomber, le 6 mai 1954, après 36 jours de lutte acharnée. Les dispositifs de défense, casemates et tranchées, sont soigneusement entretenues. Sur le flanc sud de la colline, un énorme cratère a été causé par une charge d'une tonne d'explosif, placée dans une sape creusée par les Vietnamiens sous la position française. Son explosion, le 6 mai, entraîna la fin de la résistance française.

Monument à la Victoire (TUONG DAI CHIEN THANG DIEN BIEN PHU)

Au niveau du rond-point du centre-ville, un escalier de 333 marches grimpe jusqu'à une **imposante statue** exaltant la victoire de Dien Bien Phu. L'ascension est récompensée par une vue panoramique sur le site. La fameuse « cuvette » n'a en réalité rien d'une vallée encaissée. La plaine de Dien Bien Phu s'étend sur 20 km de long et 5 km de large. Au loin, les gradins bleutés des monts Wam Xan font écran entre le Vietnam et le Laos. C'est là que le général Giap concentra ses forces en vue de l'assaut final.

Du Monument à la victoire, prenez en face l'avenue Thanh Binh, traversez la rivière, puis tournez à gauche.

Quartier général français (HAM CHI HUY TAP DOAN CU DIEM DIEN BIEN PHU)

Sur la rive ouest de la nam Rom - accès libre.

Cet abri semi-souterrain, protégé par des sacs de sable (en béton aujourd'hui), abritait le PC du général de Castries. C'est de ces quatre pièces que Castries commanda la défense de la place jusqu'à la reddition du 7 mai 1954 à 17h30.

500 m plus au sud, au-delà d'un arc qui enjambe la route, un enclos abrite le modeste **mémorial des soldats français**. Il a été construit à l'initiative d'un ancien légionnaire, Rolf Rodel, qui avait combattu à Dien Bien Phu.

Carnet pratique

Adresses utiles

Banque/Change – Distributeurs et banques sur la duong 7 Thang 5.

Poste (Buu Dien) Dien Bien – *Duong 7 Thang 5 - ☎ (215) 382 58 35 - 7h-11h30, 13h-20h.*

Arriver/Partir

Aéroport de Dien Bien Phu – *À 1 km, sur la route de Muong Lay.* 2 vols/j. relient Hanoi à Dien Bien Phu *(1h de trajet).*

Gare routière – *À la sortie de la ville, en dir. de l'aéroport.* Un départ chaque après-midi pour Ninh Binh *(12h de trajet),* 2 pour Lao Cai *(10h)* via Muong Lay *(3h)* et Sapa. Départs réguliers pour Hanoi *(12h).* Deux liaisons/j. pour Son La *(6h).*

Nos adresses

Restauration

Nombreux restaurants locaux où déguster les produits de la région comme le riz gluant, le poulet noir et les pousses de bambou.

Premier prix

Ngoc Mai – *À côté de la place Hoi Nghi (en retrait de l'av. Nguyen Giap, au nord de la colline A1) - ☎ (215) 382 59 32 -* ⊄. Un des seuls restaurants chics de Dien Bien Phu, fréquenté par les notables de la région ou à l'occasion des fêtes de famille. Goûtez aux spécialités de nouilles et de viande de chèvre.

Petite pause

Café Windows – *71 Nguyen Chi Thanh - ☎ (215) 383 33 99 - 7h-23h30.* Salle banale mais la terrasse qui donne sur la rue est très fréquentée par la jeunesse.

Café Moc Quan – *111 Nguyen Chi Thanh (angle de Muong Thanh) - ☎ (215) 383 31 89 - 7h-23h.* Une halte sympathique pour boire un bon café.

Hébergement

Premier prix

Phadin – *63/3 Thanh Binh - ☎ (215) 655 88 88 - ▤ ✕ - 60 ch. 550 000 VND* ☕. Bien situé, à proximité de la rue Muong Thanh et de ses restaurants, cet hôtel moderne propose des chambres convenables avec balcon. Parfait pour une étape.

Budget moyen

Him Lam Resort – *6 Phuong Him Lam - ☎ (215) 381 16 66 - ✕ ⛱ - 100 ch. 800 000/950 000 VND* ☕. À 5 km du centre, joliment posté au bord d'un lac, ce vaste ensemble hôtelier un peu kitsch est composé de pavillons en bois sur pilotis où sont aménagées les chambres. D'autres constructions abritent bars et restaurants. Dotées d'une terrasse, les chambres sont plutôt confortables, un brin frisquettes en hiver. Difficiles d'y trouver quelqu'un parlant anglais. Le calme n'est pas toujours garanti, l'établissement accueillant conférences et fêtes familiales.

A1 Hotel – *3 Hoang Cong Chat - ☎ (215) 395 29 99 - ▤ ✕ - 50 ch. 1 200 000 VND* ☕. Passé l'imposante réception, on trouve des chambres modernes, sans grand caractère, mais qui ont pour atout leurs vastes dimensions. Le restaurant de l'établissement, ouvert aux non-résidents, est tout à fait recommandable avec ses buffets à 169 000 et 199 000 VND.

Aux sources de la rivière Noire ★★

De Dien Bien Phu à Sapa

Maîtrisé en aval par les barrages de Hoa Binh et de Son La, le Song Da (rivière Noire) est pourtant bien plus indomptable que le fleuve Rouge. Descendu des montagnes du Yunnan (Chine), il creuse un profond canyon pour forcer la barrière de l'angle nord-ouest du Vietnam. Dans cette région que dominent des sommets de plus de 2000 m, rien ne semble vouloir passer hormis cette rivière. En arrivant à Muong Lay, l'ex-Lai Chau, ses gorges croisent celles de la nam Na. Un barrage inauguré en 2016 a noyé la vallée en aval de Muong Te. Dans cette région, peu fréquentée par les touristes, on croise des peuples des cinq familles linguistiques du Vietnam. La rareté des possibilités de logement et de restauration n'incite pas à faire étape en chemin.

Se repérer

CARTE A2-3 (P. 100-101).
Provinces de Lao Cai et Dien Bien. Sapa est situé à 275 km au nord-est de Dien Bien Phu.

À ne pas manquer

Le marché de Sin Ho où se croisent Daos et Hmongs ; une plantation de thé de Tam Duong.

Organiser son temps

En toute saison, les pluies peuvent rendre les pistes autour de Muong Lay difficilement praticables, voire dangereuses. Il faut donc prévoir de la marge si votre temps est compté.

Changements de noms

Les autorités vietnamiennes ont redécoupé la carte administrative du Nord-Ouest et les villes ont changé de nom pour garder ceux des provinces. Ainsi Muong May est devenue **Muong Muom** et Muong Lay s'appelle désormais **Muong Cha**... et c'est Lai Chau qui a pris le nom de **Muong Lay**. Tam Duong a été rebaptisée **Lai Chau**, et Binh Lu porte le nom de **Tam Duong**. Un casse-tête, à garder en mémoire, pour s'y retrouver sur une carte routière. Dans ce guide, le nouveau nom est toujours privilégié.

Carnet pratique p. 117

Nos adresses p. 117

2

Circuits conseillés

CARTE P. 100-101

★ De Dien Bien Phu à Muong Lay A2-3

Circuit de 102 km au départ de Dien Bien Phu, tracé en bleu sur la carte du Haut-Tonkin (p. 100-101) -comptez 4h.

La route franchit une frontière invisible entre deux mondes : au sud, la plaine riante de Dien Bien, peuplée de Thaïs noirs ; au nord, des échines montagneuses, domaine des Thaïs blancs. C'est ici aussi qu'on franchit la ligne de partage des eaux. Au nord, les rivières courent vers le delta du fleuve Rouge, tandis qu'au sud elles gonflent les eaux du Mékong. Peu de terres sont cultivées dans ce paysage

Muong Lay, ex-capitale du peuple thaï

Entre Vietnam et Laos

Connue jadis sous les noms de Muong Le, puis de Lai Chau, Muong Lay est un ancien fief des **Thaïs blancs** qui partageaient l'autorité sur le Nord-Ouest avec les **neuf Muongs**, les neuf seigneuries thaïs noirs de la région de Son La. En 1323, son chef reçut un sceau d'or de l'Empire chinois et le titre héréditaire de préfet de Ningyuan. La lignée de sa famille seigneuriale, les **Deo**, s'est maintenue jusqu'à nos jours. Au 15e s., ils tentèrent des alliances avec le royaume du Lan Xang (ancien Laos), dont la frontière avec l'État vietnamien était située au sud de Muong Lay. Mais, au début du 19e s., l'attitude conquérante des Siamois au Laos poussa plusieurs chefferies thaïs à basculer vers le Vietnam, et toute la région, de Sam Nua à Savannakhet, passa sous la suzeraineté de Minh Mang.

Un terrible seigneur

La lignée des seigneurs Deo, qui tenaient la contrée, se montra d'abord hostile à l'avancée des Français, tentant une alliance avec les Thaïs noirs, mais dut finalement capituler en 1890. Nommé gouverneur du district par l'administration coloniale en 1940, **Deo Van Long** devint de fait le suzerain non seulement des Thaïs blancs de Muong Te et de Phong To, mais aussi des Thaïs noirs de Son La. Lorsqu'en 1945 le Viet-minh essaima à partir de sa base du Nord-Vietnam, Deo Van Long quitta le pays pour la France, où il participa à la conférence de Fontainebleau en juillet 1946. De retour au pays, il fut promu roi de la nouvelle zone autonome (1947-1954), « la Fédération thaï ». Quand la garnison de Lai Chau fut évacuée par les Français, à la veille de la bataille de Dien Bien Phu, leur allié fut contraint de fuir en hélicoptère. Réfugié au Laos, il gagna ensuite la France et mourut à Toulouse en 1975. Aujourd'hui, la légende de ce personnage lui survit, et les gens des vallées relatent de terribles histoires sur son compte. On vous racontera que, chaque matin, Deo Van Long exigeait de boire du lait au sein d'une femme, qu'il en honorait neuf chaque nuit, ou qu'il fit précipiter, lors de sa fuite, une partie de sa maisonnée dans le canyon de la rivière Noire, l'autre sur des pals en bambou dans la montagne. Certains Thaïs perpétuent tout de même sa mémoire en conservant des photographies ou des reproductions de leur ancien chef. Il n'est pas rare de croiser l'un de ses descendants : selon diverses estimations, Deo Van Long aurait eu près de 90 enfants.

Sur la route de Sapa.
Kum Seong Wan/Getty Images Plus

sauvage. Cette piste fut tracée avec l'aide des Chinois en 1970, dans le cadre du projet d'une **route de l'Amitié** qui reliait Dien Bien à Nam Cay, sur la frontière.

À environ 45 km de Dien Bien Phu, **Muong Muom** est l'un des derniers villages thaïs noirs. Il est installé sur la berge d'une rivière, la **nam Muc**, qui fournit l'eau courante et l'énergie nécessaire à quelques ouvrages hydrauliques miniatures. Les grandes maisons construites en bois ou en bambou sont parfois ouvertes par des fenêtres, dont les menuiseries sont joliment travaillées. La terrasse résume le quotidien : nasses et filets de pêche, cages d'oiseaux chanteurs ou de volailles, potées d'herbes aromatiques et d'oignons. Une grande variété de paniers tressés témoigne de la richesse de l'artisanat thaï.

Vous traversez ensuite **Muong Cha**, où il est possible de se restaurer. En poursuivant votre chemin vers Muong Lay, vous parvenez aux **hameaux hmongs rouges**. Vous les reconnaîtrez aisément si vous les traversez un jour de lessive – de grandes jupes plissées en batik bleu et blanc, rehaussées de notes brodées corail, pavoisent les murs – ou si vous voyagez entre deux récoltes, quand des femmes de tous âges, assises, seules ou en groupes, tirent l'aiguille sur le perron. Pour les Hmongs rouges, la chevelure est un ornement, d'autant plus précieux que les carences alimentaires dans cette région reculée font des ravages sur les cheveux et les dents (remplacées par des prothèses en or). Les femmes se coiffent de postiches faits de cheveux véritables. Les intérieurs sont modestes : un brasero près d'une table basse posé sur le sol, une tablette fixée au mur pour le dieu du foyer, encombrée de coupes d'alcool, de bâtons d'encens et des plumes d'un coq sacrifié en guise d'offrande et, pendus au mur, les fusils de chasse, forgés à la main.

Muong Lay (EX-LAI CHAU) A2

La vallée de Muong Lay a été engloutie sous les eaux d'un lac de retenue créé par les aménagements du bassin de la rivière Noire. Une nouvelle ville a vu le jour afin de reloger la population. Les habitants, des Thaïs principalement, ont démonté leurs maisons sur pilotis pour les reconstruire quelques mètres plus haut, sur des zones terrassées qui ont recouvert leurs rizières.

★ En remontant le song Da A2

Circuit de 87 km au départ de Muong Lay, tracé en vert sur la carte du Haut-Tonkin (p. 100-101) - comptez 3h.

Depuis Muong Lay, vous pouvez explorer la haute vallée de la rivière Noire jusqu'à **Muong Te**.

Première étape à **Can Ho** où s'est fixé le groupe tibéto-birman des Ha Nis. La tenue féminine est un tourbillon de couleurs, sur la base sobre d'une longue tunique portée sur un pantalon noir. Les manches étroites sont bariolées de rayures multicolores. Les cheveux sont serrés dans un bonnet orné de floches de couleurs vives. Des pièces de monnaie ornent en rangs serrés le devant de la tunique et brillent dans la coiffe. Leurs maisons, élevées sur la terre battue, rappellent celles des Hmongs et restent très rudimentaires.

La route continue et conduit à un pont suspendu. **Muong Te**, peuplé de Thaïs blancs, est un bourg plus coquet que Muong Lay, dont le marché permanent s'anime le dimanche, jour de foire. À l'entrée, un chemin sur la gauche mène au village des La Hus de **Nam Cau** (3 km). Le costume de ces Tibéto-Birmans est très proche de celui des Ha Nis, de même que leur habitat groupé en minuscules villages. Muong Te est situé dans un véritable cul-de-sac. Les autorités vietnamiennes vous décourageront, ou interdiront, de vous aventurer plus à l'ouest.

★★ De Muong Lay à Sapa A2

Circuit de 195 km au départ de Muong Lay, tracé en gris sur la carte du Haut-Tonkin (p. 100-101) - comptez 7h.

Deux itinéraires s'offrent à vous. Le plus court suit la RN 12 jusqu'à Pa So, en longeant la *nam Na*. Mais, depuis la fin des années 2000, les travaux de rehaussement des routes, dus à la construction du barrage de Son La, ont dévasté le paysage. En attendant que la nature reprenne ses droits, vous pouvez opter pour la route de Sin Ho. Cet itinéraire bis, un peu plus long, enchaîne les vues vertigineuses sur le massif. Avis aux photographes !

★ Sin Ho A2

Le bourg est affreux, mais s'inscrit dans un cadre magnifique de pitons calcaires disséminés au pied du **mont Ta Phin** (1868 m) et mérite une visite pour son marché où se croisent de nombreuses minorités ethniques. Même en dehors des jours de foire *(jeu. et dim.)*, les villageois sont nombreux à venir se ravitailler à Sin Ho. Les femmes daos noirs, d'imposants turbans pliés sur la tête en partie rasée, cousent des pantalons et vendent des plantes médicinales séchées. On y trouve aussi de la laine rouge et noire que certaines Hmongs fleuris tressent dans leurs cheveux. De Sin Ho, on peut rejoindre Lai Chau par la route qui longe le marché. Elle traverse quelques villages de Daos noirs puis serpente sur la crête des montagnes. Les **grottes de Pusam** se situent à 6 km avant d'arriver à Lai Chau. Pour la visite, munissez-vous d'une lampe torche.

Lai Chau (EX-TAM DUONG) A2

Ses habitants l'ont surnommée « la Boueuse ». Car depuis que les fonctions de capitale de province ont été transférées dans cette ancienne bourgade, la ville est en perpétuel chantier. Un nouveau quartier est apparu au sud-est de l'ancien centre : grand boulevard à quatre voies, lac artificiel, résidences de dix étages à l'architecture d'inspiration néo-chinoise et hôtels démesurés. L'activité quotidienne continue néanmoins d'animer l'ancienne partie de la ville. Le **marché permanent** (CHO PHONG THO) rassemble les jours de foire *(les lun., jeu. et dim.)*

Hmongs rouges et Daos Khaus de Sin Ho, Daos noirs de Binh Lu, et Nhangs, une ethnie cousine des Giays de la province de Lao Cai.
Des chemins offrent une jolie balade à travers l'immense **plantation de thé** qui court à la lisière nord du bourg *(départ du chemin à l'entrée ouest de la ville, face à la poste).*

★ Sur la route de Sapa A2

Jusqu'à **Tam Duong** (ex-Binh Lu), la route suit le fond de la vallée. Dans ce bourg, on peut croiser des Lus, aux vêtements ornés de pièces de monnaie, ou des femmes hmongs qui portent sur leur tête de fausses nattes noires retenues par une structure métallique argentée.
Puis, pendant 20 km, la route gravit la **porte du Ciel** en s'accrochant au flanc de la montagne. Au sommet du col, une ribambelle de petits stands proposent un délicieux thé fumé de Sapa, des œufs durs et du riz gluant cuit au feu de bois. Pour faire une pause, préférez ces échoppes à celles rencontrées quelques kilomètres plus loin, plus touristiques.
3 km après le col, la **cascade d'Argent** ne mérite son nom que lorsque la saison sèche ne la réduit pas à un filet d'eau.

Carnet pratique

Arriver/Partir

Gare routière de Lai Chau – *À la sortie de la ville sur la route de Sapa.* Liaisons quotidiennes avec Dien Bien Phu *(10 départs/j. - 7h de trajet)*, Lao Cai *(13 départs/j. - 2h30)*, Muong Lay, Muong Te, Sin Ho et Sapa *(par le bus de Lao Cai)*.

Nos adresses

Restauration

À **Sin Ho**, il y a plusieurs gargotes où se restaurer à petit prix.

Lai Chau

Budget moyen

Tuan Anh – *83 Tran Hung Dao - (213) 387 52 17 - 6h-22h.* La carte est très variée et les plats copieux. L'accueil chaleureux de la patronne francophone compense la propreté limitée de la salle.

Hébergement

Sin Ho

Premier prix

Thanh Binh Hotel – *à la sortie du bourg en dir. de Lai Chau - (213) 387 03 66 - P - 38 ch. 15 $.* Une étape correcte si vous tenez à faire halte à Sin Ho.

Lai Chau

Premier prix

Taybac – *Tran Hung Dao, Phuong Doan Ket (à proximité de la poste) - (213) 387 58 79 - P - 30 ch. 300 000 VND.* Évitez les chambres de la maison thaïe en bois, très vieilles. Dans la partie neuve, en revanche, elles sont grandes, propres et confortables. Accueil sympathique, en vietnamien.

Sapa et ses environs ★★

À l'époque du protectorat français, les élites de l'administration avaient installé leur résidence de vacances à Sapa, un rebord montagneux faisant face au toit du Vietnam, le Phan Si Pan (3143 m). À la fin du 20e s., la station d'altitude disparut des cartes pendant dix ans, entre la guerre sino-vietnamienne de 1979, cause de nombreuses destructions, et la redécouverte de ce coin des « Alpes tonkinoises » par des voyageurs audacieux au début des années 1990. Ce fut d'abord une rumeur propagée dans le cercle des routards, puis un must inscrit au programme des agences de voyage. Au fil des ans, ce petit paradis est devenu une destination très prisée. Les hôtels poussent comme des champignons et la ville se métamorphose. Le sommet mythique du Phan Si Pan n'est plus réservé aux alpinistes ; on y grimpe désormais en téléphérique. Et les villages alentours, dont l'accès est payant, sont devenus des attractions touristiques. Sapa serait-elle victime de son succès ? S'il est vrai que la ville a perdu de son authenticité, il n'en reste pas moins que les paysages sont toujours fabuleux et que Sapa peut être le point de départ de fantastiques randonnées en dehors des sentiers balisés par les agences de voyage.

SE REPÉRER

CARTE A2 (P. 100-101) - PLAN DE SAPA (P. 120).

53549 hab. – Province de Lao Cai. Sapa est située à 1630 m d'altitude, à 320 km au nord-ouest de Hanoi.

À ne pas manquer

Randonner à travers les rizières en terrasses autour de Sapa ; marchander tissus et bijoux-souvenirs avec les femmes hmongs et daos ; se hisser au sommet du Phan Si Pan, le « toit de l'Indochine ».

Organiser son temps

Février, mars et octobre sont les meilleurs mois pour visiter Sapa. À noter pour les photographes qu'avant le mois de mai, les rizières ne sont pas encore en culture

Récolte du thé à Sapa.
Vu Viet Dung/Getty Images Plus

et les paysages, jaune et marron, ne ressemblent pas à ceux des brochures. Les rizières prennent une belle couleur dorée pour la récolte en septembre-octobre.
Comptez 3 jours pour visiter les alentours.

En famille

Une randonnée facile avec les Sapa Sisters.

Carnet pratique p. 124

Nos adresses p. 125

Se promener

PLAN P. 120

Les nuages de Sapa sont d'une vélocité stupéfiante, plongeant en un clin d'œil l'ancien sanatorium dans la purée de pois, qui se lève tout aussi rapidement qu'elle est tombée.
Malgré le développement touristique, on croise encore des représentants des deux groupes de la région : les **Daos rouges** et les **Hmongs noirs**. Ils viennent faire leurs emplettes au marché, animé le matin tout au long de la semaine, et vendre aux touristes tissage et artisanat.
Vous trouverez aussi un **marché** de produits locaux au pied de l'office de tourisme, en vue de l'église de la ville. Saccagée en 1954, cette dernière a été reconstruite et est devenue l'un des symboles de la ville.
Hamrong Park – *70 000 VND -comptez 2h AR. Prévoyez de bonnes chaussures et attention, à certains endroits, les marches peuvent être glissantes.* Cette promenade aménagée conduit à l'**observatoire de la Gueule du Dragon**. Tout au long du chemin, vous longerez des jardins soigneusement entretenus, des quantités de fleurs... et des statues kitschissimes de personnages de dessins animés. Au sommet, la vue est grandiose.

Hmongs noirs et Daos rouges

La tenue des Hmongs noirs est très sobre. Localement, on les surnomme les « Hmongs indigo », non seulement à cause de leur costume, dans toutes les nuances de bleu plus ou moins délavé, mais aussi pour leurs mains bleuies à force de teindre et manipuler des étoffes. Les femmes daos rouges ne passent pas inaperçues avec leurs dents laquées de noir et leur visage épilé, enveloppé dans un énorme turban écarlate. Leur costume déploie un extraordinaire travail de broderie sur les jambes du pantalon et le pan de tunique qui descend dans le dos.

SE RESTAURER
- Little Sapa 1
- Sapa Sky View 3
- Le Gecko 6
- Le Petit Gecko 7
- Quynh Anh 9

SE LOGER
- Bamboo Sapa 1
- Cat Cat 2
- BB Hotel 3
- Happy Family Hotel 6
- Nguyen Hung 7
- Mountain View 9
- Sapa Hills Hotel 10
- Lady Bird 11
- Tuong Mai Hotel 13
- BB Sapa Resort & Spa ... 14
- Thai Binh 16

À proximité

CARTE P. 100-101

★ Vallée de Cat Cat B2

À 2,5 km de Sapa par la route qui prolonge le marché. Droit d'accès de 70 000 VND/pers. Vous pouvez vous rendre à Cat Cat à pied ou à moto. Attention, la pente est très raide. Des xe om *attendent les randonneurs au fond de la vallée pour leur éviter la dure remontée vers Sapa.*

Depuis Sapa, la route descend en lacets, d'abord à travers une zone cultivée en maraîchage, puis le long de rizières en étages qui dégringolent de toutes parts. Un escalier en pierres mène à Cat Cat. Ce village hmong noir, d'une vingtaine de maisons, doit son nom à la proximité d'une cascade. Une petite station hydroélectrique fut installée sur la rivière Muong Hoa par les Français en 1925. N'effectuez ce circuit classique que si vous n'avez pas le temps d'aller plus loin, car l'afflux de touristes a quelque peu émoussé l'authenticité du village de Cat Cat, dont la gestion est assurée aujourd'hui par une entreprise privée.

★★ Vallée de Lao Chai A2

À 6 km de Sapa par la route qui descend dans le prolongement de la rue Cau May. En saison sèche, elle est carrossable jusqu'au site rupestre - 75 000 VND.

Le chemin traverse la **rivière Muong Hoa** pour remonter les rizières jusqu'au village hmong noir de **Lao Chai**. On y croise aussi des Daos rouges. En poursuivant à travers champs sur cette même rive, vous parvenez au village giay de **Ta Van** *(à 2 km)* de l'autre côté d'un torrent. En redescendant vers le cours de la Muong Hoa que franchit un petit pont suspendu *(à 2 km du village)*, vous découvrirez un site de **gravures rupestres** *(à 2 km du pont, en longeant la vallée en direction du sud-est)*.

De là, vous avez le choix entre remonter vers Sapa *(10 km)* ou continuer vers les villages hmongs et daos situés plus au sud.
Les agences de Sapa proposent un intéressant programme de randonnée sur 3 jours, avec étapes chez l'habitant et retour en minibus. Au-delà de Ta Van, vous poursuivez alors le long de la Muong Hoa vers le village dao de **Giang Ta Chai**, puis jusqu'à **Ban Ho**, un village tay situé au fond de la vallée, à 26 km de Sapa. Au village hmong de **Su Pan**, à 5 km en amont, des motos-taxis *(xe om)* attendent les voyageurs indépendants pour les ramener à Sapa.

Culture locale

Sachez lever le coude pour goûter le *rouo* (prononcez « zio »), l'alcool local (de riz ou de maïs) que l'on vous servira immanquablement dans les villages.
Deux formules pour trinquer avec vos hôtes : *chuc suc khoe* (prononcez « tchoup sé koué ») qui signifie « à votre santé » ou *tram phan tram* (prononcez « tcham fan tcham ») pour « cul-sec », littéralement « 100 % ».

★ Ta Phin B2

À 9 km de Sapa. Suivez la route de Lao Cai sur 6 km, puis un sentier vers le nord-ouest, sur 3 km. Droit d'accès de 40 000 VND (enf. 20 000 VND).
En quittant la route Sapa-Lao Cai, on aperçoit les ruines d'un **monastère**, détruit en 1952. Huit sœurs y ont vécu entre 1942 et 1945. Le projet d'un couvent d'une centaine de religieuses fut abandonné suite aux troubles de 1945 et les sœurs quittèrent Sapa dans l'urgence.
Poursuivez ensuite le chemin qui descend jusqu'au village dao rouge de Ta Phin. Il compte une vingtaine d'habitations et une grotte. Vous pouvez y acheter des tissus confectionnés par les habitantes.

2

★★ Phan Si Pan A2

À 19 km de Sapa. Alt. 3143 m. Comptez un minimum de 3h pour l'ensemble de l'excursion.
Le « toit de l'Indochine » est désormais accessible à tous. Le pharaonique bâtiment planté en plein centre de Sapa abrite tout à la fois un centre commercial, un hôtel de luxe... et la station de départ du **funiculaire** *(50 000 VND AR)*, première étape vers l'ascension facile du Phan Si Pan. Il conduit à la station de **téléphérique** *(750 000 VND AR, enf. 500 000 VND)*, d'où vous grimperez dans une cabine pour un parcours époustouflant. À l'arrivée, il faut encore gravir 603 marches *(comptez 20mn)* pour parvenir au sommet, à moins d'emprunter le **petit train** *(150 000 VND AR)* qui épargne cette peine...
Depuis la mise en place du téléphérique, le sommet du Phan Si Pan a été aménagé. De la station d'arrivée au sommet, le chemin est jalonné de constructions modernes : temples, tours, statues (dont celle d'un bouddha géant de 21 m de haut), boutiques et stands de ravitaillement donnent à l'ensemble l'aspect d'un parc d'attractions. On peut ne pas aimer, mais la vue depuis le sommet reste exceptionnelle.

Circuit conseillé

CARTE P. 100-101

★ Le long de la frontière chinoise

Circuit de 330 km au départ de Sapa, tracé en marron sur la carte du Haut Tonkin (p. 100-101) - comptez 2 jours.
La route qui relie Sapa à Lao Cai offre sur 38 km l'un des plus jolis parcours de la région. Elle vire en épingles à cheveux entre des croupes montagneuses taillées en gradins et des gorges où coulent des torrents.

À la frontière de la Chine

Un rail français à l'assaut du plateau chinois

Après avoir implanté leurs garnisons en divers points des hautes terres tonkinoises, les Français d'Indochine inaugurèrent en 1910 une voie ferrée reliant le port de Haiphong à Kunming, en Chine. Ce fut l'entreprise la plus folle jamais tentée dans leur colonie asiatique. L'investissement fut tel qu'il ne fut jamais amorti, et les travaux coûtèrent la vie à 12 000 des 60 000 personnes qui travaillèrent à l'aménagement de la voie. Le mirage d'un riche sous-sol minier au Yunnan avait motivé Paul Doumer, gouverneur général de l'Indochine, à créer une **Compagnie française des chemins de fer de l'Indochine et du Yunnan** (CIY) le 10 août 1901. Mais le minerai s'avéra si médiocre ou si rare que seul le trafic de l'opium rentabilisa quelque peu l'opération, et ce, malgré la Société des nations qui en interdit la culture en 1920.

Un train d'enfer

Les ingénieurs ne rencontrèrent pas de grosses difficultés de Haiphong à Lao Cai, et cette première tranche de travaux fut conduite entre 1903 et 1906. Mais, au-delà du confluent de la *nam* (rivière) Ti et du Song Hong (Fleuve rouge), ils furent face à une déclivité infranchissable (1 600 m sur 90 km) qui les contraignit à abandonner la vallée du fleuve Rouge pour celle de la *nam Ti*, et à multiplier les ouvrages d'art (107 viaducs et 155 tunnels).
Une nouvelle base fut établie au consulat français de Mengzi, en Chine. Le ravitaillement des employés et les pièces nécessaires à la construction durent, dans un premier temps, être acheminés par les voies traditionnelles : trente jours à bord de jonques sur le fleuve Rouge, puis transbordement à dos d'homme ou de cheval pour atteindre Mengzi par la « route des Dix Mille Escaliers ».

Développement touristique

À partir des années 1930, la concurrence du Transindochinois qui desservait la station climatique de Dalat *(voir p. 238)* poussa la CIY à jouer la carte du tourisme en lançant un train-couchettes entre Hanoi et Kunming (il fallait alors compter 21h30 de trajet) et en construisant là-bas un hôtel de standing international. Malgré les dépliants vantant le Yunnan comme étant l'« un des pays les plus pittoresques du globe », rares furent les touristes européens à s'y rendre. L'essentiel des billets était de 3e et 4e classes et vendus à la population locale pour de courts trajets. Un quasi-monopole du ravitaillement de la Chine libre, basée à Chongqing durant l'occupation nippone, fit monter les bénéfices de la CIY en flèche.
Mais, en 1940, les Chinois choisirent de se protéger des Japonais par l'isolement et firent sauter le pont frontalier de Lao Cai. Restauré en 1955-1957, celui-ci fut saboté en 1979 lors de la guerre sino-vietnamienne. Enfin remis en service, il permet de nouveau aux trains de marchandises de franchir la frontière entre les deux pays.

Ascension du Phan Si Pan en funiculaire.
vinhdav/Getty Images Plus

Lao Cai B2

Lao Cai s'étend sur les deux rives du fleuve Rouge (Song Hong) au sud de son confluent avec la *nam Ti*. La gare routière se situe rive droite, à hauteur du pont sur le Song Hong. Sur la rive gauche se trouvent la gare ferroviaire, la poste et les principaux hôtels. Pour apercevoir la Chine, prenez le boulevard qui part de la place de la gare en direction du nord.

D'origine chinoise, le nom de Lao Cai, la « Vieille Rue », souligne son rôle de marché frontalier, car c'est ainsi qu'on désigne parfois en Chine les bourgs-marchés. Aujourd'hui, le commerce avec le « Grand Frère » du nord fait toujours prospérer la ville. Si vous avez le temps, allez observer l'agitation autour de la **frontière** marquée par la *nam Ti*. Des marchands la traversent en poussant de lourds vélos chargés de cartons de marchandises dans le sens Chine-Vietnam. De part et d'autre de la frontière, les immeubles ont poussé comme des champignons.

★ Ban Xeo A2

Possibilité de faire une excursion d'une journée au départ de Sapa. Effectuez l'escapade à moto ou en 4x4, la dernière partie du parcours étant peu praticable.

Au-delà de Lao Cai, une excellente route file le long de la frontière chinoise à travers la campagne. Le ruban de bitume s'interrompt toutefois brutalement à 90 km de Lao Cai, dans un petit marché de Far West dressé à 1 km à vol d'oiseau de la Chine. De là, une piste escalade la montagne, longeant le cours d'un torrent qui cascade entre les rochers. Elle débouche en surplomb d'un vaste poljé quadrillé de rizières, reprend son trajet en zigzag et passe au pied d'un monument aux soldats tombés durant la guerre sino-vietnamienne. Elle entre enfin dans Ban Xeo, principal bourg-marché du canton de Bat Xat.

Vous y croiserez, même en semaine, les paysans des environs, tous membres de groupes ethniques particulièrement hauts en couleur. Ici, les **Daos rouges**, à la différence de ceux de Sapa, se drapent la tête dans un cylindre de tissu chinois imprimé de grosses pivoines. Les **Hmongs noirs** dans leur tenue indigo côtoient les **Hmongs bariolés**, vêtus de leur ensemble entièrement orné de galons jaunes, orangés et fuchsia, un carré de toile à carreaux noué sur la tête. Les **Giays** (ou Nhangs) sont les plus nombreux dans la région et vont dans leur sarrau bleu ou vert clair, boutonné sur le côté et porté sur un pantalon noir.

★ Muong Khuong B2

À 20 km de Lao Cai, vous traversez le hameau de **Ban Lau** dont les étals, vides en semaine, accueillent le dimanche la foire des paysans hmongs, daos, giays et nungs des environs. Il marque le début de deux heures d'ascension vers Muong Khuong par une route empierrée (relativement bonne, car peu fréquentée) le long de laquelle se succèdent **plantations de thé** et cultures en terrasses.
Niché sur un rebord montagneux, encadré de crêtes découpées, le bourg de Muong Khuong possède un grand **marché couvert** qui ne s'anime que le dimanche. Ici, le regard s'échappe vers une zone interdite, car, au-delà de Muong Khuong, la RN 4D entre en territoire sous contrôle militaire et les touristes doivent revenir sur leurs pas. Si vous disposez d'un véhicule, vous pouvez loger à Bac Ha, plutôt que de retourner à Sapa.

Carnet pratique

PLAN DE SAPA (P. 120)

S'informer

Sapa Tourism Information Center – *2 Fansipan, Sapa - ✆ (214) 387 19 75 - sapa-tourism.com.* Excellent accueil (francophone) et une mine d'informations pour organiser son séjour.

Adresses utiles

Poste-frontière

Le pont qui enjambe la *nam Ti*, à 3 km au nord de la gare ferroviaire de Lao Cai, fait office de frontière avec la Chine.

Visa

Un visa est obligatoire pour entrer en Chine. Il peut être obtenu à l'ambassade de Chine à Hanoi. Concrètement, les formalités sont longues et nécessitent un délai de plusieurs jours avant de pouvoir retirer son passeport. Si vous prévoyez d'entrer en Chine, mieux vaut demander le visa dans votre pays de résidence.

Arriver/Partir

Sapa

En train – Il n'y a pas de gare à Sapa : les trains arrivent à **Lao Cai**.

En bus – Gare routière au nord-est du centre ville. Les minibus, 4x4 et motos qui font la navette avec la gare de Lao Cai y stationnent toute la journée *(45 000 VND en bus local)*.
Depuis l'ouverture d'une autoroute entre Hanoi et Sapa, la route est désormais le moyen le plus rapide (env. 6h) et le moins cher pour relier Sapa depuis la capitale. Autre avantage : vous arriverez directement à Sapa. Toutes les agences de Hanoi proposent des trajets en bus *(entre 12 et 16 $ selon le confort)*. De même, tous les hôtels de Sapa peuvent vous

réserver un siège dans un bus pour Hanoi. Il est également possible de rallier Sapa directement en bus de nuit depuis la baie de Ha Long.

Lao Cai

En train – De nombreux touristes empruntent le train de nuit Hanoi-Lao Cai le w.-end, afin de visiter les marchés des environs. Pensez à réserver si vous voulez faire de même. À l'inverse, pour ceux qui souhaitent éviter la cohue, le mieux est d'arriver en semaine. De la gare de Lao Cai, un **minibus** vous amène à Sapa *(env. 1h30 de trajet)*. Pour l'achat des billets, adressez-vous aux agences et hôtels de Sapa et Hanoi.

La **gare ferroviaire** est située au sud de la ville, sur la rive gauche du Song Hong *(✆ 214 383 00 93 - www.vietnam-railway.com)*.

6 trains/j. de/vers Hanoi *(9h de trajet de nuit)*. Les départs ont lieu en fin de soirée pour une arrivée matinale. Comptez de 39 à 91 $ selon le confort et la date de départ.

En bus – Gare routière en face de la gare ferroviaire. Liaisons fréquentes en minibus pour Sapa *(1h de trajet)*, Muong Khuong *(2h)*, Lai Chau *(4h)* et Bac Ha *(2h30)*.

2 bus/j. à destination de Muong Lay *(6h)* et 1/j. pour Ha Giang.

Transports

Moto

C'est la meilleure manière d'explorer les bourgs-marchés autour de Sapa. Les routes sont bonnes et peu fréquentées. Pour la location, adressez-vous aux agences et hôtels *(comptez 12 $/j.)*.

2

Nos adresses

PLAN DE SAPA (P. 120)

Restauration

Sapa

Quelques spécialités à découvrir à Sapa : les brochettes, que proposent plusieurs établissements du centre-ville, les alcools parfumés, les gibiers et les champignons sauvages.

Premier prix

7 **Le Petit Gecko** – *07 Xuan Vien - ✆ (214) 387 11 31 - www.legeckosapa.com - 7h-15h, 17h-22h.* La version snack du Gecko est tout aussi attrayante que son grand frère. Sa décoration ethnique et sa terrasse ouverte sur la place en font un endroit agréable. Les plats les plus simples sont les meilleurs.

Budget moyen

1 **Little Sapa** – *18 Cau May - ✆ 09 1435 35 77 - 10h-15h, 17h-22h - 150 000/250 000 VND.* Plébiscité par les touristes occidentaux. Le choix est plutôt judicieux avec des spécialités vietnamiennes simples mais réussies.

9 **Quynh Anh** – *5 Fansipan - ✆ 09 6443 86 38.* Un restaurant de brochettes typiques de Sapa. Elles sont présentées en devanture : différentes viandes, légumes, champignons sauvages... Vous piochez dans l'étal, déposez vos ingrédients dans un petit panier, puis vous vous installez à table. Comptez env. 200 000 VND pour un copieux assortiment. Autres établissements du même type dans la rue Cau May, près du marché.

Pour se faire plaisir

6 **Le Gecko** – *33 Xuan Vien - ✆ 09 0321 04 77 - www.legeckosapa.com - 7h-15h, 17h-22h - 230 000/460 000 VND.* Une institution de Sapa, logée dans une belle demeure aux murs jaunes

Dans un restaurant typique de Sapa.
H. Hugues/hemis.fr

et patinés. Belle carte de vins chiliens, français et australiens pour accompagner les spécialités maison, tartiflettes, bœuf bourguignon et pizzas au feu de bois. Chambres à louer.

3 **Sapa Sky View** - *24 Dong Loi - ✆ (214) 387 12 45 - chaulonghotel.com.vn - service continu - 600 000/750 000 VND.* La magnifique vue sur les montagnes n'est pas la seule raison de se hisser sur la terrasse de l'hôtel Chau Long. La cuisine de spécialités locales est savoureuse comme les poissons de rivière accommodés selon les recettes des ethnies des montagnes. Également des plats occidentaux sophistiqués : steak tartare avec aïoli aux truffes, homard du Maine, foie gras torchon, cocktail de crevettes.

Lao Cai

Tout près de la frontière (le long de la voie ferrée) et dans le quartier de la gare, vous trouverez quelques gargotes juste bonnes pour passer le temps, en attendant une correspondance.

Boire un verre

The H'mong Sisters – *31 Muong Hoa, Sapa - ✆ 09 1504 23 66 - 16h-0h - fermé lun.* Ambiance chaleureuse de chalet de montagne, billard dans un coin de la salle, musique pop/rock et excellents cocktails *(Happy hour 18h-21h).*

Shopping

Tissus ethniques et vêtements sont en vente à tous les coins de rue de Sapa, à des prix plus intéressants qu'à Hanoi.

Activités

Bien-être

Beaucoup de mini-hôtels proposent des massages et des soins aux herbes *(autour de 150 000 VND/h).* Mais, à ce prix-là, la prestation peut se révéler décevante.

Randonnées et balades

Tous les hôtels de Sapa proposent des excursions vers les marchés environnants et des randonnées de 1 à 5 jours *(voir « La vallée de Lao*

Chai » p. 116 et « Le Phan Si Pan » p. 117).

❤ **Sapa Sisters** – *11 Fansipan, Sapa - sapasisters.com - 6h30-11h30, 12h30-17h30 - 1 100 000 VND par pers. et par jour.* Si vous envisagez un trek dans la région, c'est ici qu'il faut s'adresser. Cette entreprise à vocation sociale est uniquement composée de femmes issues de l'ethnie hmong, toutes natives des montagnes et anglophones. Elles proposent toute une gamme de randonnées accompagnées, de la promenade accessible à tous au trek de plusieurs jours avec logement chez l'habitant. Il existe même des formules adaptées aux jeunes enfants, avec acheminement en voiture et promenade facile de 2h ou 3h. Toutes les sorties sont individualisées (même pour une personne seule) et vous ne vous retrouverez jamais intégré à un groupe. Comptez 1 075 000 VND/pers. pour une journée avec déj. inclus (930 000 VND à partir de 2 pers.), 2 200 000/2 500 000 VND pour un trek de 2 jours/1 nuit. Plutôt que de vous promener dans les villages muséifiés des environs, offrez-vous plutôt une promenade avec les Sapa Sisters!

Hébergement

Sapa

Sapa compte de très nombreux hôtels : résultat, la concurrence fait rage et vous pourrez trouver des prix très intéressants sur les sites de réservation en ligne. À Sapa, ventilateur et air conditionné ne sont pas nécessaires, mais le chauffage est le bienvenu en hiver. La plupart des cheminées que vous trouverez dans les chambres ne sont que décoratives.

Premier prix

13 **Tuong Mai Hotel** – *8 Pham Xuan Huan- ✆ 09 8337 41 69 - 5 ch. 400 000 VND - ☕ en sus.* Des chambres d'hôtes toutes simples, mais claires, modernes et impeccables. Optez pour la 401 avec sa double exposition sur la ville. Le gérant est francophone.

7 **Nguyen Hung** – *52 Cau May - ✆ (214) 387 17 79 - ✕ - 8 ch. 500 000/600 000 VND.* Tout simple, l'hôtel a conservé l'atmosphère d'une auberge de jeunesse d'avant le développement touristique de la région.

10 **Sapa Hills Hotel** – *35 Muong Hoa - ✆ 09 7911 08 80 - www.sapahillshotel.com - ✕ - 20 ch. 500 000/1 500 000 VND ☕.* Un hôtel tout en hauteur (ascenseur) où l'on a voulu donner aux chambres une touche cosy façon chalet de montagne. Préférez les chambres dans les étages supérieurs pour jouir d'une vue dégagée sur les montagnes. Toutes sortes de réservations possibles à la réception (train, bus, motos).

2 **Cat Cat** – *42 Fansipan - ✆ (214) 350 26 81 - www.hotelcatcat.com - ✕ - 10 ch. 500 000 VND - ☕ 95 000 VND.* Cet hôtel qui domine la vallée de Cat Cat est d'un excellent rapport qualité-prix. Les chambres confortables sont situées dans des bâtiments récents, au fil de petites terrasses à plusieurs niveaux. Sur l'une d'entre elles sont servis les petits-déjeuners. Les chambres les plus chères disposent d'une cheminée. L'accueil y est sympathique.

6 **Happy Family Hotel** – *43 Le Van Tam - ✆ 09 7778 44 53 - 8 ch. 550 000 VND - ☕ 95 000 VND.* Comme son nom l'indique, c'est un petit hôtel familial où l'accueil est particulièrement sympathique. De plus, le mari est francophone. Chambres toutes simples, mais coquettes et parfaitement entretenues. Matelas chauffants pour les nuits fraîches.

16 **Thai Binh** – *Ham Rong - ✆ (214) 387 12 12 - www.*

thaibinhhotel.com - ✕ - *8 ch. 570 000 VND* ☕. Un établissement familial récent situé au départ du sentier du Hamrong Park. Tout est coquet, des balcons aux chambres, agréables.

Budget moyen

9 Mountain View – *54a Cau May - ✆ (214) 387 13 34* - ✕ - *20 ch. env. 650 000 VND* ☕. Les chambres, avec parquet, balcon et cheminée, disposent d'une belle vue sur les montagnes.

11 Lady Bird - *4 Thach Son - ✆ 09 7521 32 28 - 18 ch. 765 000/1 350 000 VND* ☕. En retrait de la rue principale de Sapa, donc à l'écart du bruit, l'établissement propose des chambres d'excellent confort, dans un style plutôt dépouillé.

Pour se faire plaisir

1 Bamboo Sapa – *18 Muong Hoa - ✆ (214) 387 10 75 - www. bamboosapahotel.com.vn* - ✕ - *56 ch. 1 550 000/1 800 000 VND* ☕. Des chambres charmantes avec cheminée, écran plat, minibar, chauffage central et panorama imprenable sur la vallée. Les moins chères donnent sur la ville. Spectacles de danses folkloriques les vend. et sam. soir.

3 BB Hotel - *8 Cau May - ✆ (214) 387 19 96* - ✕ - *57 ch. 1 900 000/3 400 000 VND* ☕. L'hôtel dresse sa façade néoclassique un peu incongrue sur la place centrale de la ville. Tout est à deux pas. Les chambres sont spacieuses, dotées d'un balcon et offrant tout le confort pour un agréable séjour.

Une folie

14 BB Sapa Resort & Spa – *Xuan Vien - ✆ (214) 387 15 22* - ▤ ✕ ♨ P - *77 ch. 2 000 000/ 3 750 000 VND* ☕. Superbe compromis architectural de chalet colonial et de style traditionnel. Les salles de bains sont luxueuses, les chambres chaleureuses avec leur parquet, leur mobilier en bois dessiné avec beaucoup de goût, et leurs murs patinés de « jaune colonial ». On peut dîner (cuisine vietnamienne et internationale) au choix dans l'immense salle à manger ou dans le coin bar, plus intime, près de la cheminée. À 50 m, un autre bâtiment, vitré sur un côté et donnant sur la pinède voisine, abrite piscine chauffée, bar, sauna et billard.

À proximité

Topas ecolodge – *Lech Dao Village (à 18 km au sud-est de Sapa) - ✆ (247) 307 08 99 - topasecolodge.com* - ▤ ✕ ♨ P - *50 ch. à partir de 250 $* ☕. Échappez à la foule de Sapa et immergez-vous dans le cadre idyllique de ce luxueux ecolodge entre montagnes et rizières. Les bungalows en pierre à la décoration chic et épurée offrent tous une vue saisissante les jours de beau temps. Randonnées à vélo et à pied au départ de l'hôtel, fabuleuses piscines et excellent petit-déjeuner.

Aux portes du Ciel

★★★

Bac Ha - Ha Giang - Lac Thac Ba

En vietnamien, de nombreux cols portent le nom de « cong troi », littéralement « la porte du Ciel ». Franchir ceux de Ha Giang, province la plus au nord du Vietnam, conduit aux univers des Hmongs, des Daos ou des Tays. Les membres de ces ethnies ont façonné des vallées entières pour leurs cultures : terrasses rizicoles et maïs dans les paysages rocailleux aux confins du pays. Ces Vietnamiens des montagnes qui, bien souvent, ne parlent que des dialectes régionaux, se rassemblent lors de grandes foires hebdomadaires, explosions de couleurs - celles des nombreuses tenues traditionnelles - à l'image du marché de Bac Ha. Sur le chemin du retour vers Hanoi, la vie montagnarde se prolonge autour du lac Thac Ba.

Se repérer

CARTE BC1-2 (P. 100-101).

Provinces de Lao Cai, Ha Giang, Tuyen Quang et Yen Bai.

Bac Ha est situé à 65 km au nord-est de Lao Cai.

À ne pas manquer

Le géoparc du plateau karstique de Dong Van : les 20 km qui séparent Dong Van de Meo Vac comptent parmi les plus époustouflants du Vietnam ; randonner dans la vallée du Song Chay ; pousser la porte du palais de l'ancien roi hmong à Sa Phin.

Organiser son temps

La saison sèche, plus particulièrement l'automne (oct.-nov.), est la meilleure période pour voyager dans la région. Comptez 7 jours pour la totalité du circuit au départ de Hanoi. À Sapa, on vous proposera des excursions pour visiter les foires de Bac Ha, Can Cau et Si Ma Cai.

Jours de marché

Les marchés se tiennent toujours le matin. Pour organiser votre voyage, voici un petit agenda des foires de village :

Mardi : Coc Ly

Mercredi : Sin Cheng

Jeudi : Tam Duong

Samedi : Can Cau

Dimanche : Bac Ha, Muong Khuong, Si Ma Cai, Hoang Su Phi, Lung Phinh, Yen Minh et Xin Man

Carnet pratique p. 132

Nos adresses p. 132

Circuits conseillés

CARTE P. 100-101

Si vous voyagez en voiture avec chauffeur ou à moto, empruntez, depuis Hanoi, l'autoroute du nord en direction de Lao Cai (300 km - 4h30). Sinon, prenez le train jusqu'à Lao Cai, puis gagnez Bac Ha en bus.

★ De Bac Ha à Si Ma Cai B2

Circuit de 30 km au départ de Bac Ha, tracé en jaune sur la carte du Haut Tonkin (p. 100-101) - comptez une journée avec les temps de visite.

★ Bac Ha B2

Alt. 700 m. Pour découvrir la quiétude de la ville et de ses environs, à pied ou à petite moto *(location possible dans certains hôtels)*, séjournez ici quelques jours avant ou après le marché. Vous partirez à la découverte de cette « Vallée des fleurs », à la rencontre des seize ethnies qui la peuplent et de leurs villages, au milieu d'une nature souriante et généreuse. Si vous tombez un jour de fête, peut-être aurez-vous la chance (ou pas) de goûter à la spécialité locale : une soupe composée de viande et de viscères de cheval, marinés dans l'alcool de maïs (on en trouve aussi parfois au marché dominical).

La RN 153 traverse toute la ville. Au carrefour principal, une rue descend vers l'arrêt des bus, le marché et le lac. Celle qui part à l'opposé dessert le dispensaire et le réseau de chemins menant aux villages.

À Bac Ha, les tenues chamarrées des **Hmongs bariolés** (ou **Hmongs fleuris**) qui s'assemblent ici le temps de la **foire dominicale**, de la place centrale jusqu'aux berges du lac artificiel, ont volé la vedette à celles des Hmongs indigo et des Daos rouges de Sapa. Les femmes, ombrelle à la main et hotte sur le dos, s'échangent broderies, tissus et alcool de riz ou de maïs sans prêter attention aux appareils photo des touristes. Les visiteurs étrangers sont de plus en plus nombreux à venir assister à ce rendez-vous, étape désormais phare des circuits organisés dans le Haut Tonkin.

Palais (Dinh thu) Hoang A Tuong – *À la lisière est du centre-ville - 8h-17h - 20 000 VND (enf. 10 000 VND).* Un magistral escalier à double volée conduit à une imposante construction qui évoque à la fois le château de Versailles et une pagode chinoise. Voici une bien surprenante apparition dans ces collines du Haut Tonkin. Il s'agit du palais d'un chef de clan, Hoang Yen Chao, qui, à force de ruse et de violence, et avec la bénédiction des autorités françaises, s'était rendu maître de la région entre 1905 et 1958. Autoproclamé roi des Hmongs, il accumula une fabuleuse richesse en accaparant les terres agricoles et en s'assurant le monopole du commerce du sel et de l'opium. Son palais, baptisé du nom de son fils préféré, s'organise autour d'une vaste cour où des spectacles de danse étaient donnés en son honneur. Deux architectes, l'un français, l'autre chinois, présidèrent à sa construction. Les salles du rez-de-chaussée, les seules accessibles dans cette demeure qui compte 36 chambres, racontent l'histoire du personnage au travers de documents et de photographies. Une intéressante exposition présente également la région de Bac Ha, ses paysages, ses ethnies, ses traditions.

★ Autour de Bac Ha B2

Les hameaux autour de Bac Ha, qui répondent aux très poétiques appellations de **Ban Pho 1** et **Ban Pho 2**, sont majoritairement peuplés de Hmongs bariolés, beaucoup plus organisés que leurs cousins Hmongs noirs. Leurs grandes maisons sont posées sur un sol en terre battue, et l'espace intérieur est aménagé avec des cloisons assurant l'intimité de chacun. Ils distillent un alcool de maïs à la belle couleur ambrée.

À 35 km au sud de Bac Ha, le hameau de **Coc Ly**, au bord de la rivière Chay (Song Chay) s'anime tôt le mardi pour un marché où se croisent Hmongs noirs, Hmongs bariolés et Tays.

La foire de Coc Ly étant de plus en plus prisée par les agences de voyage, les amateurs d'authenticité attendront le mercredi pour se rendre à celle de **Sin Cheng** *(à 40 km de Bac Ha)*, où, là encore, les Hmongs bariolés affluent en nombre *(pour un calendrier des foires de la région, voir « Jours de marché », p. 129).*

Femmes hmongs en habit traditionnel, au marché de Si Ma Cai.
G. Zwerger-Schoner/imageBROKER/age fotostock

★ Can Cau B2

À 21 km de Bac Ha par une route spectaculaire.

La **foire** de Can Cau, l'une des plus pittoresques de la région, rassemble chaque samedi les Hmongs bariolés des environs. Trois mondes, les Hmongs, les Chinois et les Viets, se côtoient sans se mélanger. Les premiers viennent en grande tenue échanger leurs produits, y compris ceux de l'élevage. À l'extérieur de l'enceinte du marché, on vend chevaux, porcs et chiens, tandis qu'à l'intérieur se perpétue le dur métier de colporteur, les marchands étant pour la plupart yunnanais. Ils viennent de Xiaobazi, une bourgade chinoise sise juste de l'autre côté de la frontière, à 6h de marche, et proposent l'habituelle quincaillerie chinoise, mais également tout ce qui est nécessaire à la fabrication du costume traditionnel local. Absolument tout est *Made in China* : les galons brodés (appliqués à profusion sur les vestes et les jupes), les métrages d'indigo, les bandes de faux batik imprimé pour les jupes et les sacs d'épaule. Les stands d'alimentation servent avant tout de la cuisine locale et le « bar », alignant ses jerricans en plastique remplis de liquide ambré, est le rendez-vous des adultes mariés.

★★ Si Ma Cai B2

À 10 km de Can Cau.

Après Can Cau, la RN 153 se poursuit dans un décor somptueux de rizières en terrasses, mouchetées de maisons jaunes en terre battue. Au nord, la chaîne de montagnes marque la frontière avec la Chine. Vous arrivez alors dans la bourgade de Si Ma Cai, qui organise une **foire** tous les dimanches. En hmong, *Si Ma Cai* signifie « marché aux chevaux », mais au fil des ans, les motos ont remplacé les équidés et les badauds sont de moins en moins nombreux à venir ici pour acheter une monture. Hmongs, Daos et Phu Las s'y approvisionnent toujours en légumes, alcool et objets divers. Le marché dominical de Si Ma Cai peut constituer une alternative plus authentique à celui de Bac Ha.

Carnet pratique

S'informer

Bac Ha Tourism Information Center – *Palais du roi des Hmongs Hoang A Tuong (à 800 m du marché), Bac Ha - 7h30-17h30.*

Arriver/Partir

En bus

Gare routière à côté du marché. Deux liaisons quotidiennes avec Sapa.

En minibus

Agences et mini-hôtels de Sapa organisent des excursions à l'occasion de la foire du dimanche. Comptez 3h.

Visite

Agences de voyage

Bac Ha Trip – *Hôtel Bac Ha, 115 Ngoc Uyen - 09 6965 80 80 - www.bachatrip.com.* L'endroit pour organiser un séjour dans la région. On saura vous indiquer (en anglais) des excursions d'une journée à la découverte de coins peu visités. Location de motos *(env. 150 000 VND/j).*

Nos adresses

Hébergement

Pour assister au marché du dimanche matin avant l'arrivée des cars de Sapa, pensez à réserver.

Premier prix

Hoang Vu – *Au carrefour principal, vers l'hôtel Sao Mai - (214) 388 02 64 - - 8 ch. 300 000 VND - en sus.* Une adresse à petit prix, proposant des chambres agréables, en particulier celles de derrière qui donnent sur une colline boisée. Location de motos *(120 000 VND/j.).*

Budget moyen

Ngan Nga Bac Ha - *117 Ngoc Uyen - (214) 388 02 86 - www.nganngabachahotel.com - - 16 ch. 600 000/800 000 VND.* Sans aucun doute, le meilleur point de chute si vous comptez passer quelques jours dans la région : le patron parle parfaitement anglais et dirige l'agence de voyage Bac Ha Trip *(voir ci-contre).* Les chambres sont simples, mais très agréables avec leur balcon donnant sur la ville.

Cong Fu – *152 Ngoc Uyen - (214) 388 02 54 - - 21 ch. 900 000/1 100 000 VND.* L'hôtel le plus confortable de la ville propose des chambres coquettes, avec mobilier en bois, baignoire et, pour les plus chères, grande baie vitrée ouvrant sur le lac.

★★ La vallée du song Chay B1-2

Circuit de 155 km au départ de Bac Ha, tracé en turquoise sur la carte du Haut Tonkin (p. 100-101) - comptez une journée.

★★ De Bac Ha à Xin Man B2

Attention, cette portion de route (65 km) est grandiose, mais pas toujours en bon état à partir de Lung Phinh. Renseignez-vous sur l'état de la route. Aussi, si vous n'êtes pas un motard expérimenté, privilégiez le 4x4 avec chauffeur.
Sujets au vertige, s'abstenir ! La route qui relie Bac Ha à Xin Man est aussi spectaculaire qu'aérienne. Après **Lung Phinh**, hameau où se tient une foire dominicale, elle file à l'est à travers l'immensité désertique d'un plateau calcaire, puis s'arrête brutalement pour laisser place à un sentier muletier qui grimpe en virages sur des blocs de pierre terriblement glissants *(des portions sont progressivement goudronnées).*
Vous traversez alors plusieurs hameaux peuplés de Hmongs bariolés. L'itinéraire continue et surplombe une vallée où coule la **rivière Chay** (Song Chay). À 5 km à peine à vol d'oiseau, derrière les montagnes, commence la Chine. Partout, les rizières en terrasses dévalent les pentes. Un peu avant le village hmong bariolé de **Nam Ma**, vous franchissez la frontière entre les provinces de Lao Cai et de Ha Giang. Attention, la piste est en très mauvais état et le bitume ne refait son apparition que 12 km avant **Xin Man** *(indiqué Coc Phai sur les bornes kilométriques).*

Xin Man B2

Avec ses alignements de maisons en béton, ce poste avancé possède peu de charme, mais constitue une étape réconfortante quand on arrive de Bac Ha. Xin Man marque la frontière entre les zones d'établissement hmong et dao et le grand arc de peuplement des Taïs-Kadais du Nord-Est *(voir « Les peuples du Vietnam », p. 356).*
Quelques Hmongs bariolés de Nam Ma viennent encore à la **foire du dimanche**, mais les notes corail et fuchsia de leur tenue sont dominées par les harmonies indigo des Tays et des Nungs. Les premières portent sobrement une blouse claire sur leur pantalon noir, tandis que les secondes se distinguent par l'ajustement de leur costume : une jupe plissée indigo, repliée en éventail sur les fesses. Les unes et les autres, en particulier les jeunes filles, arborent de superbes épingles de tête en argent.

Hoang Su Phi B1

Entre Xin Man et Hoang Su Phi *(40 km - comptez 1h20)*, la route *(goudronnée)* remonte le cours du magnifique Song Chay. Ici ou là, quelques cascades jalonnent le circuit – si vous ne voyagez pas pendant la saison sèche. Les habitants ont façonné en terrasses les deux versants de la vallée pour la culture du riz. Hoang Su Phi, siège d'une **foire dominicale** pour les Nungs et les Tays, surgit au détour d'un virage.
La rivière et le pont marquent le centre de Hoang Su Phi. Le marché se trouve dans la rue principale *(parallèle au cours d'eau)*, qui file au sud vers **Tan Quang**. Des *xe om* (moto-taxis) patientent au-dessus du pont.
Au marché couvert, les femmes nungs vendent tous les jours des légumes ou passent du riz au tamis. Dans les gargotes du village, vous pourrez déguster une spécialité toute locale : la fricassée d'abeilles.

★★ De Hoang Su Phi à Tan Quang B1-2

40 km - comptez 1h30.
La route continue de suivre le Song Chay jusqu'au **col Tan Sa Phin**. Quelques kilomètres en contrebas, un panneau indique la direction de **Thong Nguyen**. De

2

ce bourg niché au creux d'une vallée partent une multitude de sentiers menant à des villages daos rouges ou tays. Les habitants des cimes cultivent le riz ou le maïs sur les terrasses. Chaque famille élève des porcs, de la volaille et quelques poissons dans des bassins, s'assurant ainsi une totale autarcie. La végétation alentour, luxuriante, regorge d'essences utiles aux fourneaux comme la cardamome ou la badiane. Avant d'arriver à **Tan Quang**, située au carrefour avec la RN 2, la route franchit un nouveau col, nommé comme beaucoup d'autres dans le Nord vietnamien **cong troi** (« porte du Ciel »).

Carnet pratique

Arriver/Partir

La vallée du Song Chay est très enclavée. Mieux vaut s'y déplacer à moto ou en voiture. Les transports en commun sont rares et les trajets assez longs.

En bus

Liaisons Hoang Su Phi-Bac Quang *via* Tan Quang *(1/j. - 3h)* et Hoang Su Phi-Ha Giang *(1/j. - 4h)*.

Des bus réguliers Hanoi-Ha Giang s'arrêtent à Tan Quang. Attention, Xin Man et Thong Nguyen ne sont pas desservis par les bus.

Nos adresses

Restauration/ Hébergement

Xin Man

Premier prix

Hoang Gia– *Rue principale - ✆ (219) 383 61 36 - - 10 ch. env. 300 000 VND.* Une maison d'hôtes *(nha nghi)* toute proprette proposant des chambres simples, mais suffisantes pour une nuit. Accueil en vietnamien seulement.

Com Pho Nhat Thuy – *Rue principale, (en face du précédent) - ✆ 09 7640 41 64 - 10h-14h, 17h-20h.* Un délicieux petit restaurant qui sert les habituels nems et tofu, mais aussi de savoureuses patates douces frites. Idéal pour prendre des forces sur cette route longue et difficile. En attendant d'être servi, vous pourrez admirer la collection d'alcool médicinaux.

Thong Nguyen

Pour se faire plaisir

Pan Hou Village – *Lang Giang (à 1 km du centre du bourg, au bord de la rivière) - ✆ 09 6661 50 50 - www.panhou-village.com - - 23 ch. 2 350 000/2 600 000 VND* . Perdu au pied des montagnes, idéal pour partir en randonnée à la journée et jusqu'à 8 jours (à organiser à l'avance avec la réception). Les bungalows sont décorés d'objets et de tissus ethniques. Lits extra-larges et petits balcons. Le soir, vous pourrez prendre un verre au bar et vous régaler d'un repas vietnamien raffiné. Bains aux herbes et massages.

Tan Quang

Aucun hôtel n'est adapté aux touristes étrangers. Si vous n'avez pas le choix, vous trouverez quelques pensions au carrefour principal.

★★★ Géoparc du plateau karstique de Dong Van C1

Circuit de 360 km au départ de Ha Giang, tracé en mauve sur la carte du Haut Tonkin (p. 100-101) - comptez 3 ou 4 jours.

Longtemps restée isolée, la région s'ouvre désormais au tourisme. La route principale est jalonnée de panneaux explicatifs présentant les particularités de la région et quatre points d'information jalonnent le parcours (Quan Ba, Yen Minh, Dong Van, Meo Vac). Vous y trouverez notamment des dépliants très pratiques qui détaillent les curiosités visibles en chemin. La boucle classique part de Ha Giang, passe par Quan Ba, Yen Minh, Dong Van, Meo Vac avant de revenir à Ha Giang. Un itinéraire à parcourir à moto (ou en voiture de location avec chauffeur), faute de transports publics satisfaisants. Localement, les agences conseillent 3 jours, mais il vaut mieux en prévoir au moins un de plus : on ne roule pas vite sur ces routes qui jouent à saute-mouton, surtout avec des motos de petites cylindrées, et les occasions de s'arrêter sont nombreuses. Les *guesthouses* et hôtels se multiplient, notamment à Dong Van, qui fait figure de sympathique petite capitale régionale.

Pour les étrangers, l'entrée dans le géoparc du plateau karstique de Dong Van *(voir p. 137)* est soumise à l'obtention d'un **permis de circuler**. Officiellement, le permis est délivré dans les postes de police de Quan Ba, Yen Minh et Dong Van, sur présentation du passeport et le paiement d'une taxe de 10 $ mais les hôtels peuvent se charger de l'obtenir pour vous.

Ha Giang C1

Ha Giang, capitale de province, est située au sud du confluent des rivières Lo *(song Lo)* et Mien *(song Mien)* dans un écrin de pitons karstiques. La ville ne présente aucun intérêt touristique, mais dispose d'hôtels où faire halte avant de vous engager sur la route. Vous y trouverez également des loueurs de motos pour effectuer une boucle dans le géoparc du plateau karstique de Dong Van, avec retour à Ha Giang. La proximité de la Chine, à 22 km par la route, est perceptible sur les devantures des boutiques parsemées d'idéogrammes.

★ De Ha Giang à Yen Minh C1

102 km - comptez 3h.

La route suit le fond de la vallée pendant une vingtaine de kilomètres avant de se lancer à l'assaut du **col Cong Troi ou « porte du Ciel »** (km 47). Un belvédère offre une vue magnifique sur la vallée en contrebas. On peut y voir deux collines jumelles aux formes arrondies : la tradition les a nommées les « seins de la fée ». Près du belvédère, un petit café offre l'occasion d'une pause.

Vous voilà à l'entrée de l'Extrême Nord. Rien de ce que vous avez déjà vu dans le Haut Tonkin ne ressemble à ces paysages. Ici, des milliers de roches noires parsèment les collines et des pitons surgissent à la verticale sur le bord des routes. Dans ces **champs de pierres**, les habitants, des Hmongs noirs, cultivent le maïs ou la canne à sucre entre les cailloux. Parfois, ils dépierrent des collines entières. Deux kilomètres plus loin apparaît **Quan Ba**. Dans la rue principale plusieurs restaurants permettent de faire halte. À la sortie du village, une étroite route à droite conduit au « village culturel de Nam Dam » *(à 2 km)*. Des maisons traditionnelles hmongs y ont été aménagées en chambres d'hôtes *(voir « Hébergement »)*.

Le parcours continue dans un incroyable univers rocailleux et longe le Song Mien. Puis il file de nouveau en altitude et le paysage change complètement. Les montagnes se couvrent de conifères et de terrasses maraîchères où poussent des choux et des salades. Les habitants pratiquent ici la culture sur brûlis. Les maisons des villages traversés sont en terre jaune battue et compressée qui craquelle avec le temps. Vous arrivez alors à **Yen Minh**, une occasion de faire le plein d'essence et/ ou de se restaurer dans l'un des *com pho* de la rue principale.

★★ De Yen Minh à Dong Van C1

64 km - comptez 2h.

À la sortie de Yen Minh, deux routes partent vers l'est. Celle du nord-est passe par **Dong Van** avant de rejoindre **Meo Vac**. Celle qui file en direction du sud-est conduit directement à Meo Vac.

Prenez la route du nord vers Dong Van.

Depuis Yen Minh, la route abrupte retrouve un paysage rocailleux et lunaire dans lequel se dressent des roches noires taillées et coupantes. Les monts calcaires, quant à eux, rappellent les îles de la baie de Ha Long. C'est dans ce paysage surprenant que vivent les Hmongs noirs.

Passé un col (km 39), vous entrez dans la **vallée de Sung La**, ou « vallée de l'opium ». Les Hmongs s'adonnaient jadis à cette culture et, dans le hameau de Lung Cam, au cœur de la vallée, vous pourrez visiter une splendide maison traditionnelle *(accès libre)*. Elle appartenait, au début du 20e s., au plus gros marchand d'opium de la région. On y a tourné *Voyage de Pao* (2006), un film qui a connu un grand succès au Vietnam.

Au km 48, une bifurcation à gauche mène vers **Lung Cu** (*30 km - 1h aller - accès payant : 30 000 VND*). Au bout d'une étroite route de montagne, vous parviendrez au point le plus septentrional du pays. Sur la colline, surplombant un paysage splendide, flotte un immense drapeau vietnamien, face aux montagnes de Chine.

Palais royal hmong – *km 49 (à droite de la route) - 7h30-17h, dim. 6h30-17h - 10 000 VND.* Dans l'étroite vallée de Sa Phin se niche le palais de l'ancien roi hmong, Vuong Chinh Duc *(voir encadré ci-dessous)*. Un escalier conduit à la porte du domaine, aux auvents finement sculptés de dragon. À la mode chinoise, le palais présente une succession de trois cours, séparées par des pavillons à étage. On peut se promener librement dans toutes les pièces et accéder aux galeries supérieures qui offrent de jolies vues sur les toits. Remarquez la disposition des tuiles en *yin-yang* (double agencement concave/convexe) et la décoration de leurs embouts. Les pièces du rez-de-chaussée présentent du mobilier d'époque, des instruments de musique, des photos anciennes, dont une du potentat en tenue impériale chinoise. Vuong Chinh Duc avait beau être puissant, il n'en craignait pas moins pour sa sécurité. Le dernier pavillon est en fait un fortin, construit en maçonnerie et percé de meurtrières.

Vuong Chinh Duc, le dernier roi des Hmongs

Dans la première moitié du 20e s., le **palais**, construit en 1902-1903, fut la résidence du roi des Hmongs, Vuong Chinh Duc. Avant son couronnement, ce paysan hmong vendait à l'administration coloniale l'opium produit par son peuple. Il devint roi à la fin du 19e s. et fit allégeance aux Français. Son pouvoir s'étendait sur les environs de Dong Van et Meo Vac, entre Tonkin et Chine. À son apogée, le palais comptait une centaine de courtisans et 60 gardes. Vuong Chinh Duc tenta d'unifier les Hmongs de Chine, du Vietnam et du Laos, autour d'un royaume autonome, sans succès. Le Viet-minh ruina définitivement ses rêves de grandeur. À sa mort en 1947, son deuxième fils, Vuong Chi Sinh, pressenti pour lui succéder, se rallia à Ho Chi Minh, et la dynastie hmong vécut le temps d'une génération..

Le géoparc du plateau karstique de Dong Van

La plateau karstique de Dong Van est entré en 2010 dans le club très fermé des géoparcs labellisés par l'Unesco. Une distinction officiellement renouvelée en avril 2019. Plusieurs critères ont motivé la décision de l'organisation internationale : dans cette zone aux formations géologiques remarquables, recouverte à 60 % de sédiments calcaires, ont été creusés de profonds canyons – celui de Tu San *(voir ci-dessous)* présente un dénivelé de 800 m –, tandis que de hautes montagnes dominent le paysage ; la région compte par ailleurs 17 groupes ethniques et une riche vie animale : on y trouve des ours noirs d'Asie, des chèvres sauvages, une quantité d'oiseaux. Des rhinopithèques d'Asie, des singes appartenant à l'une des espèces les plus menacées au monde, y ont également été repérés.

La place devant le palais s'anime tous les six jours, le **marché** s'organisant « à reculons » : une semaine il se tient le vendredi, la suivante, le jeudi, puis le mercredi, et ainsi de suite.

★ Dong Van C1

Passez la nuit à Dong Van pour vous balader tôt le matin au marché plutôt qu'à Meo Vac, ville sans charme. Vous y trouverez de nombreuses possibilités de logement, des restaurants et des commerces : cette petite ville est la meilleure étape dans la région. La place centrale (Pho Co) a été aménagée pour accueillir les terrasses des cafés et, tous les soirs, s'y tient un petit marché nocturne. Les maisons anciennes qui bordent l'esplanade ont été restaurées et abritent désormais des restaurants et des maisons d'hôtes. C'est plutôt réussi.
Au fond de la place, un sentier grimpe jusqu'au sommet d'une colline coiffée des ruines d'un **fortin français.** Elles ne présentent pas beaucoup d'intérêt, mais la vue sur la vallée de Dong Van est splendide.
Allez aussi faire un tour au marché qui se tient tous les jours en contrebas de la place centrale.

★★★ De Dong Van à Meo Vac C1

Itinéraire de 30 km entre Dong Van et Meo Vac - comptez 1h30.
Les superlatifs manquent pour décrire ce parcours, sans conteste le plus époustouflant du Haut Tonkin, qui traverse le plateau karstique de Dong Van *(voir encadré ci-dessus)*. Deux kilomètres après Dong Van, au détour d'un virage, la vue se dégage sur une **forêt de pitons acérés**. Ils s'enchevêtrent, se superposent, défiant les lois de la perspective. La route zigzague entre ces monuments de calcaire qui, en plongeant dans la terre, laissent entrevoir de **béantes cavernes**. Partout, un tapis de pierres recouvre ce fantastique paysage et quelques Hmongs noirs vivent au pied des montagnes.
À 11 km de Dong Van, vous parvenez au point de vue de Ma Li Peng. On découvre de là une vue vertigineuse sur le **canyon de Tu San**, le plus profond du plateau, avec des parois hautes de près de 800 m. Au fond sinue la rivière Nho Que *(song Nho Que)* qui semble écarter les montagnes pour se frayer un chemin.
La route se faufile sur les pentes, avant de bifurquer vers **Meo Vac**. Une ville sans grand charme mais où vous pourrez vous restaurer et passer la nuit.
Si vous effectuez une boucle depuis Ha Giang, le mieux est de repasser par Yen Minh et suivre de là l'itinéraire aller. C'est le chemin le plus court (160 km) et le plus joli. Vous pouvez aussi continuer vers Bao Lac (suivez la RN 34), puis Cao Bang et/ou le lac Ba Be pour explorer l'Est vietnamien (voir p. 141).

2

Carnet pratique

Arriver/Partir

En bus – La **gare routière de Ha Giang** se trouve rue Nguyen Trai, en centre-ville. Départs réguliers pour Hanoi *(7h)*, Dong Van *(5h)* et Meo Vac *(6h)*. Un départ par jour à destination de Lao Cai *(5h)*.

Nos adresses

Restauration

Ha Giang

Budget moyen

Com Dan Toc – *18A Nguyen Van Linh - Quang Trung - ✆ (219) 386 18 84 - service continu - 200 000/250 000 VND.* L'un des restaurants sur pilotis les plus animés de la ville. On y mange par terre et pieds nus. Imitez les Vietnamiens : commandez quelques plats de poissons, un peu d'alcool de riz, et traînez à table. Service agréable.

Dong Van

Premier prix

Lam Tung – *Dans la rue du marché, au pied de l'hôtel du même nom (voir « Hébergement ») - ✆ 09 6988 46 69 - service continu - env. 100 000 VND.* Bon choix de brochettes.

Budget moyen

Quang Dung – *Pho Co (place centrale) - ✆ 09 7625 51 76 - service continu - 110 000/380 000 VND.* Plats chinois, vietnamiens, internationaux, le tout honnêtement réalisé. Préférez son agréable terrasse, avec vue sur la place, que la salle intérieure, pas follement gaie.

Hébergement

Ha Giang

Premier prix

Huong Thao 2 – *350 Ly Tu Trong - ✆ 09 7612 51 52 - ✕ ⊭ - 15 ch. 310 000 VND.* Un hôtel familial des plus sympathiques, où les membres de la famille se mettront en quatre pour vous aider. Location de motos.

Kiki's House – *134B Ly Tu Trong - ✆ 09 6872 22 42 - 7 ch. et dortoirs ; lit à partir de 120 000 VND ☕ - ch. 330 000/400 000 VND ☕.* Une équipe jeune et sympathique anime cet établissement qui propose des chambres tout confort à tout petit prix, ainsi que des chambres presque luxueuses dans l'annexe attenante, l'hôtel Long. Le petit-déjeuner se prend en terrasse. Location de motos.

Quan Ba

Premier prix

Van Duy – *En retrait de la rue principale - ✆ 09 7601 28 16 - ✕ ⊭ - 12 ch. 300 000/ 450 000 VND ☕.* Familial et sans prétention, l'hôtel dispose de chambres simplissimes, mais impeccables. Terrasse au calme pour le petit-déjeuner ou le dîner *(sur réserv.)*. Vous pourrez profiter des bains chauds du « Spa ».

Budget moyen

Dao Lodge – *Village de Nam Dam (à 2 km de Quan Ba) - ✆ 09 4346 84 88 - ⊭ - 5 ch. 800 000 VND ☕.* Ce « village culturel » compte plusieurs maisons traditionnelles aménagées en chambres d'hôtes. Celle-ci est sans doute la plus agréable. Vous serez accueilli (en vietnamien) par de jeunes gens en grande tenue dans une vaste maison tout en bois. En bois aussi les baignoires des chambres, confortables et agréable avec leur balcon donnant sur la campagne environnante. Dîner sur réservation.

Dong Van

Premier prix

Lam Tung – *Dans la rue conduisant au marché - ✆ (219) 385 67 89 - 36 ch. 300 000/500 000 VND* ☕. Confort standard, sans charme particulier, mais suffisant pour passer une bonne nuit. Seules les chambres triples disposent d'une terrasse. Accueil un peu brouillon, mais sympathique.

Da Nho – *Dans la rue conduisant au marché - ✆ (219) 385 28 88 - 25 ch. 475 000 VND.* Simple et sans histoire, à deux pas du marché.

Truong Anh – *Rue principale (en face de la place centrale) - ✆ (219) 385 98 59 - 15 ch. env. 450 000 VND.* Si l'on fait abstraction de la laideur du bâtiment et de sa décoration un peu kitsch, c'est un choix satisfaisant pour faire étape.

Luong Doanh – *Pho Co (place centrale) - ✆ 09 6876 93 62 - 7 ch. 500 000 VND.* Une maison d'hôtes installée dans une maison traditionnelle. Simple et propre. Excellent accueil. Sur le même côté de la place, vous trouverez d'autres chambres d'hôtes du même type.

Budget moyen

Hoa Cuong – *Rue principale - ✆ (219) 385 68 68 - ▤ ✕ - 81 ch. env. 750 000 VND* ☕. Le « grand hôtel » de Dong Van. Chambres modernes, claires et confortables. Certaines sont pourvues d'un balcon.

2

★★ Autour du lac Thac Ba B2

▶ *À 160 km au nord-ouest de Hanoi par la CT05 puis l'AH14 et 175 km au sud de Ha Giang par la RN 2 - comptez une journée.*

Cette excursion peut se faire en deux jours au départ de Hanoi ou constituer une étape sur la route entre la capitale et les régions du Haut Tonkin.

★★ Lac Thac Ba (HO THAC BA) BC2

Thac Ba est le réservoir du barrage du même nom. Perturbée dans son cours, la rivière Chay *(song Chay)* a inondé sur 20 000 km² et 80 km de long tout l'est de la province de Yen Bai, formant l'un des deux plus grands lacs du Haut Tonkin, avec celui de Hoa Binh. Des milliers de Daos, de Tays et d'autres ethnies minoritaires ont été déplacés au début des années 1970 lors de la mise en service de la centrale hydroélectrique. De leurs anciennes collines à la terre rouge il ne reste que les sommets qui sont devenus autant d'îlots. Le lac en compterait 1 331, ce qui lui vaut le surnom de « **baie de Ha Long des montagnes** ». À la surface, les riverains ont développé l'élevage de poissons avec la construction de grands enclos en bambou. D'autres tirent leurs ressources de la pêche à la crevette.

★ Vu Linh C2

▶ *À 12 km au nord de Thac Ba.*

Depuis Vu Linh, rendez-vous au **hameau de Ngoi Tu**, où vous découvrirez le lac et ses environs. Pendant la saison des pluies, ses eaux bordent les maisons sur pilotis des Daos à pantalon blanc. Ici, le nom ne fait pas l'habit : en dehors des jours de fête, les membres de cette ethnie portent une culotte noire. Les femmes retiennent leurs cheveux à l'aide d'un épais serre-tête, et leur plastron finement brodé sur un tissu blanc est accroché à leur collier d'argent. Les habitants du hameau vivent de la pêche et des cultures de riz inondées une partie de l'année par le lac.

Carnet pratique

Arriver/Partir

Des bus réguliers desservent Tuyen Quang (à 27 km à l'est du lac) au départ de Hanoi *(5h de trajet)*. Vu Linh n'est accessible qu'en transport privé (moto, voiture).

Nos adresses

Hébergement

La ville de Thac Ba, commune où se trouve le barrage de ce grand réservoir, ne possède aucune commodité touristique. Pour vous loger, continuez 12 km plus au nord jusqu'à Vu Linh et au hameau de Ngoi Tu *(2 km après le centre, sur la route en dir. de Yen The)*.

Vu Linh

Premier prix

Lavievulinh Ecolodge – *Ngoi Tu (un panneau bleu indique l'ecolodge depuis la route principale. Pour trouver l'adresse, demandez aux habitants Nha Du Lich, prononcez « gna zu lic ») - ✆ (04) 3926 27 43 - www.lavievulinh.com -* ✕ P ▭ *- 2 dortoirs 240 000 VND/ pers. - ch. et studio 840 000/ 940 000 VND* ☕. Cet ecolodge simple et charmant surplombe le lac. Il est géré par une agence de voyage hanoienne spécialisée dans les tours à moto et tenu par une famille dao à pantalon blanc. Au choix, vous pouvez dormir dans le dortoir ou dans l'une des deux suites tout confort pouvant accueillir jusqu'à 6 personnes. Ambiance décontractée, terrasse avec vue sur le lac et plats daos. La réception organise des excursions sur le réservoir et des randonnées dans les alentours.

Activités

Les excursions sur le lac de Thac Ba *(env. 800 000 VND/h)* s'organisent au départ de Ngoi Tu. Adressez-vous aux habitants, au personnel de votre hôtel, ou prévoyez cette sortie avec une agence, à Hanoi. Autour du lac, de nombreux sentiers de randonnée mènent aux villages daos, tays, giays, etc.

L'Est sauvage ★★

Lac Ba Be - Cao Bang - Lang Son

Au nord-est du Vietnam, un moutonnement de collines et de montagnes, prolongé dans la province chinoise du Guangxi, dilue la frontière politique avec la Chine. De rares petites dépressions trouent ce relief confus. L'une d'elles, autour de la ville de Lang Son, fut tour à tour couloir d'invasions et passage d'ambassades : c'est, avec Lao Cai, l'une des deux portes de la Chine. Ici se déploie un paysage d'estampes avec ces étranges formations calcaires que les géographes appellent karsts. Telles des sentinelles le long de l'ancienne route coloniale n° 4, passée dans l'histoire pour ses combats sanglants, ces pics encadrent encore les majestueuses chutes de Ban Gioc ou le mystérieux lac Ba Be. Dominée par ces décors naturels, la région est, depuis deux mille ans, le domaine des Tays. Avec les Nungs, puis les Daos et les Hmongs, ils ont colonisé cet espace qui vibre le temps des foires et des marchés.

Se repérer

CARTE CD2 (P. 100-101).

Provinces de Thai Nguyen, Bac Can, Cao Bang et Lang Son.
Le Lac Ba Be est situé à 240 km et Cao Bang à 280 km au nord de Hanoi.

À ne pas manquer

Les chutes de Ban Gioc ; se mêler aux badauds du vieux marché de Cao Bang ; franchir le col reculé de Co Lea.

Organiser son temps

La meilleure période pour voyager dans la région court d'oct. à avril. Comptez 5 jours pour ce circuit de 680 km au départ de Hanoi.

En famille

La descente du Song Nang en bateau.

Carnet pratique p. 149

Nos adresses p. 150

Circuits conseillés

CARTE P. 100-101

De Hanoi au lac Ba Be C2-3

Circuit de 240 km au départ de Hanoi, tracé en violet sur la carte du Haut Tonkin (p. 100-101) - comptez 5h de route. De Hanoi, empruntez la RN 3 dir. Thai Nguyen (à 82 km).

Thai Nguyen C3

Musée culturel des Ethnies du Vietnam (BAO TANG VAN HOA CAC DAN TOC VIET NAM) – *1 Doi Can - ✆ (280) 385 57 81 - 7h-11h30, 13h30-17h - fermé lun. - 30 000 VND.* Ceux qui n'auraient pu visiter le musée d'Ethnographie de Hanoi *(voir p. 52)* ne manqueront pas ce musée. Il mérite une bonne heure de visite, ne serait-ce que pour la qualité de ses tissus et ses reconstitutions d'intérieurs et d'ateliers. Son architecture est une curiosité, mélange de tradition vietnamienne et de style pompier stalinien. La présentation, commentée en vietnamien, en anglais et en français, suit la classification en grandes familles ethno-linguistiques *(voir aussi « Les peuples du Vietnam », p. 356).*

Après Thai Nguyen, vous entrez dans la **Moyenne Région**. Des vallons se dessinent entre les collines plantées de thé – le cru de Thai Nguyen est le plus fameux du pays – ou piquetées de bouquets de bambous et de bosquets de bananiers. Paraissent aussi les premiers **villages tays** aux maisons sur pilotis coiffées d'un immense toit de chaume.

Bac Can C2

À 88 km de Thai Nguyen.

La ville de Bac Can servit de première base de repli à **Ho Chi Minh** quand, en 1946, les forces du Haut-Commissariat en Indochine se déployèrent dans le delta du fleuve Rouge, à grand renfort de fortins et de blockhaus. En 1947, les Français encerclèrent la zone, contraignant le Viet-minh à s'enfoncer encore dans la région montagneuse et le long de la frontière chinoise. Face à la force vietnamienne (60 000 soldats dispersés sur près de 200 000 km²), le **général Étienne Valluy** choisit de se maintenir sur une ligne fortifiée, le long de la route coloniale n° 4 (RC 4), entre Cao Bang et Lang Son.

Aujourd'hui, Bac Can semble somnoler, à peine perturbée par des constructions démesurées – théâtre, gymnase, bâtiments administratifs – qui rappellent sa fonction de capitale de province. Vous pouvez prévoir d'y déjeuner (com pho *au rond-point à l'entrée de la ville en venant de Hanoi)* ou de prendre un café sur la place du théâtre, dans la petite épicerie avec terrasse qui propose des biscuits locaux.

À 20 km au nord de Bac Can, à hauteur du village de **Phu Thong**, une route monte vers le lac Ba Be, en direction du nord-ouest, au-dessus d'une vallée cultivée, tandis que l'écran montagneux du **Pia Boc** se déploie à l'ouest, culminant à 1554 m d'altitude. Bien qu'étroite, la route, moins cahotante que la RN 3, se déroule par monts sauvages et par vaux travaillés par les Tays.

Cho Ra C2

À 53 km de Bac Can.

Cho Ra, le « marché de Ra », est un modeste village-rue aux maisons basses construites en briques crues, parfois chaulées, et couvertes de tuiles grises. **Tays** et **Nungs**, coiffées de chapeaux coniques, vêtues d'un pantalon noir et d'une tunique courte bleue ou violette, **Hmongs noirs** en jupe plissée indigo, **Daos rouges** ayant troqué leur vêtement traditionnel contre chemisier et pantalon du prêt-à-porter : tels sont les chalands du marché de Cho Ra, qui se déroule les jours se terminant en 0 et en 5 du calendrier lunaire. On y trouve des objets de l'artisanat textile (écheveaux de coton, cadres et peignes de métiers à tisser) et des étoffes filées, tissées et teintes par les Tays et les Nungs. Elles sont vendues au métrage, coupées en veste à brandebourgs de tissu ou en sacs que l'on utilise dans la région, portés en bandoulière ou sur le dos. Les paysans y échangent encore le riz et les poissons frais du lac, les bidons de bière de riz et les cannes à sucre.

★★ Lac et parc national Ba Be C2

À 17 km de Cho Ra - comptez une journée pour la balade en bateau sur le lac.

Voir « S'informer » p. 149.

Réputée pour ses paysages à l'époque coloniale, cette région fut érigée en parc national en 1992. La réserve protège 23 000 ha de rivières et de cascades autour des *Ba Be*, les « Trois Bassins ».

Vous pouvez atteindre ce vaste lac de 8 km de long par la route, mais il est plus intéressant d'y parvenir en descendant la **rivière Nang** *(song Nang)* depuis Cho Ra. Le Song Nang se faufile dans une campagne cultivée avant de pénétrer dans un paysage de falaises calcaires, au flanc desquelles s'accrochent de petits jardins sauvages d'où pendent des lianes et de longues racines en quête de terre. Parfois,

La cascade de Dau Dang.
quangpraha/Getty Images Plus

des buttes terreuses sont avalées par la jungle, tachées de cannas rouge sang, marbrées de troncs grêles argentés, et de vieux arbres se tordent pour se pencher au-dessus de la rivière. L'autre attrait de la navigation, c'est le spectacle de la pêche. Des nasses jalonnent le cours de la rivière, des hommes jettent l'épervier, d'autres frappent les berges rocheuses pour en déloger de minuscules crevettes. On entre ainsi dans la **grotte-tunnel de Puong** (Hang Puong). La rivière ne coule que sur un côté, laissant une berge pour admirer à pied les stalactites de cet aven. De l'autre côté de la grotte, le paysage est tout à fait sauvage, peuplé d'une centaine d'espèces de papillons et d'oiseaux et de 23 sortes de reptiles et de batraciens, dont le serpent d'eau à tête fine. À une heure de bateau de là, un chemin descend vers la **cascade de Dau Dang** (THAC DAU DANG), alimentée même au cœur de la saison sèche, et qui jaillit avec fracas entre deux parois rocheuses.
Il faut revenir sur ses pas pour enfin atteindre le **lac Ba Be** (HO BA BE). Cette petite mer d'eau douce s'inscrit dans un cadre de falaises calcaires. L'érosion a foré quelques grottes dans ces parois rocheuses aux noms très prosaïques, comme cette **dong Ba Cua**, une grotte « aux trois fenêtres » percées sur le lac. Les îlots ont plus d'attrait et on peut s'y amarrer pour les visiter ou plonger à leurs abords. Sur l'**îlot An Ma**, la « Selle de Cheval », un petit temple est consacré au génie des Eaux. Les rives sud et ouest sont peuplées de Tays. Dans le village de **Pac Ngoi** *(accessible en bateau ou par la route, au sud du lac)*, leurs demeures sont montées sur pilotis.

★ Cao Bang et ses environs D2

Circuit au départ de Cho Ra, tracé en bleu foncé sur la carte du Haut Tonkin (p. 100-101).

★★ De Cho Ra à Cao Bang par le col de Co Lea CD2

Cao Bang est situé à 107 km au nord-est de Cho Ra - comptez 3h de trajet. Quittez Cho Ra par la route qui longe la rivière Ha Hieu (song Ha Hieu). À 17 km, laissez la route qui rejoint Na Phac et la RN 3 et bifurquez vers le nord.

Entre Vietnam et Chine

Quand naît une frontière

Les terres compartimentées du Nord-Est ne furent faciles à contrôler ni pour l'Empire chinois ni pour l'État vietnamien. Celui-ci mena vis-à-vis des chefs tays et nungs le même système de **protectorat** qu'auprès des Thaïs du Nord-Ouest. Jusqu'à l'époque contemporaine, Chinois et Vietnamiens durent compter avec ces peuples, tantôt soutiens militaires, tantôt foyers de rébellion. À la fin du 19e s., les mandarins chinois tentèrent de contenir l'implantation française au Tonkin en soutenant secrètement la guérilla des **Pavillons noirs**, des brigands sino-vietnamiens dont les bandes œuvraient le long des régions montagneuses qui formaient la frontière. En 1885, à l'issue d'une courte guerre, l'armée coloniale française vint finalement à bout des rebelles en même temps qu'elle défit l'armée régulière chinoise. En signant le **traité de Tianjin** la même année, la Chine dut s'engager à faire respecter par ses troupes les frontières du Tonkin, tandis que la France obtenait de construire des voies ferrées vers ses provinces du Sud. Au lendemain de la bataille, le général de Négrier, commandant de l'armée française, fit même apposer un écriteau en chinois sur la porte de la Chine : « Ce ne sont pas les murailles de pierre qui protègent les frontières, mais l'exécution des traités ». Les limites fixées par le traité de Tianjin sont celles d'aujourd'hui : elles ne furent pas remises en question à la création de la République de Chine en 1911, ni lors de l'indépendance du Vietnam.

Une terre de maquis

En février 1941, un intellectuel vietnamien vint s'établir avec sa machine à écrire dans la **grotte de Pac Bo**, non loin de Cao Bang. Il s'appelait alors Père Thu ; il ne se nommait pas encore Ho Chi Minh. Deux mois plus tard, il organisa dans ce lieu retranché la **VIIIe session du parti communiste**, acte de naissance d'une série de mesures qui conduisirent le Vietnam à l'indépendance. La région servit de base au **Viet-minh** dans sa guerre contre le corps expéditionnaire français au Vietnam de 1946 à 1954. C'est là que se concentra l'artillerie qui scella en 1954 le sort du camp de Dien Bien Phu *(voir « Histoire », p. 417)*.

Guerre et paix

En 1979, l'armée chinoise occupa les villes frontalières de Lao Cai, Cao Bang et Lang Son, et lança une guerre éclair de seize jours durant lesquels ses troupes détruisirent tout ce qu'elles purent. L'aide économique au Vietnam fut suspendue, les consulats vietnamiens furent fermés, et les voies de communication ferroviaires et routières avec Hanoi, coupées. La crise fut l'occasion pour les deux pays d'une remise en cause des frontières terrestres, mais aussi maritimes, telles qu'elles avaient été définies par le traité de Tianjin. Il fallut plus de dix ans pour voir s'ébaucher une réconciliation dans cette « guerre froide » entre les deux régimes socialistes *(voir « Histoire », p. 423)*.

Sur ce chemin détourné conduisant à Cao Bang, le parcours est magnifique. La route abandonne très vite le monde organisé des grands villages tays pour l'univers dispersé en maisons isolées des Hmongs et des Daos. Ceux-ci dominent la région jusqu'au bourg de **Phia Den** *(à 47 km de Cho Ra, marché les jours en 1 et en 6)*, à plus de 1000 m d'altitude. Leurs maisons basses sont construites à proximité des terrains pentus qu'ils défrichent, puis cultivent sur brûlis. Comme à Cho Ra, les femmes daos rouges ont abandonné leur costume traditionnel, mais les Daos « aux sapèques » (Dao Tien) arborent quant à elles toujours leur tenue *(voir p. 377)*. Passé Phia Den, la route grimpe sur 7 km jusqu'au **col de Co Lea** à travers un vestige de la grande forêt qui couvrait autrefois toute la région montagneuse. Au milieu de vieux arbres d'une étonnante variété d'essences percent les bouquets de fougères arborescentes. Au col, le **panorama** sur l'écran de montagnes bleutées est grandiose. La route descend ensuite en lacets vers le grand poljé de **Nguyen Binh** *(à 27 km de Phia Den, marché les jours en 3 et en 8)*, à travers des buttes de terre rouge plantées de maigres forêts de pins, puis elle remonte, abandonnant les champs de maïs pour les montagnes déboisées.

★ Cao Bang D2

Après avoir été en première ligne lors de la guerre sino-vietnamienne *(voir « Entre Vietnam et Chine » ci-contre)*, la ville profite maintenant de l'essor commercial entre le Vietnam et la Chine. Si son architecture est quelconque, son cadre est magnifique, au pied d'un rideau de falaises blanches tendu au confluent de la rivière Hien et du Song Bang Giang.

Le grand **marché couvert** de Cao Bang, établi le long de l'avenue Kim Dong, vaut à lui seul la visite. Du lever du jour à la fin de l'après-midi, il déborde sur l'avenue voisine en duos de dames et de paniers, proposant leurs légumes dans un flot de vêtements qui décline toutes les valeurs de l'indigo. En fin de journée, les maraîchères sont relayées par les cuisinières. Des vapeurs appétissantes montent des marmites et des braseros où cuisent et mijotent galettes de riz, canard laqué et tripaille. À l'intérieur, sous la halle, c'est le triomphe de la camelote chinoise. Quelques vieilles dames vendent le matériel nécessaire au culte pour les gens du delta : monnaies d'offrandes, encens et objets en papier à brûler pour les funérailles.

★ Sur la route de la grotte de Pac Bo D1-2

▶ *À 56 km au nord-ouest de Cao Bang - comptez 2h de trajet. Empruntez la route 203.*

Se rendre à la grotte où l'**Oncle Ho** séjourna quatre ans et lança le Viet-minh est un pèlerinage important aux yeux des Vietnamiens. Pour un touriste étranger, c'est aussi l'occasion de parcourir la jolie campagne de la plaine de Cao Bang.

À 5 km de la capitale provinciale, le **den Ky Sam** est juché sur une butte. Ce temple fut élevé en hommage au chef tay Nung Tri Cao, qui tenta de créer un royaume indépendant du Dai Co Viet au milieu du 11e s. Sa révolte secoua la région pendant dix ans, jusqu'aux provinces chinoises du Guangxi et du Guangdong. Elle ne fut réduite qu'avec le soutien de la Chine qui envoya son armée.

L'édifice a été entièrement rebâti, mais dégage le charme naïf d'un petit temple de campagne avec ses chevaux blancs et rouges peints sur les murs, galopant et soufflant de leurs naseaux.

10 km plus loin, à l'écart de la route, **Cao Binh** n'est plus qu'un modeste village. « Paix supérieure » fut pourtant le siège administratif de la région, depuis la dynastie Mac jusqu'à son transfert par l'administration coloniale sur le site de Cao Bang en 1884. Quelques maisons coloniales ainsi qu'une église en sont les seuls vestiges. Vous arrivez enfin à **Pac Bo**, situé sur la frontière chinoise. Un **musée**

2

(8h-17h - 25 000 VND) retrace les événements liés au séjour de Ho Chi Minh. On peut visiter sa retraite, la **grotte de Coc Bo**, située au pied de la montagne Cac Mac (Karl Marx), bordée par la rivière Le Nin (Lénine).

★★ Chutes de Ban Gioc D1

À 80 km de Cao Bang. Prenez la route du nord jusqu'à Tra Linh, puis bifurquez vers l'est, dir. Trung Khanh. Les chutes se trouvent une trentaine de kilomètres après ce village.

Sur 300 m de large et 50 m de haut, la **rivière Quay Son** *(song Quay Son)* forme les chutes de Ban Gioc, les plus connues – et les plus belles – du Vietnam. L'eau crée des bassins sur plusieurs étages dans un décor de pitons et de rizières et l'on peut se baigner au pied des cascades.

Ce site naturel se partage entre Chine et Vietnam. Comme la frontière se trouve au centre du Song Quay Son, les radeaux vietnamiens qui transportent les visiteurs naviguent seulement sur la moitié du cours d'eau. Ces dernières années, les deux pays ont négocié une zone de coexploitation, soit une bande de quelques mètres de large, au milieu du lit principal, sur laquelle peuvent désormais se croiser les embarcations des deux nationalités. Si, sur la rive chinoise, l'accueil touristique se développe, côté vietnamien, vous ne trouverez qu'une petite gargote où l'on mange très gras et un bureau qui délivre des laissez-passer obligatoires *(50 000 VND)* pour cette zone frontalière.

À 2 km des chutes, l'immense **grotte de Nguom Ngao** se visite *(7h-18h - 45 000 VND)*. Enfin, sur le chemin du retour vers Cao Bang, vous pouvez explorer le **lac de Thang Hen**. Lovée au cœur des montagnes, cette étendue d'eau sauvage se trouve à proximité de **Tra Linh**, siège d'un important marché aux buffles, les 5e et 10e jours de chaque mois.

De Cao Bang à Hanoi D2-C3

Circuit de 287 km au départ de Cao Bang, tracé en vert clair sur la carte du Haut Tonkin (p. 100-101) - comptez 7h.

Sur la RN 4 (EX-ROUTE COLONIALE N° 4 OU RC 4) D2

Jusqu'à Dong Khe, le parcours présente peu d'intérêt, à l'exception de quelques maisons tays doublées d'une véranda sur pilotis, et du marché qui se tient les jours en 2 et en 7 du calendrier lunaire à **Nam Nang** *(à 18 km de Cao Bang)*.

En entrant dans **Dong Khe** *(à 24 km de Nam Nang)*, on découvre tout un quartier de maisons, miraculeusement conservées après l'évacuation de la place par les

La route sanglante

En 1950, l'armée de libération commandée par le **général Giap** avait reconstitué ses forces à l'abri des montagnes, soutenue par les bases arrière du Yunnan et du Guangxi en Chine. L'armée française s'était déployée le long d'une ligne fortifiée sur la RC 4, entre Cao Bang et Lang Son. En mai 1950, Giap lança sa première attaque sur Dong Khe, coupant en deux le système de défense français et isolant Cao Bang, qui tomba quelques mois plus tard. L'évacuation de Cao Bang se solda par l'un des épisodes les plus sanglants de la guerre d'Indochine, les unités françaises n'ayant d'autre voie de repli que la RC 4 et le piège de Giap. Les Français durent abandonner l'ensemble de leur dispositif de contrôle sur la Haute Région et perdirent 6 000 soldats, morts ou faits prisonniers.

Les chutes de Ban Gioc.
Florent MARTIN/Getty Images Plus

Français en 1951. Son monument aux morts est dédié aux soldats vietnamiens tombés lors de la prise de la ville, qui marqua la première grande défaite française de la guerre d'Indochine. Depuis Dong Khe, vous pouvez rejoindre le site *(à 17 km vers l'est)* où Ho Chi Minh dirigea la campagne militaire de 1950, pendant la guerre d'Indochine.
La route déploie ensuite un très beau paysage de falaises percées de grottes et de pitons escarpés jusqu'à **That Khe** *(à 22 km de Dong Khe - quelques pensions, en dépannage si la nuit tombe avant votre arrivée à Lang Son)*, un bourg aux maisons menthe à l'eau, dont le **marché** *(jours en 2 et en 7)* est fréquenté par des Tays, des Nungs et des Daos. Les épiceries de la ville vendent une spécialité locale : le *banh phuong*, un biscuit croustillant et très sucré. On quitte le village par un damier de rizières, rare spectacle dans cette zone où la culture du maïs est majoritaire.
À 48 km de That Khe apparaissent une quatre-voies et **Dong Dang**, dont les petits immeubles aux façades carrelées ou en verre fumé semblent un vilain mirage. Le grand frère chinois et son économie de marché socialiste ne sont qu'à 5 km. C'est ici que s'ouvre le passage historique entre Chine et Vietnam, maintes fois emprunté par les armées de l'Empire : la **porte de la Chine**, que les Chinois ont rebaptisée la **passe de l'Amitié** (CUA KHAU HUU NGHI). Le 1er avril 1992, une cérémonie en marqua la réouverture. Pour l'occasion, les Chinois ont reconstruit la porte de la citadelle *(visible du côté chinois uniquement)* qui gardait la passe, élevée en 1823 et détruite lors de la guerre éclair de 1979.

★ Lang Son D2

À 125 km de Cao Bang.
Elle est traversée par l'avenue Tran Dang Ninh, dans le prolongement de la RN 1. Au sud, l'avenue forme un carrefour avec Le Loi. Ce boulevard (banques, poste, stade) mène aux gares routière et ferroviaire. Une route part du même croisement

vers les grottes Nhi Thanh et Tam Thanh (2 km). La rivière Ky Cung (song Ky Cung) est à la lisière des faubourgs sud.
Aux trois quarts détruite lors de la guerre de février 1979, la ville a depuis connu un véritable boom économique, grâce à la contrebande puis à la réouverture de la frontière. À l'instar de Cao Bang, Lang Son est laide, mais sertie dans un joli paysage de pitons calcaires.
Les marchés de Lang Son méritent le détour : **Cho Ky Lua** *(au nord de la ville, sur Tran Dang Ninh)* et, surtout, **Cho Dong Kinh** *(sur la rive nord)* illustrent parfaitement les relations économiques étroites que Lang Son entretient avec la Chine voisine. Ce dernier est un temple dédié à la quincaillerie chinoise, une avalanche surréaliste de gadgets.
Quelques maisons du temps où Lang Son était ville de garnison française subsistent dans les faubourgs sud, où se trouve le sanctuaire le plus vénéré de Lang Son : la **pagode des Immortels** (CHUA TIEN) *(7h-17h - entrée payante)*, à laquelle on accède par une volée de marches. Dans l'immense caverne qu'elle occupe, les pyramides de boissons gazeuses posées avec respect sur les autels témoignent des pouvoirs prêtés aux divinités du lieu. À l'arrière d'une salle dédiée à Quan Am, on révère la Sainte Mère céleste, entourée d'une forêt de bâtons d'encens qui se consument dans leurs brûle-parfums bleu et blanc. Un tunnel conduit à des fenêtres naturelles ouvrant sur la campagne qui borde Lang Son.
Au pied de la colline, un autre chemin grimpe vers le site de **Gieng Tien**, modeste oratoire avec une superbe vue sur Lang Son et ses environs.
À la lisière nord-ouest de Lang Son, dans une petite banlieue maraîchère, deux pitons percés de cavernes sont devenus des sites de pèlerinage bouddhistes très fréquentés par les gens du delta.
Grotte des Trois Purs (DONG TAM THANH) – *Accès balisé à partir du carrefour entre Tran Dang Ninh et Le Loi - 7h-17h - 20 000 VND.* Cette grotte a tout d'une pagode. À l'entrée, un autel aligne sagement les statues du panthéon bouddhique près d'une paroi rocheuse gravée de stèles des 16e et 18e s. relatant les donations faites au sanctuaire. Mais au-delà, dans les anfractuosités, ce sont tantôt les Saintes Mères, tantôt des héroïnes locales divinisées que l'on vénère. Les eaux qui suintent des stalactites ont des vertus bénéfiques, d'où la présence de gobelets en plastique à proximité des bassins qui les recueillent. Dans la pénombre où se tapit parfois une famille de chauves-souris, les pas trouvent des marches taillées dans le calcaire et les yeux rencontrent des « fenêtres » ou des puits de lumière naturels.
La colline voisine de la grotte Tam Thanh est le symbole de Lang Son. Elle est appelée **Nui Vong Phu** (« montagne de la Femme qui attend »), en raison d'un rocher dont la forme évoque la silhouette d'une femme debout, portant son enfant. Elle est l'objet d'une de ces histoires d'amour tragiques qui abondent dans la littérature du pays.
Grotte des Deux Purs (DONG NHI THANH) – *7h-17h - entrée payante.* Plus à l'ouest, cette grotte fut affectée au culte au 18e s. et abrite également une chapelle bouddhique. Un petit dédale de recoins, de détours et d'anfractuosités monte en spirale à travers la roche, formant autant de chapelles et d'oratoires dédiés au Bouddha et à ses pairs.

De Lang Son à Hanoi D2-C3

Le vert des cultures marquette une jolie campagne de sols rouges. La route suit le couloir montagneux de la vallée du Song Thuong, cadre de nombreux combats pour s'approprier cette zone de passage.

À 35 km de Lang Son, **Dong Mo** est un petit village blotti dans un amphithéâtre karstique. À l'est et au sud, le relief forme une série de cirques et de défilés où opérait, dans les années 1890-1896, la bande de pirates sino-vietnamiens du Bac Son. En 1884, l'armée chinoise, cantonnée à Lang Son, y tendit une embuscade à un détachement de 350 Français, à la suite de laquelle la France entreprit avec succès de refouler les Impériaux de l'autre côté de la porte de la Chine.
Après **Met** *(à 33 km de Dong Mo)*, on quitte ce décor de falaises et de pitons pour entrer dans le plat pays du delta.
À l'est, l'arc des collines de Dong Trieu se prolonge vers le sud pour former la célèbre baie de Ha Long.

Carnet pratique

S'informer

Parc national Ba Be (VUON QUOC GIA BA BE) – *1 km avant le lac en venant de Cho Ra* - ✆ *(209) 389 47 21 - www.babenationalpark.com.vn.* Rens. sur les activités dans le parc et carte des sentiers. Pour le reste de la zone, rens. dans les agences de Hanoi *(voir p. 57)*.

Adresses utiles

Poste-frontière

La frontière avec la Chine est à 11 km de Lang Son, près de Dong Dang. Elle est desservie par des bus au départ de Lang Son, ainsi que par des trains (ligne Hanoi-Dong Dang *via* Lang Son). Des navettes électriques permettent de parcourir les 800 m entre les postes-frontières vietnamien et chinois. Côté chinois, bus et taxis font la liaison avec Pingxiang (gare ferroviaire). Rappel : il faut être en possession d'un visa pour entrer en Chine.

Arriver/Partir

En bus

Gare routière de Cho Ra – *Au croisement des routes de Cao Bang et de Bac Can.* Un départ pour Hanoi *(6h)* et un départ pour Cao Bang *(2h30)* au petit matin. 4 liaisons/j. pour Bac Can *(2h).*

Gare routière de Cao Bang – *À la sortie de la ville, sur la route de Lang Son.* Bus ttes les h pour Hanoi *(7h de trajet) via* Nguyen Binh, Cho Ra, Bac Can et Thai Nguyen. 4 bus/j. pour Lang Son *(4h de route).*

Gare routière de Lang Son – *Dans le quartier de la gare ferroviaire.* Des minibus font la liaison ttes les 1/2h avec Hanoi-Gia Lam *(4h de trajet)* et Haiphong (5h) *via* Bac Giang, Bac Ninh et Gia Lam. 4 bus/j. pour Cao Bang *(4h).*

En train

Ga Lang Son – *Au bout de l'avenue Le Loi.* 3 trains/j. circulent dans les deux sens entre Lang Son et Hanoi-Gia Lam *(5h30 de trajet).*

En tour organisé

Les agences de Hanoi proposent une formule de 3 j. AR en véhicule particulier (voiture ou minibus). Les prix varient de 150 à 300 $/pers. selon le nombre de participants et comprennent les frais d'essence, la nourriture et l'hébergement du chauffeur. Des circuits plus longs *(5 à 8 j.)* incluent des randonnées à Cao Bang, aux chutes de Ban Gioc et/ou Lang Son.

Activités

Excursions et randonnées

Les bateaux qui remontent le Song Nang jusqu'au lac Ba Be sont des barges à moteur. Elles

2

Salade de canard.
zoranm/Getty Images Plus

peuvent accueillir une dizaine de personnes. Adressez-vous aux hôtels et pensions, ou à l'un des deux embarcadères. Comptez env. 800 000 VND/h et par bateau de 12 pers. Le circuit habituel, d'une demi-journée, passe par les grottes de Dong Puong et les chutes de Dau Dang. Vous pouvez aussi profiter d'un arrêt à Dau Dang pour partir en randonnée ou vous contenter d'un aller simple et continuer votre route sur le Song Nang jusqu'à Na Hang.

Nos adresses

Restauration

Cao Bang

Premier prix

Tous les jours, les étals du **marché couvert** constituent une bonne occasion de manger à la bonne franquette. Vous vous ferez une place sur les bancs le temps d'une soupe, d'un bol de nouilles ou d'une spécialité locale. À l'extérieur du marché, des stands proposent des spécialités à emporter ou à consommer sur place de 17h à 19h. Le soir venu, de petits restaurants de rue installent leurs tables sur les trottoirs de l'avenue Kim Dong.

Lang Son

Le canard rôti *(vit quay)* est la spécialité locale, proposée avec la soupe de nouilles au canard dans les restaurants près du carrefour des rues Tran Dang Ninh et Le Loi.

Budget moyen

Nha Hang Minh Quang – *44 Ngo Quyen (dans la rue de la gare routière) - ✆ (205) 387 04 17 - service continu - 180 000/ 300 000 VND.* Bonne carte de cuisine vietnamienne. Pour boire un coup avec les routiers ou les hommes d'affaires chinois dans un bar-guinguette qui sert tous les labels de « Zohnnie » (Walker, bien sûr !).

Boire un verre

Lang Son

New Century – *Hoang Van Thu (au bord du lac) - ✆ 09 8373 66 78 - 9h-23h.* Un bar/resto/karaoké où les jeunes du coin se donnent rendez-vous. Vous pouvez choisir entre plusieurs salles, à l'ambiance plus ou moins décontractée.

Hébergement

Cho Ra/Lac Ba Be

Premier prix

Si vous avez le temps, et que les couchages collectifs ne vous effraient pas, nous ne saurions trop vous recommander de passer la nuit dans le parc.

Dans le hameau de **Pac Ngoi** (au sud-est du lac), vous trouverez des chambres d'hôtes dans des maisons traditionnelles sur pilotis. Dans la **Nha Nghi Huynh Ha** *(✆ (209) 389 40 66),* on dort ainsi sur des matelas au sol, sous une moustiquaire et séparés par des rideaux.

D'autres possibilités de logement chez l'habitant existent à **Bo Lu** (en face de l'embarcadère principal), mais l'architecture des maisons y est moins authentique.

Cao Bang

L'avenue Kim Dong concentre de nombreux hôtels. C'est le meilleur quartier pour faire halte à quelques minutes à pied du marché.

Premier prix

Hoang Anh – *131 Kim Dong - ✆ (206) 385 89 69 - ▤ P - 30 ch. 350 000 VND.* Fonctionnel mais sans attrait particulier, si ce n'est la belle vue sur la rivière depuis certaines chambres.

Jeanne Hotel – *99 Kim Dong - ✆ (206) 384 51 87 - ▤ - 10 ch. 550 000 VND.* Chambres de bon confort et accueil particulièrement sympathique (en anglais).

Budget moyen

Max Boutique Hotel – *117 Vuon Cam - ✆ (206) 388 19 99 - ▤ ✕ - 50 ch. 720 000/1 300 000 VND ☕.* Un hôtel moderne (2018) à deux pas du grand marché. Les chambres sont décorées dans un style sobre, rehaussé de touches ethniques. Les plus chères disposent d'une terrasse avec vue sur la rivière. Dans son cadre contemporain, le restaurant propose une carte où voisinent plats internationaux et spécialités locales. Essayez la salade de porc croustillant au curry rouge *(nam khau).*

Lang Son

Budget moyen

Vi's Boutique Hotel – *185 Tran Dang Ninh - ✆ (205) 388 66 89 - ▤ - 45 ch. env. 700 000/800 000 VND ☕.* Hôtel moderne et confortable où vous serez accueilli avec des bribes d'anglais.

Pour se faire plaisir

Four Points by Sheraton Hotel – *Tran Hung Dao - ✆ (205) 378 29 99 - ▤ ✕ - 127 ch. 1 300 000/1 500 000 VND ☕.* Impossible de rater cette grande tour qui domine la ville. Cet hôtel plutôt luxueux abrite des chambres modernes, vastes et idéales pour une étape confortable. Préférez celles des étages élevés.

3

Le Centre

CARTE RABAT DE COUVERTURE

Porte de temple dans la Cité impériale de Hué.
MindStorm-inc/Getty Images Plus

LE CENTRE
0 80 km
0 50 mi
N
HOI AN Vaut le voyage
My Son Vaut le détour
Da Nang Vaut la visite
Khuong My Intéressant
MER DE CHINE MÉRIDIONALE
A
B
C
1
2
VINH, HANOI
Col de Ngang
Phong Nha
Parc national de Phong Nha-Ke Bang
RN15
Hoan Lao
Dong Hoi
RN1A
Quang Binh
Pont Hien Luong
Quang Tri
The Rockpile
Base de Khe Sanh
Lao Bao
Hung Hoa
RN9
Tunnels de Vinh Moc
Ben Hai
Dong Ha
Quang Tri
Pont Dakrong
Thua Thien Hue
HUÉ
Thuan An
Lagune de Cau Hai
Lang Co
Parc national de Bach Ma
Col des nuages
496
Ba Na
Péninsule de Son Tra
Da Nang
Montagnes de Marbre
Tra Que
Cua Dai
HOI AN
An Bang
My Son
Chien Dan
Tam Ky
Khuong My
Chu Lai
RN1A
Quang Nam
Da Nang
Tra Khuc
Quang Ngai
Son My
Quang Ngai
Sa Huynh
RN24
Cordillère Truong Son
2598
Ngoc Linh
Dak To
RN14
Kon Tum
LAOS
Muang Khongxedon
Pakxe
RN13

Circuit conseillé avec ville de départ
Sur la route de Da Nang
Le long de la route Mandarine
Le littoral sud
1500 m
1000
500
200
0
Kon Tum
Muang Khong
Dek Tu
Plei Ku
RN19
Chu Rpan
1504
Binh
Dinh
Phu Cat
Binh Dinh
Cha Ban
Banh It
Thap Doi
Col Cu Mong
Qui Nhon
Gai Lai
Stoeng Treng
Song Cau
Da Rang
Phu
Yen
RN7
Plateau de
Dak Lak
Tuy Hoa
Mékong
CAMBODGE
Dak Lak
Col Ca
Dai Lanh
Buon Ma
Thuot
RN26
Péninsule de Hon Gom
RN1A
Doc Let
Kracheh
Chutes
de Ba Ho
Ninh Hoa
Chu Dang Sin
2405
RN14
Khanh
Promontoire de Hon Chong
Plateau de
Lam Vien
Hoa
Nha Trang
Po Nagar
Bai Dai
Dalat
Ba Ngo
Song Cai
Cam Ranh
Song Be
Lam Dong
Hoa Lai
Dak Dung
RN27
Po Klong Garai
Xom An Loc
Lac
Dau Tieng
Ninh
Dong Xoai
Bao Loc
Phan Rang
Tay
Ninh
Tay Ninh
Chon Thanh
Lac
Tri An
Thuan
Ca Na
Vinh Hao
RN20
Thu Dau Mot
RN1A
Phan Thiet
Bien Hoa
Xuan Loc
RN22
Mui Ne
HO CHI MINH-VILLE
A
B
C
3
4

Aux abords du 17e parallèle

Passé la porte de l'Annam, la Transvietnamienne se faufile entre le littoral et la cordillère Truong Son, traversant les provinces de Quang Binh et de Quang Tri, qui comptent parmi les plus pauvres du pays. Elles cicatrisent mal des profondes blessures infligées lors des combats qui firent rage aux abords du 17e parallèle durant la guerre du Vietnam, et la visite de ces lieux marqués par la période la plus sombre de l'histoire du pays se présente comme un pèlerinage à la mémoire des milliers d'hommes et de femmes sacrifiés sur l'autel de la folie guerrière.

Se repérer

CARTE A1 (P. 154-155).
Provinces de Quang Binh et Quang Tri. Dong Hoi est situé à 500 km au sud de Hanoi et 168 km au nord-ouest de Hué.

À ne pas manquer

Les grottes de Phong Nha ; les tunnels de Vinh Moc.

Organiser son temps

Comptez 1 j. pour la DMZ ; faites étape à Dong Hoi ou Dong Ha.

Carnet pratique p. 159

Nos adresses p. 159

Découvrir

CARTE P. 154-155

Dong Hoi et ses environs A1

Dong Hoi

Son statut de capitale provinciale du Quang Binh vaut à cette bourgade paisible et sans grand charme d'accueillir l'ensemble des bâtiments administratifs de la région et de nombreux hommes d'affaires. Vous n'y croiserez en revanche guère de touristes, sinon ceux qui passent là une journée pour organiser leur excursion aux grottes de Phong Nha. Si vous devez séjourner à Dong Hoi, promenez-vous de préférence au **marché** *(au sud de l'hôtel Nhat Le)* ou sur l'agréable **plage** qui s'étire le long de la rivière Nhat Le.

★ Grottes de Phong Nha

À 44 km au nord-ouest de Dong Hoi, quittez la RN 1A au village de Hoan Lao pour emprunter la route qui part à droite en face de la poste. L'embarcadère pour les grottes de Phong Nha est situé au village de Son Trach. Depuis Dong Hoi, vous pourrez emprunter un bus uboic (dép. ttes les 30mn - 30 000 VND), louer un scooter (150 000 VND), une voiture (700 000 VND) ou suivre un tour organisé. Entrée des grottes 150 000 VND. Location d'une barque (jusqu'à 10 pers.) 450 000/550 000 VND. Si vous ne voulez pas louer la barque entière, il vous faudra attendre qu'une embarcation se remplisse ; le tarif est alors de 45 000 VND/pers. Comptez 2h.

Le **Parc national de Phong Nha-Ke Bang**, inscrit sur la liste du patrimoine mondial de l'Unesco en 2003, se compose de montagnes calcaires couvertes sur 41 000 ha de forêts primitives et abritant une faune et une flore très riches. La région compterait près d'une quinzaine de cavernes, mais celles de Phong Nha passent pour être les plus belles de toutes. Les galeries souterraines furent découvertes par un Français au 19e s., mais elles n'ont pu être parcourues dans leur totalité (7 729 m) qu'en 1990-1992 par une équipe britannique.

On rejoint les grottes, situées à 5 km du débarcadère, à l'issue d'une très agréable balade en bateau au fil de la rivière Song Son. L'antre lui-même comporte une succession de plages de sable et de salles, où stalactites et stalagmites savamment sculptées par le temps composent d'étonnants tableaux colorés.

Zone démilitarisée (DMZ) A1

Comptez une journée. Il est recommandé de prendre un guide pour visiter la DMZ et de ne pas s'aventurer en dehors des sentiers balisés.

La visite de la zone démilitarisée (le « DMZ Tour ») est proposée au départ de Hué ou de Dong Ha par toutes les agences de voyage. Si vous réservez votre billet à Dong Ha, il est probable que l'on vous rattache à un groupe en provenance de Hué, avec lequel vous pourrez rentrer vers la capitale impériale le soir venu. Deux circuits, de 1 ou 2 jours, sont proposés mais à moins de porter un intérêt particulier à cette période tragique de l'histoire, celui d'une journée suffit amplement.

Les accords de Genève conclus le 20 juillet 1954 entre Français et Vietnamiens établirent au niveau du 17e parallèle une ligne de démarcation provisoire entre Nord et Sud-Vietnam, partageant ainsi le pays entre la République démocratique du Vietnam de Ho Chi Minh et l'État du Vietnam dirigé par Bao Dai puis Ngo Dinh Diem *(voir « Histoire », p. 417)*. Ils instaurèrent également une zone démilitarisée, au sud de laquelle les Américains mirent en place en 1967 une ligne de défense électronique particulièrement sophistiquée pour freiner l'avancée des forces du Viet-minh. Baptisée **ligne McNamara**, elle consistait en un véritable mur de mines et de produits toxiques, soutenu par un entrelacs de barbelés dotés de détecteurs à infrarouge et acoustiques. S'il ne reste rien en apparence de cet important dispositif, le sol demeure criblé de mines, qui font toujours de nombreuses victimes parmi les habitants de la région qui cherchent à récupérer les bouts de ferraille encore enfouis sous terre dans l'espoir de les revendre.

Au nord de Dong Ha

À l'intersection des RN 1A et RN 9, le vilain bourg de **Dong Ha** *(à 92 km de Dong Hoi et 74 km de Hué)* ne présente aucun intérêt, si ce n'est de constituer une étape sur la Transvietnamienne ou sur la route de Lao Bao.

À une vingtaine de kilomètres au nord de Dong Ha, le 17e parallèle est matérialisé par le **fleuve Ben Hai**, qui chemine depuis les montagnes Truong Son jusqu'à l'estuaire de Cua Tung pour se jeter dans la mer de Chine méridionale. Il délimita durant vingt ans le Nord et le Sud-Vietnam et s'écoulait au milieu d'un no man's land de 10 km. Le **pont Hien Luong** qui l'enjambe servit de poste-frontière entre les deux zones. Cet ouvrage en acier de 178 m de long fut construit en 1950 par un ingénieur français pour suppléer au bateau. Sur la rive nord du fleuve, un monument très stalinien a été érigé à l'emplacement de l'ancien poste de police.

À 500 m au nord du pont, avant la station, empruntez une petite route partant à droite de la RN 1A, au travers des rizières (panneau). Les tunnels de Vinh Moc sont à 18 km.

Les **tunnels de Vinh Moc★** sont l'un des exemples les plus frappants du courage et de la ténacité des Vietnamiens dans leurs efforts de résistance aux Américains. Il est difficile de s'imaginer comment quelque 400 personnes purent vivre, deux

ans durant, dans ce tunnel de 1700 m de long, dont l'arche n'excédait pas 1,80 m de haut et 1,20 m de large. Situé à proximité de Vinh Linh, un village réputé pour ses ressources en fer, ainsi que de l'archipel de Can Co, à partir duquel s'effectuait une partie du ravitaillement vers le sud, le site stratégique de Vinh Moc était la cible d'incessants bombardements. La population s'unit finalement pour creuser ce village souterrain qu'elle occupa de 1966 à 1968.
Ces tunnels s'organisaient sur trois niveaux, de 12, 15 et 23 m de profondeur. Ils comportaient de petites cellules, des cuisines, des toilettes, des puits, ainsi qu'un hôpital, où naquirent 17 enfants, et une salle commune qui pouvait accueillir de 50 à 60 personnes. À proximité des tunnels, un **musée** expose divers clichés de l'époque retraçant les conditions de vie sous terre.
Revenez sur la RN A1 et rejoignez maintenant Dong Ha.

Sur la route de Khe Sanh

Ce sont les Français qui, les premiers, tracèrent la RN 9 qui permet de rejoindre la frontière laotienne. Ils rasèrent pour cela une grande partie de la jungle qui couvrait autrefois la région. Les bombardements massifs et les défoliants utilisés par les Américains durant la guerre du Vietnam ont achevé de redessiner le paysage. L'action de l'agent orange persistant pendant plus d'un siècle, seules de rares espèces, tels l'hévéa et le caféier, peuvent aujourd'hui pousser sur cette terre à la végétation clairsemée.
À la sortie du village de Hak Lam, 30 km à l'ouest de Dong Ha, se dresse **The Rockpile**, un piton rocheux qui servit de base d'observation aux Américains au cours de la guerre. De nombreux GIs se relayèrent dans ses grottes, vivant là en totale autarcie et ne pouvant être ravitaillés que par hélicoptère.
En route pour Khe Sanh, vous apercevez de part et d'autre de la RN 9 des maisons sur pilotis en bambou tressé avec toit de chaume. C'est là que vivent les **Brus**, une minorité ethnique qui joua un rôle important durant la guerre contre les Américains. Ils apportèrent en effet leur soutien aux troupes de Ho Chi Minh et se révélèrent très efficaces pour combattre dans la jungle, un environnement qui leur était familier. Au nombre de 80 000 avant la guerre, ils ne sont plus que 20 000 aujourd'hui.
Quelques kilomètres plus loin, vous apercevez à gauche de la route le nouveau pont qui enjambe la **rivière Dakrong**. Il vient remplacer le Dakrong Bridge qui s'est écroulé à l'automne 1999. Construit en 1972 avec l'aide financière cubaine, il constituait une pièce importante du système de la piste Ho Chi Minh *(voir « Histoire », encadré p. 421)*.
Parvenu au village de Hung Hoa, empruntez le chemin à droite du monument qui marque l'entrée de l'agglomération (avant la station) ; 3 km plus loin, un étroit chemin de terre sur la droite (indiqué par un panneau) mène à la base de Khe Sanh.
Comme Dien Bien Phu, la base militaire américaine de **Khe Sanh** *(voir « Histoire », p. 420)* aurait dû être inexpugnable. Plus de 10 000 soldats y étaient postés quand la place tomba en mars 1968. Ce lieu désolé, cette terre rouge comme d'avoir bu trop de sang conservent les stigmates des violents combats qui y firent rage. Un petit **musée** expose une carte de la région et le déroulement des combats ainsi que quelques photos d'époque et divers objets retrouvés sur le site.

Carnet pratique

Arriver/Partir

Dong Hoi

En train – La gare ferroviaire est située à l'ouest de Dong Hoi, à l'extrémité de Tran Hung Dao. 4 liaisons/j. pour Hanoi et Ho Chi Minh-Ville.

En bus – Pas de gare routière à Dong Hoi : vous devez intercepter l'un des nombreux bus qui circulent sur la RN 1A entre Hanoi et Ho Chi Minh-Ville. Armez-vous de patience, car beaucoup sont complets et ne s'arrêtent pas.

En minibus – Excursion en petit groupe avec un guide au départ de Hué *(6h30-18h - 36 $)*.

Dong Ha

En train – La **gare ferroviaire** est située à droite à la sortie sud de la ville.

En bus – **Gare routière** située au 122 Le Duan (à l'angle des RN 1 et RN 9). Plusieurs bus par jour desservent Hanoi *(580 km)* et Hué *(74 km - 1h30 de trajet)*. Nombreuses liaisons pour Lao Bao *(80 km - 2h)* et 1 bus/j., à 0h, pour Savannakhet *(330 km)*, au Laos.

En voiture avec chauffeur – Comptez 130 $ pour une excursion dans la DMZ en voiture privée avec un guide au départ de Hué.

Nos adresses

Restauration/ Hébergement

Dong Hoi

Premier prix

Nam Long – *22 Ho Xuan Huong - ✆ (232) 382 18 51 -* ✕ P *- ch. 400 000 VND* ☕. Restaurant modeste et sans charme, mais la cuisine est excellente et servie en portions généreuses. Carte en anglais.

Hoa Hong Guesthouse – *34 Truong Phap (en bordure de rivière) - ✆ (232) 382 40 97 -* ▤ ✕ *- 35 ch. 400 000/700 000 VND*. Sa façade en carrelage bleu et verre fumé n'est guère attrayante, mais son emplacement proche de la plage est agréable.

The Nest Quang Binh – *27B Bui Thi Xuan - ✆ 09 3867 42 17 - www.thenesthotel.net -* ▤ *- 22 ch. 600 000 VND*. Ce petit nid est parfait pour une soirée étape avant ou après la visite des grottes de Phong Nha.

Dong Ha

Premier prix

Phung Hoang 2 – *146 Le Duan (au sud de la gare routière) - ✆ (233) 385 45 67 - www.phunghoanghotel.com.vn -* ▤ ✕ P *- 45 ch. 460 000 VND* ☕. Les chambres sont correctes et propres, mais les moins chères n'ont pas de fenêtre ni d'air conditionné. Le gérant parle un peu anglais.

3

Hué ★★★

Les tombeaux royaux

L'ancienne capitale impériale se love dans un méandre du Song Huong, cette « rivière des Parfums » qui sinue au milieu de collines verdoyantes, jalonnée de vestiges d'une grandeur passée. Si les pouvoirs administratifs et économiques lui préfèrent Hanoi ou Ho Chi Minh-Ville, Hué demeure sans conteste le foyer intellectuel et culturel du pays. Elle est la muse des artistes, séduits par la poésie de ses paysages, le charme indicible de ses palais, pagodes et tombeaux, et par son art de vivre raffiné. La citadelle et les anciens quartiers commerçants, sur la rive ouest de la rivière, tout comme la campagne environnante, se prêtent idéalement aux longues promenades à vélo. En dépit des nombreuses destructions subies durant la guerre du Vietnam, Hué demeure une escale incontournable, qui compte parmi les lieux les plus séduisants et les plus attachants du Vietnam.

Se repérer

CARTE A1 (P. 154-155)- PLAN DE VILLE (P. 164-165)- CARTE DES ENVIRONS (P. 171).
335 575 habitants – Capitale de la province de Thua Thiẹn-Hué.

À ne pas manquer

La Cité impériale ; une balade à vélo dans la citadelle ; les tombeaux royaux ; la route de Hué à Da Nang.

Organiser son temps

Comptez une demi-journée pour visiter la citadelle et une journée pour découvrir tous les tombeaux aux alentours de Hué.

Carnet pratique p. 178

Nos adresses p. 179

Se promener

PLAN P. 164-165

★★ Citadelle (KINH THANH) ABC1-3

Comptez une demi-journée. Prévoyez toujours un parapluie, car il pleut souvent en journée.

Comme on se sent loin de la ville une fois franchie l'enceinte de la citadelle ! Profondément meurtrie par les guerres successives, elle offre au visiteur le sourire doux et mélancolique de ceux qui ont beaucoup souffert. La vieille dame conserve toutefois l'éclat du pourpre et de l'or qui l'habillèrent au temps de sa splendeur. Construite en 1805, sous le règne de l'empereur **Gia Long**, selon un plan inspiré des fortifications de Vauban, la citadelle s'organise en espaces concentriques, renfermant la Cité impériale et la Cité pourpre interdite. Protégée par un canal et une enceinte en brique longue de 10 km, elle couvre une superficie de 520 ha. Au niveau du premier rempart se dresse la **tour du Drapeau** (COT CO) (C3), élevée en 1807. Construite à l'origine en bois, elle fut brisée par un typhon en 1904 et remplacée par une colonne en fonte, elle-même détruite en 1947 et remplacée par l'actuelle colonne en béton armé.

Que vous entriez dans la citadelle par les portes Ngan ou Sap, deux des dix portes, ne manquez pas d'admirer les **neuf canons dynastiques** (CUU VI THAN CONG) (C3)

Dans la Cité impériale.
Gim42/Getty Images Plus

minutieusement sculptés, fondus sur l'ordre de l'empereur Gia Long à partir des armes et objets en bronze des frères Tay Son *(voir « Histoire », p. 411)*. Les quatre canons situés à proximité de la porte Ngan symbolisent les quatre saisons, tandis que ceux exposés près de la porte Sap représentent les cinq éléments (Métal, Bois, Eau, Feu et Terre). Ils ne furent jamais utilisés comme armes de guerre, mais un culte leur fut rendu et chacun reçut le titre honorifique de « Than Oai Vo Dich Thuong Tuong Quan », « grand général champion tout-puissant ».

3

★★★ Cité impériale (HOANG THANH) BC3

L'entrée (billetterie) se fait par la porte sud, la sortie par la porte est - www.hueworldheritage.org.vn - été : 6h30-17h30 ; hiver : 8h-17h30 (jusqu'à 22h de fin avr. à mi sept.) - cité impériale et musée des Antiquités royales 200 000 VND ; billet combiné (valable 2 jours) cité impériale, musée et deux tombeaux 420 000 VN - audioguide en français. Attention, photo interdite dans la plupart des édifices.

Le site étant pris d'assaut par les groupes le matin dès 8h, privilégiez l'heure du déjeuner ou la fin d'après-midi ; outre le calme, vous bénéficierez alors d'une belle lumière. Si vous prenez un guide *(comptez 150 000 VND)*, il ne vous conduira sans doute que jusqu'aux urnes dynastiques. Si vous souhaitez visiter avec lui l'intégralité de la citadelle, convenez-en ensemble à l'avance. La Cité interdite étant relativement vaste, pour les petits marcheurs, il est possible de louer des minibus électriques de sept places avec chauffeur *(300 000 VND/h). Comptez 2h de visite.*

La Cité impériale et ses allées ombragées vous invitent à une agréable promenade. Ici, ni moto ni auto, vous vous sentez très loin de la ville.

Protégée par le **canal Kim Thuy** (« rivière d'Or »), l'enceinte qui renferme la cité est percée de quatre portes fortifiées. La plus importante et la plus belle, la **porte du Sud**★★ (CUA NGO MON) (C3), fut construite en 1833 sous le règne de Minh Mang, et restaurée en 1990 avec l'aide de l'Unesco et du Japon. Elle était réservée au roi et ouverte à l'occasion des grandes cérémonies. Elle se compose elle-même de cinq entrées : le portail central, que seul franchissait le monarque, ceux de droite

et de gauche pour les mandarins, les civils et les militaires, et les accès latéraux pour les éléphants, les chevaux et les soldats.
La porte du Sud est surmontée d'un superbe belvédère en bois de teck laqué, appelé **pavillon des Cinq Phénix** (NGU PHUNG). Supporté par cent colonnes admirablement peintes, il est couvert de tuiles en porcelaine émaillée jaune (la couleur du roi) et verte (celle des mandarins). Le roi venait ici proclamer les décisions et les édits impériaux face à la foule des mandarins de la cour, et c'est de ce balcon que Bao Dai abdiqua le 30 août 1945. Parmi les femmes, seules la mère et la grand-mère du roi étaient autorisées à venir le visiter ici.
Marchant sur les pas des empereurs Nguyen, vous passez ensuite un portique en bronze sculpté de dragons et de nuages et traversez le pont Trung Dao qui enjambe le lac Thai Dich. Il précède l'**esplanade des Grandes Salutations** (DAI TRIEU NGHI) (C3) réservée aux mandarins lors des cérémonies. En fonction de son rang dans l'ordre mandarinal (il y en avait neuf), chacun occupait alors une place précise, marquée par les stèles que vous apercevez de part et d'autre de la cour.
Là se dresse le **palais de l'Harmonie suprême**★★ (DIEN THAI HOA) (C3), l'un des plus remarquables de la Cité impériale. Cette vaste salle, où l'empereur avait coutume de trôner pour présider les cérémonies et recevoir des invités de marque, est éblouissante de couleurs et de richesses. Murs et colonnes en bois de teck laqué rouge et or sont gravés de poèmes en caractères chinois chantant la beauté du pays et de motifs traditionnels tel le dragon, symbole de la puissance impériale. Parmi les 80 colonnes qui soutiennent le palais, beaucoup ont été attaquées par les termites et ont dû être remplacées. Sous un large dais finement ciselé est exposé le **trône** en bois laqué doré sur lequel montèrent les 13 empereurs de la dynastie Nguyen. Dans une salle à l'arrière, une **maquette** permet d'imaginer à quoi pouvait ressembler la Cité impériale avant qu'elle ne soit en grande partie détruite par les Français en 1947, puis par les Américains en 1968. D'importants travaux de reconstruction des bâtiments se poursuivent afin de reconstituer la Cité impériale à l'identique.
À l'arrière du palais de l'Harmonie suprême, vous parvenez dans la cour où s'élevait jadis la **Grande Porte dorée** (DAI CUNG MON) (C3) qui passait pour l'une des plus belles de la cité, mais fut entièrement brûlée en 1947. Elle marquait l'entrée de la **Cité pourpre interdite** *(voir plus loin).*
Empruntez à gauche l'allée qui rejoint la porte Chuong Duc.
Au bout du chemin, sur la droite, il ne reste qu'un porche du **temple Phung Tien** (DIEN PHUNG TIEN) (B3). Il était dédié à la mémoire des empereurs et impératrices Nguyen, dont on célébrait ici les anniversaires de naissance et de mort. Les femmes n'étant pas autorisées à entrer dans le temple dynastique, celui-ci fut construit à leur intention pour qu'elles puissent venir y célébrer le culte des ancêtres. Vous pouvez apercevoir sur la porte quelques restes d'émaux cloisonnés sur bronze, une technique très résistante venue de Chine.
Un peu plus loin, à gauche, passez la petite porte qui ouvre sur un vaste jardin.
Là s'élève le **temple Hung** (HUNG MIEU) (B3) dédié au culte des parents de Gia Long. Bâti en 1821, il fut reconstruit en 1951 et restauré en 1997.
À ses côtés, le **Temple dynastique**★★★ (THE MIEU) (B3), édifié en 1821-1822 sous le règne de Minh Mang, est consacré quant à lui au culte des rois Nguyen. Dix autels dédiés chacun à un roi et sa reine sont dressés dans la longue pièce. Il manque ceux de Duc Duc et de Hiep Hoa, tous deux détrônés pour avoir falsifié le testament de leur père, et celui de Bao Dai, exilé en France. Ce n'est par ailleurs qu'après 1954 que furent ajoutés les trois autels dédiés aux rois Ham Nghi, Thanh Thai et Duy

Le chiffre absolu

Le tripode en bronze *(dinh)* est un très vieil emblème du pouvoir royal dans le monde chinois. L'un des souverains mythiques de la Chine fit ainsi fondre neuf tripodes représentant l'espace dont il avait le contrôle, et sur lesquels il fit représenter les montagnes et les fleuves. Le **chiffre 9**, impair et yang, passe pour le chiffre absolu et représente à ce titre le Tout. Les *dinh* de Hué relèvent du même symbolisme. Ce n'est d'ailleurs pas un hasard si chacune des neuf urnes dynastiques de la Cité impériale comporte 17 dessins : 9 que l'on multiplie par 17 font en effet 153. Et si l'on additionne 1, 5 et 3, on obtient de nouveau 9.

Tan, exilés en Algérie ou à La Réunion par les Français en raison de leur anticolonialisme. Les nombreux descendants de la dynastie Nguyen vivant à Hué viennent encore honorer ici la mémoire de leurs ancêtres.

Face au temple se dresse le **pavillon de la Splendeur** (HIEN LAM CAC) (B3), construit en 1821-1822 à la mémoire des mandarins ayant rendu service à la dynastie Nguyen. Haut de 13 m, il est le plus élevé de tous les bâtiments de la citadelle. Devant ce pavillon trônent **neuf urnes dynastiques★★★** (CUU DINH) (B3) en bronze, fondues en 1835-1837 et pesant chacune entre 2 et 2,5 tonnes. Elles correspondent pour la plupart à un autel du Temple dynastique et symbolisent l'une des qualités du roi qu'elles représentent. Si de prime abord ces tripodes paraissent identiques, vous constaterez en les détaillant que pieds et anses sont tous différents et que pas un seul des motifs sculptés sur le corps n'est reproduit deux fois. Chaque urne est ainsi décorée de 17 dessins évoquant les beautés du Vietnam, telles que fleurs, arbres, fleuves, montagnes, animaux ou épices. Ce sont de véritables chefs-d'œuvre qui témoignent de la maîtrise des artisans de Hué dans l'art de la fonderie.

De là, rejoignez le chemin qui longe l'enceinte de la Cité impériale, et dirigez-vous vers la porte de l'Ouest (Cua Chuong Duc).

À gauche de la cour s'élève le **pavillon Tinh Minh** (LAU TINH MINH) (B3) qui, en 1927, remplaça l'édifice originel en bois datant du 19e s., pour être utilisé par la première épouse de l'empereur Dong Khanh, l'impératrice Thanh Cung. Il fut par la suite rénové et servit de résidence privée à l'empereur Bao Dai en 1950.

Le pavillon central est le **palais Dien Tho** (DIEN THO CHINH) (B3). Construit en 1804 et rénové en 1916, il servit de lieu de résidence et de salle d'audience aux reines mères. Il est relié par un couloir couvert à la **maison Ta Tra** (NHA TA TRA) (B3), restaurée en 2013, où attendaient les personnes qui souhaitaient être reçues.

Sortez par la porte située à droite de la maison Ta Tra et prenez à gauche jusqu'au **lac Kim Thuy** (B3). Vous passez devant le **palais de la Longévité** (CUNG TRUONG SANH) (B3), jadis consacré aux loisirs de la reine.

Après avoir longé le lac sur quelques mètres, pénétrez dans la **Cité pourpre interdite** (TU CAM THANH) (BC3) par l'une des portes sur votre droite. Insolites, les courts de tennis, construits pour le dernier empereur, Bao Dai, ont été conservés et restaurés. Vous arrivez alors sur une esplanade, sur laquelle sont peu à peu rebâtis les pavillons du passé. Ici s'élevaient en tout une quarantaine de bâtiments, où résidaient l'empereur et sa famille (reine, concubines, enfants). Nul n'était autorisé à y pénétrer, à l'exception des mandarins eunuques. Rien ne subsiste du palais Can Chanh (DIEN CAN CHANH) (C3) où le roi avait coutume de travailler. Une volée de marches mène à une esplanade où s'élevait le palais Kien Trung (KIEN TRUNG LAU) (B3) qui servit d'appartement privé au roi Khai Dinh, puis de résidence à l'empereur Bao Dai jusqu'en 1947. Il fut totalement détruit au cours des bombardements

3

HUÉ
0
500 m
N
HUONG VINH
HUONG SO
CITADELLE
KIM LONG
PHUONG DUC
Porte Tran Binh
Porte Hau
Porte Trai
Porte An Hoa
An Hoa
Porte Chanh Tay
Porte Hoa Binh
Porte Chuong Duc
Porte Huu
Porte Nha Do
Porte Sap
Porte Ngan
Cité pourpre interdite
CITÉ IMPÉRIALE
Canons
Tour du Drapeau
Song Huong (Rivière des Parfums)
Ile Da Vien
Pont Da Vien
Canal Kim Thuy
Phu Thuan
Pagode Bao Quoc
Pagode Tu Dam
Su Lieu Quan
RN1A, DONG HA, HANOI
PAGODE THIEN MU
TOMBEAUX ROYAUX
Porte du Sud 1
Esplanade des Grandes Salutations........2
Palais de l'Harmonie suprême 3
Grande Porte dorée............4
Temple Phung Tien............5
Temple Hung......................6
Temple dynastique............7
Pavillon de la Splendeur.....8
Neuf urnes dynastiques......9
Pavillon Tinh Minh 10
Palais Dien Tho 11
Maison Ta Tra 12
Lac Kim Thuy 13
Palais de la Longévité 14
Palais Can Chanh..............15
Palais Kien Trung..............16
Pavillon de Lecture...........17
Théâtre royal 18
Jardin royal 19
Trésor royal 20
Temple Trieu 21
Temple des Générations....22
Porte de l'Est 23
Musée des Antiquités royales de Hué................24

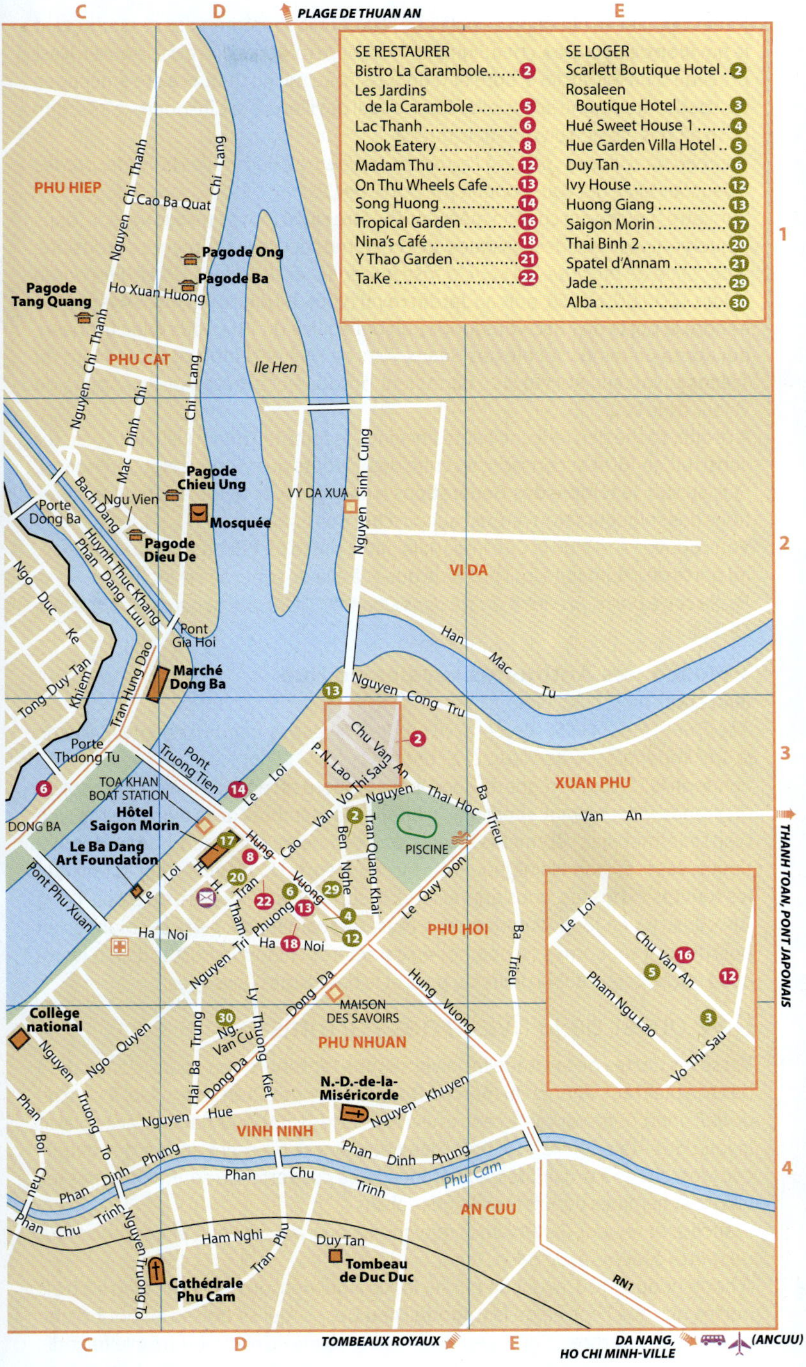

PLAGE DE THUAN AN
SE RESTAURER
Bistro La Carambole 2
Les Jardins de la Carambole 5
Lac Thanh 6
Nook Eatery 8
Madam Thu 12
On Thu Wheels Cafe 13
Song Huong 14
Tropical Garden 16
Nina's Café 18
Y Thao Garden 21
Ta.Ke 22
SE LOGER
Scarlett Boutique Hotel .. 2
Rosaleen Boutique Hotel 3
Hué Sweet House 1 4
Hue Garden Villa Hotel .. 5
Duy Tan 6
Ivy House 12
Huong Giang 13
Saigon Morin 17
Thai Binh 2 20
Spatel d'Annam 21
Jade 29
Alba 30
PHU HIEP
PHU CAT
Pagode Ong
Pagode Ba
Pagode Tang Quang
Ile Hen
Pagode Chieu Ung
Mosquée
Pagode Dieu De
VY DA XUA
VI DA
Porte Dong Ba
Pont Gia Hoi
Marché Dong Ba
Porte Thuong Tu
Pont Truong Tien
TOA KHAN BOAT STATION
Hôtel Saigon Morin
Le Ba Dang Art Foundation
DONG BA
Pont Phu Xuan
PISCINE
XUAN PHU
PHU HOI
MAISON DES SAVOIRS
PHU NHUAN
Collège national
N.-D.-de-la-Miséricorde
VINH NINH
AN CUU
Phu Cam
Tombeau de Duc Duc
Cathédrale Phu Cam
RN1
THANH TOAN, PONT JAPONAIS
TOMBEAUX ROYAUX
DA NANG, HO CHI MINH-VILLE
(ANCUU)

de 1947 et 1968.
Redescendant en direction du palais de l'Harmonie suprême, vous passez devant le **pavillon de Lecture★ (THAI BINH LAU)** (BC3) où le roi venait lire et se reposer. Il est précédé d'un joli jardin arboré et d'un bassin, au milieu duquel a été aménagée une petite montagne artificielle. C'est le seul pavillon de la Cité pourpre interdite qui n'ait pas été détruit durant la guerre.
Parvenu dans la cour située à l'arrière du palais de l'Harmonie suprême, prenez à gauche l'allée qui vous conduit à la porte de l'Est.
Sur votre gauche, un chemin mène au **Théâtre royal (DUYET THI DUONG)** (C3), dans lequel sont exposés des masques, des costumes et des instruments de musique *(spectacle de musique de cour, danse impériale et théâtre à 10h et 15h - durée 40mn - 200 000 VND)*, puis au **Jardin royal (VUON THUONG UYEN)** (C2). Avant d'atteindre la porte de l'Est, vous longez un bel édifice du 19e s., de style européen, qui abrita un temps l'école des Beaux-Arts de Hué et remplace le bâtiment du **Trésor royal (PHU NOI VU)** (C3), où étaient produits et entreposés les objets de valeur de la cour.
À droite, caché derrière une haute enceinte, le **temple Trieu (TRIEU MIEU)** (C3), fut construit en 1804 et consacré au culte des parents du seigneur Nguyen Hoang. Plus au sud, le **temple des Générations (THAI MIEU)** (C3), dédié aux neuf générations des seigneurs Nguyen, est aujourd'hui très endommagé.
Vous pouvez sortir de la Cité impériale par la **porte de l'Est (CUA HIEN NHON)** (C3), ou porte de l'Humanité, qui possède quant à elle de superbes mosaïques.
Passé cette porte, prenez à droite dans Doan Thi Diem, puis à gauche dans la rue Le Truc.

★ Musée des Antiquités royales de Hué

(BAO TANG CO VAT CUNG ĐÌNH) C3

3 Le Truc - ✆ (234) 352 49 29 - tlj sf lun. 7h-17h - entrée comprise avec le billet de la Cité impériale - se déchausser à l'entrée.
Fondé en 1923, sous le règne de Khai Dinh, ce musée est riche de plus de 500 objets de grande valeur ayant appartenu à différents membres de la dynastie Nguyen (vaisselle, mobilier, vêtements brodés, objets rituels en bronze, poteries domestiques, vases en porcelaine japonaise ou en « bleu de Hué », etc.). Tout autant que les œuvres exposées, vous apprécierez la superbe architecture du palais Long An, construit en 1845, dans lequel le musée est aménagé. Murs et colonnes en bois de teck sont ornés de poèmes en caractères chinois incrustés d'or, d'ivoire et de nacre, célébrant la gloire du pays et la beauté des paysages.

Rive ouest de la rivière des Parfums CD1-2

Passé les portes de la citadelle, la vie semble reprendre son cours. L'animation bat son plein aux abords du **marché Dong Ba** (D2) *(rue Tran Hung Dao, à côté du pont Truong Tien)*, véritable centre névralgique de Hué. Vous flânerez avec plaisir le long des étals colorés. De nombreux bateaux se pressent autour des débarcadères, situés à proximité de la grande halle couverte, où sont déchargés les vivres, acheminés depuis les villages voisins.
Franchissez le pont Gia Hoi pour rejoindre le quartier de Phu Cat et prenez tout de suite à gauche la rue Bach Dang.
À hauteur du n° 100, avant de passer la rue Ngu Vien, un portail en pierre à trois portes marque l'entrée de la **pagode Dieu De** (C2) qui se dresse au bout d'une allée bordée d'arbres. Édifiée en 1842 sous le règne du roi Thieu Tri, elle fut jadis l'une des plus jolies et des plus importantes pagodes de la ville. Elle abrita même

Hué, ancienne capitale impériale

Une terre âprement disputée

Si la création de l'actuelle Hué ne remonte qu'au début du 19e s., la région était déjà habitée il y a plus de 4 000 ans, comme en témoignent les vestiges d'une industrie lithique. Après son occupation par la commanderie chinoise du Hainan, elle fut placée du 3e au 14e s. sous l'influence du Champa, avant que le roi Che Man ne cède ces terres au Dai Viet en guise de dot. En 1466 fut ainsi créée la région de **Thuan Hoa**, mais elle demeura un siècle durant l'objet de conflits entre les deux royaumes. Après la disparition des Chams, le pays était encore, sous la dynastie des Le, divisé entre deux seigneuries : les Trinh au nord et les Nguyen au sud. En 1636, ces derniers installèrent leur résidence et le siège de leur administration à **Kim Long**, mais ils déplacèrent leur capitale en 1687 à **Phu Xuan** (5 km au nord de l'actuelle Hué) où ils firent élever une imposante citadelle. Dès 1778, le Sud fut secoué par de nouveaux conflits, opposant cette fois les seigneurs Nguyen aux frères Tay Son, victorieux, puisqu'ils s'emparèrent de la région de Thuan Hoa et de Phu Xuan en 1786 et l'occupèrent jusqu'en 1802. Cette même année, Nguyen Anh reprit la citadelle de Phu Xuan, après avoir maté la rébellion et opéré l'unification des territoires du Nord, du Centre et du Sud. Devenu l'empereur **Gia Long**, il décida d'élever à Hué, sur les rives du Song Huong, une nouvelle citadelle pour remplacer celle de Phu Xuan. Elle allait devenir le centre politique et culturel du nouvel empire d'Annam.

La capitale impériale

Sous le protectorat français, Hué demeura un temps encore la capitale officielle du Vietnam, mais elle n'abritait plus qu'un pouvoir fantoche. À la solde de la France, les empereurs Nguyen ne conservèrent qu'un rôle emblématique, jusqu'à l'abdication de **Bao Dai** en 1945. La signature des accords de Genève en 1954 marqua la fin du régime monarchique du Vietnam et de la prépondérance de Hué. Le pays fut divisé en deux zones : au Nord, la République démocratique du Vietnam de Ho Chi Minh prit pour capitale Hanoi, tandis qu'au Sud, la République du Vietnam de Ngo Dinh Diem établit la sienne à Saigon. Au cours des années noires qui suivirent, notamment durant l'offensive du Tet *(voir « Histoire », p. 420)*, Hué essuya de terribles bombardements, et une grande partie de la ville dut être reconstruite. L'ensemble des monuments de Hué, qui a conservé tout son charme, est classé depuis 1993 sur la liste du patrimoine mondial de l'Unesco.

au cours de l'histoire une fonderie de la monnaie nationale, ainsi que les réunions d'étudiants et de bouddhistes opposés au régime de Ngo Dinh Diem. Elle ne paie plus vraiment de mine aujourd'hui, mais est encore très fréquentée aux heures des offices.

Poursuivez le long de la rue Bach Dang et empruntez le chemin de terre à droite du pont qui rejoint la rue Nguyen Chi Thanh. Continuez pendant 300 m.

Vous apercevez sur la gauche, en retrait de la route, la **pagode Tang Quang** (C1), où les gens ont coutume de se recueillir le 14 de chaque mois. Vous pouvez demander la clé, mais l'intérieur ne présente que peu d'intérêt.

Continuez sur Nguyen Chi Thanh, puis prenez à droite la rue Ho Xuan Huong.

Vous parvenez ainsi dans la rue Chi Lang, à l'angle de laquelle se dressent les **pagodes Ong** et **Ba** (D1). Revenant vers la citadelle, vous passez devant une maison communale, la **pagode Chieu Ung** et l'ancienne **mosquée** (D2).

Ville moderne CD3-4

Comptez une demi-journée.

Il n'y a pas ici de monuments majeurs mais cette balade d'ambiance vous fera prendre le pouls de la ville au quotidien.

Rive est de la rivière des Parfums CD3-4

La rive est du Song Huong est occupée par les quartiers modernes de Hué. Ils contrastent avec la citadelle, dont ils sont loin de posséder le charme, mais ils demeurent de taille humaine et conservent quelques ruelles paisibles où il fait bon se balader. Une agréable promenade piétonne a notamment été aménagée en 2018 le long de la rivière, entre les ponts Phu Xuan et Truong Tien.

Hôtels, restaurants et boutiques se concentrent aux abords des avenues Hung Vuong et Le Loi et des rues Vo Thi Sau et Chu Van An. En abordant la rive est par le pont Truong Tien, vous êtes accueilli par l'imposante silhouette de l'**hôtel Saigon Morin** (D3). Bâti en 1901, ce superbe édifice d'architecture coloniale fut restauré en 1995 dans le respect des plans d'origine ; dans ses couloirs, des reproductions de photos d'époque montrent la ville au début du 20e s.

Remontez la rue Le Loi vers la gare.

Plus loin sur le trottoir opposé, une jolie demeure coloniale blanche abrite la **fondation d'art Le Ba Dang** *(15 Le Loy).* (C3) Elle vous fera découvrir l'œuvre de ce plasticien, peintre et sculpteur (1921-2015), dont les créations entremêlent les influences orientales et occidentales. Depuis le balcon du premier étage, vue ravissante sur la rivière.

200 m plus loin, remarquez le beau bâtiment Art Déco des années 1930 de l'ancien Cercle sportif, fréquenté par l'élite coloniale de l'époque. Il abrite aujourd'hui un

La rivière des Parfums

Déroulant son cours de la cordillère Truong Son à l'estuaire de Thuan An, la rivière des Parfums est l'âme de la ville et détermine sa physionomie. Si de nombreuses légendes brodent sur l'origine de son nom, artistes, peintres et poètes n'ont pas manqué d'user de métaphores pour louer sa beauté, la comparant par exemple à un long ruban de soie flottant au vent. Aujourd'hui, le **Song Huong** concentre une grande partie de l'activité de Hué, les sampans utilisés pour le transport du sable ou des produits qui viennent alimenter le marché Dong Ba côtoyant les bateaux destinés à conduire les touristes vers la plaine des Tombeaux.

La pagode Thien Mu.
Mlenny/Getty Images Plus

restaurant chic. En remontant encore la rue, vous apercevez sur votre gauche les bâtiments rose saumon du **Collège national** (C4). Si vous venez le soir, après la sortie des classes, peut-être aurez-vous alors la chance d'assister à l'une des leçons d'arts martiaux données dans la cour en plein air.

Rive sud de la Phu Cam C4

À hauteur de l'hôtel La Résidence (5 Le Loi), prenez sur votre gauche la rue Dien Bien Phu, passez la voie de chemin de fer, tournez dans la première rue à droite, puis tout de suite à gauche.

On accède à la **pagode Bao Quoc** (C4) par une volée de marches que domine une large porte en pierre décorée d'incrustations en porcelaine bleu et blanc. Édifiée à la fin du 17e s. par le bonze Giac Phong, elle fut élevée plus tard au rang de pagode d'État. Vous viendrez surtout ici pour la sérénité du lieu. Dans un bâtiment attenant, des moines suivent leurs cours, tandis que dans le jardin ombragé situé à l'arrière du sanctuaire, parmi les tombeaux de bonzes ayant œuvré pour la pagode, de jeunes étudiants profitent de cet endroit paisible et reposant pour réviser.

Remontant la rue Dien Bien Phu, vous passez devant la jolie pagode Thien Minh, sise au n° 91. Quelques dizaines de mètres plus loin, prenez la première rue à gauche pour accéder à l'entrée de la pagode Tu Dam.

Élevée en 1695 par le bonze Minh Hoang Tu Dung, la **pagode Tu Dam** (C4) *(1 Su Lieu Quan)* est précédée d'une vaste cour où peuvent se réunir des milliers de fidèles. Dans un coin s'épanouit un large figuier, planté en 1936. Si la pagode conserve aujourd'hui autant d'importance, c'est qu'elle fut pour beaucoup dans la fondation et le développement du bouddhisme au Vietnam. Elle accueillit notamment l'Association des études bouddhistes de l'Annam (1936), les activités bouddhiques anticolonialistes pour l'indépendance du peuple (1945), ainsi que le mouvement bouddhiste contre la dictature du président Ngo Dinh Diem (de 1960 à 1963).

Au bout de la rue Su Lieu Quan, prenez à gauche dans la rue Phan Boi Chau et descendez jusqu'à la rivière Phu Cam, puis prenez à droite avant le pont la rue Phan

Chu Trinh. Au pont suivant, remontez sur votre droite dans la rue Nguyen Truong To.
La massive **cathédrale Phu Cam** (C4) manque pour le moins de grâce avec ses deux hautes tours de pierres grises. Elle est l'œuvre de l'architecte vietnamien Ngo Viet Thu, prix de Rome en 1955, qui a par ailleurs signé le palais présidentiel de Ho Chi Minh-Ville.
Prenez vers l'est les rues Ham Nghi et Duy Tan. Le tombeau se trouve plus loin sur la droite.
Le **tombeau de Duc Duc** (D4) *(été : 6h30-17h30 ; hiver : 7h-17h30 - gratuit)*, bien plus simple que ceux que vous pourrez voir aux alentours de Hué, est assez peu visité, et il vous faudra demander la clé au gardien (si toutefois il est présent lors de votre passage) pour entrer dans le temple et accéder au tombeau, assez endommagé. Duc Duc ne régna que trois jours, avant d'être détrôné et emprisonné pour avoir falsifié une partie du testament de son oncle et père adoptif, le roi Tu Duc. Il mourut peu après, mais ce n'est que sept ans plus tard que son fils, Thanh Thai, monté à son tour sur le trône, fit construire ce mausolée pour son père.
Revenez sur vos pas jusqu'à la rue Tran Phu et redescendez jusqu'à la rivière ; passé le pont, prenez tout de suite à droite, puis à gauche dans la rue Nguyen Khuyen.
La **cathédrale Notre-Dame-de-la-Miséricorde** (D4), que domine un clocher atypique de trois étages, présente une architecture intéressante, mélangeant les styles européens et asiatiques. Elle fut construite de 1959 à 1962 par l'architecte vietnamien Nguyen My Loc.

À voir aussi

CARTE CI-CONTRE

★★ Pagode Thien Mu (PAGODE DE LA DAME CÉLESTE)

À 4 km de Hué, sur la rive ouest de la rivière des Parfums. Empruntez la rue Le Duan, puis la rue Kim Long. Accès libre.
Comptez 1h pour prendre le temps de flâner dans les jardins. Allez-y plutôt en fin de matinée ou dans l'après-midi, car à partir de 9h l'endroit est envahi par les groupes.
C'est le seigneur Nguyen Hoang qui fit édifier cette pagode en 1601, mais la **tour octogonale** (PHUOC DUYEN) en brique rouge, qui aujourd'hui symbolise le lieu, ne fut élevée qu'en 1844, sur l'ordre du roi Thieu Tri. Chacun de ses sept étages représente une réincarnation du Bouddha. Quatre petites tours hexagonales s'élèvent à proximité. L'une d'elles abrite une **cloche**, haute de 2,50 m et pesant plus de 2 tonnes, qui fut fondue en 1710 sur l'ordre du seigneur Nguyen Phuc Chu. C'est lui qui fit aussi dresser en 1714 la **stèle** en marbre, supportée par une tortue, sur laquelle est gravée l'histoire de la pagode.
Passé un **porche** percé de trois portes gardées par d'imposants personnages, on accède à une cour qui protège un charmant jardin fleuri. Là se dresse la **pagode**, à l'entrée de laquelle trône un superbe bouddha en cuivre. Derrière l'autel, trois autres bouddhas illuminés en cuivre : Amitabha, le bouddha du Passé, Sakyamuni,

La légende de la Dame céleste

Une légende raconte qu'une vieille femme apparut un jour au seigneur Nguyen Hoang tandis qu'il se promenait aux abords de l'actuelle Hué, et lui prédit qu'un bon seigneur ferait édifier en ce lieu une pagode pour la prospérité du pays. En 1601, il fit donc construire ladite pagode qu'il nomma **Thien Mu** (« Dame céleste »), en hommage à cette divine apparition.

le bouddha historique, et Maitreya, le bouddha de l'Avenir. À gauche, un autel est consacré au bodhisattva Pho Hien; à droite, un autre est dédié au bodhisattva Van Thu.

À l'arrière de la pagode s'étire un grand jardin planté de bonsaïs, au fond duquel repose un bonze ayant beaucoup œuvré pour le bouddhisme. Sur la gauche, un bâtiment abrite l'Austin bleue du vénérable **Thich Quang Duc** qui, le 11 juin 1963, s'immola à Saigon pour protester contre le régime de Ngo Dinh Diem et les discriminations faites à l'encontre des bouddhistes.

Arènes royales (HO QUYEN)

À 5 km au sud-ouest de Hué. Sortez de la ville par la rue Bui Thi Xuan, à droite de la gare ferroviaire, qui traverse le quartier de Phuong Duc. À 3 km, un panneau sur votre gauche indique « Ho Quyen, Den Voi Re ». Les arènes sont à 200 m (accès libre).

Les empereurs Nguyen ayant coutume de faire combattre tigres et éléphants afin d'amuser la cour, des arènes royales furent construites aux abords de la citadelle en 1830, sous le règne de Minh Mang. L'éléphant, symbole de la puissance royale, sortait toutefois toujours vainqueur, les organisateurs prenant soin avant le combat de couper les dents et les griffes du tigre, parfois même de l'attacher. De ces arènes nichées dans un nid de verdure subsistent aujourd'hui de hauts murs en brique percés de portes par lesquelles les animaux pénétraient dans la fosse.

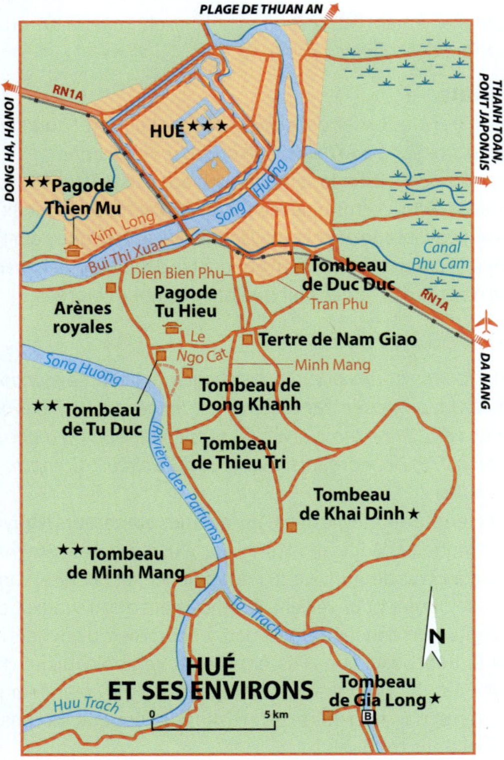

3

Un peu plus loin, en continuant sur le même chemin, vous parvenez à un étang, à proximité duquel s'élèvent les vestiges du **temple Voi Re** (DEN VOI RE).

Tertre de Nam Giao

Au bout de la rue Dien Bien Phu, qui débute en face de l'hôtel Azerai La Résidence (5 Le Loi) - été : 6h30-17h30 ; hiver : 7h-17h - 50 000 VND.
Les rois Nguyen venaient ici faire des sacrifices pour la sécurité du royaume et la stabilité de la dynastie à l'occasion d'une grande cérémonie annuelle. Édifiée en 1806 sous le règne de Gia Long, cette esplanade est un emprunt au protocole impérial chinois. Composée de trois terrasses circulaires superposées, elle correspond à l'autel du Ciel dont l'empereur est le fils spirituel : la forme circulaire est celle de la voûte céleste selon la conception chinoise, et le chiffre 3, impair et yang, est celui du ciel.

Pagode Tu Hieu

À 5 km au sud de Hué. Passé le tertre de Nam Giao, prenez la direction du tombeau de Tu Duc, puis la rue Le Ngo Cat, à droite du carrefour. La pagode est située un peu plus loin sur votre droite, à l'extrémité du chemin. On peut aussi la rejoindre à partir des arènes royales (voir carte p. 171). Accès libre.
À l'abri d'une vaste pinède, le site dans lequel s'inscrit la pagode est empreint d'une grande sérénité. Celle-ci fut construite en 1843 par le bonze Nhat Dinh, puis agrandie en 1848 sur la demande des mandarins eunuques. Dans le temple principal, on honore Bouddha ainsi que les bonzes fondateurs, et la cour qui le précède a été superbement aménagée en jardin, avec plantes et arbres en pot. Pour apprécier pleinement l'atmosphère de l'endroit, venez à 10h ou à 13h30 pour assister à la prière des moines *(30mn)*.

Pont japonais

À 7 km à l'est de Hué. Sortez de la ville par la rue Van An et poursuivez toujours tout droit jusqu'au village de Thanh Toan où se trouve le pont.
Ceux qui ne pourraient visiter le célèbre pont japonais de Hoi An *(voir p. 200)* se consoleront avec celui, certes plus modeste, de Thanh Toan, vieux de 200 ans. L'excursion vaut davantage pour les paysages rencontrés que pour l'ouvrage lui-même. Un chemin de terre rouge, le long duquel se dandinent les canards, serpente au milieu des rizières d'où émergent quelques tombes colorées.

★★★ Tombeaux royaux

Plusieurs possibilités pour visiter les tombeaux royaux : l'excursion guidée en minibus et bateau, proposée par toutes les agences de la ville (voir p. 178), ou la location d'un vélo, d'une moto (avec ou sans chauffeur) ou d'une voiture avec chauffeur (voir p. 178) pour organiser votre propre circuit. Comptez une journée pour tous les visiter.
Soucieux de l'éternité de leur vie dans l'au-delà, les **empereurs Nguyen** prêtèrent beaucoup d'attention à l'édification de leurs mausolées. Ces œuvres grandioses constituèrent d'ailleurs de leur vivant une résidence secondaire, dans laquelle ils se plaisaient à séjourner pour veiller à l'avancement des travaux. Ces tombeaux demandèrent plusieurs années de dur labeur à des milliers d'ouvriers et de soldats, enrôlés de force, dont beaucoup y laissèrent la vie. Véritables bijoux d'architecture sertis dans une nature triomphante, témoignages de la splendeur passée de la dynastie Nguyen et du savoir-faire des artisans de l'époque, ils constituent l'une des principales curiosités de Hué.

Le tombeau de Tu Duc.
Gargolas/Getty Images Plus

★★ Tombeau de Tu Duc

À 6 km de Hué. Suivez la rue Bui Thi Xuan, à droite de la gare ferroviaire, sur 3 km, puis prenez à gauche vers les arènes. Poursuivez sur 2 km; le tombeau se dresse à gauche de la route. Si vous arrivez au tombeau par le fleuve, comptez 20mn de marche par un sentier facile. Vous pouvez aussi vous y faire conduire en moto-taxi. 7h-17h30 - 100 000 VND.

Deuxième fils du roi Thieu Tri, Tu Duc était un passionné de poésie et conçut ce mausolée comme un véritable parc d'agrément pour sa vie éternelle. Entouré d'une enceinte de plus de 1500 m, ce dernier s'inscrit dans un cadre particulièrement agréable et comporte une cinquantaine d'édifices répartis sur quelque 12 ha. Tu Duc régna trente-cinq ans, de 1848 à 1883. Il supervisa lui-même les travaux et séjourna régulièrement dans ce lieu qui lui permettait de s'éloigner un peu de la cour. La construction s'étala de 1864 à 1867, et mobilisa 6 000 soldats et ouvriers.

En entrant dans le parc, vous longez tout d'abord le **lac Luu Khiem**, au bord duquel le roi aimait venir se reposer, lire ou composer des poèmes. Construit sur pilotis, le **pavillon Xung Khiem**, qui s'élève sur l'une de ses berges, permet de profiter de la beauté du lieu.

Deux volées de marches montent au **porche Khiem Cung**, qui ouvre sur le temple dédié au culte de Tu Duc. Vous parvenez ainsi dans une première cour, flanquée des pavillons Phap Khiem et Le Khiem, destinés aux mandarins. Là se dresse le **palais Hoa Khiem** où le roi avait pour habitude de travailler durant ses séjours sur le site. À sa mort, il lui fut consacré, ainsi qu'à la reine, et des objets ayant appartenu au couple y sont exposés (horloge, vases, etc.).

À l'arrière de ce pavillon, le **palais Luong Khiem** en brique grise regroupait les appartements privés de l'empereur, dédiés, quand il mourut, à sa mère.

À droite, le **pavillon Minh Khiem** abrite l'ancien théâtre classique. Il fut construit en 1866 et on peut encore y voir la scène et le balcon où le monarque prenait place pour assister aux représentations.

Revenez vers le lac. À gauche, le chemin serpente jusqu'au tombeau.

Vous pénétrez tout d'abord dans la **cour des Salutations**, bordée de frangipaniers et de deux rangées de statues de mandarins. La **stèle** qui se dresse non loin est l'une des plus imposantes du Vietnam ; elle est gravée du « *Khiem Cung Ky* », composé par l'empereur lui-même pour narrer sa propre histoire. Au-delà, vous parvenez à la tombe en granit de Tu Duc.
À proximité s'élève la **tombe de l'empereur Kien Phuc** (1883-1884), fils adoptif de Tu Duc, mais elle est assez endommagée et les céramiques ont disparu. Le temple qui lui rend hommage est en revanche bien restauré, et conserve de belles céramiques et peintures.

Tombeau de Dong Khanh

À 500 m du tombeau de Tu Duc. Empruntez la route à gauche, au sud de l'entrée du tombeau de Tu Duc.
Été : 6h30-17h30 ; hiver : 7h-17h - 100 000 VND.
Le fils de Tu Duc ne régna que trois ans, de 1885 à 1888, puisqu'il mourut à l'âge de 25 ans, sans avoir eu le temps de faire édifier son tombeau. Sa construction se fit alors en deux temps : le culte du roi fut d'abord rendu dans un temple existant, le palais Truy Tu, devenu temple Ngung Hy, et le tombeau proprement dit, élevé en 1917 par son fils, le roi Khai Dinh. Cela explique que deux styles architecturaux se côtoient dans ce mausolée.
Dans le **temple** sont exposés divers objets ayant appartenu à l'empereur ou à ses femmes (vaisselle, chaussures, oreiller, tableau de Napoléon, vases vietnamiens et français, etc.). Dans une salle, à l'arrière, un autel est dressé pour les concubines. À la sortie du temple, le chemin conduit au **tombeau**, 100 m plus loin.

Tombeau de Thieu Tri

À env. 6 km de Hué. Si vous venez de Hué, passez le tertre de Nam Giao et suivez la rue Minh Mang. Si vous venez du tombeau de Tu Duc, suivez la route en direction du tombeau de Minh Mang, le tombeau de Thieu Tri est situé au croisement avec la route qui remonte sur Hué.
Été : 6h30-17h30 ; hiver : 7h-17h - 50 000 VND.

Selon les règles de la géomancie

Si chacun des mausolées élevés par les empereurs Nguyen possède un charme et un caractère propres, ils sont tous la réplique schématisée de la citadelle et répondent à une disposition précise, inspirée des tombeaux des souverains chinois. Le site sur lequel devait s'élever un mausolée faisait l'objet d'études spécifiques réalisées par les géomanciens du roi *(voir p. 368)* et s'inscrivait dans un vaste jardin paysager agrémenté de lacs et de canaux. Parmi les éléments architecturaux communs à l'ensemble des tombeaux Nguyen, on note le **mur d'enceinte**, au-delà duquel s'étire d'abord une vaste cour pavée, la **cour des Salutations**, où sont alignées les statues de mandarins civils et militaires – substituts des mandarins qui se tenaient dans la cour d'honneur devant la salle du trône –, de chevaux et d'éléphants. À l'extrémité de celle-ci se dresse une tour qui abrite une immense **stèle** en marbre, sur laquelle est gravé un discours vantant les mérites du roi défunt et composé par son successeur. De part et d'autre de ce pavillon s'élèvent par ailleurs deux obélisques, symboles de la puissance du roi. Puis on accède au **temple**, dédié au monarque, à ses reines et concubines, où sont exposées leurs tablettes funéraires et la table de culte. Enfin apparaît le **tombeau**, lui-même entouré d'un petit mur.

Thieu Tri, fils de Minh Mang, étant décédé à 41 ans, avant d'avoir pu faire édifier son tombeau, la tâche en revint à son deuxième fils, Tu Duc. L'ensemble, qui reprend la structure du tombeau de Minh Mang *(voir ci-dessous)*, s'élève entre jardins et rizières dans un cadre paisible. Autour du mausolée de Thieu Tri ont été rassemblées les tombes de sa famille : sa mère, sa femme et ses enfants. On ne peut accéder au tombeau lui-même, niché sur une colline entourée d'une haute enceinte circulaire. Vous pourrez en revanche visiter le temple, qui a retrouvé, après une rénovation minutieuse, ses piliers laqués de rouge et peints de dragons d'or.

★ Tombeau de Khai Dinh

À env. 8 km de Hué. Passé le tertre de Nam Giao, suivez la rue Minh Mang jusqu'à une intersection qui vous indique la route à suivre. Si vous venez en bateau, comptez de 20 à 30mn de marche pour parvenir jusqu'au tombeau ou 50 000 VND – en négociant – pour vous y faire conduire à moto.

7h-17h30 - 150 000 VND - audioguide en français.

Véritable folie architecturale, ce tombeau mêle tout à la fois style traditionnel vietnamien, arts classique et moderne et influences occidentales. Absolument kitsch, mais très impressionnant, il rompt radicalement avec l'harmonie des autres mausolées et ne cherche nullement à se fondre dans la nature environnante. Son édification, la plus longue de tous les tombeaux Nguyen, dura onze années, de 1920 à 1931. Elle coûta par ailleurs extrêmement cher, nécessitant l'importation de matériaux de France, de Chine et du Japon.

On accède à une première cour par un escalier solennel, puis à la **cour des Salutations** où mandarins civils et militaires ainsi que serviteurs forment une haie dans leurs vêtements de pierre finement brodés. La **tour de la Stèle** octogonale est remarquable pour ses piliers sculptés.

Le **palais Thien Dinh** (« la Destinée »), qui abrite le tombeau, est quant à lui perché deux terrasses plus haut. Glaces, tessons de céramique et mosaïques colorées composent des bas-reliefs élaborés, chefs-d'œuvre des artisans vietnamiens du 20e s. Levez les yeux au plafond pour contempler le tableau des neuf dragons cachés dans les nuages peints (avec les pieds !) par l'artiste Phan Van Tanh.

Au milieu du temple trônent la **table de culte** de Khai Dinh ainsi qu'une lourde statue en bronze, fondue en France en 1922 et protégée par un imposant dais en béton armé. C'est sous ce **portrait de Khai Dinh** que repose le corps du roi.

3

★★ Tombeau de Minh Mang

À 13 km de Hué (5 km du tombeau de Khai Dinh), sur la rive ouest de la rivière des Parfums.

7h30-17h - 150 000 VND (enf. 30 000 VND) - audioguide en français.

Le tombeau de Minh Mang, tout entier voué à la peinture, à la poésie et à la philosophie, est sans conteste l'un des plus majestueux avec celui de Tu Duc. Le roi, qui régna de 1820 à 1841, en conçut les plans de son vivant, mais celui-ci ne fut construit qu'après sa mort. L'ensemble s'organise sur un axe de 700 m, le long duquel se succèdent 35 monuments, palais, ponts, canaux et lacs.

La **porte Dai Hong**, qui marque l'entrée du mausolée, ne servit qu'une fois, à l'occasion du dépôt du cercueil. L'entrée se fait par une porte annexe *(billetterie)*. La **cour des Salutations** précède la **tour de la Stèle**, restaurée, sur laquelle est gravé le « *Thanh Duc Than Cong* », composé par Thieu Tri pour vanter les exploits de son père. Vous passez ensuite la **porte Hien Duc** pour accéder à un espace consacré aux cérémonies du culte et au centre duquel se dresse le **palais Sung An**, dédié au roi et à sa reine. On y accède par trois terrasses.

Après avoir traversé le **lac Trung Minh** (« Pure Clarté »), vous parvenez au **pavillon Minh Lau** (« Lumière »), un bel édifice en brique grise décoré de colonnes laquées rouge et or, qui représente les trois pouvoirs : le Ciel, la Terre et l'homme. Un jardin aménagé en terrasses descend vers le **lac Tan Nguyet** (« Lune nouvelle »), mais vous ne pourrez aller au-delà : aménagé dans un palais souterrain scellé par la suite, le tombeau est niché sous une colline envahie par la végétation et protégé par une haute enceinte circulaire.

★ Tombeau de Gia Long

À 14 km au sud de Hué. Depuis l'intersection qui mène au tombeau de Minh Mang, traversez le pont construit sur la rivère Huu Trach puis tournez à gauche et continuez tout droit sur 3 km. Le tombeau de Gia Long se trouve au bout d'une allée sur votre droite.
Été : 6h30-17h30 ; hiver : 7h-17h - 50 000 VND.
Gia Long (1762-1819), le premier roi de la dynastie Nguyen, monta sur le trône en 1802. Il choisit lui-même le site de son mausolée, sur une presqu'île de la rivière des Parfums, et dirigea sa construction qui dura six ans, de 1814 à 1820. D'autres tombes ont été élevées à proximité pour sa famille. Blotti dans un écrin de collines verdoyantes piquetées de bouquets d'arbres et face à un tapis de fleurs de lotus, le tombeau s'inscrit dans un cadre absolument enchanteur. Seuls les bruissements de la nature viennent troubler la sérénité des lieux.

Circuit conseillé

CARTE P. 154-155

★ Sur la route de Da Nang

Circuit de 102 km au départ de Hué, tracé en vert sur la carte du Centre (p. 154-155).
La section la plus pittoresque de la **route Mandarine**, l'axe principal du pays, s'étend entre Hué et Da Nang. Longeant la cordillère Truong Son, qui marque la frontière avec le Laos, elle culmine au col des Nuages, offrant ainsi une superbe vue sur la zone littorale de Hué au nord et la baie de Da Nang au sud.

Parc national de Bach Ma AB2

À 40 km au sud de Hué ; prenez à droite au niveau du village de Cau Hai (fléché) - 60 000 VND.
Adossé aux montagnes Truong Son qui viennent mourir ici sur la côte, le site de Bach Ma fut découvert par les Français durant la période coloniale. En 1936, ils y établirent une station d'altitude fort appréciée pour la douceur de son climat, et construisirent une route qui reliait le sommet de Bach Ma à la RN 1. Le site fut déclaré réserve naturelle en 1987, la volonté du gouvernement étant alors de protéger les ressources forestières du pays, puis reçut officiellement le titre de parc national en 1991.
Le parc s'étend aujourd'hui sur 22 000 ha. Couvert d'une **forêt semi-tropicale** humide, il est doté d'une végétation et d'une faune exceptionnellement riches dont un petit **musée** assure la présentation. La réserve compterait 1 280 espèces de plantes, 124 de mammifères, 330 d'oiseaux, 31 d'amphibiens et 218 de papillons. Elle est sillonnée de **chemins de randonnée** qui permettent d'observer plantes et oiseaux, et conduisent de cascades en bassins jusqu'au sommet, d'où l'on embrasse toute la région jusqu'à Da Nang.
Reprenez la RN 1A en direction de Da Nang.

La route du col des Nuages.
Nguyenhieu2206/Getty Images Plus

Passé Thua Luu, la RN 1A grimpe à travers les collines avant de redescendre vers la mer. Les paysages changent : la végétation est plus sèche et plus rase, et des dunes se profilent sur le littoral.

Lang Co B1

À 35 km du parc de Bach Ma (31 km de Da Nang).

Toutes les agences et hôtels de Hué proposent le transport en minibus vers Hoi An, incluant un arrêt à Lang Co, le passage par le col des Nuages et la visite des Montagnes de marbre *(voir p. 190 - 18 $/pers.)*.

Le village de Lang Co occupe une étroite péninsule coincée entre mer et lagon. Quelques *resorts* accueillant une clientèle essentiellement vietnamienne et des gargotes de poissons et fruits de mer près de la plage invitent à y faire une brève étape.

Dès la sortie de Lang Co, la route entame l'ascension de la chaîne des Truong Son, du moins pour les touristes, car un tunnel permet désormais de franchir la montagne sans difficulté. Après une grimpée d'une vingtaine de kilomètres, on parvient au **col des Nuages★** **(HAI VAN)**. Culminant à 496 m d'altitude, il marque la frontière entre le Nord et le Sud. Comme son nom l'indique, il est souvent baigné par les nuages, mais si la vue est dégagée, vous apercevez la côte baignée par les eaux turquoise de la mer de Chine méridionale et ses kilomètres de plages immaculées.

Carnet pratique

PLAN DE VILLE (P. 164-165)

S'informer

Pour toute information touristique, adressez-vous à votre hôtel et aux agences de voyage *(voir page suivante)*.

Adresses utiles

Banque/Change

Vous trouverez partout des distributeurs ATM.

Poste/Téléphone

Buu Dien Hué – D3 - *8 Hoang Hoa Tham - ✆ (234) 382 05 55 - 7h30-19h, dim. 7h30-11h30.*

Santé

Hôpital général – C3 - *16 Le Loi - ✆ (234) 382 23 25.* Si vous avez besoin de consulter un médecin francophone, adressez-vous à la réception d'un grand hôtel qui saura vous aiguiller.

Arriver/Partir

En avion

Aéroport de Phu Bai – E4 EN DIR. - *À 14 km au sud de Hué.* Vietnam Airlines et Vietjet Air assurent 4 vols/j. pour Hanoi *(1h10 de trajet)* et une dizaine pour Ho Chi Minh-Ville *(1h20)*. Ces deux compagnies sont présentes à l'aéroport. La compagnie nationale possède aussi des bureaux en ville : *23 Nguyen Van Cu* (D4) - *✆ (234) 382 47 09 - 7h30-11h30, 13h30-16h45.*

Pour rejoindre le centre-ville en taxi, comptez 25mn *(env. 12 $)*.

En train

Gare ferroviaire – C4 - *1 Bui Thi Xuan (à l'extrémité sud-ouest de la rue Le Loi) - centre de réservation : tlj 7h30-17h30.* Consigne, bureau de poste, boutiques. 5 trains/j. pour Ho Chi Minh-Ville *(20h-22h30 de trajet)* via Da Nang *(2h30-3h30)*, Quang Ngai *(6h)*, Tam Ky *(8h)*, Dieu Tri *(8h30-9h30)*, Thuy Hoa *(11h)*, Nha Trang *(11h20-12h30)* et Thap Cham *(14h15)*. 5 trains/j. pour Hanoi *(13h30-15h)*, Dong Ha *(1h15)*, Dong Hoi *(4h)*, Vinh *(8h)*, Thanh Hoa *(11h)*, Ninh Binh *(12h30)*, Nam Dinh *(13h)* et Phu Ly *(13h30)*.

En bus

Hué compte deux gares routières principales.

Ben Xe Phia Nam – E4 EN DIR. - *à 5 km au sud de la citadelle.* Dessert les villes du Sud.

Ben Xe Phia Bac – A2 EN DIR. - *Sur la RN 1, à 4 km à l'ouest de la citadelle.* Dessert le nord du pays.

En minibus

Les hôtels et agences de voyage proposent des services de minibus privés vers Da Nang et Hoi An qui viennent vous chercher à votre hôtel. Comptez 15/18 $.

Transports

Cyclo-pousse

Ils vous proposeront leurs services dans les quartiers touristiques, au bord de la rivière et partout dans la citadelle.

Taxi

Mailinh – *✆ (234) 389 89 89.*

Thanh Do Taxi – *✆ (234) 385 85 85.*

Location de véhicules

La plupart des hôtels louent des vélos *(20 000 VND/j)* et des motos *(à partir de 150 000 VND/j ou, avec chauffeur, 450 000 VND/5h)*. Location de voitures avec chauffeur dans toutes les agences et auprès de nombreux hôtels *(env. 70 $/j)*.

Visite

Agences de voyage

Vous n'aurez que l'embarras du choix tant elles sont nombreuses, notamment dans les rues Le Loi et Hung Vuong. Toutes proposant les mêmes excursions guidées, comparez surtout les prix et le détail des prestations. Le grand classique est l'excursion d'une journée avec visite de la citadelle, du marché Dong Ba, de la pagode Thien Mu, de deux tombeaux et balade en bateau-dragon sur la rivière des Parfums *(comptez 43 $/pers., déj. inclus)*.

Centre de conservation des monuments de Hué – *23 Tong Duy Tan - ✆ (234) 352 32 37 - www.hueworldheritage.org.vn*. Vous y trouverez des guides francophones.

Toa Khan Boat Station – D3 - *sur le quai, près du pont Truong Tien*. Une vingtaine de bateaux-dragons traditionnels proposent des balades sur la rivière des Parfums avec arrêts à la pagode Thien Mu et aux tombeaux *(comptez 200 000 VND/h)*.

Possibilité d'excursion également à la source minérale thermale de My An, au parc national de Bach Ma *(voir p. 176)*, ainsi qu'à Hoi An *(voir p. 195)*, Da Nang (*voir p. 185*), dans la zone démilitarisée (DMZ) *(voir p. 157)*, ou aux grottes de Phong Nha *(voir p. 156)*.

Agenda

Festival de Hué – *1 sem. en avril, tous les 2 ans, années paires*. Concerts, dégustations, feux d'artifice. De nombreux hôtels proposent des animations en début de soirée.

Nos adresses

PLAN DE VILLE (P. 164-165)

Les ruelles Chu Van An et Pham Ngu Lao regorgent d'hôtels et de restaurants, de même que l'ensemble du centre de la ville nouvelle.

Restauration

Hué est réputée pour sa cuisine raffinée. Parmi les spécialités de la ville, goûtez au *banh cuon*, rouleau de pâte de riz cuit à la vapeur, avec bœuf et salade, ou au *banh khoai*, crêpe garnie de légumes, de crevettes et de viande, servis tous deux avec une sauce à la cacahuète.

Premier prix

6 **Lac Thanh** – C3 - *6A Dinh Tien Hoang - ✆ (234) 352 46 74 - service continu - 65 000/115 000 VND*. Tout près de l'entrée de la citadelle, une adresse atypique qui vaut le détour. Le patron, sourd-muet, doté d'un étonnant pouvoir de communication gestuelle, vous montrera comment confectionner vous-même vos *banh cuon* avec les ingrédients qu'il vous apportera. Tout est frais, préparé à la minute sous vos yeux. Salle à l'étage et quelques tables sur le trottoir.

Budget moyen

13 **On Thu Wheels Cafe** – D3 - *3/34 Nguyen Tri Phuong - ✆ 07 6842 62 15 - service continu - 110 000/180 000 VND*. Le local est minuscule, mais les propriétaires ont réussi à y insuffler une excellente ambiance. Indépendamment de la cuisine, c'est aussi un café très agréable. Location de vélos et de voitures avec chauffeur.

18 **Nina's Café** – D3 - *16/34 Nguyen Tri Phuong - ✆ (234) 383 86 36 - www.ninascafe.wix.com/huecafe - service continu - 110 000/200 000 VND*. Caché au fond d'une ruelle, ce restaurant familial propose de nombreuses spécialités de Hué et les classiques de la cuisine vietnamienne, mais

Cyclo-pousse devant la citadelle.
dinosmichail/Getty Images Plus

aussi des snacks occidentaux. Terrasse ombragée et accueil charmant.

8 Nook Eatery – D3 - *3 Luong The Vinh - ✆ 07 7757 55 86 - 7h-21h30 - 120 000/200 000 VND.* Dans ce sympathique établissement à l'ambiance jeune et à la déco baba cool, on se régale de *smoothie bowl* à la mangue, de burgers et de petits plats vietnamiens.

14 Song Huong – D3 - *3/2 Park, Le Loi - ✆ 09 3489 89 22 - www.nhahangnoisonghuong.com - service continu - plats 155 000/365 000 VND.* Posé sur la rivière, ce gros lotus de béton amarré à côté du pont Truong Tien accueille sur 3 étages une clientèle essentiellement vietnamienne. Dans la salle circulaire du rez-de-chaussée, des groupes jouent des chansons populaires reprises en chœur par le public (de 19h à 21h, mais venez tôt, les représentations se terminent souvent avant l'heure annoncée). Plus que pour la cuisine (carte standard), l'adresse vaut pour sa grande terrasse panoramique. Buffet le week-end.

2 Bistro La Carambole – D3 - *18 Vo Thi Sau - ✆ (234) 381 04 91 - www.lacarambolebistro.com - service continu - menu 250 000 VND.* Salle chaleureuse et agréable terrasse pour une carte qui mêle cuisines locale et française. Pour débuter avec des nems et terminer sur une assiette de fromages. Bon choix de vins.

21 Y Thao Garden – B3 - *3 Thach Han - ✆ (234) 352 30 18 - service continu - menu 350 000 VND.* Joli cadre dans une belle maison de la citadelle pour goûter la cuisine traditionnelle de la ville.

12 Madam Thu – ZOOM E3-4 - *45 Vo Thi Sau - ✆ 09 0512 66 61 - madamthu.com - 8h-22h - 250 000 VND.* Pour être sûr de découvrir toutes les saveurs de Hué, optez pour le plateau dégustation, très joliment présenté, de neuf spécialités de la ville, dont le savoureux *nem lui* (brochette de porc enroulée sur un bâtonnet de citronnelle). Rés. conseillée le soir.

Pour se faire plaisir

5 Les Jardins de la Carambole – B3 - *32 Dang Tran Con - ✆ (234) 354 88 15 - service continu - menu env. 350 000/450 000 VND.* Cette demeure coloniale se prête aussi bien à un déjeuner léger au sortir de la Cité impériale (sandwiches-baguette, croque-monsieur) qu'à un dîner romantique. Cuisine présentée et servie avec soin. Menu de dégustation des spécialités de la ville et plusieurs formules mettant en avant les saveurs méditerranéennes. La salle à l'étage et sa véranda forment un cadre vraiment plaisant. Pianiste certains soirs.

16 **Tropical Garden** – ZOOM E3-4 - *27 Chu Van An - ✆ (234) 384 71 43 - service continu.* L'endroit, fréquenté surtout par les groupes, offre un petit coin de verdure où il fait bon venir prendre un verre pour échapper au soleil. En plus de la salle de restaurant, de petites tables en bois protégées par un large parasol en palme composent un cadre charmant. Cuisine traditionnelle et carte des vins.

Une folie

22 **Ta.Ke** – D3 - *34 Tran Cao Van - ✆ (234) 384 82 62 - service continu - 1000 000/1500 000 VND.* C'est la bonne table japonaise de Hué. À la carte, sushis, makis, brochettes, tempuras, algues et saké. Vous pouvez accompagner votre repas d'un thé vert nippon. Dispose de salles privatives où l'on mange assis en tailleur autour de grandes tables basses.

17 **Le Rendez-vous** – D3 - *Dans le jardin de l'hôtel Saigon Morin (voir « Hébergement », p. 184) - ✆ (234) 382 35 26 - www.morinhotel.com.vn - service continu.* Le cadre est absolument délicieux. Grillades en plein air et buffet en fonction du taux de remplissage de l'hôtel. Vous pouvez aussi prendre un verre, en particulier en début de soirée *(19h30-21h30)*, pour assister au concert de musique traditionnelle.

Lang Co

Pour se faire plaisir

Thanh Tam Seaside Resort – *Lang Co Beach - ✆ (234) 387 44 56 - www.thanhtamresort.com.vn - service continu.* Surtout connu pour ses produits de la mer, ce restaurant sert soupes et salades de fruits de mer, poissons grillés, calamars, crabes, crevettes et coquillages tout frais pêchés au large ou venant du vivier. Grande terrasse.

Petite pause

Vy Da Xua – D2 - *131 Nguyen Sinh Cung - ✆ (234) 393 36 36 - 6h30-22h.* Ce grand complexe conçu dans le respect de l'architecture traditionnelle regroupe un salon de thé et un splendide café au milieu d'un petit jardin baigné du chant des oiseaux.

La Boulangerie Française – D3 - *46 Nguyen Tri Phuong - ✆ (234) 383 74 37 - www.laboulangeriefrancaisehue.fr - 7h-20h30.* Ce café, doté d'une terrasse à l'étage, vend de délicieuses viennoiseries confectionnées par les apprentis de « la Boulangerie ». Goûtez le très local chausson à la mangue ! Depuis 1999, cette association forme des jeunes Vietnamiens défavorisés au métier du pain. Plus de 70 d'entre eux travaillent aujourd'hui dans les plus grands palaces du pays. Magazines, livres et jeux de société en français à disposition.

T-Roaster – D3 - *10 Ben Nghe - ✆ 09 1816 81 64 - 7h-22h30.* Niché à l'étage, dans une ruelle en retrait de la route principale, ce café offre un cadre dépouillé et reposant, tendance zen japonais. Idéal pour boire un excellent café fraîchement torréfié, accompagné d'une viennoiserie croustillante.

Boire un verre

On ne compte plus les cafés qui fleurissent partout en ville le soir, notamment sur la rive ouest, en bordure de rivière, et dans la rue Vo Thi Sau dans la ville moderne. Vous les repérerez à leurs

3

guirlandes de lumières multicolores et à leur musique tonitruante.

DMZ Bar – D3 - *60 Le Loi - ✆ (234) 399 34 56 - dmz.com.vn - 24h/24.* Le rendez-vous des noctambules de Hué depuis 1994. Petite restauration correcte et table de billard.

Why Not Bar – D3 - *26 Pham Ngu Lao - ✆ 09 0358 38 12 - whynot.com.vn - 7h-1h.* Ce bar d'une *guest house* est un bon endroit pour rencontrer d'autres voyageurs et partager ses expériences.

Panorama Bar – D3 - *8 Hung Vuong - ✆ (234) 388 22 22 - 7h-0h.* Au 16e étage de l'Imperial Hotel, un palace à la chinoise au luxe ostentatoire, ce bar offre la plus belle vue de Hué. Terrasse en teck pour la soirée ou salle climatisée avec baies vitrées en journée.

Shopping

Artisanat

Hué est renommée pour ses chapeaux coniques ornés de motifs décoratifs que l'on distingue par transparence. Ceux du marché Dong Ba *(voir plus bas)* sont les plus réputés.

Ta Gallery – D3 - *44 Pham Ngu Lao - ✆ 09 1456 03 55 - 8h-22h30.* Une jolie boutique pour rapporter robes brodées, écharpes en soie, porcelaines, tableaux décoratifs ou bols en bambou. Faites aussi une pause dans l'adorable café à l'étage.

Gom Nha Gi – D3 - *20A Chu Van An - ✆ 09 1390 33 98 - 9h-22h.* Vous trouverez ici une jolie gamme de vaisselle asiatique : bols, théière, tasses et vases.

Galeries d'art

Le Ba Dang Art Foundation – C3 - *15 Le Loi - ✆ (234) 383 74 11 - 7h30-11h30, 13h-17h - 30 000 VND.* Peintures, sculptures et collages de l'artiste Le Ba Dang (1921-2015) dont les œuvres ont fait le tour du monde.

Marché

Marché Dong Ba – D2 - *Tran Hung Dao - 5h-22h.* Du chapeau conique aux nougats vietnamiens, des vêtements tissés par les minorités ethniques au *nuoc-mam*, vous trouverez à peu près tout dans ce marché. Pour avoir une idée des tarifs, faites d'abord un petit tour à la **galerie commerciale** située juste à côté.

En soirée

Spectacles

Quelques hôtels et restaurants proposent en début de soirée de la musique traditionnelle, souvent de qualité.

Toa Khan Boat Station – D3 - Les bateaux qui emmènent en journée les touristes jusqu'aux tombeaux se transforment en scènes de spectacle le soir. Ils embarquent pour 1h de danse et musique folkloriques *(env. 10 $)*. Départs à partir de 19h30 entre le pont Truong Tien et l'hôtel Century.

Activités

Bien-être

Cam on Spa – XX - *57 Nguyen Cong Tru - ✆ 09 3535 45 49 - camonspa.vn - 9h-23h - massage (1h) 400 000 VND.* Soins de qualité et accueil charmant. Thé et rafraîchissant yaourt vietnamien sont servis à l'issue de la séance.

Piscine

Celle du **Saigon Morin** *(voir « Hébergement », p. 184)* est ouverte aux non-résidents *(6h-20h)*.

Hébergement

Hué

Premier prix

(12) **Ivy House** – D3 - *27 Ha Noi - ✆ 09 0552 07 89 - ▤ - 6 ch. 300 000/420 000 VND.*

Dans une ruelle au calme, cette petite pension ouverte en 2021 dispose de chambres simples mais parfaitement équipées (kitchenette). Pas de petit-déjeuner.

4 **Hué Sweet House 1** – D3 - *27 Ha Noi - ✆ 09 4138 55 59 - ▤ - 10 ch. 400 000/450 000 VND ☕.* Dans la même ruelle que l'adresse précédente, cette autre charmante pension familiale dispose de chambres pimpantes et joliment décorées pour cette gamme de prix. Accueil adorable et très bon petit-déjeuner. Attention, pas d'ascenseur et beaucoup d'escaliers ! La famille propose une découverte des spécialités de la *street food* locale le temps d'une sortie nocturne dans le quartier du marché de Dong Ba.

5 **Hue Garden Villa Hotel** – ZOOM E3-4 - *66/7 Le Loi - ✆ (234) 382 84 03 - ▤ ✕ P ≋ - 22 ch. 380 000/450 000 VND ☕.* Au calme au bout de la ruelle, ce gros bâtiment rose séduit d'abord pour sa piscine. Visitez les chambres, de taille variable – certaines avec fenêtre aveugle – avant de faire votre choix. Possibilité d'excursion à moto jusqu'à Hoi An. Le personnel, très sympathique, est aux petits soins. Location de vélos. Nombreuses autres pensions pour les routards dans toute la ruelle.

29 **Jade Hotel** – D3 - *43 Hung Vuong - ✆ (234) 393 88 49 - www.jadehotelhue.com - ▤ - 30 ch. 540 000/850 000 VND ☕.* La façade commune de cet établissement ne laisse en rien présager de l'accueil exceptionnel qu'il réserve à ses clients. Le personnel se plie en quatre à la moindre demande. Chambres très confortables et petit-déjeuner copieux et varié. Des fruits sont offerts à l'arrivée et pendant la durée du séjour.

20 **Thai Binh 2** – D3 - *2 Luong The Vinh - ✆ (234) 382 75 61 - ▤ - 40 ch. 400 000/650 000 VND.* Cet hôtel au décor sobre se situe dans une rue paisible. Demandez les chambres avec terrasse : celles du 8e étage dévoilent une vue magnifique sur la Cité impériale, tout comme la salle du petit-déjeuner au 9e et dernier étage. Panorama oblige, les prix grimpent avec les étages. Une adresse d'un excellent rapport qualité-prix.

Budget moyen

6 **Duy Tan** – D3 - *12 Hung Vuong - ✆ (234) 382 50 01 - www.duytanhotel.com.vn - ▤ ✕ - 135 ch. 750 000 VND ☕.* Belle situation au cœur de la ville. Seule différence entre les chambres « standard » et la catégorie « supérieure », les chinoiseries qui parent ces dernières d'une note kitschissime. Clientèle essentiellement asiatique (mariages).

Pour se faire plaisir

2 **Scarlett Boutique Hotel** – D3 - *17/1 Ben Nghe - ✆ (234) 393 06 66 - www.thescarletthotels.com - ▤ - 18 ch. 1 200 000/1 500 000 VND ☕.* Un peu en retrait de la rue principale, cet établissement a soigné la décoration de ses chambres dans un style romantique chic. Accueil aux petits soins et organisation de transferts et d'excursions. Pour éviter le gaspillage, petit-déjeuner à la carte à commander la veille.

3 **Rosaleen Boutique Hotel**– ZOOM E3-4 - *36 Chu Van An - ✆ (234) 394 65 55 - www.rosaleenhotel.com - ▤ ≋ - 56 ch. 1 200 000/1 500 000 VND ☕.* Au coeur du quartier touristique et animé de la ville nouvelle (un peu bruyant le soir !), on profite de chambres confortables et d'une agréable piscine au 2e étage.

30 **Alba** – D4 - *12 Nguyen Van Cu - ✆ (234) 383 99 98 - www.albahotels.com.vn - ▤ ✕ ♿ - 32 ch. 1 400 000 VND ☕.* Situé à proximité d'un petit marché

typique, cet hôtel abrite des chambres spacieuses et propres et dispose de suites familiales. Restaurant-terrasse où sont servis les petits-déjeuners.

21 **Spatel d'Annam** – C2 - *57 Dang Dung - ✆ (234) 377 22 22 - spatel-annam.com - 29 ch. 1400 000 VND.* Installé dans la citadelle, à quelques pas de la porte de l'Est, cet hôtel, entièrement rénové en 2022, bénéficie d'une localisation calme et ombragée. La décoration des chambres fait la part belle au bois foncé et au raffinement asiatique. Agréable piscine.

17 **Saigon Morin** – D3 - *30 Le Loi - ✆ (234) 382 35 26 - www.morinhotel.com.vn - 180 ch. 1500 000 VND.* Cet établissement d'architecture coloniale était l'un des plus luxueux de Hué, et reste en tous cas l'un des plus charmants. Les chambres sont particulièrement vastes, claires et aménagées avec goût. Dans les couloirs, des photos anciennes racontent la Hué des années 1920. Jardin arboré autour de la piscine, où l'on peut prendre un verre *(voir Le Rendez-vous dans « Restauration », p. 181).*

13 **Huong Giang Hotel** – D2 - *51 Le Loi - ✆ (234) 382 21 22 - www.huonggianghotel.com.vn - 165 ch. 1100 000/2 600 000 VND.* Surtout fréquenté par des groupes, cet hôtel jouit d'un cadre plaisant en bordure de rivière. Hormis leur mobilier de bambou un rien kitsch, les chambres n'affichent guère d'originalité. Choisissez-en une donnant sur la rivière, au 3e étage.

Environs de Hué

Une folie

The Pilgrimage Village – C4 EN DIR. - *130 Minh Mang Rd (env. 4 km au sud de Hué) - ✆ (234) 388 54 61 - www.pilgrimagevillage.com - 99 ch. 2 000 000/4 300 000 VND.* Au cœur de la nature, un *resort* d'un raffinement exquis. Si votre budget vous le permet, optez pour l'un des bungalows, charmants. Navette gratuite pour le centre-ville.

Lang Co

Pour se faire plaisir

Thanh Tam Seaside Resort – *Lang Co Beach - ✆ (234) 387 44 56 - www.thanhtamresort.com.vn - 22 ch. à partir de 1200 000 VND.* Avec parquet et balcon, les chambres s'avèrent plus sympathiques que les bungalows, carrelés et manquant d'intimité. Le cadre, entre mer et montagne, reste l'atout maître de ce *resort*. La plage est au bout du jardin.

Da Nang ★

Peu de voyageurs européens prennent le temps de s'arrêter à Da Nang... À première vue, la troisième ville du Vietnam ne possède guère d'attrait, en dehors des magnifiques collections de son musée d'Art cham. En plein boom économique, elle érige sans discontinuer des tours clinquantes qui brillent la nuit, lui valant parfois le surnom de « Miami vietnamien ». Elle construit de nouveaux ponts sur la rivière qui borde le centre-ville, comme celui en forme de dragon, sans conteste le plus extravagant. Mais Da Nang offre aussi d'agréables surprises à ceux qui flânent le long des quais, dans les pagodes et les temples ou au marché Han. Elle possède en prime de superbes plages de sable blanc où venaient se reposer les GIs durant la guerre du Vietnam et la magnifique péninsule de Son Tra, encore largement préservée des promoteurs. Pour ne rien gâter, Da Nang jouit d'un climat agréable toute l'année.

Se repérer

CARTE B2 (P. 154-155) - PLAN DE VILLE (P. 186).
1 188 000 habitants – Municipalité.
Da Nang est situé à env. 92 km au sud-est de Hué.

À ne pas manquer

La collection du musée d'Art cham; une promenade le long de l'avenue Bach Dang; les grottes des montagnes de Marbre.

Organiser son temps

Réservez la visite du musée aux heures chaudes de la journée; visitez le site cham de My Son, à 50 km au sud *(voir p. 209)*, en excursion.

Carnet pratique p. 193

Nos adresses p. 193

3

La porte de l'Indochine

Si le nom de Da Nang n'apparaît que tardivement sur les cartes (17e s.), la région fut occupée dès le 15e s., accueillant de nombreux colons venus du Nord pour exploiter les terres cédées par le royaume du Champa au Dai Viet *(voir « Histoire », p. 409)*. Da Nang devint dès le siècle suivant un port de premier plan, damant peu à peu le pion à la vieille cité commerciale de Hoi An. C'est notamment là qu'accostèrent en 1858 les premiers colons espagnols et français. Trente ans plus tard, ces derniers en firent une de leurs concessions et lui donnèrent le nom de **Tourane**. Elle devint ainsi durant la période coloniale l'une des villes les plus importantes d'Indochine. Les Français expulsés (1945), ce sont les Américains qui débarquèrent là en mars 1965 pour y implanter la plus importante base aérienne et navale du Sud-Est asiatique. La chute de la ville en mars 1975 marqua le début de la fin du régime du Vietnam du Sud. Le pays réunifié, Da Nang fut intégrée à la province de Da Nang-Quang Nam jusqu'en 1996, après quoi il fut décidé qu'elle serait dirigée par un gouvernement autonome, institué début 1997.

DA NANG
0
500 m
N
CONSULAT DU LAOS
Tran Quy Cap
Ly Thuong Kiet
Phan Boi Chau
Nguyen Du
Ly Tu Trong
Dong Da
Ong Ich Khiem
Le Loi
Nguyen Chi Thanh
Tran Phu
Bach Dang
Tran Hung Dao
Ngo Quyen
Quang Trung
Tran Cao Van
Hai Phong
Temple caodaïste
Le Duan
SON TRA
Phan Dinh Phung
Pasteur
THANH KHE
Hung Vuong
Ly Thai To
Dien Bien Phu
Tran Binh Trong
Phan Chu Trinh
Yen Bai
Marché Han
Cathédrale
Tran Quoc Toan
Ng. Cong Tru
HUÉ, HANOI
MY KHE BEACH
Phan Thanh
Le Dinh Ly
Hoang Dieu
Hoang Van Thu
Nguyen Van Linh
MUSÉE D'ART CHAM
Trung Nu Vuong
HOI AN, MY KHE BEACH, CHINA BEACH, MONTAGNES DE MARBRE, NON NUOC
Tieu La
Song Han
HAI CHAU
Nui Thanh
Pont Nguyen Van Troi
Duy Tan
Musée de la 5e Zone militaire
HO CHI MINH-VILLE
HOI AN, MY SON
SE RESTAURER
Apsara........................ 2
Bep Hen........................ 3
Pizza 4 P........................ 4
Phi Lu........................ 5
Nha Hang Vietnam........ 6
SE LOGER
Danang Petro............... 3
Cozy Boutique Hotel...... 4
Saigontourane............... 7
Stargazer..................... 8
An Nam........................ 9
Sanouva...................... 10

Se promener

PLAN CI-CONTRE

Centre-ville BC1-5

Comptez une demi-journée.
Ses tours modernes jaillissant du sol de part et d'autre de la rivière, toujours plus hautes, toujours plus nombreuses, ses sept ponts drainant le trafic entre le centre-ville et la péninsule montrent le tout récent visage d'une ville tournée vers l'avenir. Dans le centre pourtant, en parcourant l'**avenue Bach Dang**, vous découvrirez encore de superbes demeures coloniales, occupées par divers services administratifs de l'État. Une promenade le long de la rivière est par ailleurs particulièrement agréable le soir, quand la cité se pare de mille lumières et que les cafés de l'avenue s'animent. Chaque samedi et dimanche, à 21h, le pont du Dragon s'enflamme – la tête du dragon crache du feu et de l'eau –, le temps d'un spectacle de 15mn qui attire les foules.
À hauteur de la rue **Le Duan** (C2) part l'un des ponts qui relient la péninsule de Son Tra et permet de gagner la plage de My Khe *(voir p. 189).*
Plus au sud, passé la rue Hung Vuong, faites un tour au **marché Han** (CHO HAN) (C3), le plus animé de la ville. Maraîchères et ménagères s'activent autour des étals colorés et savamment composés, dont les produits, fruits et légumes tropicaux, épices et autres plantes aromatiques saturent l'air de mille senteurs. Accroupies derrière leurs paniers surchargés ou debout derrière leurs éventaires, des femmes laminent avec une impressionnante dextérité de larges bandes de pâte de riz. Au martèlement régulier des hachoirs répondent le frétillement des poissons s'ébattant au fond de grosses bassines en acier et le piaillement des volailles dans leurs cages. Le marché se poursuit dans la grande halle couverte qui abrite sur deux étages textiles, souvenirs pour touristes et produits de consommation courante.
Ressortez du marché par la rue Tran Phu et prenez à gauche, vers le sud.
Vous apercevez sur votre droite la **cathédrale** *(158 Tran Phu ; entrée par le 47 Yen Bai - 5h-17h - messe en anglais le dim. à 10h)* (B3), un élégant édifice tout de rose vêtu, élevé en 1923 par les Français, et qui abrite de jolis vitraux.
Rejoignez le bas de la rue Tran Phu jusqu'au carrefour avec les rues Trung Nu Vuong et Bach Dang. Là se dresse le musée d'Art cham.

★★ Musée d'Art cham B4

1 Trung Nu Vuong - ✆ (236) 357 48 01 - chammuseum.vn - 7h-17h - 60 000 VND - audioguide en français pour smartphone (wifi dans le musée).
Construit en 1915 avec l'aide de l'École française d'Extrême-Orient, ce musée rassemble aujourd'hui la collection la plus complète de sculptures chames, soit plus de 300 œuvres originales, retraçant l'évolution de l'art du Champa du 7e au 15e s. Il est installé dans un charmant **édifice colonial** ouvert sur une cour-jardin plantée de frangipaniers, inspiré de l'architecture des temples chams et réalisé par les architectes Delaval et Auclair d'après les plans d'Henri Parmentier.
Entrez par la pièce centrale, la **salle Tra Kieu** : le **piédestal de Tra Kieu★★★**, autour duquel s'organise le reste de la pièce, est l'un des chefs-d'œuvre de la sculpture chame. Il retrace des événements miraculeux liés à la vie du dieu Krishna et s'orne d'une jolie frise de danseuses célestes, gracieuses et souples. On les croirait toutes semblables, mais chacune d'elles se distingue par sa pose et son vêtement léger. Autour sont exposées les plus belles pièces du musée, des œuvres

originales rayonnantes de vigueur et de finesse. À droite, une superbe statue de la **déesse Lakshmi★** (7e ou 8e s.) surmonte une amusante frise d'éléphants, de chevaux et de lions. À gauche, treize têtes de serpents couronnent une représentation de **Vishnou★**.
Derrière le piédestal de Tra Kieu s'ouvre la **salle My Son★** au centre de laquelle trône une partie de l'**autel★** retrouvé dans la tour E1 du site de My Son (milieu du 7e s.), et dont les bas-reliefs campent des ermites, priant, méditant ou jouant de la musique. Derrière cet autel, de part et d'autre de deux *dvarapala*, gardiens de portes de belle stature (9e-10e s.), se font face deux autres piédestaux minutieusement sculptés de scènes illustrant la vie du Bouddha. Consacrée au site de l'ancienne capitale bouddhique du Champa (9e s.), cette salle témoigne de l'architecture et de la sculpture de l'époque dont le style original et vigoureux est unique dans l'art du Sud-Est asiatique. Parmi les vestiges retrouvés, admirez cette gracieuse statue en bronze du bodhisattva Tara.
Quelques marches mènent à la salle suivante. Ne manquez pas, à l'entrée à droite, l'étonnant **bas-relief★** représentant une partie de polo (10e s.), sport originaire de Perse qui fit fureur dans la Chine médiévale. Les dernières œuvres exposées suggèrent un style nouveau avec lequel apparaissent des sculptures d'animaux fabuleux, travaillés avec beaucoup moins de finesse qu'auparavant.
À l'étage, vous trouverez les **maquettes** des principaux sites chams du pays ainsi qu'une série de panneaux qui retracent l'histoire de cette civilisation à cheval sur les actuels Vietnam, Cambodge et Laos. Aujourd'hui, 150 000 Chams vivent au Vietnam, principalement dans les provinces de Binh Thuan et Ninh Thuan (entre Ho Chi Minh-Ville et Nha Trang).
En sortant du musée, prenez à gauche la rue Trung Nu Vuong jusqu'au carrefour de la rue Nui Thanh. Empruntez cette dernière, et prenez à droite dans la rue Duy Tan. Le musée de la 5e Zone militaire est situé à 250 m sur la gauche.

Musée de la 5e zone militaire B5

3 Duy Tan - 7h30-16h30 - fermé lun. - 60 000 VND.
Vieillissant, ce musée (connu aussi sous le nom de « musée Ho Chi Minh ») n'en est pas moins intéressant pour comprendre le nationalisme vietnamien.
La visite débute dans une salle consacrée aux îles Spratleys et Paracels (Hoang Sa et Truong Sa), confettis situés en mer de Chine disputés par Hanoi et Pékin. Le conflit s'est envenimé dans les années 2010 et l'exposition illustre la détermination du Vietnam à affirmer sa souveraineté sur ces archipels, cartes anciennes et photos à l'appui.
Le musée retrace ensuite les luttes du peuple vietnamien contre les envahisseurs successifs et particulièrement le combat pour l'indépendance mené contre les Français et les Américains. Se succèdent vieilles photographies et affiches d'époque, outils agricoles, costumes, et une quantité impressionnante d'armes dont des pièges utilisés pendant la guerre d'Indochine.
La visite se termine par une série de photos des actuels dirigeants vietnamiens en compagnie de leurs homologues étrangers. Une manière de souligner que le pays vit désormais en paix avec le reste du monde.
Dans la cour stationnent avions, tanks, canons et camions, tandis qu'à l'arrière du musée siège une reproduction fidèle de la maison sur pilotis de Ho Chi Minh, intéressante pour ceux qui n'auraient pas la possibilité de visiter l'originale à Hanoi *(voir p. 47)*.
Pour rejoindre le centre-ville, prenez la rue Hoang Dieu en sortant du musée, puis à droite la rue Trung Nu Vuong et à gauche la rue Phan Chu Trinh.

Sculpture au musée d'Art cham.
P. Wyss/Alamy/hemis.fr

Cette dernière est bordée par les pagodes Pho Da *(au n° 340)*, Tam Bao *(au n° 323)* et Tuong Quang *(au n° 316)* (B4).
Plus au nord, vous passez devant le théâtre municipal *(à l'angle de la rue Hung Vuong)* (B2), puis prenez à gauche dans la rue Hai Phong.

Temple caodaïste B2
63 Hai Phong - gratuit.
Le deuxième plus grand temple caodaïste du pays, édifié en 1906, présente une belle architecture coloniale. À l'intérieur, au-dessus de l'autel, sont représentés l'œil divin, symbole du caodaïsme, ainsi que les fondateurs des cinq grandes religions : Mahomet, Lao-tseu, Jésus-Christ, Bouddha et Confucius *(voir « Religions », p. 382)*. Vous pouvez assister à l'une des quatre séances de prière quotidiennes, à minuit, 6h, midi et 18h.

3

★ My Khe et China Beach C5 EN DIR.

Passez l'un des ponts du centre de Da Nang pour rejoindre le bord de mer à 4 km à l'est du centre-ville.
Les pêcheurs stationnent leurs embarcations au nord de My Khe et laissent sur la plage des dizaines de leurs barques rondes, ces bateaux-paniers en bambou tressé. Avis aux photographes !
Les plages de Da Nang, My Khe et China Beach, étirent à perte de vue de longs rubans de sable blanc qui firent le bonheur des GIs avant de séduire les touristes, tant vietnamiens qu'étrangers. Les hôtels y poussent comme des champignons, toutes catégories confondues, et de grandes avenues ont étendu la ville jusqu'à la mer de Chine. Néanmoins, les **plages★** demeurent en partie désertes en semaine et vous aurez tout le loisir de trouver un petit coin tranquille pour vous faire dorer au soleil et profiter des plaisirs de la mer. En soirée, en revanche, les Vietnamiens affluent par dizaines pour une baignade à la fraîche suivie d'un festin de fruits de mer, face à l'océan, dans l'un des nombreux restaurants de la rue Vo Nguyen Giap.

À proximité

CARTE P. 154-155

★★ Péninsule de Son Tra B2

Longez le front de mer vers le nord (par l'av. Vo Nguyen Giap, qui devient l'av. Hoang Sa) et poursuivez la route qui surplombe la mer.

Pour cette excursion, mieux vaut louer une moto ou une voiture avec chauffeur depuis Da Nang. Il est possible de monter jusqu'au sommet de la montagne de Son Tra, mais toutes les routes de la péninsule ne sont pas accessibles, la zone étant en partie sous contrôle militaire.

À l'entrée de la péninsule, Lady bouddha, une statue de 67 m de haut, d'un blanc immaculé, domine la route. Vous arrivez alors à la **pagode Linh Ung★** *(prenez la route qui monte sur la gauche, parking au pied des marches)*, qui mérite une visite pour sa collection de bonsaïs géants et le panorama sur la baie de Da Nang. En contrebas de la pagode *(accès par la route principale)* se trouve le petit **musée Dong Dinh** *(8h-17h - 20 000 VND)*. Des céramiques anciennes sont exposées dans son jardin tropical empreint de poésie et pourvu d'un charmant café.

Poursuivez ensuite votre chemin et admirez le paysage, vertigineux par endroits. D'un côté, le vert lumineux d'une végétation particulièrement dense, de l'autre le bleu azur de la mer de Chine. La péninsule de Son Tra, appelée aussi la « montagne des Singes » à cause des nombreux primates qui y vivent, reste encore très sauvage, en dehors de la présence du luxueux hôtel Intercontinental.

★★ Montagnes de marbre B2

À 8 km au sud-est de Da Nang - ouv. lever-coucher du soleil - 40 000 VND ; ascenseur 15 000 VND suppl. par trajet ; l'accès aux grottes est soumis à un droit d'entrée suppl. Prenez une lampe de poche pour explorer les grottes.

Le site de **Ngu Hanh Son** (« montagnes des Cinq Éléments »), plus connu sous l'appellation de « montagnes de Marbre », se compose de cinq collines karstiques sculptées par les eaux de ruissellement, et portant chacune le nom d'un élément premier : Thuy Son (« Eau »), Tho Son (« Terre »), Hoa Son (« Feu »), Kim Son (« Métal ») et Moc Son (« Bois »). Autrefois occupées par les Chams, qui y avaient établi des sanctuaires religieux, elles abritent des pagodes et des grottes aux formes fantastiques dans lesquelles sont vénérées des divinités bouddhiques, confucéennes ou taoïstes.

Thuy Son, la plus haute et la plus grande de toutes, est également la plus visitée. L'accès se fait par un escalier très raide dont les marches en marbre rose, bleu, gris ou rouge ont été taillées à même la montagne. Vous parvenez ainsi à la **pagode Tam Thai**, construite en 1825 sous le règne de l'empereur Minh Mang. Elle abrite une statue du Bouddha entourée des déesses Quan Am (déesse de la Miséricorde), Van Thu (déesse de la Sagesse et de l'Intelligence) et Pho Hien (déesse de la Générosité et du Pardon).

Les fils du dragon

Une légende veut que les monts Ngu Hanh Son soient nés d'un dragon venu de la mer. Celui-ci déposa sur la plage un œuf qui s'ouvrit mille jours plus tard pour donner naissance à une belle jeune fille qui s'envola vers les cieux. L'histoire ne dit pas ce qu'il advint d'elle, mais les fragments de la coquille d'œuf grossirent jusqu'à devenir les cinq montagnes de Marbre.

Bateaux-paniers sur la plage de My Khe.
30gorkor/Getty Images Plus

À l'arrière de la pagode, empruntez sur votre gauche le chemin qui mène aux **grottes Hoa Nghiem** et **Huyen Khong★★**. Cette dernière, haute d'une trentaine de mètres, est un lieu magique, baigné par les quelques rayons de lumière qui parviennent à filtrer à travers de minces ouvertures situées sous la voûte. L'air est saturé de volutes d'encens et l'atmosphère on ne peut plus mystique. Cet ancien sanctuaire cham, qui servit de refuge et d'hôpital aux combattants viet-congs durant la guerre, est devenu un important site de pèlerinage bouddhiste et de nombreux fidèles viennent encore se recueillir auprès des statues du Bouddha, de Van Thu et de Pho Hien qui trônent là. Derrière la pagode Tam Thai, la **grotte Linh Nham** abrite les statues très kitsch du Bouddha et de deux gardiens, conservées sous une châsse de verre.

Poursuivant le sentier, vous passez sous un porche et parvenez dans un défilé coincé entre deux falaises. Sur votre droite se trouve la **grotte Van Thong** *(prenez une lampe de poche)*, qui abrite un bouddha derrière lequel vous découvrirez un passage étroit permettant d'accéder – après quelques contorsions – au sommet du pic. On a de là une superbe **vue★** sur Da Nang, la mer et les quatre autres montagnes de Marbre.

Le **pavillon Vong Hai**, situé un peu plus loin, offre également un joli point de vue sur la mer et le village de Non Nuoc.

Le sentier aboutit à la **pagode Linh Ung**, construite par l'empereur Minh Mang et rénovée en 1970 grâce aux donations de fervents bouddhistes.

À l'arrière de la pagode, la **grotte Tang Chon** est un dédale de roche abritant des bouddhas assis et couchés ainsi que quelques vestiges chams datant de plus de 900 ans. De là, un escalier permet de redescendre vers le village de Non Nuoc.

Le marbre extrait des collines est sculpté depuis des générations par les artisans du **hameau de Non Nuoc**, qui s'étire au pied de Thuy Son. En vous promenant le long de la route vous les verrez façonner statues d'animaux, du Bouddha ou de Ho Chi Minh, objets divers et bijoux, dans le vacarme des ponceuses et des coups de burin.

Carnet pratique

PLAN DE VILLE (P. 186)

S'informer

Da Nang Visitor Center – C3 - *108 Bach Dang - ✆ (236) 355 01 11 - www.danangfantasticity.com.* Plan de la ville à disposition.

Adresses utiles

Poste/Téléphone

Buu Dien Da Nang – C2 - *64 Bach Dang - ✆ (236) 384 90 54.*

DHL – HORS PLAN - *188 Be Van Dan - ✆ 1800 15 30 - lun.-vend. 8h-12h, 13h-17h, sam. 8h-12h.*

Santé

Hôpital général – B2 - *122 Hai Phong - ✆ (236) 382 14 80.* Service de santé pour les étrangers.

Arriver/Partir

En avion

Aéroport international – A3 EN DIR. - *À 2 km à l'ouest de Da Nang, sur la rue Dien Bien Phu, dans le prolongement de Hung Vuong.* 30 vols/j. pour Hanoi *(1h10 de trajet)* et Ho Chi Minh-Ville *(1h10)*. Liaisons avec Kuala Lumpur (Malaisie), Siem Reap (Cambodge), Bangkok, Séoul, Tokyo, Hong-Kong, Chengdu. Pour rejoindre le centre-ville, comptez env. 200 000 VND en taxi.

Vietnam Airlines – A3 - *27 Dien Bien Phu - ✆ (236) 382 11 30.*

Jetstar Pacific – A4 - *253 Nguyen Van Linh - ✆ (236) 358 35 83.*

En train

Gare ferroviaire – A2 - *202 Hai Phong (à l'ouest de la ville) - ✆ (236) 382 11 75 - billetterie : 6h-3h du matin.* Comptez 5 trains/j. pour Hanoi *(16h)*, Hué *(2h30-3h30)*, Ho Chi Minh-Ville *(16h30-19h)*.

En bus

Gare routière interurbaine – A3 EN DIR. - *À env. 6 km à l'ouest du centre-ville.* Bus fréquents pour Hoi An *(1h de trajet)*, 3 bus/j. pour Ho Chi Minh-Ville *(20h)*, 2 pour Hué *(3h30)*, Qui Nhon *(4-5h)*, Dalat *(24h)* et 6 pour Plei Ku *(10-12h)*. Adressez-vous aux agences de voyage en ville ou à votre hôtel : un bus passera vous prendre à votre porte.

Transports

Taxi

Song Han Taxi – *✆ (236) 372 72 72.*

Vinasun – *✆ (236) 368 68 68.*

Mailinh Taxi – *✆ (236) 356 56 56.*

Visite

Agences de voyage

Les agences organisent des excursions en voiture au site cham de **My Son** *(voir p. 209)*. L'ascension vers l'ancienne station climatique de **Ba Na Hill**, transformée en gigantesque complexe touristique (avec reconstitution d'une cité médiévale française !) accessible par deux téléphériques, est également un classique qui, toutefois, s'adresse surtout aux touristes vietnamiens.

Danang Backpacker Tourist – C3 - *4 Tran Quoc Toan - ✆ 09 0568 00 00- hidekihung@yahoo.com.* Location de moto, vélo ou voiture avec chauffeur, excursions, billets de bus... Une mine d'informations dans un bon anglais.

Nos adresses

PLAN DE VILLE (P. 186)

Restauration

Budget moyen

3 **Bep Hen** – B3 - *47 Le Hong Phong - ✆ 09 3533 77 05 - 10h-21h - 150 000 VND.* Goûtez à la cuisine d'une « mamma » vietnamienne dans une maison pleine de charme où trônent plantes vertes, vases et vieilles photos de famille. Le soir, optez pour la table sur le balcon pour savourer un poulet au caramel ou sauté à la citronnelle et aux piments !

6 **Nha Hang Vietnam** – B2 - *55 Ly Tu Trong - ✆ (236) 382 38 45 - service continu - autour de 150 000 VND.* Une gargote accueillant une clientèle d'habitués dans une salle ouverte sur la rue, autour de plats simples mais copieux. Un peu excentré mais le déplacement en vaut la peine !

Pour se faire plaisir

5 **Pizza 4 P** – B3 - *8 Hoang Van Thu - pizza4ps.com - 11h-21h30 - pizzas 150 000/290 000 VND.* Cette chaîne de restaurants sort du lot avec ses pizzas à la touche asiatique (chou kale ou poulet teriyaki), nappées d'une mozzarella produite à Dalat, et ses réputés spaghettis au crabe, sauce tomate et ricotta.

5 **Phi Lu** – B3 - *225 Nguyen Chi Thanh - ✆ (236) 386 88 68 - service continu - 200 000/1100 000 VND.* Un restaurant très populaire auprès des familles vietnamiennes. Pour sortir de l'ordinaire, tentez les concombres de mer, les grenouilles, les anguilles ou le pigeon. Cuisine chinoise et portions généreuses. Un peu bruyant. Carte des vins.

Une folie

2 **Apsara** – B3 - *222 Tran Phu - ✆ (236) 356 14 09 - plats 180 000/450 000 VND.* La réplique d'un temple cham vous accueille dans la petite cour-jardin. Sushis, sashimis et spécialités de la mer (tourteau, poulpe, coquillages) y sont servis dans une salle spacieuse à la décoration recherchée. Musique et danses traditionnelles de 19h à 20h.

My Khe et China Beach

Vous trouverez pléthore de restaurants populaires en terrasse le long du front de mer pour un repas simple de cuisine locale.

Une folie

La Maison 1888 – *Hôtel Intercontinental, Bai Bac, péninsule de Son Tra - ✆ (236) 393 88 88 - 18h30-21h - menu 3 400 000/ 5 300 000 VND.* Cet édifice à l'architecture raffinée surplombant la baie offre un cadre exceptionnel pour déguster une cuisine française de haute volée, conçue par Pierre Gagnaire qui a dépêché ici une de ses équipes. Réservation indispensable.

Petite pause

À la tombée du jour sur **Bach Dang**, entre les rues Thai Phien et Tran Quoc Toan (C3), une ribambelle de gargotes régalent les Vietnamiens avec des glaces et des boissons à la noix de coco. Laissez-vous tenter !

Nam House – B3 - *15/1 Le Hong Phong (ruelle perpendiculaire à Le Hong Phong) - ✆ 07 8778 68 69 - 6h-22h.* Mêlez-vous aux locaux pour boire un thé ou un *egg coffee* dans une ambiance délicieusement vintage, entre solex Peugeot, téléviseurs sixties et drapeaux du Vietnam. En face, la **Phong Tranh Gallery** (même propriétaire) est un autre petit bijou où s'attabler.

Boire un verre

Memory Lounge – C2 - *7 Bach Dang - ✆ 09 0117 99 55 - 7h-22h30.* Une adresse branchée programmant des concerts de pop-rock vietnamienne tous les soirs de 20h30 à 22h30. Salle climatisée et terrasse sur la rivière.

En soirée

Spectacles

Théâtre municipal – B3 - *à l'angle des r. Phan Chu Trinh et Hung Vuong - ✆ (236) 381 05 15.* Danse, opéra, concerts.

Discothèques

New Phuong Dong – B1 - *20 Dong Da - ✆ 07 6630 30 79 - 20h-3h.*

Hébergement

Premier prix

8 **Stargazer** - C2 - *77 Tran Phu - ✆ (236) 381 55 97 -* ▤ 🅿 *- 20 ch. 350 000 VND.* Cet établissement très bien situé, à deux pas du marché Han, dispose de chambres avec balcons orientées vers la rivière. Accueil en anglais.

Budget moyen

3 **Danang Petro** – B2 - *Quang Trung - ✆ (236) 383 48 34 - www.danangpetrohotel.com.vn -* ▤ ✕ ⛱ *- 68 ch. 730 000/970 000 VND* ☕. Situé face au port, cet hôtel a opté pour un confort international standardisé. Les chambres situées entre les 7e et 12e étages bénéficient d'une vue imprenable sur la rivière et la mer. Promotions fréquentes.

7 **Saigontourane** – B1 - *5 Dong Da - ✆ (236) 382 10 21 -* ▤ ✕ *- 82 ch. 900 000 VND* ☕. Un peu isolé au nord de la ville, cet établissement propose des chambres très correctes et réserve un excellent accueil à sa clientèle. Reçoit beaucoup de groupes, réservez à l'avance.

9 **An Nam** – B3 - *11A Tran Binh Trong - ✆ (236) 382 01 68 -* ▤ *- 25 ch. 965 000/1 800 000 VND* ☕. Chambres sommaires mais confortables. Le personnel, qui ne parle que trois mots d'anglais, se révèle très serviable et efficace.

Pour se faire plaisir

10 **Sanouva** – B3 - *68 Phan Chu Trinh - ✆ (236) 382 34 68 - www.sanouvadanang.com -* ▤ ✕ ⛱ *- 80 ch. 1 300 000/1 500 000 VND* ☕. Le Sanouva joue la carte du luxe. Vastes chambres avec parquet en bois sombre et grandes fenêtres. Tout en hauteur, cet hôtel offre de belles vues sur les toits de Da Nang.

4 **Cozy Boutique Hotel** – B3-4 - *37 Co Giang - ✆ (236) 365 86 66 -* ▤ ✕ ⛱ *- 40 ch. 1 500 000/1 800 000 VND* ☕. À deux pas du musée d'Art cham, cet établissement propose des chambres à la décoration épurée (meubles en bois clair) et soignée, dont certaines avec balcon. La literie est excellente, mais la climatisation un peu bruyante. De la piscine sur le toit, vue imprenable le soir sur le pont du Dragon illuminé.

My Khe Beach

Une folie

Grand Tourane – *Sur le front de mer - ✆ (236) 377 88 88 - www.grandtouranehotel.com -* ▤ ✕ ⛱ *- 40 ch. 4 300 000/4 900 000 VND* ☕. Les chambres, meublées avec goût, sont situées dans des villas de style colonial. Jolie piscine au milieu des cocotiers et des bougainvillées. Il n'y a qu'à traverser la route pour atteindre la plage.

China Beach

Une folie

Furama Resort – *105 Vo Nguyen Giap - ✆ (236) 384 78 88 - www.furamavietnam.com -* ▤ ✕ ⛱ *- 198 ch. 3 500 000/4 500 000 VND* ☕. Cet établissement propose de superbes chambres parquetées avec mobilier de style colonial, salle de bains en marbre et balcon donnant sur la plage ou la piscine. Cuisines asiatique et européenne de qualité servies dans l'un des quatre bars-restaurants de l'hôtel. Soirées paisibles, bercées par les notes jazzy du pianiste, dans le *lounge* à l'atmosphère feutrée.

Hoi An ★★★

Bercée par les eaux tranquilles de la rivière Thu Bon, Hoi An semble endormie, comme sous l'effet d'un enchantement qui aurait suspendu le temps. Le matin et le soir, la brume envahit les eaux, remplissant de coton les larges filets des pêcheurs étendus tout au long de la rivière. Avec ses maisons colorées aux façades patinées, Hoi An possède ce charme suranné que rien ne semble vouloir troubler. Partout en ville, de petits artisans œuvrent dans leur boutique, perpétuant la tradition artisanale hoiannaise. Les ruelles se parent de lanternes, de peintures ou de soieries aux couleurs chatoyantes et bourdonnent du ronronnement des machines à coudre... Les touristes ne s'y sont pas trompés, qui viennent ici toujours plus nombreux et n'hésitent pas à prolonger leur séjour pour profiter de la quiétude des lieux ou de la plage d'An Bang, à 4 km de là. Tout entière vouée au tourisme, Hoi An a vu fleurir ces dernières années restaurants, bars, hôtels et agences de voyage, ainsi qu'une multitude de boutiques proposant des vêtements taillés sur mesure en un temps record.

Se repérer

CARTE B2 (P. 154-155) - PLAN DE VILLE (P. 196).

120 000 habitants – Province de Quang Nam.

Hoi An est situé à 29 km au sud-est de Da Nang.

À ne pas manquer

Les vieilles maisons chinoises de Hoi An ; une balade au marché au petit matin ; une virée à vélo dans les rizières environnantes, jusqu'à la plage An Bang.

Organiser son temps

Comptez une journée et planifiez vos visites pour tirer au mieux parti de votre *pass* ; profitez du centre historique lorsqu'il est fermé à la circulation ou l'après-midi, quand tout le monde est à la plage.

En famille

Une croisière dans les îles chames ; un spectacle au Hoi An Lune Center.

Carnet pratique p. 203

Nos adresses p. 204

3

Se promener

PLAN P. 196

Inscrite au patrimoine mondial de l'Unesco en 1999, la cité est un véritable musée vivant où pas moins de 844 sites d'intérêt historique ont été recensés, tels que ponts, puits, pagodes et maisons particulières. C'est de cette atmosphère unique, empreinte de nostalgie, que vient s'imprégner le voyageur, flânant au hasard des rues à la découverte de ce port marchand d'un autre temps.

Un *pass* est nécessaire pour visiter les différents monuments de la ville *(voir p. 203)*. La plupart des maisons sont encore habitées par les descendants de leur fondateur. Sachez faire preuve de tact et de discrétion : tenez-vous-en aux parties anciennes et aux pièces d'entrée, et évitez de pénétrer dans les espaces privés ou de prendre en photo les personnes.

★★ Maison de culte de la famille Tran

21 Le Loi (à l'angle de la rue Phan Chu Trinh) - 7h-21h - pass - petite visite guidée.
Dissimulée derrière une haute clôture mêlant les styles chinois et japonais, cette maison fut construite en 1802 par un mandarin civil du nom de Tran Tu Nhac et consacrée au culte de ses ancêtres.
On pénètre par le « jardin de l'Ouest », joliment fleuri, qui symbolise le futur et le paradis, tandis qu'à l'arrière de la demeure, le « jardin de l'Est », planté d'un carambolier, où sont enterrés les cordons ombilicaux de tous les membres de la famille, désigne le passé. La maison représente quant à elle le temps présent et se divise en deux parties, la première réservée au lieu de culte, la seconde à l'habitat. Les trois pièces composant la **chapelle** évoquent successivement le bonheur, la prospérité et la longévité. L'antichambre conserve un beau mobilier de bois sombre, les lanternes et les panneaux gravés de caractères chinois contant l'histoire de la maison. Dans la salle de culte se dresse l'**autel des ancêtres**, dont la responsabilité se transmet de père en fils aîné. Le seuil entre les deux pièces est volontairement surélevé afin d'obliger le visiteur à baisser la tête devant l'autel ! Chacune des boîtes en bois disposées là renferme la relique d'un ancêtre. La troisième pièce rassemble la collection familiale de **céramiques**, constituée génération après génération.
Redescendez la rue Le Loi et prenez à gauche dans la rue Tran Phu.

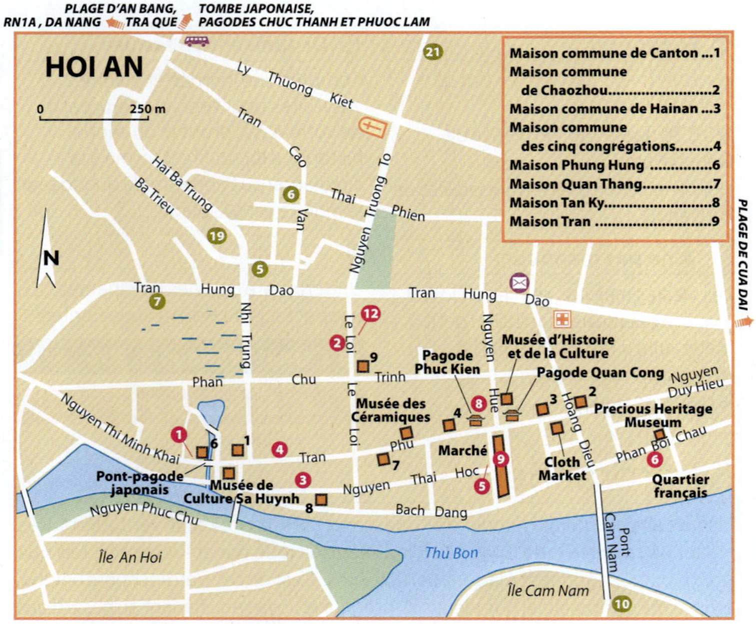

SE RESTAURER
- Nu Eatery 1
- Café Bo Bo 2
- Morning Glory 3
- Mot 4
- Co Mai 5
- Mango Rooms 6
- Miss Ly 8
- Restaurants du marché 9
- Good Morning Vietnam 12

SE LOGER
- Lion King Hotel 5
- Nem's House 6
- Nu Ni Homestay 7
- Pho Hoi Riverside Resort 10
- Hoi An Pho Library Hotel 19
- ViVi Homestay 21

Communautés chinoises

Hoi An a accueilli au cours de son histoire une large communauté chinoise. Ces immigrants bâtirent à Hoi An des sièges sociaux, où ils pouvaient se retrouver pour le culte de leurs ancêtres. Ces maisons communes sont parfois appelées pagodes, mais on y célèbre uniquement des divinités que l'on souhaite remercier pour l'aide apportée à la communauté chinoise.

Maison Quan Thang

77 Tran Phu - 9h30-18h - pass.

Elle fut construite il y a plus de 200 ans par un commerçant chinois et présente beaucoup de similitudes avec la maison Tan Ky *(voir p. 199)*, à ceci près qu'elle est mieux préservée.

★ Musée des Céramiques de commerce

80 Tran Phu - 7h-21h - pass.

Il est installé dans une élégante maison chinoise en bois du début du 20e s. Y sont exposés des morceaux de céramiques chinoises, japonaises et vietnamiennes retrouvés lors de fouilles, ainsi que divers dessins retraçant les modèles d'architecture typiques de la ville. Du balcon à l'étage, vue sur les toits de tuiles de la ville. Passez à la **maison commune des cinq congrégations** *(64 Tran Phu - gratuit)*, construite en 1741 pour regrouper tous les Chinois vivant à Hoi An, puis continuez dans la rue Tran Phu.

★★ Maison commune de la congrégation chinoise de Fujian

46 Tran Phu - 7h-18h - pass.

Appelée également **pagode Phuc Kien**, cette maison, édifiée en 1697, fut consacrée à la déesse de la Mer, Thien Hau Thanh Mau, par les mandarins chinois de la dynastie Ming qui durent émigrer et rejoindre le Vietnam en bateau, suite aux combats qui les opposèrent aux Mandchous en 1644. Un superbe porche de brique rose, reconstruit en 1974, précède la maison et ouvre sur une large terrasse arborée et fleurie de frangipaniers.

En pénétrant dans la pagode, vous apercevez, de part et d'autre de la table autour de laquelle siégeaient les notables, deux belles **fresques en relief**★. Celle de gauche représente le combat entre Ming et Mandchous, celle de droite, la déesse de la Mer portant assistance à un navire en perdition. Un premier autel est dédié à la déesse de la Compassion, et deux êtres étranges gardent l'accès du second, consacré à la déesse de la Mer : Thien Ly Nhan (en vert), dont la vue porte à mille lieues, et Thuan Phong Nhi (en rouge), dont l'ouïe porte à mille lieues. À droite de l'autel est exposée la **maquette** d'un bateau à voiles chinois similaire à ceux qu'empruntèrent les Ming pour quitter la Chine. Une salle adjacente est destinée au culte des ancêtres. L'arrière-cour abrite trois superbes autels en bois laqué richement sculptés.

Pagode Quan Cong (CHUA ONG)

24 Tran Phu (à l'angle de la rue Nguyen Hue) - 7h-21h - pass.

Édifiée en 1653, cette pagode est l'ancien lieu de culte des habitants de Hoi An. Elle est aujourd'hui consacrée au général chinois Quan Cong, célèbre pour sa loyauté, sa sincérité, son intégrité et sa justice. Une impressionnante statue en couleur, protégée par une châsse vitrée, le représente aux côtés de son général adjoint et d'un mandarin civil qui est aussi son fils adoptif. Une porte à l'arrière ouvre sur la cour de la pagode Quan Am, dans laquelle est établi le musée d'Histoire et de la Culture.

Carrefour commercial et joyau d'architecture

Si Hoi An est aujourd'hui une bourgade paisible, l'ancienne **Faifo** fut, deux siècles durant, un maillon de la chaîne des comptoirs du Sud-Est asiatique et le plus grand port commercial du pays. Elle constitua dès le 15e s. un carrefour maritime important, où mouillèrent nombre de navires marchands venus d'Asie. Au 16e s., les échanges sino-japonais se développèrent dans la province de Quang Nam, suite à l'interdiction faite aux bateaux nippons de faire escale dans un port chinois.

Une cité florissante

Fondée officiellement entre 1602 et 1613 avec le soutien du gouverneur **Nguyen Phuoc Nguyen** (1563-1635), Hoi An connut au cours des deux siècles suivants une intense période commerciale, à laquelle participèrent les Européens – Hollandais, Anglais, Français et Portugais. On y écoulait de la soie, du thé, des épices, de la porcelaine et de la laque. Il s'agissait dans un premier temps de simples échanges de marchandises et d'activités saisonnières liées à la période des moussons, mais, le commerce prospérant, nombre de marchands s'installèrent finalement dans la cité, où ils se firent construire de riches demeures leur servant à la fois d'habitation, de boutique et d'entrepôt. Peu à peu, les quartiers japonais, chinois et français se dessinèrent et diverses communautés, vivant chacune selon ses us et coutumes, vinrent à se côtoyer.
Avec les Européens débarquèrent aussi les premiers missionnaires. Parmi eux, le **père Alexandre de Rhodes** qui, arrivé en 1625, résida trois ans à Hoi An. C'est à lui que l'on doit la latinisation de la langue vietnamienne *(voir p. 400)*.
À la fin du 18e s., la guerre opposant les Nguyen aux Trinh, puis la révolte des Tay Son endommagèrent gravement la ville et marquèrent le déclin du port de Hoi An au profit de celui de Da Nang. L'ensablement de la rivière sonna le glas du transport maritime, empêchant toute navigation autre que celle des barques et des sampans.

Un musée à ciel ouvert

Petit joyau d'architecture, Hoi An présente un caractère unique. La coexistence des communautés chinoise, japonaise et occidentales au cours des siècles derniers est à l'origine d'un échange culturel fertile se traduisant par la combinaison de différents styles architecturaux, ce qui n'empêche pas une certaine harmonie.
Au début des années 1990, d'importants travaux de rénovation des édifices historiques ont été entrepris avec l'aide d'équipes japonaises pour préserver ce patrimoine culturel d'une valeur inestimable. Certains trouveront peut-être cette ville trop touristique, voire artificielle. Mais la réhabilitation de Hoi An est un cas unique au Vietnam, et donne aujourd'hui à voir la plus belle ville du pays. Le centre historique a été partiellement fermé à la circulation, les néons ont été interdits, les câbles enterrés et les antennes de télévision supprimées. Petit à petit, on détruit les quelques maisons en béton de ces dernières décennies pour reconstruire les précédentes à l'identique, en suivant les plans d'époque. Une métamorphose qui pourrait faire école dans le pays.

★ Musée d'Histoire et de la Culture

7 Nguyen Hue - lun.-vend. 7h-17h - fermé w.-end - pass.

Une exposition hétéroclite – cloches, céramiques, ornements architecturaux en bois, manuscrits... – retrace le développement de Hoi An durant les périodes pré et protohistorique, du Champa (7e-15e s.) et du Dai Viet (15e-19e s.).

Rue Tran Phu, vous pouvez également visiter la **maison commune de la congrégation chinoise de Hainan**, édifice doté d'un bel autel ouvragé et de jolis panneaux décoratifs *(10 Tran Phu - 8h-17h - gratuit ; si les deux lourdes portes en bois sont fermées, passez par le petit porche à gauche du bâtiment)*.

Un peu plus loin, la **maison commune de la congrégation chinoise de Chaozhou** *(Trieu Chau - 157 Nguyen Duy Hieu - 7h-21h - pass)* mérite le détour.

Descendez la rue Hoang Dieu vers la rivière, jusqu'au carrefour de la rue Phan Boi Chau qui marque l'entrée du quartier français.

★ Quartier français

Voulant rompre avec l'architecture des quartiers chinois et japonais et se distinguer nettement de ces communautés, les Français édifièrent le long de l'ancienne rue Courbet une succession de **maisons de style colonial à colonnades**. Cette rue bordée d'arbres à l'ombre généreuse est très pittoresque avec ses façades jaunes rehaussées de portes et volets bleu outremer.

Dans l'une de ces jolies demeures se trouve le **Precious Heritage Museum★** *(26 Phan Boi Chau - www.rehahnphotographer.com - 8h-20h - gratuit)*. Le photographe français Réhahn, installé à Hoi An depuis 2011, a ouvert une galerie d'art pour y exposer ses photos, ainsi que sa magnifique collection de costumes et d'objets issus des 54 groupes ethniques du Vietnam qu'il a photographiés lors de ses voyages.

Empruntez la rue Bach Dang qui longe la rivière.

★★ Marché

L'animation qui gagne la ruelle ne laisse pas de doute : le marché, riche en couleurs, en parfums et en saveurs, est le cœur palpitant de l'ancienne cité-port. L'arôme des fleurs se mêle aux senteurs des épices et aux effluves des filets de poisson séchés ; le bavardage des marchandes accroupies entre deux palanches répond aux piaillements des poussins et des canetons ; les cuisinières s'activent derrière leur étal, invitant le chaland à une petite collation, tandis que sur le quai, à l'ombre d'un parasol ou de leur chapeau conique, des jeunes femmes proposent une variété infinie de poissons et de fruits de mer fraîchement pêchés... C'est en vous promenant le long de la rivière, sur laquelle barques et sampans exécutent un ballet charmant, que vous apprécierez l'atmosphère particulière de cette ville d'un autre temps. Préférez une balade au petit matin pour éviter la foule des visiteurs.

Rejoignez la rue Nguyen Thai Hoc, à son extrémité se niche la maison Tan Ky.

★★ Maison Tan Ky

101 Nguyen Thai Hoc - 8h-11h30, 13h30-17h45 - pass.

Joyau de l'architecture hoiannaise, l'édifice date de la fin du 18e s. Il a vu naître sept générations et fut la première maison de Hoi An classée monument historique en 1985. Dans le salon, notez les superbes colonnes en bois de jaquier incrustées de nacre, sur lesquelles sont gravés des poèmes à la gloire de la nature. Les deux colonnes décoratives côté cour sont, elles, recouvertes de sentences dont chaque caractère est formé d'oiseaux (50 sur chaque colonne !).

La rue Nguyen Thai Hoc rejoint la rue Bach Dang que vous pouvez suivre jusqu'au pont-pagode japonais.

★★ Pont-pagode japonais

7h-21h - pass.

Diverses communautés s'implantèrent à Hoi An du temps où celle-ci était une cité prospère. À l'ouest de la rivière s'était établi le quartier japonais, à l'est le quartier chinois, et au nord le quartier vietnamien. Ce sont finalement les Japonais qui, en 1593, entreprirent la construction de ce pont couvert. Cela prit trois ans, de l'année du Singe à celle du Chien, d'où la présence de part et d'autre du pont de **statues** de ces animaux totems. En 1719, un mandarin chinois en visite à Hoi An lui donna le nom de Lai Vien Kieu, « Le pont construit par les hommes qui sont venus de loin ». Cinquante ans plus tard, les Chinois décidèrent la construction d'une **pagode** consacrée à Bac De Tran Vu, un mandarin chinois très respecté. Elle fut un temps utilisée comme palais de justice pour régler les conflits entre les différentes communautés.

Pont et dragon

Une légende veut que le **pont-pagode** de Hoi An ait été construit par la communauté japonaise pour exorciser un monstre reposant depuis l'Inde jusqu'au Japon et responsable de graves bouleversements en Asie, comme les sécheresses, les inondations ou les tremblements de terre. Le petit édifice passerait précisément sur le dos de la bête, l'empêchant ainsi de bouger et de nuire en déclenchant d'autres catastrophes.

★ Maison Phung Hung

4 Nguyen Thi Minh Khai - 8h-18h - pass.

À l'ouest du pont, la maison Phung Hung, construite en 1780, est classée monument historique depuis 1985. Elle mêle divers styles architecturaux. Aucun élément en fer n'intervient dans la charpente en chêne, de style vietnamien, qui est soutenue par 80 piliers et n'est ajustée qu'avec des clés ou des chevilles en bois. L'eau de pluie qui s'écoule par le toit à quatre pentes japonais est collectée dans les gouttières, puis stockée dans un bassin sous la maison.

À l'étage, un balcon de style chinois à toit voûté est orné de jolies paires de carpes, symboles de prospérité pour les Vietnamiens, de chance pour les Chinois et de pouvoir pour les Japonais. Dans la pièce, un autel suspendu est consacré au commerce maritime. C'est à lui que s'adressaient les marins avant de prendre la mer. Une trappe servant autrefois à hisser les marchandises permet aujourd'hui de

Do you want to come to my shop ?

Hoi An est l'endroit idéal pour se refaire une garde-robe. Les **boutiques de tailleurs** ont envahi les ruelles qui résonnent du ronronnement des machines à coudre. La concurrence est âpre et les rabatteuses ne manquent pas de vous aborder pour vous inviter dans leur atelier. De l'élégant *ao dai* en soie vietnamienne au duffle-coat en laine, en passant par la robe en viscose ou le smoking en drap, il vous suffit de choisir un modèle et un tissu et l'on vous confectionne en quelques heures un vêtement sur mesure. N'hésitez pas à marchander et vérifiez, pour être sûr d'un travail soigné, que votre vêtement sera taillé et assemblé sur place, et non dans une usine des environs. Votre hôtel sera aussi de bon conseil pour vous indiquer une boutique sérieuse.

Parcourir la vieille ville de Hoi An, au bord du Thu Bon.
efired/Getty Images Plus

monter le mobilier du rez-de-chaussée lors des inondations d'octobre-novembre qui touchent les quartiers situés près de la rivière.
Retraversez le pont-pagode japonais et poursuivez sur 50 m à l'est de ce pont.

Musée de la Culture Sa Huynh

149 Tran Phu (à l'angle des rues Tran Phu et Chau Thuong Van) - 8h-20h - pass.
La civilisation Sa Huynh, dont on ne sait encore que peu de choses, s'est développée dans la région de Hoi An de 1000 av. J.-C. au 2e s. ap. J.-C., avant que n'apparaissent les Chams. Archéologues et scientifiques l'étudient de près et plus de 20 sites de fouilles – habitations et cimetières – ont été établis dans les environs. Ils ont permis de mettre au jour de grandes **urnes funéraires** conservées dans le sable, qui contenaient les cendres et les bijoux des défunts, ainsi que des céramiques, des ustensiles de cuisine et des outils en fer exposés ici.

3

Maison commune de Canton (QUANG DONG)

176 Tran Phu - 7h-21h - pass.
Ici s'élève la maison commune de la congrégation chinoise de Canton. Créée en 1895, elle est dédiée au culte du général Quan Cong.
Dans la première salle, deux belles **fresques en relief** représentent le général accompagné d'une part de ses deux fidèles amis, de l'autre des épouses de ces derniers. Dans la salle principale, le général siège avec ses aides de camp, son général adjoint et un mandarin civil qu'il avait adopté. De part et d'autre du groupe, le cheval blanc, qui fut la première monture du général, et le célèbre cheval rouge, qui l'accompagna ensuite dans toutes ses expéditions. Enfin, deux autels encadrent un autel principal, celui de gauche est consacré à la déesse de la Mer et celui de droite, au dieu de la Prospérité. Vous retrouvez dans cette maison un schéma très semblable à celui de la pagode Phuc Kien (*voir p. 197*).

À proximité

CARTE P. 154-155

Louez un vélo (vous en trouverez partout en ville) et partez à la découverte des proches environs de la ville, entre océan et rizières.

La campagne hoiannaise B2

Sortez de Hoi An par la rue Hai Ba Trung, en direction de la plage An Bang.
Au nord de la ville s'étirent de belles rizières traversées par de larges levées de terre permettant aisément de circuler à pied ou à bicyclette.
Traversez les rizières jusqu'au canal d'irrigation, puis prenez à gauche après le pont. Continuez jusqu'à une digue en pierre, à droite du chemin, où vous pouvez laisser votre vélo ; la tombe est à 100 m.
Au milieu de ces étendues verdoyantes, dans un cadre empreint d'une sérénité absolue, s'élève la **tombe** d'un marchand japonais ayant résidé à Hoi An au 17e s. Si vous poursuivez le long du canal et tournez à gauche au prochain pont, vous rejoignez une piste en terre rouge qui se transforme bientôt en route. Passé le cimetière bouddhique, prenez à droite le chemin qui mène à la **pagode Chuc Thanh**. Construite dans un endroit paisible où paissent quelques vaches, cette pagode serait l'une des plus vieilles de Hoi An. À l'entrée, trois tours abritent les tombes des moines du monastère.
Non loin de là *(reprenez le chemin jusqu'à une route que vous traversez)*, la **pagode Phuoc Lam** est nichée dans un beau jardin fleuri.
Revenez sur la route principale (prolongement de la rue Hai Ba Trung) et poursuivez vers le nord.
Vous arrivez à **Tra Que** ★, « le village des légumes et des herbes aromatiques ». Ouvrez grand vos narines : ciboulette, menthe ou coriandre embaument l'air. Les villageois cultivent de vastes potagers qui alimentent les marchés et restaurants de Hoi An. Vous pouvez les regarder travailler, équipés de leur double arrosoir (un dans chaque main, supportés par un bâton posé sur les épaules) ou bien... leur prêter main-forte. Implanté entre les rangées de salades et d'épinards, l'établissement **Tra Que Water Wheel** *(Tra Que Village, Cam Ha - ✆ 0912 71 90 79 via whatsapp - www.traquewaterwheel.com)* organise des séances de jardinage *(réservez à l'avance)*. Vous pouvez compléter l'expérience avec un cours de cuisine ou une initiation à la confection de feuilles de riz.
Depuis Tra Que, la plage d'An Bang est à 1,5 km via la rue Hai Ba Trung.

Les plages B2

À 5 km au nord de Hoi An par les rue Cua Dai ou Hai Ba Truong.
Il est aussi possible d'explorer les environs de Hoi An en sortant de la ville par la rue Cua Dai. La route, bordée de lagunes et de cocotiers, est plaisante. Si vous quittez l'itinéraire principal et empruntez, sur la droite, la rue Tran Nhan Tong ou la rue Le Thanh Tam, vous traverserez de splendides paysages de rizières.
Rejoindre les plages permet d'échapper à la touffeur de la ville. Ouverte depuis plusieurs années au tourisme, celle de **Cua Dai** a perdu de son attrait. D'imposants complexes hôteliers ont colonisé le bord de mer et la bande de sable a aujourd'hui tendance à s'éroder.
Nombre de voyageurs lui préfèrent désormais sa voisine, **An Bang**★, située plus au nord. La plage, piquée de parasols en feuilles de bananier, est magnifique. Au loin, on distingue les îles chames, spot de plongée sous-marine *(voir « Activités », p. 206)*. Transats, restaurants et bungalows *(voir « Hébergement », p. 207)* sont à disposition.

Carnet pratique

PLAN DE VILLE (P. 196)

S'informer

Infos touristiques – *5 Hoang Dieu (bureau principal) - ✆ (235) 391 51 06 - www.quangnamtourism.com.vn.* Plusieurs guichets disséminés dans le centre historique *(677 Hai Ba Trung; 78 Le Loi; 12 Phan Chu Trinh; à l'angle des rues Tran Phu et Nguyen Hue; dans la rue Nguyen Thi Minh Khai)* vendent les **pass** nécessaires aux visites *(voir ci-contre)*. Ils peuvent aussi vous indiquer un guide francophone.

Adresses utiles

Banque/Change

Nombreux ATM dans le quartier touristique.

Poste/Téléphone

Buu Dien Hoi An – *à l'angle de Ngo Gia Tu et Tran Hung Dao - ✆ (235) 386 28 88 - 6h-21h30.*

Santé

Hôpital général – *4 Tran Hung Dao - ✆ (235) 386 13 64.*

Hoi An Medical Services – *503 Hai Ba Trung - ✆ 09 1345 72 19.* Médecin vietnamien francophone.

Arriver/Partir

En bus

Gare routière – *Angle des rues Nguyen Tat Thanh et Le Hong Phong (à 1,5 km à au nord-ouest du centre-ville).*

Pour Da Nang *(1h de trajet)*, dép. ttes les 30mn de 5h30 à 17h30.

Pour les autres destinations, le plus simple est d'emprunter l'un des bus privés dont les billets sont vendus par les agences de voyage.

Transports

Hoi An se découvre à pied, la circulation dans la vieille ville ayant été limitée : la rue Nguyen Thai Hoc est interdite aux véhicules à moteur, tandis que Tran Phu et les rues perpendiculaires sont piétonnes en semaine et le soir ainsi que le 14e jour du mois lunaire.

Location de deux-roues

Dans les hôtels et les agences de voyage. Comptez env. 50 000 VND/j. pour un vélo, 200 000 VND pour un scooter. Certains hôtels prêtent des vélos à leurs clients gracieusement.

Visite

Pass

La ville compte 23 sites payants. Un **pass** *(120 000 VND)*, valable 24h, en vente dans les guichets installés dans le centre-ville *(voir « S'informer »)*, donne accès à cinq d'entre eux au choix. Pour toute visite supplémentaire, il faut acheter un nouveau forfait.

Agences de voyage

On trouve pléthore d'agences en ville, proposant toutes des services identiques, à des prix similaires, de la vente de billets de bus, de bateau ou d'avion aux excursions organisées aux sites de My Son, My Lai et dans les îles chames.

The Sinh Tourist – *587 Hai Ba Trung - ✆ (235) 386 39 48 - www.thesinhtourist.vn - 8h-19h.* Une agence présente dans tout le pays.

Excursions

Le site de **My Son**, au programme de toutes les agences de voyage, est très accessible depuis Hoi An *(voir p. 209)*.

Les agences proposent des excursions en bateau dans les **îles chames** et sur la rivière Hoi An (vers les îles **Cam Nam** et **Cam Kim**), avec balade à vélo et en bateau-panier, déjeuner et visite de villages d'artisan *(www.vietnam-bicycle.com)*.

Les petits bateaux amarrés le long du quai demandent environ

3

150 000 VND pour un tour de 20mn, de jour comme de nuit. Comptez au moins 500 000 VND pour l'excursion au village des potiers de **Thanh Ha**.

Agenda

Festival des lanternes – *14e jour du mois lunaire (pleine Lune).* La rivière s'illumine de lanternes en papier éclairées à la bougie. Animations sur les rives.

Festival des pêcheurs – *Dernier dim. de mars ou 1er dim. d'avr.* Une procession accompagnée de musiciens et de chanteurs remonte la rivière pour célébrer les esprits afin d'assurer la prospérité des villages de pêcheurs.

Nos adresses

PLAN DE VILLE (P. 196)

Restauration

Goûtez aux spécialités régionales : le *cau lau* (pâte de riz macérée dans de l'eau de cendre, couverte d'une marinade de porc frit, servie avec de la salade et des germes de soja), le *bong hong trang* ou *white rose* (pâte de riz fine et blanche farcie d'un hachis de crabe et de crevettes) et le *hoanh thanh* ou *won-ton* (pâte de farine farcie aux crevettes et frite).

Premier prix

9 **Restaurants du marché** – *À l'angle de Tran Phu et de Tran Quy Cap - jusqu'à 16h - env. 50 000 VND.* Pour le déjeuner le plus simple, mais assurément le plus savoureux et le plus authentique de Hoi An. Poissons, viande de porc, pommes de terre confites, etc. : pas de menu mais vous pointez ce qui vous fait envie parmi les plats présentés. Vous y goûterez les spécialités traditionnelles de Hoi An.

4 **Mot** – *150 Tran Phu - ✆ 09 0191 33 99 - 7h-22h - 100 000 VND.* Votre cantine à Hoi An est toute trouvée ! *Cao lau*, nems, *banh mi*, *pho*... De délicieux petits plats que l'on déguste assis sur des tabourets, dans une charmante maison ancienne fourmillant d'objets. Ne manquez pas la boisson maison à base de gingembre, citronnelle et miel, décorée d'un pétale de lotus.

Budget moyen

1 **Nu Eatery** – *10A Nguyen Thi Minh Khai - ✆ 08 2519 01 90 - 12h-21h - fermé lun. - env. 140 000 VND.* Dans une ruelle paisible, pourtant à deux pas du pont-pagode japonais, on savoure des plats sains et très savoureux, comme les *banh bao* à la vapeur, au porc ou végétariens, une salade fruitée et rafraîchissante ou un original et délicieux burger crevettes sauce mangue-ananas. Un vrai coup de coeur !

2 **Café Bo Bo** – *18 Le Loi (en face de l'hôtel Thuy Duong) - ✆ (235) 386 19 39 - service continu - env. 200 000 VND.* Sa salle ouverte sur la rue attire une clientèle de jeunes voyageurs. Petite restauration sans prétention dans une ambiance conviviale.

8 **Miss Ly** – *22 Nguyen Hue - ✆ (235) 386 16 03 - service continu - 170 000/270 000 VND.* Au cœur de la vieille ville, dans une maison ancienne restaurée, Miss Ly continue de concocter les recettes qui font son succès auprès des voyageurs depuis trente ans. L'atmosphère et l'accueil ajoutent au charme de l'endroit. Juste à coté, **Miss Ly II** propose la même carte.

1 **Morning Glory** – *106 Nguyen Thai Hoc - ✆ (235) 224 15 55 - 10h-23h - env. 250 000 VND.* Toutes les spécialités de Hoi An et du Vietnam sont parfaitement préparées et joliment présentées. Service

rapide malgré l'affluence. Cadre chaleureux, avec cuisine ouverte au RDC. Réservation conseillée le soir.

Cam Thu – HORS PLAN - *282 Nguyen Tri Phuong - Cam Nam (traversez le pont Cam Nam ; au bout de la rue, prenez à gauche puis, passé trois virages, soit env. 500 m, vous apercevez le restaurant face à vous) - ✆ (235) 386 48 48 - service continu.* Cette baraque de bois posée sur des barques sert d'excellents poissons et jouit d'une vue agréable sur la rivière, ses filets et ses sampans. L'établissement est uniquement fréquenté par une clientèle vietnamienne. En chemin, la route passe le long d'une dizaine de gargotes plus quelconques.

Pour se faire plaisir

1 **Co Mai** – *2 Nguyen Thai Hoc - ✆ (235) 392 81 88 - 16h-22h - fermé dim. - menus 450 000/950 000 VND.* Le restaurant occupe une maison chinoise en bois de jacquier de plus de 200 ans, admirablement restaurée et décorée. On y déguste une cuisine vietnamienne parfumée et pleine de saveurs, à laquelle le chef Didier Corlou, installé dans le pays depuis plus de 30 ans, ajoute sa *French Touch*. Nems au maquereau, salade de pamplemousse aux herbes, thon rouge à la citronnelle et aux fruits de la passion, île flottante à la mangue... Tout invite à un délicieux voyage gastronomique. Carte de vins français et menu végétarien.

6 **Mango Rooms** – *37 Phan Boi Chau - ✆ 07 0265 59 69 - www.mangomangovietnam.com - 8h-23h - 470 000/900 000 VND.* Le cuisinier, qui a beaucoup voyagé, propose des plats originaux aux accents thaïs ou mexicains. Décoration très colorée, ambiance latino et tables romantiques au bord de l'eau. Idéal aussi pour boire un verre.

12 **Good Morning Vietnam** – *11 Le Loi- ✆ (235) 391 02 27 - 220 000/690 000 VND.* Lasagnes, risotto, pizzas, l'ardoise affichant les recommandations du jour annonce le programme culinaire : vous retrouverez ici les saveurs de l'Italie, dans une belle maison aménagée en bar-restaurant.

Petite pause

Faifo Coffee – *130 Tran Phu - ✆ (235) 392 16 68 - 7h-21h.* Très couru pour son toit-terrasse offrant une belle vue sur la ville, cet établissement plein de charme sert de bons cafés et jus de fruit frais.

Phin Coffee – *132/7 Tran Phu - ✆ 09 1988 27 83 - 8h-17h30.* Excellent café à siroter en marge de l'animation touristique, dans une cour intérieure végétalisée bien cachée dans une ruelle.

Reaching Out Tea House – *131 Tran Phu - 8h-19h.* Raffinement et gentillesse sont les maîtres-mots dans ce ravissant salon de thé qui emploie des personnes sourdes-muettes.

Cocobox – *94 Le Loi - ✆ (235) 386 20 00 - 8h-20h30.* Cette échoppe sert des cocktails sans alcool aussi surprenants que délicieux : smoothie à l'avocat et à la spiruline, jus de liseron d'eau ou de tomate-céleri à la sauce Worcestershire. Coin épicerie fine avec des produits bio locaux.

Boire un verre

Phon Café – *80b Bach Dang - 9h-21h30.* À la nuit tombée, les lanternes s'allument et on profite de l'ambiance au bord de la rivière en buvant un mojito et en grignotant quelques cacahuètes.

7 Bridges Hoi An – *36 Tran Phu - ✆ 09 7978 44 91 - 10h-23h.* Excellent choix de bières artisanales servies à la pression. On s'installe en terrasse côté rue ou, à l'intérieur, dans un charmant patio.

À l'extérieur de la ville

Baby Mustard – *Village de Tra Que (à gauche après le pont en arrivant par Hai Ba Trung) - ✆ 09 3572 57 40 -*

170 000 VND. Faites une halte dans les rizières, en bordure du potager de la famille, pour déjeuner ou boire un jus de pastèque lors d'une balade à vélo. Cours de cuisine sur demande.

Soul Kitchen – *Plage de An Bang - ✆ 09 0644 03 20 - 7h-23h - 250 00 VND.* Restaurant et bar de plage pour se la couler douce à toute heure de la journée. On y va plus pour l'ambiance que pour la cuisine. Concerts le week-end à 19h *(programme sur page Facebook).*

Shopping

Sacs en paille, vaisselle, carnets, lanternes... Les ruelles du centre-ville fourmillent de boutiques.

Artisanat

Sova – *111 Tran Phu.* Pour observer le minutieux travail des brodeuses et admirer le résultat. Petit tableau brodé au fil de soie à partir de 1 300 000 VND.

Handicraft Ships – *145 Tran Phu - ✆ (235) 391 18 71.* Étonnante boutique de maquettes de bateaux. Certains galions sont immenses.

Galeries

De l'autre côté du pont-pagode japonais, vous trouverez une concentration de galeries de peinture intéressantes.

Mode

De nombreux tailleurs proposent de vous confectionner un vêtement sur mesure en quelques heures *(voir encadré p. 200).*

Cloth Market – *Tran Phu.* Coton, soie et imprimés vendus au mètre : un choix considérable et des tarifs à négocier avec le sourire.

En soirée

Dîner-croisière

Cinnamon Cruises Restaurant – *76 Bach Dang - ✆ (235) 362 37 77 - www.cinnamoncruises.com.* Le bateau lève l'ancre une première fois à 17h pour un « dîner-coucher de soleil » *(900 000 VND)*, puis une seconde fois à 19h30 pour un repas à la nuit tombée *(900 000 VND).* Deux couverts minimum.

Spectacles

Hoi An Traditional Arts Performance House – *39 Nguyen Thai Hoc (ou entrée par le 66 Bach Dang).* Spectacles musicaux et folkloriques à 10h15 et 15h15 *(durée 25mn - pass).*

Hoi An Lune Center – *1A Nguyen Phuc Chu - ✆ 08 4518 11 88 - www.luneproduction.com - 18h (durée 1h) - à partir de 700 000 VND (-12 ans 490 000 VND).* Sous un chapiteau de bambou, spectacle sensationnel d'acrobaties au son des percussions des ethnies vietnamiennes.

Activités

Plongée sous-marine

Il est possible de pratiquer la plongée aux abords des îles chames. Deux agences agréées PADI proposent des sorties à la journée *(8h-16h30/17h).*

Blue Coral Diving – *33 Tran Hung Dao - ✆ (235) 627 92 97 - www.divehoian.com - plongée 1 400 000/1 600 000 VND.*

Cham Island Diving – *88 Nguyen Thai Hoc - ✆ (235) 391 07 82 - www.vietnamscubadiving.com - plongée 1 800 000/2 100 000 VND.*

Hébergement

Les prix augmentent sensiblement durant la haute saison touristique (juillet-août). Il n'y a pas d'hôtels dans les ruelles de la vieille ville. Les établissements mentionnés se trouvent dans un périmètre de 1,5 km maxi. autour du centre historique.

Centre-ville

Premier prix

6 **Nem's House** – *7 Thai Phien - ✆ 09 0534 59 91 - ▤ - 4 ch.*

450 000 VND - ☕ *90 000 VND.* Bien située, cette petite pension est parfaitement tenue par la pétillante Anh. Les chambres sont simples mais impeccables. La literie pourrait être meilleure, mais on ne peut pas tout avoir à ce prix! Possibilité de réserver des excursions. Location de vélos et de scooters.

7 **Nu Ni Homestay** – *131/12 Tran Hung Đao - ✆ 09 3507 59 87 - ▤ ⛱ - 6 ch. 450 000/ 500 000 VND.* Nichée dans une ruelle calme, cette pension familiale dispose de chambres spacieuses et parfaitement équipées. Petite piscine intérieure pour se rafraîchir. Petit-déjeuner en sus, sur demande.

21 **ViVi Homestay** – *95 Nguyen Truong To - ✆ (235) 391 59 95 - ▤ - 6 ch. 450 000 VND ☕.* Légèrement en retrait du centre historique, cette maison d'hôtes accueille ses clients comme ses propres invités. À l'arrière, « la chambre japonaise », avec balcon et parquet, dispose de deux lits doubles au sol et d'une porte coulissante… À la japonaise donc!

Budget moyen

5 **Lion King Hotel** – *627 Hai Ba Trung - ✆ 09 0645 47 07 - ▤ ⛱ - 15 ch. 950 000 VND.* À deux pas du centre historique, cet hôtel flambant neuf (2022) dispose de vastes chambres lumineuses à la décoration soignée, dominée par des couleurs reposantes, blanches et pastel. Accueil particulièrement attentionné et agréable piscine.

19 **Hoi An Pho Library Hotel** – *96 Ba Trieu - ✆ (235) 391 62 77 - ▤ ✕ ⛱ - 26 ch. 590 000/ 900 000* ☕. Les chambres « standard » n'ont pas de fenêtre, ce qui pourrait être un avantage en cas de grosse chaleur. On apprécie la jolie petite piscine sur le toit. Comme la plupart des hôtels du quartier, il accueille souvent des groupes et il peut être prudent de réserver.

10 **Pho Hoi Riverside Resort** – *Cam Nam (de l'autre côté du pont) - ✆ (235) 386 26 28 - ▤ ✕ ⛱ - 78 ch. env. 900 000 VND ☕ et 8 bung.* Si le bâtiment central manque de charme, vous trouverez votre bonheur dans les deux autres édifices installés en bordure d'un joli jardin, en particulier avec les *japanese rooms*, très plaisantes. Les bungalows s'alignent le long de la rivière, ceux en bois disposant de chambres communicantes pour les familles. Les chambres au premier prix n'ont pas de fenêtre.

Phu Thinh Boutique Resort & Spa – HORS PLAN *- 488 Cua Dai - Cam Chau - ✆ (235) 392 39 23 - ▤ ✕ ⛱ - 56 ch. 820 000/ 1 360 000 VND* ☕. Cet hôtel style Chine impériale est situé à 1 km du centre. Les chambres, joliment décorées, possèdent pour certaines un balcon avec vue sur la piscine et les rizières. Tout le calme de la campagne, mais aussi ses coqs et ses cochons parfois bruyants.

Pour se faire plaisir

Nhi Nhi – HORS PLAN *- 60 Hung Vuong - ✆ (235) 391 67 18 - ▤ ✕ ⛱ - 24 ch. 1 500 000/ 1 750 000 VND* ☕. Petit hôtel légèrement à l'extérieur du quartier touristique (5mn à pied), mais offrant un excellent rapport qualité-prix. Les chambres, toutes pourvues d'un balcon, sont distribuées autour de la mini-piscine. Confort assez simple, mais tenue impeccable.

Maison Vy – HORS PLAN *- 544 Cua Dai - ✆ (235) 386 22 31 - www.maisonvy.com - ▤ ✕ ⛱ - 28 ch. à partir de 1 500 000* ☕. Les chambres, spacieuses, sont disposées sur deux étages le long d'un agréable patio fleuri doté d'une charmante piscine. Très bon petit-déjeuner, avec jus de fruits et de légumes frais. Chaque soir, un bain de pied aux herbes est mis à votre disposition dans votre chambre. On peut regretter que les

3

rideaux laissent passer le jour... Prêt de vélos pour rejoindre en quelques minutes la vieille ville.

Ancient House Resort – HORS PLAN - *377 Cua Dai - (235) 392 33 77 - www.ancienthouseresort.com - - 52 ch. 1 500 000/1 800 000 VND .* Les chambres sont regroupées en petites unités dans un jardin luxuriant, autour d'une ancienne maison où vit toujours la famille. Spacieuses, peintes à la chaux, elles sont reposantes avec leur joli mobilier en bois blanc. Navette pour le centre historique et prêt de bicyclettes.

Une folie

La Siesta Resort & Spa – HORS PLAN - *132 Hung Vuong - (235) 391 59 15 - lasiestaresorts.com - - 137 ch. à partir de 2 150 000 VND .* Une très belle adresse, au calme, et un personnel prévenant, d'une grande gentillesse. Certaines chambres ont vue sur les rizières. Les quatre piscines lovées dans un jardin tropical invitent à la détente. Prêt de vélo et navette gratuite pour le centre-ville et la plage d'An Bang.

Anantara Hoi An Resort – *1 Pham Hong Thai - (235) 391 45 55 - www.anantara.com - - 94 ch. 6 200 000/8 200 000 VND .* Cette adresse, située au bout du quartier français, est l'une des plus confortables et chaleureuses de Hoi An. Les chambres sont réparties entre plusieurs bâtiments de style colonial. Toutes disposent d'un porche donnant sur le jardin ou la rivière. Bel éventail de services offerts : tai chi, yoga, vélos, cours de vietnamien.

Au bord de la mer

Budget moyen

Under The Coconut Tree – *169/2 Nguyen Phan Vinh - (235) 651 66 66 - www.underthecoconuttreehoian.com - 7 ch. 600 000/700 000 VND .* Repaire de routards, musique folk à la réception, plage d'An Bang à 2mn à pied : la vie est belle « sous le cocotier » ! Bungalows avec salle de bains privative, lit sous moustiquaire et ventilation (pas d'air conditionné). L'établissement dispose également d'un dortoir *(à partir de 190 000 VND/pers.)*. S'il est complet, vous trouverez une petite dizaine d'autres auberges le long d'An Bang.

Pour se faire plaisir

Tan Thanh Garden – *Hameau de Tan Thanh (au sud d'An Bang) - (235) 386 11 01 - - 8 ch. 1 360 000/1 600 000 VND .* Un petit coin de paradis face à la mer de Chine ! Miss Ha loue des maisonnettes plutôt spartiates, à l'ombre des cocotiers, avec accès direct à la plage. L'une d'elles, sur deux niveaux, convient parfaitement à une famille avec enfants. Certes, cette adresse semble un peu isolée, mais Miss Ha fournit les vélos pour rejoindre les restaurants d'An Bang ou le centre de Hoi An. Le café attenant, **Sound of Silence**, où est servi le petit-déjeuner, est charmant et ouvert aux non résidents.

Une folie

Victoria Hoi An Resort & Spa – *Cua Dai (à 5 km de Hoi An) - (235) 392 70 40 - www.victoriahotels.asia - - 109 ch. 2 500 000/4 450 000 VND .* Vous logez dans de splendides bungalows, ou des chambres avec terrasse privative donnant sur la mer ou sur la piscine. Havre de paix et décor inspiré de l'architecture traditionnelle des villages de pêcheurs. Tennis, location de vélos et de motos side-car Oural avec chauffeur. Navettes fréquentes pour le centre. Promotions sur Internet.

La route des Chams ★

De Hoi An à Nha Trang

Des environs de Da Nang, où le royaume du Champa établit sa première capitale, à la région de Phan Thiet, où il se maintint jusqu'au 17e s., l'étroite plaine côtière est jalonnée de tours que les Chams érigèrent le long de l'actuelle RN 1, véritable épine dorsale du pays, qu'ils empruntèrent en leur temps dans leur expansion, puis lors de leur repli vers le sud. Silhouettes imposantes nichées au pied d'une montagne ou fièrement dressées au sommet d'une butte dominant les rizières, ces vestiges témoignent aujourd'hui encore de la grandeur du royaume du Champa et de la richesse de son art, qui s'est exprimé avant tout dans le domaine religieux. Selon le temps dont vous disposez, vous pouvez certes vous limiter à la visite de l'incontournable musée de Da Nang, des temples de My Son, Nha Trang et Phan Rang, qui sont les mieux conservés. Cependant, si vous avez loué un véhicule, vous aurez l'occasion, en parcourant cette partie de la route Mandarine, de découvrir des sites non dépourvus d'intérêt, demeurés à l'écart des chemins touristiques.

Se repérer

CARTE B2-3-4 (P. 154-155) - PLAN DE MY SON (P. 212).

Provinces de Quang Nam, Quang Ngai, Binh Dinh, Phu Yen et Khanh Hoa.
Nha Trang est situé à 510 km au sud de Hoi An.

À ne pas manquer

Le site cham de My Son.

Organiser son temps

Comptez 2 jours pour cet itinéraire, avec étape à Qui Nhon ou à Doc Let.

Carnet pratique p. 217

Nos adresses p. 218

3

Circuit conseillé

CARTE P. 154-155

★★ My Son PLAN DE MY SON

Que vous partiez de Da Nang ou de Hoi An, suivez la RN 1 vers le sud. À Huong Vong (36 km de Da Nang), tournez à droite dir. Hong Son. À Kiem Lam, un panneau indique My Son à gauche (9 km).
www.disanvanhoamyson.vn - 6h-17h - 150 000 VND. Comptez au moins 1h30 de visite.

Niché dans un écrin de verdure, au pied du mont My Son (« Bonne Montagne ») – appelé aussi Hon Quap (« Dent du Chat ») –, My Son est un joyau de l'architecture chame et demeure l'un des plus importants témoignages de cette civilisation. Avec plus de 70 édifices construits du 7e au 13e s., il constitue en effet le centre architectural et religieux le plus riche du Champa et est comparé à ce titre à d'autres sites du Sud-Est asiatique tels qu'Angkor, Borobudur ou Pagan.
À l'entrée du site, après la billetterie, un bâtiment moderne abrite le **Musée My Son** où sont exposés les vestiges des temples (lingas et statues) et des céramiques

La terre des Chams

Les Chams à travers l'histoire

Des chroniques chinoises rapportent l'existence dès la fin du 2e s., sur la côte de l'Annam, d'un royaume indianisé alors connu sous le nom de **Lin Yi**, mais ce n'est qu'au 4e s., sous le règne du roi Bhadravarman, que se forma réellement le **royaume du Champa**. À partir du 8e s., il s'étirait de la porte de l'Annam *(Hoanh Son)*, au nord, au bassin du Dong Nai, au sud, et se composait de cinq principautés (Indrapura, Amaravati, Vijaya, Kauthara et Panduranga).
Les Chams, dont la population n'a jamais dépassé les 2,5 millions, vivaient principalement de l'agriculture et du commerce maritime, activité qui les conduisit à établir de nombreux contacts avec les Arabes, les Indiens, les Chinois, les Japonais et les Malais. Le royaume entretint des siècles durant des relations conflictuelles avec ses deux imposants voisins, l'Empire khmer et le Dai Viet, avant de disparaître définitivement à la fin du 17e s. *(voir « Histoire », p. 411)*.
Aujourd'hui les Chams ne constituent plus qu'une des 54 minorités ethniques du Vietnam, et il ne reste de cette brillante civilisation que quelques édifices disséminés le long de la plaine côtière du Centre et du Sud.

My Son, La Terre sainte des Chams

La fondation du site de My Son remonte au 4e s. et serait l'œuvre du roi **Bhadravarman** qui commanda la construction en ce lieu d'un temple consacré au culte du linga du dieu-roi Bhadresvara. Cet édifice en bois fut cependant détruit par un grave incendie au 6e s., et ce n'est qu'au 7e s. que le roi **Sambhuvarman** entreprit sa reconstruction en brique et en pierre (actuel temple B1). Il fut dédié au dieu Sambhudresvara et devint dès lors le centre religieux du royaume du Champa, où tous les rois venaient se recueillir quand ils accédaient au trône. Ces derniers se devaient par ailleurs, au cours de leur règne, de construire ou de restaurer un temple à My Son et d'accorder des offrandes au dieu, ce qui explique l'importance que prit le site au cours des siècles.
Un grand nombre de temples furent édifiés au cours des 8e et 9e s., avant que le bouddhisme du Grand Véhicule n'occupe une position dominante dans le royaume du Champa et que My Son perde pour quelque temps son rôle de capitale religieuse au profit de Dong Duong.
Dès le début du 10e s., l'hindouisme ayant été réhabilité, My Son retrouva une place de premier rang dans la religion chame, mais sa grandeur ne fut vraiment restaurée qu'à la fin du 11e s. grâce au roi **Harivarman**. Ce prestige fut pourtant de courte durée, le pouvoir du royaume du Champa déclinant dès le 12e s. et son centre politique étant transféré dans le sud du royaume. Certains temples furent élevés après le 12e s., mais l'activité religieuse des Chams se trouva dès lors concentrée dans la région de Panduranga.
Les temples de My Son furent redécouverts en 1889 par **Camille Paris**, à la suite de quoi le savant français **Henri Parmentier** dressa un inventaire complet du site, numérota ces édifices et les classa par groupes. Une équipe d'archéologues polonais a effectué la restauration de ces bâtiments, la plupart ayant été gravement endommagés lors de la guerre du Vietnam.

Le sanctuaire de My Son.
efired/Getty Images Plus

trouvés lors des fouilles, ainsi qu'une exposition retraçant l'histoire de My Son et le travail accompli par les archéologues (en anglais).
Une navette électrique vous mène au cœur du site (à 2 km). Vous passez d'abord devant les modestes ruines du groupe H, qui offrent une jolie vue, puis devant une halle ouverte où sont donnés des spectacle de danse et de musique traditionnelles (20mn) à 9h15, 10h45, 14h et 15h30. Continuez le chemin vers le groupe BCD.

3

★★ Groupe B

Les groupes B, C et D sont les mieux conservés et constituent l'ensemble le plus important du site de My Son. Le groupe B comprenait à l'origine une quinzaine d'édifices, construits pour la plupart aux 12e et 13e s., mais beaucoup ont été détruits ou détériorés par les bombardements américains en 1969. Aujourd'hui, colonnes, stèles et chapiteaux, lingas et *yoni* jonchent le sol.
Le **kalan B1** est le sanctuaire principal, au centre duquel vous pouvez observer le linga dédié au dieu Sri Ishana Bhadresvara, reposant sur une *yoni* destinée à recueillir l'eau provenant des ablutions rituelles. Le corps de la tour a disparu et seul demeure aujourd'hui le soubassement en grès. Au sud-ouest du *kalan* se dressent deux édifices consacrés au culte des fils de Shiva.
Le **temple B3**, dédié à Skanda, est de facture traditionnelle. Il se compose d'une tour rectangulaire ornée de fausses portes et de pilastres richement décorés, et surmontée d'un toit à trois étages.
Son voisin, le **temple B4**, est dédié à Ganesh. Bien qu'il soit plus abîmé – le corps de la tour et le vestibule sont affaissés –, ses murs et pilastres conservent de jolis motifs végétaux.
Au sud-est de B1, le **koshagraha B5** est l'un des édifices les mieux conservés du site. Il se compose d'une pièce rectangulaire percée à l'est et à l'ouest de deux fenêtres supportées par trois colonnes de pierre, et d'une voûte en berceau superbement sculptée. Notez également la beauté et la finesse de la fresque d'apsaras en façade ainsi que celles du couple d'éléphants au-dessus des fenêtres.

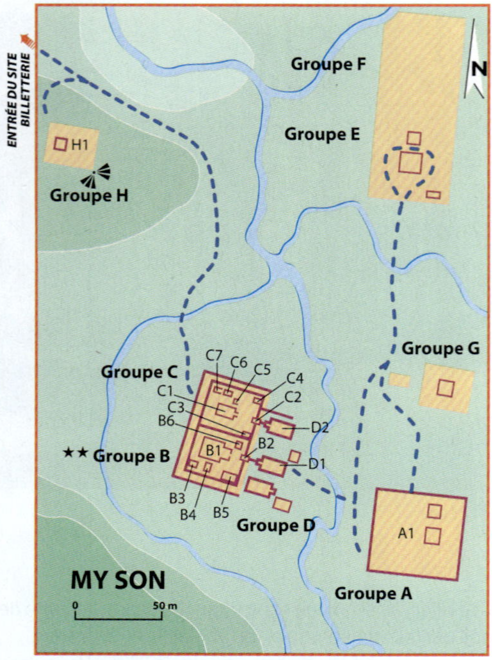

Au nord-est du *kalan*, face à l'entrée du *koshagraha*, le **temple B6** abrite un petit bassin qui était utilisé lors des rites religieux. Il est assez détérioré, mais c'est le seul édifice de ce genre qui subsiste aujourd'hui.

Enfin, à l'est de B1 se dressent le **gopura B2**, puis le **mandapa D1**. Cette longue pièce abrite un petit **musée** où sont exposées de belles sculptures trouvées sur le site, dont un superbe bas-relief représentant un Shiva dansant. Quelques jolies pièces également à l'extérieur, le long de la façade nord.

L'ensemble était à l'origine entouré de petits **reliquaires** dédiés aux *dikpalaka*, les divinités chargées de garder les points cardinaux.

Groupe C

Il présente beaucoup de similitudes avec le groupe B, dont il n'est séparé que par un muret.

Restauré au 10e s., le **kalan C1** se distingue toutefois par sa toiture en forme de bateau renversé, habituellement réservée au *koshagraha*, et par le fait qu'il abritait non un linga, mais une statue du dieu Shiva, aujourd'hui exposée au musée de Da Nang. Seul demeure l'autel. Le corps de la tour et le vestibule sont assez bien conservés et présentent de jolis motifs décoratifs et de fines statues sculptées dans la brique et la pierre.

L'ensemble comporte également une tour-porche (C2), un magasin des objets de culte (C3), des dépendances (C4), ainsi que trois autres petits *kalan* (C5, C6 et C7). Il faut aussi y inclure le bâtiment D2 qui est en fait le *mandapa* de C1. Il abrite comme D1 un petit **musée** où sont exposés un bas-relief représentant un Shiva dansant entouré de musiciens et de danseuses ainsi que divers éléments décoratifs et des animaux mythiques mi-lions, mi-éléphants.

Pour poursuivre la visite, dirigez-vous vers l'est et traversez la rivière par le petit pont de bois. Vous parvenez ainsi au groupe A.

Groupe A

L'ensemble ayant été rasé par les Américains durant la guerre, il n'en subsiste qu'un mur d'enceinte, quelques fondations et vestiges épars. Il comportait à l'origine 13 édifices de styles différents, dont certains comptaient parmi les plus anciens du site de My Son.
Le **kalan A1**, haut de 24 m, était notamment considéré comme un chef-d'œuvre de l'architecture et de la sculpture chames *(voir les photos exposées au musée de Da Nang, p. 187)*. Il présentait la particularité d'être percé de deux portes, ouvrant à l'est et à l'ouest, entre lesquelles se dresse toujours un autel richement sculpté. À l'instar du groupe B, l'ensemble comprenait également de petits temples consacrés aux *dikpalaka*, les génies protecteurs des points cardinaux (A2 à A7). A8 était un *gopura*, A9 un *mandapa*, A10 un *kalan*, A11 un magasin des objets de culte, A12 et A13 des dépendances.
Un petit sentier au nord du groupe A rejoint le **groupe G**, très délabré. À noter, près du *kalan* en ruine, une belle stèle couverte d'écriture sanscrite. En suivant ce sentier, vous parvenez enfin aux **groupes E et F** qui, bien que fort endommagés, méritent le détour, car d'intéressants vestiges (taureau Nandi, statue de Shiva sans tête, stèle, autel, linga, etc.) gisent à côté des édifices affaissés.
Reprenez le sentier jusqu'au point de départ de la navette.
Revenez sur la RN 1 et poursuivez vers le sud.

Sur la route Mandarine

Circuit au départ de Hoi An, tracé en grenat sur la carte du Centre (p. 154-155).
À 10 km au nord de Tam Ky, passé le kilomètre 896, le site de Chien Dan s'élève à droite de la route nationale.

Chien Dan B2

Peu visités, ces vestiges sont ouverts à la demande. Entrée libre. Comptez 15mn.
L'ensemble de Chien Dan se compose de trois *kalan* tournés vers l'est. Ces tours des 11e et 12e s. ont durement souffert des outrages du temps et peu d'ornements subsistent en façade, mais des fouilles effectuées sur le site en 1989 ont permis de mettre au jour de nombreux vestiges, éléments décoratifs, bas-reliefs et piédestaux, conservés *in situ* ou exposés dans le petit **musée** voisin.
Observez notamment, au pied de la tour du milieu, plus importante et mieux préservée que celles du sud et du nord, un piédestal sculpté de superbes **bas-reliefs** en L. À l'est, la façade est illustrée de guerriers, de danseurs et de musiciens, tandis que sur la façade ouest court une frise de gracieuses danseuses. Au nord, un couple d'éléphants broute des fleurs de lotus. Les avant-corps des trois *kalan* ont disparu et seule la tour du milieu est ouverte au public.
À 12 km au sud de Chien Dan, 2 km après Tam Ky, passez le pont du même nom et prenez la 1re route à droite, dans le virage. Attention, l'endroit n'est pas signalé. Suivez ce chemin empierré sur 500 m, les tours de Khuong My apparaissent sur votre gauche, perdues dans la végétation.

Khuong My B2

Entrée payante. Pas de billetterie, mais quelqu'un est chargé de percevoir un droit d'entrée sur le site.
Les trois *kalan* de Khuong My présentent une structure et des motifs similaires, caractéristiques du style de My Son (10e s.). Non restaurés, ils sont comme laissés à l'abandon, coiffés d'une chevelure végétale qui dissimule les détails de leur toiture pourtant assez bien préservée. Ils restent cependant aux yeux des spécialistes un chef-d'œuvre de l'art cham par la richesse des éléments de décoration

3

qui ornent murs, fausses portes, pilastres, voûtes ou corniches, témoignant du savoir-faire des Chams en matière de sculpture sur brique. Les **volutes végétales** gravées sur le corps des *kalan* du sud et du milieu se révèlent d'une grande finesse et sont très bien conservées. La plupart des sculptures sont exposées au musée d'Art cham de Da Nang *(voir p. 187)*.

Revenez sur la RN 1 et poursuivez vers le sud.

28 km plus loin, sur la RN 1, vous apercevez les vestiges (aéroport, portique, mémorial) de l'ancienne base militaire américaine de **Chu Lai** (B2), dont les troupes se sont tristement illustrées lors du massacre de My Lai.

À 30 km de Chu Lai, avant le pont qui enjambe la rivière Tra Khuc et mène à Quang Ngai, prenez la route qui part à gauche de l'hôtel Mitra (un grand bâtiment rose) en dir. de Son My. Le musée de Son My est à 12 km.

Son My (My Lai) B2

7h-16h30 - 10 000 VND - possibilité de visite guidée, mais il vaut mieux réserver à l'avance, car il n'y a pas toujours de guide sur place. Comptez 30mn.

À voir le site dans lequel s'inscrit ce petit musée, on a de la peine à imaginer que cet endroit fut le cadre de l'un des épisodes les plus tragiques de la guerre du Vietnam : le **massacre de My Lai** *(voir encadré ci-dessous)*.

Dans le **musée** érigé à l'emplacement même du hameau de Xom Lang – le plus durement touché – sont exposés les clichés pris par le photographe de l'armée américaine, Ronald Haeberle. Ils témoignent de l'atrocité de ce sombre épisode, dont ils retracent le déroulement. Certains sont à peine soutenables, tandis que sur l'un d'eux le lieutenant William Calley arbore le V de la victoire. Sont également exhibés les restes de bombes et des objets divers ayant appartenu aux victimes. Dans le jardin, un **mémorial** a été élevé et quelques tombes sont disséminées çà et là.

Le massacre de My Lai

Au matin du 16 mars 1968, la 11e brigade d'infanterie de l'armée américaine, dirigée par le colonel Henderson, reçut l'ordre de détruire les quatre hameaux du sous-district de Son My, suspectés d'abriter ou de collaborer avec des combattants viet-congs. Les soldats, basés à Chu Lai, furent acheminés au petit jour par hélicoptère. Quatre heures durant, ils brûlèrent tout sur leur passage et massacrèrent 504 innocents, hommes, femmes, vieillards et enfants. Ils ne rencontrèrent bien sûr aucune résistance et le village fut rasé pour éviter de laisser des traces. Un seul blessé côté américain, le soldat Herbert Carter, qui se tira lui-même une balle dans le pied pour éviter de participer au carnage.

L'opération fut présentée comme une offensive réussie contre un bastion viet-cong et saluée au plus haut niveau de l'armée. Les soldats furent médaillés, et les villageois survivants internés au camp de Tra Khuc.

Ce n'est qu'un an plus tard que le soldat Ronald Ridenhour finit par rompre le silence, à la suite de quoi d'autres soldats avouèrent le massacre. L'affaire fit grand bruit dans le monde, soulevant un peu partout des mouvements de protestation, et, en novembre 1969, des enquêteurs furent envoyés à Son My pour faire le jour sur cette tuerie. De nombreux soldats furent entendus, 25 d'entre eux inculpés, mais seul le lieutenant William Calley, commandant direct du massacre, fut reconnu coupable de 22 meurtres et condamné à la prison à perpétuité. Après trois ans passés dans une prison dorée à Fort Benning (Géorgie), il fut remis en liberté conditionnelle.

Thap Banh It.
Ph. Body/hemis.fr

Rejoignez la RN 1 dir. Qui Nhon. Vous traversez la ville de Quang Ngai qui ne présente pas d'intérêt particulier, mais offre quelques possibilités d'hébergement.
La nationale file vers le sud à travers la campagne émaillée de rizières. Le long de la route règne une grande activité. Certains sèment, d'autres piétinent les mottes de terre ou ratissent les plantations ; une armée de bras fauchent, battent ou roulent les bottes de riz, balaient les grains qui sèchent au soleil et les mettent en sac avant de les charger sur de frêles bicyclettes... Puis la route et la voie ferrée rejoignent la mer, et apparaissent les premiers marais salants.
À 60 km de Quang Ngai, le village de **Sa Huynh** (B2) est réputé pour sa longue **plage** bordée de cocotiers. Il peut être agréable d'y faire halte en cours de route, mais il n'est en revanche guère conseillé d'y séjourner, car l'endroit n'a rien de paradisiaque et l'hébergement y est rare.
Passé Sa Huynh, la route s'éloigne à nouveau de la mer et le relief se fait plus vallonné. On aperçoit alors quelques rizières en terrasses.
À 88 km au sud de Sa Huynh et à 13 km au nord de Binh Dinh, à hauteur du kilomètre 1202, apparaît une tour chame juchée sur une butte. Au kilomètre 1204, prenez à droite un chemin de terre qui traverse des rizières et mène jusqu'à un cimetière. Laissez là votre véhicule et continuez à pied ; la tour est à 100 m. Prenez garde à ne laisser aucun objet de valeur dans votre voiture.

Cha Ban B3

De la citadelle de Cha Ban, qui fut la dernière capitale des Chams, ne subsiste aujourd'hui que la **tour de Canh Tien**, aussi appelée « tour de Cuivre », qui s'élève gracieusement au sommet d'une petite colline *(accès libre)*. Construite au début du 13e s., elle présente les caractéristiques du style de My Son et conserve de beaux ornements en grès, tels que les quatre pilastres sculptés encadrant le corps de la tour, les antéfixes en forme de flamme et les tourelles d'angle de la toiture. Il est toutefois regrettable qu'une partie de l'édifice ait été restaurée avec du ciment.
À 18 km au nord de Qui Nhon, à hauteur de l'embranchement de la RN 19 qui conduit à Plei Ku, un chemin rejoint des tours qui s'élèvent sur une colline à l'est de la route.

Banh It B3

L'ensemble de Banh It *(accès libre)* se compose de quatre édifices, caractéristiques du style de Binh Dinh, édifiés au 11e s., après le transfert de la capitale chame dans la région de Vijaya.

Le **kalan**, également appelé « tour d'Argent », présente une structure carrée classique surmontée d'une toiture à trois étages ornée de tourelles d'angle. Le corps de la tour, richement décoré, est renforcé de pilastres et doté de fausses portes aux voûtes finement sculptées.

À l'est du *kalan*, faisant face à la porte du temple, s'élève le **gopura** percé de deux portes à l'est et à l'ouest.

Au sud-est du *kalan*, le **koshagraha** est un long bâtiment au toit scaphoïde dont les extrémités sont décorées de sculptures représentant l'oiseau Garuda, véhicule de Vishnou. Le site comprend également une **tour de la Stèle** possédant quatre hautes portes en forme d'arche. C'est le seul édifice de ce genre qui subsiste aujourd'hui.

Pour rejoindre Qui Nhon, quittez la RN 1 1 km plus loin, puis prenez à gauche comme indiqué. Qui Nhon est à 10 km.

Qui Nhon B3

Sans être vraiment désagréable, la ville ne possède guère de charme : vous n'y ferez sans doute étape que pour couper la route entre Da Nang et Nha Trang. Située sur une petite péninsule dominée par les montagnes Ba Hoa et Vung Chua, la capitale de la province de Binh Dinh abrite l'un des principaux ports du centre du Vietnam et constitue un carrefour commercial de dimension internationale. D'importants investissements ont été concédés pour la moderniser et développer ses activités.

Si vous devez y séjourner, ne manquez pas de visiter le site de **Hung Thanh★**, appelé aussi **Thap Doi★** (« Tours jumelles »), qui comprend deux très belles tours chames restaurées *(à 2 km au nord-ouest de la ville ; suivez la rue Tran Hung Dao qui rejoint la nationale, puis, à hauteur du n° 900, prenez à droite la rue Thap Doi ; les tours sont à 50 m à droite)*. Ces deux *kalan* de la fin du 12e s. sont tout ce qu'il reste d'un site qui devait comprendre à l'origine plusieurs édifices. Leur spécificité tient essentiellement à la structure originale de leur toiture qui présente la particularité d'adopter une forme pyramidale d'influence khmère.

Au sud de la ville s'étire une longue **plage** où vous apprécierez sans doute de vous baigner après plusieurs heures de route.

Reprenez la RN 1 en dir. de Nha Trang.

La route, bordée d'eucalyptus, de cocotiers et de bananiers, traverse de beaux paysages de rizières parsemés de petites huttes en terre à toit de chaume. À 25 km de Qui Nhon, elle entreprend l'ascension du **deo Cu Mong** (B3), le col qui marque la frontière entre les provinces de Binh Dinh et de Phu Yen, puis longe la mer jusqu'au village de **Song Cau** *(60 km de Qui Nhon)* (B3). La plage n'est pas très large, mais la vaste baie de Xuan Dai, avec ses cabanes sur pilotis et ses bateaux colorés, offre un cadre agréable pour une petite halte sur la route.

Passé **Tuy Hoa** (B3), la capitale provinciale, la côte est plus urbanisée et le paysage s'émaille d'énormes rochers, comme polis par les pluies.

20 km plus loin, vous passez le **deo Ca** (B3), frontière avec la province de Khanh Hoa, que domine un insolite pic de granit connu sous le nom de **Hon Vong Phu** (« rocher de la Femme qui attend »). De l'autre côté du col, le regard embrasse la côte turquoise piquetée d'îles qui se déploie jusqu'aux dunes de la péninsule de **Hon Gom**.

Vous arrivez ainsi à **Dai Lanh** (B3), un village de pêcheurs pittoresque, doté d'une belle plage et niché au creux d'une large baie entourée de collines verdoyantes. *À 37 km au nord de Nha Trang, à hauteur du kilomètre 1415, prenez l'étroite route qui part à gauche en dir. de Cang (11 km). De là, poursuivez sur 9 km. Passé un petit village et la borne indiquant « Cang 3 km », tournez à droite en dir. de Doc Let Beach Resort et suivez la piste sur env. 1 km.*

Doc Let B4

Si vous recherchez une plage moins bourdonnante d'animation que celle de Nha Trang, Doc Let offre un cadre relativement agréable pour une journée de détente, très apprécié des touristes russes et chinois. Il faut dire que la nature l'a bien dotée : longue frange de sable caressée par l'ombre des cocotiers, eaux cristallines... Avant d'arriver sur la plage, vous longerez les marais salants qui émaillent le paysage. Pour ceux qui séjournent à Doc Let et ont le courage de se lever à l'aube, le petit village de pêcheurs que l'on aperçoit au sud de la plage offre dès 5 heures du matin un spectacle tout à fait pittoresque, lorsque les marins rentrent au port après une nuit passée en mer.

Revenez sur la RN 1. À 34 km au nord de Nha Trang, à hauteur de Ninh Hoa, vous trouvez l'embranchement avec la RN 26 qui part à l'ouest vers Buon Ma Thuot (150 km) et la province de Dak Lak. 12 km plus loin, passé le pont Suoi Tre et le kilomètre 1430, à hauteur du restaurant-café Quynh, deux piliers en pierre à droite de la RN 1 marquent l'entrée de la route à prendre pour rejoindre les chutes de Ba Ho situées à 3 km.

Chutes de Ba Ho B4

Laissez votre véhicule au parking, puis marchez 10 à 15mn pour arriver aux chutes. Parvenu aux premiers rochers, suivez les flèches rouges. 100 000 VND. Vous pouvez visiter les chutes en excursion au départ de Nha Trang.

Les chutes de Ba Ho consistent en fait en une succession de petits rapides et de bassins qui prennent leur source au sommet de la montagne Hon Son et se tracent un chemin au travers d'énormes rochers polis par l'eau. Le site ne présente rien d'exceptionnel, mais l'endroit est paisible, bercé par les bruissements d'élytres de la jungle toute proche, et on peut y prendre un petit bain rafraîchissant.

Le long de la route, la campagne est couverte de parcs à crevettes. À 15 km au nord de Nha Trang, au niveau du km 1438, un panneau en bord de route indique l'embarcadère pour Monkey Island *(voir p. 224)*.

Pour rejoindre Nha Trang, ne manquez pas la route à gauche à hauteur du km 1445. La ville est à 8 km.

3

Carnet pratique

Adresses utiles

Banque/Change

Vietcombank – *66C Le Duan - ✆ (256) 352 24 98 - lun.-vend. 7h-11h, 13h30-16h30, sam. 7h30-11h30.*

Santé

Provincial General Hospital – *106 Nguyen Hue - ✆ (256) 382 21 84.*

Arriver/Partir

En avion

Aéroport de Phu Cat – *À 35 km au nord de Qui Nhon.* 3 à 4 vols/j. pour Hanoi et Ho Chi Minh-Ville.
Pour rejoindre Qui Nhon, Il vous faudra prendre un taxi (env. 25 $) ou un minibus.

En bus

Les **gares routières** se trouvent au sud-ouest de la ville, sur la rue Tay Son (suivez les rues Ly Thuong Kiet puis Nguyen Thai Hoc, à l'extrémité de laquelle vous parvenez sur la rue Tay Son; prenez à droite). La première gare que vous trouvez sur votre gauche, **Ben Xe Lien Linh**, dessert les villes et villages environnants. Également 3 bus/j. pour Hoi An *(6h)*.
Une seconde gare routière, quelques centaines de mètres plus loin, dessert les grandes villes du pays. Un départ/j., très tôt le matin, pour Quang Ngai, Da Nang, Hué, Hanoi, Plei Ku, Nha Trang et Ho Chi Minh-Ville. Renseignez-vous la veille pour les horaires.

En train

Gare de Dieu Tri – *À 10 km de Qui Nhon.* Le train de la Réunification dessert cette gare : 4 trains/j. pour Hanoi et Ho Chi Minh-Ville.
Pour rejoindre Qui Nhon, prenez un taxi ou une moto-taxi. Des trains locaux relient la gare de Dieu Tri à celle de Qui Nhon, mais ils sont lents et peu nombreux. Vous pouvez acheter votre billet à la gare de Qui Nhon *(place Cong Vien Quang Trung - ✆ 256 382 20 36)*.

Transports

Taxi

Quy Nhon Taxi – *✆ 09 0113 89 49.*

Vélo

Location dans la plupart des hôtels de la ville. Comptez 50 000 VND/j.

Visite

Agences de voyage

Cong Ty TNHH Du Lich Mien Trung – *214A Nguyen Thi Minh Khai - ✆ (256) 394 68 88 - www.dulichquynhon.vn - tlj sf dim. 7h-11h30, 13h30-17h.*

Nos adresses

Restauration/Hébergement

Qui Nhon

Premier prix

Thanh Binh – *6 Ly Thuong Kiet - ✆ (256) 382 20 41 - 69 ch. à partir de 250 000 VND.* L'hôtel dispose d'une aile dans laquelle les chambres sont correctes, bien que ce ne soit pas le grand luxe. Quelques chambres, basiques et sinistres, dans un autre bâtiment.

Pour se faire plaisir

Khach San Hai Au - Seagull Hotel – *489 An Duong Vuong - ✆ (256) 384 63 77 - www.seagullhotel.com.vn - 170 ch. 1 120 000/1 700 000 VND.* Hôtel où descendent la plupart des groupes. Pas de cachet particulier, mais les chambres les moins chères offrent un bon rapport qualité-prix, surtout celles avec vue sur la mer.

Doc Let

Une folie

GM Doc Let Beach Resort – *277 Le Hong Phong - Plage de Doc Let - ✆ (258) 352 44 68 - 45 ch. 2 800 000 VND.* Pour une halte de grand luxe, au bord d'une plage de rêve. Bungalows en bambou simples mais confortables, face à la mer, à l'ombre des cocotiers, sur une plage paisible.

Nha Trang et ses environs ★

La magnifique baie de Nha Trang s'est métamorphosée en une station balnéaire internationale aux allures de Côte d'Azur totalement bétonnée. Les touristes russes et chinois y sont légion. La longue plage immaculée, frangée de cocotiers, a été aménagée et dotée d'une agréable promenade. Mais les promoteurs immobiliers se sont livré une course à celui qui construira l'hôtel le plus chic et le plus haut sur le front de mer. Résultat, Nha Trang peut renvoyer l'image d'une ville surfaite. Si vous êtes en quête d'authenticité, mieux vaut passer votre chemin ! En revanche, les amateurs d'activités balnéaires – jetski, plongée sous-marine ou farniente sur le sable – seront comblés. Au-delà de la frénésie touristique, le cadre de cette baie adossée aux montagnes et piquetée d'îles verdoyantes reste exceptionnel. En fin d'après-midi, les Vietnamiens envahissent la plage avec cerfs-volants et ballons de foot. C'est l'heure à laquelle Nha Trang semble se réveiller.

Se repérer

CARTE B4 (P. 154-155) - PLAN (P. 222).
292 693 habitants – Capitale de la province de Khanh Hoa.
Nha Trang est situé à 533 km au sud de Da Nang et 428 km au nord-est de Ho Chi Minh-Ville.

À ne pas manquer

La plage ; les tours chames de Po Nagar ; une excursion en bateau dans la baie de Nha Trang.

Organiser son temps

Comptez 2 jours. Réservez la visite des musées et pagodes aux heures chaudes de l'après-midi.

En famille

L'île de Hon Ong.

Carnet pratique p. 226

Nos adresses p. 227

3

Se promener

PLAN P. 222

À Nha Trang, plus qu'ailleurs, faites attention à vos affaires personnelles. Conséquence de l'essor touristique de la ville, les pickpockets et les vols à la tire à moto sont en recrudescence.

Centre-ville AB2-3

Dès les premières heures du jour, l'animation bat son plein au nord de la ville, aux abords de la grande halle du **marché couvert** (CHO DAM) (B2) qui déborde d'odeurs, de couleurs et de clameurs jusque dans les ruelles alentour.

Empruntez la rue Trung Nu, puis prenez à droite la rue Phan Boi Chau, qui débouche dans Thong Nhat. Continuez votre route pour arriver sur 23 Thang 10, à droite de laquelle se situe l'entrée de la pagode Long Son (500 m à l'ouest de la gare ferroviaire).

Bâtie en 1886, la **pagode Long Son** (A2) est la plus grande de la ville *(se déchausser avant d'entrer ; une donation est bienvenue)*. Admirez sa très belle architecture, sa toiture finement sculptée, ses superbes mosaïques en céramique et ses fresques restaurées retraçant la vie du Bouddha. Siège de l'Association bouddhique de la province de Khanh Hoa, la pagode et le monastère attenants sont de véritables lieux de vie, où vous surprendrez peut-être des moines occupés à jardiner dans la cour ou engagés dans une partie de football.

Empruntez les escaliers situés à l'arrière de la pagode pour accéder au sommet de la colline Trai Thuy où trône un **bouddha géant** (KIM THAN PHAT TO) assis sur une fleur de lotus. Vous avez de là un superbe panorama sur Nha Trang, la vue embrassant les montagnes environnantes et plongeant jusque vers la mer.

Revenant vers le centre-ville, suivez la rue Thai Nguyen et passez devant la gare pour déboucher sur un large carrefour.

La **cathédrale** (B3) a des allures de château fort avec ses murs crénelés, dominant la ville du haut d'une petite butte rocheuse. Elle est l'œuvre des Français, qui présidèrent à sa construction de 1928 à 1934. Elle ne constitue pas à proprement parler un chef-d'œuvre d'architecture, mais vitraux et rosaces sont très beaux.

Empruntez les rues Ly Tu Trong ou Le Thanh Ton pour rejoindre l'avenue Tran Phu.

★ Promenade du front de mer C2-5

L'avenue Tran Phu s'étire sur près de 7 km, du nord de la ville jusqu'à l'embarcadère de Cau Da. Bordée de cocotiers à l'ombre généreuse, jalonnée de restaurants en plein air, elle constitue une agréable promenade où Vietnamiens et étrangers viennent profiter de la brise marine.

La longue **plage★** de sable blanc est particulièrement agréable au nord de la ville, entre les rues Le Loi et Le Thanh Ton, mais il vous faudra pousser un peu plus au sud si vous souhaitez vous isoler un peu.

Alexandre Yersin, le fils adoptif

Au nord de la ville, une plaque bleue marque l'intersection entre les rues **Pasteur** et **Yersin**. Si anodin que cela puisse paraître, le détail n'est pas sans importance puisque ce sont les seules à n'avoir jamais été débaptisées et à porter aujourd'hui encore le nom d'illustres Français. S'il est inutile de présenter le premier, le second est en revanche moins connu. L'enfant adoptif de Nha Trang, ce « bienfaiteur et humaniste vénéré du peuple vietnamien » comme on peut le lire sur la tombe que les pêcheurs de Nha Trang lui ont élevée sur la colline de Suoi Giao, fut pourtant l'un des grands bactériologistes de son temps. Envoyé en Chine par le gouvernement français en 1894 pour étudier un phénomène d'épidémie bubonique, il découvrit en effet à Hong Kong le bacille responsable de la peste.

Né à Lavaux (Suisse) en 1863, Alexandre Yersin suivit des études de médecine à Paris, où il travailla avec Louis Pasteur et Émile Roux, avant de s'engager en 1890 comme médecin de bord sur un navire des Messageries maritimes assurant la liaison Saigon-Manille. Une première rencontre avec l'Asie, où il passa finalement la majeure partie de sa vie.

À Nha Trang, où il s'installa en 1895, il introduisit et acclimata l'hévéa et le quinquina, et fonda un laboratoire pour poursuivre ses études. Ce dernier, devenu l'**Institut Pasteur** en 1903, est toujours en activité, tandis que la bâtisse attenante, dans laquelle Yersin vécut jusqu'à sa mort, le 1er mars 1943, abrite un musée qui lui est consacré.

À lire absolument si le personnage vous intéresse : *Peste et Choléra* de Patrick Deville, prix Femina 2012. Une magnifique biographie romancée du bactériologiste.

Les tours de Ponagar à Nha Trang.
V. Shanin/Zoonar GmbH RM/age fotostock

★ Musée Alexandre Yersin (BAO TANG YERSIN) C2

10 Tran Phu - ✆ (258) 356 24 86 - lun.-vend. 7h-11h30, 14h-17h - 20 000 VND - panneaux explicatifs en français.

Dans une belle demeure attenante à l'Institut Pasteur, le musée retrace la vie du savant, de sa naissance en Suisse, en 1863, à sa mort à Nha Trang, en 1943 *(voir aussi encadré ci-contre)*. Fondé en 1995 avec l'aide de l'Institut Pasteur de Paris, du musée Pasteur et de l'Institut d'histoire de la médecine de Lausanne, il expose de nombreux objets et instruments de travail lui ayant appartenu, ainsi que des documents se rapportant à ses multiples activités et témoignant de son inlassable curiosité scientifique. L'exposition, claire et didactique, s'organise autour d'une pièce centrale où sont disposés les meubles et la bibliothèque d'Alexandre Yersin.

Poursuivez vers le sud. À l'extrémité sud de la ville, avant de parvenir au village de Cau Da, vous apercevez à gauche de la route les cinq villas que l'empereur Bao Dai se fit construire dans les années 1920.

Musée national d'Océanographie (BAO TANG HAI DUONG HOC) C5 EN DIR.

✆ (258) 359 00 37 - 7h-18h - 40 000 VND.

Fondé en 1923 et installé dans un grand bâtiment d'architecture coloniale, l'**Institut océanographique** de Nha Trang fut l'un des premiers centres de recherche scientifique du Vietnam et travaille à la préservation du monde marin. Le musée qui le complète est cependant assez décevant. Vieillot et mal entretenu, il ne propose qu'une succession de bassins opaques, d'aquariums troubles et de cartes rendues illisibles par l'humidité. Une curiosité tout de même, le squelette d'une baleine à bosse de 10 tonnes et de 18 mètres de long, découvert par les paysans du village de Hai Cuong lors de travaux d'irrigation. Il était enterré à environ 1,20 m de profondeur et à 4 km de la côte.

La route se termine à **Cau Da**, un paisible village de pêcheurs dont les habitants confectionnent des souvenirs en corail et en nacre.

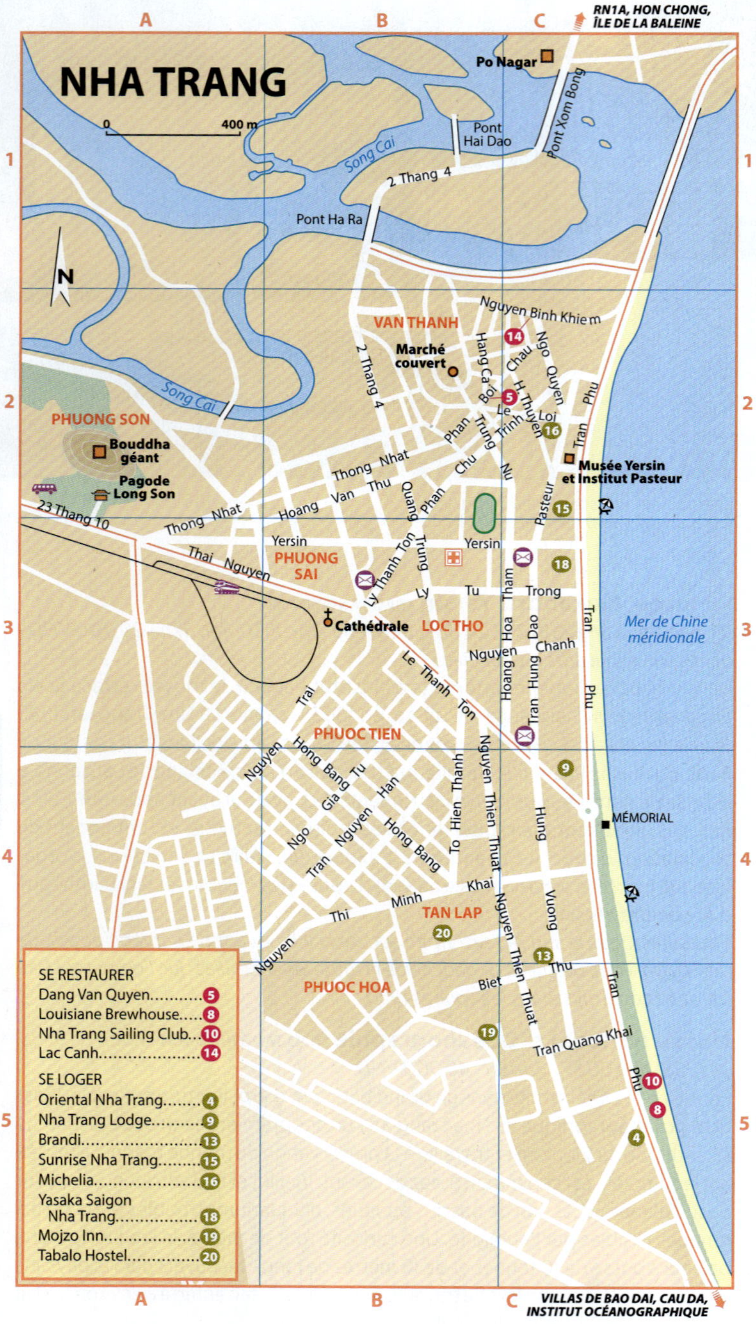

RN1A, HON CHONG, ÎLE DE LA BALEINE
NHA TRANG
0
400 m
N
Po Nagar
Pont Hai Dao
Pont Xom Bong
Song Cai
2 Thang 4
Pont Ha Ra
VAN THANH
Nguyen Binh Khiem
Marché couvert
Hang Ca
Boi
Chau
Ngo Quyen
Le
H. Thuyen
Loi
Trinh
Phan
Trung
Nu
Phu
Tran
Musée Yersin et Institut Pasteur
Pasteur
PHUONG SON
Bouddha géant
Pagode Long Son
23 Thang 10
Thong Nhat
Hoang Van Thu
Chu
Quang Trung
Yersin
Thai Nguyen
PHUONG SAI
Ly Thanh Ton
Ly Tu Trong
Cathédrale
LOC THO
Hoang Hoa Tham
Tran Hung Dao
Nguyen Chanh
Mer de Chine méridionale
Le Thanh Ton
Nguyen Trai
PHUOC TIEN
Hong Bang
Ngo Gia Tu
Tran Nguyen Han
Hong Bang
To Hien Thanh
Nguyen Thien Thuat
Hung Vuong
MÉMORIAL
Nguyen Thi Minh Khai
TAN LAP
PHUOC HOA
Biet Thu
Tran Quang Khai
Tran Phu
SE RESTAURER
Dang Van Quyen........5
Louisiane Brewhouse.....8
Nha Trang Sailing Club...10
Lac Canh........14
SE LOGER
Oriental Nha Trang........4
Nha Trang Lodge........9
Brandi........13
Sunrise Nha Trang........15
Michelia........16
Yasaka Saigon Nha Trang........18
Mojzo Inn........19
Tabalo Hostel........20
A
B
C
1
2
3
4
5
VILLAS DE BAO DAI, CAU DA, INSTITUT OCÉANOGRAPHIQUE

À voir aussi

CARTE P. 154-155

Pour varier les plaisirs, offrez-vous une excursion culturelle au site cham de Po Nagar ou une promenade en mer à la découverte des îles qui émaillent la baie.

★ Po Nagar B4 (ET PLAN DE VILLE C1)

À 2 km au nord de Nha Trang. Empruntez les rues Quang Trung puis 2 Thang 4 qui rejoignent la RN 1A en dir. de Hanoi. Les tours s'élèvent sur un petit promontoire à gauche de la route, après le pont Xom Bong qui enjambe le Song Cai.
6h-17h30 - 30 000 VND - se déchausser dans les temples.

Les quatre tours et les colonnes de Po Nagar faisaient autrefois partie d'un ensemble beaucoup plus vaste qui aurait compté, selon Henri Parmentier, une dizaine d'édifices de culte. Construits d'abord en bois (7e s.), ils auraient été totalement détruits par les Javanais en 774 et reconstruits en brique et en pierre du 8e au 12e s. À moins de venir vraiment très tôt, vous avez bien peu de chance de vous retrouver seul sur le site... et c'est ce qui fait son charme. Il est en effet très fréquenté par les Vietnamiens qui viennent se recueillir devant l'autel dédié à la **déesse Po Ino Nagar**, déesse-mère de la Patrie. Des jeunes femmes se promènent main dans la main ou se rendent au temple les bras chargés d'offrandes, tandis que les hommes, assis sur un banc, observent ce ballet incessant d'un air détaché. Les **colonnes** octogonales situées à droite du porche d'entrée supportaient autrefois le toit d'un large *mandapa* ouvert, que les fidèles traversaient pour accéder au temple. Un escalier, aujourd'hui détruit, reliait les deux édifices.

Haut de 22,80 m, le **kalan**, ou temple du Nord, présente une structure carrée élancée supportant un toit de trois étages, avec tourelles d'angle et fausses niches. Chaque façade est ornée de pilastres et d'une fausse porte surmontée d'une double arche. La porte principale, qui donne accès à un vestibule très bien conservé, est encadrée de deux **piédroits** en grès gravés d'inscriptions chames datant des 11e et 13e s. Elle est surmontée d'un tympan et d'une **statue de Shiva dansant★** entouré de deux musiciens, un pied posé sur le taureau Nandi. Gardée par deux lourds vantaux, la salle principale abrite trois autels autour desquels règne une grande ferveur. Dans une atmosphère rendue irrespirable par les fumées d'encens, des femmes viennent déposer des fruits en offrande devant la **statue de la déesse Bhagavati★**, épouse de Shiva, identifiée avec la divinité locale Po Ino Nagar. Cette statue en pierre noire aurait été exécutée en 1050, sous le règne du roi Jaya Paramesvaravarman. Vous pouvez observer le fin travail de sculpture à l'arrière du siège sur lequel trône la déesse.

La **tour centrale** est un édifice aux dimensions bien plus modestes, en partie cimenté, et dont le toit pyramidal est fortement érodé. On y vénère un linga, symbole phallique de Shiva. Plus à gauche, le **temple du Sud** est une petite tour très abîmée dans laquelle un autel est consacré au Bouddha.

À l'ouest du *kalan*, le **temple du Sud-Ouest** est l'ancien dépôt des objets de culte *(koshagraha)*. Ce petit édifice de forme carrée, dont on peut admirer l'élégant toit scaphoïde, daterait du 10e s. Sur les façades du temple, à la place des fausses portes qui ornent habituellement le corps de la tour, vous pouvez observer trois hautes sculptures en brique : au nord, un lion ; à l'ouest, Indra, le « roi des dieux », chevauchant un éléphant ; au sud, l'oiseau Garuda, oiseau mythique à forme partiellement humaine, véhicule de Vishnou.

Avant de quitter le site, ne manquez pas d'admirer la superbe **vue★** sur Nha Trang et le petit quartier de pêcheurs blotti à l'embouchure du Song Cai. La multitude de bateaux colorés forme un tableau très pittoresque.

3

Nid d'hirondelle

L'une des spécialités culinaires de Nha Trang est la **salangane**, le nid que les hirondelles marines (salanganes) fabriquent à partir de leur salive et d'algues. Il constitue un mets fort recherché et coûteux, reconnu pour ses vertus tonifiantes et réconfortantes, mais dont la récolte n'est pas des plus aisées : les hirondelles fabriquant leurs nids sur de hautes falaises ou dans les cavernes des îles, les hommes chargés de les recueillir doivent grimper à des échelles en bambou ou en corde.

Promontoire de Hon Chong B4

Empruntez le pont dans le prolongement de Tran Phu, au nord, puis suivez la route sur 2 km. Le promontoire se trouve sur la droite, juste avant la plage de Hon Chong - 22 000 VND.

L'endroit constitue une excursion plaisante pour s'échapper du tumulte de Nha Trang. Le promontoire, formé de gros blocs de granit, s'avance sur une petite péninsule qui offre un très beau **panorama** sur la baie. En fin d'après-midi, quand la lumière décline, c'est le lieu de rendez-vous par excellence des jeunes amoureux. Un café ombragé surplombe le lieu ainsi qu'une boutique dont l'architecture imite celle d'un temple vietnamien. En contrebas, une plage dessine une demi-lune de sable fin, baignée par des eaux claires. Une alternative à celle de Tran Phu.

★★ Baie de Nha Trang B4

La baie de Nha Trang est piquetée d'îles qui ne présentent en elles-mêmes que peu d'intérêt, mais qui offrent l'occasion d'une agréable promenade en mer. Leurs abords constituent de superbes sites de plongée *(voir « Activités », p. 228)*.

La plus proche de Nha Trang est l'**île Mieu★ (HON MIEU)**, accessible à partir de l'embarcadère de Cau Da. Elle compte deux villages de pêcheurs et 2 000 habitants. Le village de **Tri Nguyen** abrite un aquarium laissé quasiment à l'abandon et qui ne mérite pas la visite *(entrée payante)*. De là, vous pouvez rejoindre à pied le village, ainsi que **Bai Soai**, une plage de galets située de l'autre côté de l'île.

Au sud-est de l'île Mieu, la plage de l'**île Tam (HON TAM)** est très fréquentée par les touristes vietnamiens, et la plupart des bateaux qui proposent une excursion à la journée y font escale. Ne vous attendez donc pas à rejoindre une île déserte, car l'endroit est dûment aménagé pour accueillir les visiteurs, avec bungalows. Pour profiter du lieu en toute tranquillité, louez un bateau qui puisse vous y déposer dès le matin, les groupes organisés ne débarquant habituellement qu'en milieu d'après-midi.

Plus à l'est, l'**île Mot (HON MOT)** et l'**île d'Ébène (HON MUN)** sont réputées pour leurs superbes fonds marins.

Au nord de ces deux îles, l'**île aux Bambous (HON TRE)** est la plus grande de toutes avec ses 25 km^2. Depuis 2007, elle est reliée au continent par un téléphérique et abrite Vinpearl Land, sorte de Disneyland à la vietnamienne, avec attractions nautiques, manèges et boutiques. Balafre dans le paysage, le nom du parc s'étale en lettres géantes sur une colline de l'île. Le groupe Vinpearl a également construit un golf sur Hon Tre et un complexe hôtelier.

Enfin, au nord de Nha Trang, **Hon Lao** est plus connu sous le nom de **Monkey Island**. Cet îlot est peuplé de singes que vous pourrez facilement approcher – méfiez-vous cependant des morsures ou griffures. L'endroit est devenu très (trop ?) touristique : spectacles, avec éléphants, singes et ours, balades à dos d'autruche et pistes de karting.

La baie de Nha Trang et la rivière Cua Be.
Pham Hung/Getty Images Plus

Il est plus économique de rejoindre Monkey Island à partir d'un embarcadère situé à 15 km au nord de Nha Trang (kilomètre 1438).

À proximité

CARTE P. 154-155

★ Bai Dai (LONGUE PLAGE) B4

À environ 25 km au sud de Nha Trang. Pour vous rendre à Bai Dai, le plus pratique est de louer une moto. Si vous prenez un taxi, arrangez-vous à l'avance avec le chauffeur pour le retour.

Sur cette très longue plage de sable fin, des complexes hôteliers, tous plus démesurés les uns que les autres, ont été érigés ces dernières années. En journée, des bateaux de pêche mouillent à proximité. Les commerçants louent bouées ou jetski *(400 000 VND/15mn)*. Mais vous pouvez tout aussi bien opter pour le transat d'une gargote ou déguster quelques fruits de mer. La paillotte la plus au nord a la réputation de servir des produits toujours bien frais.

Carnet pratique

PLAN DE VILLE (P. 222)

Adresses utiles

Banque/Change

Nombreux distributeurs en ville. Possibilité de changer euros et dollars dans certaines bijouteries.

Poste/Téléphone

Buu Dien Viet Nam – C3 - *50 Le Thanh Ton - 7h-19h.* Envois express par EMS ou DHL, téléphone, transfert d'argent. Petits bureaux dans les rues Hoang Hoa Tham (C3) et Ly Thanh Ton (B3), près de la cathédrale.

Santé/Sécurité

Hôpital général – B3 - *19 Yersin - ✆ (258) 382 21 75.*
Police – *✆ (258) 351 40 88.*

Supermarché

Pour vos pique-niques à la plage ou en bateau, vous trouverez un vaste supermarché à l'intersection des rues Yersin et Phan Chu Trinh (B3) *(8h-21h).*

Arriver/Partir

En avion

Aéroport international Cam Ranh – C5 EN DIR. - *À 40 km au sud de la ville - www.vietnamairport.vn.* Vols intérieurs (terminal 1) et internationaux (terminal 2). Env. 10 vols/j. pour Ho Chi Minh-Ville *(1h)* et Hanoi *(2h-2h30)* et 3 vols/j. pour Da Nang *(1h15).*
Pour rejoindre le centre-ville, comptez 300 000 VND en taxi.
Vietnam Airlines – *Aéroport Cam Ranh - ✆ (258) 224 16 06 - 7h-11h, 13h30-16h30 - Autre adresse : 91 Nguyen Thien Thuat* (C5) *- ✆ (258) 352 67 68.*
Jetstar Pacific – *Aéroport Cam Ranh - ✆ (258) 222 82 66.*

En bus

Gare routière – A2 - *58 r. 23 Thang 10 (à l'ouest de la gare ferroviaire) - ✆ (258) 382 02 27 - 6h-22h.* 50 bus/j. pour Ho Chi Minh-Ville *(dép. dès 5h30 - 9h-10h de trajet),* 20 pour Dalat *(dép. 5h30-16h - durée 5h),* 20 pour Qui Nhon *(dép. 5h15-15h30 - durée 6h), 7 pour* Da Nang *(dép. 6h-19h30 - durée 14h)* et 20 pour Buon Ma Thuot *(dép. 6h-15h30).* Les bus les plus tardifs ne circulent qu'en fonction des besoins et peuvent être annulés.

En train

Gare ferroviaire – A3 - *17 Thai Nguyen (à l'ouest de la ville) - ✆ (258) 382 21 13.* 4 trains/j. pour Hanoi *(26h-28h de trajet)* et 6 trains pour Ho Chi Minh-Ville *(7h30-9h).*

Transports

Cyclo-pousse et moto-taxi

Comme partout, ce sont les meilleurs moyens de circuler en ville si vous ne disposez pas de bicyclette, d'autant que Nha Trang s'étire sur 7 km du nord au sud.

Taxi

Mai Linh Taxi – *✆ (258) 3838 38 38.*
Vinasun – *✆ (258) 3827 27 27.*

Location de véhicules

Location de deux-roues et voitures avec chauffeur dans les hôtels et agences de voyage *(voir « Visite » ci-dessous).* Comptez 1 à 2 $/j. pour un vélo, 5 à 7 $/j. pour une moto.

Visite

Agences de voyage

Nombreuses, elles proposent toutes les mêmes prestations à des prix similaires : visite de Nha Trang, croisière dans les îles ou sur la rivière Ha Ra, excursion à Monkey Island, aux chutes de Ba Ho et à Doc Let, circuit de 4 j. sur les Hauts Plateaux, réservation des billets de bus et d'avion, location de voitures ou de motos.

The Sinh Tourist – C4 - *130 Hung Vuong - ✆ (258) 352 43 29 - www.thesinhtourist.vn - 8h-17h.*

Khanh Hoa Tourism – C4 - *1 Tran Hung Dao - ✆ (258) 352 67 53 - 7h-11h30, 13h30-17h.* Plan de la ville, location de véhicule, réservation de circuit.

Agenda

Festival Thap Ba – *Du 20e au 23e jour du 3e mois lunaire.* Grand festival en l'honneur de la déesse Po Ino Nagar. Les cérémonies sont suivies de chants et de danses traditionnels.

Festival de la mer – *Tous les 2 ans en juin, années impaires.* Trois jours de fête (spectacles, parades, feux d'artifice, expositions) pour célébrer l'identité balnéaire de la ville.

Nos adresses

PLAN DE VILLE (P. 222)

Restauration

Premier prix

La **rue Biet Thu** (BC5) est très fréquentée par les touristes étrangers, qui se pressent à toute heure dans ses petits restaurants. Aucun ne vaut particulièrement le détour, tous proposent une cuisine convenable à petits prix. Vous viendrez là moins pour les plaisirs de la table que pour l'ambiance, notamment si vous souhaitez rencontrer d'autres voyageurs.

5 **Dang Van Quyen** – B2 - *4 Phan Boi Chau - ✆ (258) 382 67 37 - 15h-22h - 60 000/150 000 VND.* Le personnel de cette cantine passe toute la matinée à concocter de délicieux *nems nuong* à savourer sur un coin de table pour une pause repas rapide et économique.

Budget moyen

14 **Lac Canh** – C2 - *77 Nguyen Binh Khiem - ✆ (258) 382 13 91 - service continu - 150 000/340 000 VND.* Une institution à deux pas du marché. Sur la table, vous faites griller viande marinée, poissons ou fruits de mer sur un brasero. Un délice ! Très prisé le soir par les Vietnamiens.

Pour se faire plaisir

10 **Nha Trang Sailing Club** – C5 - *72-74 Tran Phu - ✆ (258) 352 46 28 - www.sailingclubnhatrang.com - service continu - 280 000/670 000 VND.* Restaurant de bord de mer en plein air, sous les cocotiers, servant de bonnes cuisines vietnamienne et japonaise. Le cadre est très plaisant, jouant sur l'harmonie entre la pierre, la brique et le bois. Possibilité de louer des transats pour profiter de la plage, plus tranquille ici qu'au niveau du Nha Trang Lodge.

Petite pause

8 **Louisiane Brewhouse** – C5 - *Lot 29 (côté mer face au 86A Tran Phu) - ✆ (258) 352 19 48 - www.louisianebrewhouse.com.vn - 7h-1h.* Cette adresse aux couleurs chatoyantes offre à ses clients la possibilité de profiter de diverses activités (piscine, plage privée, ping-pong, pétanque, billard). On vient ici moins pour la cuisine que pour le cadre, l'ambiance ou la bière brassée sur place. Large sélection de cocktails. À la carte, snacks, salades et poissons, mais surtout pâtisseries et glaces. Le lieu est fréquenté par les étrangers en journée, mais accueille une clientèle majoritairement vietnamienne en soirée. *Happy hours* et soirée dansante autour de la piscine.

Shopping

Artisanat

Bau Truc Pottery – C3 - *135 Hoang Hoa Tham - ✆ (258) 352 28 43.* Tasses, bols et vases en céramique, dont les motifs sont inspirés de la culture chame.

Galeries d'art

Long Thanh Art – B2 - *126 Hoang Van Thu - ✆ (258) 382 48 75 - www.longthanhart.com - 8h-17h30 - fermé dim.* Maître du noir et blanc, travaillant toujours sur pellicule, le photographe Long Thanh, natif de Nha Trang et primé à de nombreuses reprises, expose dans sa galerie ses plus belles œuvres. Ses portraits d'enfants ou de vieillards sont remarquables. Ici, un garçon qui joue à « saute-buffles » dans une rivière. Là, une adolescente de profil sur son scooter dernier cri. Des reproductions sont en vente.

Mode

C'est Joli – C5 - *97 Nguyen Thien Thuat - ✆ 09 3559 20 11 - 9h-22h.* Une petite boutique, à l'étage, où vous pourrez dénicher des bijoux et des vêtements pour femmes, plus originaux que dans la plupart des autres magasins de Nha Trang.

En soirée

Nha Trang compte un nombre impressionnant de cafés et de karaokés. Vous les repérerez vite à leurs guirlandes de lumières et à leur musique tonitruante.
Si vous souhaitez vous mêler aux Vietnamiens dans une ambiance plus calme, allez prendre un verre sur les bords du Song Cai (B1, C2). Le soir, une multitude de petites gargotes installent leur mobilier en plastique sur le trottoir et servent de la bière locale.

Nha Trang Sailing Club – C5 - *72-74 Tran Phu - ✆ (258) 352 46 28 - sailingclubnhatrang.com - 7h-2h30.* L'endroit est très agréable pour prendre un verre en journée, sur la terrasse au soleil, ou en soirée quand l'animation bat son plein autour du billard, sous les pales des ventilateurs. Dispose aussi d'un restaurant *(voir p. 227).*
Voir aussi Louisiane Brewhouse dans « Petite pause ».

Activités

Excursions dans les îles

C'est la grande attraction de Nha Trang. Toutes les agences de la ville proposent une croisière d'une journée, incluant la visite des îles Mun, Mot et Tam et d'un village de pêcheurs de l'île Mieu. Au programme, snorkeling, baignade et farniente. Si la formule peut paraître attrayante, sachez toutefois que l'on se retrouve habituellement à plus de 30 sur un bateau, que les accompagnateurs se sentent obligés de faire hurler la musique pour divertir leurs passagers, et que la prétendue « visite » des îles est bien trop courte pour vous permettre de profiter des lieux.
Si vous préférez vous y rendre par vos propres moyens, rendez-vous directement au **port de Cau Da**, *(à 4 km au sud de Nha Trang),* où vous pourrez négocier la location d'un bateau pour un circuit dans les îles, à définir selon vos propres envies. Le prix du bateau est divisé par le nombre d'occupants (jusqu'à 10 pers.). Passer la veille au port pour réserver.

Plongée sous-marine

Soyez très vigilant quant au choix de l'agence. Si vous êtes débutant, renseignez-vous d'autant mieux auprès de votre instructeur sur les modalités de la plongée.

Sailing Club Divers – C4 - *72-74 Tran Phu - ✆ (258) 352 27 88 - sailingclubdivers.com - 7h30-20h.* Une adresse sérieuse composée d'instructeurs européens. Centre agréé PADI, CMAS, CEDIP, ANMP et SSI.

Rainbow Divers – C4 - *19 Biet Thu - 09 0507 19 36 - www.divevietnam.com - plongée 1500 000 VND.* Centre agréé PADI. Dép. tlj à 7h pour l'île Mun, retour en milieu d'après-midi.

Thermalisme

Sources Thap Ba – *15 Ngoc Son - Ngoc Hiep (prenez la route derrière le site de Po Nagar) - 08 4857 85 85 - 7h30-17h30 - plusieurs forfaits à partir de 300 000 VND.* Piscine d'eau de source, bains de boue, etc.

Hébergement

La promenade du front de mer est prise d'assaut par les restaurants et les hôtels de luxe, qui cherchent à s'emparer des meilleurs emplacements. Hors saison, ces gigantesques usines à touristes sont quasiment vides et la négociation y est facile. Les petits budgets se donnent plutôt rendez-vous dans les rues Biet Thu et Hung Vuong, qui regorgent d'hôtels à des prix abordables. Il s'agit en outre du quartier le plus vivant de Nha Trang, en particulier si vous êtes à la recherche d'ambiance nocturne.

Premier prix

20 **Tabalo Hostel** – B4 - *34/2/7 Nguyen Thien Thuat (au fond de la ruelle à droite) - (258) 352 52 95 - www.tabalohostel.com - lit en dortoir à partir de 200 000 VND - ch. 550 000 VND.* Cette auberge de jeunesse dispose de plusieurs dortoirs bien conçus et de petites chambres ingénieuses avec lit en mezzanine et rangements sous l'escalier. Un bon rapport qualité-prix.

19 **Mojzo Inn** – B5 - *120 Nguyen Thien Thuat - 09 8887 90 69 - 15 ch. 250 000/620 000 VND.* Des chambres sans prétention mais très bien tenues et situées dans une ruelle calme. Accueil sympathique.

Budget moyen

4 **Oriental Nha Trang** – C5 - *96A4 Tran Phu - (258) 352 11 38 - www.orientalnhatranghotel.com - 120 ch. à partir de 350 000 VND.* Un bon rapport qualité-prix. Les chambres sont propres et vastes. Attention : celles en apparence très attractives bénéficiant d'une double exposition et d'une vue sur la mer sont extrêmement bruyantes. L'établissement est visible de la route, mais on y accède par un petit chemin coincé entre deux bâtiments.

13 **Brandi** – C4 - *10A Biet Thu - (258) 352 54 80 - www.nhatrang.brandihotels.com - 50 ch. à partir de 750 000 VND.* Cette adresse, repérable à ses colonnes vertes un peu kitsch, propose des chambres agréables, claires et impeccables. Certaines sont très spacieuses, avec une baie vitrée ouvrant sur un balcon. Accueil sympathique et empressé. Le restaurant, situé en terrasse sur le toit, surplombe le quartier et offre une vue jusqu'à la mer.

18 **Yasaka Saigon Nha Trang** – C3 - *18 Tran Phu - (258) 382 00 90 - www.yasakasaigon nhatrang.com - 201 ch. 1050 000/1200 000 VND.* L'un des géants du front de mer, disposant de tout le luxe que peut offrir un établissement de standing international. Chambres agréables, claires et joliment meublées, avec vue sur la mer.

Pour se faire plaisir

16 **Michelia** – C2 - *4 Pasteur - (258) 382 08 20 - www.michelia.vn - 199 ch. 800 000/1740 000 VND.* Un hôtel de standing rénové, avec tout le confort moderne. Très bien situé au centre de Nha Trang, près de la plage.

3

La plage de Nha Trang.
Pham Hung/Getty Images Plus

9 **Nha Trang Lodge Hotel** – C4 - *42 Tran Phu - ✆ (258) 352 15 00 - ▤ ✕ ⛱ - 125 ch. 800 000/ 1 500 000 VND ☕.* On peut regretter que cet immense hôtel impose sa lourde silhouette en front de mer. L'intérieur est plus sobre, avec boiseries et tons pastel, et l'ambiance y est assez feutrée. Les chambres, confortables et meublées avec goût, ne sont pas très grandes, mais jouissent toutes d'une superbe vue sur la baie.

15 **Sunrise Beach Resort** – C2 - *12-14 Tran Phu - ✆ (258) 38 09 99 - www.sunrisenhatrang.com.vn - ▤ ✕ ⛱ - 125 ch. 2 300 000 VND ☕.* Hôtel de classe internationale.

Une folie

Evason Ana Mandara Resort – C5 EN DIR. - *Beachside Tran Phu - ✆ (258) 352 22 22 - www.sixsenses.com - ▤ ✕ ⛱ - 74 ch. 3 200 000/6 000 000 VND ☕.* Une douce musique traditionnelle dans le hall d'accueil ouvre sur le plus luxueux des hôtels de Nha Trang, d'un style chaleureux et raffiné, en harmonie avec la nature. Des villas de facture traditionnelle sont disséminées dans un jardin verdoyant où arbres et plantes préservent l'intimité de chaque bungalow. Les chambres sont sobres et meublées avec un goût exquis. Restaurant digne du lieu.

Sur l'île de Hon Ong

Pour se faire plaisir

Île de la Baleine – C1 EN DIR. - *2 Me Linh (à 1h30 au nord de Nha Trang) - ✆ 09 3546 62 45 - www.whale-island.com - ✕ - 23 ch. 1 850 000/2 500 000 VND ☕.* Si vous rêvez de jouer à Robinson sur une île déserte ou de vous reposer dans un endroit d'une quiétude absolue, c'est l'adresse qu'il vous faut. On vient vous chercher à Nha Trang, d'où le transfert est assuré jusqu'à l'île. Une fois installé dans votre bungalow en bambou, vous avez tout loisir de lézarder sous les cocotiers, de siroter un cocktail face aux eaux turquoise, ou de vous adonner à l'une des nombreuses activités proposées (plongée, snorkeling, catamaran, planche à voile, kayak de mer etc). Au restaurant : poissons, fruits de mer et cuisine vietnamienne.

Le littoral sud

De Nha Trang à Mui Ne

Filant toujours plus au sud, la route Mandarine (RN 1) quitte Nha Trang pour traverser les provinces côtières de Khanh Hoa, Ninh Thuan et Binh Thuan, où les Chams furent contraints de se replier à la fin du 16e s. Ce n'est certes pas la portion la plus pittoresque de cette côte – la région est quasi désertique –, mais vous pouvez vous y ménager quelques haltes fort agréables en bord de mer et visiter Po Klong Garai, l'un des sites chams les mieux conservés du Vietnam.

Se repérer

CARTE B4 (P. 154-155).
Provinces de Khanh Hoa, Ninh Thuan et Binh Thuan.
Phan Rang est situé à 97 km et Phan Thiet à 225 km au sud de Nha Trang.

À ne pas manquer

Le site de Po Klong Garai ; le farniente à Mui Ne.

Organiser son temps

Comptez 2 jours. Faites étape à Mui Ne plutôt qu'à Phan Thiet ou Phan Rang ; visitez Po Klong Garai tôt le matin, avant les groupes.

Carnet pratique p. 233

Nos adresses p. 234

Circuit conseillé

CARTE P. 154-155

Circuit de 240 km de Nha Trang à Mui Ne, tracé en noir sur la carte du Centre (p. 154-155).

De Nha Trang à Phan Rang B4

Vous atteignez d'abord la vaste baie de **Cam Ranh** *(à 30 km de Nha Trang)*. Ce port naturel, disposant de nombreux atouts, est un site stratégique qui n'a pas manqué d'attiser les convoitises des grandes puissances et qui abrite aujourd'hui une base navale dont l'accès est interdit. Aménagé par les Français pendant la période coloniale, il fut occupé par les Américains durant la guerre du Vietnam, puis utilisé par les Soviétiques de 1975 à 1990.

À environ 15 km au nord de Phan Rang, vous apercevez sur votre gauche les deux *kalan* du site de **Hoa Lai** (9e s.), fort endommagés.

Capitale provinciale du Ninh Thuan, jumelée avec l'agglomération voisine de Thap Cham, **Phan Rang** ne présente pas d'intérêt particulier et attire assez peu de touristes, à l'exception de ceux qui, en route pour Dalat ou Ho Chi Minh-Ville, font étape aux ruines chames de Po Klong Garai.

À 7 km au nord-ouest de Phan Rang, dans la commune de Thap Cham. Suivez la RN 27 en dir. de Dalat. Passé le km 268 et la pagode Linh Son, prenez la 1re route à droite. Les tours s'élèvent à 200 m de là, au milieu des cactus, sur une colline appelée Doi Trau.

★ Po Klong Garai

7h-17h - 15 000 VND.

L'ensemble fut élevé à la fin du 13e s. sous le règne de Jaya Simhavarman III. Dédié au roi Po Klong Garai (1151-1205), il attire aujourd'hui encore une foule de pèlerins, notamment lors des cérémonies rituelles de la fête Kate, célébrée le 7e mois du calendrier lunaire (aux environs du mois d'octobre). À cette occasion, les Chams célèbrent leurs ancêtres et invoquent la protection de divinités bienfaitrices tels la déesse Po Ino Nagar ou les rois sanctifiés Po Rome et Po Klong Garai. Restauré de 1981 à 1986, le site respecte le plan traditionnel des temples chams, mais présente les caractéristiques du style de Binh Dinh, marqué par l'appauvrissement qui affecte l'architecture chame à partir du 12e s. Il se compose d'un *kalan*, d'un *mandapa*, d'un *koshagraha* (dépôt d'objets de culte) et d'une tour-porche, circonscrits dans un mur d'enceinte peu élevé. En contrebas des tours, près du chemin qui mène au porche d'entrée, vous apercevez une stèle qu'abritait jadis une tour située à l'intérieur du site.

Nuoc-mam

Le rôle de capitale politique, économique et culturelle de la province confère à Phan Thiet un certain dynamisme. Port vivant principalement de la pêche, la ville est également renommée pour son **nuoc-mam** qui passe pour l'un des meilleurs du Vietnam.

Le **kalan**, long de 13,8 m, large de 10,7 m et haut de 20,5 m, est tourné vers l'est. Il s'agit du temple principal dans lequel est vénéré le dieu Shiva. La porte principale est encadrée de deux **piédroits** en grès portant des inscriptions chames qui listent les donations faites au temple par le roi Jaya Simhavarman III. Elle est surmontée de quatre arches et d'une **statue de Shiva dansant★★** arborant ses objets fétiches. Chacune des trois autres façades du *kalan*, ornée de pilastres dont les chapiteaux sont gravés de pétales de lotus, comporte une fausse porte surmontée d'une double arche et de la statue d'un dieu assis en lotus, les bras croisés sur la poitrine. Le toit conserve une forme traditionnelle sur trois étages, composés chacun de quatre tourelles d'angle et de quatre fausses niches qui accueillent les images d'un dieu assis dans la position du lotus, les mains jointes devant le buste. Le vestibule et la salle principale sont très bien préservés. À l'intérieur de cette dernière, un **mukhalinga** repose sur une *yoni* dotée d'un système d'écoulement d'eau. Il est sculpté d'un portrait de Shiva figuré sous les traits d'un roi présentant des caractéristiques physiques autochtones. À l'occasion de cérémonies officielles, on y pratique le rite de la lustration de l'eau. Dans le vestibule, une très belle **statue du taureau Nandi★**, monture du dieu Shiva et symbole de fertilité agricole, à laquelle les Chams ont coutume de faire des offrandes pour s'assurer de bonnes récoltes.

Face au temple s'élève le **mandapa**, percé de quatre portes, dont ne subsiste que le soubassement. Vous apercevez aux quatre angles de l'édifice l'emplacement d'anciennes colonnes chargées de supporter une toiture légère.

À l'est du *mandapa*, le **gopura** constituait à l'origine l'entrée du temple, auquel on accédait par un escalier très raide. Moins bien conservé et de dimensions plus modestes (5,65 m de hauteur), il présente une architecture plus simple mais assez semblable à celle du *kalan*, avec fausses portes, éléments décoratifs en forme de flamme, niches et tours.

Au sud du *mandapa*, le **koshagraha**, appelé aussi temple du Feu, abritait les objets de culte.

Reprenez la RN 1 dir. Ho Chi Minh-Ville. La route traverse une région calcaire extrêmement aride parsemée d'eucalyptus. À 32 km de Phan Rang, elle rejoint la mer et traverse le village de Ca Na.

Le paisible bourg de pêcheurs de **Ca Na** et sa superbe **plage** de sable blanc émaillée

de gros rochers de granit offrent une halte agréable ainsi que quelques possibilités d'hébergement, mais la proximité de la nationale n'en fait pas un lieu de villégiature idéal.
Reprenant votre chemin en direction de Phan Thiet, vous passez ensuite **Vinh Hao**, une bourgade connue pour son eau minérale commercialisée partout au Vietnam. La route dévoile maintenant un paysage de garrigue, où vous apercevez quelques vignes sur treilles qui font la renommée de la région. Elle est jalonnée de petits hameaux dont les habitations sommaires sont faites de nattes en bambou et de tôle. Plus au sud, à l'intérieur des terres, quelques zones mieux irriguées accueillent diverses cultures, telles rizières et bananeraies. À proximité de Phan Thiet, alors que la route rejoint de nouveau le littoral, apparaissent les premières dunes aux chaudes colorations orangées. On se croirait aux portes d'un désert.

Phan Thiet B4

Capitale de la province du Binh Thuan, la ville s'étire de part et d'autre de la rivière Ca Ty sur laquelle les bateaux de pêcheurs composent un tableau pittoresque. À 6 km au nord-est de Phan Thiet en direction de Mui Ne, dans le quartier de Phu Hai, les trois tours de **Poshanu** sont perchées sur une petite butte à droite de la route. Ce sont les plus méridionales des ruines chames, mais elles comptent parmi les plus anciennes (8e s.). La route qui conduit à Mui Ne traverse une cocoteraie offrant une ombre bienfaitrice et produisant une quantité industrielle de noix de coco que vous apercevrez séchant au soleil.

★ Mui Ne B4

Ce village de pêcheurs est réputé pour le surprenant spectacle de ses hautes dunes de sable orange surplombant la mer.
Pour accéder au village, empruntez la route qui part à gauche du carrefour principal et suivez le panneau « Hon Rom ». Il est situé à l'extrémité d'une baie, baignée par les eaux turquoise de la mer de Chine méridionale et ourlée d'une longue plage de sable blanc. Elle offre un cadre idéal pour vous ressourcer, d'autant que l'endroit, est encore relativement préservé. De charmants *resorts*, tapis à l'ombre des cocotiers, ont élu domicile dans ce petit coin de paradis et vous invitent au farniente. La plage est aussi très prisée des amateurs de surf et de kitesurf.

3

Carnet pratique

S'informer

Adressez-vous aux agences de voyage de Nha Trang *(voir p. 226)*.

Arriver/Partir

Phan Rang

Gare ferroviaire – *À 7 km au nord-ouest de la ville, non loin du site de Po Klong Garai.* Desservie par le train de la Réunification *(pour les horaires, voir p. 455)*.
Pour rejoindre le centre-ville, le plus simple est de prendre un taxi ou une moto.
Gare routière – *À 500 m au nord du centre-ville, sur la rue Thong Nhat.* Départs réguliers pour Phan Thiet *(4h de trajet)*, Ho Chi Minh-Ville *(8h)*, Dalat *(2h)*, Nha Trang (3h) et Da Nang *(17h)*. Si vous faites route vers le sud ou le nord, postez-vous plutôt au croisement de la RN 1 et hélez l'un des nombreux express

qui y passent, car les bus qui partent de la gare de Phan Rang sont très lents.

Bus à desserte locale – *Au sud de la ville, face au 428 Thong Nhat.*

Phan Thiet

Gare ferroviaire – *À Muong Man, à 12 km à l'ouest de Phan Thiet.*

Gare routière – *À côté de l'hôtel 19/4, à l'angle des rues Tu Van Tu et Tran Hung Dao.* La plupart des bus font le tour de la ville avant de quitter Phan Thiet. Dép. fréquents pour Ho Chi Minh-Ville *(4h de trajet)*, Nha Trang *(7h)* et le Nord. Bus réguliers pour Mui Ne.

Mui Ne

De Phan Thiet, le plus simple pour rejoindre Mui Ne est de prendre un taxi ou une moto-taxi *(env. 50 000 VND l'aller simple à moto).*

Nos adresses

Restauration/ Hébergement

Phan Thiet

Séjournez de préférence en bord de mer, dans l'un des hôtels qui jalonnent la route de Mui Ne.

Pour se faire plaisir

Ocean Dunes Resort – *1 Ton Duc Thang - (252) 382 23 93 - www.sealinkscity.com - - 123 ch. 1 400 000/2 000 000 VND .* Installé en bord de mer, à la lisière d'un golf de 18 trous, l'hôtel couvre une superficie de 60 ha. On trouve ici tout le luxe que peut offrir un établissement de cette catégorie, mais l'ensemble demeure un peu impersonnel. Les chambres, confortables et claires, disposent toutes d'un balcon, donnant sur le golf ou la piscine. 2 bars et 2 restaurants proposant buffets thématiques ou dîners à la carte. Diverses activités sportives telles que salle de fitness, golf, volley-ball, football, badminton et pétanque. Également sauna, massages et jardin d'enfants.

Une folie

Victoria Phan Thiet Resort – *Km 9 Phu Hai - (252) 381 30 00 - - 57 ch. 2 000 000/3 100 000 VND .* Villas à l'architecture élégante disséminées dans un vaste jardin paysager. D'un luxe raffiné – tommettes, parquets et mobilier en bois –, avec de beaux volumes, elles disposent de tout le confort et d'une terrasse donnant sur le jardin ou la mer. Restaurant en terrasse proposant fruits de mer et cuisine vietnamienne, ou grill au bord de la piscine. Accueil et service soignés.

Mui Ne

De nombreux *resorts* ont élu domicile le long de la route qui mène de Phan Thiet à Mui Ne. Les prix ont tendance à baisser au fur et à mesure que vous approchez de Mui Ne. La plupart des hôtels proposent des bicyclettes, parfois des motos à louer.

Premier prix

Hong Di – *70 Nguyen Dinh Chieu - (252) 384 70 14 - - 30 bung. 360 000 VND.* Grâce à cette adresse vous jouerez les Robinson avec plaisir dans un des quatre bungalows avec accès direct sur la plage. Ils sont tous très bien entretenus et vous ne serez pas déçu du rapport qualité-prix.

Pour se faire plaisir

Joe's Cafe and Garden Resort – *86 Nguyen Dinh Chieu - (252) 384 71 77 - - 12 ch. et bung. 1 400 000/2 000 000 VND .* Une adresse de charme comme on en trouve beaucoup à Mui Ne. Les bungalows présentent une architecture traditionnelle avec terrasse, murs en bambou et toit de chaume. Les chambres claires et confortables sont aménagées dans deux maisons voisines. Toutes sont équipées de l'air conditionné. Le restaurant attenant propose une bonne cuisine vietnamienne dans un cadre agréable, en bord de plage.

Full Moon Beach – *84-90 Nguyen Dinh Chieu - ✆ (252) 384 70 08 - fullmoonbeach.com.vn -* ✗ ⛱ *- 27 ch. 1450 000/1750 000 VND* ☕. Nichés sous un chapiteau de verdure, ces bungalows en bambou (équipés de salle de bains en dur), joliment décorés, offrent un lieu de séjour des plus agréables. Il est également possible de dormir dans de très belles chambres. Prendre le petit-déj. sur la terrasse face à la mer et au milieu du jardin tropical vous ravira. Les propriétaires, Pascal et Phuong, possèdent également un magasin de planches à voile situé 50 m plus loin, qui fait aussi office de bar et de restaurant, **Le Jibe's**.

Canary Resort – *60 Huynh Thuc Khang, Ham Tien - ✆ (252) 384 72 58 - www.canaryresort.vn -* ☰ ✗ ⛱ *- 80 ch. 1250 000 VND* ☕. La plupart des bungalows sont disposés le long d'un agréable jardin fleuri. D'un côté se trouvent ceux en bambou sur pilotis (les moins chers, avec ventilateur) ; en face, des habitations plus grandes peuvent accueillir 4 personnes (les plus chères, avec air conditionné). Plus loin, avant d'arriver à la plage, jouxtant la piscine flambant neuve, vous découvrirez quelques bungalows tout confort avec terrasse privée donnant sur la mer. Le personnel est accueillant. Très bon rapport qualité-prix.

Hai Au – *32 Huynh Thuc Khang - ✆ (252) 384 73 63 -* ☰ ✗ *- 111 ch. à partir de 1500 000 VND* ☕. Aménagé pour une clientèle vietnamienne, ce complexe ravira les amateurs de karaoké avec ses bungalows tout équipés et sonorisés (répertoire vietnamien et anglo-saxon).

Hoang Ngoc – *152 Nguyen Dinh Chieu - ✆ (252) 384 78 58 - www.hoangngoc-resort.com -* ☰ ✗ ⛱ *- 100 ch. 1800 000/ 3600 000 VND* ☕. Le cadre est splendide et les prix un peu élevés... Cependant, selon le taux de remplissage de l'hôtel, il est possible de négocier une importante réduction (jusqu'à 50 %). Cela en vaut vraiment la peine pour les chambres VIP dotées de lits *king size* et de superbes salles de bains.

Saigon Mui Ne Resort – *56-97 Nguyen Dinh Chieu - ✆ (252) 384 73 03 - www. saigonmuineresort. com -* ☰ ✗ ⛱ 🅿 *- 87 ch. 1200 000/3 400 000 VND* ☕. Un des plus beaux ensembles avec piscine, bassin et cascade, bars et restaurants sur plusieurs niveaux reliés par des passerelles.

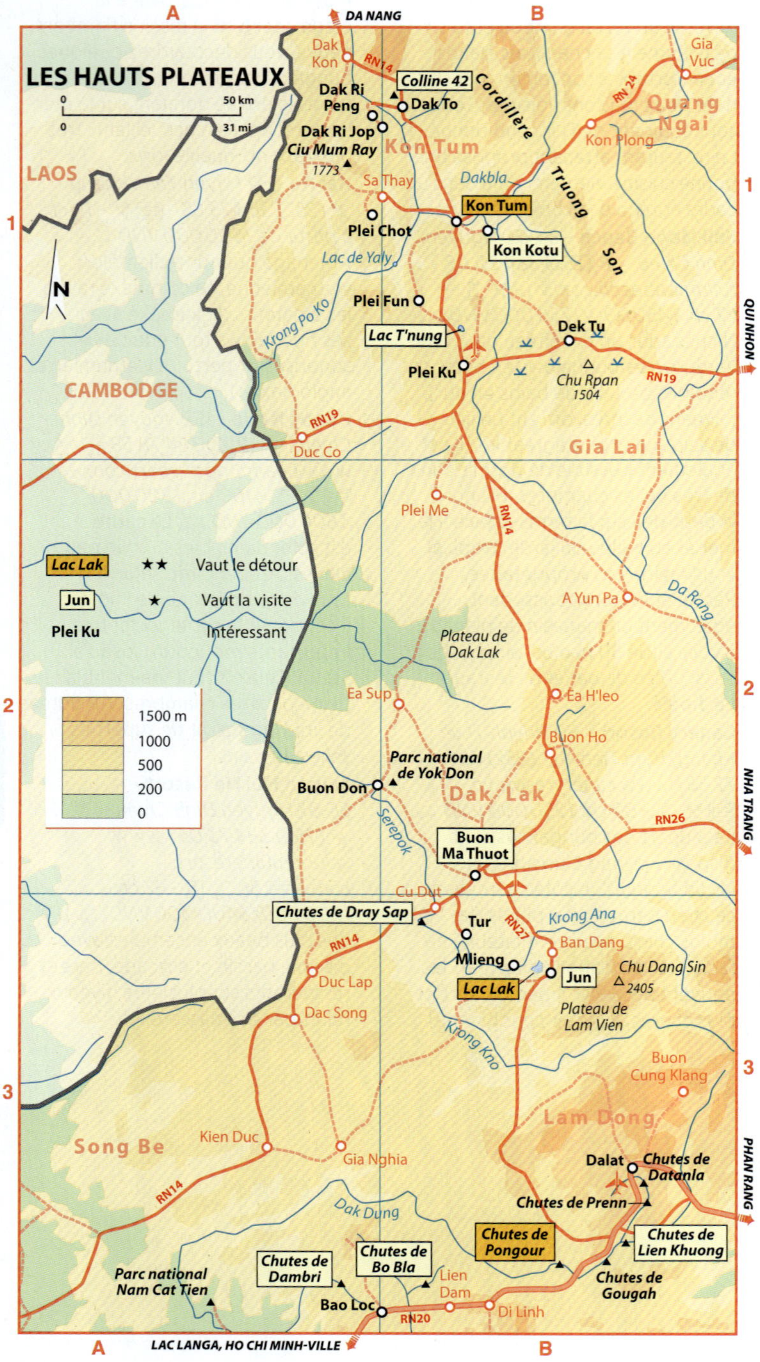

LES HAUTS PLATEAUX
0 50 km
0 31 mi
A
B
1
2
3
DA NANG
QUI NHON
NHA TRANG
PHAN RANG
LAC LANGA, HO CHI MINH-VILLE
LAOS
CAMBODGE
Dak Kon
RN14
Colline 42
Cordillère Truong Son
Dak Ri Peng
Dak To
Dak Ri Jop
Ciu Mum Ray 1773
Kon Tum
Sa Thay
Dakbla
Kon Tum
Plei Chot
Kon Kotu
Lac de Yaly
Plei Fun
Krong Po Ko
Lac T'nung
Plei Ku
Dek Tu
Chu Rpan 1504
RN19
Gia Vuc
RN 24
Quang Ngai
Kon Plong
Duc Co
Gia Lai
Plei Me
A Yun Pa
Da Rang
Plateau de Dak Lak
Lac Lak ★★ Vaut le détour
Jun ★ Vaut la visite
Plei Ku Intéressant
1500 m
1000
500
200
0
Ea Sup
Ea H'leo
Buon Ho
Parc national de Yok Don
Buon Don
Dak Lak
Serepok
RN26
Buon Ma Thuot
Cu Dut
Chutes de Dray Sap
Tur
RN27
Krong Ana
Ban Dang
Mlieng
Jun
Lac Lak
Chu Dang Sin 2405
Duc Lap
Dac Song
Plateau de Lam Vien
Krong Kno
Buon Cung Klang
Lam Dong
Song Be
Kien Duc
Gia Nghia
Dalat
Chutes de Datanla
Chutes de Prenn
Dak Dung
Chutes de Pongour
Chutes de Lien Khuong
Chutes de Gougah
Chutes de Dambri
Chutes de Bo Bla
Lien Dam
Parc national Nam Cat Tien
Bao Loc
Di Linh
RN20

4

Les Hauts Plateaux

CARTE RABAT DE COUVERTURE

Dalat et ses environs

Avec ses villas coloniales dispersées dans un paysage de pinèdes vallonné, Dalat est depuis l'époque française le lieu de prédilection des Saigonnais. Royaume du kitsch et repaire de quelques artistes marginaux, centre universitaire et de recherche en médecine radioactive entouré de villages traditionnels... la ville cultive les paradoxes. C'est en 1893 que le site fut découvert par le docteur Yersin, alors qu'il recherchait un lieu propice à la culture du quinquina. Plusieurs années s'écoulèrent avant que le gouverneur général Paul Doumer décide d'y établir une station d'altitude, qui prit son envol en 1917. Depuis, la main de l'homme a profondément modelé l'aspect de la campagne, et la ville doit son opulence au tourisme autant qu'aux cultures maraîchères et horticoles qui ont remplacé les forêts. Dalat offre de superbes paysages, ainsi qu'une première rencontre avec les ethnies mas et co hos (les Lats et les Chills). Certains lui reprocheront néanmoins son tourisme de masse et son urbanisation galopante. Car la station attire en nombre nouveaux riches saigonnais, Viet Kieu de passage, couples en lune de miel et expatriés cherchant un parfum d'Europe.

Se repérer

CARTE B3 (P. 236) - PLAN DE VILLE (P. 240).

350 000 habitants – Province de Lam Dong.

Dalat est situé à 134 km au sud-ouest de Nha Trang et 305 km au nord-est de Ho Chi Minh-Ville.

À ne pas manquer

Les villas françaises et le palais de Bao Dai ; les collections du musée Lam Dong ; la pagode Thien Vuong ; les cascades des environs.

Organiser son temps

Comptez une journée pour faire la route de Ho Chi Minh-Ville à Dalat et 3 jours pour la visite de la ville et de ses environs.

Carnet pratique p. 345

Nos adresses p. 346

Se promener

PLAN P. 240

Le « petit Paris » doit son aspect de cité thermale au **lac Xuan Huong**, créé en 1919. Situé au cœur de la ville, c'est le lieu de rencontre par excellence des amoureux ou des familles en villégiature, qui s'offrent un tour en pédalo ou une balade en calèche autour du plan d'eau *(4 km)*. La partie la plus urbaine et la plus animée de la ville occupe sa rive nord-ouest, tandis que la rive sud présente un aspect plus bucolique, avec ses villas et ses pagodes dispersées au milieu des pins et des vergers.

Centre-ville

Au bout de la rue Nguyen Thi Minh Khai, l'édifice en béton du **marché central** *(6h-18h)* est totalement dépourvu de grâce, mais une visite s'impose pour découvrir l'incroyable variété de fruits, de fleurs et de légumes cultivés dans la région. Plus loin, des escaliers mènent au cinéma de la **place Hoa Binh**, d'où partent des ruelles bordées de bas immeubles qui évoquent une petite ville de province française figée dans le passé.

Vue aérienne de Dalat.
HuyThoai/Getty Images Plus

Redescendez la rue Nguyen Thi Minh Khai jusqu'au lac.
Au pied de l'énorme antenne de télécommunication, cousine lointaine et incongrue de la tour Eiffel, se dressent deux joyaux de l'architecture coloniale, le **Dalat Palace Luxury Hotel** et le **Du Parc Hotel**, ainsi que la silhouette de la **cathédrale** (NHA THO LON) et de son campanile haut de 47 m. Elle fut érigée de 1931 à 1942, et la plupart des 70 vitraux ont été réalisés à Grenoble.
Élevée au rang de curiosité, la **Crazy House** (MAISON FOLLE) *(3 Huynh Thuc Khang - ✆ (263) 382 20 70 - www.crazyhouse.vn - 8h30-18h - 60 000 VND - voir « Hébergement »)*, est un endroit unique, fruit de l'imagination débridée de sa propriétaire. Fille d'un important dignitaire du parti communiste vietnamien, elle a étudié l'architecture à Moscou avant de revenir s'installer à Dalat, où elle a fait élever cet édifice de béton en chantier perpétuel, à mi-chemin entre le bestiaire arachnéen et le château de sable.
Perché au sommet d'une colline au bout d'une rue bordée de villas françaises, le **palais de Bao Dai★★** *(7h-17h30 - 40 000 VND)* présente un étonnant mélange de luxes occidental et oriental. Construit entre 1933 et 1938 par des architectes français et vietnamiens, il servit de palais d'été au dernier empereur du Vietnam jusqu'à son exil en France, en 1955. La résidence accueillit ensuite les présidents sud-vietnamiens jusqu'en 1975. Le vaste living-room et son mobilier d'époque aux couleurs royales (rouge et jaune) évoque d'emblée un musée des Arts décoratifs des années 1940. Le reste est à l'avenant, à l'image du bureau, orné d'une tête de daim empaillée (trophée de chasse de l'empereur), et de la salle de réunion, qui renferme une immense table ainsi qu'une superbe carte en verre du Vietnam. Au fond, une petite pièce aux curieux bas-reliefs dorés servait aux délassements de Bao Dai et de ses concubines. Les appartements privés, à l'étage, dégagent en revanche une impression de luxe sans ostentation. La chambre de la reine est la plus belle.
Au bout d'une courte allée se tient la **pagode Lam Ty Ni** *(2 Thien My)*, lieu de retraite solitaire de Vien Thuc, le « bonze fou », depuis 1968. Peintre et poète, il

SE RESTAURER

- Le Chalet 1
- Hoang Lan 3
- Thanh Thuy Blue Water 9
- Thuy Ta 10

SE LOGER

- TTC Hotel Premium Da Lat.... 2
- Crazy House....................... 4
- Du Parc............................ 12
- Thong Xanh........................ 18
- Trang Anh.......................... 19
- Dalat Palace Heritage Hotel.. 20

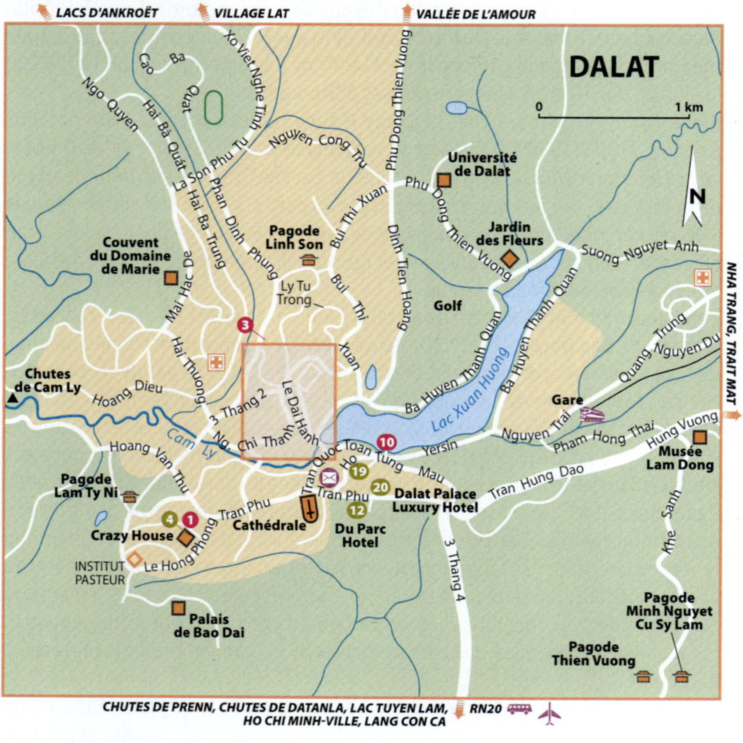

parle anglais et français, et se réfère au bouddhisme zen tout en manifestant un sens aigu des affaires. On vient ici pour rencontrer ce personnage peu banal et pour découvrir son œuvre multiforme envahissant le moindre espace. Vien Thuc, dont la fortune supposée fait beaucoup jaser, espère que la vente des toiles lui permettra de parcourir le monde, le rêve de sa vie.

À la périphérie ouest de la ville, les **chutes de Cam Ly** *(Hoang Van Thu, 7h-17h30 - 40 000 VND)* ne sont pas spectaculaires, mais constituent un but de promenade agréable.

De là, poussez jusqu'au **couvent du Domaine de Marie** (NHA THO LANH DIA DUC BA) *(1 Ngo Quyen)*. Élevé à la fin des années 1920, il fut agrandi grâce aux libéralités de l'épouse de l'amiral Jean Decoux, enterrée ici. Une douce quiétude règne en ces lieux où vit une poignée de religieuses. Demandez-leur de vous faire visiter le jardin, où elles cultivent des sabots de fée, une délicate orchidée répandue dans la région de Dalat. L'église paroissiale abrite une statue de Marie suspendue au mur, debout sur un globe avec un serpent à ses pieds.

Construite sur une hauteur à la fin des années 1930, la **pagode Linh Son** *(120 Nguyen Van Troi, à 800 m au nord du centre-ville)* est la plus ancienne de Dalat. Elle arbore un toit de tuiles à bords relevés, flanqué d'une tour de belle allure. Le jardin d'orchidées est malheureusement à l'abandon, mais le sanctuaire abrite toujours une énorme cloche en bronze de 1250 kg.

Symbole du regain d'intérêt de la jet-set saigonnaise pour Dalat, l'immense **golf** de 65 ha, conçu à la Belle Époque, a rouvert dans les années 1990. En face, l'**université de Dalat** occupe un parc arboré de 40 ha.

En bas de la rue, sur la rive du lac, le **jardin des Fleurs** (VUON HOA THANH PHO) *(Tran Quoc Toan - ✆ (263) 382 21 51 - 7h30-16h - 40 000 VND)* recèle de superbes orchidées.

Sur la rive est du lac

En se rapprochant de la rive est du lac Xuan Huong, vous longez Tran Hung Dao, Quang Trung et Nguyen Du, sur lesquelles une multitude de villas de styles normand, breton, basque ou savoyard évoquent l'époque où Dalat était le lieu de villégiature des Français de Saigon. Certaines ont conservé toute leur splendeur.

4

★ Gare de Dalat

1 Quang Trung - ✆ (263) 383 44 09 - 7h-18h.

Dans le même esprit, la coquette gare présente une similitude indiscutable avec sa lointaine cousine de Deauville. Inaugurée en 1933, la ligne de chemin de fer desservait Thap Cham, à une centaine de kilomètres, mais le service fut interrompu dans les années 1960, à la suite des attaques viet-congs. Un tronçon de 7 km, jusqu'à Trai Mat, a été remis en état pour les touristes *(30mn de trajet - 150 000 VND)*, mais le voyage s'effectue en micheline et non avec la locomotive à vapeur qui reste à quai.

★★ Musée Lam Dong

4 Hung Vuong - ✆ (263) 382 23 39 - lamdong.gov.vn - tlj sf dim. 7h30-11h30, 13h30-17h - 22 000 VND.

L'ancien musée des Ethnies montagnardes occupe ce qui fut la demeure de Nguyen Huu Thi Lan, la femme de Bao Dai. Il présente de passionnantes collections d'objets découverts dans la province.

La première salle compte un étonnant **lithophone★★**. Merveille de poésie, il était à l'origine placé sous une cascade, la musique étant produite par les déplacements aléatoires d'un caillou suspendu à une corde.
La civilisation du Champa est évoquée à travers un énorme **linga★**, des statues et de la vaisselle en bronze, des bijoux en or, un délicat petit **yogi★★** en quartz et un superbe **bas-relief★★** en argent figurant Shiva (que certains rapprochent du Oc Eo antérieur), datant des 10e-11e s.
La deuxième salle présente des jarres chinoises (18e s.), des céladons et de la vaisselle Ming (14e-15e s.) et japonaise (17e s.), qui attestent l'ancienneté et l'amplitude géographique des échanges entre les minorités. Des bracelets en bronze (15e-16e s.) témoignent en outre du raffinement des Co Hos et des Mas, tandis que la troisième salle traite des Mas.
À l'étage, instruments de chasse et de pêche, tissus, vannerie, poteries ainsi qu'un intérieur de hutte et un mât sacrificiel *(klao)* donnent un aperçu du mode de vie traditionnel des Chu Rus et des Mas. Voir aussi un curieux orgue à bouche (courge plantée de tiges de bambou) utilisé par les hommes pour appeler les enfants, chacun étant associé à une note distincte.

★ Pagode Thien Vuong

À 5 km au sud-est du centre-ville, par la rue Khe Sanh, et 1 km de piste - 6h-17h.
Appelée aussi Chua Tau (« pagode chinoise »), elle émerge sur une colline arborée, dans un cadre superbe. Construite en 1959, elle comprend trois parties. Dans la première, un bouddha du Passé assis sur un lotus arbore un air jovial. Le second bâtiment *(ôtez vos chaussures)*, très dépouillé, renferme trois énormes **statues de santal★★** de 4 m et 1,5 tonne, qui furent acheminées de Hong Kong lors de l'inauguration de la pagode. De gauche à droite, Quan Am, déesse de la Miséricorde, Amitabha, bouddha de la « Lumière infinie », et le bodhisattva Dai The Chi Bo Tat représentant l'esprit d'Amitabha. Pour ne pas gâcher leur parfum naturel, on ne brûle pas d'encens dans cette pièce.
Le sanctuaire s'achève au sommet de la colline par une imposante statue du **Bouddha**, qui semble méditer devant le **panorama★★**.
De facture plus modeste, la **pagode Minh Nguyet Cu Sy Lam** *(sur la colline en face, au bout de Khe Sanh)* respire également le calme et la sérénité. Le sanctuaire principal a la forme d'un lotus posé sur un socle. Il est dédié à Quan The Am Bo Tat, dont une statue trône à l'intérieur.

À proximité

PLAN P. 240

Vallée de l'Amour (THUNG LUNG TINH YEU) EN DIR.

▶ *À 5 km au nord de Dalat par la rue Phu Dong Thien Vuong - 7h30-17h - 250 000 VND.*
Lovée dans un écrin de collines, la vallée abrite un lac de retenue où le tourisme de masse s'épanouit. Envahi de boutiques de souvenirs, il semble avoir été conçu par un paysagiste en mal d'imagination, mais il offre un instantané de vie riche de surprises, tels ces Vietnamiens posant pour l'éternité sur des poneys en tenue de cow-boy !

Lat et chutes d'Ankroët EN DIR.

▶ *Suivez la rue Phan Dinh Phung pour rejoindre Lat, à 12 km au nord-ouest de Dalat. Permis et guide obligatoires. Rens. dans les agences de voyage (voir p. 245).*
Niché au pied du **Lang Bian★★**, une montagne sacrée culminant à 2 163 m, le village de **Lat** est constitué de neuf hameaux peuplés de Mas et, surtout, de Co Hos

Les chutes de Pongour.
BaLATran/Getty Images Plus

(Lats, Chills), protestants et catholiques, qui ont conservé leur habitat traditionnel sur pilotis. L'irruption du tourisme ne semble pas avoir bénéficié aux villageois qui vivent de la culture de la patate douce, des haricots et du riz.

Une marche facile conduit au sommet du Lang Bian, où la **vue★★** est splendide *(comptez 3-4h aller ; des agences de Dalat organisent cette randonnée incluant la visite du village).*

De là, vous pouvez rejoindre les **lacs** et **chutes d'Ankroët★★** *(à 18 km au nord-ouest de Dalat, les derniers kilomètres s'effectuent sur une piste difficilement praticable après la pluie).* Ils sont cachés dans un superbe coin sauvage.

Lac Tuyen Lam (HO TUYEN LAM) EN DIR.

À 7 km au sud de Dalat par la RN 20. Tournez à droite au bout de 5 km, puis continuez sur 2 km.

Niché au cœur d'une forêt de pins, ce lac aménagé en 1980 est l'une des attractions des environs de Dalat, même si le paysage s'avère une fois de plus très domestiqué. Dominant la rive nord, le vaste **monastère Truc Lam**, inauguré en 1994, vaut le détour, ne serait-ce que pour son jardin avec vue sur le lac.

Lang Con Ga EN DIR.

À 18 km au sud de Dalat par la RN 20.

Ce village est peuplé de Co Hos, sédentarisés par les Français au début des années 1950. D'aspect très pauvre, il doit son surnom de « village du Poulet » à une statue, dont on raconte qu'elle aurait été élevée par les Français pour habituer les villageois à se lever avec le chant du coq ! Lang Con Ga constitue une bonne introduction à la culture des minorités ethniques, mais la proximité de Dalat lui vaut de figurer au programme de toutes les agences de voyage et les touristes sont attendus. Dans la journée, les villageois qui vivent de la canne à sucre et de cultures maraîchères travaillent aux champs, et ne restent alors que les enfants ou quelques femmes à leur métier à tisser.

Circuit conseillé

CARTE P. 236

De Ho Chi Minh-Ville à Dalat AB3

Circuit de 300 km - comptez une journée. Quittez Ho Chi Minh-Ville par la RN 1. 65 km plus loin, parvenu à Dau Day, bifurquez pour récupérer la RN 20 dir. Dalat. Le lac Langa est à 30 km.

Lac Langa et plaine de Dinh Quan A3 EN DIR.

Créé après l'ouverture d'un barrage hydroélectrique en 1984, le **lac Langa** ne compte pas moins de **200 maisons flottantes**, toutes pourvues de viviers, comme à Chau Doc. La plupart des habitants sont des Vietnamiens chassés du Cambodge à l'époque des Khmers rouges. Au débouché du pont, un mémorial commémore la bataille qui s'y déroula lors de l'assaut final sur Saigon, en 1975. Puis la route traverse l'étrange plaine de Dinh Quan, hérissée de **volcans** coniques depuis longtemps éteints, dont le sol fertile permet une culture intensive (manioc, café, maïs). Il est possible d'en entreprendre l'ascension, mais demandez d'abord la permission aux paysans, qui voient d'un mauvais œil le fait que l'on piétine leurs champs.
Peu avant Ma Da Gui, à hauteur du village de Tan Phu (km 125), prenez une mauvaise piste de 25 km qui mène au parc national ; au bureau du parc de Tan Phu, vous pourrez trouver des motos (170 0000 VND) et des taxis (580 000 VND) pour parcourir la distance.

Parc national Nam Cat Tien A3

Maison du parc national (Vuon Quoc Gia Cat Tien) - ✆ (061) 366 91 59 ou (061) 366 92 28 - 60 000 VND.
Nam Cat Tien, l'une des dernières forêts primaires du sud du pays, est le refuge de rares mammifères (éléphants, rhinocéros de Java, gibbons), de nombreux oiseaux et de crocodiles que l'on peut observer au bord d'un lac. Il est recommandé de partir en randonnée avec un guide local tant la forêt tropicale est vaste. Des ecolodges ont fleuri ces dernières années, permettant de séjourner dans le parc ou à proximité.
Revenez sur la RN 20 et poursuivez en direction de Dalat.

Cascades sur la route de Dalat B3

La route entame l'ascension du plateau de Di Linh, délivrant quelques somptueux **panoramas★**. Les plantations de thé étendent inexorablement leur soyeux manteau vert, mais la déforestation galopante et ses corollaires (glissements de terrain, assèchement des sols) posent de sérieux problèmes.
Nichée au cœur d'une région luxuriante, **Bao Loc** est réputée pour ses fabriques de soie, mais les visiteurs s'y arrêtent surtout pour admirer les **chutes de Dambri★** *(prenez à gauche au carrefour en T et continuez sur 15 km - 150 000 VND).* Surgissant d'une bambouseraie, le torrent chute 60 m plus bas dans un fracas assourdissant. Un ascenseur *(payant)* permet de descendre sans effort, mais il gâche un peu le paysage. Protégez votre appareil photo des projections d'eau, car il n'y a pas d'abri en bas. Plusieurs cafés et restaurants permettent de faire halte.
5 km avant Di Linh, à l'entrée de Lien Dam, un petit terre-plein offre un point de vue dégagé sur les **chutes de Bo Bla★**, mince filet haut de 32 m qui jaillit au milieu de la verdure. Un sentier permet d'y accéder *(30mn de marche - au km 191, prenez à gauche la piste de 7 km à travers une superbe lande sauvage).*
Le meilleur reste à venir avec les spectaculaires **chutes de Pongour★★** *(20 000 VND)*, hautes d'une trentaine de mètres, qui se déploient en un magnifique

arc de cercle long de 150 m. Une piste de 300 m mène au pied de la cascade où la vue est tout aussi saisissante, particulièrement à la saison des pluies.
De retour sur la RN 20, direction Dalat, les **chutes de Gougah** *(au km 195)* sont visibles de la route, tout comme les **chutes de Lien Khuong**★ *(au km 210, attention le sentier est glissant - 20 000 VND)*, larges de 100 m et hautes de 15 m.
Reprenez la RN 20 sur 20 km. Elle mène ensuite aux **chutes de Prenn** *(7h-17h - 30 000 VND)*, l'un des lieux les plus touristiques de la région. Un chemin passe derrière la cascade, haute d'une quinzaine de mètres.
Environ 4 km plus loin, depuis la RN 20, un sentier de 400 m à travers la forêt descend aux **chutes de Datanla** *(6h-16h - 30 000 VND)*, qui dévalent au milieu des rochers avant de pénétrer dans un étroit canyon. Des bungalows en bois ont été aménagés, qui répondent au romantisme à la vietnamienne.
Reprenez la RN 20 jusqu'à Dalat (5 km).

Carnet pratique

PLAN DE VILLE (P. 240)

S'informer

Voir Dalat Trip ci-après.

Adresses utiles

Poste/Téléphone

Buu Dien Trung Tam – *16 Tran Phu (près de l'hôtel Du Parc) - ✆ (263) 382 25 71 - 6h30-21h.*

Arriver/Partir

En avion

Aéroport Lien Khuong – *À 30 km au sud de Dalat, sur la RN 20 (navette au dép. du bureau de Vietnam Airlines) - ✆ (263) 384 18 41.* 6 liaisons/j. avec Ho Chi Minh-Ville *(55mn de trajet)*, 3 liaisons/j. avec Hanoi *(1h40)* et 1 liaison/j. avec Da Nang *(1h20)*.

Vietnam Airlines – *63 Ho Tung Mau - ✆ (263) 383 34 99 - www.vietnamairlines.com - 8h-11h, 13h-16h.*

En bus et minibus

Terminal Tinh Lam Dong – *3 Thang 4 (à 2 km au sud du centre-ville) - 6h-0h.* Un départ ttes les h. pour Ho Chi Minh-Ville *(7-8h de trajet)*, 3 bus/j., à 7h, 10h et 13h pour Nha Trang *(4h)*. Les agences de voyage proposent toutefois des liaisons par bus dans de meilleures conditions de confort.

En voiture

De Ho Chi Minh-Ville, préférez la route de l'intérieur *via* Bao Loc.

Transports

Moto

Le moyen idéal pour sillonner Dalat et ses environs. Location dans les hôtels. 5/8 $/j. selon la saison, et 10 $ avec chauffeur.

Taxi

Mailinh Taxi – *✆ (263) 283 83 83.*

Vélo

Les courageux apprécieront la douceur du climat, mais attention aux montées ! Location auprès des agences de voyage ou hôtels.

Visite

Agences de voyage

Dalat Trip – *60/10 Nguyen Trung Truc - ✆ (263) 351 68 88 - www.dalattrip.com.* L'agence officielle de Dalat, très compétente, centralise la plupart des agences de Dalat, mais propose aussi de multiples services : location de voitures et

4

de motos, guides et permis pour Lat, circuits dans la province (Lang Bian, Tuyen Lam).

Phat Tire Ventures – *109 Nguyen Van Troi - ✆ 09 2779 89 37 - www.ptv-vietnam.com - 7h30-17h.* Pour une découverte sportive de Dalat et de ses environs.

Nos adresses

PLAN DE VILLE (P. 240)

Restauration

Les restaurants touristiques sont concentrés autour du cinéma, sur Nguyen Thi Minh Khai et Phan Dinh Phung, et ferment vers 22h-23h, voire 0h en haute saison.
Il est possible de manger soupes, ragoûts, escargots et coquillages au marché. Attention, le « marché infernal » de Le Dai Hanh n'a pas bonne réputation.

Budget moyen

1 **Le Chalet** – *6 Huynh Thuc Khang - ✆ (263) 382 88 86 - 7h-17h (21h vend. et sam.) - 220 000 VND.* Juste en face de la Crazy House, dans un cadre charmant (tables en bois et nombreuses plantes), on déguste des plats vietnamiens parfaitement exécutés (bœuf épicé à la citronnelle), servis dans une jolie vaisselle.

3 **Hoang Lan** – *118 Phan Dinh Phung - ✆ (263) 382 22 13 - service continu - 150 000/355 000 VND.* Une clientèle de voyageurs au long cours et de Vietnamiens se presse toujours dans cette grande salle éclairée au néon où l'on sert des soupes, des plats de viande, des crevettes et une délicieuse fondue *ta pin lu*, à prix très modiques.

9 **Thanh Thuy Blue Water** – *2 Nguyen Thai Hoc - ✆ (263) 353 16 68 - service continu - 150 000/350 000 VND.* Un établissement chic au bord du lac, idéal pour prendre un verre.

10 **Thuy Ta** – *1 Yersin - ✆ (263) 382 22 88 - service continu - 195 000/415 000 VND.* Construit sur pilotis au bord du lac, l'établissement jouit d'un emplacement très agréable, mais la cuisine (occidentale

La fantaisie architecturale de l'hôtel Crazy House par Dang Viet Nga.
efired/Getty Images Plus

et vietnamienne) n'a rien d'exceptionnel et l'on peut se contenter d'y boire un verre. Location de pédalos juste à côté.

Une folie

20 **Le Rabelais** – *Dalat Palace Luxury Hotel, 2 Tran Phu - ✆ (263) 382 54 44 - service continu - menu 2 000 000 VND.* Le cadre somptueux de la salle est tout à fait unique à Dalat et le restaurant compte parmi les meilleurs de la ville. N'hésitez pas à venir prendre un verre en terrasse, au bord de la vaste pelouse qui descend vers le lac.

Boire un verre

Une série de bars quasi identiques ont vu le jour sur **Nguyen Chi Thanh**, l'endroit le plus animé de Dalat le soir.

Shopping

Les montagnards réalisent des nattes de fibres teintes, des paniers à riz en bambou et des vêtements que l'on peut trouver au village de Lat.

Activités

Dalat Palace Golf Club – *Phu Dong Thien Vuong - ✆ (263) 382 12 01.* Ce golf de 18 trous ouvert en 1922 est l'un des meilleurs du Vietnam.

Hébergement

En haute saison (déc.-fév.), surtout durant le Tet (fin janv.-début fév.), nombre d'hôtels affichent complet et doublent leurs prix. Beaucoup de mini-hôtels se concentrent près du cinéma et sur Nam Ky Khoi Nghia, mais certains n'acceptent pas les étrangers.

Premier prix

19 **Trang Anh** – *1 Ho Tung Mau - ✆ (263) 382 31 18 - - 11 ch. env. 300 000 VND.* Un petit hôtel familial et sympathique un peu excentré. Location de motos.

Budget moyen

18 **Thong Xanh** – *35 Nam Ky Khoi Nghia - ✆ 09 2187 06 64 - - 19 ch. 720 000 VND.* Cet hôtel familial loue des chambres impeccables avec vue dégagée.

4 **Crazy House** – *3 Huynh Thuc Khang - ✆ (263) 382 20 70 - www.crazyhouse.vn - 10 ch. 800 000/1 050 000 VND.* La « Maison folle » *(voir p. 239)* mérite un détour, ne serait-ce que pour son architecture insolite. Les chambres, étonnantes, offrent toutefois un confort sommaire.

Pour se faire plaisir

2 **TTC Hotel Premium Da Lat** – *4 Nguyen Thi Minh Khai - ✆ (263) 382 60 42 - www.dalat.ttchotels.com - ✕ - 78 ch. 1 050 000/3 000 000 VND.* Ce gros hôtel dominant le centre-ville propose des chambres impeccables mais d'un goût discutable. Le bar offre une vue imprenable sur le centre de Dalat. Accueil toutefois décevant.

12 **Du Parc** – *15 Tran Phu - ✆ (263) 382 57 77 - ✕ P - 140 ch. 1 350 000/3 100 000 VND.* Construit en 1932, il a retrouvé toute sa splendeur. Les chambres, avec parquet et confort raffiné, se placent toutefois un cran en dessous du Dalat Palace (même propriétaire).

Une folie

20 **Dalat Palace Heritage Hotel** – *2 Tran Phu - ✆ (263) 382 54 44 - www.dalatpalacehotel.com - ✕ P - 43 ch. 4 000 000/7 000 000 VND.* L'ancien Dalat Palace (1922), rénové avec un soin remarquable, exhale un parfum de luxe suranné dans un décor classique élégant. Certaines chambres disposent d'une cheminée et d'une vue imprenable sur le parc et le lac. Si cela dépasse votre budget, n'hésitez pas à prendre un verre sur la splendide terrasse. Équipé d'un court de tennis, d'un parcours de golf et d'un spa.

La région des Hauts Plateaux

Buon Ma Thuot - Plei Ku - Kon Tum

Longtemps interdits aux étrangers, les Hauts Plateaux se sont ouverts au tourisme au début des années 1990, mais restent assez peu visités en comparaison des stations balnéaires de la côte. Il est vrai que la région cumule les handicaps en matière de transports et d'hébergement. Elle recèle pourtant certains des plus beaux paysages du Vietnam et offre l'occasion d'une immersion au sein de minorités parmi les plus fascinantes du pays. Montagnes inviolées, cascades spectaculaires, forêts profondes, la nature conserve ici son caractère sauvage, malgré l'avancée inexorable des plantations de thé ou de café qui redessinent le paysage. Les villes, sans charme, n'invitent guère à un séjour prolongé, aussi la plupart des visiteurs s'empressent-ils de se rendre dans les villages où vivent E Des, Gia Rais, Ba Nas ou Mnongs. Prétexte à un voyage hors du temps, ces sociétés menacées manifestent un profond attachement à leurs traditions, dont les principaux traits distinctifs sont l'architecture, les rites funéraires et le matriarcat (à l'exception des Mnongs).

Se repérer

CARTE B1-2 (P. 236) - PLAN DE BUON MA THUOT (P. 249) - PLAN DE PLEI KU (P. 252).
Provinces de Dak Lak, Gia Lai et Kon Tum.

À ne pas manquer

Une excursion sur le lac Lak ;
la route de Buon Ma Thuot à Plei Ku ;
les villages gia rais et ba nas autour de Kon Tum.

Organiser son temps

Visitez la région durant la saison sèche, de novembre à mai. Comptez 2 ou 3 jours pour Buon Ma Thuot et ses environs, 1 jour pour Plei Ku et 2 jours pour Kon Tum.

Carnet pratique p. 256

Nos adresses p. 258

Circuits conseillés

CARTE P. 236

★ Buon Ma Thuot et ses environs B2-3

Une piste de 220 km, praticable à la saison sèche uniquement, à moto ou en 4x4, relie Dalat et Buon Ma Thuot *(renseignez-vous avant de partir)*. Elle traverse certains des plus beaux paysages des Hauts Plateaux, alternant forêts profondes, plantations de café et villages mnongs en torchis.

Pour la visite des villages des ethnies mnongs (à Le, Jun et Mlieng) et e des (à Tur et Akodong), prévoyez l'achat d'un permis et la location des services d'un guide accompagnateur auprès du Dak Lak Tourist (*voir ci-après* »), deux conditions obligatoires. Les tarifs sont fixés par les guides et peuvent éventuellement être négociés en fonction du nombre de villages visités.

★ Buon Ma Thuot B2 ET PLAN DE VILLE CI-DESSOUS

À 220 km de Dalat et 180 km de Nha Trang.

Dak Lak Tourist – B1 - *3 Phan Chu Trinh - ✆ (262) 385 22 46 - www.daklaktourist.com.vn.* Outre la visite des villages ethniques, l'agence organise des treks de plusieurs jours au lac Lak et des promenades en pirogue.

Les guides et les permis ne sont plus obligatoires pour Buon Ma Thuot, mais il est important de considérer un village comme une unité, un clan fermé, une propriété privée. Y entrer sans accord préalable et à l'improviste est perçu comme une violation de domicile. Les visites organisées sont, elles, effectuées dans le cadre d'un accord passé avec le chef du village, prévenu à l'avance pour éviter que l'on ne débarque à un moment inopportun.

La capitale de la province de Dak Lak (420 000 hab.), établie à 450 m d'altitude, ne présente guère d'intérêt touristique, mais elle constitue un point de départ idéal pour partir à la rencontre des **E Des** et des **Mnongs** ou voir le parc national de Yok Don. Toutes ces activités sont placées sous la garde de l'office de tourisme local, qui organise les visites dans les hameaux.

Si la ville semble bâtir sa prospérité à l'écart du monde, l'impression est trompeuse, car l'économie locale repose essentiellement sur l'exportation du café (dont la qualité est reconnue dans tout le pays), une culture en pleine expansion au détriment des forêts. Son origine remonte à l'époque française, quand les plantations de thé, de caoutchouc et de café faisaient les beaux jours des colons.

Musée des Minorités ethniques – *182 Nguyen Du - 8h-16h - 30 000 VND.* Il met en scène l'artisanat des E Des, des Mnongs et des Gia Rais à travers une belle collection de tissus, costumes, jarres, statues funéraires, outils et instruments

de musique traditionnels. À voir avant de visiter les villages.

Prison - *18 Tan Thuat - horaires irréguliers, à demander au musée des Minorités ethniques - 20 000 VND.* C'est à une autre vision de l'histoire qu'invite l'ancienne prison, construite par les Français en 1931. Des documents témoignent de l'implacable rigueur de l'administration coloniale, qui condamna un certain Nguyen Xan à sept ans d'internement pour « menées communistes », ou un dénommé Chu Van Bien à perpétuité pour « rédaction de papiers séditieux ». Demandez à voir les minuscules cellules où les détenus étaient enchaînés dans des conditions épouvantables. Des photos et, surtout, de belles peintures réalisées par les prisonniers font revivre cette époque.

★ Environs de Buon Ma Thuot B2-3

Quittez Buon Ma Thuot par la RN 14 en direction du sud-ouest. À 13 km, prenez la piste à hauteur de la station-service.

Le village de **Tur**, peuplé d'environ 400 E Des, jouit d'un calme et d'une prospérité apparente. Deux ou trois familles vivent dans chacune des longues **maisons** sur pilotis, aménagées autour d'une pelouse où sèchent le café et le maïs. Les villageois sont protestants, mais en l'absence de temple ils se réunissent dans des maisons pour prier.

Reprenez la RN 14 sur 7 km. Tournez à gauche après Cu Dut et continuez sur 5 km.

Quelques kilomètres après s'être unis, les *krong* Ana et Kno (« rivières Femelle et Mâle ») se précipitent dans un chaos de pierres haut de 15 m et large de plus de 100 m : les **chutes de Dray Sap**★ *(30 000 VND)*. Un escalier descend à la rivière et il faut ensuite crapahuter au milieu des pierres immergées jusqu'au pied de la chute *(tongs conseillées)*.

★★ Lac Lak B3

À 56 km au sud de Buon Ma Thuot par la RN 27.

Niché au creux d'un large bassin bordé de volcans éteints, le lac Lak constitue l'un des plus beaux sites de la province. C'est dans ce cadre somptueux, sur une petite presqu'île émergeant au milieu des bambous, que vivent les 400 Mnongs du charmant village de **Jun**★. Depuis l'irruption du tourisme en 1995, les longues maisons sur pilotis n'ont pas changé et les habitants ont conservé leur mode de vie traditionnel, mais des boutiques de souvenirs ont vu le jour. Bref, le village s'est retrouvé un peu « muséifié ».

Si vous disposez de temps, vous pouvez effectuer une balade en barque jusqu'au village de **Mlieng**, sur la rive nord *(permis obligatoire)*.

Des cultures menacées

Les traditions des minorités des Hauts Plateaux, principalement orales, marquent un net recul sous l'effet de la vietnamisation et du tourisme. L'installation des **Viets** dans cette région longtemps sous-peuplée entraîne en effet de profonds changements. Désormais majoritaires, ils prennent en main le commerce et investissent les terres agricoles, tandis que nombre de villages sont « muséifiés » et leurs traditions « folklorisées » pour les besoins du tourisme. Si le passage d'étrangers ne constitue pas un mal en soi, ceux-ci oublient trop souvent les règles de civilité élémentaires et universelles : demandez l'autorisation avant de pénétrer dans un jardin privé (rarement refusée) ou de prendre quelqu'un en photo, déchaussez-vous avant d'entrer dans une maison, offrez des biscuits ou de menus objets en signe de cordialité et ne refusez jamais le verre de l'amitié.

Quiétude du lac Lak.
VuCongDanh/Getty Images Plus

L'empereur Bao Dai, qui choisissait les plus beaux emplacements, s'était fait bâtir une résidence sur une colline toute proche, jouissant d'une vue splendide sur le lac.

Parc national de Yok Don et Buon Don A2

À 42 km au nord-ouest de Buon Ma Thuot. Accès à moto ou en bus.

(262) 378 30 49 - www.yokdonnationalpark.vn - 60 000 VND. Plusieurs types de visites guidées ou randonnées, à la demi-journée ou à la journée, sont proposées en supplément. Possibilité de loger sur place (350 000 VND/pers., petit-déjeuner 50 000 VND, dîner 300 000 VND).

Située à la frontière cambodgienne, la **réserve naturelle de Yok Don** (58 000 ha) abrite plus de 60 races de mammifères (tigres, léopards, ours), près de 200 espèces d'oiseaux (paons, calaos) et 46 sortes de reptiles. Le meilleur moyen de la découvrir est de passer la nuit sur place. En 2018, les autorités du parc ont décidé de mettre un terme aux balades à dos d'éléphants. Libérés de leurs chaînes, les trois pachydermes du parc vivent désormais librement dans leur milieu naturel.

Capitale de l'élevage d'éléphants au Vietnam, le village de **Buon Don** est devenu une attraction touristique où l'on peut assister à des spectacles traditionnels (possibilité de loger sur place). Le village y a perdu un peu de son âme, mais la visite n'en demeure pas moins passionnante si vous prenez le temps de déambuler et de nouer le contact avec les villageois. Buon Don est un conglomérat multi-ethnique de hameaux dispersés le long de la Serepok, où vivent E Des, Laos, Gia Rais et Mnongs.

Toutes sortes de légendes courent sur les exploits des chasseurs d'éléphants, notamment sur ceux de Pui Ne, mort à 124 ans après avoir capturé 300 pachydermes ! Situé à l'écart du village, le **cimetière★** abrite sa tombe ainsi que le stupa de son neveu, un autre chasseur fameux. Autour, des sépultures ornées de paons et de cornes de buffle en bois sont laissées à l'abandon.

À la porte du village, un étonnant **pont en bambou** *(15 000 VND)* se perd dans la gigantesque ramure d'un arbre suspendu au-dessus de l'eau.

4

De Buon Ma Thuot à Plei Ku B1-2

Envahie en milieu de journée par des hordes d'écoliers à pied ou à vélo et de paysans montés sur des carrioles tirées par de petits tracteurs, la route traverse une superbe campagne vallonnée plantée d'hévéas, de caféiers et de pins.
Peu avant Plei Ku, le **col de Ta Grong** (950 m) dévoile une **vue★** plongeante sur la ville.

Plei Ku et ses environs B1

Plei Ku PLAN DE VILLE CI-DESSOUS

À 180 km au nord de Buon Ma Thuot.
Il y a peu de chance que Plei Ku, capitale de la province de Gia Lai, et son architecture de béton sans grâce suscitent votre enthousiasme. La ville (env. 200 000 hab.), située à 738 m d'altitude, s'est développée durant la guerre avec l'installation de bases américaines et l'afflux de villageois menacés par les bombardements. Elle jouit néanmoins d'un climat agréable et constitue un bon point de départ pour visiter les **villages gia rais et ba nas**. Là encore, sachez qu'il faudra vous soumettre au bon vouloir de l'agence locale de tourisme, mais songez qu'un bon guide présente des avantages indéniables pour comprendre et communiquer dans les villages.
Musée des Minorités ethniques du Gia Lai – B1 EN DIR. - *1 Tran Hung Dao - ✆ (269) 382 45 20 - tlj sf lun. 8h-11h, 13h30-16h30 - 10 000 VND.* Plutôt décevant, il mériterait de bénéficier des revenus générés par le tourisme pour étoffer ses collections. Outre un très ancien tambour du Dong Son, il présente des costumes, de la vannerie et des gongs gia rais, ainsi qu'une reproduction de tombe.

★ À la rencontre des Ba Nas

Pour la visite des villages des Ba Nas, les voyageurs individuels sont tenus de prendre un guide *(600 000 VND/j.)* et un permis pour chaque village *(50 000 VND/pers.).*
À l'est de Plei Ku, la route de Qui Nhon (RN 19) traverse le « grenier à riz » de la province, une plaine de 10 000 ha de rizières irriguées donnant trois récoltes par an, où l'on cultive également le thé, l'hévéa et le café. Plus en altitude, les champs secs ne donnent qu'une récolte par an, mais de meilleure qualité.

SE RESTAURER
Pho Kho Hong .... 2 My Tam 3

Niché au bord d'un torrent, le village de **Dek Tu** *(à 38 km de Plei Ku)* possède une superbe **maison commune★** à toit de chaume élevé, flanquée du traditionnel mât servant aux sacrifices de buffles. Le principal intérêt du village est toutefois son étonnant **cimetière★**, les tombes ba nas ressemblant à de petites maisons couvertes d'un toit de tôle ou de bambou et garnies de fleurs. Une échelle permet à l'âme du défunt d'accéder à la terre des ancêtres. Chez les Ba Nas, la minorité la plus nombreuse des Hauts Plateaux, la désagrégation du matriarcat a élevé la position sociale de l'homme, mais le lignage maternel reste prépondérant. Les classes sociales sont par ailleurs assez marquées. Pratiquant traditionnellement la culture sur brûlis, ils déplaçaient jadis leur village tous les quatre ou cinq ans, une fois la terre appauvrie. Avec la colonisation française puis l'expansion de la culture en champs inondés, la plupart sont désormais sédentarisés. Horticulteurs renommés, les Ba Nas sont aussi réputés pour la richesse de leurs chants, de leurs danses et de leurs instruments de musique.
Avant de descendre sur la côte, la RN 19 aborde le col d'An Khe, d'où le regard embrasse un splendide panorama s'étendant jusqu'à la mer par temps clair.

★ Excursion chez les Gia Rais

Empruntez la RN 14 en direction de Kon Tum. À 8 km au nord de Plei Ku, tournez à droite après la base militaire.
Dominé au loin par la silhouette souveraine de la **cordillère Truong Son**, le **lac T'nung★** (BIEN HO) *(entrée payante)* occupe le cratère d'un volcan éteint. Profond de 30 à 40 m, il constitue la principale réserve d'eau douce de la ville.
À 30 km au nord de Plei Ku, perché sur un petit promontoire dominant une jolie plaine de rizières, **Plei Fun** conserve son habitat traditionnel, dont une belle *rong* (maison commune) à toit de chaume. À l'entrée du village, le **cimetière★** jette un éclairage passionnant sur l'univers spirituel des Gia Rais. Il abrite plusieurs sépultures collectives coiffées d'un toit de tuiles, entourées d'une palissade et garnies de jarres pour nourrir les morts. Lors de la cérémonie d'abandon des tombes, prétexte à des libations de plusieurs jours et à des sacrifices de buffles, des objets ayant appartenu aux défunts sont disposés, ainsi que des statues en bois parfois très fantaisistes. Après la cérémonie, la tombe n'est plus entretenue, car l'âme des défunts l'a quittée pour l'autre monde.

★ Kon Tum et ses environs AB1

Au total, on compte aujourd'hui dans la province environ 650 villages regroupant une dizaine de minorités ethniques différentes. Tous les villages au nord et à l'est de Kon Tum sont accessibles sans guide ni permis, mais ceux vers la frontière ont tendance à se fermer au tourisme, et il vous faudra impérativement un permis spécial.

Kon Tum B1

À 49 km de Plei Ku.
Kon Tum Tourist – *2 Phan Dinh Phung* - *(93) 596 32 95*. Guides (francophones ou anglophones) pour visiter les villages. Descentes de la rivière Dakbla et treks d'un ou plusieurs jours dans la région, avec nuit dans une maison traditionnelle.
Parvenant à Kon Tum après avoir traversé les Hauts Plateaux, le visiteur a pour la première fois le sentiment de pénétrer dans une ville à visage humain. Cette bourgade, capitale provinciale, occupe un site superbe sur la rive de la Dakbla, au milieu d'un large cirque montagneux, et bénéficie d'un climat très doux. Surtout, il y règne une atmosphère de bout du monde, paisible et mystérieuse, car les traditions se sont maintenues dans les villages.

Influences chrétiennes

En 1851, l'arrivée dans la région du **père Dourisboure** marqua un tournant dans l'histoire de Kon Tum, qui commença à se développer avec l'installation de la mission catholique. Au cours de la seconde moitié du 19e s., les missionnaires imposèrent leur mainmise avec l'aide occasionnelle de l'armée française, jusqu'à l'arrivée de l'administration républicaine et le tracé des frontières (1905). Ils convertirent les Ba Nas afin de s'assurer leur soutien contre les autres minorités, traduisirent la Bible et rédigèrent un dictionnaire qui devint le principal instrument de pénétration culturelle. Aujourd'hui, la plupart des Ba Nas sont chrétiens, à l'exception de petits groupes le long des frontières du Cambodge et du Laos. Sur les quelque 650 villages de la province, seuls 200 possèdent encore une *rong*. Parmi les ethnies, qui représentent la moitié de la population (300 000 hab.), les plus nombreux sont les Sedangs (70 000), les Ba Nas (28 000), les Gia Rais (12 000), les Gie Trengs, tandis que les Braus (250) et les Ro Mams (280) comptent parmi les plus petits groupes du pays.

Pour la visiter, démarrez du **pont** qui enjambe la Dakbla. Il offre le meilleur point de vue pour admirer le coucher du soleil qui, le soir venu, vient s'accrocher aux montagnes et embraser la plaine de ses derniers feux. De là, tournez à droite dans Nguyen Hue et remontez jusqu'à l'angle de Tran Phu où l'**église Tan Huong** arbore une belle façade blanche ornée d'un saint Georges terrassant le dragon. Plus loin, dans la même rue, surgit soudain la haute toiture d'une maison traditionnelle qui se dresse sur le parvis d'une **église en bois★**. Construite en 1913 et dédiée à saint Cuenot, le premier missionnaire, cette dernière conserve un certain cachet malgré la reconstruction en béton des murs de base. Les piliers et la charpente sont en revanche d'origine, de même que la porte, superbement travaillée, et les vitraux multicolores qui illuminent la nef.

★ Villages ba nas des environs B1

Dans les faubourgs ouest de Kon Tum, à proximité d'une vilaine raffinerie de sucre, le très vieux village de **Plei Tonghia** est constitué de vastes maisons sur pilotis couvertes d'une toiture en tuiles.

À **Kon Robang** *(2 km à l'ouest de Kon Tum)* se dresse la longue maison blanchie à la chaux de l'ancien chef de toutes les minorités des Hauts Plateaux.

Dans les faubourgs est de la ville, la rue Tran Hung Dao traverse les villages de Kon Tum Kopong et Kon Tum Konam, puis longe la rivière jusqu'au **pont suspendu de Kon Klor** *(3 km)*, près duquel se dresse une superbe *rong* (une maison commune). Passez sur l'autre rive, désenclavée depuis la construction du pont au milieu des années 1990, et prenez quelques centaines de mètres plus loin la piste à gauche jusqu'à **Kon Jri** *(3 km, praticable à pied ou à moto)*. Ce village fut le théâtre de l'un des épisodes les plus farfelus de la colonisation *(voir encadré ci-contre)*.

Lové en bord de rivière, au milieu des bois, **Kon Kotu★** *(3 km)* occupe un cadre magnifique et sauvage. Vous pouvez dormir dans la *rong* qui se dresse au milieu du village, occasion unique de vivre au rythme des Ba Nas *(renseignements auprès de Kon Tum Tourist, voir p. 253)*.

Pays sedang B1

Au nord de Kon Tum, la route de Dak To, enjeu stratégique majeur durant la guerre, passe le **Skull Pass** (« col du Crâne »), surnommé ainsi à la suite d'une attaque viet-cong en 1972. Après des semaines de combats acharnés, les armées de Saigon

Maison traditionnelle à Kon Tum.
Pham Hung/Getty Images Plus

parvinrent à reprendre le poste, pour y découvrir les cadavres décomposés de leurs camarades.

La place principale de **Dak To** *(à 42 km de Kon Tum)*, avec son mémorial et ses deux chars d'assaut, rappelle également les heures les plus terribles du conflit. En 1966, les Sud-Vietnamiens installèrent une base sur la **colline 42★**, à 6 km au nord du bourg. Une piste d'atterrissage, utilisée aujourd'hui par les paysans pour faire sécher leur riz, fut même aménagée par les Américains pour couvrir les fameuses « collines Charlie », clés de toute la région. La prise de cette position par le Viet-cong en mars 1972 entraîna la chute de Dak To.

Un vertigineux **pont suspendu★** en bambou de 140 m mène à **Dak Ri Jop** *(8 km à l'ouest de Dak To)*, de l'autre côté de la rivière. Le village, au centre duquel se dresse une remarquable maison commune, conserve des traces inattendues de la guerre, comme ces casques américains convertis en pots de fleurs ou ces

4

L'homme qui voulut être roi

Faux baron et vrai aventurier sans scrupule, obligé de fuir la France à la suite d'opérations boursières douteuses, **Marie-David de Mayréna** (1842-1890) échoue à Saigon en 1888 et obtient du gouverneur général de l'Indochine, en échange de la reconnaissance du **pays Sedang**, la concession des mines d'or qu'il découvrira. Arrivé sur place, Mayréna prend une décision stupéfiante. Ayant réuni tous les chefs de tribu, il se fait proclamer roi sous le nom de Marie Ier, fait adopter une Constitution, un drapeau, un hymne national, un ordre du mérite Sedang, et s'installe dans un palais de bambou. Quelques mois plus tard, il se rend auprès des autorités coloniales, puis des Anglais de Hong Kong, pour obtenir une reconnaissance qui lui est refusée. De retour à Paris, il parvient à convaincre un industriel belge de financer une expédition, mais se voit interdire l'entrée en Indochine et trouve refuge dans l'île malaise de Tioman où il mourra.

impacts de bombes. Animistes christianisés, les Sedangs vivent dans une grande pauvreté et accueillent les rares touristes avec chaleur et timidité.
De là vous pouvez rejoindre **Dak Ri Peng** à pied ou y aller par la route.
Un permis et un guide sont requis pour visiter le **village des Ro Mams** et la **piste Ho Chi Minh** *(près de Ngoc Hoi, à 18 km de Dak To).*
Au nord, la route de Da Nang *(318 km)* traverse les plus beaux paysages des Hauts Plateaux, mais elle n'est praticable qu'en Jeep ou à moto.

Villages gia rais et mont Ciu Mum Ray A1

▶ *30 km à l'ouest de Kon Tum, au-delà du lac de Yaly, prenez la piste après Sa Thay et continuez sur 5 km.*
Niché au pied du mont Ciu Mum Ray, au milieu d'un cirque montagneux, **Plei Chot** offre une introduction à la culture des Gia Rais, encore peu touchée par le tourisme. L'économie repose sur la chasse, l'élevage (porc, volaille) et la culture (riz, canne à sucre, cassave), mais les Gia Rais manifestent des talents hors pair pour la vannerie et le tissage. À l'instar des autres minorités des Hauts Plateaux, la fête constitue un moment phare, comme celle qui précède la construction d'une maison (en bambou et torchis) : des rites divinatoires sont effectués pour connaître son emplacement idéal, et la cérémonie se conclut par le fameux « passage de rivière » (comprenez boire à la paille l'alcool de riz contenu dans une jarre jusqu'à ce qu'émerge la tige de bambou placée en travers).
Situé opportunément sur le chemin qui mène à la rivière et aux champs, afin que l'on n'oublie jamais de nourrir les disparus, le **cimetière** s'orne de statues en bois disposées lors de la cérémonie d'abandon des tombes : des défenses d'éléphants protègent le défunt contre les mauvais esprits, les femmes enceintes illustrent la fertilité ou un décès en couches, tandis que certains personnages évoquent bizarrement le maréchal Leclerc et Jeanne d'Arc.
Pour effectuer l'ascension du **mont Ciu Mum Ray**, au cœur de la réserve forestière du même nom, adressez-vous à Kon Tum Tourist *(voir p. 253).*

Carnet pratique

PLAN DE BUON MA THUOT (P. 249)
PLAN DE PLEI KU (P. 252)

S'informer

Aucun bureau ne couvre toute la zone, mais dans chaque ville on trouve une agence officielle.

Adresses utiles

Buon Ma Thuot

Banque A Chau – A1-2 - *60-62 Le Hong Phong - ✆ (262) 393 55 55 - lun.-vend. 7h30-11h30, 13h-16h30, sam. 7h30-11h30.* Change.

Arriver/Partir

Buon Ma Thuot

Entre Buon Ma Thuot, Nha Trang et Ho Chi Minh-Ville, les routes sont carrossables. Par les transports publics, vous pouvez gagner Buon Ma Thuot en avion ou en bus/minibus.

Aéroport – B1 EN DIR. - *À 7 km au sud de Buon Ma Thuot, sur la RN 27 dir. Dalat - ✆ (262) 386 22 48.* Liaisons quotidienne pour Ho Chi Minh-Ville *(1h de vol)*, Hanoi *(1h40)*, et Vinh *(2h55)*.

Vietnam Airlines – A2 - *17-19 No Trang Long - ✆ (262) 395 44 42 - www.vietnamairlines.com.*

Gare routière – B1 EN DIR. - *Sur la RN 14, à 5 km au nord du centre-ville, en dir. de Plei Ku - ☎ (262) 387 68 33 (pour les express seulement).* Bus et minibus pour Nha Trang *(dép. ttes les 45mn - 3h30 de trajet)*, Plei Ku *(10 bus/j. - 3h30)*, pour Dalat *(un bus à 6h, mais il est possible d'intercepter en milieu de matinée ceux en provenance de Plei Ku - durée 5h)*. 4 liaisons quotidiennes pour Ho Chi Minh-Ville *(durée 8h)* avec les compagnie **Kum Ho-Samco** *(☎ 262 399 98 98)* et **Mai Linh** *(☎ 262 381 97 77)*.

Plei Ku

Aéroport – *À 7 km au nord de Plei Ku - ☎ (269) 382 50 96 ou 386 56 10.* Plusieurs vols/j. vers Ho Chi Minh-Ville *(1h15)* et Hanoi *(1h30.*

Vietnam Airlines – *77 Nguyen Tat Thanh - ☎ (269) 382 30 58 - www.vietnamairlines.com - 7h30-11h, 13h30-16h30.*

Gare routière – *À la sortie est de Plei Ku, sur la route de Qui Nhon.* Un bus express climatisé part à 17h pour Ho Chi Minh-Ville *(9h de trajet)*. D'autres bus desservent Buon Ma Thuot *(5h)* et Qui Nhon *(4h30)*.

Minibus – Ils vous feront gagner en rapidité ce que vous perdrez en confort. Pour Buon Ma Thuot *(4h de trajet)* et Qui Nhon *(4h)*, départs ttes les 30mn environ, de 7h à 17h, devant la gare routière et près du Gia Lai Tourist. Départs fréquents pour Kon Tum *(1h)* sur Le Loi, à 500 m au nord de l'hôtel Plei Ku.

Kon Tum

Gare routière – *À 2 km au nord du centre-ville, sur la route de Dak To.* Des minibus partent ttes les 30mn pour Plei Ku *(1h de trajet)*, entre 7h et 18h. Les bus desservant les environs (Sa Thay, Dak To) partent vers 5h du matin, suivis entre 6h et 7h par les bus longues distances (Ho Chi Minh-Ville, Hanoi, Buon Ma Thuot, Qui Nhon et Nha Trang). Pour rejoindre la côte, deux options : la grande route vers le Nord (Ho Chi Minh Road) et son trafic intense ou la RN 24, par la région de Quang Ngai. Cette dernière est plus chaotique mais traverse des villages authentiques et des paysages magnifiques.

Transports

Buon Ma Thuot

Bus – Les bus locaux à destination du lac Lak partent du bout de la rue Phan Dinh Giot, un peu au-delà du stade (A2) : 13 bus/j. entre 5h20 et 17h30, le dernier bus repartant de Lak à destination de Buon Ma Thuot à 18h. Comptez 1h45 l'aller simple. Pour Buon Don, le plus simple est de vous faire conduire en moto.

Mailinh Taxi – *☎ (262) 381 98 19.*

Location de motos – Comptez de 10 à 15 $/j. Vous trouverez une moto-taxi à tous les coins de rue.

Plei Ku

Vous trouverez facilement une **moto-taxi** dans la rue.

Mailinh Gia Lai – *97 Pham Van Dong - ☎ (269) 389 78 88.* Compagnie de taxis très recommandable pour les trajets vers Kon Tum ou Buon Ma Thuot.

Location de voitures – Adressez-vous à votre hôtel *(comptez 80 $/j. pour 100 km)*.

Kon Tum

Location de vélos et de motos – Adressez-vous au Kon Tum Tourist, aux hôtels ou à un loueur de scooters (on en trouve partout). Vous pouvez aussi affréter une moto-taxi à l'heure ou à la journée.

Location de voitures – **Kon Tum Tourist** *(☎ 09 3596 32 95)* loue des voitures et des 4x4 avec chauffeur. Les prix sont élevés ; tentez de négocier en fonction des distances que vous comptez parcourir.

Agenda

Buon Ma Thuot

Coffee Festival – *Mars - www.lehoicaphe.vn.* En l'honneur de la culture vedette de la région ; spectacles folkloriques.

Kon Tum

Chez les Ba Nas, la **cérémonie du culte de la terre** (CUNG DAT LANG) se tient à la fin du 2e mois lunaire et au début du suivant, en préparation de la récolte ou du déménagement du village.

Noël et **Pâques** chez ces chrétiens du bout du monde constituent des moments inoubliables. L'office est célébré dans l'église en bois, en vietnamien, en gia rai, en ba na et en sedang.

Nos adresses

PLAN DE BUON MA THUOT (P. 249)
PLAN DE PLEI KU (P. 252)

Restauration

Buon Ma Thuot

Premier prix

1 **Bon Trieu** – A1 - *33 Hai Ba Trung - ✆ (262) 385 29 94 - service continu - 100 000/150 000 VND.* Petit restaurant sans prétention, éclairé au néon, avec une carte variée. Plats de viande essentiellement.

Plei Ku

Premier prix

2 **Pho Kho Hong** – B1 - *22-24 Nguyen Van Troi - ✆ 09 0542 39 39 - service continu - env. 100 000 VND.* Petite cantine en partie installée sur le trottoir, où l'on mange soupes et plats uniques à tout petit prix.

3 **My Tam** – B1 - *3 Quang Trung - ✆ (269) 382 12 93 - service continu - env. 100 000 VND.* Ce restaurant simple, très couru, sert l'un des meilleurs poulets grillés de la province.

Kon Tum

Nombreuses gargotes autour du marché et sur la rue Nguyen Hue.

Budget moyen

Hiep Thanh – *529 Nguyen Hue - ✆ (260) 386 25 94 - service continu - env. 100 000/150 000 VND.* Soupes, fruits de mer et plats occidentaux servis dans une petite salle ventilée agréable.

Petite pause

Buon Ma Thuot

Banh Mi Ha Noi – *123-125 Le Hong Phong - ✆ (262) 385 36 09 - 7h-21h.* Large choix de gourmandises locales dans ce café-pâtisserie.

Plei Ku

Hoang Ha Café – *26 Nguyen Van Troi - 7h-22h.* Entrée décorée d'une cascade et univers un peu kitsch pour un café finalement très agréable le temps d'une pause. Cocktails et glaces valent également le détour.

Shopping

Plei Ku

Dans la **rue Nguyen Van Troi** et, juste au-dessus, dans la **rue Quang Trung**, nombreux magasins de souvenirs et d'artisanat. Nous vous conseillons cependant d'acheter dans les villages pour réaliser de meilleures affaires.

En soirée

Buon Ma Thuot

La ville s'étend vers le nord-est sur ce qui fut jadis une base américaine. Hormis le Y'Niem, les lieux de vie nocturne se développent vite dans la rue Le Thanh Tong, de part et d'autre du croisement avec Hoang Dieu, où vous trouverez des bars et des restaurants ayant leur terrasse sur le trottoir et, pour certains, d'agréables petits jardins à l'arrière. No Trang Long a également son lot de cafés.

Hébergement

Buon Ma Thuot

Premier prix

5 **Nguyen Nhi** – A1 - *164 Ly Thuong Kiet* - *(262) 385 98 68* - *- 10 ch. env. 300 000 VND.* Ce mini-hôtel propose un excellent rapport qualité-prix, en particulier pour les chambres à moins de 10 $. Les plus chères jouissent de plus d'espace et de lumière, ainsi que d'un balcon pour certaines. L'ensemble est bien tenu et l'accueil, uniquement en vietnamien, charmant.

8 **Thanh Cong** – A1 - *51 Ly Thuong Kiet* - *(262) 385 82 43* - *31 ch. 300 000 VND.* Un hôtel de milieu de gamme bien situé, géré par le Dak Lak Tourist. Les chambres sont attrayantes malgré des salles de bains sombres qui semblent déjà avoir passablement vécu. Le restaurant peut valoir le détour.

Lac Lak

Hébergement chez l'habitant possible au village de Jun : contactez le Dak Lak Tourist.

Pour se faire plaisir

Lak Tented Camp – *Lien Son, au bord du lac, accès par bateau inclus* - *(262) 625 55 52* - *www.laktentedcamp.com* - *20 tentes et bungalows à partir de 1 800 000 VND.* On ne vient pas ici pour un confort luxueux ni pour la qualité du wifi, mais pour la proximité avec la nature, le calme et la vue sur le lac. Excursions, balades à vélo et en bateau organisés par l'hôtel.

Plei Ku

Premier prix

La Mia Hotel – HORS PLAN - *Lo 25A-3 va, 4 Nguyen Luong Bang* - *(269) 388 22 99* - *lamiahotel.com* - *26 ch. à partir de 350 000 VND.* Au calme, il propose des chambres parfaitement tenues. Pas de petit-déjeuner, mais nombreux cafés à proximité. Location de moto.

Kon Tum

Budget moyen

Indochine Hotel – *30 Bach Dang* - *(260) 386 33 34* - *www.indochinehotel.vn* - *75 ch. 650 000 VND.* Il jouit d'un superbe emplacement, surplombant la rivière à l'entrée de la ville. Les chambres sont impeccables et le restaurant du 7e étage propose d'excellentes recettes vietnamiennes et européennes.

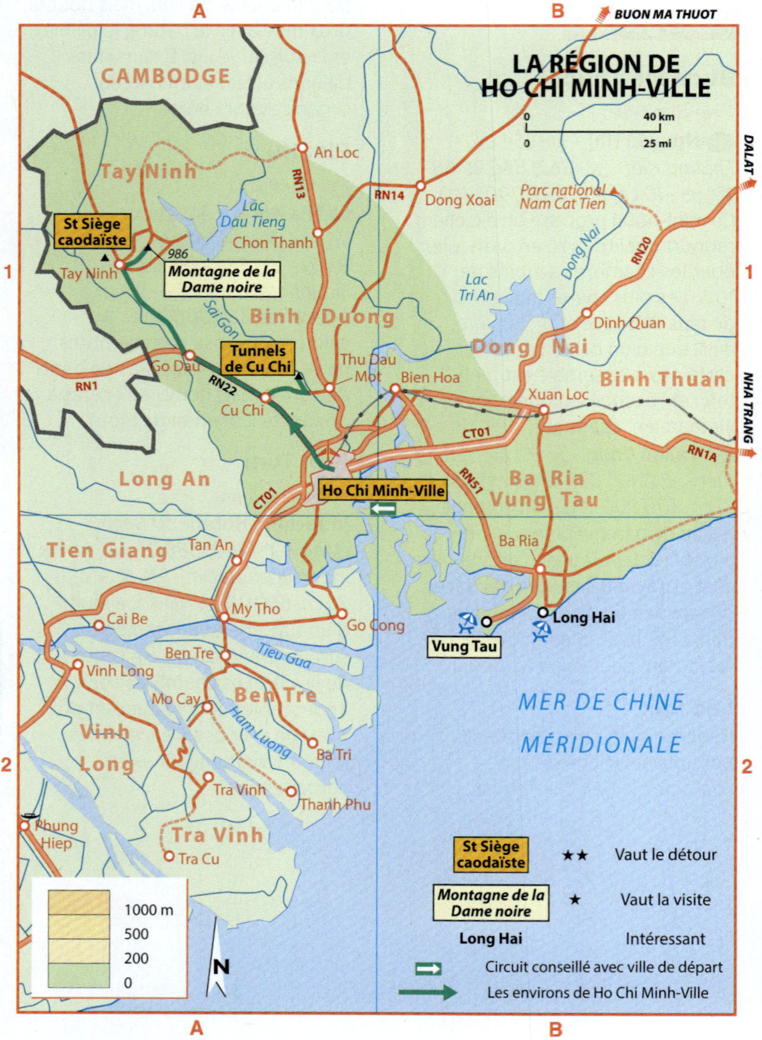
LA RÉGION DE
HO CHI MINH-VILLE
0
40 km
0
25 mi
A
B
1
2
BUON MA THUOT
DALAT
NHA TRANG
CAMBODGE
Tay Ninh
An Loc
RN13
RN14
Dong Xoai
Parc national
Nam Cat Tien
Lac
Dau Tieng
Chon Thanh
St Siège
caodaïste
986
Montagne de la
Dame noire
Tay Ninh
Dong Nai
RN20
Lac
Tri An
Sai Gon
Binh Duong
Dinh Quan
Tunnels
de Cu Chi
Dong Nai
Go Dau
Thu Dau
Mot
Bien Hoa
Binh Thuan
RN1
RN22
Xuan Loc
Cu Chi
CT01
RN1A
RN51
Long An
Ba Ria
Vung Tau
CT01
Ho Chi Minh-Ville
Tien Giang
Tan An
Ba Ria
Cai Be
My Tho
Go Cong
Long Hai
Vung Tau
Ben Tre
Tieu Gua
Vinh Long
Mo Cay
Ben Tre
MER DE CHINE
MÉRIDIONALE
Ham Luong
Vinh
Long
Ba Tri
Tra Vinh
Thanh Phu
Phung
Hiep
Tra Vinh
Tra Cu
1000 m
500
200
0
N
St Siège
caodaïste
★★
Vaut le détour
Montagne de la
Dame noire
★
Vaut la visite
Long Hai
Intéressant
Circuit conseillé avec ville de départ
Les environs de Ho Chi Minh-Ville

5

La région de Ho Chi Minh-Ville

CARTE RABAT DE COUVERTURE

Ho Chi Minh-Ville ★★

Ho Chi Minh-Ville pour les uns, Saigon pour les autres, l'identité éclatée de la légendaire métropole sud-vietnamienne se manifeste dès qu'il s'agit de la nommer. Des pagodes et temples où se dévoile le Vietnam intemporel aux tours de verre futuristes, en passant par les élégants édifices de l'époque française, chacune de ses facettes révèle une réalité. Mais pour ses habitants, elle est aussi et surtout cette cité vibrante et tournée vers l'avenir, où le luxe s'affiche dans les boutiques chics du centre-ville, à des années-lumière des faubourgs populaires. Ho Chi Minh-Ville se dévoile par ailleurs dans le spectacle permanent et désordonné de ses marchés, où s'échange tout ce que le delta du Mékong compte de richesses, dans ses rues sillonnées par des hordes de deux-roues, dans ses concerts de variétés, ses bars, ses salles de billard et ses karaokés où les Saigonnais donnent libre cours à leur passion du jeu et de la chanson.

Se repérer

CARTE A1 (P. 260) - PLANS DE VILLE I (P. 264-265), PLAN II (P. 266-267) ET PLAN III (P. 275).

Env. 9 000 000 habitants (agglomération) – Municipalité. Lovée dans un coude de la rivière Saigon, la ville compte 17 arrondissements et 5 districts ruraux, mais peu de touristes s'aventurent hors des 1er, 3e et 5e arrondissements, où se concentrent la plupart des pôles d'intérêt. Cœur de la **cité coloniale** (PLAN I) qui conserve le nom de Saigon, le 1er arrondissement s'étend entre les canaux Thi Nghe (au nord) et Ben Nghe (au sud). Il comprend plusieurs axes : au nord, l'avenue Le Duan relie le Jardin botanique au palais de l'Unification en passant par la cathédrale. Plus au sud, l'avenue Nguyen Hue (piétonne) et la rue Dong Khoi relient la rivière aux principaux édifices coloniaux, le théâtre et l'hôtel de ville. Enfin, au bas de l'avenue Le Loi se tient le **marché Ben Thanh** (C4) et, un peu plus loin, se trouvent **Pham Ngu Lao** et **Bui Vien** (B4), les deux rues qui bordent le quartier des voyageurs. À l'ouest des rues Nguyen Thi Minh Khai et Hai Ba Trung, le 3e arrondissement et ses rues calmes bordées de maisons à la française offre un agréable but de promenade, tandis qu'au sud-ouest de la ville, au bout de Tran Hung Dao et Nguyen Thi Minh Khai, **Cholon** (PLAN II AB4), le quartier chinois commerçant, couvre le 5e arrondissement.

À ne pas manquer

Une balade à pied dans l'ancien quartier colonial ; la visite des musées et des pagodes ; une promenade à Cholon ; la vue panoramique depuis la tour Bitexco.

Organiser son temps

Comptez 2 jours pour le centre-ville et une demi-journée pour Cholon.

Carnet pratique p. 279

Nos adresses p. 282

La cathédrale Notre-Dame.
Jui-Chi Chan/Getty Images Plus

Se promener

PLANS P. 264-267

Centre-ville PLAN I P. 264-265

Le centre de Ho Chi Minh-Ville conserve de l'époque française quelques superbes bâtiments et, surtout, un urbanisme à échelle humaine, rare en Asie du Sud-Est. C'est un plaisir que de déambuler le long de ses rues élégantes envahies par des hordes de scooters, puis de se perdre dans ses ruelles.

★★ Ancien quartier colonial

Bordant ce quartier à l'est, la rivière Saigon donne de Ho Chi Minh-Ville l'image d'une ville tournée vers le delta et ouverte sur le monde.

La longue **avenue Nguyen Hue** (ex-boulevard Charner) (C3-D4), aménagée au 19e s. sur un canal comblé et transformée en agréable promenade, est aujourd'hui la vitrine du développement saigonnais. Elle relie la rivière à l'ancien **hôtel de ville★** (C3), devenu siège du comité populaire, qui fut l'objet de vives polémiques lors de sa construction (1901-1908). Symbole de l'empire colonial triomphant, le style « chou à la crème » de sa longue façade à beffroi jaune pastel, ornée de bas-reliefs et de colonnes corinthiennes, dut sembler bien insolite. Il s'est depuis imposé comme l'un des emblèmes de la ville. Une **statue de Ho Chi Minh** est érigée devant lui.

À l'angle de Le Loi et de Nguyen Hue, l'**hôtel Rex** (C3), bâti en 1959 à la place d'un garage, fut un centre d'affaires avant d'accueillir les services d'information américains qui y tenaient leurs conférences de presse. Le reste servait d'appartements, de bibliothèque, de bureaux et de dancing. Son célèbre café sur le toit jouit d'une vue imprenable.

Non loin de là, le **temple Sri Thendayyutthapani★** *(66 Ton That Thiep)* (C4), construit de 1875 à 1880, offre un témoignage de la présence indienne. Seules 300 familles vivent au Vietnam, descendantes de commerçants installés voici plusieurs siècles. Ici le carrelage vert et blanc domine, et l'exubérance du décor

HO CHI MINH-VILLE
plan I
0
400 m
N
BINH THANH
IER ARR.
IIIE ARR.
Thi Nghe
MUSÉE D'HISTOIRE DU VIETNAM
JARDIN BOTANIQUE ET ZOO
STADE HOA LU
PARC LE VAN TAM
Pagode de l'Empereur de Jade
Temple Tran Hung Dao
Pagode Vinh Nghiem
CONSULAT DE FRANCE
Poste centrale
Cathédrale Notre-Dame
GOLDEN DRAGON WATER PUPPET THEATER
Musée des Souvenirs de guerre
Xo Viet Nghe Tinh
Dien Bien Phu
Nguyen Binh Khiem
Nguyen Huu Canh
Ton Duc Thang
Le Duan
Mai Thi Luu
Hoang Sa
Nguyen Dinh Chieu
Dinh Tien Hoang
Mac Dinh Chi
Le Thanh Ton
Thai Van Lung
Ngo Van Nam
Tu Xuong
Nguyen Du
Hai Ba Trung
Nguyen Thi Minh Khai
Tran Quang Khai
Dinh C. Trang
Nguyen Thi Nghia
Vo Thi Sau
Pham Ngoc Thach
Pasteur
Nam Ky Khoi Nghia
Le Quy Don
Tran Quoc Thao
Tran Cao Van
Chinh Thang
Hai Ba
SE RESTAURER
Propaganda Bistro 2
Hum 6
Bun Cha 145 12
Cuc Gach 13
Hoang Yen 16
Mandarine 20
Marché Ben Thanh 21
Nha Hang Ngon 22
Pho Hoa 24
Pho Quynh 25
Quan Ngon 138 28
Banh Xeo 46A 29
Thanh Binh 34
Barbecue Garden 40
Secret Garden 41
L'Usine 42
Pizza 4P's 43
Namaste India 45
Dong Pho 47
Quan 94 48
Com Nieu Saigon 49

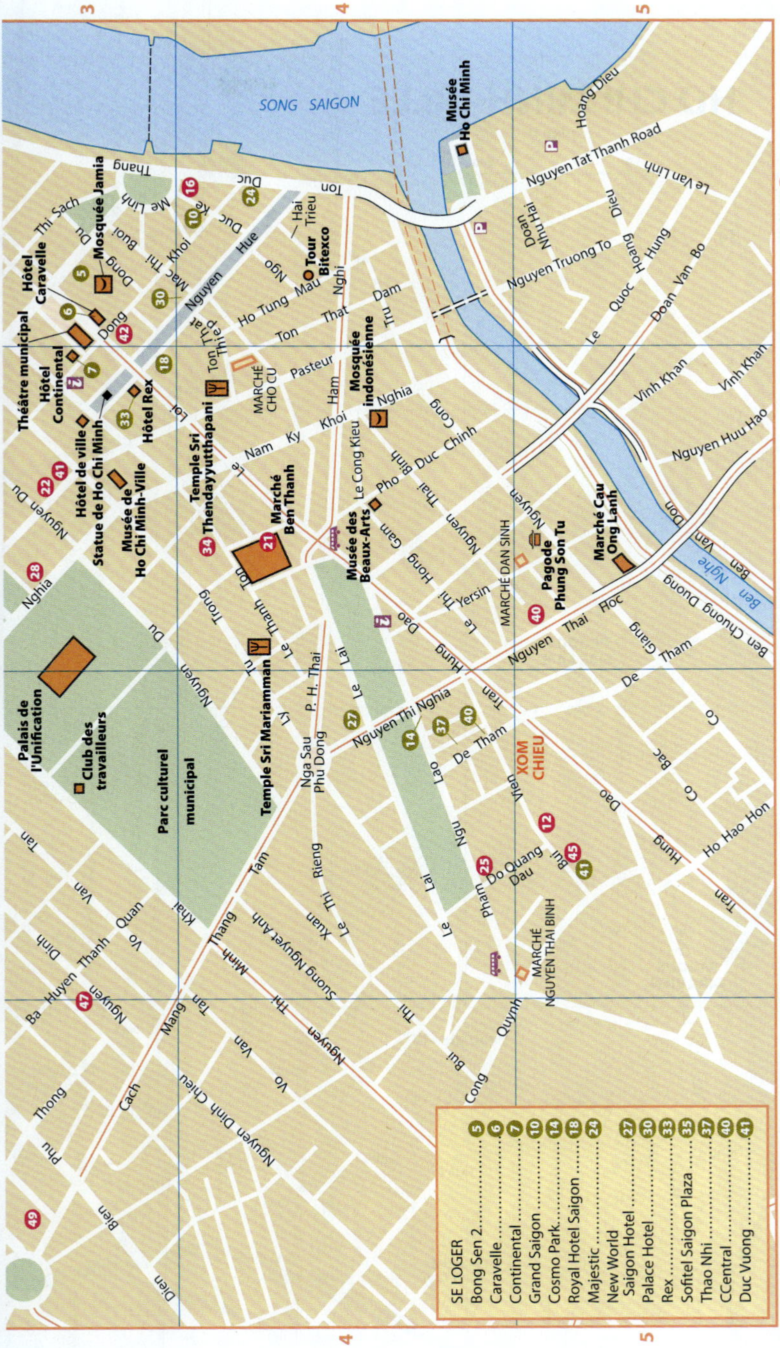
SONG SAIGON
Musée Ho Chi Minh
Hôtel Caravelle
Mosquée Jamia
Théâtre municipal
Hôtel Continental
Hôtel de ville
Statue de Ho Chi Minh
Hôtel Rex
Musée de Ho Chi Minh-Ville
Temple Sri Thendayyutthapani
MARCHÉ CHO CU
Tour Bitexco
Mosquée indonésienne
Marché Ben Thanh
Musée des Beaux-Arts
Palais de l'Unification
Club des travailleurs
Parc culturel municipal
Temple Sri Mariamman
MARCHÉ DAN SINH
Pagode Phung Son Tu
Marché Cau Ong Lanh
XOM CHIEU
MARCHÉ NGUYEN THAI BINH
Ben Nghe
SE LOGER
Bong Sen 2 5
Caravelle 6
Continental 7
Grand Saigon 10
Cosmo Park 14
Royal Hotel Saigon 18
Majestic 24
New World Saigon Hotel 27
Palace Hotel 30
Rex 33
Sofitel Saigon Plaza 35
Thao Nhi 37
CCentral 40
Duc Vuong 41

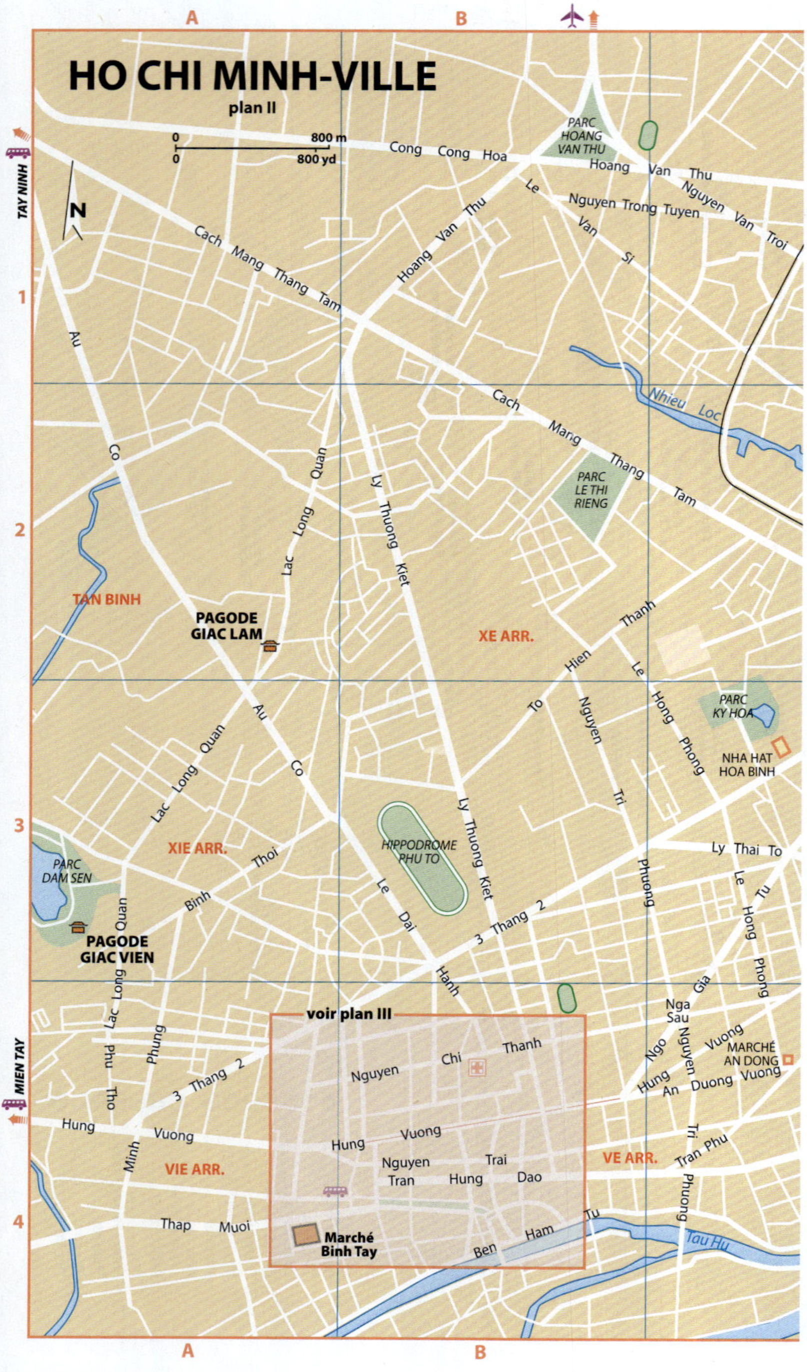

HO CHI MINH-VILLE
plan II
A
B
1
2
3
4
0
800 m
800 yd
N
TAY NINH
MIEN TAY
Cong Cong Hoa
Hoang Van Thu
Nguyen Van Troi
Le Van Si
Nguyen Trong Tuyen
PARC HOANG VAN THU
Cach Mang Thang Tam
Au Co
Hoang Van Thu
Nhieu Loc
PARC LE THI RIENG
Lac Long Quan
Ly Thuong Kiet
TAN BINH
PAGODE GIAC LAM
XE ARR.
To Hien Thanh
Le Hong Phong
Nguyen Tri Phuong
PARC KY HOA
NHA HAT HOA BINH
XIE ARR.
HIPPODROME PHU TO
Ly Thai To
PARC DAM SEN
Binh Thoi
Le Dai Hanh
3 Thang 2
PAGODE GIAC VIEN
Nga Sau
Ngo Gia
voir plan III
Phu Tho
Minh Phung
Nguyen Chi Thanh
MARCHÉ AN DONG
Hung Vuong
An Duong Vuong
Ngo Nguyen
VIE ARR.
Tran Hung Dao
Nguyen Trai
VE ARR.
Tran Phu
Thap Muoi
Marché Binh Tay
Ben Ham Tu
Tau Hu

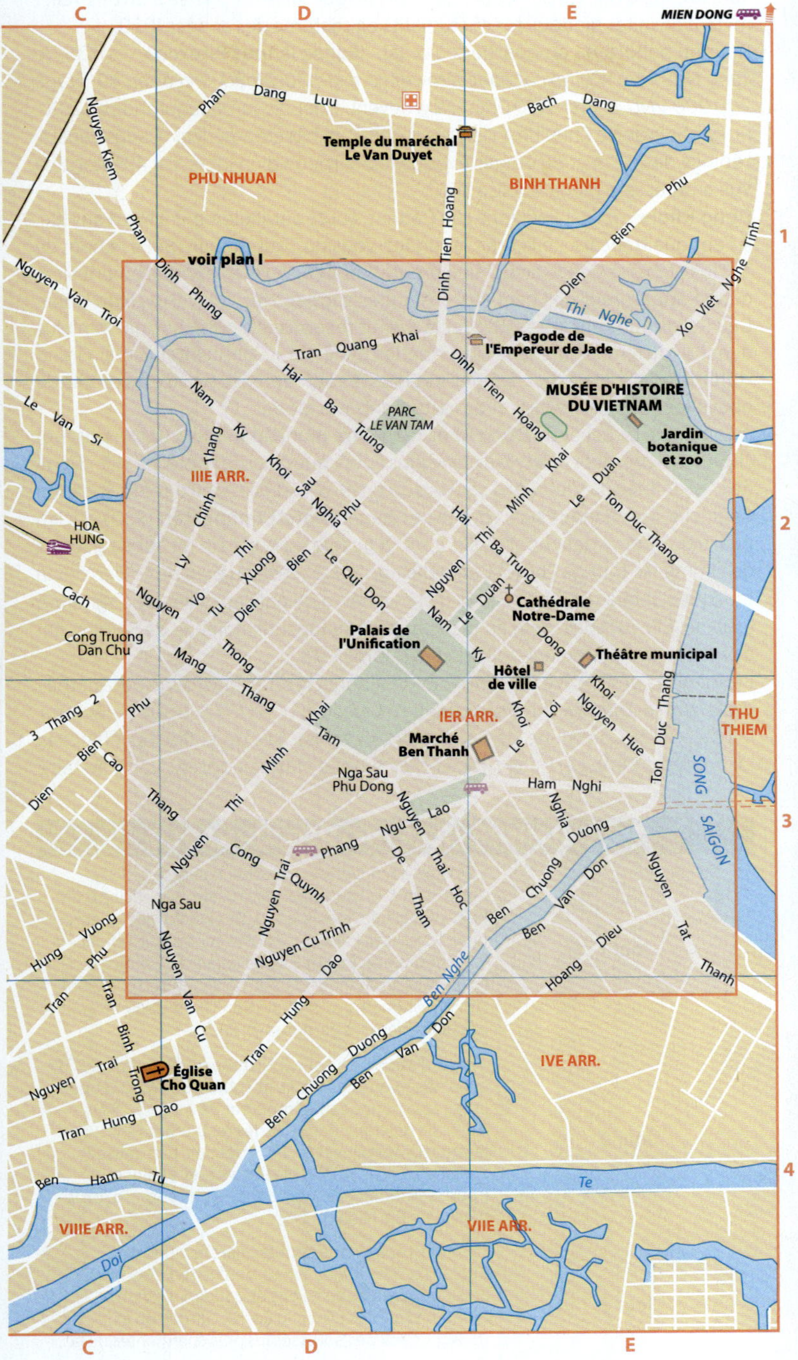
C
D
E
MIEN DONG
1
2
3
4
PHU NHUAN
BINH THANH
Temple du maréchal Le Van Duyet
voir plan I
Pagode de l'Empereur de Jade
MUSÉE D'HISTOIRE DU VIETNAM
Jardin botanique et zoo
PARC LE VAN TAM
IIIE ARR.
HOA HUNG
Cong Truong Dan Chu
Cathédrale Notre-Dame
Palais de l'Unification
Théâtre municipal
Hôtel de ville
IER ARR.
THU THIEM
Marché Ben Thanh
Nga Sau Phu Dong
SONG SAIGON
Nga Sau
Ben Nghe
Église Cho Quan
IVE ARR.
Te
VIIIE ARR.
VIIE ARR.
Doi
Phan Dang Luu
Bach Dang
Nguyen Kiem
Phan Dinh Phung
Dinh Tien Hoang
Dien Bien Phu
Xo Viet Nghe Tinh
Nguyen Van Troi
Thi Nghe
Tran Quang Khai
Hai Ba Trung
Nam Ky Khoi Nghia
Le Van Si
Ly Chinh Thang
Minh Khai
Le Duan
Ton Duc Thang
Vo Thi Sau
Tu Xuong
Dien Bien Phu
Le Qui Don
Nguyen Thi Minh Khai
Cach Mang Thang Tam
Nguyen Thong
3 Thang 2
Dien Bien Phu
Cao Thang
Dong Khoi
Le Loi
Nguyen Hue
Ham Nghi
Ton Duc Thang
Nguyen Thi Minh Khai
Nguyen Cong Tru
Pham Ngu Lao
Nguyen Thai Hoc
De Tham
Nguyen Trai
Cong Quynh
Nghia Duong
Ben Chuong Duong
Ben Van Don
Nguyen Tat Thanh
Hoang Dieu
Nguyen Cu Trinh
Tran Hung Dao
Hung Vuong
Tran Phu
Tran Binh Trong
Nguyen Van Cu
Nguyen Trai
Tran Hung Dao
Ben Ham Tu
Ben Chuong Duong
Ben Van Don

vaut le coup d'œil. Ne partez pas sans voir la **tour** sur le toit, ornée d'un bas-relief mêlant divinités hindouistes et étudiants en costume des années 1920.
Pour un panorama du quartier colonial, gagnez la **tour Bitexco★** (C3) *(36 Ho Tung Mau - www.bitexcofinancialtower.com - 9h30-21h30 - accès au 49e étage 200 000 VND, 4-12 ans 130 000 VND)*, devenue, depuis son inauguration en 2010, un symbole de Ho Chi Minh-Ville. Dessiné par l'architecte américain Carlos Zapata, l'édifice de 262 m et 68 étages évoque le bourgeon d'un lotus. Du 49e étage, la vue embrasse la mégalopole à 360°.
Dong Khoi★ (D3-4), l'ancienne rue Catinat, court parallèlement à Nguyen Hue. À l'époque française, elle était le rendez-vous du Tout-Saigon. Sous le nom de Tu Do (« Liberté »), elle acquit une réputation sulfureuse à l'époque américaine, quand apparurent des bars aux enseignes suggestives : Play Boy, Mimi's Bar. Ceux-ci disparurent après 1975, et la rue fut rebaptisée Dong Khoi, un nom plus dans l'air du temps signifiant « insurrection générale ». Continental, Givral, Grand Hôtel, Brodard, Majestic... les vieilles adresses ont repris du service aux côtés de nouvelles galeries, de bars et de restaurants à la mode.
À l'angle de Le Loi et de Dong Khoi, le **théâtre municipal★** (NHA HAT THANH PHO) (1899) (D3) présente un style à peine plus épuré que celui de l'hôtel de ville. Siège de l'Assemblée du Vietnam du Sud jusqu'en 1975, l'édifice a retrouvé sa vocation originelle. Il est flanqué sur sa droite de l'élégant **hôtel Continental** (1880), ancien quartier général des reporters durant la guerre du Vietnam, et sur sa gauche de l'immense tour de l'**hôtel Caravelle** agrandi. Nichée au pied de ce dernier, la **mosquée Jamia** *(66 Dong Du)* (D3) est un havre de paix au milieu de l'agitation urbaine. Elle fut construite en 1935 par la communauté indienne de Saigon, qui a presque complètement quitté le pays après 1975.
Fermant la perspective de Dong Khoi, la silhouette en brique rouge de la **cathédrale Notre-Dame★** (NHA THO CHANH TOA SAIGON) (C3) (1877-1880) s'élève sur la place de la Commune de Paris (CONG XA PARIS). Ses deux flèches élancées lui confèrent une certaine grâce et les jeunes mariés adorent venir se faire

HO CHI MINH-VILLE INCONTOURNABLE	
Jour 1	Le matin, découverte du quartier colonial *(p. 263)*, entre le théâtre municipal et la rivière. Bénéficiez d'un beau panorama depuis la tour Bitexco *(p. 268)*. L'après-midi, après un passage à la poste centrale et devant la cathédrale *(p. 268)*, visite du palais de l'Unification *(p. 269)* et promenade dans le parc culturel municipal *(p. 271)*. Shopping au marché Ben Thanh et dîner populaire dans les gargotes *(p. 285)*.
Jour 2	Visitez d'abord le musée d'Histoire du Vietnam *(p. 273)* et baladez-vous dans le Jardin botanique *(p. 273)*, puis admirez la pagode de l'Empereur de Jade *(p. 274)*. Après un déjeuner dans l'un des restaurants entourant le jardin Le Van Duyet *(p. 274)*, découvrez le musée des Beaux-Arts *(p. 272)* et les sanctuaires alentour (mosquée indonésienne, pagode Phung Son Tu) ou le musée Ho Chi Minh *(p. 272)*.
Jour 3	Le matin, promenade dans le quartier chinois de Cholon *(p. 275)*. Déjeuner au marché Binh Tay *(p. 278)*, puis, l'après-midi, visite des pagodes Giac Vien et Giac Lam *(p. 278)*. Dîner au Secret Garden ou à L'Usine *(p. 283)*, deux des adresses les plus charmantes de la ville.

Le musée d'Histoire du Vietnam.
P. Forsberg/Alamy/hemis.fr

prendre en photo devant le monument. À l'intérieur, admirez les ex-voto en français et en vietnamien, éclairés par des vitraux et apposés par les dévots dans les chapelles.
À droite de la cathédrale, la façade de la **poste centrale★** (BUU DIEN) (C3) (1886-1891) évoque l'architecture d'une gare, tout comme sa splendide **charpente métallique★★** voûtée, conçue par Gustave Eiffel. La fraîcheur dispensée par les ventilateurs et l'ambiance surannée des lieux invitent à une courte pause sous le regard de Ho Chi Minh, dont le portrait orne le mur du fond. Dans l'entrée, un plan d'origine de Saigon et de ses environs ainsi qu'un autre des lignes télégraphiques de Cochinchine et du Cambodge (1936) couvrent les murs.

★★ Palais de l'Unification (DINH THONG NHAT) BC3

7 Le Duan - www.dinhdoclap.gov.vn - 8h-11h30, 12h30-15h30 - dernière entrée 1h av. la fermeture - 40 000 VND - audioguide en français.
Fermant la perspective Le Duan au sud, le palais occupe l'emplacement de la résidence du gouverneur général d'Indochine, détruite après un bombardement en 1962. Pur produit du modernisme des années 1960, il fut le siège de la présidence du Sud-Vietnam jusqu'à ce jour du 30 avril 1975 où le char d'assaut 879 de la 203e brigade nord-vietnamienne défonça la grille d'entrée du parc, marquant ainsi la fin de la guerre. Le palais fut dès lors reconverti en musée. L'impression de temps figé est accentuée par le **mobilier**, qui en fait un véritable musée du design des années 1970 mâtiné d'influences asiatiques.
Après avoir visité la salle de réunion du cabinet et les luxueux **salons de réception** du rez-de-chaussée, montez à l'étage. Une froide élégance irradie des galeries en marbre qui distribuent les salles de réception des hôtes étrangers et de présentation des lettres de créance. Notez le mobilier, du dernier cri de l'époque, ainsi que l'immense laque accroché au mur.
Le troisième étage comporte les appartements privés, notamment une salle de projection tendue de velours rouge et un **salon de détente** où les grondements de la ville ne devaient jamais pénétrer qu'en échos assourdis.

De Saigon à Ho Chi Minh-Ville

De Prei Nokor à Angkor

À l'aube de l'histoire, la forêt couvrait les rives de la rivière Saigon. Dans le sillage du **royaume khmer du Funan** (1er s.), la région de Prei Nokor (« pays de la Forêt ») sortit finalement de son sommeil et se développa grâce à la culture du riz en champs inondés et, surtout, à sa position sur les voies commerçantes vers la Chine. L'effondrement du Funan, auquel le Chen La succéda au 7e s., n'entraîna pas de bouleversements, au contraire de l'essor du **royaume khmer d'Angkor** (9e s.), qui projeta la région dans un cycle de conflits avec les Chams puis les Thaïs. Située aux confins orientaux du royaume, Prei Nokor connut une croissance régulière. Son enceinte incluait 14 villages, mais en 1620, après des siècles de décadence, les Khmers se résolurent à demander l'aide des **Vietnamiens** et leur concédèrent en contrepartie le droit de s'établir.

Vietnamiens et Français

Nouveaux maîtres des lieux, qu'ils connaissaient sous le nom de Sai Gon (« forêt de Kapok »), les Vietnamiens autorisèrent des réfugiés **chinois** à fonder le marché de Cholon (1683) et édifièrent une petite citadelle, **Gia Dinh**. Après la rébellion des Tay Son, le futur empereur Gia Long éleva à l'emplacement de l'actuelle cathédrale un vaste fort, qui devint le centre administratif de tout le Vietnam du Sud. Celui-ci fut toutefois rasé et reconstruit en plus petit à l'issue de la révolte paysanne menée par le noble Le Van Khoi en 1835. Le 10 février 1859, 2 000 soldats **français**, dirigés par l'amiral **Rigault de Genouilly**, s'emparèrent du fort en quelques jours, et repoussèrent la contre-attaque menée par les Vietnamiens. En réaction, ceux-ci fuirent la cité. Devenue capitale de la colonie de Cochinchine sous son ancien nom, **Saigon**, elle se couvrit d'édifices, d'hôtels et de villas élégantes, mais cet « âge d'or » ne bénéficia guère à la population locale.

Une cité en guerre

Après l'épisode japonais de la Seconde Guerre mondiale, la cité passa brièvement entre les mains des Britanniques qui la remirent aux Français en septembre 1945. Débuta alors la **guerre d'Indochine**, conclue en 1954 par la partition du pays et l'élection de Saigon comme capitale du Sud-Vietnam. L'une des premières décisions du président **Diem** fut de mettre au pas les puissantes milices, mais les destructions furent considérables, en particulier à Cholon, et la répression s'étendit à tous les opposants, même aux bouddhistes. Lâché par les Américains, Diem fut assassiné en 1963. Capitale d'un pays en guerre, où s'agglutinaient des centaines de milliers de GIs et de Vietnamiens fuyant les bombardements, Saigon devint la cité de la corruption et de la débauche. Cette période s'acheva brutalement le 30 avril 1975 avec l'entrée des chars nord-vietnamiens dans la métropole méridionale.

La capitale économique du Vietnam

Rebaptisée **Ho Chi Minh-Ville**, l'ancienne Saigon entama alors une longue somnolence, qui prit fin dans les années 1990 avec la libéralisation de l'économie et le boom du tourisme. Qu'ils soient fonctionnaires du Nord ou jeunes ambitieux, les Vietnamiens savent que c'est ici qu'ils doivent tenter leur chance et rares sont ceux qui font le chemin inverse.

Au-dessus, la **salle de danse** donne directement sur les toits équipés d'une **piste d'atterrissage** pour hélicoptères. La vue sur la perspective de Le Duan n'a pas changé depuis cette époque, si ce n'est quelques tours qui ponctuent désormais le paysage. Par contraste, au sous-sol, les **salles de transmissions** couvertes de cartes de campagne livrent l'image d'une présidence aux abois, obsédée par sa défense. Des films sur la guerre du Vietnam sont présentés dans les salles de projection.

★ Parc culturel municipal (CONG VIEN VAN HOA) B3-4

Entrée par la rue Nguyen Thi Minh Khai ou Huyen Tran Cong Chua.

Derrière le palais, le parc est le plus grand espace vert du centre-ville avec le Jardin botanique. Il fait bon s'y promener à l'ombre des hautes futaies, à l'écart de l'agitation urbaine. L'ancien **Cercle sportif** de l'époque française, actuel **Club des travailleurs** (NHA VAN HOA LAO DONG) (B3), conserve sa jolie piscine en plein air, ses courts de tennis et son terrain de volley où les Saigonnais viennent s'entraîner. Il comprend également un théâtre, ainsi qu'un bâtiment accueillant des cours de danse.

★ Musée des Souvenirs de guerre

(BAO TANG CHUNG TICH CHIEN TRANH) B3

28 Vo Van Tan (à l'angle de Le Quy Don) - ✆ (28) 3930 66 64 - www.baotangchungtichchientranh.vn - 7h30-17h30 - 40 000 VND.

Le musée, conçu comme une dénonciation de l'agression américaine, présente des photos d'une violence insoutenable. Des bombes, chars et bombardiers, exposés dans le jardin, précèdent l'exposition.

La première partie est consacrée à la guerre française, tandis que la seconde relate des épisodes d'une cruauté inouïe qui ont marqué l'intervention américaine (massacre de My Lai, victimes de bombardements, prisonnier jeté vivant d'un hélicoptère). Après ces images, les armes présentées dans la salle suivante apparaissent dans toute leur sinistre réalité.

Musée de Ho Chi Minh-Ville (BAO TANG THANH PHO HO CHI MINH) C3

65 Ly Tu Trong - ✆ (28) 3829 97 41 - www.hcmc-museum.edu.vn - 8h-17h - 30 000 VND.

À l'est du parc, l'ex-musée de la Révolution occupe un vaste édifice néoclassique (1885-1890) qui servit successivement de palais du gouverneur et de Cour suprême. Jetez un coup d'œil aux **véhicules de guerre** exposés dans le jardin (chasseur, hélicoptère, char d'assaut, ambulance) avant de pénétrer dans le musée. Les trois salles du rez-de-chaussée sont consacrées successivement à la pêche, à l'économie (avec un ensemble hétéroclite de Thermos, fers à repasser, lampes de poche et céramiques), à l'histoire du parti communiste vietnamien, et à la géologie, la faune et la flore locales.

Au premier étage, un grand **plan-relief** de Tay Ninh illustre le rôle de cette zone durant la guerre. L'insurrection est évoquée depuis les années 1930, à travers une grande fresque murale et divers **objets d'époque** (photos, revues, imprimerie, armes lourdes, guillotine). Ne manquez pas la petite salle présentant les méthodes de pêche et d'agriculture traditionnelles (outils, barques, nasses, métier à tisser) et les arts décoratifs (céramique, mobilier nacré, instruments de musique, laque). Une jolie **calèche** et une barque viet-cong à double fond sont exposées dans le couloir.

★ Du marché Ben Thanh au canal Ben Nghe CD4

Abrité sous un vaste bâtiment surmonté d'un beffroi, le **marché Ben Thanh★** (CHO BEN THANH) *(8h-18h)* (C4) est sans conteste l'un des plus intéressants et des plus

animés de la ville. Vous pourrez y faire vos emplettes ou vous régaler d'une soupe à l'un des nombreux étals, très fréquentés à l'heure du déjeuner.
Deux rues à l'ouest du marché s'élève le **temple hindou Sri Mariamman** *(45 Truong Dinh)* (C4), construit à la fin du 19e s. par la communauté tamoule, mais que fréquentent aussi les Vietnamiens. Dans la cour, le sanctuaire abrite la déesse Mariamman qui croule sous les offrandes de fleurs et de fruits. Les murs sont creusés de niches où se dressent les statues de divinités colorées. N'hésitez pas à monter sur le toit, hérissé de **tours sacrées** portant lions et divinités.
Traversez la place du marché Ben Thanh vers le sud, passez devant le **musée des Beaux-Arts** *(voir ci-après)* et empruntez Le Cong Kieu, la rue des antiquaires, jusqu'à la petite **mosquée indonésienne** *(45 Nam Ky Khoi Nghia)* (C4), où vous pouvez faire une brève halte.
Continuez jusqu'à la **pagode Phung Son Tu** *(338 Nguyen Cong Tru)* (C5), un coquet édifice en brique percé de fenêtres en forme de hublots et coiffé d'un toit surmonté de dragons. À l'intérieur, quelques vénérables sans âge s'accordent un repos méditatif au milieu des effluves d'encens. Des fresques colorées décorent les murs.
Vous pouvez prolonger la visite de ce quartier commerçant très animé jusqu'à Ben Chuong Duong, au bord du **canal Ben Nghe**, où les étals du **marché Cau Ong Lanh** débordent de fruits de mer et d'autres denrées odorantes.

★ Musée des Beaux-Arts (BAO TANG MY THUAT) C4

97A Pho Duc Chinh - ✆ (28) 3829 44 41 - 8h-17h - 30 000 VND.
Installé dans l'ancienne demeure Art déco d'un riche Chinois, il offre un bon aperçu de la **peinture vietnamienne★** contemporaine, la section des **dessins d'enfants★** n'étant pas la moins passionnante. Le premier étage expose des **aquarelles** traitant de la guerre ainsi que des créations récentes (laques, céramiques, statues), tandis que le deuxième étage présente l'**art décoratif** de la région du 18e au 20e s. (bronzes, mobilier en bois nacré, statues en bois ou en céramique peintes). La section la plus intéressante est consacrée au **Champa★★** (7e-13e s.), ainsi qu'à l'art de **Oc Eo★★** et des civilisations postérieures, qui nous a laissé un bouddha en bois rongé par le temps mais superbe de grâce (4e-6e s.), ainsi qu'un Vishnou en pierre conservant un peu de chrome (7e-10e s.).

Musée Ho Chi Minh D4

1 Nguyen Tat Thanh - tlj sf lun. 7h30-11h30, 13h30-17h - 10 000 VND.
De l'autre côté du canal, le musée est installé dans les **anciennes Messageries maritimes**. C'est d'ici que le jeune Nguyen Tat Thanh (futur Ho Chi Minh) embarqua pour l'Europe en 1911. Une multitude de photos et quelques objets lui ayant

Thu Thiem

Reliée au cœur historique de la ville depuis 2022 par un quatrième pont futuriste et par un tunnel à six voies passant sous la rivière Saigon, Thu Thiem (PLAN II E2-3) troque à toute allure ses habits ruraux contre des airs de quartier de la Défense tropical. Si quelques bicoques sur pilotis s'accrochent encore à la berge, ce sont surtout ses tours, sortant de terre les unes après les autres et rivalisant de hauteur (jusqu'à 40 étages), qui attirent l'œil. Rassemblant bureaux, complexes résidentiels et espaces verts, le pharaonique chantier que représente ce nouveau pôle urbain devrait s'achever à l'horizon 2030.

Ho Chi Minh-Ville et ses gratte-ciels.
Khoa Nguyen/Getty Images Plus

appartenu sont exposés là, notamment son arrosoir et sa fameuse radio. Les **affiches de propagande★** présentent un réel intérêt par leur qualité graphique.

Au nord du centre-ville PLAN I P. 264-265

Du palais de l'Unification, remontez Le Duan pour rejoindre le Musée d'Histoire du Vietnam et le jardin botanique.

★★★ Musée d'Histoire du Vietnam (BAO TANG LICH SU VIET NAM) D2

2 Nguyen Binh Khiem - ✆ (28) 3829 81 46 - 8h-11h30, 13h-17h - fermé lun. - 30 000 VND.

À l'extrémité nord de Le Duan, ce musée comprend une vingtaine de salles. Dans les premières sont exposées des **jarres funéraires** antérieures à notre ère, retrouvées sur le site de Saigon. Au début de la visite, les salles traitent des différentes époques, depuis le paléolithique (il y a 300 000 ans) et l'âge du bronze (1000 av. J.-C.), en particulier de la civilisation du Dong Son et de ses **tambours★★**. Leur succède la période de domination chinoise (1er-10e s.), qui prend fin avec la dynastie des Ly (11e-13e s.), dont on conserve de belles **céramiques**. Les Tran (13e-14e s.) sont évoqués à travers des céramiques et une maquette de tour à 11 niveaux, mais c'est la section des Le postérieurs (15e-18e s.) qui est la plus variée (bronzes, céramiques, armes, édits officiels, costume impérial, meubles et instruments de musique).

À l'étage, la suite des collections évoque les civilisations du sud du Vietnam depuis le Funan (1er-6e s.) et l'art du delta (7e-13e s.), merveilleusement mis en valeur par un **bouddha en bois★★★** de 1500 ans et de superbes **lingas★★**. Mais c'est du Champa que nous viennent les témoignages les plus éblouissants, avec une remarquable **statuaire de pierre★★★**. Une salle est consacrée aux bouddhas de différents pays d'Asie, une autre aux minorités ethniques des Hauts Plateaux avec leur **vannerie**, leurs costumes et leurs **statues funéraires★**. Une étonnante **momie** du 19e s. est exposée non loin.

5

★ Jardin botanique D2

Nguyen Binh Khiem - 6h-18h30 - 60 000 VND.

À côté du musée, ce jardin est l'occasion d'un bain de verdure très agréable et d'un moment de calme contrastant avec l'agitation de la ville. Son **zoo** *(www.saigonzoo.net)* laisse une impression mitigée en raison des tristes conditions de détention des animaux ; il n'en reste pas moins fort apprécié des familles saigonnaises, dont c'est l'une des sorties préférées en fin de semaine.

Remontez l'avenue Nguyen Binh Khiem jusqu'à Dien Bien Phu. Prenez à gauche, continuez sur 100 m puis tournez à droite dans Mai Thi Luu.

★★ Pagode de l'Empereur de Jade (CHUA NGOC HOANG) C1

73 Mai Thi Luu - 7h-18h.

Bâtie par la communauté cantonaise au début du 20e s., la pagode est l'une des plus intéressantes de la ville. Au fond d'une petite cour plantée de banians, derrière une façade ornée d'un dragon, se cache un dédale de pièces ocre baignées d'encens. L'**Empereur de Jade**, divinité taoïste, trône dans le sanctuaire principal au milieu de ses gardes, les quatre Grands Diamants, réputés durs comme cette pierre. Une pléiade de **statues★★** colorées les entourent, représentant divers dieux et héros, tels ces généraux posant le pied sur un dragon et un tigre terrassés. Dans une pièce à gauche de l'autel se tient **Thanh Hoang**, le maître de l'Enfer, accompagné de son cheval rouge. Sur les murs, les **panneaux de bois** sculptés figurent les tourments des âmes impures dans les dix régions de l'enfer. Enfin, dans une petite pièce attenante, de remarquables **figurines en céramique★★** illustrent les qualités et les défauts des humains, tandis que la pièce de droite sert au culte des ancêtres.

Non loin de là, le **temple Tran Hung Dao** *(36 Vo Thi Sau)* (B1) est dédié au héros qui stoppa l'invasion mongole de Kubilay Khan en 1287. Ce lieu est un rêve de taxidermiste avec ses énormes défenses d'éléphant, et surtout son tigre et sa panthère figés devant l'autel. Lors de la création du parc, en 1983, à l'emplacement du cimetière français Massiges, les tombes furent envoyées en France.

Remontez la rue Dinh Tien Hoang jusqu'à son extrémité nord.

Temple du maréchal Le Van Duyet PLAN II DE1

126 Dinh Tien Hoang.

Élevé au milieu d'un jardin où, dès le petit jour, les anciens font leur gymnastique en pyjama, le temple abrite la dépouille de cet eunuque (1763-1832), ami des Français et allié de Gia Long. Parce qu'il refusait de réprimer les catholiques, l'empereur Minh Mang prononça sa disgrâce et lui intenta ensuite un procès posthume. Suprême outrage pour un Vietnamien, sa sépulture fut rasée ! Dix ans plus tard, Le Van Duyet fut réhabilité et sa dépouille repose désormais à côté de celle de sa femme, à l'abri d'un muret. Bien qu'il soit considéré comme un héros dans le sud du pays, son amitié avec les Français lui est reprochée par les nationalistes. Le sanctuaire ne présente pas un intérêt exceptionnel, mais il s'ouvre par deux belles portes en bois sculptées. L'intérieur, tendu de tissus rouges brodés de perles, abrite chevaux et échassiers en bois montés sur des tortues, et des lances aux pointes en forme d'idéogrammes. Des pièces de théâtre costumées y sont données le 1er jour du 8e mois lunaire.

Descendez la rue Vo Thi Sau, puis prenez à droite dans Nam Ky Khoi Nghia.

Pagode Vinh Nghiem A1

399 Nam Ky Khoi Nghia - déchaussez-vous avant d'entrer.

Une **tour** à sept étages annonce de loin la pagode, un vaste édifice bâti en 1971 avec l'aide de l'Association d'amitié nippo-vietnamienne. Les novices suivent les cours dans une salle située au rez-de-chaussée, sous le vaste sanctuaire où trône un **bouddha doré** flanqué de deux bodhisattvas. Le plus étonnant est sans aucun doute la **tour funéraire** située à l'arrière, où des centaines d'urnes en céramique contenant les cendres des défunts avec leur photo sont alignées sur des étagères.

★ Cholon PLAN III CI-DESSOUS

À env. 8 km au sud-ouest du centre historique (env. 120 000 VND en taxi). Si vous rejoignez Cholon par l'avenue Nguyen Thi Minh Khai, passez l'immense rond-point Nga Sau, empruntez Hung Vuong, et prenez à gauche la rue Tran Binh Trong que vous redescendez sur quelque 500 m.

« Enclave chinoise en terre vietnamienne, réminiscence renouvelée de l'influent voisin, Cholon travaille plus vite, vend moins cher et ne laisse rien paraître », écrivait le journaliste Didier Lauras, dévoilant ainsi la vocation de Cholon, le « Grand Marché ».

Sur la route de Cholon, faites une halte à l'**église Cho Quan** *(133 Tran Binh Trong - lun.-sam. 4h-7h, 15h-18h, dim. 4h-9h, 13h30-18h)* (PLAN II C4), à la belle façade jaune pastel à beffroi. L'édifice originel (18e s.) fut reconstruit à de multiples reprises avant de prendre son aspect définitif au début du 20e s. À côté se trouvent un couvent ainsi qu'une école élémentaire et un hôpital, qui étaient attachés à l'église avant 1975.

Empruntez la rue Nguyen Trai pour rejoindre le centre de Cholon.

Mosquée de Cholon

641 Nguyen Trai - grande prière le vend. 12h-13h.

Construite en 1923 par des Tamouls, elle est fréquentée par des Chams originaires de Chau Doc. Par contraste avec les pagodes, l'intérieur est très dépouillé.

Temple Tam Son Hoi Quan

118 Trieu Quang Phuc, au niveau du 370 Tran Hung Dao. Vous pouvez vous dispenser de cette visite si vous êtes pressé...

Élevé par la communauté du Fujian au 19e s., il conserve sa décoration d'origine. On y vénère le général Quan Cong, entouré du général Chau Xuong, à gauche, et du mandarin Quan Binh, à droite, mais c'est à **Me Sanh**, déesse de la Fertilité, que le sanctuaire est dédié. Elle se tient au fond de la pagode en compagnie de ses filles, ainsi que de Thien Hau et Ong Bon.

★★ Temple Thien Hau

710 Nguyen Trai - 6h-11h30, 13h-16h30.

Construit par les Cantonais au début du 19e s., c'est l'un des temples les plus importants de Cholon. Il est dédié à la **déesse de la Mer**, protectrice des marins, à qui on vient traditionnellement rendre hommage avant ou après un long voyage, comme le firent les *boat people* dans les années 1980, ou comme le font encore les expatriés sino-vietnamiens revenant au pays. À juste titre, ce temple est aussi le plus visité par les touristes. Il comprend trois bâtiments en enfilade, séparés par des cours intérieures. Dans la première, où l'on brûle encens et fausse monnaie, notez les étonnantes **figurines en céramique★★**, inspirées de la légende des Trois Royaumes, qui courent en sarabande sur le toit. Les trois **statues de Thien Hau Thanh Mau** qui reposent derrière l'autel sont promenées en procession lors de la fête du 23e jour du 3e mois lunaire.

★ Temple Ha Chuong Hoi Quan

802 Nguyen Trai - 6h-16h.

Le joli temple, édifié par des Chinois du Fujian et dédié également à Thien Hau, daterait de la fin du 18e s. L'intérieur, quadrillé par des piliers en pierre en forme

Cholon : influences chinoises

Fondée au 17e s. par des Chinois à 5 km de Saigon, **Cholon** ne fait aujourd'hui plus qu'une avec Ho Chi Minh-Ville, la capitale économique du Vietnam, dont elle est un des rouages essentiels. Elle conserve intacte son originalité, qui s'explique par la présence de **500 000 Sino-Vietnamiens**, ou Hoa. C'est ici que s'échangent le riz en provenance du Mékong ou l'électronique *Made in China* avant d'envahir les boutiques de la ville. Cholon apparaît comme un étonnant théâtre en trompe l'œil fourmillant d'activités humaines se déroulant au grand jour, mais sans rien révéler de son mystère.

Depuis la fondation de Cholon, de puissantes **congrégations** regroupent les Chinois par affinité d'origine, sous la protection d'une divinité tutélaire vénérée dans un temple ou une pagode. Tenant à la fois de la guilde de marchands et du syndicat à l'américaine, chacune exerce son pouvoir sur un secteur économique. La période noire de la fin des années 1970, quand les Sino-Vietnamiens fuyaient en masse l'oppression *(voir encadré p. 423)*, n'est plus qu'un lointain souvenir, et désormais l'économie prospère. On estime à 40 % la part de l'économie parallèle qui n'apparaît pas dans les statistiques officielles, qu'il s'agisse des bars à filles, des salles de jeu clandestines, des ateliers cachés ou des transactions financières secrètes. Les congrégations restent par ailleurs un puissant acteur d'entraide et de régulation sociales, car elles prennent en charge le financement des écoles, des hôpitaux et des temples. Sur le plan culturel et spirituel, même si leur rôle a nettement diminué au long du 20e s., elles maintiennent la pratique de la langue, ainsi que la tradition confucéenne.

La pagode Thien Hau.
OscarEspinosa/Getty Images Plus

de dragon et décoré de remarquables **bas-reliefs★★** polychromes, baigne dans les effluves des tortillons d'encens suspendus.

★ Pagode Quan Am

12 Lao Tu (près de Chau Van Liem) - 6h15-17h.

Le style du Fujian est perceptible dans les nombreux idéogrammes qui habillent les murs et les piliers de cette pagode, ainsi que dans les céramiques illustrant des légendes chinoises qui ornent le toit. De magnifiques **dragons de pierre★★** gardent l'entrée flanquée de **panneaux de bois dorés★** délicatement travaillés. Objet d'une grande dévotion, la pagode est dédiée à Quan Am, déesse de la Compassion et de la Miséricorde, dont une **statue** trône sous une châsse de verre près de l'autel principal, aux côtés du bouddha Sakyamuni et face à Thien Hau vêtue de doré. La déesse en robe blanche trône aussi dans la pièce du fond, là encore face à Thien Hau.

★★ Temple Phuoc An Hoi Quan

184 Hung Vuong (à l'angle de Thuan Kieu) - 7h-17h.

Construit au début du 20e s. à la place d'une maison commune, ce temple est l'un des plus joliment décorés de Cholon. Par un subtil jeu de lumière, les rayons du soleil viennent mourir dans un espace envahi de fumées d'encens. La pagode est remarquable pour les **panneaux de bois★★** qui parent piliers et colonnes, ainsi que pour l'étonnant **cheval en céramique★** de Quan Cong, à gauche en entrant. Derrière une énorme jarre flanquée de deux grues en éclats de céramique surgit la **statue** du général Quan Cong, immédiatement reconnaissable à son visage empourpré.

Revenez au carrefour, prenez à droite la rue Chau Van Liem, et tournez à gauche 300 m plus loin.

À l'ouest de Cholon

Fatigué des temples ? Remontez à pied **Hai Thuong Lan Ong★**, une rue spécialisée dans la pharmacopée chinoise. Félin empaillé, dent de requin, peau de crocodile,

testicule de tigre… passé l'effet de surprise, il faut savoir que la plupart de ces espèces sont en voie d'extinction, précisément à cause de ce genre de commerce. Un tel danger ne menace pas en revanche les épices inconnues qui débordent des sacs. La délicate silhouette de l'**église St-François-Xavier** (CHA TAM) *(25 Hoc Lac - 7h-11h, 13h30-16h30)* apparaît au bout de l'avenue Tran Hung Dao, où règne une agitation frénétique. Mais ce n'est pas à sa façade jaune pastel que l'endroit doit sa célébrité. C'est ici en effet que le président Diem et son frère furent capturés lors du coup d'État du 1er novembre 1963, avant d'être exécutés sur le chemin de Saigon. L'église possède deux écoles, l'une vietnamienne *(à droite)*, l'autre chinoise *(à gauche)*.
Descendez Hoc Lac et tournez à droite dans Thap Muoi.
L'animation et la densité de la population s'accroissent à mesure que vous approchez du **marché Binh Tay★★** *(5h30-19h30)*, un vaste bâtiment ocre à toit de tuiles conçu par un architecte français et financé par un riche marchand chinois, Quach Cam. À peine entré dans ce temple du commerce, le visiteur se trouve happé par le flot des marchands, clients et portefaix qui encombrent les allées.

À voir aussi

PLAN II P. 266-267

★★★ Pagode Giac Vien A3

À env. 3,5 km du marché Binh Tay. Prenez l'avenue Hung Vuong vers l'ouest et tournez à droite dans Phu Tho, qui devient Lac Long Quan. Empruntez le chemin à gauche, 100 m après l'entrée du parc Dam Sen, et continuez sur 200 m.
Nichée au bout d'une piste sinueuse traversant un quartier populaire, cette pagode datant de 1744 dégage une impression d'intense sérénité. Ne dit-on pas d'ailleurs que l'empereur Gia Long venait parfois s'y recueillir ? La façade ocre, coiffée d'un toit de tuiles qui se dessine soudain sous un couvert d'arbres, indique le style traditionnel de l'édifice, non altéré par les rénovations. Une vingtaine de bonzes vivent dans les bâtiments annexes. En pénétrant dans le sanctuaire, vous apercevez un **bouddha doré** assis sur un lotus, ainsi que les autels portant les tablettes et photos de défunts. Les trois statues disposées là sont celles de **Hai Tinh Giac Vien**, le fondateur de la pagode, portant un chasse-mouches en crin, et de ses successeurs. Ils font face à la déesse **Chuan De** aux 18 bras, une des représentations de Quan Am. Dans l'autre pièce *(ôtez vos chaussures)*, un **bouddha Amitabha** assis devant une mandorle électrique trône au milieu d'une myriade de sculptures.
Remontez Lac Long Quan sur 1 km et tournez à gauche après Au Co.

★★★ Pagode Giac Lam A2

118 Lac Long Quan.
Construite au 18e s., cette pagode est l'une des plus anciennes et des plus intéressantes de Ho Chi Minh-Ville. Une large **tour** de sept étages annonce le sanctuaire, situé près d'un **cimetière** dominé par des tombeaux imposants. La pagode compte trois parties de plain-pied : le sanctuaire principal, la salle de réunion et la salle des bonzes. À l'intérieur, les cent **piliers en bois** qui soutiennent la volumineuse charpente sont couverts d'idéogrammes vietnamiens (et non chinois). La pagode renferme **113 statues** en bois de jaquier rouge et or, ainsi que **500 tablettes de culte** de neuf générations de bonzes provenant de Hué. Dans le sanctuaire, au fond à gauche *(ôtez vos chaussures)*, une multitude de statues couvrent l'autel, parmi lesquelles un **A Di Da** flanqué de ses deux disciples, Kasaype *(à droite)* et Ananda *(à gauche)*. Ils sont précédés d'un **bouddha Thich Ca** et d'un bouddha enfant. Parmi les autres personnages, remarquez un bouddha replet et jovial assailli par des enfants et, à sa gauche, l'**Empereur de Jade**. Les fidèles viennent accrocher leurs prières sur une structure en bois semblable à un sapin de Noël, puis allument l'une des 49 lampes à huile.

Carnet pratique

PLANS DE VILLE I (P. 264-265), II (P. 266-267) ET III (P. 275)

S'informer

Saigon Tourist – PLAN I C3 - *45 Le Thanh Ton - ☎ 09 1127 30 03 - www.saigontouristvietnam.com.* Agence sérieuse présente dans tout le pays.

Adresses utiles

Ambassades

Voir « Sur place de A à Z », p. 442.

Centres culturels

Idecaf – PLAN I D3 - *31 Thai Van Lung - ☎ (28) 3829 54 51 - www.idecaf.gov.vn - mar.-jeu. 13h30-18h, vend.-sam. 9h30-17h.* L'Institut d'échanges culturels avec la France possède une bibliothèque et organise des cours de langue, des activités culturelles (concerts, théâtre, expositions), ainsi que des projections de films français.

Poste

GPO – PLAN I C3 - *2 Cong Xa Paris (près de la cathédrale) - lun.-vend. 7h30-19h, w.-end 8h-18h.* Poste restante. Le service de colis internationaux est ouvert lun.-vend. 8h-18h (17h le w.-end). Nombreux autres bureaux en ville, dont : 125 Cong Quynh (près du quartier Pham Ngu Lao).

Envois de colis ou de courriers urgents :

FedEx – HORS PLAN - *6 Thang Long - ☎ (28) 3948 03 70 - lun.-vend. 7h30-19h, sam. 7h30-16h.*

DHL – HORS PLAN - *6 Thang Long - ☎ (28) 3844 62 03 - lun.-vend. 8h-21h, sam. 8h-18h, dim. et j. fériés 8h-16h.*

Santé

Hôpital Cho Ray – PLAN III - *201B Nguyen Chi Thanh, Cholon - ☎ (28) 3855 41 37.* Cet établissement vietnamien possède un service d'urgences ainsi qu'un service pour les étrangers aux tarifs raisonnables.

Centre médical international – PLAN I B2 - *30 Pham Ngoc Thach - ☎ (28) 3827 23 66/67 - www.cmi-vietnam.com.* Cet institut propose des consultations à des prix abordables. Plusieurs médecins français y travaillent (cardiologie, pédiatrie, allergies, gynécologie, maladies tropicales).

Columbia Asia – PLAN I C3 - *8 r. Alexandre de Rhodes - ☎ (28) 3823 88 88 - www.columbiaasia.com.* Une clinique internationale très chère.

Arriver/Partir

En avion

Aéroport Tan Son Nhat – PLAN II B1 EN DIR. - *Au bout de l'avenue Truong Son (à 7 km au nord-ouest du centre) - ☎ (28) 3848 56 34 - www.vietnamairport.vn.* Vols réguliers pour les grandes cités européennes et asiatiques (terminal international), ainsi que pour les principales villes du pays (terminal domestique). Pour la procédure de *Visa on arrival*, voir p. 436. Bureaux de change et distributeurs après la douane.

Pour rejoindre le centre-ville – Le plus simple est de prendre un taxi des compagnies Vinasun ou Mailinh *(30mn de trajet - env. 300 000 VND)* ou la navette d'une agence de voyage *(env. 15 $)*. Cinq lignes de bus urbains relient les terminaux domestique (porte 4) et international (porte 12). La ligne 109 dessert le 23/9 Park au centre-ville *(20 000 VND)*, les autres les différentes gares routières.

Air France – PLAN I C3 - *130 Dong Khoi - ☎ (28) 3829 09 81 - lun.-vend. 8h-17h.*

British Airways – PLAN I B3 - *170 Nam Ky Khoi Nghia* - *✆ (28) 3930 29 33.*

Jetstar – PLAN I A2 - *177 Vo Thi Sau* - *✆ (28) 6290 73 49.*

Vietnam Airlines – PLAN I D4 - *116 Nguyen Hue (2e étage)* - *✆ (28) 3832 03 20.*

En bus et minibus

Moyennant une commission modique, toutes les agences de voyage assureront la réservation de votre billet pour les **liaisons longue distance**, et votre bus passera vous prendre près de l'agence ou de votre hôtel.

Les **bus express** sont des minibus de 12 à 24 places, parfois climatisés, généralement plus rapides, car ils sont censés ne pas prendre de passagers sur le trajet. Ils partent du terminal de Mien Dong *(voir ci-dessous)*.

Toutes les agences proposent un bus pour Phnom Penh (Cambodge), avec changement de véhicule au poste-frontière de Moc Bai.

Pour les **bus locaux** en revanche, il faut se rendre directement à la gare routière (terminal ou *ben xe*) et acheter son billet au moment du départ.

Ben Xe Mien Dong – PLAN II E1 EN DIR. - *292 Dinh Bo Linh, district de Binh Thanh (à 7 km au nord du marché Ben Thanh)* - *4h30-17h30*. Il dessert les Hauts Plateaux et la côte au nord de Ho Chi Minh-Ville ; un peu plus chers que les bus ordinaires, les bus express vous feront gagner 1 à 3h sur le temps de trajet. Départ ttes les h, de 8h à 17h, pour Dalat *(env. 7h)* ; départ ttes les h pour Buon Ma Thuot par la RN 14 *(env. 8h, ou 6h en express)*. 1 bus/j. pour Plei Ku *(env. 12h)* et Kon Tum *(env. 15h)*. Un bus climatisé/h pour Vung Tau *(env. 2h)* ; départ ttes les h pour Phan Thiet *(env. 4h, ou 3h30 en express)* et Nha Trang *(9h-10h ou 8h en express)* ; ttes les h pour Da Nang *(env. 20h)* et Hué *(23h)* ; une dizaine de départs/j. pour Hanoi *(2 j. et 1 nuit)*.

Ben Xe Mien Tay – PLAN II A4 EN DIR. - *Quartier de An Lac, district de Binh Chanh, 10 km à l'ouest du centre-ville. Accès par bus urbain depuis la station Ben Thanh.* Situé au-delà de Cholon, ce terminal important dessert le sud du pays. Départs fréquents et nombreux minibus express, généralement climatisés. Les principales agglomérations du delta du Mékong (My Tho, Can Tho, Chau Doc, Ha Tien en particulier) sont desservies avec un départ ttes les 30 à 60mn.

Ben Xe Tay Ninh *(Xe Khach Lien Tinh ou An Suong Station)* – PLAN II A1 EN DIR. - *À 8 km à l'ouest du centre-ville.* Départs fréquents, de 5h à 17h (ou 19h selon la saison) pour Cu Chi *(1h30, prenez ensuite une moto-taxi pour effectuer les 25 km jusqu'aux tunnels)* et Tay Ninh *(3h)*.

En train

Ga Hoa Hung – PLAN II C2 - *Au bout de Nguyen Thong (3 km au nord-ouest du centre)* - *✆ (28) 3843 65 28 - billetterie : 7h15-11h, 13h-15h.* Vous avez tout intérêt à passer par une agence de voyage pour effectuer votre réservation (plusieurs jours à l'avance pour une couchette climatisée). La ligne de chemin de fer dessert la côte jusqu'à Hanoi.

Pour les horaires, voir p. 455.

En voiture avec chauffeur

Voir « Agences de voyage », p. 281.

Transports

À pied

Les distances réduites dans le centre historique et jusqu'à Pham Ngu Lao font de la marche le moyen idéal pour découvrir Ho Chi Minh-Ville, mais un certain apprentissage se révèle nécessaire pour traverser une avenue ou un carrefour dans le flot des deux-roues.

Bus urbains

Lents et peu commodes en centre-ville, ils sont surtout utiles pour gagner un quartier éloigné ou rejoindre les gares routières situées à la périphérie.
La principale station se trouve au 23/9 Park (PLAN I B4) : bus urbains pour Cholon *(p. 275)*, Tay Ninh *(p. 292)* et les gares routières interurbaines de Mien Dong et de Mien Tay *(voir ci-contre)*.

Métro

La première ligne de métro est en chantier. Elle reliera le centre-ville (marché de Ben Thanh) au parc d'attractions de Suoi Tien (au nord-est) en passant par le district de Binh Thanh. Sa mise en service est annoncée pour fin 2023.

Moto-taxi

Très pratiques, les *xe om*, ou « Honda », stationnent à presque tous les carrefours. Négociez la course auparavant. Pour vous donner une idée, un trajet de Pham Ngu Lao à Mac Thi Buoi dans le centre coûte env. 20 000 VND.

Taxi

Vous trouverez facilement des taxis devant les grands hôtels et à Pham Ngu Lao. Privilégiez les compagnies fonctionnant au compteur *(meter)* plutôt qu'au forfait. Parmi les plus fiables :
Vinasun Taxi – *✆ (28) 3827 27 27.*
Mailinh Taxi – *✆ (28) 3838 38 38.*

Location de moto

C'est un moyen assez dangereux pour sillonner la ville, car la circulation est anarchique, bien que, sur certains boulevards, des voies soient parfois exclusivement réservées aux deux-roues. Vérifiez bien l'état du véhicule (notamment le klaxon) et surtout soyez vigilant. Le port du casque est obligatoire. Les loueurs sont légion à Pham Ngu Lao. Le prix varie selon la conduite, manuelle *(5 $/j.)* ou automatique *(7 $/j.)*. Négociez une remise si vous louez plusieurs jours.

Visite

Agences de voyage

Vous pouvez opter pour un tour clés en main ou louer une voiture avec chauffeur pour un programme à la carte ; dans ce cas, négociez les prix et faites-vous préciser en détail le trajet et les prestations (hébergement et repas du chauffeur, entrées des sites inclus ou non, etc.). La plupart des agences sont en cheville avec des guides francophones et proposent les mêmes circuits (delta du Mékong, Cu Chi et Tay Ninh, etc.) et prestations (prolongation de visa, location de voitures ou de motos, réservation de bus ou d'avion, etc.). Sur Pham Ngu Lao, entre les numéros 275 et 285, et sur De Tham, une ribambelle d'agences permettent de réserver des bus pour toutes les destinations du sud du Vietnam et pour le Cambodge. La concurrence étant vive dans ce quartier, les tarifs sont intéressants :

Kim Tran Travel – PLAN I B4 - *270 De Tham - ✆ 09 3421 45 64.* Cette agence bon marché, l'une des plus anciennes du quartier, a une réputation bien établie. Circuits sur le Mékong, marchés flottants, tunnels de Cu Chi. Pour ceux qui ne voient pas d'inconvénients à voyager parmi un groupe de 20 ou 30 personnes. Également voyages individuels sur mesure.

The Sinh Tourist – PLAN I B4 - *246-248 De Tham - ✆ (28) 3838 95 93 - www.thesinhtourist.vn* - 8h-17h.La plus célèbre adresse du quartier dispose d'une équipe rodée. Ses multiples filiales dans tout le pays lui permettent d'offrir des prestations originales et variées. Elle propose une liaison en minibus jusqu'à Moc Bai, puis en bus ou en bateau jusqu'à Phnom Penh.

5

Pratique pour se renseigner sur les horaires et les liaisons possibles.

SinhBalo Adventures – PLAN I B4 - *283-20 Pham Ngu Lao - ✆ (28) 3837 67 66 - www.sinhbalo.com.* Une officine créée par le fondateur de l'agence The Sinh Tourist et qui met sur pied des circuits dans le delta du Mékong, notamment à vélo. Pour les voyageurs seuls, possibilité d'intégrer un groupe (10 pers. maxi.) *via* le site Internet.

Vietnam Vespa Adventures – PLAN I B4 - *169A De Tham - ✆ 09 3850 09 97 - www.vespaadventures.com.* Pour découvrir le delta sur un Vespa ! Cette agence réputée, repérable aux polos orange que portent ses guides-chauffeurs, propose aussi une visite guidée originale de Ho Chi Minh-Ville, de nuit, à la découverte de la gastronomie locale.

Nos adresses

PLANS DE VILLE I (P. 264-265), II (P. 266-267) ET III (P. 275)

Restauration

Véritable paradis culinaire, Ho Chi Minh-Ville satisfera tous les budgets et tous les goûts. La plupart des hôtels de luxe proposent de délicieux buffets, mais la ville est surtout le royaume des gargotes où l'on déguste une cuisine simple et délicieuse.

Parmi la multitude d'options qui s'offrent à vous, voici quelques quartiers spécialisés : **Nguyen Du** pour le *pho ga* (soupe de nouilles au poulet) ; **Pasteur** pour le *pho bo* (soupe de nouilles au bœuf) ; **Pham Van Hai** pour le *bun cha* (bol de riz vermicelle avec du porc grillé, de la salade, des herbes et des condiments) ; **Vo Van Tan** pour le *hu tieu* (sorte de *pho* mais avec du porc) ; **Dinh Tien Hoang** pour le *banh cuon* (rouleau de riz avec du porc et des champignons noirs). Vous trouverez aussi à vous sustenter dans la plupart des marchés, comme ceux de **Ben Thanh** *(voir ci-après)* et **Cho Cu** *(voir « Shopping », p. 286)*. Goûtez encore aux *banh my*, sandwichs garnis de fromage ou de pâté, de concombre et de sauce soja.

Centre-ville PLAN I

Premier prix

(24) **Pho Hoa** – B2 - *260C Pasteur - ✆ (28) 3829 79 43 - ⊭ - service continu - 85 000/105 000 VND le bol.* Ce restaurant animé est réputé pour servir l'une des meilleures soupes de la ville. Il est surtout fréquenté par des Vietnamiens, une garantie de qualité !

(21) **Marché Ben Thanh** – C4 - *8h-18h.* Pour le déjeuner, vous trouverez toutes sortes de soupes parfumées. Dès 18h, quand le marché ferme ses portes, des terrasses s'installent sur la rue adjacente (côté est) pour servir grillades, poissons et fruits de mer. Très prisé des touristes occidentaux.

(12) **Bun Cha 145** – B4 - *145 Bui Vien - ✆ 07 6337 34 74 - 12h30-21h - 100 000 VND.* La salle n'est pas grande, aussi faut-il parfois patienter un peu pour croquer dans les nems ou le porc grillé des excellents *bun cha* de cet établissement familial.

Budget moyen

(34) **Thanh Binh** – C4 - *146 Le Thanh Ton - ✆ (28) 3823 24 12 - ⊭ - service continu - 125 000/250 000 VND.* Au bout du marché Ben Thanh, ce petit restaurant sert d'excellentes soupes et préparations de fruits de mer. Il est surtout fréquenté par une clientèle locale.

40 Barbecue Garden – B4 - *134 Nguyen Thai Hoc - ✆ (28) 3823 33 40 - www.barbecuegarden.vn - service continu - 150 000/300 000 VND.* Dans un grand patio convivial, ce restaurant propose de faire griller toutes sortes de brochettes de viande ou de crevettes au barbecue. Sert également des *lau*, la fameuse fondue chinoise.

41 Secret Garden – C3 - *158 bis Pasteur - ✆ 09 0990 46 21 - service continu - 170 000/285 000 VND.* Ce restaurant porte bien son nom : qui soupçonnerait en effet que, sur le toit de ce « KTT » (*khu tap the*), bâtiment d'habitat collectif de la période socialiste, se niche une agréable terrasse ombragée par la végétation et parsemée de lanternes ? De savoureux plats vietnamiens sont servis sans prétention, « comme au village ».

22 Nha Hang Ngon – C3 - *160 Pasteur - ✆ (28) 3827 71 31 - service continu - 140 000/310 000 VND.* Le cadre de cette demeure d'époque peinte en jaune est très plaisant, avec son enfilade de patios et de petites salles. La dernière est agencée autour d'un bassin et ornée de mobilier en bois massif. Les femmes préparent rouleaux de printemps, raviolis, salades et jus de fruits pressés devant les clients. Une vaste carte de cuisine vietnamienne.

16 Hoang Yen – D4 - *7-9 Ngo Duc Ke - ✆ (28) 3823 11 01 - www.hoangyencuisine.com - service continu - 200 000/600 000 VND.* Il sert une cuisine vietnamienne irrésistible : porc au jus de coco, poulet au gingembre... Menu en anglais. Autre adresse au 148 Hai Ba Trung (C2).

28 Quan Ngon 138 – C3 - *138 Nam Ky Khoi Nghia - ✆ (28) 3852 71 79 - service continu - 205 000/500 000 VND.* Un restaurant installé dans une maison de style colonial, « faux frère » du Nha Hang Ngon. Au rdc, des femmes tiennent des stands où elles cuisinent des spécialités vietnamiennes.

2 Propaganda Bistro – C3 - *21 Han Thuyen - ✆ (28) 3822 90 48 - service continu - 250 000 VND.* L'adresse est assez touristique, mais il ne faut pas bouder son plaisir. On peut y savourer toutes les spécialités locales dans un cadre coloré, les murs étant couverts de fresques rappelant les affiches de propagande communiste des années 1960 et 1970.

6 Hum – B3 - *32 Vo Van Tan - ✆ 08 9918 92 29 - la-hum.vn - 10h-22h - 300 000 VND.* Que vous soyez végétarien ou pas, faites l'expérience d'une cuisine fine et savoureuse, uniquement élaborée avec des légumes, des fruits, des algues, des fleurs et des herbes fraîches. Le menu invite à découvrir les vitamines et les bienfaits des ingrédients qui composent chaque plats. Cadre raffiné et apaisant, en harmonie avec les assiettes.

Pour se faire plaisir

42 L'Usine – D3 - *151/5 Dong Khoi - ✆ (28) 3521 66 74 - lusinespace.com - service continu - 350 000/500 000 VND.* Une adresse séduisante à dénicher au 1er étage d'un bâtiment colonial, après avoir traversé une galerie marchande. La salle de restaurant, ouverte sur la cuisine, est joliment décorée d'arbres lumineux et meublée d'une longue table en bois. Un balcon-terrasse donne sur le théâtre municipal. À la carte, les spécialités internationales dominent (lasagnes, burgers ou quiche lorraine). Plusieurs vins au verre. Dans une autre salle, une boutique vend une sélection de vêtements, livres ou photos anciennes.

43 Pizza 4P's – D3 - *8/15 Le Thanh Ton - ✆ (28) 3622 05 00 - service continu - 230 000/565 000 VND.*

Les meilleures pizzas du Vietnam et même au-delà ! Le chef, japonais, fabrique lui-même sa burrata, sa mozzarella et son camembert. Réservation indispensable.

Une folie

20 Mandarine – D3 - *11A Ngo Van Nam - ✆ (28) 3822 97 83 - mandarine.com.vn - 11h30-14h, 17h30-23h - menu 780 000/ 2 680 000 VND.* Nappes blanches et service stylé. Ce vaste restaurant accueille une clientèle d'expatriés, mais attention aux prix. Sur fond de piano et de violon, on y déguste raviolis de crevettes, canard au poivre, fruits de mer, mousse au chocolat… Musique mandarinale le mardi et le jeudi.

Autour de Pham Ngu Lao

PLAN I

La plupart des restaurants du quartier étant fréquentés presque exclusivement par des touristes, attendez-vous à une cuisine internationale sans génie la plupart du temps.

Premier prix

25 Pho Quynh – B4 - *323 Pham Ngu Lao (à l'angle de Do Quang Dau) - ✆ (28) 3836 85 15 - service continu - 80 000/130 000 VND.* L'exception qui confirme la règle ! Cette salle ouverte propose toutes sortes de soupes *(pho)* qui régalent autant les Saigonnais que les touristes occidentaux.

Budget moyen

45 Namaste India – B5 - *188-190 Bui Vien - ✆ (28) 6684 97 86 - namasteindia.vn - service continu - 190 000/270 000 VND.* Dans ce restaurant familial, Monsieur, indien, concocte en cuisine curries et autres savoureux ragoûts de viande ou de poisson quand Madame, vietnamienne, assure le service en salle avec le sourire. Contrairement à de nombreuses adresses de la rue, celle-ci n'emploie pas de rabatteur.

À proximité du centre-ville

PLANS I

Budget moyen

29 Banh Xeo 46A – B2 - *46A Dinh Cong Trang (ruelle en face de l'église, sur Hai Ba Trung) - ✆ (28) 3824 11 10 - 10h-14h, 16h-21h - 120 000/360 000 VND.* Une gargote animée où l'on sert crêpes farcies, viandes grillées, soupes et rouleaux de printemps sur des tables en inox dans la rue.

48 Quan 94 – C1 - *94 Dinh Tien Hoang - ✆ (28) 3825 86 33 - service continu - 180 000/390 000 VND.* Derrière son allure de gargote, ce restaurant se révèle une adresse de connaisseurs, amateurs de crabe. En nems, avec du riz, à la vapeur : le crustacé est cuisiné à toutes les sauces. Ne manquez pas les pinces au tamarin *(rang me).*

13 Cuc Gach – B1 - *10 Dang Tat - ✆ (28) 3848 01 44 - www.cucgachquan.com.vn - service continu - plats 110 000/ 240 000 VND.* Sûrement l'un des plus beaux restaurants du Vietnam. Il est situé dans une maison ancienne très bien décorée et meublée, à la façade en partie recouverte de végétation. La cuisine vietnamienne, délicieuse et copieuse, est servie dans de charmantes petites salles. Belle carte des vins.

Pour se faire plaisir

47 Dong Pho – AB3 - *57 Ho Xuan Huong - ✆ (28) 3930 76 65 - www.dongphorestaurant.com - 10h-14h, 17h-21h - menu 550 000/ 650 000 VND.* Tout n'est que raffinement dans cette villa de l'époque coloniale. La carte fait la part belle aux spécialités de Hué et propose un large éventail de pâtisseries (mousse au chocolat, baba au rhum, etc.), ainsi qu'une savoureuse crème brûlée.
Les macarons sont aussi réputés. Ou comment déguster un dessert à la française après un bon repas à la vietnamienne.

Une folie

49 Com Nieu Saigon – A3 - *27 Tu Xuong - ✆ 09 0130 18 08 - service continu - plats 176 000/ 356 000 VND.* Rendez-vous de la bourgeoisie saigonnaise, cet endroit animé comme une brasserie parisienne propose un succulent choix de plats vietnamiens ou thaïlandais et de fruits de mer. Ne manquez pas la spécialité maison, le riz cuit et moulé dans un pot en terre cuite, qui est cassé au marteau, puis envoyé au serveur à travers la salle.

Cholon PLAN III

Premier prix

Marché Binh Tay – *Dans la halle couverte.* Dépaysement garanti le temps d'une pause déjeuner dans le ventre de Cholon. Chaque stand cuisine sa spécialité et vous vous attablerez avec les commerçants du marché. Tous les ingrédients viennent des étals voisins… Impossible de trouver plus frais !

Petite pause

PLAN I

Kem Bach Dang – C4 - *28 Le Loi - ✆ (28) 3829 27 07 - 8h30-22h, w.-end 8h30-23h.* Les meilleures glaces du Vietnam paraît-il, mais les pâtisseries ne sont pas à négliger. Étage au calme.

Tous les jours – B4 - *59 Tran Hung Dao (à l'angle de Ky Con) - ✆ (28) 3914 43 50 - 7h-22h.* Vaste choix de pâtisseries et de croissants. Salle à l'étage pour suivre les prouesses d'agilité des scooters sur l'avenue. Autre adresse au 180 Hai Ba Trung.

Boire un verre

PLAN I

Sachez que les *bia hoi* sont de petits débits de boissons où l'on vient boire de la bière bon marché.

Centre-ville

Bars et pubs du centre-ville attirent une clientèle vietnamienne aisée ainsi que les expatriés.

O'Brien's Factory – D3 - *74A3 Hai Ba Trung - ✆ (28) 3829 31 98 - 16h-0h.* Un très joli pub aux murs de brique patinés, tenu par un Français.

Pasteur Street, the original – C3 - *144/3 Pasteur - ✆ (28) 7300 73 75 - pasteurstreet.com - 11h-0h.* Depuis son ouverture, en 2015, la brasserie Pasteur a ouvert quatre autres établissements à Ho Chi Minh-Ville *(voir site Internet)*. On y savoure des bières artisanales (pression et bouteille) d'excellente qualité dans une ambiance détendue, musicale et festive. Concerts certains soirs.

SH Garden – C3 - *98 Nguyen Hue (4e étage) - ✆ (28) 6680 01 88 - shgarden.com.vn - 10h-23h.* Face au Rex, l'enfilade de terrasses de cet établissement, qui fait aussi restaurant, offre une vue imprenable sur Nguyen Hue et l'hôtel de ville. On y accède en empruntant un ascenseur métallique, véritable antiquité en état de marche !

Rooftop Garden – *141 Nguyen Hue (au 5e étage du Rex) - ✆ (28) 3829 21 85 - rexhotelsaigon.com - 10h-23h.* La terrasse de l'hôtel Rex possède un magnifique panorama sur le centre-ville, à condition de trouver une place !

Saigon Saigon – *Hôtel Caravelle (10e étage), 19-23 Lam Son Square - ✆ (28) 3823 49 99 - caravellehotel.com - à partir de 16h.* Chic et élégant, il jouit lui aussi d'une vue exceptionnelle et accueille chaque soir un groupe.

Breeze Sky Bar– *Hôtel Majestic (6e étage), 1 Dong Khoi - ✆ (28) 3829 55 14 - majesticsaigon.com.* Terrasse panoramique sur trois niveaux.

Autour de Pham Ngu Lao

Les bars du quartier touristique de

5

Pham Ngu Lao accueillent surtout les jeunes voyageurs occidentaux. Beaucoup restent ouverts jusqu'au départ des derniers clients. Musique anglo-saxonne et nombreux concerts.

Beer Plaza – B4 - *129 Cong Quynh - ✆ (28) 6681 22 33 - biangonnhat.com - 9h-23h.* Cave à bières trappistes ou de garde en provenance de Belgique, des Pays-Bas ou de République tchèque. À emporter ou à consommer sur la terrasse du 1er étage.

Shopping

PLAN I

Marchés

Le centre-ville compte deux marchés : **Ben Thanh** *(en bas de Le Loi - tlj à partir de 6h)* (C4) est un vaste édifice couvert où l'on trouve alimentation, épices, vêtements, artisanat et souvenirs.

Cau Ong Lanh *(Nguyen Thai Hoc, à l'angle des quais Ben Chuong Duong)* (C5) est l'un des marchés de produits frais les plus colorés de la ville.

Nguyen Thai Binh *(à l'ouest de Pham Ngu Lao - tlj à partir de 5h)* (B5) regorge aussi de produits frais, tandis que **An Dong** *(intersection de Tran Phu et An Duong Vuong - tlj à partir de 6h)* (PLAN II C4) s'étire sur quatre étages.

Mais le plus célèbre et le plus animé des marchés reste **Binh Tay**, à Cholon *(voir p. 278)*.

Antiquités et artisanat

En matière d'artisanat et d'antiquités, le choix est plus réduit et les prix sont plus élevés à Ho Chi Minh-Ville qu'à Hanoi.

Le Cong Kieu (C4), la rue des antiquaires, est bordée d'échoppes proposant céramiques, horloges, statues, laques, peintures, meubles, briquets Zippo... dans un joyeux capharnaüm. Le marchandage est de rigueur, mais la plupart des prétendues antiquités sont fausses. Même chose pour les timbres et pièces proposés par les vendeurs de rue. La poste centrale, en revanche, vend des timbres de belle qualité.

Les boutiques de **Dong Khoi** (D3-4) proposent aussi des séries complètes de la période française, à des prix élevés. Celles de **Pham Ngu Lao** (B4) pratiquent des prix plus raisonnables pour ce qui est de l'artisanat.

Saigon Kitsch Shop – C4 - *43 Ton That Thiep - ✆ (28) 3821 80 19.* Reproductions d'affiches de propagande et leur détournement sur des carnets, des tasses à café ou des verres à alcool de riz.

Galeries d'art

Ho Chi Minh-Ville possède un bon choix de laques et de peintures sur soie, sur toile ou sur papier de riz. Pour la peinture, jetez d'abord un coup d'œil au musée des Beaux-Arts et dans ses galeries attenantes avant de vous décider. Dans un genre plus kitsch, vous trouverez nombre d'ateliers effectuant sur commande des reproductions de chefs-d'œuvre... ou votre portrait.

Librairies

Nha Sach Fahasa – D3 - *40 Nguyen Hue - ✆ (28) 3822 57 96.* Un rayon bien fourni en français (romans, BD, livres pour enfants). Vend aussi les cartes routières et touristiques de tout le pays et de la papeterie.

Mode

Le quartier de **Pham Ngu Lao** (B4) regorge de boutiques proposant tee-shirts imprimés, imperméables, sacs à dos et duvets de soie. Entre autres marques, **Ginkgo** *(10 Le Loi ou 254 De Tham)* vend des tee-shirts imprimés humoristiques sur la circulation ou l'état du réseau électrique de Ho Chi Minh-Ville.

Le marché **Ben Thanh** et les rues alentour *(Le Thanh Ton et Ly*

Tu Trong) (C4) sont également de bonnes adresses pour le prêt-à-porter et les chaussures.

Les boutiques autour de **Dong Khoi** (D3-4), beaucoup plus chères, proposent les produits des grandes marques occidentales.

En soirée

PLAN I

Club de jazz

Sax N'Art Club – C3 - *28 Le Loi - ✆ (28) 3822 84 72.* Concerts tous les soirs de 21h à minuit. Possibilité de manger sur place mais les prix sont prohibitifs. Contentez-vous d'un verre au son du jazz.

Concerts

Théâtre Ben Thanh – C2 - *6 Mac Dinh Chi - ✆ (28) 3829 14 50 - www.nhahatbenthanh.com.vn.* Concerts, défilés de mode.

Conservatoire de musique – B4 - *112 Nguyen Du - ✆ (28) 3822 58 41.* Musiques classique occidentale et traditionnelle vietnamienne.

Karaokés

Tous les Vietnamiens sauront vous indiquer le meilleur karaoké de votre quartier.

Nnice Karaoke – B4 - *340 Nguyen Thi Minh Khai (près de Cach Mang Thang Tam) - ✆ (28) 3834 37 84 - 9h-0h.* Plébiscité par les jeunes Saigonnais.

Marionnettes sur l'eau

Golden Dragon Water Puppet Theater – BC3 - *55B Nguyen Thi Minh Khai - ✆ (28) 3930 21 96 - à 17h et 18h30 - 300 000 VND - durée 50mn.*

Musée d'Histoire du Vietnam – D2 - *2 Nguyen Binh Khiem - spectacle (30mn) mar.-dim. à 9h, 10h, 11h, 14h, 15h et 16h.*

Théâtre

Théâtre municipal – D3 - *7 place Lam Son (sur Dong Khoi) - ✆ (28) 3823 74 19.* Une programmation éclectique de théâtre traditionnel, de ballets et de variétés. Ne manquez pas le sensationnel spectacle d'acrobaties au son des percussions des ethnies vietnamiennes du cirque Lune *(www.luneproduction.com - à partir de 700 000 VND, -12 ans 490 000 VND).*

Théâtre Hoa Binh – PLAN II C3 - *240 r. 3 Thang 2 - ✆ (28) 3865 50 26 - www.nhahathoabinh.com.vn.* Le « théâtre de la Paix » programme des pièces traditionnelles, des spectacles de cirque, des concerts de variétés ou de pop occidentale.

Activités

PLAN I

Massages

Association municipale des aveugles – A4-B5 - *185 Cong Quynh - ✆ (28) 3839 66 97 - www.hoinguoimuhcm.org.vn - 9h-20h.* Leur réputation n'est plus à faire et les gains de l'association vont à l'école pour aveugles qui se trouve à côté *(env. 100 000 VND).* Propose aussi un sauna.

Piscine

La plupart des grands hôtels ouvrent leur piscine aux non-résidents moyennant un droit d'entrée *(100 000 à 220 000 VND).*

Hébergement

Centre-ville

PLAN I

Les hébergements bon marché sont rares sur Dong Khoi et Le Loi, qui recèlent des palaces de légende auxquels sont venus s'ajouter des hôtels de luxe internationaux. Quelques hôtels moins chers dans la petite rue Mac Thi Buoi.

Budget moyen

(5) **Bong Sen 2** – D3 - *61-63 Hai Ba Trung - ✆ (28) 3823 58 18 - ▤ ✕ - 57 ch. env. 850 000 VND ☕.*

5

Bien situé, il propose de petites chambres agréables et de bon goût (certaines sans fenêtres). Le prix varie en fonction de la vue. Clientèle de groupes et d'individuels.

Pour se faire plaisir

30 **Palace Hotel** – D4 - *56-66 Nguyen Hue - ✆ (28) 3829 28 60 - www.palacesaigon.com - - 140 ch. 1600 000/ 1900 000 VND*. Hôtel très bien situé avec piscine, bars et restaurant panoramique, sauna et massages, salle de gym. Les chambres, classiques, sont d'un bon rapport qualité-prix. Ne manquez pas de prendre un verre au Sky Bar au 15e étage.

18 **Royal Hotel Saigon** – C3 - *133 Nguyen Hue - ✆ (28) 3822 59 14 - www.royalhotelsaigon.com - - 127 ch. 1700 000/ 2800 000 VND*. Un hôtel luxueux de Saigon Tourist aux chambres sobres et élégantes, dotées de tout le confort et bénéficiant d'une belle vue sur la ville, notamment sur la rue Nguyen Hue, en partie piétonne. Les prix sont élevés, mais nombreuses promotions. Navette gratuite pour l'aéroport.

Une folie

Les palaces pratiquent tous des promotions, à dénicher sur les sites de réservation en ligne.

7 **Continental** – C3 - *132-134 Dong Khoi - ✆ (28) 3829 92 01 - www.continentalsaigon.com - - 80 ch. 2300 000/ 3700 000 VND*. La superbe façade de cet hôtel de légende (1880) est l'un des joyaux du centre et les chambres au luxe suranné évoquent le style colonial. Somptueuses boiseries d'époque dans les suites et élégant restaurant de cuisine française, Le Bourgeois. André Malraux et Graham Greene, entre autres, y ont séjourné.

24 **Majestic** – D4 - *1 Dong Khoi - ✆ (28) 3829 55 17 - www.majesticsaigon.com - - 122 ch. 3000 000/3800 000 VND*. Ce joyau Art déco des années 1920 conserve toute sa splendeur et possède des chambres avec parquet de très grand luxe. Le bar en terrasse sur le toit, avec vue sur la rivière, vaut à lui seul le détour.

10 **Grand Saigon** – D4 - *8 Dong Khoi - ✆ (28) 3915 55 55 - www.hotelgrandsaigon.com - - 251 ch. 3300 000/ 4000 000*. Ce superbe édifice des années 1930 a conservé au rez-de-chaussée et au 1er étage son architecture d'origine, mais s'est agrandi d'une tour de 16 étages où se trouvent désormais les chambres, vastes et lumineuses. Il possède une ravissante piscine dans la cour intérieure, au 1er étage.

33 **Rex** – C3 - *141 Nguyen Hue - ✆ (28) 3829 21 85 - www.rexhotelsaigon.com - - 286 ch. 3600 000/ 4600 000 VND*. Cette autre institution du centre, fréquentée par les correspondants de la presse internationale pendant la guerre du Vietnam, propose de jolies chambres, ainsi qu'une suite de style chinois particulièrement chargée. Sur le toit, terrasse sur 3 niveaux avec piscines et tennis.

35 **Sofitel Saigon Plaza** – C2 - *17 Le Duan - ✆ (28) 3824 15 55 - sofitel-saigon-plaza.com - - 286 ch. et suites 3100 000/4750 000 VND*. Il est doté d'un hall somptueux et d'une remarquable piscine en terrasse (18e étage). Les chambres et le service sont irréprochables et le buffet est l'un des meilleurs de la ville (européen ou asiatique).

6 **Caravelle** – D3 - *19-23 Lam Son Square - ✆ (28) 3823 49 99 - www.caravellehotel.com - - 335 ch. 3200 000/ 6300 000 VND*. Le vieux Caravelle est flanqué d'une tour de verre qui abrite un hôtel de grand luxe décoré sans beaucoup de

charme. Les non-résidents peuvent aussi venir pour le brunch du dim. ou prendre un verre au piano-bar du 3e étage ou au bar panoramique du 10e.

Autour de Pham Ngu Lao

PLAN I

Les hôtels bon marché pullulent dans le périmètre formé par les rues Pham Ngu Lao, Bui Vien et De Tham, qui concentre également tous les services (agences de voyage, banques, snacks-bars à l'occidentale, laveries, etc.). N'hésitez pas à vous aventurer dans les ruelles, à l'écart de la circulation pour trouver un hôtel plus au calme.

Premier prix

37 **Thao Nhi** – B4 - *185/20 Pham Ngu Lao - ✆ (28) 3920 12 62 - www.thaonhihotel.com - ▤ ✕ - 15 ch. 360 000 VND.* Des chambres propres bien qu'un peu défraîchies. Demandez de préférence celles qui donnent sur la ruelle. Accueil cordial.

14 **Cosmo Park** – B4 - *171 Pham Ngu Lao - ✆ (28) 3836 86 86 - ▤ ✕ - 30 ch. 400 000/550 000 VND ☕.* L'hôtel assure un service impeccable. Les chambres « supérieures » possèdent une baignoire. Les prix s'avèrent néanmoins surévalués pour les plus luxueuses.

Budget moyen

40 **CCentral** – B4 - *216 De Tham - ✆ (28) 3838 56 65 - ▤ ✕ - 34 ch. 690 000/980 000 VND ☕.*Sur 10 étages, des chambres refaites à neuf en 2016, dans une ligne moderne sans ostentation. Celles situées au-dessus du 4e étage bénéficient d'une vue sur les toits.

41 **Duc Vuong** – B5 - *195 Bui Vien - ✆ (28) 3920 69 91 - www.ducvuonghotel.com - ▤ - 14 ch. 925 000/1 150 000 VND ☕.* Ambiance très asiatique dans cet établissement au mobilier massif en bois sombre. Les chambres, légèrement kitsch, sont bien tenues. Les « standard » n'ont toutefois pas de fenêtre. Atout de l'établissement : les petits-déjeuners sont servis sur le toit, avec une belle vue sur la ville.

Une folie

27 **New World Saigon Hotel** – B4 - *76 Le Lai - ✆ (28) 3822 88 88 - www.saigon.newworldhotels.com - ▤ ✕ ⛱ - 533 ch. 3 500 000/4 500 000 VND ☕.* Ce luxueux palace, qui a accueilli le président Clinton, possède un bar en terrasse avec une vue superbe sur la ville. Les chambres et le service sont évidemment irréprochables. Entièrement rénové en 2019.

Autour de Ho Hao Hon et de Co Bac

PLAN I

Dans ces rues légèrement excentrées par rapport au quartier des jeunes voyageurs à petit budget, vous trouverez plusieurs pensions familiales à des prix défiant toute concurrence. N'hésitez pas à parcourir quelques centaines de mètres supplémentaires si vous aimez le calme et l'authenticité.

Les environs de Ho Chi Minh-Ville ★★

Cu Chi - Tay Ninh

Située à la frontière du Cambodge, la province de Tay Ninh a été particulièrement meurtrie par les conflits. C'est sur la RN 22, à Trang Bang, que fut prise l'une des plus célèbres et des plus poignantes photos de la guerre du Vietnam, montrant une petite fille courant nue sur la route, le corps brûlé par le napalm, et hurlant de douleur. Émigrée plus tard au Canada où elle s'est mariée, Phan Thi Kim Phuc a été nommée ambassadrice de l'Unesco en 1997. Deux sites d'intérêt majeur peuvent se visiter au départ de Ho Chi Minh-Ville : symbole de la lutte des Vietcongs contre les Américains, le réseau de tunnels de Cu Chi plonge le visiteur dans l'enfer de la guerre. Quant à Tay Ninh, la capitale de cette petite province, elle est le siège d'une étrange religion syncrétique : le caodaïsme.

Se repérer

CARTE A1 (P. 260).
Municipalité de Ho Chi Minh-Ville et province de Tay Ninh.

À ne pas manquer

Les tunnels de Cu Chi ; le temple caodaïste de Tay Ninh.

Organiser son temps

Comptez 1 journée. Visitez les deux sites dans la foulée, à moto ou avec une voiture de location ; commencez par Cu Chi, pour pouvoir assister à la grand-messe de midi à Tay Ninh.

Circuit conseillé

CARTE P. 260

Circuit de 200 km, tracé en vert sur la carte de la région de Ho Chi Minh-Ville.

★★ Tunnels de Cu Chi A1

À 45 km au nord-ouest de Ho Chi Minh-Ville. Suivez la RN 22 jusqu'au village de Cu Chi (35 km), où il faut prendre la route qui part sur la droite. Continuez sur env. 10 km jusqu'à Ben Dinh. En transport en commun, depuis Ho Chi Minh-Ville (23/9 Park), prenez le bus 13 jusqu'à Cu Chi, puis le bus 79 pour Ben Duoc ou le 63 pour Ben Dinh (comptez 2h de trajet aller). Excursions organisées : voir p. 281. Visite guidée uniquement, parfois en français - 7h-17h - 110 000 VND (Ben Duoc) et 90 000 VND (Ben Dinh). Comptez 1h pour chaque site.

Haut lieu de la guerre du Vietnam, les tunnels de Cu Chi offrent un témoignage saisissant de l'ingéniosité et de l'acharnement mis en œuvre par les Vietnamiens face à l'extraordinaire puissance militaire déployée par les Américains dans ce périmètre. Aujourd'hui, les touristes de toutes nationalités sont nombreux à visiter la petite partie du réseau souterrain qui évoque le souvenir de la tragédie. Deux sites sont ouverts au public.

Celui de **Ben Dinh** comprend une section de souterrains ainsi qu'une salle d'exposition qui présente des cartes du réseau. Quelques kilomètres plus loin, après le cimetière où reposent 10 000 victimes de la guerre, **Ben Duoc★★**, le site

Le « Triangle de fer »

Un réseau souterrain

Les premiers tunnels de Cu Chi, longs de 40 km, furent creusés par le Viet-minh en 1948 dans une plantation d'hévéas pour dissimuler leurs armes, puis pour se cacher. À partir de 1960, le Viet-cong entreprit de réhabiliter et d'agrandir le réseau – qui atteignit 250 km –, dans le but de relier les foyers de résistance et de servir de base arrière aux actions d'éclat menées à Saigon. Cu Chi offrait en outre l'avantage d'être proche du débouché sud de la piste Ho Chi Minh, et de se trouver au-dessus du niveau du fleuve, ce qui évitait les risques d'inondation. Difficile à creuser, le **sol d'argile** présentait néanmoins une qualité majeure, celle de résister au passage des tanks et aux bombardements.
Le principal problème provenait en fait du déblaiement de la terre, généralement dispersée dans le fleuve à la faveur de la nuit. Avec la destruction systématique des forêts, le bois utilisé pour le soutènement des galeries devint une denrée rare et les combattants utilisèrent des matériaux volés dans les bases ennemies.
Larges d'environ 80 cm pour une hauteur identique, les boyaux se déployaient sur plusieurs niveaux, reliant les diverses **salles** (dortoirs, latrines, cuisines, salles de réunion, hôpitaux de campagne). De minuscules trappes ouvraient sur les tunnels, mais certains accès étaient dissimulés sous l'eau et les Viet-congs multiplièrent les fausses entrées. Pour tromper le flair des chiens, du poivre était parsemé autour des trappes et les Viet-congs allèrent jusqu'à porter des uniformes et à utiliser des savons volés aux Américains ! Enfin, un ingénieux système permettait d'évacuer la fumée dans des termitières ou des fourrés.
Promiscuité, chaleur étouffante, hygiène épouvantable, manque d'oxygène, pénombre permanente, odeurs, rats, serpents, scorpions... on imagine avec peine les conditions d'existence des Viet-congs. La destruction des rizières ayant tari l'approvisionnement en nourriture, les combattants devaient en outre se contenter la plupart du temps de tapioca, de feuilles et de racines.

Un foyer de résistance

Soucieux de contrôler cette **zone stratégique** proche de la capitale, les Américains mirent tout en œuvre pour anéantir le réseau.
Au début de 1963, les villageois furent déplacés et relogés dans des « hameaux stratégiques » pour couper les combattants du soutien de la population, mais l'effet fut inverse et certains hameaux se trouvèrent même directement reliés aux souterrains.
À partir de 1965, les Américains quadrillèrent la région de bases militaires... l'une d'elles étant même implantée, à leur insu, au-dessus des tunnels ! Puis la zone fut « nettoyée » au défoliant, au napalm, à l'essence et au bulldozer, et replantée d'une herbe très inflammable. Enfin, des unités spéciales chargées de pénétrer dans les souterrains furent mises sur pied, composées d'abord d'Américains, puis d'engagés mexicains, plus petits (!), et enfin de Sud-Vietnamiens. Ces « rats de tunnels » subirent d'énormes pertes, victimes des goulets et des pièges hérissés de piques ou remplis de serpents.
Après l'offensive du Tet (1968, *voir « Histoire », p. 420*), les Américains noyèrent Cu Chi, qui avait servi de base arrière aux attaques sur Saigon, sous un « tapis de bombes », et infiltrèrent le réseau viet-cong (opération Phoenix). Mais le réseau souterrain avait déjà rempli sa mission... au prix de la mort de 12 000 combattants et d'innombrables civils.

principal, est en fait une reconstitution des tunnels... élargis pour permettre à des Occidentaux de passer. Descendre dans ces boyaux étroits et humides, le dos voûté, à la lumière d'une lampe de poche, n'en constitue pas moins une expérience unique. Claustrophobes s'abstenir ! La visite commence par la projection d'un film à la gloire des combattants viet-congs, composé d'images d'archives, puis vous pénétrez dans le sous-bois en compagnie d'un guide.
Revenez au village de Cu Chi et prenez la RN 22 en direction de Tay Ninh (à 60 km au nord-ouest de Cu Chi et 95 km de Ho Chi Minh-Ville).

★★ Saint-Siège caodaïste de Tay Ninh (TÒA THÁNH TÂY NINH) A1

À Long Hoa, 5 km à l'ouest de Tay Ninh. De Ho Chi Minh-Ville, les minibus partent du terminal Ben Xe Tay Ninh (voir p. 280) ttes les 20mn de 5h à 18h (3h de trajet) ; les express partent ttes les heures de 7h à 16h (2h30 de trajet).
Pendant les cérémonies (6h, 12h, 18h et minuit), portez une tenue discrète. Le reste du temps, vous pouvez visiter l'église librement. Photos autorisées sans flash.
Siège depuis 1927 de la religion caodaïste *(voir encadré ci-dessous)*, le monastère comprend de nombreux édifices : dortoirs, bâtiments administratifs, réfectoire, imprimerie et centrale électrique sont dispersés dans un parc de 1 km^2, au milieu duquel s'impose le **grand temple caodaïste**★★, construit à partir de 1933. À la fois pagode, cathédrale et temple taoïste, son architecture kitsch et baroque offre un parfait reflet de la philosophie syncrétique de la religion caodaïste. Le style sino-vietnamien de ce vaste édifice de 107 m de haut a en effet de quoi déconcerter. Deux **tours** flanquent la façade, ornée de statues des génies du Bien *(à droite)* et du Mal *(à gauche)*, et de bas-reliefs représentant à droite Le Van Trung (Ly Thai Bach), le premier pape caodaïste, et à gauche Lam Huong, la première cardinale femme. Sur les côtés, des sculptures végétales ajourées enserrent un triangle portant un œil divin.
Dans l'entrée, une vaste **fresque**★ représente les trois missionnaires divins envoyés comme guides spirituels de l'humanité pour réaliser la troisième alliance : Sun

La religion caodaïste

Située aux confins du Vietnam, en bordure du Cambodge, la province de Tay Ninh est le siège de l'une des plus étranges religions qui aient vu le jour au Vietnam, créée dans les années 1920 par un fonctionnaire de l'administration coloniale, **Ngo Van Chieu** *(voir « Religions », p. 382)*. Sous la coupe de son successeur, Pham Cong Tac, le caodaïsme devait s'engager sur le terrain politique et manifester tout au long de son histoire une singulière aptitude à choisir le camp des vaincus (japonais, français, américain). Taxé de nationalisme, le mouvement fut d'abord réprimé par les Français en 1937, et son chef contraint de s'exiler pendant six ans. Durant la Seconde Guerre mondiale, les caodaïstes levèrent une milice de 20 000 hommes avec la bénédiction des Japonais, puis s'engagèrent aux côtés des Français contre le Viet-minh. Après la partition du Vietnam, ils affirmèrent leur contrôle sur la province de Tay Ninh, pratiquement érigée en État indépendant, et se heurtèrent au président Diem. Mais l'intervention des Américains les conduisit à mobiliser leurs forces contre le Viet-cong. Après 1975, le passé anticommuniste du mouvement lui valut d'être interdit, ses chefs furent envoyés en camp de rééducation et ses biens confisqués. Autorisé à nouveau depuis 1985, le caodaïsme a récupéré ses lieux de culte et compte plus de deux millions de fidèles.

Yat-sen, le fondateur de la République chinoise, Nguyen Binh Khiem, le grand poète vietnamien, et... Victor Hugo, la réincarnation de Nguyen Du. Dans la **nef★★★**, baignée de lumière, d'énormes dragons entortillés autour des colonnes semblent descendre d'un plafond céleste parsemé d'étoiles. La nef s'étire sur neuf paliers, le nombre d'étapes pour accéder au paradis. Sur le septième se tient le **trône du Gia Tong** (pape), vide depuis la mort du fondateur, et ceux des conseillers et cardinaux. Sur le neuvième palier, caché derrière des rideaux, un énorme **globe bleu★★** constellé d'étoiles, au milieu duquel brûle une flamme perpétuelle, porte l'œil du Maître divin, symbole idéal de la religion universelle.

Cérémonial – Les touristes sont chaque jour nombreux à assister à la grand-messe de midi *(30mn)*. Après être entrés dans l'église par une porte latérale, ils sont conduits vers les galeries qui dominent la nef. L'agitation ne semble guère troubler la méditation des fidèles vêtus de blanc, assis bien en ligne à même le sol, les femmes à gauche et les hommes à droite. Aux premiers rangs se tiennent les dignitaires vêtus de jaune (bouddhisme), de bleu (taoïsme) ou de rouge (christianisme). Selon un rite immuable, un petit groupe de musiciens installé dans la tribune au-dessus de l'entrée enveloppe les lieux d'une mélodie envoûtante, tandis que les fidèles ânonnent leur prière. La cérémonie ne comprend aucun sermon, mais des offrandes sont présentées à l'Être suprême. Près d'un million de fidèles se pressent à Tay Ninh lors des fêtes du 9 janvier et de la mi-août.

Prenez vers le nord-est pour rejoindre Nui Ba Den (15 km de Tay Ninh).

★ Montagne de la Dame noire (NUI BA DEN) A1

Telle une anomalie géologique, Nui Ba Den surgit de nulle part au milieu de la plaine. Souvent envahie par la brume, la plus haute montagne du sud du pays (986 m) fut le théâtre de furieux combats durant la guerre. En 1962, les Américains y établirent une base avec piste d'atterrissage et antenne.

Les plus courageux peuvent se lancer à l'ascension du sommet *(payant - comptez 6h AR)*. Les autres se contenteront de rejoindre la **pagode Ba**, à pied *(1h30 AR)* ou en téléphérique *(payant)*. Une statue de la déesse de la Miséricorde précède l'entrée du sanctuaire (1995), tandis qu'à l'intérieur trônent les **statues** des 18 bandits repentis de la mythologie, ainsi que d'une déesse aux 18 bras. Du sommet, un **panorama★★** exceptionnel s'étend sur les rizières. Vénérée depuis des temps immémoriaux par les Vietnamiens, les Chams et les Khmers, la montagne attire environ un million de pèlerins lors des fêtes de la mi-janvier.

Vung Tau ★

Lieu de villégiature privilégié des Saigonnais, Vung Tau n'est plus depuis longtemps cette Riviera élégante de l'époque française où les riches colons se faisaient bâtir des villas en bord de mer. Dédiée au tourisme de masse, elle est désormais synonyme de vastes hôtels en béton, de gratte-ciel, de bars-karaokés et de plages plus ou moins propres... Pas de quoi a priori susciter l'enthousiasme. Pourtant, le cadre superbe, la perspective de quelques bains de mer et finalement la rencontre d'un Vietnam populaire et coloré, joyeux et bruyant, parfois un peu kitsch, justifient le déplacement. Outre les plages, la balade le long des corniches, l'ascension du Christ géant et les sorties nocturnes constituent les principales distractions à Vung Tau.

Se repérer

CARTE B2 (P. 260) - PLAN DE VILLE (P. 296).
350 000 habitants env. – Province de Ba Ria-Vung Tau.
Vung Tau est situé à 95 km au sud-est de Ho Chi Minh-Ville. La ville occupe la pointe d'un éperon montagneux qui s'avance dans la mer de Chine méridionale. Sa partie urbaine s'étend entre deux collines, la plage de Bai Truoc et l'aéroport, tandis que la plupart des hôtels se sont implantés le long des rubans de sable qui ourlent la péninsule.

À ne pas manquer

Le tour des corniches et la plage de Bai Sau ; l'ascension du Christ géant ; le bourg de Long Hai.

Organiser son temps

Comptez 1 journée. Évitez de venir à Vung Tau le week-end ou en période de fêtes : les hôtels sont pris d'assaut et augmentent leurs tarifs.

Carnet pratique p. 298

Nos adresses p. 299

Se promener

PLAN P. 296

Adossée au centre-ville, **Bai Truoc** (ou « plage des Cocotiers ») (B4) est la plage la moins engageante pour la baignade. Vous aurez néanmoins plaisir à y flâner le matin pour admirer les bateaux colorés rentrant de la pêche, ou à vous y attabler le soir, dans l'un des bars et cafés alignés le long de Quang Trung, large boulevard agrémenté d'un espace arboré.

★ Petite Montagne (NUI NHO) B4-5

Au sud de la baie se dresse une colline massive de 197 m, aux pentes couvertes de forêts, au pied de laquelle un large boulevard fait le tour de la **Petite Corniche** *(6 km)*, délivrant au passage quelques beaux panoramas.

Passé la poste, longez la corniche sur 200 m, prenez le sentier à gauche et tournez à droite à 500 m ; comptez 1h AR. Depuis 1910, la colline est coiffée d'un **phare** qui guide l'entrée des bateaux vers le port. Du sommet, la **vue**★★ est absolument superbe.

À quelques centaines de mètres de la poste, une route mène à la **pagode Niet Ban Tinh Xa** *(7h-17h)*, un édifice moderne réputé pour sa cloche en bronze de 5 tonnes et son bouddha allongé de 12 m.

Fin de journée pour les pêcheurs, sur la plage de Vung Tau.
J. W. Alker/imageBROKER/age fotostock

En contrebas s'étire **Bai Dua** (« plage des Ananas »), appelée « plage des Roches noires » à l'époque coloniale, en fait un mince ruban de sable auquel on accède par un sentier.

À mesure que vous vous approchez du cap, les restaurants, hôtels et pavillons se font plus rares. Surplombant la route, surgit soudain la gigantesque silhouette du **Christ géant★ (THANH GIAC)** *(accessible par un sentier)*, les bras ouverts vers la mer. Élevée en 1971, cette statue de 28 m de haut n'est pas sans rappeler celle de Rio de Janeiro. À l'intérieur, un escalier permet d'accéder au sommet, d'où la **vue★★** est magnifique.

En contrebas, on accède au **cap Nghinh Phong** d'où le regard porte sur la curieuse **pagode Hon Ba★**, juchée sur un petit rocher à 200 m du rivage, accessible à marée basse.

La route redescend ensuite vers **Bai Sau★**, immense ruban de sable long de 8 km, où les arbres ont depuis longtemps cédé la place à des hôtels et à des restaurants sans grâce. Plus encore qu'à un bain de mer, la plage invite à une véritable immersion sociologique. Nageuses en chemises à manches longues, fiers bâtisseurs de châteaux de sable, familles nombreuses, élégantes déambulant en tenant à la main leurs chaussures à talons... l'ambiance est bon enfant, malgré les scooters de mer conduits par des novices qui circulent sans état d'âme au milieu des baigneurs. Assis dans un transat à l'ombre d'un parasol *(à louer)*, laissez-vous convaincre par les vendeuses de crabes, souriantes et harcelantes, qui proposent de délicieux fruits de mer.

Centre-ville

Dans la rue Hoang Hoa Tham qui relie Bai Sau et Bai Truoc, la **pagode Linh Son Co Tu** est la plus ancienne de Vung Tau (19e s.). De l'autre côté de la rue, le **temple Lang Ong Nam Hai** est dédié au culte de la baleine. Des squelettes y sont conservés, dont l'un vieux de plus d'un siècle, et, chaque année, le 16e jour du 8e mois lunaire (septembre), une cérémonie s'y déroule en l'honneur du noble cétacé, ponctuée d'offrandes et de chants.

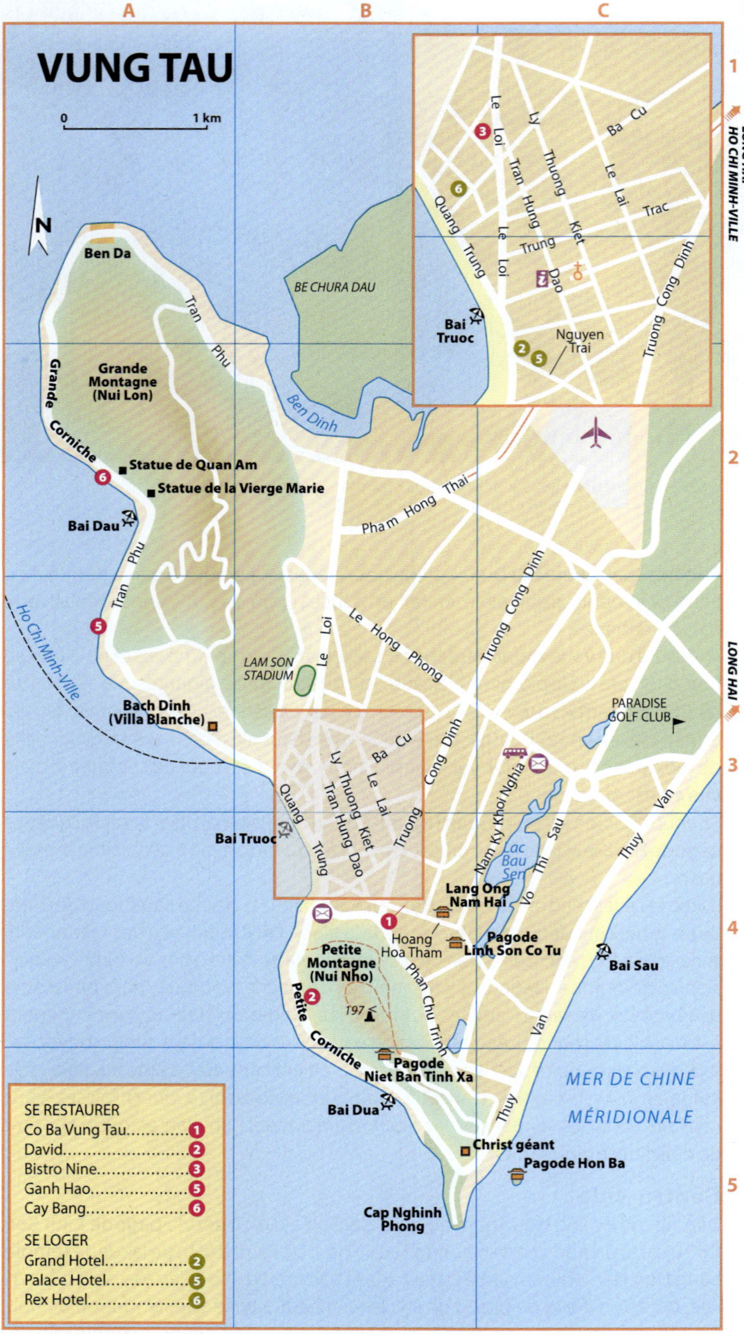
VUNG TAU
0
1 km
N
A
B
C
1
2
3
4
5
Ben Da
Grande Corniche
Grande Montagne (Nui Lon)
Tran Phu
BE CHURA DAU
Ben Dinh
Statue de Quan Am
Statue de la Vierge Marie
Bai Dau
Pham Hong Thai
Ho Chi Minh-Ville
LAM SON STADIUM
Le Loi
Le Hong Phong
Truong Cong Dinh
Bach Dinh (Villa Blanche)
Ba Cu
Ly Thuong Kiet
Le Lai
Tran Hung Dao
Quang Trung
Truong Cong Dinh
Bai Truoc
Nam Ky Khoi Nghia
Lac Bau Sen
Vo Thi Sau
Thuy Van
PARADISE GOLF CLUB
LONG HAI
LONG HAI HO CHI MINH-VILLE
Lang Ong Nam Hai
Hoang Hoa Tham
Pagode Linh Son Co Tu
Bai Sau
Petite Montagne (Nui Nho)
197
Phan Chu Trinh
Petite Corniche
Pagode Niet Ban Tinh Xa
MER DE CHINE MÉRIDIONALE
Bai Dua
Christ géant
Pagode Hon Ba
Cap Nghinh Phong
Le Loi
Tran Hung Dao
Ly Thuong Kiet
Ba Cu
Le Lai
Trac
Trung
Dao
Nguyen Trai
Truong Cong Dinh
Quang Trung
Bai Truoc
SE RESTAURER
Co Ba Vung Tau 1
David 2
Bistro Nine 3
Ganh Hao 5
Cay Bang 6
SE LOGER
Grand Hotel 2
Palace Hotel 5
Rex Hotel 6

Pétrole et plages dorées...

Dès le 16e s., la péninsule aurait servi de mouillage aux marins portugais, qui lui attribuèrent le nom de leur patron, saint Jacques. Mais c'est à la fin du 19e s. que Vung Tau devint la station balnéaire préférée des colons français de Saigon, sous le nom de **Cap-Saint-Jacques**. Lors de la guerre du Vietnam, elle fit les délices des GIs en goguette puis, après 1975, des experts soviétiques travaillant sur les plates-formes pétrolières. À la fin des années 1970, Cap-Saint-Jacques fut aussi l'un des principaux points d'embarquement des *boat people* cherchant à fuir le pays *(voir « Histoire », p. 423-424)*.
La page est aujourd'hui tournée et les flots de Vietnamiens qui se déversent chaque week-end sur les plages ne sont plus en quête d'autres rivages. Quant à la vocation industrielle de Vung Tau, elle est symbolisée par la société d'exploitation pétrolière offshore VietsovPetro, créée en 1981 en collaboration avec l'Union soviétique.

★ Grande Montagne (NUI LON) A1-3

Au nord de Vung Tau, la **Grande Corniche** fait le tour de la Grande Montagne (520 m) en 8 km.

★ **Bach Dinh** (VILLA BLANCHE) – A3 - *12 Tran Phu (à quelques centaines de mètres au nord de Bai Truoc) - 7h-17h - 15 000 VND.* Le gouverneur général de l'Indochine, Paul Doumer, choisit cet emplacement (1898) pour ses villégiatures. L'empereur Thanh Thai y fut assigné à résidence en 1906, avant d'être déporté à la Réunion, puis l'empereur Bao Dai (1913-1997) et le président Nguyen Van Thieu (en exercice de 1965 à 1975) y séjournèrent fréquemment. Cet édifice d'une grande élégance arbore une jolie frise Art déco en façade. À l'intérieur, les vastes salles fraîches et hautes de plafond abritent du **mobilier** ayant appartenu à l'empereur (défenses d'éléphant, vases), ainsi que des **céramiques** provenant d'une épave du 17e s. découverte dans l'archipel Con Dao. De l'étage, la **vue**★★ est remarquable.

En face de Bach Dinh, un **téléphérique** *(400 000 VND, incluant les activités au May Park)* conduit au sommet de la colline. Si les attractions du parc laissent dubitatif, la **vue**★★★ sur la pointe et les deux façades de la péninsule, en revanche, est époustouflante.

Suivez la route de corniche vers le nord.

Les habitations se font de plus en plus éparses à mesure que vous vous éloignez de Bai Truoc, et le **panorama**★★ est là aussi superbe, surtout au coucher du soleil. La route arrive ensuite à **Bai Dau** (« plage des Mûriers »), petite plage tranquille où les hôtels-tours sans âme tendent cependant à remplacer les petites pensions familiales. Derniers restes de cette époque où prévalait un tourisme paisible, quelques bars et restaurants sur pilotis s'alignent côté mer.

Non loin de là, une énorme **statue de la Vierge Marie** portant l'Enfant Jésus se dresse à flanc de colline, symbole d'un catholicisme prosélyte. Juste à côté, adossée à une pagode bouddhique, se tient une **statue de Quan Am**, beaucoup plus petite, mais qui semble sortie du même atelier.

La route longe ensuite le bord de mer jusqu'à la bourgade de pêcheurs de **Ben Da**.

À proximité

CARTE P. 260

Long Hai B2

À 22 km au nord-est de Vung Tau.

Plage de sable fin, parasols, transats et vendeuses de crabes... Long Hai propose le même genre d'agréments que Vung Tau, à ceci près que la bourgade est nettement plus petite. Un attrait qui n'a pas échappé aux Saigonnais amoureux de week-ends balnéaires : les *nha nghi* (motels et *guesthouses*) s'y sont multipliés à un rythme effréné ces dernières années. Il faut dire que les petites embarcations colorées qui dansent sur la baie sont un enchantement pour l'œil. Fanions battant au vent, elles viennent rappeler que la principale activité de la localité demeure la pêche. L'endroit séduira donc ceux qui recherchent la tranquillité, mais attention, le week-end l'animation bat son plein.

Carnet pratique

PLAN DE VILLE (P. 296)

S'informer

Saigon Tourist – B3-4 - *62 Tran Hung Đao - ✆ (254) 381 58 88 - www.saigontourist.net.* Agence sérieuse présente dans tout le pays.

Adresses utiles

Banque/Change

Vietcombank – B4 - *27-29 Tran Hung Dao - ✆ (254) 351 10 87 - lun.-vend. 7h30-11h30, 13h30-16h.*

Arriver/Partir

En bateau

Greenlines – A3 - *1A Tran Phu (face au téléphérique) - ✆ 09 8800 95 79 - www.greenlines-dp.com.* 3 à 5 liaisons/j. avec Ho Chi Minh-Ville *(2h de trajet - 380 000 VND).* Possibilité de réserver en ligne avec des tarifs plus intéressants pour un achat à l'avance.

En bus

Ben Xe Vung Tau – C3 - *192 Nam Ky Khoi Nghia (au nord du centre-ville) - ✆ (254) 385 97 27.* Liaisons ttes les 20mn avec Ho Chi Minh-Ville *(gare routière de Ben Xe Mien Dong - durée 2h - 90 000 VND)* et avec Long Hai *(1h).*

Transports

La meilleure manière de circuler à Vung Tau reste les motos-taxis. On peut également envisager une location de voiture avec chauffeur ou une location de moto en s'adressant à son hôtel.

Taxi

Gili Taxi – B3 - *247 Truong Cong Dinh - ✆ (254) 385 85 85.*

Nos adresses

PLAN DE VILLE (P. 296)

Restauration

Vung Tau offre un vaste choix de restaurants spécialisés dans les poissons et les fruits de mer, avec des tarifs en conséquence.

Premier prix

1 **Co Ba Vung Tau** – B4 - *1 Hoang Hoa Tham - ✆ (254) 352 61 65 - ⊭ - service continu - 60 000/ 100 000 VND.* Légères et délicates, pleines de goût et de fraîcheur, ces recettes de nouvelle cuisine vietnamienne sont une délicieuse surprise. Essayez les petites galettes de riz frit et gratiné, garnies de pâte de poisson, de crevette ou de viande hachée, ou les pancakes vietnamiennes. Salle conviviale au décor de briques et plantes vertes.

Budget moyen

5 **Ganh Hao** – A3 - *3 Tran Phu - Grande Corniche - ✆ (254) 355 09 09 - www.ganhhao.com.vn - P - service continu - 220 000/ 400 000 VND.* Un restaurant de poissons et crustacés réputé pour sa qualité. Vous pourrez faire votre choix dans les viviers situés à l'entrée, ou, à la carte (illustrée), tenter des mets qui changent de l'ordinaire : concombre de mer, murène, serpent de mer… Les moins aventureux se satisferont d'une assiette d'huîtres ou d'une lotte grillée. Les pieds dans l'eau, en contrebas de la route, la salle et la terrasse ont vue sur la côte rocheuse. S'y retrouvent une clientèle de Vietnamiens aisés et quelques expatriés connaisseurs, mais il est peu probable que vous y croisiez des touristes.

Pour se faire plaisir

2 **David** – B4 - *92 Ha Long - Petite Corniche - ✆ (254) 352 10 12 - service continu - 270 000/ 850 000 VND.* Une agréable terrasse face à la mer pour apprécier une pizza au feu de bois, un steak à la florentine ou un carpaccio de thon. La carte, variée et appétissante, n'omet aucun des classiques de la péninsule italienne : gnocchis, polenta, risotto, bruschettas, etc. Belle sélection de vins italiens.

3 **Bistro Nine** – ZOOM - *9 Truong Vinh Ky - ✆ (254) 351 15 71 - service continu - fermé lun. - plat 330 000/780 000 VND.* Doté d'une jolie petite terrasse dans un quartier résidentiel, le lieu, dirigé par un chef français, propose aussi bien de la restauration rapide (panini, sandwiches, pizzas, assiette de charcuterie) que des plats plus élaborés (coq au vin, steak tartare…). Les plus gourmands apprécieront sa belle sélection de desserts : tiramisu, profiterolles, mousse au chocolat… Pain maison et plusieurs formules de petit-déjeuner avec croissanterie artisanale et jus de fruits frais.

6 **Cay Bang** – A2 - *93/95 Tran Phu (à 5 km du centre-ville) - ✆ (254) 383 85 22 - P - service continu - 250 000/420 000 VND.* Même si le restaurant se trouve loin du centre, sa grande terrasse couverte en avancée sur la mer est bien connue d'une clientèle vietnamienne d'habitués, qui apprécie sa cuisine aux saveurs iodées. Outre les classiques (crabe, huîtres, calamars…), le chef explore des variantes inventives, comme ces salades de figues ou de gourdes aux crevettes.

Boire un verre

Gazebo – B4 - *90 Ha Long - Petite Corniche - ✆ 09 3875 18 68 - 7h-22h.* Ses terrasses couvertes, étagées en gradins au pied de la colline, font face à la mer, plein ouest : le coucher du soleil est l'heure tout indiquée pour venir apprécier une Guinness pression,

5

un *smoothie* ou une glace. Musique live ou DJ en soirée.

En soirée

Les nuits sont chaudes le week-end à Vung Tau, notamment pour les amateurs de karaoké ou de techno. Pour une atmosphère plus romantique, tentez les bars en terrasse des corniches.

Activités

Activités sportives

Kitesurf sur la plage de Bai Sau (C4).

Paradise Golf Club – C3 - *1 Thuy Van - (254) 385 96 97 - www.golfparadise.com.vn.* Parcours de golf 27-trous.

Hébergement

Sauf exception, les tarifs que nous indiquons sont majorés de 10 à 30 % les vend. et sam. soirs, surtout pour les établissements les plus proches de la mer.

Budget moyen

6 **Rex Hotel** – ZOOM - *1 Le Quy Don - (254) 385 21 35 - www.rexhotelvungtau.vn - - 120 ch. 975 000/1 570 000 VND .* Bâti en 1972 pour les villégiatures des officiers américains, le Rex conserve un petit air d'époque malgré de fréquentes rénovations et l'ajout d'une aile qui a doublé sa capacité en 2015. Sur 7 étages avec ascenseur, il propose des chambres confortables, avec moquette fanée et balcon sur mer dans le bâtiment central, rutilantes et carrelées dans la partie la plus récente.

Pour se faire plaisir

2 **Grand Hotel** – ZOOM - *2 Nguyen Du - (254) 385 68 88 - www.grandhotel.com.vn - - 66 ch. 1 300 000/2 000 000 VND .* Voisin du Palace Hotel avec lequel il partage la piscine, il fait lui aussi partie des classiques de Vung Tau. Il propose des chambres spacieuses et confortables, d'allure et d'ameublement classiques. Les plus belles bénéficient d'un balcon face à la mer.

5 **Palace Hotel** – ZOOM - *1 Nguyen Trai - (254) 385 64 11 - www.palacehotel.com.vn - - 122 ch. 1 300 000/1 800 000 VND .* Plutôt agréables avec leurs tons crème, les chambres assurent un confort sans surprise. Doté d'une piscine *(payant pour les non-résidents)*, l'hôtel dispose aussi d'un bar agréable. S'il n'est pas plein, on vous accordera une chambre de catégorie supérieure pour le prix d'une « standard ».

Bateaux traditionnels à Vung Tau.
NgKhanhVuKhoa/Getty Images Plus

LE DELTA DU MÉKONG
NHA TRANG
MER DE CHINE MÉRIDIONALE
GOLFE DE THAÏLANDE
CAMBODGE
1000 m
500
200
0
40 km
25 mi
N
Cai Rang
Ha Tien
Ben Tre
★★ Vaut le détour
★ Vaut la visite
Intéressant
Long An
Tien Giang
Ben Tre
Tra Vinh
Vinh Long
Dong Thap
An Giang
Kien Giang
Can Tho
Soc Trang
Bac Lieu
Ca Mau
Ho Chi Minh-Ville
Vung Tau
Ba Ria
Go Cong
Ba Tri
Thanh Phu
Tan An
My Tho
Dong Tam
Forêt et base viet-cong de Xeo Quyt
Cai Be
My An
Binh Hoa Phuoc
Mo Cay
Étang Ba Om
Pagode Hang
Tra Cu
Pagode Co
Soc Trang
Vinh Chau
Vinh Long
Sa Dec
Cao Lanh
Thot Not
Can Tho
Cai Rang
Phung Hiep
Vi Thanh
Bac Lieu
Réserve de Bang Lang
Hong Ngu
Chau Doc
Villages chams
Mont Sam
Mont Cam 710
Long Xuyen
Oc Eo
Tri Ton
Ba Chuc
Réserve de Lam Vien
Rach Gia
Baie de Rach Gia
Rach Soi
Hon Dat
Kien Luong
Ha Tien
Mui Nai
Pagode Thach Dong
Pagode Hang
Presqu'île de Hon Chong
Kampong Trach
Kampot
Phu Quoc
Duong Dong
Vong
An Thoi
Quan Dao Nam Du
Van Khanh Dong
Ca Mau
Tien Giang
Hau Giang
Tieu Gua
Ham Luong
CT01
RN51
RN3
RN1A
A
B
C
1
2

6

Le delta du Mékong

CARTE RABAT DE COUVERTURE

Se rendre dans le delta du Mékong

Quand visiter le delta ?

Durant la **saison des pluies**, de mai à octobre, il arrive que la navigation devienne difficile, en particulier lors des **crues de septembre**, parfois catastrophiques. Les averses torrentielles sont quasi quotidiennes, mais le reste du temps la luminosité est propice aux séances de photos et la température plus douce (26 °C en moyenne).
La **saison sèche** dure de novembre à avril. La température moyenne s'élève alors à 28 °C, avec des pics à 38 °C en février et mars. Les mois de novembre et décembre constituent ainsi la période idéale pour profiter d'une météo clémente mais aussi pour découvrir les parcs ornithologiques. Attention, dans la plupart des villes, les hôtels affichent complet lors du Tet et des fêtes locales.

Réseau routier et voies fluviales

L'**état des routes** est globalement satisfaisant dans le delta. Sur les liaisons entre les grandes villes, bien entretenues, vous pouvez tabler sur une moyenne de 60 km/h ; en revanche, comptez autour de 30 km/h sur les axes secondaires. Tout le delta est bien desservi par un réseau de **bus locaux** publics ou privés. Plusieurs **ponts** construits ces dernières années (Tien Gang/Vinh Long en 2000, My Tho/Ben Tre en 2008, Can Tho/Vinh Long en 2011, Long Xuyen/Dong Thap inauguré en 2018 facilitent la circulation dans le delta par voie terrestre et contribuent encore à désenclaver la région – entraînant du même coup une modernisation accélérée qui ne va pas sans poser de sérieux soucis environnementaux. Les touristes, eux, continuent à préférer emprunter les **voies navigables**, de plus en plus par le biais de navettes spécialement mises en place pour eux ou en s'inscrivant à une croisière de plusieurs jours organisée au départ de Ho Chi Minh-Ville *(voir p. 281)*. Toujours vital pour l'économie et la circulation des biens, des personnes (et des scooters !) dans les zones les plus éloignées, le **système de bacs** est d'une efficacité impressionnante. Néanmoins, en haute saison, l'attente est parfois longue avant d'embarquer. Le meilleur moyen de visiter le delta, si votre budget vous le permet ou si vous êtes plusieurs, reste toutefois de louer une voiture avec chauffeur. Comptez au moins 100 $/j. *(voir « Agences de voyage », p. 281)*.

Sur place

La taille des villes du delta étant assez réduite, la marche reste le meilleur moyen pour les découvrir. Lorsque leurs environs se prêtent à la visite, les hôtels et les agences d'excursions louent scooters et/ou vélos. Sinon, vous aurez toujours le choix entre le cyclo-pousse *(xich lo dap)* et la moto-taxi *(xe om)*. On trouve désormais dans la moindre ville des taxis *(xe tac xi)* des grandes compagnies nationales.

	HCM-Ville	My Tho	Ben Tre	Vinh Long	Tra Vinh	Sa Dec	Cao Lanh	Can Tho	Chau Doc	Ha Tien	Rach Gia
HCM-Ville		79	110	136	133	147	148	170	254	325	252
My Tho	79		14	58	59	84	96	93	191	261	190
Ben Tre	110	14		77	63	104	128	113	212	283	210
Vinh Long	136	58	77		66	27	52	37	132	206	133
Tra Vinh	133	59	63	66		92	116	79	193	264	191
Sa Dec	147	84	104	27	92		28	51	104	179	105
Cao Lanh	148	96	128	52	116	28		83	95	167	103
Can Tho	170	93	113	37	79	51	83		122	193	106
Chau Doc	254	191	212	132	193	104	95	122		113	107
Ha Tien	325	261	283	206	264	179	167	193	113		88
Rach Gia	252	190	210	133	191	105	103	106	107	88	

Distances routières entre les principales villes du Mékong

My Tho

Posée sur la ramification la plus septentrionale du Mékong, My Tho apparaît comme une cité industrielle et prospère de taille moyenne, plus que comme la « belle jeune fille parfumée » que suggère son nom. Elle conserve cependant quelques élégantes maisons coloniales le long de la rive, ainsi qu'un joli quartier chinois. Mais elle est surtout le point de départ d'une agréable excursion dans les îles aux vergers, première immersion dans le décor exubérant du delta, qui, contrairement à la ville elle-même, attire un nombre croissant de touristes.

Se repérer

CARTE C1 (P. 302) - PLAN DE VILLE (P. 308).
Provinces de Tien Giang (capitale My Tho, 130 081 habitants) et de Ben Tre (capitale Ben Tre, 61 968 habitants). My Tho se trouve à 79 km au sud-ouest de Ho Chi Minh-Ville.

À ne pas manquer

La pagode Vinh Trang ; une excursion vers l'île de la Licorne.

Organiser son temps

Comptez une demi-journée. Faites l'excursion en bateau en début de matinée ou en fin d'après-midi pour une meilleure lumière.

Carnet pratique p. 309

Nos adresses p. 309

Se promener

PLAN P. 308

Les bords du fleuve ont été rendus aux flâneurs avec l'aménagement d'une promenade piétonne. Les bateliers ne manqueront pas de vous y aborder pour vous proposer leurs services, dans un anglais approximatif. L'élégant **pont à haubans★** que vous voyez se profiler à l'horizon, à l'ouest, a été inauguré en 2008. Il compte parmi les grands ouvrages d'art qui ont contribué à désenclaver les villes du delta et à les rapprocher du reste du pays.

Centre-ville

Tout à l'est, la promenade bute sur la **rivière Bao Dinh** à l'endroit où elle se jette dans le Mékong. Remontez la rue Trung Trach, qui la longe, jusqu'au **marché★** qui vaut le coup d'œil pour ses paniers de poisson séché.

Passé le pont situé dans le prolongement de Thu Khoa Huan, prenez à droite dans Phan Thanh Gian.

Le **quartier chinois** se limite à une petite rue animée, bordée d'échoppes où l'on met en sacs les produits maraîchers de la région, destinés à être livrés sur les marchés de Ho Chi Minh-Ville. Venus de Formose (actuelle Taïwan) par la mer pour fonder la ville au 17e s., les Chinois manifestèrent une vocation pour le commerce qui ne s'est jamais démentie depuis. Les maisons-boutiques juchées sur pilotis ouvrent directement sur la rivière Bao Dinh, ce qui permettait jadis de charger rapidement les bateaux à destination de la métropole. Avec la construction de ponts et l'amélioration du réseau routier, l'essentiel du fret se fait désormais par camion.

Remontez vers le nord en longeant la rivière pour rejoindre la pagode Vinh Trang, située à environ 1 km à l'est du centre.

La pagode Vinh Trang dans la ville de My Tho.
NgKhanhVuKhoa/Getty Images Plus

★ **Pagode Vinh Trang** – *60A Nguyen Trung Truc.* Plantée au milieu des cocotiers, annoncée par un gigantesque bouddha debout, cette pagode fondée en 1849 est consacrée au bouddhisme du Grand Véhicule. Elle présente une curieuse accumulation de styles, céramiques et bas-reliefs chinois se mêlant aux lotus vietnamiens et aux couleurs ocre d'inspiration khmère. Dans la partie la plus sombre du sanctuaire, baignée par les effluves d'encens, les boiseries dorées très travaillées jettent un éclat atténué. Le silence des lieux est à peine troublé par le passage des novices, exception faite des temps de prière, quand le tambour vient rythmer l'oraison des bonzes.

Îles du fleuve

Profond par endroits de 15 m, le fleuve est barré par des filets de pêche où viennent se prendre tanches, poissons-chats, carpes, *tai tuong* (« poisson aux oreilles d'éléphant »), anguilles et serpents d'eau douce. Trois îles émergent en face de la ville. Une promenade de quelques heures en bateau au fil du fleuve et des arroyos (les canaux et bras d'eau secondaires), incluant un arrêt dans l'une des deux îles principales, suffira probablement à rassasier votre curiosité *(voir « Activités », p. 309)*.

Île du Dragon (CON TAN LONG) – *Accessible par le bac public, embarcadère Ben Do Than Long, rue Trung Trach - comptez 5mn de traversée.* Située à quelques encablures des quais, de l'autre côté d'un petit chenal, cette île luxuriante n'est accessible qu'en bac, contrairement aux autres, qu'un pont relie à la terre ferme. En dehors des circuits touristiques des groupes, elle montre l'image d'un village tranquille, vaquant autour de son petit marché.

★ **Île de la Licorne** (CON THOI SON) – *Halte des excursions en bateau - également accessible par le grand pont à haubans.* La nature s'est montrée généreuse avec l'homme, qui utilise le feuillage des palmiers d'eau pour réaliser des toitures et les racines des palétuviers pour faire des bouchons. Mais le travail continu du fleuve oblige les paysans à consolider les rives à l'aide de pierres et de pieux de bois. L'île est parcourue par quelques arroyos que toutes les visites touristiques mettent à leur programme.

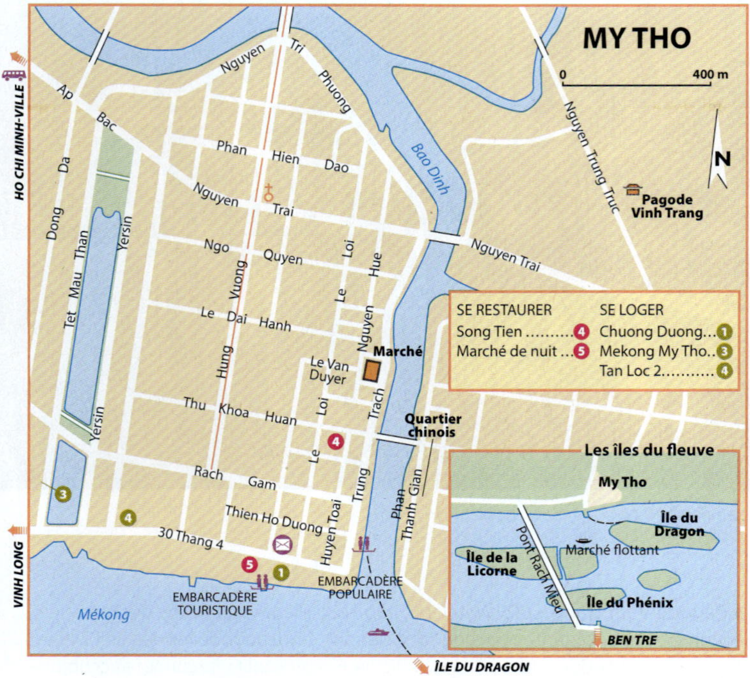

Île du Phénix (CON PHUNG) – *Accessible par le grand pont.* Appelée aussi « île du Bonze aux noix de coco » (ONG DAO DUA), elle doit ce surnom à Nguyen Thanh Nam (1909-1991), un illuminé qui se targuait d'avoir médité pendant trois ans en se nourrissant uniquement de noix de coco. Après cela, il fonda la secte Dao, curieux mélange de christianisme et de bouddhisme, qui compta jusqu'à 2000 disciples. Arrêté à plusieurs reprises, sous le régime de Diem puis par les communistes, il mourut finalement en prison et ses fidèles se dispersèrent. Le sanctuaire, avec ses installations qui évoquent plus une foire du Trône tropicale qu'un lieu de méditation, attire toujours une foule de Vietnamiens. L'île compte quelques **vergers**, mais elle est dépourvue d'arroyos. Durant la guerre, certains grands reporters occidentaux venaient y trouver un peu de repos après la furie des combats.

À proximité

CARTE P. 302

Ben Tre C1

À 14 km au sud de My Tho - bus fréquents de/vers My Tho et Vinh Long.
Une statuaire allégorique dédiée aux héros de l'insurrection accueille le visiteur à l'entrée de Ben Tre, le « coin des bambous ». Capitale de la province du même nom, ce bourg à l'atmosphère provinciale ne manque pas de charme avec son petit plan d'eau (Ho Truc Giang), son marché coloré et son front de rivière où il fait bon flâner.

Musée de l'Insurrection (ou Musée provincial) – *Hung Vuong - lun.-vend. 8h-11h, 13h30-17h - gratuit.* Situé face à la rivière Ben Tre, il occupe l'ancienne préfecture française, une **bâtisse coloniale★** du 19e s. entourée d'un jardin. Il vaut d'ailleurs plus pour son architecture que pour ses collections : photos, armes rudimentaires et maquette d'un tunnel viet-cong.

Marché – *Dong Coi (à l'angle de Hung Vuong).* Situé dans le prolongement du pont, de part et d'autre de la rue, ce grand marché couvert occupe le centre d'un quartier commerçant animé. Non touristique, il vend beaucoup de spécialités régionales ou artisanales à base de coco et de rotin.

Pagode Vien Minh – *Nguyen Dinh Chieu (face au marché) - 7h-11h, 13h-21h.* L'élégante « pagode de la Civilisation » est précédée d'une grande statue de la déesse de la Miséricorde et coiffée d'un toit carré à deux niveaux.

De l'autre côté de la rue, le **Dinh An Boi★**, ancienne maison communale, occupe un ravissant édifice du 19e s.

Carnet pratique

PLAN DE VILLE CI-CONTRE.

Arriver/Partir

En bus

Ben Xe Tien Giang (gare routière de My Tho) – *À 4 km au nord de My Tho.* Départs fréquents toute la journée pour Ho Chi Minh-Ville *(Ben Xe Mien Thay - durée 1h30)* et Ben Tre *(1h)*. Bus très tôt le matin pour Can Tho *(3h)*, Tay Ninh *(3h)*, Vung Tau *(4h)*.

Ben Xe Ben Tre (gare routière de Ben Tre) – *À 5 km au nord de Ben Tre.* Liaisons fréquentes avec My Tho. Ne descendez pas à la gare routière : le bus continue jusqu'au marché *(cho)*, près de la rivière.

Visite

My Tho

Tourist Boat Station – *8 r. 30 Thang 4 - à partir de 7h30.* Une dizaine de compagnies proposent toutes la même excursion dans les îles *(durée 1h30-3h - prix variable selon le nombre de passagers)*. Les sorties comprennent la visite d'une fabrique de confiseries à base de noix de coco, une balade en sampan sur les arroyos *(15mn)*, une dégustation de fruits tropicaux et un petit concert de musique traditionnelle. Prix élevés au regard de l'intérêt des prestations. Les *boatmen* qui vous aborderont en ville proposent le même programme pour 2 fois moins cher.

Nos adresses

PLAN DE VILLE CI-CONTRE.

Restauration

My Tho

Premier prix

5 **Marché de nuit** – *8 r. 30 Thang 4 - ⊠ - 17h-22h - autour de 100 000 VND.* Sur la vaste esplanade qui jouxte l'embarcadère touristique, de grands panneaux annoncent les spécialités de chaque restaurant : riz, nouilles sautées ou en soupes, *hot pot* (fondue), vous retrouverez ici les classiques de la cuisine populaire.

Budget moyen

1 **Chuong Duong** – *Hôtel Chuong Duong, 10 r. 30 Thang 4 - 7h-23h - 150 000/250 000 VND.* Une grande

Balade sur le Mékong, dans les alentours de Ben Tre.
Rolf_52/Getty Images Plus

et agréable terrasse couverte située au bord de la rivière. Vous y dégusterez grenouilles, fruits de mer, coquillages, écrevisses, anguilles, huîtres, araignées de mer... Beaucoup de choix pour ce restaurant qui s'anime surtout en soirée.

4 **Song Tien** – *1 Lanh Binh Can - ✆ (273) 387 45 67 - service continu - 1700 000/350 000 VND.* Du crabe, de l'anguille, de la seiche, de la grenouille : l'adresse sert des mets recherchés que l'on apprécie en particulier pour les repas de fête. Cette salle aérée, couverte d'un toit de brique, fonctionne en effet en tandem avec la salle des fêtes voisine. Musique *live* certains soirs. Pas d'anglais.

Pour se faire plaisir

Ngoc Gia Trang – *196A Ap Bac - ✆ (273) 387 27 42 - service continu.* Vous le trouverez dans une impasse en retrait de l'artère commerçante de la ville, en direction de la gare routière. Avec ses tables disséminées parmi les plantes vertes, il offre un cadre plus attrayant que la moyenne. La carte est variée et de qualité : fruits de mer, grillades, soupes, anguille, « poisson aux oreilles d'éléphant ». Formule menu comprenant poisson, crevettes, poulet au riz gluant et fruits tropicaux. Pas d'anglais.

Ben Tre

Premier prix

Cho Ben Tre – *Angle de Hung Vuong et Dong Coi (au niveau du pont) - ⊭ - service continu - env. 100 000 VND.* Sur le côté ouest de la halle couverte s'alignent une poignée de gargotes servant soupes et riz sauté. Rien de bien folichon, pas d'anglais, mais le choix est limité en matière de restauration à Ben Tre.

Petite pause/ Boire un verre

Mekong My Tho Coffee Bar – *Hôtel Mekong My Tho, 1A Tet Mau Than, My Tho.* Au 9e et dernier étage de l'hôtel, sa terrasse offre une vue incomparable sur les îles et le ballet des barques et des barges sur le bras du fleuve. Jus de fruits frais et cocktails, idéal en fin d'après-midi.

À **Ben Tre**, vous trouverez des cafés populaires et des salles de billard dans les rues qui bordent le **lac Truc Giang**. Particulièrement tranquilles en journée, ces endroits s'animent à la nuit tombée.

Hébergement

My Tho

Premier prix

(4) **Tan Loc 2** – *25-27 r. 30 Thang 4 - ✆ (273) 398 96 78 - ▤ - 30 ch. 400 000 VND.* Il fait face au marché de nuit et à l'embarcadère touristique. Chambres correctes, avec sol et murs carrelés. Les plus chères bénéficient d'une vue partielle sur le fleuve. Comme dans la plupart des hôtels de la ville, les plafonds ont souffert de l'humidité.

Budget moyen

(1) **Chuong Duong** – *10 r. 30 Thang 4 - ✆ 09 3941 55 69 - ▤ ✕ P - 26 ch. 24/34 $* ☕. Rafraîchies par la brise du Mékong qui coule au pied de l'hôtel, toutes les chambres (moquette au sol) ont vue sur la rivière et celles du 1er étage bénéficient d'un balcon. Bonne situation, à côté de l'embarcadère touristique, mais les tarifs restent surévalués pour le confort proposé. L'établissement dispose de sa propre agence d'excursions.

(3) **Mekong My Tho** – *1A Tet Mau Than - ✆ (273) 388 77 77 - ▤ ✕ ≋ P - 114 ch. 550 000/850 000 VND* ☕. Ouvert en 2015, c'est incontestablement l'hôtel le plus confortable de la ville. Réparties sur 8 étages, les chambres ont vue sur les façades colorées de My Tho ou sur la rivière. Spacieuses, bien meublées, accueillantes avec leurs tons cannelle, elles se révèlent d'un très bon rapport qualité-prix. Spa, tennis, gym.

Ben Tre

Plus petite et plus verdoyante que My Tho, la ville de Ben Tre propose quelques hébergements sympathiques face à la rivière Ben Tre, affluent de l'un des bras du Mékong. Une alternative, même si l'endroit est dépourvu d'attractions touristiques.

Premier prix

Hung Vuong – *148 Hung Vuong - ✆ (275) 382 24 08 - ▤ ✕ P - 39 ch. 480 000 VND.* Cet établissement à trois étages (ascenseur) se dresse face à la rivière Ben Tre. Spacieuses et carrelées, les chambres, qui prétendent à un certain standing, sont bien tenues, mais sans charme particulier. Grandes baies vitrées et belle vue pour celles donnant sur la rivière, à peine plus chères que les autres. Location de vélos et de scooters au pied de l'hôtel. Accueil anglophone.

Budget moyen

Viet-Uc – *144 Hung Vuong - ✆ (275) 351 18 88 - www.hotelvietuc.com - ▤ ✕ P - 70 ch. env. 850 000 VND* ☕. Face à la rivière, à côté de l'ancienne préfecture française (musée provincial), cette grande bâtisse blanche de 8 étages propose des chambres tout confort, lumineuses et bénéficiant d'une superbe vue : c'est la meilleure adresse de la ville.

Vinh Long

Vinh Long est une ville animée, mais qui ne mérite guère que l'on s'y attarde. Quitte à séjourner dans la région, il est bien plus sympathique de poser ses valises dans l'un des homestays établis sur l'île Binh Hoa Phuoc. S'installeront en ville ceux qui envisagent de rayonner depuis Vinh Long, à la découverte de Sa Dec ou de Xeo Quit. Depuis 2000, un pont à haubans long de 1,5 km enjambe le Mékong, offrant une vue sans égale sur le delta.

Se repérer

CARTE B1 (P. 302).

103 067 habitants – Provinces de Vinh Long et de Tra Vinh.

Vinh Long se trouve à 58 km à l'ouest de My Tho (137 km au sud-ouest de Ho Chi Minh-Ville).

À ne pas manquer

Une nuit en *homestay* sur l'île Binh Hoa Phuoc ; l'ancienne base viet-cong de Xeo Quit.

Organiser son temps

Comptez une journée pour Vinh Long et une autre pour les pagodes de Tra Vinh. Vérifiez bien les horaires de bus : les liaisons interurbaines ne se font souvent que très tôt le matin.

Carnet pratique p. 317

Nos adresses p. 317

Se promener

Temple Van Thanh Mieu

Tran Phu (à 1 km au sud du marché par la route qui longe la rivière Song Tien) - 7h-11h30, 13h30-17h.

Bâti près du fleuve, c'est le seul temple de la Littérature et l'un des rares sanctuaires confucéens du Sud-Vietnam. À gauche, dans la cour, se dresse un superbe petit bâtiment carré coiffé d'un double toit de tuiles. À l'étage *(ne se visite pas)*, l'**ancienne bibliothèque** servit de refuge à des chefs révolutionnaires durant l'époque coloniale.

Au bout de l'allée, le **sanctuaire** abrite un portrait de Confucius flanqué d'un cheval en bois privé de ses oreilles et de grues juchées sur le dos de tortues.

★ Île Binh Hoa Phuoc

Bac public à l'embarcadère situé en face de l'hôtel Cuu Long - traversées lever-coucher du soleil - 1000 VND.

D'étroites bandes asphaltées sillonnent la grande île qui s'étire en face de Vinh Long. Elles suivent ou franchissent toute une série de canaux irriguant les champs d'ananas et les **vergers** où poussent longanes, litchis, mangues ou papayes, que l'on retrouve sur le grand marché qui se tient chaque jour sur la rive d'en face. Il est plaisant de parcourir Binh Hoa Phuoc à vélo (tous les *homestays* en proposent à leurs clients) et de faire halte dans les *« eco-gardens »* qui se sont développés ici. Participer à une excursion en bateau permet de découvrir l'île sous un autre angle. L'embarcation remonte un large **chenal** creusé au début du 20e s. pour raccourcir le trajet entre Vinh Long et Cai Be. À toute heure du jour, des nuées de coques

Le Mékong traversant Vinh Long.
NgKhanhVuKhoa/Getty Images Plus

ventrues ou effilées se croisent dans le vacarme des moteurs. L'atmosphère est bon enfant, on se salue d'une embarcation à l'autre. À hauteur d'une église, le bateau tourne dans un petit chenal qui traverse une **mangrove**. Ce biotope typique du delta, riche en poissons, présente de multiples avantages, car il protège les jardins de l'érosion et des tempêtes. Ses luxuriants vergers, de plus en plus fréquemment plantés en lieu et place des rizières, font vivre les paysans. Plus loin se dresse une **bâtisse coloniale** de 1860 qui abritait autrefois une garnison française. C'est dans l'annexe réservée aux soldats vietnamiens que sont aujourd'hui accueillis les touristes pour une dégustation de thé et une démonstration de musique traditionnelle. Le bateau longe ensuite une rangée de **maisons sur pilotis** et d'autres vergers. Parvenu au bout du chenal, il débouche sur le Mékong, large de 1200 m et profond de 20 m à cet endroit. Sur l'autre rive se tient le **marché flottant de Cai Be**, parcouru de bateaux gorgés de fruits du dragon, d'ananas, de patates douces, de riz, de carottes… tandis qu'à l'arrière-plan se dresse la flèche incongrue d'une **église catholique** (1931). L'excursion en bateau est jalonnée de quelques visites instructives : fabriques de confiseries à la noix de coco, pêcheries, pépinières, briqueteries. Les yeux sont repus d'images, les oreilles saturées par le bruit du moteur… il est temps de rentrer.

À proximité

CARTE P. 302

Sa Dec B1

À 23 km à l'ouest de Vinh Long.

Située dans la province de Dong Thap, la bourgade a été rendue célèbre par *L'Amant* (1984) de **Marguerite Duras**. La romancière passa en effet une partie de son enfance dans cette localité, aujourd'hui connue surtout pour ses fleurs. Produits dans un village d'horticulteurs à 2 km de là, soucis, œillets, chrysanthèmes inondent de couleurs les marchés de Sa Dec et de Vinh Long.

Arrivant de Vinh Long, après avoir traversé la rivière Sa Dec, tournez immédiatement à droite pour longer le cours d'eau.

Vous traversez un spectaculaire marché aux fruits et légumes installé sous la halle métallique moderne qui court au long de la rivière.

Un peu plus loin, sur la gauche, se tient une haute bâtisse coiffée de clochetons dont l'architecture évoque celle d'une église. Il s'agit en fait du vieux **marché couvert★**, où les marchandes coiffées du chapeau conique traditionnel veillent sur des étals carrelés au milieu des poules, des poissons et des épices. Ancien cœur du quartier chinois, les quais accueillaient jadis le grand marché, déplacé dans un imposant bâtiment moderne à quelques rues de là.

Continuez le long de la rivière.

★ **Maison Huynh Thuy Le** (« MAISON BLEUE ») – *255 Nguyen Hue - ✆ (067) 377 39 37 - lun.-sam. 7h-17h - 30 000 VND.* Cette jolie demeure ancienne de style chinois rassemble photos et souvenirs liés à l'œuvre de Marguerite Duras.

Continuez à longer la rivière ; au chenal, tournez à gauche dans Phan Boi Chau.

★ **Pagode confucéenne Kien An Cung** (CHUA ONG QUACH) – *Phan Boi Chau (au sud du chenal).* Impossible de manquer l'ancienne maison du mandarin Quach avec ses murs à pignons, son toit de tuiles aux extrémités relevées et ses nombreuses fioritures. Des boiseries dorées très travaillées et des fresques délicates flanquent l'autel. Il fait face à une cour à ciel ouvert, le « puits céleste », où brûle l'encens qui permet d'entrer en contact avec les divinités.

Traversez le chenal et remontez Tran Hung Dao jusqu'à Ho Xuan Huong où vous tournez à gauche.

Là se tient l'**école primaire Trung Vuong**, aux murs jaune délavé, où Marguerite Duras fut élève. Demandez à voir le cahier retraçant l'histoire de l'établissement depuis son ouverture en 1902. Il comporte notamment des photos de la romancière et de sa mère, Mme Donnadieu, directrice de 1918 à 1930.

Tournez à droite dans Hung Vuong jusqu'à Tran Phu.

Comme souvent dans les villes du delta, la présence de sanctuaires taoïstes, catholiques, protestants ou dédiés aux ancêtres témoigne de l'éclectisme religieux des Vietnamiens. La **pagode Buu Quang** *(à l'angle des rues Hung Vuong et Tran Phu)* ne présente guère d'intérêt, mais elle jouxte la **pagode Tu Hung**, une ancienne maison communale bâtie par l'« Amant ». Sa photo trône d'ailleurs parmi d'autres sur l'autel dédié aux ancêtres.

Redescendez vers la rivière et franchissez le pont.

Sur l'autre rive, des **maisons coloniales** surgissent au milieu de constructions modernes, derniers vestiges du quartier français.

★★ Forêt et base viet-cong de Xeo Quyt B1

▶ À 25 km au nord-ouest de Vinh Long - 7h30-16h - entrée payante - prévoyez des chaussures hautes contre les fourmis, voire un produit antimoustiques.

Nichée au cœur de la forêt, l'ancienne base viet-cong de Xeo Quyt offre un témoignage à la fois fascinant et émouvant de l'âpreté des combats durant la guerre du Vietnam. Initialement marécageuse, la zone accueillit la principale base viet-cong de la province entre 1960 et 1975. Aidés des paysans, les combattants creusèrent un réseau de galeries souterraines et plantèrent des arbres afin de rendre la forêt impénétrable. Pas moins de dix camps ennemis entouraient la base, le plus proche n'étant qu'à 1 km ! Pourtant, jamais les Américains ne parvinrent à l'anéantir, malgré des attaques et des bombardements répétés.

Maintenant que le fracas des armes s'est tu, la forêt n'est plus qu'un inextricable massif d'eucalyptus parcouru de ruisseaux où émergent par endroits des bosquets de roseaux. Elle regorge cependant d'indices trahissant la violence des combats, comme ces multiples impacts de bombes qui forment autant de petites mares.

Pour attaquer la base, les Américains devaient slalomer dans un champ de mines sous le feu nourri des Viet-congs enfouis à la lisière de la forêt. Quand l'ennemi s'approchait, ceux-ci se cachaient sous l'eau ou dans des trappes minuscules, ne respirant qu'à l'aide de minces tiges de bambou. Du poivre était répandu afin de déjouer le flair des limiers utilisés par les GIs pour les dénicher. Contraints de s'adapter à ce milieu hostile, les Vietnamiens dormaient le jour dans des tentes ou des hamacs et veillaient la nuit au milieu des serpents et des moustiques. Vous serez invité à pénétrer dans les **refuges souterrains** et les **baraquements** (luxe suprême!) bâtis après les accords de Paris en 1973 et à suivre une courte balade en barque à la découverte du site.

Tra Vinh C2

À 54 km au sud-ouest de Vinh Long (62 km à l'est de Can Tho).

Tra Vinh Tourist – *266-268 Le Loi - (294) 385 85 56.* Plan de la ville, infos basiques sur les visites à faire, location de vélos.

Grosse bourgade assoupie au bord d'un bras secondaire du Mékong, Tra Vinh dégage un charme mélancolique. Flâner au bord de la rivière, où se tient un grand **marché★**, constitue l'essentiel des activités en ville. La province accueille en revanche une importante communauté khmère *(voir encadré ci-dessous)* et les 140 pagodes qui parsèment la région offrent une passionnante introduction à ce peuple et à sa culture.

Pagode Ong Met – *Le Loi.* Elle est connue sous son surnom de « pagode des Chauves-Souris », ces volatiles étant nombreux à vivre sous la toiture du sanctuaire. Celui-ci est entouré d'une galerie péristyle typique de l'architecture au temps de la colonisation française. L'enfilade de têtes sculptées à quatre faces qui l'entoure évoque clairement la filiation khmère de la pagode, tout comme les *naga*, sveltes serpents sacrés encadrant l'entrée. À l'intérieur, un bouddha assis trône entre les statues de deux disciples qui, chose rare, lui font face. Le sol aux carrelages anciens et les fresques aux couleurs passées donnent à l'ensemble une atmosphère nostalgique.

Au long des routes entourant Tra Vinh surgissent les toitures caractéristiques des pagodes khmères. Des bosquets en masquent partiellement la vue, car, dans la tradition bouddhiste du Petit Véhicule, chaque croyant se doit de planter au cours de sa vie un ou plusieurs arbres, qui seront coupés à sa mort et serviront à sa crémation.

Les Khmers du delta

Le delta ayant appartenu au Cambodge jusqu'au 18e s., il n'est guère étonnant que près de 900 000 Khmers continuent à vivre le long de la frontière, mais aussi à **Tra Vinh** et à **Soc Trang**. De plus en plus intégrés au reste de la population, ils n'en conservent pas moins certaines caractéristiques, notamment leurs maisons sur pilotis bâties au bord des cours d'eau ou sur de petits talus. Paysans émérites, ils cultivent près de 140 variétés de riz, la pêche ne représentant qu'un complément de nourriture. Mais le principal trait distinctif de la communauté est son adhésion au **bouddhisme du Petit Véhicule** (Theravada), pratiqué dans des monastères où l'on enseigne la langue khmère. Les bonzes vivent grâce aux offrandes des croyants, une pratique longtemps proscrite par les autorités vietnamiennes. La **fête des Eaux** est l'occasion de grands rassemblements autour de régates et de courses de buffles.

Moines Khmer Krom priant dans un temple à Tra Vinh.
Clickalps SRLs/age fotostock

★ **Ao Ba Om** (ÉTANG SACRÉ) – *À 4,5 km au sud-ouest de Tra Vinh, sur la route de Vinh Long. Prenez le chemin à gauche et continuez sur 1 km.* Charmant carré d'eau couvert de lotus et bordé d'arbres majestueux, ce bassin artificiel est un haut lieu de spiritualité, mais aussi un rendez-vous apprécié des amoureux. Au sud du plan d'eau, dans un écrin de verdure, se dresse la **pagode Vat Angkor Icha Borei** (CHUA SAMRONG EK), dont l'origine remonterait au 10e s. – il ne reste bien entendu plus trace de cette époque. À l'intérieur, des fresques aux couleurs vives racontant la vie du Bouddha ornent les murs, tandis que la charpente et les piliers sont peints d'élégants motifs dorés au pochoir. En face, le petit **musée de la Culture khmère** *(merc.-dim. 7h-11h, 13h-17h - gratuit),* d'un intérêt certes limité, présente quelques statues anciennes du Bouddha ainsi qu'un ensemble de vanneries, céramiques et instruments de musique traditionnels.

★ **Pagode Hang** (PAGODE DE LA CAVE) – *À 5,5 km au sud de Tra Vinh.* Un curieux portique désaxé annonce la pagode, un édifice élancé à la toiture savante. Elle est entourée d'arbres séculaires que colonisent en hiver les oiseaux migrateurs et à l'ombre desquels les novices logent dans des cellules minuscules. Le sanctuaire fut totalement détruit par les bombardements américains en 1968, et seule subsista la **statue du Bouddha**. Ces événements tragiques, dont témoigne un bas-relief sur l'édicule commémoratif dressé en face du sanctuaire semble désormais bien loin et une douce quiétude préside aujourd'hui à la vie du monastère.

★★ **Pagode Co** (PAGODE DES CIGOGNES) – *À 40 km au sud de Tra Vinh, après la bourgade de Tra Cu.* Une élégante allée d'eucalyptus mène à la pagode, baptisée ainsi en raison des nuées d'arecs, d'ibis, de cigognes et de hérons qui colonisent la mare toute proche *(les volatiles rentrent au nid vers 17h).* Au centre du monastère, le sanctuaire du 19e s. est coiffé d'un toit de tuiles à plusieurs niveaux, aux extrémités en forme d'oiseau. Des **fresques**★ naïves relatant l'enfer, le panthéon bouddhiste et divers sujets naturalistes ornent les murs, sous le regard d'un énorme **bouddha** assis dans la position des rois khmers.

Carnet pratique

Arriver/Partir

En bus

Ben Xe Thanh Pho Vinh Long (gare routière des bus provinciaux de Vinh Long) – *3 Thang 2 (dans le centre, près de la poste).* Bus fréquents de/vers Sa Dec et Can Tho, ainsi que les autres villes de la province de Giang.

Ben Xe Lon (gare routière longue distance de Vinh Long) – *À 8 km à l'ouest, près du grand pont.* Elle est desservie par les bus urbains. Liaisons régulières de/vers Ho Chi Minh-Ville *(3h)*, Tra Vinh *(2h)* et les principales villes du delta. Attention, pas de bus direct pour My Tho.

Ben Xe Tra Vinh (gare routière de Tra Vinh) – *À 5 km au sud de Tra Vinh.* Liaisons entre 5h et 13h30 avec Vinh Long *(5/j.)* et Can Tho *(5-6/j.)* ; 9 bus le matin pour Ho Chi Minh-Ville et un bus à l'aube pour Rach Gia *(4h30)* et Ha Tien *(7h)*.

Visite

Vinh Long

Cuu Long Tourist – *1/5 Phuong 1 - ✆ (270) 382 36 11.* Organise des circuits en bateau de 4h ou 6h dans les arroyos et propose des tours de 2 j./1 nuit dans le delta. Sachez toutefois que les arroyos sont parfois impraticables à la saison sèche. Location de vélo à l'heure ou à la journée. Informations touristiques générales. Accueil anglophone.

Agenda

Tra Vinh

Nouvel An khmer – *Mi-avril.* Il donne lieu à de nombreuses cérémonies et festivités.

Ok Om Bok – *10e mois lunaire (oct.-nov.).* La fête des Eaux connaît un succès tout particulier dans cette région à forte population khmère.

Dua Ghe Ngo – *Nov.* Course de pirogues haute en couleur.

Nos adresses

Restauration

Vinh Long

Budget moyen

Phuong Thuy – *Phan Boi Chau - ✆ (270) 382 47 86 - (pas de carte) - service continu - 150 000/310 000 VND.* L'un des rares, sinon le seul restaurant digne de ce nom à Vinh Long. Occupant un bel emplacement sur un ponton couvert, il sert une cuisine de la mer et du fleuve – langoustine, grenouille, anguille, seiche – que l'on déguste en regardant passer les bateaux.

Tra Vinh

Premier prix

Jollibee – *Angle Le Loi et Nam Ky Khoi Nghia - ✆ (74) 386 66 00 - (pas de carte) - service continu - plats moins de 150 000 VND.* Nuggets et burgers dans une salle climatisée brillamment éclairée, l'occasion d'expérimenter le fast-food à l'asiatique.
Cette chaîne philippine compte une centaine d'adresses au Vietnam, généralement implantées dans les centres commerciaux récents.

Boire un verre

Vinh Long

Café Hoa Nang – *1 Thang 5 - ✆ (270) 382 67 47 - 6h-22h.* Dans le coude de la rue, cet agréable café dispose d'une terrasse sur le

Mékong, idéale pour une pause. Chanteur en soirée.

Song Tien Floating Restaurant – *Phan Boi Chau - ✆ 09 0621 46 42 - ⊄ - 6h-23h.* Un gros bateau de trois étages amarré à quelques dizaines de mètres à l'ouest de l'embarcadère. On prend place sur le pont supérieur le temps d'un rafraîchissement. L'hygiène n'étant pas le fort du lieu, venez y prendre un verre en fin de journée plutôt qu'un dîner.

Tra Vinh

Uyen Uong – *59 Ly Thuong Kiet - ✆ (294) 385 48 56 - 8h-22h.* Une grande salle avec balcon autour d'une scène et son écran géant de karaoké. Ensemble particulièrement kitsch, et une expérience certaine si vous n'avez pas les oreilles trop sensibles.

Hébergement

Vinh Long

Premier prix

Anh Hong – *1-2 Hoang Thai Hieu - ✆ (270) 391 25 90 - ▤ ⊄ - 25 ch. 11/15 $.* Sur quatre étages avec ascenseur, des chambres avec ou sans fenêtre. L'adresse vaut surtout pour sa situation, à 50 m de la gare des bus urbains et du grand marché. Nombreux autres établissements de prix et prestations équivalents alentour.

Binh Hoa Phuoc

Une dizaine de maisons d'hôtes se sont ouvertes sur l'île, pour un séjour au vert et au calme, dans des conditions toutefois assez rustiques : chambres mal insonorisées, séparées par des demi-cloisons, avec ventilateur et sdb commune dans la plupart des cas. Toutes organisent des excursions en bateau, souvent à des tarifs plus attractifs que les agences de Vinh Long : cela reste la meilleure option pour découvrir le marché flottant de Cai Be. Réservation impérative, ne serait-ce que pour que l'on vous attende au débarcadère.

Premier prix

Ba Linh – *95 An Thanh - ✆ (270) 385 86 83 - ✕ ⊄ - 10 ch. 520 000/710 000 VND* ☕ Aux chambres de bambou et de bois clair partageant les installations sanitaires s'ajoutent cinq pièces en brique avec sdb privée. Les hôtes sont invités à participer aux cours de cuisine gratuits avant le dîner (recettes simples et familiales). Vélo à disposition.

Phuong Thao – *An Thanh - ✆ (270) 383 68 54 - ▤ ✕ ⊄ - 14 ch. 360 000 VND* ☕. Une propreté irréprochable pour cette grande maison de bois et bambou posée dans un beau jardin fleuri, mais l'ameublement des chambres ne pourrait être plus minimaliste : un lit, un ventilateur et c'est tout. Sanitaires communs. Vélo à disposition, location de kayak. Restaurant sur une jolie terrasse couverte.

Tra Vinh

Budget moyen

Cuu Long – *210 Nguyen Thi Minh Khai - ✆ (294) 386 26 15 - ▤ ✕ - 52 ch. 27 $.* Cet hôtel moderne se trouve aux abords du centre-ville en venant de Vinh Long. Les chambres les plus chères sont de véritables petites suites, avec balcon. Toutefois l'ensemble manque de caractère.

Thanh Tra – *1 Pham Thai Buong (face à la poste) - ✆ (294) 625 06 57 - ▤ ✕ P - 44 ch. 700 000 VND* ☕. Le « grand hôtel » du centre propose des chambres carrelées, fonctionnelles et assez spacieuses, sur quatre étages avec ascenseur. Chambres avec balcon sur rue, ou plus calmes à l'arrière. Anglais à la réception.

Can Tho ★

« Can Tho, riz blanc et eau limpide. Une fois arrivé vous ne voudrez plus repartir », dit la chanson populaire. Principal centre administratif et universitaire de la région, la plus importante ville du delta du Mékong assure sa prospérité grâce à son port et à ses énormes entrepôts de stockage, par où transitent le riz et les fruits tropicaux, le charbon et le bétail, les matériaux de construction et les produits congelés (à commencer par les crevettes) destinés au reste du pays ou à l'exportation. Ville carrefour, Can Tho fait figure d'étape incontournable. Si son architecture moderne ne présente guère d'intérêt, ses ruelles, ses avenues et la promenade le long du fleuve en font une halte agréable. Passé les portes de la cité, l'incroyable lacis de canaux qui parcourt la campagne dévoile une facette pittoresque du delta.

Se repérer

CARTE B1 (P. 302) - PLAN DE VILLE (P. 320).
786 000 habitants (agglomération 1,2 million d'habitants) – Municipalité. Can Tho se trouve à 37 km au sud-ouest de Vinh Long (174 km au sud-ouest de Ho Chi Minh-Ville).

À ne pas manquer

Les marchés flottants de Cai Rang et de Phong Dien.

Organiser son temps

Comptez 2h pour visiter la ville. Embarquez dès le lever du soleil voire avant pour arriver sur les marchés flottants avant la foule.

Carnet pratique p. 322

Nos adresses p. 322

Se promener

PLAN P. 320

★ Berges de la rivière Can Tho

Can Tho est une ville d'ambiance où il fait bon déambuler sur la **promenade** (rue Hai Ba Trung) aménagée le long de la rivière, du marché couvert, au sud, au confluent avec la rivière Bassac, au nord. Cet espace joliment fleuri, dominé par la statue en pied de Ho Chi Minh, est doté de bancs publics. Il offre un point de vue à ne pas manquer en fin d'après-midi, lorsque le soleil couchant donne sa luminosité toute particulière aux bateaux passant au large. Dès la tombée de la nuit, la rue et la rivière se parent de guirlandes lumineuses : le grand pont à haubans, les imposants bateaux de trois étages larguant les amarres pour des dîners croisière, les grands hôtels rivalisent alors de couleurs.

À l'extrémité nord de la promenade, un **pont piéton** orné de fleurs de lotus géantes franchit la rivière Cai Khe et permet de continuer la balade jusqu'à la Bassac.

Revenez sur vos pas et redescendez la promenade.

En milieu de quai, passez les portes de la **Pagode Ong★** (CHUA ONG), peintes de deux féroces gardiens. Des dizaines de spirales d'encens pendues au plafond saturent l'atmosphère à toute heure du jour. La pagode fut construite par des immigrants chinois arrivés aux 17e et 18e s.

Posté à l'extrémité sud de la promenade *(à l'angle de Hai Ba Trung et Than Doi Chau)*, le **marché couvert** occupe un édifice d'époque coloniale construit sur la rivière : l'essentiel du trafic de marchandises s'effectuait alors par voie fluviale.

Les étals de fruits et légumes ont aujourd'hui fait place à des boutiques de souvenirs et de vêtements plus ou moins typiques, mais l'endroit offre un point de vue agréable.

Pagode Munirangsya Rama

36 Hoa Binh.

Avec ses lignes caractéristiques des lieux de culte khmers, elle surgit au milieu du paysage urbain, semblable à une pâtisserie multicolore chargée de confiseries. Même si elle ne présente pas un grand intérêt architectural, ses lignes ont une indéniable élégance. Le complexe comprend divers bâtiments, dont un sanctuaire situé à l'étage, en haut d'une imposante volée de marches.

Can Tho Museum

À l'angle de Hoa Binh et Tran Quoc Toan - mar.-jeu. 8h-11h, 14h-17h, w.-end et j. fériés 8h-11h, 18h30-21h - gratuit.

Un ensemble de poteries vernissées, de vanneries, d'outils agricoles, d'instruments de musique et d'objets du quotidien illustrent l'artisanat et les modes de vie traditionnels dans le delta du Mékong. Des mannequins grandeur nature en costume complètent l'évocation. L'ensemble reste intéressant pour une première approche, malgré la quasi-absence d'explications en anglais.

À proximité

CARTE P. 302

★ Nha Ko Binh Thuy B1

26/1 Bui Huu Nghia (à 6 km au nord-ouest de Can Tho, sur la route de l'aéroport) - 8h-13h, 14h-17h - 20 000 VND.

Construite en 1870 dans un mélange de styles français (bel escalier double) et chinois, la maison communale a accueilli le tournage de nombreux films, dont *L'Amant* de Jean-Jacques Annaud (1992, d'après le roman de Marguerite Duras). Un jardin d'orchidées soigné s'épanouit devant la maison.

★★ Vergers et marchés flottants B1

L'aller-retour au marché de Cai Rang (7 km) et à celui de Phong Dien (17 km), plus petit mais moins touristique, prend de 2 à 3h; tâchez d'y être entre 5h30 et 7h du matin, heures de plus grande animation. Le tour complet, qui comprend diverses haltes plus ou moins intéressantes, prend 4 à 6h. L'option la plus économique consiste à affréter une embarcation à l'embarcadère, à côté du marché couvert. Le prix, négociable, est d'environ 310 000 VND pour l'embarcation (jusqu'à 3 pers.). Les agences organisent aussi des circuits avec guide, mais les prix sont plus élevés.

La promenade sur le Mékong supérieur et la visite des marchés flottants reste la principale motivation d'une étape à Can Tho. Cette balade en barque à moteur, l'une des plus pittoresques du delta, mêle paysages urbains, marchés flottants, vergers et arroyos. Juchées sur des pilotis, les bicoques de fortune des villages situés en face de Can Tho offrent un habitat précaire qui contraste avec les énormes panneaux publicitaires vantant les marques internationales. Certaines sorties vous feront passer à hauteur du spectaculaire **pont à haubans★** (2011) qui a permis le développement industriel de l'autre rive.

Déplacé à quelques kilomètres en amont, sur la rivière Can Tho, pour faciliter la circulation des bateaux, le **marché flottant de Cai Rang★★** *(accessible aussi par la route)* est le plus grand du delta. Spectacle prenant que cette myriade de barques qui chaque matin se pressent autour de coques débordant de bananes, de riz, de mangues, d'ananas, de pommes de terre... Le marché a cependant perdu de son importance avec l'amélioration des infrastructures routières reliant la province de Can Tho à Ho Chi Minh-Ville.

Pour revenir à Can Tho, les bateaux empruntent généralement le bras secondaire du fleuve, le long duquel une halte dans l'un des vergers fournit l'occasion d'une dégustation de fruits tropicaux. Si le niveau de l'eau le permet, la balade s'achève par la remontée d'étroits **arroyos★★** aux rives mangées par des cocotiers d'eau.

Réserve ornithologique de Bang Lang B1

Rejoignez Thot Not, à 12 km de Long Xuyen sur la route de Can Tho, d'où vous pouvez prendre une barque (30mn). Entrée payante (25 000 VND).

De Thot Not, le trajet en barque sur le canal à travers les villages, les rizières et les haies de bambou constitue un joli préambule. À l'arrivée, un ponton haut de 6 m offre une vue d'ensemble du site (13 000 m²), où des milliers de hérons, d'ibis sacrés, de butors, de grues cendrées et de cormorans viennent nicher. Les échassiers du delta, menacés par les bouleversements de leur milieu, ont trouvé là un havre de paix, aménagé pour leur bien-être. Des oies, dont les excréments sont censés éloigner les serpents, principal prédateur des volatiles, ont même été introduites. Les mâles, qui forment 80 % de la colonie, partent chercher de la nourriture pendant la journée et reviennent en fin d'après-midi. Le meilleur moment pour visiter la réserve est entre septembre et décembre, quand les cigognes sont aussi de la fête et que le propriétaire des lieux réserve une surprise aux visiteurs, à 17h tapantes!

Carnet pratique

PLAN DE VILLE (P. 320)

Adresses utiles

Santé

Can Tho General Hospital – *4 Nguyen An Nin - ✆ (292) 382 12 35 - 24h/24.*

Arriver/Partir

En avion

Can Tho International Airport - *À 13 km nord-ouest du centre-ville - ✆ (292) 374 45 80 - www.airportvietnam.vn.* Cinq liaisons quotidiennes avec Hanoi ; Vols également pour Ho Chi Minh-Ville, Haiphong, Da Nang, Kuala Lumpur.

En bus

Ben Xe Khach Can Tho 91B – *36 Nguyen Van Linh (à 3 km du centre-ville).* Can Tho est reliée à la plupart des villes du delta : liaisons fréquentes avec Chau Doc *(3h)*, Ca Mau *(4h)*, Vinh Long *(1h)*. 6 bus le matin pour Ha Tien *(6h)*, 4 pour Tra Vinh *(3h)*, 1 pour My Tho *(3h)*, 5 pour Soc Trang *(1h30)* et 4 pour Ho Chi Minh-Ville *(3h)*. La plupart des départs s'effectuent assez tôt.

Transports

En bateau

Embarcadère touristique – *Sur Hai Ba Trung (moins de 100 m au nord du marché).* Pour la balade sur le Mékong supérieur et la visite des marchés flottants de Cai Rang et de Phong Dieng. Les capitaines, souvent des femmes, vous aborderont pour vous proposer l'excursion à des tarifs plus intéressants qu'en agence.

Taxi

Mailinh – *✆ 09 7365 65 65.*

Visite

Excursions

Sacatours – *55 Phan Dinh Phung (dans l'hôtel Saigon-Can Tho) - ✆ (292) 381 24 19.* Circuits sur le Mékong, dans le delta ; excursions à la réserve ornithologique de Bang Lang. Accueil anglophone, location de voiture avec chauffeur et guide, de scooters et de vélos.

Nos adresses

PLAN DE VILLE (P. 320)

Restauration

Budget moyen

13 **Quan Com 16** – *52 Nguyen Thai Noc - ✆ (292) 382 73 26 - ▭ - service continu - plats moins de 150 000 VND.* Une carte réduite de spécialités régionales sur un menu illustré et en anglais. Tout ce qui y figure n'est pas forcément disponible et c'est un bon signe : dans cette grande cantine de quartier accueillant une clientèle familiale, rien de congelé, les plats se font en fonction des disponibilités du marché.

3 **Mékong Inn** – *38 Hai Ba Trung - ✆ (292) 369 91 79 - ▭ - 15h-22h - 150 000/200 000 VND.* Ouvert depuis 1965, c'est une institution auprès des touristes de passage auxquels il propose pizzas, hamburgers, spaghetti, cuisines chinoise et vietnamienne. Carte kilométrique, saveurs quelque peu affadies pour satisfaire aux goûts du plus grand nombre.

9 **Phuong Nam** – *48 Hai Ba Trung - ✆ (292) 381 20 77 - 14h-22h30 - 200 000/300 000 VND.* Sa carte, présente une belle variété de spécialités locales (et quelques plats français) dans une salle modeste mais correctement tenue.

4 **Nam Bo** – *1 Ngo Quyen - ✆ (292) 382 39 08 - www.nambocantho.com - service continu - 150 000/330 000 VND.* Point de retrouvailles des groupes, il s'avère plus calme à l'heure du déjeuner qu'en soirée. Jolie salle aux murs jaune pâle, nappes à carreaux et petite déco rétro pour cet établissement qui propose des plats français, italiens et vietnamiens. Accueil sympathique, dans un anglais correct. Vins français et australiens. La carte comprend quelques plats végétariens. Le balcon à l'étage jouit d'une vue imprenable sur l'agitation de la rue et sur la rivière.

11 **Sao Hom** – *Hai Ba Trung - ✆ (292) 381 56 16 - service continu - 250 000/370 000 VND.* Sous le toit de tuiles du marché couvert, il étend face au fleuve sa belle terrasse ornée de lampions. Outre ses spécialités de canard et de mouton, l'établissement propose une importante sélection végétarienne et plusieurs formules de menus. Vous pouvez aussi venir y prendre l'apéritif : le Da Lat y est servi au verre, une occasion de goûter ce cru vietnamien. Bon anglais et service aimable.

8 **Hoa Su** – *Cai Khe Ward - ✆ (292) 382 07 17 - service continu - 250 000/400 000 VND.* Une multitude de paillotes sur pilotis que relient des passerelles de bois forment autant de salles individuelles. Cet établissement au cadre original a les faveurs des groupes de touristes asiatiques en soirée. C'est d'ailleurs à cette clientèle que s'adresse la carte, où vous retrouverez entre autres gourmandises serpent, tortue, grenouille, pigeon, autruche et, bien entendu, poissons du delta. Service désordonné.

Pour se faire plaisir

1 **Du Thuyen Ninh Kieu** – *Hai Ba Trung (en face de l'hôtel Ninh Kieu River) - ✆ (292) 375 17 51 - www.duthuyenninhkieu.vn - le soir seult - env. 250 000/450 000 VND.* Un restaurant flottant ouvert en 2016. Sur trois niveaux, la vue sur le Mékong et le manège des bateaux sont délicieux. Repas à quai ou en croisière.

7 **Spices** – *Hôtel Victoria, Cai Khe Ward - Loh Bakao - ✆ 08 6273 95 80 - 400 000/600 000 VND.* Une carte de cuisine internationale et un cadre élégant. La salle du restaurant, illuminée par ses belles baies vitrées, donne sur le jardin fleuri du *resort*. Belle carte de vins français, espagnols ou italiens, dont certains servis au verre. Outre le déjeuner, l'endroit est idéal pour une halte au bord de la piscine en fin d'après-midi.

10 **L'Escale** – *Hôtel Nam Bo, 1 Ngo Quyen (au dernier étage, ascenseur) - ✆ (292) 381 91 39 - 14h-23h - menu 500 000/600 000 VND.* C'est après la tombée de la nuit, quand les quais et le grand pont à haubans s'illuminent, que la vue est la plus féerique depuis la terrasse de ce *roof top restaurant*. Préférez donc le dîner pour apprécier ses plats de gastronomie française. L'assiette de fromages et le plateau de tapas du chef, à accompagner d'un cru européen, feront soupirer d'aise ceux qui veulent changer leur ordinaire alimentaire. Le Nam Bo est également un hôtel de charme *(voir « Hébergement »)*.

Boire un verre

Quelques gargotes pour prendre un verre au niveau de l'embarcadère.

Hébergement

Can Tho offre le meilleur choix d'hôtels du delta.

Premier prix

Les petits budgets trouveront pléthore d'hôtels bon marché sur et autour de la rue Ngo Duc Ke.

Comptez 250 000/350 000 VND sans/avec fenêtre, pour des chambres d'une propreté toute relative.

2 Anh Dao Mekong – *85 Chau Van Liem - ✆ (292) 381 95 01 -* ▤ P *- 33 ch. 400 000/500 000 VND.* Un hôtel sans prétention mais bien tenu, à 5mn à pied du marché couvert et de l'embarcadère. Chambres un peu exiguës pour les « standard », bien plus agréables pour les « deluxe », réparties sur 7 étages avec ascenseur. Café-bar sur le toit-terrasse.

Budget moyen

9 Saigon - Can Tho – *55 Phan Dinh Phung - ✆ (292) 382 58 31 -* ▤ ✕ *- 52 ch. 600 000/650 000 VND* ☕. Tout près du marché, cet hôtel confortable propose un service professionnel. Attention, les chambres au prwemier prix n'ont pas de fenêtre sur l'extérieur. Le bar du 4e étage jouit d'une jolie vue sur la ville. Accueil anglophone.

West Hotel – HORS PLAN *- 88-92 Hai Ba Trung - ✆ (292) 368 33 68 - www.cantho westhotel. com -* ▤ ✕ ≋ P *- 80 ch. 870 000/1150 000 VND* ☕. Ouvert en 2014, il occupe un haut bâtiment blanc ne cachant pas son penchant pour un certain kitsch décoratif, plutôt incongru dans cette rue investie tous les jours par un marché populaire. Jolie piscine en *rooftop* avec vue sur la rivière.

1 Kim Tho – *1A Ngo Gia Tu - ✆ (292) 381 75 17 - www. kimthohotel.vn -* ▤ ✕ *- 52 ch. 1000 000 VND* ☕. Très bien située, cette tour de 12 étages offre tout le confort d'un établissement de standing international. Qu'elles aient vue sur la ville ou, avec un petit supplément, sur la rivière, les baies vitrées des chambres délivrent une vue panoramique superbe dans les étages les plus élevés. Bar au dernier étage.

Pour se faire plaisir

3 Ninh Kieu River – *2 Hai Ba Trung - ✆ (292) 378 97 89 - www. ninhkieuhotel.vn -* ▤ ✕ P *- 165 ch. 1 500 000/1 700 000 VND* ☕. Ouvert en 2016 à l'extrémité nord du quai, il affiche une audacieuse architecture de verre qui fait désormais partie des points de repère de la ville. Sur 12 étages, ses chambres disposent toutes de grandes baies vitrées donnant côté ville ou côté rivière. Les tarifs étant les mêmes, choisissez-en une le plus haut possible. Salle de fitness.

4 Nam Bo – *1 Ngo Nguyen - ✆ (292) 381 91 39 - www.nambo cantho.com -* ▤ ✕ *- 7 suites 1800 000/2 500 000 VND* ☕. Cet « hôtel boutique » joue la carte du charme et de l'élégance dans ses suites, vastes et confortables. L'établissement abrite deux restaurants particulièrement recommandables *(voir « Restauration »).*

Une folie

11 Victoria – *Cai Khe Ward - ✆ (292) 381 01 11 -* ▤ ✕ ≋ P *- 92 ch. 2 600 000/ 3 400 000 VND* ☕. Posé au bord du Mékong, dans un jardin fleuri soigneusement entretenu, cet élégant édifice construit dans le style néoclassique et décoré dans le goût colonial (carrelages à l'ancienne dans les espaces communs, parquet dans les chambres, tons jaune pâle, etc.) propose un service digne d'un palace. Les chambres, sur 2 étages avec ascenseur, se répartissent dans un bâtiment en U autour de la piscine ; la moitié d'entre elles donnent sur les jardins. Nombreux services : salle Internet, petite bibliothèque, boutiques, massages, sauna, tennis, Spa. Transfert gratuit de et vers l'aéroport.

Marché flottant dans la province de Can Tho.
hadynyah/Getty Images Plus

Chau Doc ★★

Adossée à la frontière cambodgienne, la région de Chau Doc apparaît comme l'une des plus attachantes du delta. Son relatif éloignement a préservé la ville et, plus encore, les campagnes alentour d'une modernisation trop rapide, et l'on a parfois l'impression que la province d'An Giang est restée figée dans le temps. Dans un désordre apparent de maisons hétéroclites cohabitent Chams, Vietnamiens, Chinois, Khmers... et toutes les religions semblent s'y être donné rendez-vous. Bref, le Vietnam comme on l'aime, inattendu et authentique.

Se repérer

CARTE B1 (P. 302) - PLAN DE VILLE CI-CONTRE.

92 667 habitants – Province d'An Giang.
Chau Doc se trouve à 122 km au nord-ouest de Can Tho et 220 km à l'ouest de Ho Chi Minh-Ville.

À ne pas manquer

Le marché de Chau Doc ; le panorama du haut du mont Sam ; la réserve ornithologique de Lam Vien.

Organiser son temps

Comptez 2h pour visiter Chau Doc et 2h pour les villages chams. Les pèlerins viennent en foule chaque dimanche : vous aurez plus de calme au marché et sur le mont Sam en semaine.

Carnet pratique p. 330

Nos adresses p. 330

Se promener

PLAN CI-CONTRE

Le **marché central★★** justifie à lui seul une halte dans la ville. Couvrant plusieurs pâtés de maisons et se prolongeant jusqu'au fleuve, c'est l'un des mieux fournis du Sud-Vietnam, et l'un des plus photogéniques. Bien qu'alimenté par des produits venus du Cambodge et de Thaïlande, il regorge de spécialités régionales : poissons séchés, pâte de tamarin, confiseries à base de noix de coco et de mangue, sucre de palme, graines de lotus, fruits de palmier à sucre... Un régal pour les yeux ! Les pèlerins qui viennent faire leurs dévotions sur le mont Sam chaque dimanche font généralement un détour par le marché de Chau Doc le matin.
Autour du marché central, les ruelles s'étirent jusqu'à la lisière du fleuve, envahie par un enchevêtrement de **maisons sur pilotis** dans une stabilité précaire.
Une **promenade** aménagée au bord de l'eau, entre la pagode Nguyen Huu Canh et l'hôtel Victoria, invite à la flânerie en fin d'après-midi, quand la lumière dore les maisons flottantes établies en face de l'île Con Tien. La **vue★★★** sur le Hau Giang (Bassac), au confluent de plusieurs bras d'eau où glissent des coques de bois de toutes tailles, campe une image du Mékong éternel.

À proximité

CARTE P. 302

La campagne autour de Chau Doc est quadrillée de canaux que bordent d'étroites routes-digues. Elle se prête particulièrement à une excursion à vélo ou à scooter : rizières à perte de vue, élevages de canards et d'oies, champs de lotus où paressent les buffles d'eau composent des scènes charmantes.

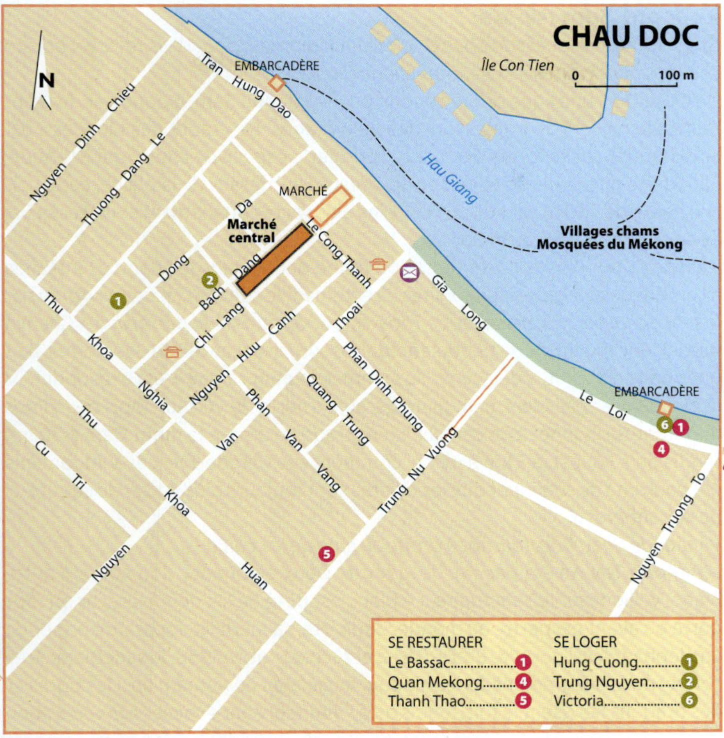

Villages chams et mosquées du Mékong B1

Il est conseillé d'être accompagné d'un guide pour cette passionnante excursion dans les villages chams. Vous pouvez également affréter une barque : les pilotes de bateau vous aborderont sur la promenade pour vous proposer la balade. Les mosquées s'animent surtout le vendredi en fin de matinée ; attendez la fin de l'office à l'extérieur pour ne pas déranger les fidèles.

Remontant le fleuve, on longe d'abord un étonnant **village flottant★★**. Ses lourdes maisons de bois aux balcons fleuris disposent d'un certain confort moderne, à commencer par la télévision, et chacune possède sa propre réserve de poissons, qui servent à la consommation familiale, mais sont aussi vendus dans tout le pays. Il suffit d'ouvrir une trappe pour se servir !

Le bateau aborde ensuite un petit **village cham★** aux maisons sur pilotis caractéristiques. Elles sont groupées autour de la **mosquée Ehsan**, d'une blancheur immaculée.

Plantée au bord d'un bras secondaire de l'autre côté du fleuve, à Chau Phong, la **mosquée Jamiul Azhar★** présente une architecture néocoloniale gracieuse, avec son minaret coiffé d'une coupole argentée *(vous pouvez aussi y aller directement de Chau Doc ; prenez alors le bac pour Chau Giang à l'embarcadère situé au sud de l'hôtel Victoria, puis une moto-taxi, ou marchez 15mn vers la gauche)*. Jetez un coup d'œil au **cimetière** planté de stèles modestes, dans la plus parfaite tradition musulmane. Dans le même district, la **mosquée Moubarak** *(1 km)* abrite quant à elle une école coranique.

★★ **Mont Sam** (NUI SAM) B1

À 7 km au sud-ouest de Chau Doc. Meilleur moment pour la visite : lever et coucher du soleil. Nombreux pèlerins chaque dimanche.
De Chau Doc, une ligne droite conduit au pied de **Nui Sam**, bloqué par des centaines de milliers de fidèles lors des pèlerinages. Le « mont des Limules » est ainsi baptisé car sa forme évoque celle de cette espèce de crabe préhistorique. Silhouette majestueuse et incongrue dressée au-dessus de la plaine, cette colline haute de 230 m est l'un des lieux les plus sacrés du Vietnam et l'un des plus beaux points de vue du delta.
Résistez pour l'instant à la tentation d'une pause dans les hamacs installés à l'ombre des gargotes et rejoignez directement le sommet *(accès en 40mn par le sentier qui part du mausolée de Thoai Ngoc Hau ou à moto par la route)*. Chemin faisant, une multitude de petits **sanctuaires** surgissent au milieu des pierres, baignés dans les volutes d'encens. Du sommet, le **panorama★★** est exceptionnel : la campagne désespérément plate déroule à perte de vue son tapis de rizières miroitantes sillonnées de canaux. Loin au sud se dresse le **mont Cam** (710 m), tandis qu'à l'ouest, à 3 km à peine, commence le Cambodge. Les Vietnamiens ont coutume de souligner que les rizières sont toujours plus vertes de ce côté-ci de la frontière !
Venant de Chau Doc, tournez à droite au pied de la colline.
★ **Pagode Tay An** – *À gauche de la route.* Deux éléphants, l'un noir et l'autre blanc, veillent sur le sanctuaire. Le blanc est doté de six défenses, car on rapporte qu'avant de mettre au monde Siddharta, sa mère vit apparaître en songe un éléphant ainsi pourvu. Bâti au 19e s. et reconstruit en 1958, le sanctuaire, très coloré, mêle allégrement styles hindou, musulman et vietnamien. Des tigres et des dragons hérissent le toit, tandis qu'à l'intérieur sont exposés à la vénération des fidèles des dizaines de **statues** peintes du Bouddha et des 18 protecteurs de la loi bouddhique. Les **tombes** colorées dispersées derrière le bâtiment sont celles de bonzes.
★ **Temple de la déesse Chua Xu** (MIEU BA CHUA XU) – *Un peu plus loin sur la droite.* Il est dédié à Chua Xu, la patronne du pays. Le sanctuaire originel de 1825, en bambou, fut remplacé au début des années 1970 par un vaste édifice un peu kitsch coiffé d'un triple toit en tuiles vertes. À l'intérieur, une **statue** peinte de la déesse, nimbée d'une auréole électrique, est l'objet d'une grande dévotion. La plupart du temps, un cochon rôti avec un couteau planté gît à ses pieds en guise d'offrande. Juste à côté, dans une vitrine, sa lourde tunique richement ornée de broderies est changée tous les jours, comme le veut la tradition. L'espace que vous apercevez au fond du temple a été aménagé pour que les pèlerins puissent se reposer durant les agapes. Les **bâtiments annexes** comprennent un dortoir, ainsi que le dressing personnel de la déesse, qui renferme plusieurs centaines de tuniques offertes par des dévots !
Mausolée de Thoai Ngoc Hau – *De l'autre côté de la route.* Thoai Ngoc Hau, preux chevalier de la dynastie Nguyen (1761-1829), consacra sa vie à défendre la province contre les ennemis. On lui doit également la construction du grand canal Vinh Te qui double la frontière avec le Cambodge et a permis de développer les cultures. À l'intérieur, sa tombe est flanquée de celles de ses deux épouses et couronnée de son buste en cuivre.
Pagode de la Caverne (CHUA PHUOC DIEN OU CHUA HANG) – *Poursuivez sur 2 km le chemin qui contourne la colline par l'ouest.* Une longue volée d'escaliers mène au sanctuaire qui renferme des **statues du Bouddha**. Derrière s'ouvre une grotte

Chau Doc, village flottant.
W. Bibikow/hemis.fr

naturelle où la bonzesse Le Thi Tho fut un jour interrompue dans sa méditation par deux serpents, l'un blanc et l'autre vert. On raconte que les deux reptiles ne la quittèrent plus et disparurent peu après sa mort. Un autel dédié à Quan Am, bodhisattva de la Compassion, a été aménagé dans la grotte.

★★ Réserve ornithologique de Lam Vien B1

À 17 km au sud de Chau Doc, entre les monts Sam et Cam. Meilleure heure : lever et coucher du soleil.

La réserve occupe le site enchanteur de la forêt inondée de **Tra Su**, quadrillée par un réseau régulier de canaux et de digues que l'on peut suivre à pied ou en scooter. On peut aussi effectuer la balade à bord d'une barque à l'équilibre précaire, le meilleur moyen de sillonner les étroits canaux en ayant quelque chance d'observer les échassiers. Pour un point de **vue★★** d'ensemble, faites une halte à la haute tour en béton aménagée au milieu de la forêt.

★ Le long de la frontière cambodgienne AB1

Sous des airs assoupis, la route de Chau Doc à Ha Tien *(95 km)*, qui longe un canal artificiel, est un axe traditionnel de la contrebande avec le Cambodge. La région garde le souvenir traumatisant des raids sanglants menés par les Khmers rouges dans les années 1975-1979, en particulier dans le village de **Ba Chuc** *(à 43 km au sud-ouest de Chau Doc)*. Ces attaques furent l'une des principales raisons invoquées par le Vietnam pour justifier l'invasion du Cambodge et le renversement de Pol Pot en 1979. Morbide et émouvant, le **mausolée des Crânes** est une sorte de kiosque où les ossements de 1100 victimes des Khmers rouges sont exposés derrière une vitrine. Il s'élève à l'emplacement d'une pagode détruite durant l'attaque d'avril 1978, qui fit près de 4 000 morts. Des photos du massacre, d'une barbarie insoutenable, sont présentées dans un bâtiment attenant.

Carnet pratique

PLAN DE VILLE (P. 327)

Arriver/Partir

En bateau

Pour **Chau Giang**, embarcadère au bout de la rue Le Loi, au sud de la ville.

Pour **Phnom Penh** (Cambodge), embarcadères à côté de l'hôtel Victoria et au nord du marché *(dép. vers 8h - 4h de trajet)*. Réserver la veille.

En bus

Ben Xe Chau Doc – *À env. 3,5 km au sud-est de la ville sur la route de Can Tho*. Départs fréquents pour Can Tho *(4h)* et Ho Chi Minh-Ville *(6h)*. Liaisons le matin avec Ha Tien *(4h)* et Rach Gia *(5h)*.

Bien plus pratique, des bus pour Can Tho et Ho Chi Minh-Ville partent chaque jour de la place Dao Trang, face au marché central.

Agenda

Chol-Chhnam-Thmay – *13-15 avril*. Nouvel An bouddhique theravada chez les Khmers.

Fête de Chua Xu – *Mai*. Au mont Sam, du 23e au 25e jour du 4e mois du calendrier lunaire ; célèbre la patronne du pays.

Romadol – *Mai*. Les Chams musulmans célèbrent le Romadol, durant tout le mois de mai, et le **Hazi**, les deux premiers jours du 6e mois lunaire.

Dol-ta – *29e jour du 8e mois lunaire*. Courses de buffles.

Nos adresses

PLAN DE VILLE (P. 327)

Restauration

Premier prix

4 **Quan Mekong** – *41 Le Loi (en face de l'hôtel Victoria) - ☎ (296) 386 73 81 - ⊭ - service continu - 100 000/ 200 000 VND*. Il occupe la cour d'un édifice colonial jaune pâle. C'est ce cadre qui fait tout l'attrait de cette petite cantine où l'on se rassasie d'une assiette de riz sauté ou de nouilles. Vous pourrez même goûter aux vins de Dalat. Pas d'anglais.

Budget moyen

5 **Thanh Thao** – *26 Trung Nu Vuong - ⊭ - service continu - plats env. 150 000/300 000 VND*. Ne vous fiez pas aux apparences. Cette vaste salle carrelée sans âme aux tables métalliques ressemble à une cantine de rue ? Pas du tout, c'est en fait un authentique restaurant de coquillages et crustacés. Escargots de mer, crabes, crevettes géantes, etc. Pas d'anglais mais il est facile de se faire comprendre en pointant ses choix dans les viviers à l'entrée.

Pour se faire plaisir

1 **Le Bassac** – *Hôtel Victoria, 1 Le Loi - ☎ (296) 386 50 10 - 11h-22h - plats 150 000/500 000 VND*. Le restaurant de l'hôtel Victoria propose un choix classique de cuisines occidentale et vietnamienne. Cadre raffiné et présentation soignée dans la salle comme sur la belle terrasse le long du fleuve.

Petite pause

Le bar et la piscine du Victoria *(voir « Hébergement »)*, avec vue sur le fleuve, sont un havre de paix.

Café Goc Pho – *À l'angle de Dong Da et Phan Van Vang - ☎ (296) 626 78 88 - ⊭ - 6h-22h*. Une salle climatisée au premier étage et, au second, une terrasse à l'air libre d'où la vue embrasse l'animation de la place Dao Trang et de sa pagode. Petits-déjeuners, restauration sans génie (pizzas,

La course bovine, tradition khmère.
vinhdav/Getty Images Plus

burgers et quesadillas), ainsi que des *dim. sum* (bouchées vapeur).

Hébergement

Le week-end et durant les fêtes, il est indispensable de réserver.

Premier prix

(2) **Trung Nguyen** – *86 Bach Dang - ✆ (296) 356 15 61 - 15 ch. 310 000/450 000 VND.* Un hôtel impeccablement tenu, idéalement situé en plein centre, tout près du marché (donc un peu bruyant). Chambres de bon confort, lumineuses mais exiguës, certaines avec balcon sur rue. Anglais à la réception. Location de scooters.

Budget moyen

(1) **Hung Cuong** – *96 Dong Da - ✆ (296) 386 51 16 - P - 42 ch. 510 000/655 000 VND.* Impeccablement propres, à la limite de la froideur, ses chambres carrelées lumineuses se répartissent sur 7 étages avec ascenseur. Les plus belles disposent d'un balcon avec vue plongeante sur les toits verts de la pagode Dao Trang. Le petit-déjeuner se prend au 8e étage : vue panoramique sur le mont Sam, la rivière Bassac et les rizières. Une excellente adresse.

Une folie

(6) **Victoria** – *1 Le Loi - ✆ (296) 386 50 10 - www. victoriahotels.asia - P - 92 ch. 2 750 000/3 820 000 VND.* Ce palace aux tons crème occupe un emplacement exceptionnel, au confluent de deux cours d'eau, avec une vue imprenable. L'architecture néoclassique raffinée est à la hauteur des prestations. La chambre familiale est une option intéressante. Salle de gym, location de vélos, agence d'excursions.

6

La côte du golfe

Ha Tien - Rach Gia

S'étirant le long des eaux claires du golfe de Thaïlande, la région côtière est bordée au nord par Ha Tien, à la frontière cambodgienne, tandis que Rach Gia, sa capitale, en occupe la partie sud. Traditionnellement tournée vers la pêche et les activités piscicoles, qui phagocytent une bonne partie du littoral, la province de Kien Giang développe aussi l'agriculture (riz, poivre, canne, coco). Vous y croiserez avant tout des voyageurs arrivant du Cambodge voisin ou s'y dirigeant, et des vacanciers qui attendent leur ferry pour l'île de Phu Quoc. Les brassages dus aux multiples migrations ont laissé de nombreux témoignages à Rach Gia, où voisinent en bonne intelligence les sanctuaires bouddhiste, confucéen, chrétien, caodaïste...

Se repérer

CARTE AB1 (P. 302) - PLAN DE HA TIEN (P. 333) - PLAN DE RACH GIA (P. 336).

Ha Tien (30 077 hab.) et Rach Gia (210 784 hab.) – Province de Kien Giang.

Ha Tien est située à 95 km au sud-ouest de Chau Doc (325 km à l'ouest de Ho Chi Minh-Ville) et à 89 km au nord de Rach Gia.

À ne pas manquer

Comptez une journée pour Ha Tien. La pagode de la Grotte, près de Ha Tien ; un pique-nique sur la presqu'île de Hon Chong.

Carnet pratique p. 337

Nos adresses p. 338

Découvrir

CARTE P. 302

★ Ha Tien A1 ET PLAN CI-CONTRE

Située dans un cul-de-sac à la pointe sud-ouest du Vietnam, à 6 km du Cambodge, Ha Tien est une grosse bourgade paisible. Posée au bord du golfe de Thaïlande, au pied d'un chapelet de collines qui ponctuent l'entrée d'un lac d'eau de mer, la ville jouit d'un cadre enchanteur. Elle connut toutefois des jours moins paisibles à la fin des années 1970, lorsque les incursions des Khmers rouges contraignirent tous les habitants à s'enfuir. Aujourd'hui, la population vit de la culture du poivre, de la saumure et de la pêche, en particulier celle des crevettes qui sèchent devant les maisons, exhalant ainsi un délicat fumet !

Le quartier le plus animé de la ville, foisonnant d'hôtels bon marché et de karaokés, se concentre autour du **grand marché★** de Ha Tien, face à la rivière. L'espace commerçant consiste en plusieurs halles spécialisées – poissons *(cho ca)*, viande *(cho thit)*, fruits et légumes, produits manufacturés. Un petit marché de nuit déploie ses étals à l'arrière.

Une **promenade** a été aménagée le long de la rivière, prétexte à une flânerie agréable en fin d'après-midi.

Remontez la rue Phuong Thanh jusqu'à l'angle de la rue Mac Thien Tich.

Une grande statue de la déesse de la Miséricorde précède la **pagode Sac Tu Tam Bao Tu** *(7h-19h)*, sanctuaire dédié au bouddhisme mahayana et fondé par Mac Cuu au 18e s. La pagode renferme une autre **statue de Quan Am★** pourvue de mille bras et mille yeux symbolisant sa puissance ubiquitaire. Ce bodhisattva de la Compassion, capable de prendre toutes les formes pour sauver les humains, est, comme souvent, représenté sous des traits féminins. Un **jardin de bonsaïs**, certains taillés en forme d'animaux, a été aménagé derrière la pagode. De l'autre côté de la rue se dresse la haute silhouette immaculée d'une **église catholique**.

Continuez à remonter la rue Phuong Thanh et prenez à gauche vers la colline Binh Son.

Une terre âprement disputée

Au début du 18e s., Ha Tien était une **possession cambodgienne** gouvernée par Mac Cuu, un Cantonais ayant fui la Chine avec sa suite en 1644, lors de l'éviction des Ming par les Mandchous. Pour défendre la ville contre les raids du Siam, il fit appel en 1708 aux Vietnamiens, mais ceux-ci ne purent empêcher la prise de Ha Tien. Cette victoire s'avéra néanmoins éphémère, car Mac Cuu et ses alliés vietnamiens, les seigneurs Nguyen, ne tardèrent pas à chasser les Siamois. Son fils Mac Thien Tich lui succéda en 1736, mais lui-même dut faire face aux razzias des Siamois et à la révolte des Tay Son. Avec l'aide des Nguyen, il sortit finalement vainqueur de la confrontation. Le rattachement définitif de Ha Tien au Vietnam, en 1798, devait parachever la formation territoriale du pays. Une annexion jamais vraiment acceptée par les Cambodgiens !

La **pagode Phu Dung** (PAGODE DE L'HIBISCUS ROSE) porte le nom de l'épouse de Mac Thien Tich. Le gouverneur de la province la fit bâtir au 18e s. pour sa bien-aimée qui avait fait le vœu de passer le reste de sa vie dans la contemplation et la méditation. Une statue de Phu Dung trône à l'intérieur, accompagnée de deux phénix, symbole de béatitude.

En sortant de la pagode, tournez à droite. Vous passez devant une pagode contemporaine à l'architecture intérieure très réussie, Chua Phat Da, avant d'atteindre le sanctuaire des Mac Cuu.

Au pied de la colline, le **sanctuaire des Mac Cuu**, une coquette bâtisse à toit de tuiles, date de 1902. Les tombes de la famille, richement décorées d'animaux mythologiques multicolores, sont dispersées sur la butte Nui Lang (« la montagne tombeau »). Celle de Mac Cuu, très proche, fait l'objet d'une vénération toute particulière. Montez jusqu'au sommet de la colline pour jouir du **panorama**★★ sur la ville et la côte est. Un pur moment de contemplation !

★★ Pagode Thach Dong (PAGODE DE LA GROTTE) A1

À 4 km au nord de Ha Tien, sur la route du Cambodge (vous pouvez louer les services d'une moto-taxi) - 8h-18h - 5 000 VND.

Un étonnant sanctuaire niché au fond d'une grotte creusée dans un piton karstique et aménagée d'escaliers. La cavité abrite une statue de Ngoc Hoang, l'Empereur de Jade de la religion taoïste, ainsi qu'une statue de Quan Am. Un doux vent rafraîchissant traverse les lieux que se partagent les pigeons et les chauves-souris. À l'entrée, une petite **stèle** commémore le massacre de 130 civils par les Khmers rouges le 14 mars 1978.

★ Plage de Mui Nai A1

À l'ouest de Ha Tien, 6 km au sud-ouest de la pagode Thach Dong.

Lovée au fond d'une petite crique au pied de collines boisées tombant dans la mer, à 5 km du Cambodge, c'est un haut lieu du tourisme local. Des légions de familles viennent y faire trempette ou déguster des coquillages à l'ombre des filaos. On aperçoit à droite un **phare** perdu au milieu des arbres et, au large, de petits îlots rocheux. Par temps clair, le regard porte jusqu'à Phu Quoc. Oubliez toute idée de camping sauvage, car l'endroit est, paraît-il, parfois fréquenté la nuit par des contrebandiers.

★★ Presqu'île de Hon Chong A1

À 34 km au sud-est de Ha Tien.

Entre Ha Tien et la presqu'île de Hon Chong, la route traverse une belle campagne de collines calcaires qui semblent surgir des profondeurs de la terre. Dommage

Bateaux de pêcheurs à Ha Tien.
Thoai Pham/Alamy/hemis.fr

que d'énormes cimenteries rongent peu à peu, pour leurs besoins, ces rares reliefs du delta...
Ravissant ruban de sable s'étirant à l'ombre des cocotiers, la **plage de Hon Chong★** possède quelques gargotes en bambou où l'on sert de succulents poissons frais. L'endroit, plein de charme, risque cependant de laisser de marbre les habitués des plages de Thaïlande et d'Indonésie. On aperçoit au loin l'**île de Nghe**, qui cache de superbes plages, restées préservées grâce à leur isolement et leur difficulté d'accès *(pas de transports publics : chartériser un bateau revient autour de 360 000 VND).*
Au bout de la route, à 2 km de Hon Chong, la **pagode Hai Son Tu** *(7h-17h - 5 000 VND)* est adossée à une colline. Elle masque l'accès à une vaste cavité baignée par les senteurs mêlées d'encens et d'excréments de chauves-souris, qui sert d'écrin à la **pagode Hang★★**, un étonnant sanctuaire blotti dans la pénombre où se dresse une statue de Quan Am. L'endroit fait l'objet de fervents pèlerinages. À l'extrémité de ce dédale surgit la **plage de Duong★★**, nichée dans le creux d'une petite crique aux eaux limpides d'où émergent deux îlots rocheux, **Hon Phu Tu** (« Père et Fils » - *possibilité d'en faire le tour en bateau*). Ils servent de refuge à des colonies de salanganes, dont les nids constituent un mets très recherché. Des dizaines de gargotes et d'étals, témoins du succès populaire de l'endroit, se succèdent le long de la plage. L'ambiance est joyeuse, mais la propreté de la plage paie un lourd tribut à ces agapes. À la tombée de la nuit, quand tout le monde est parti, un superbe coucher de soleil irradie parfois sur la baie.

Rach Gia (KIEN GIANG) B1 ET PLAN P. 336

À 89 km au sud-est de Ha Tien.

Cité dynamique et prospère mais sans atours, Rach Gia est avant tout une brève halte pour les touristes qui viennent prendre le ferry pour Phu Quoc. Traditionnellement tournée vers la pêche et l'agriculture, cette petite capitale provinciale affiche son ambition de disputer à Can Tho la place de pôle économique prépondérant du delta, comme en témoignent les projets gouvernementaux.
Sa situation, au bord du golfe de Thaïlande et sur l'estuaire du canal menant à Long Xuyen, constitue d'ailleurs l'un de ses principaux atouts. Rach Gia abrite des minorités chinoise et khmère et brasse presque toutes les religions représentées par autant de sanctuaires.
On se repère facilement dans Rach Gia, parcourue du nord au sud par la rue Nguyen Trung Truc. Elle traverse le centre-ville, concentré sur le petit îlot au milieu du

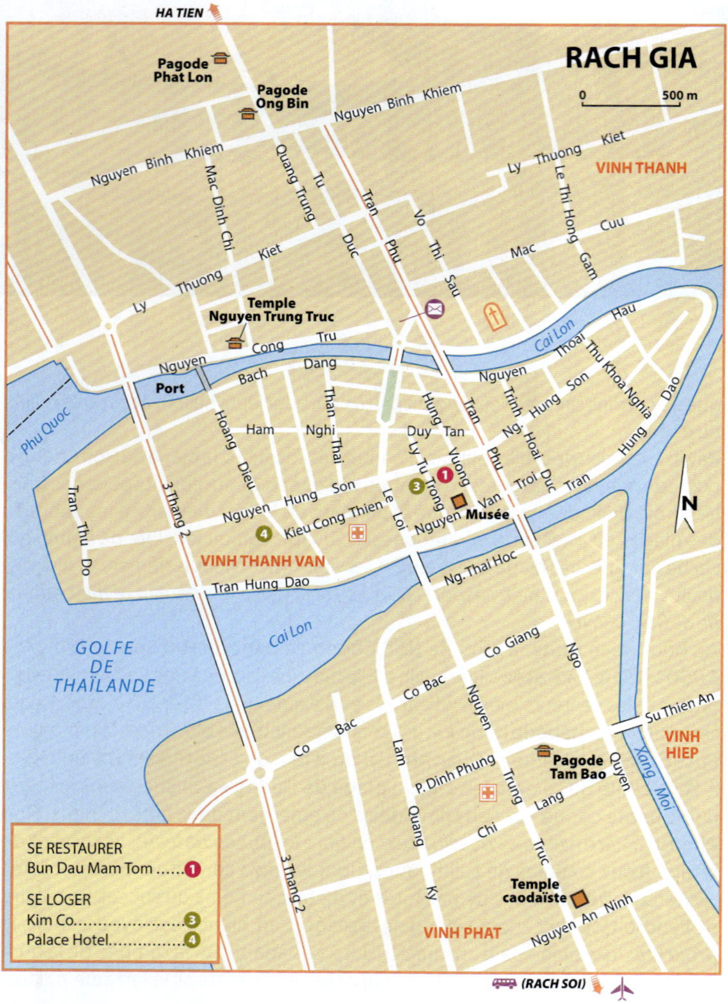

canal. Commencez au niveau du **port** et remontez la rue Nguyen Cong Tru pour continuer, de l'autre côté du canal.

Dressé à quelques centaines de mètres de l'embarcadère, face à la rivière, le **temple Nguyen Trung Truc** *(6h-17h)* est dédié au héros local de la lutte contre l'occupant français dans les années 1860. On peut y voir une parfaite illustration de la tradition qu'ont les Vietnamiens de créer un culte autour de personnages historiques et de l'associer à une religion, ici le confucianisme. Le portrait de Nguyen Trung Truc trône au-dessus de l'autel, tandis que dans la cour deux **bas-reliefs** colorés narrent ses deux principaux faits d'armes : l'incendie du palais du gouverneur et celui du navire l'*Espérance*. Après des années de clandestinité, il fut contraint de se rendre aux Français qui avaient pris sa femme en otage, et il fut exécuté...

En sortant, tournez deux fois à gauche pour rejoindre la rue Quang Trung, au nord de la ville, que jalonnent plusieurs sanctuaires.

La **pagode confucéenne Ong Bin** (CHUA ONG BIN) arbore une façade très colorée. La traditionnelle cour intérieure est dotée d'un puits destiné à recevoir la « lumière céleste ». Notez sur les murs plusieurs bas-reliefs naïfs représentant des tigres.
Plantée au milieu d'un bosquet, la **pagode Phat Lon** remonte au 18e s. Il s'agit de la plus grande pagode khmère theravada du delta, immédiatement reconnaissable à son style. Dans le sanctuaire, richement décoré de fresques, trône une statue du Bouddha, assis devant un cercle de lumière clignotant. Derrière la pagode, jetez un coup d'œil au **cimetière** hérissé de stupas (reliquaires funéraires) et à la tour columbarium cernée d'un escalier extérieur, érigée en 2013.
Redescendez vers le centre-ville.
Musée de Rach Gia – *27 Nguyen Van Troi - ✆ (077) 386 37 27 - lun.-vend. 7h30-11h, 13h30-17h - gratuit.* Outre l'inévitable section consacrée à la guerre du Vietnam, il conserve une intéressante collection d'objets hindouistes provenant du site d'Oc Eo (1er-6e s.), en particulier des poteries, des *linga*, des *yoni* et des bijoux. Située à 35 km au nord de Rach Gia, la **cité antique d'Oc Eo** n'intéressera que les spécialistes.
Descendez Nguyen Trung Truc et tournez à gauche dans la rue Su Thien An.
S'il vous reste du temps, complétez la visite de la ville par la **pagode Tam Bao**, qui possède un joli jardin décoré d'arbres taillés en forme d'animaux.
Plus au sud, à l'angle des rues Nguyen Trung Truc et Nguyen An Minh, se dresse également un **temple caodaïste**.

Carnet pratique

PLAN DE HA TIEN (P. 333)
PLAN DE RACH GIA (P. 336)

Arriver/Partir

Ha Tien

Ben Xe Ha Tien (gare routière de Ha Tien) – *À 1 km au sud du débarcadère, derrière l'hôpital.* Départs fréquents pour Rach Gia *(3h)*, Ho Chi Minh-Ville *(9h)*; 3 départs/j. pour Can Tho *(très tôt le matin)* et Chau Doc.
Ben Pha Thanh Thoi (gare maritime de Thanh Thoi) – *Au sud du pont, en face du marché.* La compagnie Superdong *(✆ 0297 395 59 33 - superdong.com.vn/en)* assure des liaisons quotidiennes avec **Phu Quoc** *(1h30 de traversée - env. 230 000 VND).*
De/vers le Cambodge – Le poste-frontière de Prek Chak *(côté Cambodge, à 6 km de Ha Tien)* est ouvert de 6h à 18h. Faute de transports publics, il vous faudra recourir aux services d'une moto-taxi, d'un taxi ou d'une agence de voyage qui organise des liaisons avec Kep, Kampot et Phnom Penh *(2 dép./j.)*. Il est possible d'obtenir un VOA *(Visa on arrival)* à la frontière.

Rach Gia

Aéroport de Rach Soi – *à 8 km au sud de la ville*. Vasco, filiale de Vietnam Airlines, assure des vols tlj pour Ho Chi Minh-Ville *(1h)*.
Ben Xe Khach Tien Giang (gare routière de Tien Giang) – *À 8 km du centre-ville.* Bus fréquents pour Ha Tien *(2h)*, Can Tho *(3h)* et Ho Chi Minh-Ville *(6h)*.
Ben Tau Phu Quoc (jetée de Phu Quoc) – La compagnie Superdong *(✆ 0297 395 59 33 - superdong.com.vn/en)* assure des départs quotidiens de bateaux vers l'île de Phu Quoc *(dép. le matin - durée env. 2h30 - 330 000 VND).*

6

Rouleaux de Printemps.
Nikolay_Donetsk/Getty Images Plus

Nos adresses

Restauration

Ha Tien

Premier prix

1 **Xuan Thanh** – *20 Tran Hau - 09 1399 39 37 - - service continu - plats moins de 130 000 VND.* Cuisine vietnamienne populaire sans surprises dans une salle ouverte face à la rivière. Sert de bonne soupes au petit-déjeuner. Carte en anglais mais service en vietnamien uniquement.

Budget moyen

2 **5 Lua** – *36 Dang Thuy Tram - 09 8886 44 64 - - service continu - env. 150 000/300 000 VND.* Sa grande salle semi-couverte, ouverte sur la rue, est renommée. Spécialités de viandes et poissons grillés, mis à cuire sur le grand barbecue à l'entrée. Beau succès populaire, surtout en soirée.

Rach Gia

Budget moyen

1 **Bun Dau Mam Tom** – *131 Nguyen Hung Son - (077) 394 63 05 - - 15h-22h, sam. 10h30-22h - 150 000/280 000 VND.* L'avant-cour d'une charmante maison de style colonial accueille les tables basses de ce mini-café-restaurant. On y sert des nouilles froides, des beignets et des salades présentés dans des paniers d'osier, sur des feuilles de bananier. Vous composerez vous-même vos rouleaux de printemps avec les ingrédients qui y seront disposés. Anglais basique.

Hébergement

Ha Tien

Une bonne trentaine d'hôtels économiques et de *guesthouses (nha nghi)* se côtoient autour du marché et sur la promenade bordant la rivière.

Premier prix

3 **Hai Van** – *55 Lam Son - (297) 385 20 01 - - 60 ch. 600 000 VND.* Vous y trouverez trois catégories de chambres selon leur taille, les plus belles disposant d'un balcon, voire d'un coin salon. L'ensemble, bien entretenu, se situe dans un quartier calme et pittoresque. Anglais basique à la réception, accueil aimable.

2 **Hai Phuong** – *52 Duong Dang Thuy Tram - (297) 385 22 40 - - 43 ch. 450 000/ 650 000 VND.* Avec ou sans fenêtre/balcon, sur 4 étages desservis par ascenseur, ses chambres dépouillées remportent la palme de la sobriété. Situation centrale. Pas d'anglais.

Budget moyen

5 **River** – *Binh San Ward - (297) 395 58 88 - - 81 ch. 700 000/1 150 000 VND .* Ce bâtiment de 11 étages, entièrement vitré, offre des vues superbes sur la rivière et les collines alentour. Même si les chambres, carrelées et de taille variable, commencent à vieillir, le River reste l'un des meilleurs hôtels de la ville. Propose également des chambres familiales.

1 **Bao Anh** – *Binh San Ward - 09 1388 52 52 - - 36 ch. 1 200 000 VND.* Ouvert en 2015, ce grand édifice d'angle de 4 étages avec ascenseur propose des chambres carrelées, spacieuses et bien entretenues, dont les grandes baies vitrées donnent sur la rivière. Un bémol toutefois, l'endroit peut se révéler bruyant en soirée, lorsque des concerts ont lieu sur la promenade.

Rach Gia

Les hôtels pour petit budget se concentrent au début de la rue Nguyen Cong Tru, près de l'embarcadère des ferries pour Phu Quoc.

Premier prix

3 **Kim Co** – *141 Nguyen Hung Son - (297) 387 96 10 - - 12 ch. env. 400 000 VND.* Malgré des parties communes vieillissantes et des chambres à l'entretien incertain, sa localisation en plein centre de la ville en fait une étape pratique.

Budget moyen

4 **Palace Hotel** – *20 Nguyen Hung Son - (297) 386 61 46 - - 27 ch. 600 000/700 000 VND.* Construite dans un quartier résidentiel tranquille de la petite presqu'île, cette bâtisse blanche de 4 étages (ascenseur) aux couloirs tout en faux marbre et carrelage noir et blanc propose des chambres aseptisées, certaines avec balcon et vue sur la mer. Un bon rapport qualité-prix.

Phu Quoc ★

Amarrée à quelques encablures des côtes cambodgiennes, dans le golfe de Thaïlande, la plus grande île du Vietnam (585 km²) est hérissée d'un chapelet de collines boisées qui culminent à 360 m. Longue de 45 km du nord au sud, elle formait un petit morceau d'éden hélas mis à mal ces dernières années en raison de l'engouement qu'elle a suscité, notamment depuis l'ouverture d'un aéroport international en 2012. L'atout majeur pour le tourisme que représentaient ses plages somptueuses et ses forêts inviolées pâtissent de la construction de trop nombreux hôtels. Le gouvernement souhaite faire de l'île un des grands pôles touristiques d'Asie du Sud-Est, aussi les promoteurs s'en donnent-ils à cœur joie : Venise miniature, gigantesque téléphérique au-dessus de l'eau, parcs d'attractions... Rien ne les arrête. La pêche, le nuoc-mam et le poivre fournissent encore ses revenus à une partie de la population mais pour combien de temps encore ?

Se repérer

CARTE A1 (P. 302) - PLAN DE L'ÎLE CI-CONTRE.

91241 habitants – Province de Kien Giang.

À ne pas manquer

Un festin de fruits de mer devant le soleil couchant.

Organiser son temps

Comptez 1 jour. En haute saison touristique (nov.-avr.), pensez à réserver votre hôtel.

Carnet pratique p. 343

Nos adresses p. 343

Circuit conseillé

PLAN CI-CONTRE

Circuit en boucle de 138 km au départ de Bai Truong. La plupart des routes sont goudronnées ou en voie de l'être, mais il peut rester des tronçons de piste : renseignez-vous à votre hôtel.

Quoi de meilleur pour terminer un séjour au Vietnam que quelques jours de farniente sur le sable chaud, bercé par le rouleau des vagues, à l'ombre des cocotiers ? C'est la promesse que tient encore Phu Quoc, malgré son succès touristique parfois excessif.

★ Côte ouest

★ Bai Truong

Longue et étroite bande de sable clair, la plage de Bai Truong s'étire sur une trentaine de kilomètres de An Thoi à Duong Dong. C'est l'un des rares endroits du Vietnam où vous pourrez admirer un coucher de soleil sur la mer.

L'idyllique ruban de sable fin bordé de cocotiers n'est cependant plus qu'un souvenir : l'expansion touristique entamée dans les années 2000 se poursuit. Complexes hôteliers et *resorts* se succèdent à touche-touche sur 5 km au sud de Duong Dong et les kilomètres suivants ne sont qu'un gigantesque chantier. De la route, l'océan est masqué par une barrière ininterrompue de béton et les seuls accès à la plage ont lieu par les *resorts*. Malgré ce portrait peu engageant, on oublie vite ces excès une fois sa serviette posée sur le rivage, et lézarder à l'ombre des cocotiers reste plaisant. D'une manière générale, éloignez-vous de la bourgade et de l'embouchure de la rivière pour vous baigner.

Duong Dong

Principale localité de l'île, ce gros bourg s'est développé à un rythme soutenu ces dernières années, en réponse au boom touristique de Phu Quoc. Si la localité elle-même manque de grâce, elle occupe un site charmant, à cheval sur l'estuaire d'une petite rivière formant une anse que garde la **pagode Dinh Cau**, juchée sur son éperon rocheux, au pied du phare.

Il fait bon venir flâner sur la jetée au soleil couchant, lorsque la flottille de bateaux de pêche multicolores prend le large.
En ville, dans la rue Bach Dang, le **temple Thien Hau** est dédié à la déesse de la Mer. En franchissant le grand pont, immédiatement à gauche, vous trouverez le **marché**. Nez sensibles s'abstenir, les **fabriques de nuoc-mam** *(voir encadré ci-dessous)* représentent l'autre attraction de Duong Dong et la plus importante, Hung Thanh, se trouve à proximité.

Nord de l'île

La DT 45 file vers le nord, desservant quelques *resorts*, moins nombreux sur cette portion de la côte qui, rocheuse, est peu propice à la baignade. Tout au bout, **Ganh Dau** *(27 km)*, un petit port de pêche, se love à la pointe nord-ouest de l'île, au fond d'une baie où mouillent une kyrielle de coques colorées. Hélas, le développement de l'île a eu raison du charme de la localité qui accueille désormais une population toujours croissante d'ouvriers du bâtiment, employés aux chantiers de construction alentour. Au large, presque à portée de main, s'étire un chapelet d'îlots pourtant hors d'atteinte : le Cambodge.
Partant de l'entrée de Ganh Dau, la piste qui mène à **Bai Thom** *(32 km)*, au nord-est, traverse quant à elle la superbe **réserve forestière Khu Rung Nguyen Sinh★**.

Côte est

▶ *Asphaltée de Bai Thom à l'ancien embarcadère Thanh Thoi (9 km), la route fait place à une piste de latérite large mais inégale jusqu'à Ham Ninh (22 km).*
La piste de la côte orientale, qui vous fera passer devant plusieurs plantations de noix de cajou, conduit à **Ham Ninh**, principale localité de la côte est, une bourgade de pêcheurs dont les plages manquent de charme et d'entretien.
Suivez la route de l'intérieur sur 8 km.
Nichée au beau milieu de la forêt, la **source de Chanh** est un charmant torrent ombragé où les jeunes et les amoureux viennent se baigner *(buvette et parking payant, n'oubliez pas votre antimoustiques)*.
Prenez la route du sud.
Le parcours passe devant des **fermes poivrières** et des **fabriques de nuoc-mam**, deux productions essentielles de l'île, dont certaines sont ouvertes à la visite. Plusieurs chemins donnent accès aux plages de la côte est, notamment celle de **Vong**, tranquille mais jonchée de détritus, abîmée par le va-et-vient des navettes rapides ralliant le continent.

Nuoc-mam, le sel de la vie

L'usage des sauces de poisson *(nuoc-mam)* et de crevettes *(mam tom)* pour assaisonner les plats est une tradition répandue dans la péninsule sud-est asiatique. Cocktail de phosphore et d'azote, le nuoc-mam est issu d'un long processus de fermentation. Des couches alternées de poisson et de sel sont mises à macérer dans des citernes en béton, munies d'un robinet à la base. Au bout de trois mois de **fermentation**, on en tire un premier liquide, la saumure, qui est laissé à reposer encore trois mois. Les connaisseurs préfèrent la première pression, la plus riche en saveurs, et savent que plus longtemps on la conserve, meilleure elle est. Les meilleurs crus sont préparés à Phan Thiet et à Phu Quoc. Dans le Nord, on consomme le nuoc-mam pur, tandis que dans le Sud il est allongé d'un filet de citron vert et additionné d'ail, de piment et d'un peu de sucre *(nuoc-cham)*.

Un refuge et une prison

Possession khmère jusqu'au 18e s., sous le nom de Kho Tral, Phu Quoc se trouve à 15 km à peine du Cambodge, qui n'a jamais accepté son annexion par le Vietnam. Sa position isolée lui valut de jouer à plusieurs reprises un rôle éminent dans l'histoire du Vietnam. C'est ici en effet que le prince Nguyen Anh, fuyant la révolte des Tay Son, trouva refuge dans les années 1770. Sa rencontre avec le Français Pigneau de Béhaine devait s'avérer cruciale, car l'archevêque lui apporta un soutien décisif dans la reconquête de son trône et permit à la France de prendre pied au Vietnam *(voir « Histoire », p. 412)*. Dans les années 1860, Phu Quoc servit de refuge au rebelle Nguyen Trung Truc *(voir « Rach Gia », p. 335)*, puis les Américains y internèrent de nombreux prisonniers viet-congs lors de la guerre du Vietnam.

À 18 km plus au sud, l'**ancienne prison** *(7h-17h - gratuit - voir encadré ci-dessus)* retrace, au moyen de mannequins subissant interrogatoires et tortures, la sombre histoire de la guerre du Vietnam. Les mises en scène, souvent saisissantes, sont déconseillées aux enfants.
Plus au sud, peu avant An Thoi, la plage de **Bai Khem★★**, au sable d'une blancheur immaculée, est ouverte aux visiteurs bien qu'elle fasse partie d'une base militaire.

Carnet pratique

Arriver/Partir

En avion

Aéroport – *À 10 km au sud-est de Duong Dong - www.phuquocairport.com.* 16 liaisons quotidiennes de/vers Ho Chi Minh-Ville. Vols de/vers Can Tho *(1 liaison/j.)*, Hanoi *(9 liaisons/j.)* et Bangkok, Hong Kong...

En bateau

Embarcadère de Bai Vong – *À 13 km au sud-est de Duong Dong.* Liaisons de/vers Rach Gia *(2h30)* et Ha Tien *(1h30)* avec la compagnie Superdong *(superdong.com.vn/en)*, qui affrète aussi des bus de/vers le centre-ville à chaque arrivée/départ de bateau.

Transports

La **moto** reste le meilleur moyen pour visiter l'île. Vous trouverez aisément à en louer à Duong Dong auprès de la plupart des hôtels. Prévoyez 6 $/j. pour un scooter automatique.

6

Nos adresses

Restauration

Budget moyen

Phuong Binh House – *Alley 118 - Trang Hung Dao, Duong Dong - ✆ (297) 399 41 01 - service continu - 230 000/330 000 VND.* Rouleaux de printemps, plats vietnamiens et occidentaux mais également des formules de petit-déjeuner sont proposés dans ce restaurant d'hôtel qui étend sa terrasse jusqu'à la lisière des vagues. Les barbecues de fruits de mer, la spécialité de l'endroit, commencent à 18h.

Pour se faire plaisir

Rory's – *Duong To (derrière le resort La Veranda), Duong Dong - ✆ 09 1933 39 50 - service continu - plats 180 000/290 000 VND.* Un endroit fort agréable dans le style bar de plage. Au milieu de Long Beach, il propose pizzas, burgers et salades fraîcheur, ainsi que quelques plats thaïs sur une grande estrade de bois à même le sable, ombragée par les badamiers.

Mango Bay – *Ong Lang Beach (à 10 km au nord de Duong Dong) - ✆ (297) 398 16 93 - P - service continu - 400 000/600 000 VND.* Le restaurant du très joli *resort* du même nom occupe une bâtisse de bois brute au toit de palme, façon cabane de pêcheur, posée sur de gros rochers noirs qui frangent cette partie de la côte. Barbecue de fruits de mer, carte de plats vietnamiens accommodés au goût européen et une sélection de plats végétariens sont servis dans ce joli cadre. Carte des vins sud-africains et australiens.

Cho Dem Phu Quoc – *Le Loi et Bach Dang, Duong Dong* - . Brillamment éclairé, un peu plus soigné que d'ordinaire, le **marché de nuit** de Duong Dong alterne boutiques de produits régionaux (essentiellement du poivre, des épices et des noix de cajou), étals de (fausses) perles et restaurants de fruits de mer et crustacés. On fait son choix dans les viviers ou à l'étal ; les prix sont déterminés au poids. L'endroit reste sympathique même s'il ne cache pas sa vocation touristique.

Une folie

The Pepper Tree – *La Veranda Resort, Tran Hung Dao, Duong Dong - le soir seult - menu 1150 000 VND.* À l'étage du bâtiment principal, la salle se prolonge par une véranda donnant sur la mer. Rafraîchi par la brise marine, dans une atmosphère coloniale soignée dans ses moindres détails, l'endroit forme un cadre plaisant. Vous y apprécierez une farandole de mets tous plus appétissants les uns que les autres, où crabe, fleurs de lotus, tamarin et mangue apportent de subtiles notes tropicales. Le *pho* de Hanoi, le poulet au gingembre et le porc enrobé de feuilles de moutarde font partie des plats « signature » du chef. Belle sélection de desserts et carte des vins.

Boire un verre

Rory's – *Duong To (derrière le* resort *La Veranda), Duong Dong - ✆ 09 1933 39 50 - 9h-22h.* Au coucher du soleil, le restaurant se transforme en bar avec feu de camp, billard et DJ. Bière et cidre pression, vin au verre et belle palette de cocktails.

Activités

Excursions

Si vous souhaitez faire une excursion dans le petit archipel An Thoi, vous pouvez vous adresser à un bateau à l'embarcadère.

Plongée

Plusieurs clubs organisent des plongées avec bouteille au nord de Phu Quoc, sur Turtle Island (6 à 8 m), et au sud, du côté de Stone Lighthouse (env. 10 m). Ces spots ne valent toutefois pas ceux des pays voisins.

Téléphérique

Au sud de l'île, le téléphérique **Sun World** propose un trajet de 15mn au-dessus de la mer *(à partir de 230 000 VND/pers.).* Autres options incluant l'entrée à l'Aquatopia Waterpark, un immense parc aquatique.

Hébergement

Les hôtels les plus agréables se trouvent sur la plage Bai Truong.

Budget moyen

Brenta – *Tran Hung Dao, Duong Dong - (297) 384 85 88 - - 62 ch. 650 000/950 000 VND .* Cet hôtel moderne a ouvert à 5mn à pied de la plage. Sur 5 étages (avec ascenseur), ses chambres carrelées bénéficient d'une bonne literie et de tout le lustre de la nouveauté. Quelques très belles chambres avec double balcon et de spacieuses familiales communicantes.

Sea Star Resort – *Tran Hung Dao, Duong Dong - (297) 398 21 61 - - 78 ch. et bung. 800 000/1 300 000 VND .* Situé dans un jardin tropical, au cœur des cocotiers et des bougainvillées, un ensemble de bungalows avec vue sur la mer ou sur le jardin, au choix. Location de scooters. Service avenant et personnel serviable.

Pour se faire plaisir

Kim Hoa – *88/2 Tran Hung Dao, Duong Dong - 09 1300 03 72 - www.kimhoaresort.com - - 94 ch. et bung. 1 000 000/2 000 000 VND .* Niché au bord de la plage, il propose des chambres et des bungalows sans caractère, mais d'un confort et d'un rapport qualité-prix correct, surtout pour ceux qui font face à la mer. Évitez cependant les chambres les plus économiques, à l'arrière du jardin, sombres et exiguës. Accueille surtout des groupes. Anglais basique.

Saigon - Phu Quoc Resort – *Tran Hung Dao, Duong Dong - (297) 384 69 99 - www.sgphuquocresort.com.vn - - 100 ch. et villas 1 300 000/2 700 000 VND .* Des bungalows impeccables mais sans âme. Leur prix varie sensiblement en fonction de la vue. Personnel anglophone, agence d'excursions, Spa et court de tennis, vélos à disposition, location de masques avec tuba. Le restaurant sert d'excellents fruits de mer, mais son cadre n'a rien de réjouissant.

Une folie

La Veranda Resort – *Tran Hung Dao, Duong Dong - (297) 398 29 88 - - 70 ch. 3 600 000/6 000 000 VND .* Autour d'un édifice dans le style colonial des années 1920, ses bungalows tout confort sont noyés dans la végétation luxuriante d'un jardin tropical soigné. Une halte de luxe pour l'une des plus belles adresses de l'île. Vélos à disposition, yoga sur la plage, cours de massage, kayak de mer…

Séchage de batons d'encens.
wichianduangsri/Getty Images Plus

COMPRENDRE LE VIETNAM

Le Vietnam aujourd'hui

Ce paysan menant son buffle dans le vert tendre de rizières intemporelles, qu'il semble bien loin des tours futuristes rivalisant de hauteur au cœur des grandes cités du pays ; et l'autel des ancêtres, baigné de silence et de senteurs d'encens, à mille lieues de ces scooters vrombissants, traversant la ville à vive allure pour conduire jeunes gens et jeunes filles, smartphone à la main, vers le dernier karaoké en vogue. Deux mondes qui s'opposent ? Facettes d'une même âme, plutôt, qui coexistent et se répondent. Car si le Vietnam s'inscrit avec fierté au rang des pays émergents, partageant un même dynamisme et un même enthousiasme, il n'en renie par pour autant ses racines et reste profondément attaché à ses valeurs traditionnelles. Portrait d'un pays en pleine mutation.

Ville ou campagne ?

Peuplé de 99,5 millions d'habitants (contre 19 millions en 1936 et 31,6 en 1960), le Vietnam a connu après la guerre une forte expansion démographique, due notamment au recul de la mortalité. Un véritable défi pour l'économie : comment absorber chaque année ce surcroît de main-d'œuvre ? À la suite de la **politique antinataliste** du gouvernement, le phénomène s'est atténué et, au début du 21e s., la croissance démographique a enregistré une **baisse** notable, passant en quelques années de 2 à moins de 1 %.

Disparités régionales

Si le Vietnam est bien plus peuplé que la Thaïlande ou la Birmanie, la très **forte densité** moyenne (314 hab./km^2) masque des disparités considérables. Le delta du fleuve Rouge et celui du Mékong concentrent à eux seuls 40 % de la population sur 16 % du territoire, avec des densités supérieures à 1100 hab./km^2. Par contraste, le chiffre est beaucoup plus faible dans les piémonts du Nord (80 hab./km^2) ou sur les Hauts Plateaux du Centre (50 hab./km^2).

Exode rural et relocalisation

Le Vietnam connaît aujourd'hui un **exode rural** important, même si la population urbaine ne représente que 38 % des habitants du pays. Avant 1975, en raison des bombardements et d'une volonté politique, les Sud-Vietnamiens ont massivement migré vers les villes, où se concentraient 43 % de la population (26 % en 1964).

Dans le Nord, où le phénomène fut inverse, car les cités étaient trop vulnérables aux bombardements,

Temple devant des immeubles modernes.
R. Harding/hemis.fr

le taux d'urbanisation atteignait à peine 12 % en 1975.
Entre 1975 et 1977, 3 millions de Sud-Vietnamiens urbanisés de fraîche date ont cependant été rapatriés dans leur campagne d'origine. À la même époque, on assiste à l'exil d'un million de *boat people* *(voir « Histoire », p. 424)*. Parallèlement, 500 000 Nord-Vietnamiens se sont installés à Ho Chi Minh-Ville entre 1975 et 1979. Afin de rééquilibrer l'occupation de l'espace, des **migrations** ont également été organisées des plaines surpeuplées vers les zones montagneuses du Centre et du Sud. La population des Hauts Plateaux, où les Viets sont désormais majoritaires, a ainsi doublé entre 1979 et 1989. Certains analystes, comme l'historien Philippe Papin, voient dans ces phénomènes de grande ampleur l'épilogue de la longue Marche vers le sud des Vietnamiens du Nord *(voir p. 410)*.
Outre Hanoi (8 millions d'habitants) et Ho Chi Minh-Ville (agglomération de 13 millions), les **principales villes** du pays sont Da Nang, Haiphong et Hué. Aujourd'hui, leur densité de population atteint des records – plus de 3 500 habitants au km^2. Et pourtant on continue de s'entasser au mieux, au plus près des centres-villes. Comme il n'y a plus de place au sol, les immeubles poussent en hauteur. Dans certains quartiers de Hanoi, des « maisons-tubes », dont la façade n'excède pas 4 mètres de large, s'élèvent sur... 8 étages et plus !
La spéculation immobilière touche l'ensemble du littoral. Les stations balnéaires elles-mêmes ne sont pas épargnées : on ne compte plus le nombre d'hôtels qui ont ouvert à Nha Trang ces dernières années.

Un pays émergent

Dès 1986, le Vietnam a opéré un virage à 180° avec la mise en place du **doi moi**, le « Renouveau ». Tournant le dos aux traditionnels dogmes socialistes de planification et de collectivisation, le pouvoir vietnamien a autorisé puis encouragé l'économie de marché et l'entreprise privée. Résultat : le Vietnam s'est hissé au rang de pays émergent et les investisseurs étrangers se pressent à sa porte.

Les petits métiers de la rue

Tôt le matin, les trottoirs sont envahis par les voiturettes des commerces ambulants. Pour le petit-déjeuner, les marchandes de soupe y installent tables et tabourets, tandis que les vendeuses de sandwiches réchauffent leurs pains et découpent le *cha lua* (salami local). Vers 8h, elles cèdent leur place à la marchande de jus de coco, à la spécialiste de crêpes et de raviolis, et à la vendeuse de fruits et légumes frais, qui apportent leurs produits dans des paniers au bout de leurs palanches. Elles retrouvent là le vendeur de billets de loterie et le cireur de chaussures avec qui elles partagent un bout de trottoir. D'autres accostent les badauds pour leur proposer cigarettes, friandises, journaux, cartes postales ou mouchoirs en papier. Le dimanche, sur les lieux de promenade les plus fréquentés, les marchands de ballons et de glaces rencontrent toujours autant de succès.

Des résultats flatteurs

En 2022, l'économie vietnamienne a affiché un taux de croissance de 8 %, soit le niveau le plus élevé depuis 25 ans. Elle doit ce dynamisme à la vigueur de ses exportations, de sa production industrielle et à la hausse de la consommation intérieure.

Grâce à une volonté politique de large ouverture sur le monde, matérialisée par son adhésion à l'OMC en 2007, le Vietnam est devenu un des principaux ateliers de l'Asie du Sud-Est.

Les capitaux étrangers affluent – en 2022, ils ont atteint près de 22,4 milliards de dollars –, séduits par une main d'œuvre qualifiée et bon marché, par la stabilité politique du pays et par la volonté affichée des autorités de maintenir les grands équilibres économiques.

L'inflation est maîtrisée sous la barre des 4 % et la dette publique a été ramenée en 2021 à 43,1 % du PIB. La téléphonie et l'informatique (appareils et composants) sont, avec l'industrie textile, les piliers de la conquête des marchés extérieurs.

La guerre froide commerciale entre la Chine et les États-Unis devrait donner une nouvelle attractivité au secteur industriel vietnamien.

La balance commerciale est résolument excédentaire depuis plusieurs années, avec pour principal client les États-Unis.

À la croisée des chemins

Grâce au dynamisme de son économie, le Vietnam est parvenu à diminuer la pauvreté de façon spectaculaire. En 1990, l'extrême pauvreté (moins de 2 $/j.) touchait 50 % de la population, contre 2 % aujourd'hui, essentiellement dans les zones reculées où vivent les minorités ethniques.

L'autre conséquence du boom économique est l'**émergence d'une classe moyenne** (plus de 15 $ de revenu disponible par jour). De 13 % de la population en 2018, elle devrait passer à 50 % à l'horizon 2035 selon les projections de la Banque mondiale. Toujours selon l'organisation internationale, le Vietnam est passé en 2009 du rang de pays pauvre à celui de pays à revenu intermédiaire.

Autre évolution rapide de la société vietnamienne : le **vieillissement de sa population**. Les plus de 65 ans représentaient 7 % de la population en 2018, chiffre qui devrait doubler d'ici 2035. Un défi que vont devoir relever les autorités, comme celui de l'adaptation des infrastructures aux exigences d'une classe moyenne en plein essor.

Un secteur tertiaire en hausse

Si le **secteur agricole** occupe encore 39 % de la population active, il ne concourt qu'à 14,9 % de la richesse nationale.

Outre le **riz** (le Vietnam en exporte presque autant que sa rivale la Thaïlande qui, au niveau mondial, n'est devancée que par l'Inde), les principales cultures sont le café (2e exportateur mondial), la noix de cajou, le poivre, le caoutchouc, le maïs, le soja, le thé, la patate douce et la banane, auxquels s'ajoutent la pêche et l'élevage de porc et de volaille. Ces dernières années, l'aquaculture n'a cessé de se développer au point de transformer parfois radicalement le paysage : certaines zones du delta du Mékong ont été déforestées pour laisser place à d'immenses bassins de crevettes.

La part de l'**industrie** dans le PIB ne représentait que 1,5 % lors du départ des Français, en 1954. Elle s'élève aujourd'hui à 33,7 %.

Mais c'est la progression du **secteur tertiaire** qui s'est avérée la plus spectaculaire, en atteignant aujourd'hui 51,3 % de la richesse nationale. Ce secteur inclut notamment le **tourisme**, sur lequel les autorités ont misé pour attirer les devises. Le nombre de visiteurs est passé de 60 000 en 1989 à 18 millions en 2019. La Chine fournit, de très loin, le premier contingent de touristes, devant la Corée du Sud et le Japon. Cette « industrie sans fumée » qui représente plus de 12 % du PIB a été sérieusement mise à mal par l'épidémie de Covid. En 2022, seulement 3,6 millions de touristes étrangers sont venus au Vietnam. Avec la réouverture des frontières chinoises en mars 2023, les chiffres devraient remonter en flèche.

Un essor économique inégalement partagé

Acteurs à part entière de cette croissance économique, de nombreux Vietnamiens sont devenus **chefs d'entreprise**. Pas une famille qui ne compte un entrepreneur en bâtiment, un chauffeur de taxi ou un guide-interprète. Les vocations suivent étroitement les sinuosités du marché : sans transition, le rez-de-chaussée de la demeure familiale se transforme en restaurant, en salon de coiffure ou en magasin de pneumatiques. Toute la famille est mise à contribution, chacun selon ses moyens et ses capacités.

Revers de la médaille, ces bouleversements tendent à renforcer les **inégalités sociales** entre une minorité détentrice à la fois du savoir intellectuel, du pouvoir financier et des contacts internationaux, et une majorité réduite à des fonctions productives. Si le travail en usine est physiquement moins pénible que la culture des rizières et socialement plus valorisé,

La diaspora : les « Vietnamiens d'outre-mer »

Près de 4,5 millions de **Viet Kieu** vivent à l'étranger. Beaucoup, partis faire leurs études en France entre les deux guerres mondiales, y sont restés en raison de la guerre d'Indochine. L'exode le plus massif eut lieu en 1975 lors de la prise de Saigon par le Nord-Vietnam. Aux Sud-Vietnamiens fuyant le nouveau régime communiste se sont ajoutés des milliers de *boat people*, puis d'autres qui ont rejoint en 1979-1980 leurs familles installées à l'étranger. La communauté la plus importante est installée aux États-Unis (plus de 2 millions), tandis qu'en France elle est estimée à 350 000 personnes. L'accélération de la politique d'ouverture du Vietnam donne toute son importance à l'enjeu économique représenté par la diaspora. Les envois de fonds des Vietnamiens de l'étranger se sont élevés à 15,6 milliards de dollars en 2020, soit 5,8 % du PIB. S'ils sont nombreux à venir visiter leur pays d'origine, peu de membres de la diaspora choisissent de s'établir au Vietnam.

il reste chichement payé. Surtout, la richesse se concentre à la fois dans quelques villes côtières et dans quelques mains, alors que les grandes masses paysannes en sont exclues, à commencer par les minorités ethniques des régions montagneuses du Nord et du Centre.

L'organisation politique

Conçu par Ho Chi Minh entre 1946 et 1969, le régime de la République socialiste du Vietnam fut étendu à tout le pays lors de la réunification, en 1976, moyennant quelques aménagements. Au fil du temps, ce système complexe, à la fois rigide et traversé de conflits, a démontré une étonnante faculté de survie et d'adaptation.

Un système politique tricéphale

Depuis la mort de Ho Chi Minh en 1969, une **direction collégiale**, censée représenter les grands équilibres géographiques et politiques, gouverne le pays.
Au sommet, le pouvoir se partage entre le **secrétaire général du parti communiste vietnamien (PCV)**, le **Premier ministre** et, dans une moindre mesure, le **président de la République**.
En 2006, le Xe congrès du parti communiste vietnamien a reconduit la politique de libéralisation de l'économie et renouvelé progressivement les membres du gouvernement au profit d'une classe politique plus jeune. Le XIe congrès, en 2011, a fait un pas de plus dans le sens de la libéralisation en autorisant la privatisation des moyens de production. Il a été suivi de remaniements à la tête du pays : Tran Dai Quang avait d'abord succédé à Truong Tan Sang à la présidence de la République, tandis que **Nguyen Phu Trong**, l'ancien président de l'Assemblée nationale (2006-2011), était ensuite élu secrétaire général du parti communiste. Il a été reconduit dans ses fonctions une troisième fois en 2021, en dépit de la limite des deux mandats. **Pham Minh Chinh** occupe le poste de Premier ministre depuis avril 2021 ; **Vo Van Thuong** celui de président de la République depuis mars 2023.
Placée au cœur du système, l'**Assemblée nationale** exerce un contrôle théorique sur l'État (présidence, gouvernement, parquet et Cour populaire suprême). La plupart de ses membres sont des hauts fonctionnaires, mais la présence accrue des acteurs économiques depuis la promulgation de la **Constitution de 1992** dénote un souci d'ouverture à la société civile. Dans la réalité cependant, c'est le gouvernement qui détient le pouvoir exécutif et l'exerce par décrets.
À tous les échelons administratifs (provinces, districts et communes) sont institués des **conseils populaires**, élus par les citoyens. Ces conseils sont garants de l'application des directives nationales et gèrent les affaires locales. Chaque conseil élit son bras exécutif, le **comité populaire**.
Fin 2013, l'Assemblée nationale a adopté une révision de la Constitution. Cette réforme a soulevé beaucoup d'espoir parmi les intellectuels et au sein même d'une frange du parti communiste favorable à une démocratisation du régime. La liberté d'expression, de presse, d'association et le droit de manifester ont été garantis par la Constitution, qui précise toutefois que cette liberté « ne doit pas porter atteinte à l'intérêt national » (art. 15.4).

Le rôle du parti

Le Vietnam vit sous un régime de parti unique. Le parti communiste vietnamien est à l'origine de toutes les initiatives législatives. Tous les

Offrandes à l'autel des ancêtres, dans une maison vietnamienne.
vinhdav/Getty Images Plus

organes de l'État possèdent une section et participent donc de ce fait à l'élection de sa direction.
Un Congrès de plus de 1300 délégués représentant les 3,6 millions de membres du parti est réuni, en principe tous les cinq ans. Il désigne à cette occasion le Comité central, qui nomme les 19 membres du **Bureau politique**, véritable gouvernement du parti communiste et du pays.

Société

S'il fallait illustrer l'identité vietnamienne par une pratique, la prière sur l'autel familial serait l'exemple le plus parlant. Le culte des ancêtres est, en effet, profondément ancré et ritualisé. Cette alliance avec le passé, mais aussi avec la terre et l'eau, cette recherche de l'intimité avec soi au-delà des soucis quotidiens, sont le creuset de l'imaginaire individuel et collectif qui transcende toutes les couches de la société et fait le peuple vietnamien *(voir aussi « Traditions et art de vivre », p. 363)*.

L'organisation familiale

Le respect des aînés

Profondément influencée par le mode de pensée confucéen, la société vietnamienne, de type patriarcal, est très hiérarchisée.
La loyauté et la solidarité mutuelles qui soudent tous les membres d'un village ou d'une communauté se reflètent dans la cellule familiale.
Si les parents assurent protection et conseil à leurs enfants, ceux-ci leur doivent **respect** et **obéissance** ; les mêmes règles régissent les rapports entre aînés et cadets. La langue traduit ces relations par des termes honorifiques : ainsi, pour s'adresser à l'aîné, le cadet utilisera le pronom personnel *anh* (« grand frère ») ou *chi* (« grande sœur »), en se désignant lui-même par *em* (« petit frère » ou « petite sœur »).
L'aîné de sexe masculin tient un rôle primordial dans le **culte des ancêtres**, qui exprime la piété filiale du confucianisme *(voir « Religions », p. 378)*. Ce rite est fondé sur la croyance à l'immortalité de l'âme, ainsi qu'à la protection accordée par

le défunt à ses descendants. Dans les familles nucléaires, l'aîné (ou à défaut la fille aînée avec son mari) est responsable de l'entretien de l'autel, qui trône dans la salle de séjour avec les tablettes en bois où sont inscrits les noms des ancêtres jusqu'à la cinquième génération ou, cas plus fréquent aujourd'hui, les photos des défunts. Dans les familles élargies, c'est au membre le plus âgé (homme ou femme) de la branche aînée du clan que revient cet honneur.

Outre les offrandes quotidiennes qui leur sont faites au lever du jour, les ancêtres sont particulièrement vénérés le jour de l'an et pour l'anniversaire de leur décès.

Le clan familial prépare des repas somptueux, auxquels il convie les morts en déposant boissons et mets sur l'autel, tout en brûlant de l'encens et de la fausse monnaie pour demander leur bénédiction.

Le rôle de la femme

Si les citadines accouchent à l'hôpital ou à la clinique, les paysannes, qui ont longtemps accouché chez elles, se rendent aujourd'hui la plupart du temps dans des centres médicaux. La venue d'un garçon, qui perpétuera le nom de la lignée, est toujours accueillie avec fierté, surtout si c'est l'aîné, responsable du culte des ancêtres. Avec les progrès médicaux, la préférence pour les nouveau-nés masculins entraîne un inquiétant déséquilibre des naissances : l'avortement sélectif (ciblant les filles), bien qu'illégal, se développe dans les centres urbains. En 2019, pour 100 naissances de filles, on comptait 111,5 naissances de garçons ; un déficit féminin qui ne va pas sans poser de graves problèmes quand arrive l'heure du mariage.

Même si la tradition confucéenne veut que la femme soit soumise à son mari et se contente de cultiver quatre vertus – savoir tenir sa maison, être belle, vertueuse et douce en parole –, une relative égalité règne entre les conjoints. Sans avoir l'air d'imposer son autorité, la femme est de facto le « ministre de l'intérieur » *(noi tuong)*, responsable de la **gestion du foyer**, du budget familial (surtout pour les dépenses quotidiennes) et de l'éducation des enfants. L'emprise de la mère sur ces derniers est importante, parce qu'elle s'occupe presque exclusivement des plus jeunes et

La médecine traditionnelle

Les Vietnamiens adhèrent d'autant plus à l'efficacité des plantes que les médicaments occidentaux ont longtemps manqué. Le spécialiste prend le pouls du patient et examine sa langue, avant de prescrire les herbes correspondantes : la réglisse pour la toux et la fièvre, le cannelier sauvage pour les maux d'estomac, etc. Contre les malaises courants, tels que maux de tête et rhume, on frictionne les parties atteintes avec un onguent mentholé, proche du baume du tigre, en utilisant la tranche d'une pièce de monnaie. Certaines affections comme l'arthrite sont soignées de façon spectaculaire avec des moxas, petites boules de plante similaires à du coton, que l'on brûle à fleur de peau afin de créer le maximum de chaleur. Cependant, certaines maladies graves, comme le cancer, sont souvent dépistées trop tard, le temps pour les patients de tester plusieurs médecines « douces » sans résultat. Très pratiquée, l'acupuncture est une méthode de stimulation des énergies à l'aide d'aiguilles, destinée à rendre aux organes malades leur fonctionnement normal : chaque point d'application – 150 sont couramment utilisés – est relié à un organe, une glande ou une articulation par un canal d'énergie.

que les hommes, longtemps absents pendant la guerre du Vietnam, n'ont plus retrouvé leur place de chef de famille. Ainsi, lors du mariage des enfants, c'est elle qui donnera son accord final.

En ville comme à la campagne, elle est la première levée, souvent avant l'aube, pour préparer le petit-déjeuner, ainsi que le déjeuner que chacun emporte avec soi. Elle est parfois contrainte de compléter les revenus de son mari au bureau, à l'usine ou au marché, où le petit commerce de détail a toujours été son monopole. À la campagne, les travaux des champs exigeant une main-d'œuvre abondante, la femme est mise à contribution pour les tâches pénibles comme le repiquage du riz, auquel s'ajoutent les soins du potager et de la basse-cour et la vente de ces produits domestiques, qui procurent la moitié des revenus familiaux. De retour chez elle, d'autres tâches l'attendent : la préparation du dîner et la toilette des enfants. À elle d'assurer le quotidien !

Éducation

En dépit de l'évolution des courbes démographiques, le Vietnam reste un pays jeune : les moins de 15 ans représentent près de 23 % de la population. C'est dire l'importance que revêt le système éducatif, puisqu'il concerne quelque 22 millions d'enfants et d'adolescents... et les inévitables difficultés qu'il rencontre.

Les grands concours mandarinaux permettaient jadis à l'État de sélectionner les meilleurs éléments de la société rurale, et tout lettré confucéen qui les réussissait apportait richesse et prestige à sa famille, quel que soit son milieu d'origine. Cela explique l'importance accordée, depuis toujours, par les parents à l'éducation de leurs enfants. Aujourd'hui, rien n'est venu remplacer ces concours et l'éducation demande de réels sacrifices : si l'école primaire (6-10 ans), obligatoire, est gratuite, les frais de scolarité représentent un investissement important pour les cycles secondaire (11-17 ans) et universitaire, payants. La grande majorité des enfants sont scolarisés, malgré des problèmes de place (manque de salles disponibles) limitant les cours à la demi-journée ; en revanche, même en l'absence de chiffres précis, on constate que le pourcentage se réduit dans le secondaire et plus encore dans l'enseignement supérieur, auquel peu de jeunes gens accèdent, et les populations rurales plus difficilement que les citadins.

Des initiatives privées voient le jour. C'est ainsi qu'en ville, les familles organisent elles-mêmes la maternelle : dans chaque quartier, elles louent une salle de classe et embauchent une maîtresse d'école. Mais les frais restent élevés et seul un enfant sur trois y a accès.

Dans le domaine de l'enseignement secondaire et universitaire, les établissements privés se multiplient également. La demande des entreprises implantées localement représente un défi tant sur le contenu des programmes que sur les manières d'enseigner.

Habitat vietnamien

Avant la construction, le propriétaire fait appel au **géomancien**, qui détermine l'emplacement de la porte d'entrée, l'orientation de la demeure et l'organisation des pièces, afin de mieux capter les énergies cosmiques positives.

Dans les campagnes

On voit encore, dans les campagnes, ces villages ronds où sont regroupées des maisons rectangulaires entourées d'une haie de bambous. Formées de murs en pisé ou en bambou tressé et coiffées d'un toit en paille ou en feuilles de latanier, les habitations traditionnelles se nichent au fond d'une cour, autour de laquelle sont aménagées les dépendances servant de cuisine, de porcherie et de moulin à riz. Dans le jardin, un potager coexiste parfois avec une mare que l'on utilisait comme réserve d'eau ou comme lavoir. Si les propriétaires en ont les moyens, les murs seront bâtis en brique et masqués par un enduit chaulé, et les toits recouverts de tuiles.

Avec la modernisation de la société, des maisons-tubes similaires à celles que l'on trouve en ville s'alignent, de plus en plus nombreuses, le long des routes, tout en conservant la partie arrière de la cour.

La croissance économique fulgurante de ces dernières décennies s'est accompagnée d'améliorations considérables en milieu rural : au niveau national, la quasi totalité des foyers (98 %) a accès à l'eau courante, (contre 12 % en 2002). Il en est de même pour l'électricité, alors que dans les campagnes, un quart seulement des habitants en bénéficiait au début des années 1990.

En parallèle, l'amélioration du réseau routier, en désenclavant les villages, accélère leur développement.

L'habitat urbain

Coquettes avec leur toit de tuiles et leurs murs de brique, les maisons citadines sont souvent précédées d'une petite véranda, protégée par une grille coulissante, où sont rangés les deux-roues. On accède d'abord à la salle de séjour par la porte d'entrée qui fait face à l'autel familial. Puis viennent la cuisine-salle à manger ainsi que les chambres à coucher et les salles de douche avec lavabo et toilettes. Certaines habitations disposent parfois d'un étage, où se trouvent alors chambres et salle d'eau.

Le surpeuplement des villes, lié aux contraintes des activités de commerce et d'artisanat, et les prix élevés du terrain expliquent l'apparition d'un modèle architectural unique : la **maison-tube** ou « en tuyau de bambou ». Derrière des façades qui n'excèdent pas 4 m, ces bâtiments sur plusieurs niveaux ont poussé perpendiculairement aux artères, alternant pièces closes et cours à ciel ouvert sur des profondeurs pouvant atteindre jusqu'à 60 m et plus. Au rez-de-chaussée, la pièce en façade, qui ouvre sur la rue, sert de salon ou de boutique, et de garage pour les scooters et les motos de la famille.

À Hanoi, de récentes initiatives visent à réhabiliter et à préserver quelques-unes des plus vieilles maisons-tubes pour les transformer en musées.

Les grandes villes, prises d'une véritable frénésie de construction, voient surgir de terre des immeubles à l'architecture ultracontemporaine destinés à accueillir bureaux et hôtels internationaux... au détriment, parfois, de quartiers entiers d'architecture traditionnelle.

Les peuples du Vietnam

Cinquante-quatre ethnies ! Cinq familles de langues ! Telles sont la diversité ethnique et la polyphonie linguistique de ce petit pays d'Asie. À titre d'échelle, 56 minorités se partagent le territoire du géant chinois et l'on parle, des rives occidentales du golfe du Bengale aux côtes orientales de l'Atlantique, les langues d'une seule et même famille, l'indo-européen.

On retrouve la même disparité dans les peuplements. Quand le groupe majoritaire (87 %), les **Viets** ou Kinh, comprend 79 millions de personnes, le plus minoritaire, les O Dus, en compte moins de 400. Les quelque 15 % de non-Viets occupent deux tiers de la superficie du pays, surtout les régions « difficiles » par la rigueur de leur climat ou les contraintes de leur relief.

Maisons traditionnelles et lanternes à Hoi An.
Ph. Body/hemis.fr

Démêler l'écheveau ethnique

Ce que conte la légende

À l'aube de l'humanité le **dragon Lac Long Quan** épousa l'**immortelle Au Co**. De leur union naquirent cent œufs, tous identiques. Mais les origines différentes d'Au Co et de Lac Long Quan les poussèrent à se séparer. L'immortelle, d'ascendance céleste, s'en fut gagner les hauteurs des montagnes avec cinquante de leurs enfants. Le dragon, fils de l'eau, descendit vers les basses terres, les rivières et les mers, avec le reste de leur progéniture. Sa descendance forma la **lignée des rois Hung**, les premiers souverains du pays *(voir « Histoire », p. 407)*. Ce mythe d'origine forme un grossier tableau du peuplement du Vietnam qui s'est toujours partagé entre les hautes terres et les deltas.

Ce que montre la carte

Le foyer des **Viets** s'est étendu, au cours de l'histoire, du Tonkin à la Moyenne Région, aux plaines littorales de l'Annam et au delta du Mékong. Ils partagent cette région méridionale avec d'autres riziculteurs, héritiers de royaumes engloutis par l'histoire : les **Chams** et les **Khmers**. Dans les villes côtières s'y mêlent les communautés des **Hoas** qui ne sont autres que les Chinois, descendants d'une longue diaspora commerçante. C'est avec les plateaux, les collines et les montagnes – les terres d'Au Co encore – que paraît la grande diversité ethnique du Vietnam, petits groupements humains parfois essaimés par-delà les frontières des États voisins – Cambodge, Laos et Chine.

Ce que dit l'histoire

Cette répartition dans l'espace est finalement le reflet d'un « ordre d'arrivée » dans le mouvement de Marche vers le sud, qui n'anima pas seulement le Vietnam, mais l'ensemble de l'Asie du Sud-Est. Les Viets et les Muongs comptent sans doute parmi ceux que les annales chinoises nomment les **Cent Yues** (« Viet » est la prononciation vietnamienne de « Yue »), qui peuplaient la Chine au sud du fleuve Yangzi bien avant notre ère. D'autres très anciens acteurs du Vietnam sont les **Austronésiens** – on désigne ainsi une famille de langues parlées des Philippines aux Mascareignes, en passant par l'Indonésie. Parmi eux, les Chams mirent en valeur les plaines côtières du littoral annamite et y fondèrent leur première organisation politique, le Champa, à la fin du 2e s. apr. J.-C. À peu près à la même époque, les **ancêtres des Khmers** asséchaient les terres marécageuses du delta du Mékong. Les uns, puis les autres furent absorbés dans l'expansion des Viets vers le sud.

Dans les régions montagneuses du Haut Tonkin, on retrouve des phénomènes similaires. Autour de l'an 1000, des **peuples de langue thaï** établirent des zones de riziculture irriguées aux confins de la Chine et de l'Asie du Sud-Est continentale, le long d'un arc qui s'étend de Cao Bang à la Birmanie, en passant par le nord de l'actuelle Thaïlande. Ils fondèrent les royaumes de Siam et du Laos, laissant au Tonkin des grappes de seigneuries vassales, tantôt du Vietnam, tantôt de l'empire du Milieu. Des **essaims de langue yao** sont probablement installés là aussi depuis les 13e-14e s., au terminus de leur progression dans la Chine voisine.

Au 18e s., les ondes de choc des rébellions ethniques qui agitèrent l'Empire chinois jusqu'à la fin du 19e s. se répercutèrent dans les montagnes du Nord-Vietnam. Des **familles hmongs**, fuyant la mainmise de l'administration chinoise sur leurs terres, se réfugièrent dans le nord-ouest du pays. Quelques **groupes tibéto-birmans** leur emboîtèrent le pas. Parmi eux, les Ha Nhis descendirent du Yunnan, empruntant la vallée du fleuve Rouge. Tous ces peuples étaient donc en scène quand surgirent les germes du conflit entre les Vietnamiens et les Français d'Indochine. La majorité épousa la cause de la nation d'asile, mais certains chefs locaux tentèrent de jouer la carte française.

L'histoire contemporaine continue de dessiner la carte du peuplement, ne serait-ce qu'avec la politique de **colonisation des hautes terres** amorcée à la fin des années 1970. Les deltas du Nord et du Sud ainsi que le littoral du Centre sont toujours le domaine des Viets, mais ceux-ci sont aussi établis en nombre dans certaines zones de la Haute Région du Nord, où n'habitaient autrefois que des Tais, Hmongs-Yaos et

Composition ethnique du vietnam

Austroasiatiques (94 %)
4 groupes viets-muongs – Viet, Muong, Tho, Chut.
21 groupes mons-khmers – Khmer, Ba Na, Xo Dang (Sedang), Hre, Co Ho, Mnong, Xtieng, Kho Mu, Bru, Co Tu, Gie Treng, Ta Oi, Ma, Co, Cho Ro, Xinh Mun, Khang, Mang, Ro Mam, Brau, O Du.
Tais-Kadais (4,7 %)
8 groupes tais – Tay, Thaï, Nung, San Chay, Giay, Lao, Lu, Bo Y.
4 groupes kadais – La Chi, Co Lao, La Ha, Pu Peo.
Hmongs-Yaos (1,8 %)
1 groupe hmong – Hmong.
2 groupes yaos – Dao, Pa Then.
Austronésiens (0,8 %)
5 groupes malayo-polynésiens – Gia Rai (Jarai), E De (Rhade), Cham, Ra Glai, Chu Ru.
Sino-Tibétains (0,4 %)
3 groupes chinois – Hoa, San Diu, Ngai.
6 groupes tibéto-birmans – Ha Nhi, Phu La, La Hu, Lolo, Cong, Si La.

Crédit à la chinoise

Les Hoas ont un système de crédit ancestral, foncièrement original, qui leur a toujours permis de résister aux tentatives d'infiltration des banques occidentales. Les **tontines** sont des regroupements informels d'épargnants privés qui se réunissent chez l'un des membres ou dans une arrière-boutique. Après le versement d'une cotisation égale, chacun inscrit sur un papier l'intérêt maximal qu'il est prêt à verser pour emprunter. Le gagnant est celui qui propose le taux le plus élevé. Ce type rudimentaire de marché financier, autour d'un repas bien arrosé ponctué de tractations, ne suscite aucune trace écrite. Tout est affaire de confiance. Certains riches épargnants participent à plusieurs tontines qui s'enchevêtrent jusqu'à former un réseau de ramifications d'une infinie complexité. Les intérêts atteignent parfois des montants astronomiques, et de temps à autre, l'insolvabilité d'un emprunteur provoque un krach financier...

Tibéto-Birmans, ainsi que sur les Hauts Plateaux du Centre, jadis presque uniquement peuplés d'Austronésiens et de Mons-Khmers.

Les cinq familles vietnamiennes

En vous éloignant des villes ou de la côte, vous croiserez sans doute un ou plusieurs des peuples vietnamiens, dont certains cultivent leur identité à l'âge de la mondialisation, tandis que d'autres l'ont métissée dans l'histoire, et que d'autres encore l'abandonnent en se vietnamisant ou en s'occidentalisant.

Les Austroasiatiques

Avec 94 %, la famille des « Asiatiques orientaux » représente une majorité écrasante, parlant deux groupes de langues, le viet-muong et le mon-khmer, et cachant d'énormes disparités.

Les Viets-Muongs – Ces deux peuples furent des pionniers dans le nord du pays. Les **Viets** (87 % de la population actuelle) se cantonnèrent longtemps au delta du fleuve Rouge, qu'ils avaient mis en valeur au néolithique, avant d'entreprendre leur Marche vers le sud *(voir « Histoire », p. 410)*. Dominés un millénaire durant par la Chine, ils en héritèrent une culture qui leur fit abandonner certaines coutumes. Ainsi, s'ils bâtirent sur pilotis à une époque lointaine, comme en témoigne l'architecture de la maison communale de Dinh Bang, près de Hanoi *(voir p. 73)*, ils construisent désormais à la mode chinoise, en élevant les murs de leur demeure à même le sol. Même influence dans le costume qui vit les femmes troquer la jupe contre le pantalon.

Les **Muongs** (1,5 %), leurs plus proches cousins, sont quant à eux demeurés dans le pays d'Au Co et vivent de nos jours dans la région de Hoa Binh, premier escarpement des hautes terres. Ils entretiennent des traditions lointaines qui ne doivent rien au voisin chinois. Leurs maisons se dressent sur des pilotis, installées à proximité de cuvettes cultivées en rizières inondées. Ils improvisent des systèmes hydrauliques grâce au bambou qu'ils canalisent pour utiliser l'énergie de l'eau. À la palanche des gens de la plaine ils préfèrent la hotte, à bretelles ou à bandeau frontal, des montagnards. Les femmes portent encore la jupe fourreau, tissent leurs cotonnades à rayures de couleur sur des métiers à pédales et tressent les vanneries les plus fines du pays.

Les Mons-Khmers – Avec 21 ethnies différentes, ils constituent une nébuleuse d'autant plus étonnante qu'elle ne représente qu'un peu plus de 2 % de la population du pays ! Les **Khmers** se détachent nettement et pas seulement numériquement. Implantés dans le delta du Mékong, ils sont les héritiers de l'empire d'Angkor (9e-15e s.), qui bâtit sa puissance sur une riziculture intensive. Ils perpétuent ce savoir en cultivant 150 espèces de riz, à côté d'un artisanat habile dans les domaines du tissage, de la poterie et de la vannerie. Rompus à la pratique des multiples bras du Mékong, ils y manient le sampan, ou la « queue de crevette » motorisée. À l'instar de leurs cousins du Cambodge, ils pratiquent un bouddhisme différent de celui des Vietnamiens, le theravada, dont les moines se retirent et étudient dans les pagodes, édifiées par les villageois.

Les **autres groupes mons-khmers** semblent vivre à des siècles de distance. Disséminés du nord au sud des Hauts Plateaux, ce sont des essarteurs qui cultivent le riz, parfois avec un outillage rudimentaire (machette, bâton à fouir). Au nord-ouest, Mons-Khmers et groupes tais voisins se sont mutuellement influencés. L'essentiel de leur artisanat s'exprime dans le tressage des hottes qui leur servent de magasin ou de moyen de transport. Leur habitat traduit leur sentiment communautaire, que ce soit la maison longue, où vivent plusieurs couples avec leurs enfants, ou la maison commune où s'effectuent les rites de passage des adolescents du village. Elle est le fleuron de leur architecture sur pilotis et s'élève plus grande, plus haute et plus belle que toutes les autres. Le groupe le plus nombreux, les **Ba Nas** de la région de Buon Ma Thuot, partage avec ses voisins austronésiens des Hauts Plateaux, les Gia Rais, des sépultures élaborées, véritables monuments végétaux.

Les Tais-Kadais

Les Tais – Le rameau tai de cette famille est le plus représenté au Vietnam. Au même titre que les Viets, il descend des Cent Yues que répertoriaient les annalistes chinois *(voir « Ce que dit l'histoire », p. 357)*, et ses locuteurs suivirent un chemin de migration des côtes sud-est de la Chine vers l'ouest. Les **Tays** (1,9 %) et les **Nungs** (1,1 %), implantés autour de Cao Bang et de Lang Son, aux frontières de la Chine, sont sans doute les premiers arrivés. Des contacts répétés avec les Chinois et les Vietnamiens ont marqué leur culture et leurs sociétés, organisées autrefois en seigneuries héréditaires. Ces influences se traduisent dans leurs demeures, plutôt construites en pisé ou en briques crues, à la mode de la Chine. De même, leur religion est empreinte du taoïsme et du bouddhisme chinois. Tous les peuples tais excellent dans le domaine artisanal.

Les **Thaïs** (1,7 %) ont développé leur riziculture savante, fondée sur l'assolement et l'irrigation, dans les vallées au sol fertile du Nord-Ouest. L'adduction de l'eau y fait l'objet de toutes sortes de techniques. La

La version thaïe des origines

L'acte de naissance de la société thaïe se situe après le déluge, dont seuls réchappèrent trois génies appelés *khun*. Ils possédaient un buffle en commun qui, à sa mort, laissa échapper de ses naseaux des pousses, où mûrirent trois énormes courges. Comme un bruit semblait provenir de l'intérieur, les *khun* y ménagèrent des trous à l'aide d'un foret chauffé au rouge. Les montagnards au teint sombre, voisins des Thaïs des hautes terres, sortirent un à un en se frayant un passage à travers les orifices calcinés. Comme les courges semblaient toujours habitées, les génies y firent d'autres trous, avec un ciseau à bois cette fois, d'où s'échappèrent les ancêtres des Thaïs.

Jeunes femmes de la minorité hmongs portant des fleurs à Dong Van.
Vwpics/hemis.fr

maîtrise de l'eau leur a permis aussi la culture d'arbres fruitiers et de théiers dans la Moyenne Région. Les Thaïs pratiquent encore leurs cultes traditionnels, adressés aux génies ou aux ancêtres, et le recours aux médiums. Les maisons, toujours élevées sur pilotis, diffèrent légèrement au sein des deux principaux groupes. Les Thaïs blancs ménagent une véranda à l'avant, tandis que les Thaïs noirs dressent un toit arrondi comme une carapace de tortue, reconnaissable à ses faîtages en forme de X.

Les Kadais – Ils ne sont présents qu'à travers de tout petits groupes, dont les **Co Laos** sont les plus nombreux.

Les Hmongs-Yaos

Les Hmongs et les Yaos (1,8 %) – que les Vietnamiens appellent Daos, prononcé « Zao » – constituent de toutes petites fractions de ces groupes qui, en Chine, comptent respectivement 9 et 2,6 millions de personnes. De la Chine du Sud-Ouest aux confins du Laos et de la Thaïlande, ils sont présents sur un immense territoire, mais d'une manière très discontinue, car ce sont des montagnards dispersés dans de minuscules hameaux. Ils ne fondèrent jamais plus que des embryons d'organisations politiques, chez les Hmongs notamment, autour de « rois ». Cette situation s'explique par leur mode de vie. Hmongs et Yaos sont des paysans de tradition nomade, utilisant les ressources de la montagne qui les entoure.

Les Hmongs – Ils cultivent les plus hautes terres, établis en villages de quelques dizaines de foyers. Leurs maisons sans étage, posées sur la terre battue, sont souvent de simples chaumières aux murs en planches ou en bambou tressé. Ils pratiquent une culture itinérante ou permanente sur brûlis, produisant du maïs, de l'orge et parfois du riz, ainsi que du lin et des arbres fruitiers. Ils se distinguent aussi comme éleveurs de chevaux, leur principal moyen de transport. Leur dispersion et la quasi-autarcie rendue nécessaire par leur enclavement leur ont permis de maintenir un artisanat dans des domaines variés. Forgerons, ils confectionnent leurs outils agricoles, mais aussi leurs fusils de chasse à long canon. Ils savent aussi tresser le bambou, façonner des bijoux en argent, fabriquer le papier, les meubles ou les harnais et les selles de leurs chevaux. Chez ce peuple dispersé, le lignage et le culte des ancêtres ont conservé toute leur importance. Pour les mêmes raisons, les foires jouent un rôle essentiel non seulement pour l'échange, mais aussi pour les rencontres entre jeunes gens.

Les Daos – Encore plus dispersés que les Hmongs, ils parlent des langues très variées qui trouvent écho dans la diversité de leurs vêtements ; mais cette variété apparente masque une profonde unité culturelle, ne serait-ce que par la revendication d'être les descendants d'un ancêtre commun, **Pan Hu**, un chien fabuleux marié à une princesse chinoise. Les Daos habitent des hameaux de moins de dix maisons. Dans les régions élevées, ils cultivent le maïs, mais pratiquent aussi la riziculture inondée, la culture d'arbres fruitiers et de plantes médicinales. Ils élèvent basses-cours et animaux de trait. Leur religion est marquée par les pratiques chinoises, et le panthéon taoïste a une place essentielle dans leurs cérémonies exorcistes.

Les Sino-Tibétains

Les Chinois – Les locuteurs du chinois, les **Hoas** (1,1 %) – les Chinois proprement dits –, les **San Dius** et les **Ngais** forment l'écrasante proportion de la famille linguistique sino-tibétaine. Les Chinois descendent surtout des familles de marchands de Chine méridionale, venus au début du 17e s. faire du négoce dans les ports du Vietnam.

Les Tibéto-Birmans – Ce sont d'habiles artisans, notamment dans le domaine de la vannerie. En témoigne toute la panoplie de hottes (à bandeau frontal ou à bretelles) qu'ils utilisent pour le transport. Ils vivent, selon les ethnies, dans des maisons sur pilotis ou des maisons en terre de plain-pied.

Les **Ha Nhis** du haut Song Da sont les plus nombreux. Sculpteurs de montagnes, ils tracent leurs champs en terrasses, qu'ils irriguent par un réseau de conduites d'eau.

Les femmes jouent un rôle majeur dans les sociétés tibéto-birmanes qui pratiquent par ailleurs un culte des ancêtres et des esprits.

Les Austronésiens

Les **Chams** (0,2 %) ont légué à l'histoire abondance d'inscriptions en sanscrit, puis dans leur propre langue, ainsi qu'un patrimoine architectural de tours-sanctuaires en brique, les *kalan*, qui jalonnent la côte, du col des Nuages à Phan Thiet. Elles balisent l'extension de leur royaume, le Champa, absorbé par les Vietnamiens. Au 15e s., les Chams adoptèrent l'islam au contact des Malais, dont la langue est cousine de la leur. Ils sont toujours musulmans et pratiquent, dans leurs villages, la riziculture et des tissages de soie élaborés.

Les autres groupes austronésiens furent longtemps confondus, sous le terme péjoratif de *Moi* (« sauvages »), avec les Austroasiatiques des Hauts Plateaux, dont ils partagent la culture, en rizières sèches ou inondées. Sans doute était-ce parce qu'ils avaient en commun la construction de maisons longues. Les plus spectaculaires sont celles d'un peuple de dresseurs d'éléphants, les **E Des** (ou Rhade) de Buon Ma Thuot (0,4 %) *(voir p. 248)*. Construites en forme de bateau renversé, elles évoquent l'architecture des Torajas des Célèbes (Sulawesi), dans l'archipel indonésien. Chez les **Gia Rais** de Plei Ku (0,4 %) *(voir p. 252)*, on trouve aussi un écho de ces lointains cousins d'Indonésie dans l'apparat des sépultures. Celles des chefs sont accompagnées d'une galerie de sculptures en bois, de facture fruste parfois, représentant hommes, femmes et oiseaux.

Traditions et art de vivre

Préparer le banh chung en famille à l'approche de la fête du Tet, honorer un ancêtre lors d'un rite funéraire, revêtir l'uniforme (ao dai blanc) des étudiantes ou petit-déjeuner d'un pho, la fameuse soupe de nouilles et de viande, dans une gargote sur le trottoir : les Vietnamiens restent profondément attachés à leurs traditions. Et si les influences du monde extérieur sont chaque jour plus visibles, ils les adaptent à leur art de vivre. Sous les casques des motos, les femmes des ethnies montagnardes gardent coiffes colorées ou turbans. À Hanoi, les chaînes de fast-food les plus populaires proposent tout simplement la recette millénaire du pho... Ou comment conjuguer tradition et modernité.

Fêtes et festivals

La vie quotidienne vietnamienne est rythmée par de nombreuses fêtes traditionnelles et cérémonies locales, à l'occasion desquelles chaque village rend hommage à son génie tutélaire, son héros mythique ou historique. Liées pour la plupart au calendrier luni-solaire, elles reflètent le syncrétisme religieux du pays. Les différentes communautés religieuses célèbrent par ailleurs leurs propres fêtes, tandis que l'État impose des fêtes nationales à la gloire des victoires communistes.

Les festivités prennent place suivant le **calendrier luni-solaire**. Il est découpé en cycle de douze ans, chaque année correspondant à l'un des douze signes du zodiaque chinois (Rat, Buffle, Tigre, Chat, Dragon, Serpent, Cheval, Chèvre, Singe, Coq, Chien, Porc) et se divisant elle-même en douze mois de 29 ou 30 jours. Les Vietnamiens ajoutent donc tous les quatre ans un mois supplémentaire pour faire coïncider leur calendrier avec le calendrier grégorien. Toutes ces fêtes sont ainsi mobiles. À côté du Nouvel An (fête du Tet), du *Tet Doan Ngo*, du *Trung Nguyen* et de la fête de la Mi-Automne qui sont célébrés par toute la population, les fêtes locales se limitent aux villages où elles ont lieu.

La fête du Tet

De toutes les fêtes qui jalonnent le calendrier, le **Nouvel An** est de loin la plus importante. Appelée aussi **Tet Nguyen Dan** (« fête de la première année » ou du « premier jour »), elle est célébrée le premier mois lunaire (fin janvier et début février). Elle annonce l'arrivée du printemps et le renouveau de la nature, marqué par la floraison des pêchers et des mandariniers nains (kumquats). Ces arbres fruitiers sont vendus la dernière semaine de l'année dans les marchés aux fleurs, qui prennent la forme de magnifiques floralies à Hanoi et à Ho Chi Minh-Ville, et servent à la décoration des maisons.

Bien que la fête dure une semaine, seuls les trois premiers jours sont officiellement chômés. On la célèbre en famille, voire dans son village d'origine, et de grandes migrations ont lieu entre villes et campagnes. Un véritable rituel prend place pour commencer l'année sous les meilleurs auspices : on doit régler toutes ses dettes, faire des travaux dans sa maison, nettoyer les tombes des ancêtres, préparer des plats spéciaux et s'acheter des vêtements neufs.

Les préparatifs

Une semaine avant le Tet, chaque maison renvoie les **génies du Foyer**, symbolisés souvent par un seul personnage, dans le monde céleste afin qu'ils présentent les vœux du peuple à l'Empereur de Jade, Ngoc Hoang *(voir « Religions », p. 379)*, et lui dressent un bilan sur la manière dont s'est comportée la maisonnée au cours de l'année. Afin d'amadouer le dieu, on dispose à son attention, sur l'autel réservé aux génies domestiques, de la nourriture, de l'eau fraîche et de la noix d'arec, avant de lâcher des carpes vivantes dans les rivières et les lacs pour son transport. Dans certaines campagnes, les habitants se protègent alors contre les démons qui, profitant de l'absence des génies protecteurs, envahissent le monde des vivants. Pour les empêcher de pénétrer dans la maison, ils plantent dans la cour un **mât en bambou**, au sommet duquel sont accrochés une amulette en papier rouge et divers instruments en bois ou en métal, dont les bruits effrayants sont censés éloigner les esprits malfaisants. La maison est nettoyée de fond en comble et soigneusement décorée : outre les branches de pêcher (dans le Nord) et les branches de forsythia ou de kumquat (dans le Sud) qui ornent la salle de séjour, on accroche au mur des sentences parallèles calligraphiées en caractères chinois sur du papier vermillon, symbole de joie, où sont présentés souhaits et dictons de sagesse. L'autel des ancêtres est surchargé de fruits odorants et de fleurs parfumées.

Des mets spéciaux

Leur préparation requiert tous les soins. À côté des fruits confits (courges, graines de lotus, noix de coco), deux gâteaux, que les citadins préfèrent acheter tant la cuisson est longue, figurent impérativement au menu : composé de riz gluant et de pois verts cuits à la vapeur, le **banh day** est rond comme le Ciel ; fourré de tranches de lard, qui symbolisent les 10 000 êtres de la création, et de pâte de haricot, le **banh chung** est carré comme la Terre, selon la vision vietnamienne.

Les trois jours de fête

La veille du jour de l'an, on guette avec impatience minuit. Si jadis tambours et pétards annonçaient le retour des génies du Foyer, tout en chassant les mauvais esprits qui auraient rôdé, aujourd'hui on se contente d'un enregistrement sonore. Devant l'autel familial, chargé de nourriture et de boissons, le maître de maison allume des bâtonnets d'encens, se prosterne et récite des prières pour la nouvelle année.

À l'aube du premier jour, on se lève tôt pour préparer les offrandes aux ancêtres, avant d'aller à la pagode. Vêtus de neuf, les enfants présentent des vœux de bonheur, de longévité et de prospérité à leurs grands-parents, puis à leurs parents. En échange, ils reçoivent des billets neufs, qui leur sont remis dans une enveloppe rouge en signe de chance. Le premier visiteur est attendu avec impatience, car de lui dépend le bonheur ou le malheur de la maison pour l'année à venir, et l'on préférera une personne réputée pour sa moralité et sa position sociale. Ce jour-là, on consulte aussi un livre d'astrologie pour établir les dates propices aux diverses activités. Le

Danse du dragon pour la fête du Tet dans les rues de Ho Chi Minh-Ville.
NgKhanhVuKhoa/Getty Images Plus

deuxième jour est consacré à la visite des proches et des amis, et le troisième aux tombes des ancêtres.

La danse de la licorne

Joyeuse, bruyante et colorée, la danse de la licorne fait partie des festivités dans le Sud, surtout dans le quartier chinois de Cholon, dont les habitants fêtent le même jour le Nouvel An. Animal imaginaire et mythique, symbole de **prospérité**, la licorne est matérialisée par une tête géante en papier mâché évoquant un chien pékinois, et par une traîne de tissu qui simule le corps d'un serpent recouvert d'écailles de poisson. Manipulée par des pratiquants d'arts martiaux au rythme effréné des tambours, des cymbales et des gongs, la licorne parcourt les rues et s'arrête devant chaque maison ou boutique pour obtenir une obole. La somme d'argent est souvent accrochée, avec une laitue, au sommet d'une perche de bambou ou au balcon du premier étage : soulevé par une pyramide humaine, le meneur pourra alors déguster le légume, en signe de bonne intention, avant de saisir les billets. La licorne est accompagnée par le **génie de la Terre**, représenté par un homme bedonnant portant un masque souriant.

Le sacré et le profane

Les fêtes bouddhistes

Le 15e jour du 2e mois lunaire (pleine lune de mars-avril), la **fête de la Pagode de l'Empreinte parfumée**, dans la province de Ha Son Binh (au sud de Hanoi), attire les pèlerins du delta du fleuve Rouge et des montagnes avoisinantes. S'ils viennent pour prier Bouddha, ils le font aussi pour les magnifiques grottes-pagodes et temples qui jalonnent la rivière Yen *(voir p. 75)*, qu'ils parcourent en barque.
Le 15e jour du 5e mois lunaire (mai-juin), la **pleine lune** est la plus importante des fêtes bouddhistes. Elle commémore la naissance, l'illumination et la mort du Bouddha survenues ce jour. Les fidèles se rendent en famille dans les pagodes pour assister aux prières, écouter les sermons des moines et faire des offrandes.

Les fêtes catholiques

Les catholiques adoptent le calendrier grégorien et fêtent massivement **Noël** qui est pour eux un jour férié. Des grand-messes sont célébrées les 24 et 25 décembre, particulièrement dans le Sud et à Ho Chi Minh-Ville, dont la cathédrale Notre-Dame illuminée est alors pleine à craquer. Dans les rues, des marchands proposent jouets et coiffes du Père Noël. Les fêtes de **Pâques** sont elles aussi bien suivies.

Et que la fête continue…

Certaines fêtes païennes ou nationales donnent lieu à des manifestations populaires. Parmi celles-ci, le 1er janvier, le **jour de l'an** occidental, est férié. Le 31 décembre, les citadins le fêtent joyeusement – à Ho Chi Minh-Ville surtout – en allant au restaurant et en discothèque, et les cargos du port actionnent leurs sirènes à minuit.

Le 30 avril, l'**anniversaire de la prise de Saigon** en 1975 donne lieu à des défilés populaires et militaires à Hanoi et à Ho Chi Minh-Ville. Des manifestations culturelles sont aussi organisées dans les villes du Sud tombées avant Saigon.

Le 2 septembre, la **fête nationale** commémore la fondation de la République démocratique du Vietnam en 1945 et la proclamation de l'indépendance du pays. Un rassemblement populaire, avec feu d'artifice et courses de bateaux, est organisé à Hanoi.

Les rites familiaux

Au sein de la cellule familiale, les grandes étapes de la vie donnent lieu à des rites et à des fêtes qui rassemblent tous les membres et qui ponctuent le quotidien.

La naissance

Bien que la coutume tende à disparaître en ville, la tradition veut que la grand-mère paternelle récupère le placenta de la jeune mère et le mette dans une urne pour l'enterrer dans le jardin de la maison ou, à défaut, dans un pot rempli de terre. Ce geste marque l'**attachement** futur du nouveau-né à sa terre, c'est-à-dire au lieu où vivent son clan et sa famille, et à son pays. Encore fragile, le bébé est, pense-t-on, l'objet de la convoitise des démons, d'autant plus s'il est beau et bien portant. Les premières personnes qui le voient ne devront donc pas s'extasier sur l'enfant, mais plutôt se lamenter pour écarter les mauvais esprits ! Les parents relèvent soigneusement l'heure et le lieu de naissance du bébé, afin que le devin puisse déterminer son **signe astral**. Ils lui choisissent un prénom, tout en l'appelant par un surnom afin d'égarer les démons sur une fausse piste. Sept à neuf jours après l'accouchement, on célèbre les **relevailles** par des offrandes de bétel, de gâteaux et de fruits de mer aux sages-femmes célestes, en signe de remerciement. Cette cérémonie se renouvelle un mois après la naissance, afin de demander leur protection pour l'enfant, auquel on attribue désormais son vrai nom.

L'attribution des noms

Le nom se compose de trois (parfois quatre) termes. Le premier désigne le nom patronymique ou le nom de clan transmis par le père, le deuxième est un mot intercalaire, et le troisième équivaut au prénom. Bien qu'il existe quelque 300 noms patronymiques, les plus communs sont les Nguyen – près de 40 % des Vietnamiens portent ce nom, emprunté à la dernière dynastie impériale –, les Tran, les Le, les Pham, les Ngo, les Vu, les Do, les Dao, les Duong, les Dang, les Dinh et les Hoang. Le mot intercalaire le plus souvent utilisé est Thi pour les femmes, et Van pour les hommes. Toutes les fantaisies sont permises pour le prénom, dans la mesure où il a une signification : on donne aux femmes des noms poétiques (fleur, oiseau, beauté, parfum), alors que les hommes sont plutôt identifiés à des notions abstraites comme le courage, l'intelligence ou la force. Lorsqu'on s'adresse à une personne, le mot *bà* (« madame ») ou *ông* (« monsieur ») est suivi du prénom. On désignera ainsi un homme nommé Nguyen Van Tuan par M. Tuan. Souvent, en famille, on appelle les enfants par leur ordre de naissance : *ba* (« troisième »), *sau* (« sixième »), suivi parfois du prénom, et toujours précédé d'un pronom personnel marquant la hiérarchie.

Le mariage

Obéissant au concept confucéen de la piété filiale, qui veut que l'individu perpétue son lignage pour assurer le culte des ancêtres, le mariage est un événement social majeur et les familles n'hésitent pas à dépenser une fortune, voire à s'endetter, à cette occasion. Le **prestige social** qu'elles en retirent est à ce prix.

Les mariages arrangés tendent à disparaître, surtout en ville. Mais chez les traditionalistes, les familles des futurs époux font parfois encore appel aux oncles, tantes ou amis proches pour établir des contacts préliminaires. On échange les thèmes astraux des jeunes gens et, s'ils sont favorables, la famille du jeune homme se rend à la demeure de la jeune fille pour la demande en mariage. Des **fiançailles** officialisent ces « négociations », qui fixent les modalités et la date des noces, après consultation du devin.

Le jour J, en compagnie de ses parents et amis, le fiancé, en tunique bleue ou en costume occidental, vient chercher la mariée chez elle en voiture de location. La jeune fille est vêtue d'une tunique rouge, symbole de joie, et coiffée d'un turban jaune, ou d'une robe blanche à l'occidentale, avec diadème et voile. Les futurs beaux-parents déposent sur l'autel des ancêtres des boîtes contenant du bétel et des noix d'arec, symboles de l'amour éternel, et donc de l'engagement de leur fils. Le jeune couple se prosterne également devant l'autel, puis devant les parents de la mariée. Celle-ci quitte alors sa maison d'enfance en versant quelques larmes pour marquer son attachement à sa mère. Dans la résidence de la belle-famille, les mêmes rites de **respect** sont répétés devant l'autel des ancêtres, puis devant les parents. La journée se poursuit avec l'échange de fils rouges porte-bonheur en l'honneur du génie du Mariage, et la consommation de la chique de bétel par les époux. Un banquet somptueux réunira enfin les deux familles et amis.

Depuis quelques années, l'ouverture du mariage aux personnes de même sexe fait l'objet d'un débat. Dans la nouvelle loi de 2015 sur le mariage, l'interdiction du mariage entre deux personnes du même sexe n'est plus mentionnée explicitement comme c'était le cas dans le texte précédent. Les unions gays ne sont pas pour autant reconnues officiellement. Pour l'instant, le gouvernement refuse de légiférer sur le sujet.

Les rites funéraires

La responsabilité des funérailles incombe au fils aîné. Lors de l'agonie de son père ou de sa mère, il dispose sur la poitrine du mourant une pièce de soie destinée à recevoir son dernier souffle. Ensevelie avec le défunt, cette « âme en soie » est remplacée sur l'autel familial par une **tablette funéraire**. Il faut aussi s'assurer que l'âme quitte le corps sans s'éloigner de la maison, en l'incitant à se remémorer tous les recoins du domicile, car elle reviendra partager le banquet familial au moment des fêtes, notamment au Nouvel An. Des rubans blancs sont attachés aux portes et fenêtres de la maison en signe de deuil, tandis que les membres de la famille portent des coiffes et de longues tuniques blanches.

On fait alors appel au **géomancien** pour déterminer le jour, l'heure, le lieu de l'inhumation et la disposition de la tombe. Le cercueil reste exposé trois jours, afin que cousins, voisins et amis puissent faire leurs adieux, les bras chargés de fleurs et de fruits, au son d'un orchestre traditionnel. Le jour des funérailles, dans les familles bouddhistes, des bonzes sont convoqués pour réciter des prières. Un corbillard transporte le cercueil jusqu'au cimetière, escorté par les intimes et amis qui vont à pied derrière lui : le cortège est conduit par l'aîné, appuyé sur un bâton le désignant comme le guide de la famille. Il est suivi par la veuve, si le mort est un homme marié, puis le petit-fils aîné, qui porte la photo du défunt, et le reste de l'assistance. Un orchestre censé éloigner les esprits maléfiques ferme la marche en faisant le plus de bruit possible. Une **stèle** portant le nom du défunt et la date de son décès marque l'emplacement de la sépulture.

Sept semaines après l'enterrement, le chef de famille convie toute l'assistance à un banquet pour la **cérémonie du 49e jour**, afin de libérer l'âme du défunt qui quitte la famille pour se réincarner. Trois ans après le décès, qui est aussi la durée de deuil officielle, on exhume les ossements lors de la **cérémonie d'abandon des tombes** pour les transférer dans un petit cercueil définitif, inhumé dans un site familial. Tous ces rituels sont destinés à regrouper la famille et à réaffirmer par là sa cohésion.

Gastronomie

Une marmite où mijote une soupe odorante, quelques tabourets, des bols, des cuillères, des baguettes, voilà une gargote de trottoir et une aubaine pour s'initier aux saveurs vietnamiennes. Ici, on grignote en effet plus qu'on ne mange. Les vrais repas sont ceux des fêtes et des réunions familiales.

Les saveurs vietnamiennes

Dans tous les cas, la journée démarre sur des notes plutôt salées sous la forme de soupe de nouilles *(pho)* ou de préparation à base de riz et de viande étuvés. Mais rien n'empêche de s'approvisionner en pain frais auprès des colporteurs de *banh mi*. L'usage des baguettes et les nombreuses recettes de pâtes alimentaires ne confèrent à la cuisine vietnamienne qu'un lointain cousinage avec sa voisine chinoise. Ici, on ne s'encombre pas de sauce et l'huile n'est utilisée qu'avec parcimonie. Pas de succession entrée, plat, dessert ; le repas est plutôt une combinaison de **saveurs** et de **textures** servies en même temps, où chacun pioche à sa

Un petit restaurant populaire

Le sol est jonché de serviettes en papier, d'os de poulet ou d'arêtes de poisson, reliquats des clients précédents... Ne vous fiez toutefois pas aux apparences, car il est normal, ici, de tout jeter par terre ; un grand coup de balai et tout disparaît ! Vous n'avez plus qu'à suivre le patron jusqu'au réfrigérateur pour faire votre choix : poulet, canard, bœuf ou porc. Dix minutes plus tard arrive le plat que vous avez commandé, accompagné d'une soupe, de légumes verts, de riz ou d'une omelette aux herbes, qui font, comme le pain chez nous, partie du menu. Arrosez le tout d'une bière *(bia hoi)* ou d'un peu d'alcool de riz (appelé ici vodka), et à vos baguettes !

Soupe Pho Ho.
Alisa Korolevskaya/Getty Images Plus

guise, accommodant à sa convenance. Un bouquet d'**herbes aromatiques** fraîches apporte toute une gamme de parfums : coriandre, menthe ordinaire et menthe violette *(tia to)*, basilic, aneth et pérille *(la lot)* aux saveurs complexes d'anis, de citron et de cumin. De fines tranches de concombre ou de navet croquent sous la dent tout en rafraîchissant. Au ballet des consistances, le croustillant est un incontournable que servent friture d'échalotes *(hanh kho phi)*, riz grillé et pilé et cacahuètes concassées. Le nuoc-mam *(voir encadré p. 342)*, le piment, le jus de citron ou encore le sel, chacun joue son rôle de saveur et de goût dans la cuisine gastronomique ou quotidienne du pays.

Les aliments de base

Riz, liserons d'eau, germes de soja et nuoc-mam composent le menu de base du Vietnam et sont le reflet de ses campagnes, pays de rizières et de rivières, étirées le long du littoral. Rond, long, concassé, parfumé ou glutineux, le **riz** comprend des dizaines de variétés. Cuit à la vapeur *(com)* ou sauté *(com rang)*, il est de tous les repas et entre dans la confection de certains plats. Le *xoi* se compose de riz gluant, de haricots, de cacahuètes fraîches et de poitrine de porc, emballés dans une feuille de bananier et étuvés. Le *chao* est un gruau de riz, cuit doucement avec des morceaux de viande et servi brûlant, parsemé de coriandre et de ciboules hachées. Le plus souvent, **viandes**, **poissons** et crevettes ne sont présents que par petites touches.

Les recettes plus élaborées sont plats de fête et esquissent la géographie culinaire du pays.

Au Nord, on préfère les **produits d'eau douce** – escargots, grenouilles et anguilles –, tandis qu'au Sud on accommode toutes les chairs, à la mode chinoise. Là on préfère les **soupes**, ici on cuit de toutes les manières, mais avec plus d'**épices**, du **lait de coco** (*ga cari*, curry de poulet au lait de coco) et un goût marqué pour le **sucre** (*chao tom*, brochettes de pâte de crevettes cuites sur des cannes à sucre ; *heo kho*, porc au caramel) ou la note acidulée du tamarin (*canh chua*, soupe acidulée au poisson ou aux crevettes). La table vietnamienne marie avec audace les produits de la terre et de la mer, comme dans la fondue variée (*thap cam nhung dam* appelée aussi *hot pot*) qui mêle viandes, poissons et crustacés. Le *cha lua*, un pâté de porc pilé au nuoc-mam et cuit à la vapeur, sert d'accompagnement.

Les préparations

Les pâtes alimentaires à base de farine de riz sont affaire de spécialistes. Lunes de pâte translucides séchées sur des claies en bambou, appelées *banh da* au Nord et *banh trang* au Sud, les **crêpes de riz** prêtent aux aliments leur consistance tendre ou croquante. Roulées autour d'une farce de viande blanche, de vermicelles, de germes de soja, de champignons noirs et de crevettes, puis dorées à l'huile, elles forment le croustillant pâté impérial (*nem* au Nord, *cha gio* au Sud). Le *cha bap* du Centre est farci de porc et de maïs, tandis que le *cha gio chay* en est une version végétarienne. Le rouleau de printemps *(goi cuon)* est un rafraîchissant et croquant mélange de vermicelles, de soja, de crevettes et de menthe. Le *banh cuon*, ou ravioli vietnamien, est une crêpe enveloppant un hachis de porc, de crevettes et de champignons, puis cuite à la vapeur. On se sert volontiers des *banh da*, ou d'une feuille de laitue, pour en faire des bouchées combinant les saveurs. Dans le *cha ca nuong*, des morceaux de poisson grillé sont emballés avec des légumes et des fruits dans une crêpe de riz. Le *bo lui* consiste à marier brochettes de bœuf, cacahuètes et herbes parfumées dans une feuille de salade.

Il existe trois types de **nouilles de riz** : les pâtes longues et plates (*banh pho* au Nord, *hu tieu* au Sud), les cheveux d'ange *(banh hoi)* et le vermicelle *(bun)*.

Les premières donnent leur nom à la fameuse soupe hanoienne. Le *pho bo* est un bol de nouilles, assorties d'un carpaccio de bœuf et arrosées d'un bouillon subtilement parfumé à la badiane. Il en existe une version « sèche », le *pho xao*, qui mêle nouilles et bœuf sautés. Les vermicelles sont servis dans le *bo bun*, en salade ou en accompagnement. Le *bun cha* les combine avec des herbes parfumées et des boulettes de porc délicatement grillées, le tout assaisonné de sauce nuoc-mam.

Riche en protéines, le **soja** est une véritable « viande végétale » et fait l'objet de toutes les transformations. Ses pousses fournissent un légume; ses grains salés *(tuong hot)* ou la sauce qui en est tirée, un condiment; ses graines *(dau xanh)* réduites en purée, la farce sucrée des gâteaux; et son extrait caillé donne un fromage que l'on mange salé ou sucré.

Douceurs fruitées

Si les desserts ne figurent pas au menu vietnamien, les amateurs de douceurs trouveront des **préparations sucrées**, vendues sur les stands de rue, des friandises servies pour pallier l'âcreté du thé vert, sans compter les **fruits** à la variété innombrable. Spécialité de Hué, le *che* est une crème de manioc servie tiède que l'on peut marier de multiples manières. Le *che chuoi* y mélange banane et lait de coco, le *che sen*, des graines de lotus. Le *tau hu* est du tofu agrémenté de gingembre et de sirop de canne à sucre. Le *banh gan* est un délicieux flan au lait de coco, et les *banh it* sont des boulettes de tapioca, farcies d'une purée de soja au lait de coco.

Les boissons

Le **thé** est une institution au Vietnam. À la version fermentée (thé noir) on préfère l'infusion à base de feuilles torréfiées juste après la cueillette (thé vert). Marque d'hospitalité, le service du thé fait l'objet d'un ballet de vaisselle. La théière est bourrée de feuilles copieusement arrosées d'eau bouillante, vidée de cette première infusion trop amère et de nouveau remplie pour alimenter des tasses de la taille d'un dé à coudre. Il existe aussi des thés parfumés à l'artichaut ou aux fleurs.

La **bière pression** *(bia hoi)* est un breuvage très populaire, servi en chopes d'un demi-litre dans des établissements spécialisés, livrés chaque matin de la boisson brassée la nuit. Ils servent aussi parfois quelques plats, et toujours les satellites prisés des amateurs : cacahuètes *(dau phong)*, nems, grillades d'ailes de poulet *(canh ga chiên)* ou de seiches *(muc kho)*, et parfois même fines tranches de viande de chien froide *(thit cho)*.

La fermentation du riz glutineux donne le **ruou**, un vin trouble dont la saveur rappelle le saké japonais. Les amateurs prétendent qu'un verre d'**alcool de riz** à jeun est le moyen le plus sain de commencer la journée.

Artisanat

Papier, laque, céramique, estampe sont autant de techniques adoptées au temps où le Vietnam appartenait à l'empire de Chine. Animées par le double courant qui a façonné la personnalité vietnamienne, elles ont été perpétuées et interprétées en combinaisons inédites. D'un côté, la cour et ses mandarins furent les mécènes d'une culture sophistiquée, fortement empreinte d'influences chinoises ; de l'autre, le peuple des villages s'exprima dans un artisanat au service de la communauté. Tantôt parallèles, tantôt fusionnées, ces traditions se sont maintenues. La première a bâti une réputation internationale aux produits de l'artisanat vietnamien ; la seconde trouve dans son environnement quotidien et dans les possibilités du recyclage d'inépuisables réponses à ses besoins, qui transforment le moindre marché en une fascinante exposition d'objets aussi esthétiques qu'ingénieux.

Artisanat populaire et artisanat d'art

Tous les peuples du Vietnam entretiennent un savoir-faire qui élève au rang d'objet d'art les instruments du quotidien, tels que vanneries et tissages. Des besoins plus spécifiques ont cependant entraîné l'apparition de productions spécialisées. Ainsi, les exigences des rituels, en particulier du culte des ancêtres, ont-elles favorisé l'ébénisterie et le laquage (autels et palanquins porte-tablettes), la fonte du bronze (chandeliers et brûle-parfums) et la papeterie (assemblages de papiers colorés des cultes funéraires).

Une civilisation du bambou

Des baguettes aux chapeaux, le bambou est omniprésent dans l'environnement des Vietnamiens. Dans le pays du delta du fleuve Rouge, des haies vives de ces graminées géantes forment des jalousies naturelles autour des villages, qu'elles signalent tout en les protégeant des regards. « L'autorité du roi s'arrête à la haie de bambou du village », disait-on autrefois.

À l'intérieur des maisons, le bambou se retrouve du sol au plafond : tringles pour suspendre, claies pour entreposer, cloisons de lattes et nattes déroulées sur le sol. Sa fibre fournit les liens de fixation, son bois souple et résistant, les assemblages d'échafaudage. Creux et étanche, il sert à fabriquer des ustensiles tels gobelets et pipes à eau. Séchées, ses feuilles et ses racines brûlent comme combustible de cuisson et de chauffage. Cette plante généreuse prodigue jusqu'à la nourriture des animaux et des hommes qui prisent ses pousses tendres, consommées fraîches ou marinées.

Des foyers spécialisés

La survivance du quartier des Guildes à Hanoi témoigne de la place d'un artisanat qualifié, jadis exclusivement attaché à la cour. Toujours en quête de mobilier façonné dans des matières rares et précieuses, les demeures seigneuriales et mandarinales ont entretenu des ateliers, habiles au travail des bois durs, de la laque, de la nacre, du jade, de la céramique et des brocarts de soie.

Après la réunification, la région de Ho Chi Minh-Ville plaça la plupart des centres de production artisanale sous l'égide de l'État, tandis que dans le Nord perdurait sous la forme de coopératives une très ancienne tradition de **villages spécialisés**. Ils forment toujours une véritable couronne sur un rayon de 20 à 30 km autour de Hanoi, et il n'est pas rare d'y croiser un temple dédié au créateur ou à l'instigateur de la technique dans laquelle la localité s'est illustrée. Dans ce cadre, l'atelier est d'abord familial, et l'outillage des plus simples. L'activité artisanale s'effectue traditionnellement entre les semailles et les récoltes, quand le travail des champs se fait moins demandeur. Dans le cas où des villages entiers se dédient à la fabrication d'un même produit, on assiste à une division des tâches, de la collecte de la matière première à la vente, et au développement de microcircuits économiques : tel village fournit l'argile à tel autre qui la façonne en pots, et achète son combustible auprès d'une autre agglomération ; tel autre livre les feuilles de latanier indispensables à la fabrication des chapeaux.

Les céramiques

Les céramiques sont surtout un artisanat du nord du Vietnam grâce à l'argile de qualité extraite dans le delta du fleuve Rouge et aux contacts avec la Chine, experte en ce domaine. Dès le 11e s. parurent des **grès** à la délicate couleur ivoire, ou céladon, dénotant une science de la sélection des terres et de la maîtrise des cuissons. Plusieurs centres ont vu le jour au fil des siècles, chacun étant spécialisé dans des productions différentes. Les fours de Nghe et de Cao produisent des **poteries non émaillées**, cuites à basse température. À Phu Lang, à Huong Canh et à Tho Ha, on cuit des **grès à haute température**. Enfin, les villages de Bat Trang et Bien Hoa se sont spécialisés dans la céramique décorée. Celle-ci connut son essor aux 14e-15e s. à travers des **« bleu et blanc »**, ornés au bleu de cobalt dans une inspiration encore marquée

Le « nón », un chapeau rétréci

La permanence de son usage et son association avec le costume national *ao dai* *(voir p. 375)* ont fait du *nón*, le chapeau conique, un symbole du Vietnam. Particulièrement adapté au climat, il protège non seulement de la pluie, mais aussi des ardeurs du soleil, durant le dur repiquage dans les rizières. Nul ne sait quand il est apparu, mais sa version actuelle est une forme raccourcie du couvre-chef du Tonkin, le *nón ba tam* ou « chapeau de trois fois huit pouces », un grand sombrero végétal confectionné en feuilles de latanier, et qu'attestent les autochromes de la mission Albert-Kahn. La région de Hué et la province de Quang Binh sont passées maîtresses dans la confection de ce chapeau, également fabriqué au village de Chuong, près de Hanoi. Les feuilles de palme sont blanchies, puis assouplies par martelage, avant d'être cousues, une à une, sur une forme en bambou. Une opération simple, mais un ouvrage de patience qui exige cinq ou six heures de travail.

Fabrication de bateaux paniers.
Pham Hung/Getty Images Plus

par l'influence chinoise dont elle s'émancipa très vite. Aux 17e-18e s., elle s'afficha franchement rococo, en particulier dans la **céramique architecturale**, qui use des couleurs fluides et contrastées des glaçures. Le répertoire, notamment celui des « bleu et blanc », emprunte bon nombre de motifs à la Chine (rinceaux de fleurs, phénix, dragons), mais les interprète dans une version plus spontanée, appuyée par la vivacité du trait.

Les laques

Cette technique fut importée de Chine il y a très longtemps, puisque les plus anciens objets laqués, retrouvés dans la région de Haiphong, datent du 4e s. av. J.-C. Avant d'être un artisanat d'art, le laquage est une technique permettant de rendre étanches des objets poreux ou, dans le cas du bois, de le protéger de l'humidité et des insectes. Certains peuples du Vietnam ont par ailleurs conservé la coutume de se laquer les dents, à la mode de jadis.

La laque est une **résine** provenant de l'arbre à laque *(cay son)* qui, décantée plusieurs jours, fournit à l'issue de sa fermentation des matériaux de qualité différente. Elle est appliquée sur un support de bambou ou de bois, en **plusieurs couches**, séchées et polies tour à tour. La gamme traditionnelle est réduite à **trois couleurs** : le brun et le noir sont des teintes naturelles de la résine, et le rouge est obtenu avec de l'hématite.

L'art de la laque connut son apogée aux 17e-18e s. avec les commandes de grands ensembles de statues bouddhiques, dont la polychromie était ainsi réalisée. On recourut même à la laque pour recouvrir le corps momifié de patriarches bouddhistes, statufiant ainsi les saints hommes pour l'éternité. Le laquage s'enrichit également de nouvelles techniques décoratives, telle l'incrustation de nacre pratiquée dans l'ébénisterie *(voir p. 374)*.

Papiers et estampes

Le papier sert à mille usages. Les colporteurs de jouets et **marionnettes en papier**, confectionnées pour les enfants à l'occasion de la fête de la Mi-Automne, se font rares de nos jours, mais, sur tous les marchés du pays, on continue à vendre les **objets d'offrande**, destinés à être brûlés pour accompagner le défunt lors de ses funérailles. Pièces de monnaie et billets de banque (les reproductions de billets verts sont bien plus prisées que celles des dongs), vêtements d'aujourd'hui ou d'autrefois, moyens de locomotion et même articles d'électroménager, tout est reproduit dans le papier.

Le **papier traditionnel** *(do)* est fabriqué à partir de l'écorce d'une plante grimpante de la Moyenne Région. Après avoir mariné dans un bain de chaux, celle-ci est cuite plusieurs jours dans de grandes cuves en fonte. Retrempée à l'eau de chaux, la pulpe obtenue est pilonnée et mélangée à de la colle végétale. Le séchage est effectué sur des tamis en bambou. Les feuilles obtenues sont très souples et hydrophiles.

Au service de l'écrit, le papier est son principal support et servit tôt à sa reproduction. Ainsi l'**estampage** permet-il de reproduire le texte d'une stèle, par application d'une feuille de papier humide. Encrée sur toute la surface, elle fournit une copie négative du support : creux en clair, reliefs en sombre.

Certaines pagodes conservent encore dans leurs bibliothèques les planches en bois sculpté qui servaient à reproduire les ouvrages par **xylographie**. De cette technique, ancêtre de l'imprimerie, découle celle de l'**estampe** dont le village de Dong Ho s'est fait une spécialité. Chaque image est réalisée avec un jeu de planches à imprimer, chacune étant taillée pour l'application d'une couleur, toujours d'origine naturelle : le jaune est tiré du sophora, le bleu de l'indigo, le vert du cuivre, le rouge du bois de sapan, et le noir des cendres de feuilles de bambou. Couleur par couleur, l'estampe prend forme jusqu'à l'impression du dernier bloc où sont taillés les cernes du dessin. À Dong Ho, on utilise un papier spécial, dont la surface est enduite d'un mélange de colle et de poudre de coquillage, appelé *diep*, qui lui confère un aspect nacré.

Ébénisterie et travail du bois

Autrefois, les **bois durs** (bois-de-fer) et **précieux** (palissandre) abondaient dans les forêts de l'intérieur. La cour, les temples, mais aussi les **arts de la scène** (instruments de musique de l'opéra et marionnettes sur l'eau) furent les grands commanditaires de meubles, de statues et d'objets taillés dans ces bois. L'ébénisterie est sans nul doute le domaine où se sont le mieux illustrés les artisans vietnamiens, bénéficiant de la longue tradition des assemblages complexes de la charpenterie et de la construction navale.

De nos jours, les **intérieurs de temples** permettent d'admirer des morceaux choisis d'un savoir-faire qui s'est maintenu : sentences parallèles encadrant l'autel, panneaux décoratifs travaillés en bas-reliefs ou ajourés, trônes et autels, loges de tablettes, etc. Le **mobilier de cour** n'est plus visible que dans les musées, mais les ébénistes d'aujourd'hui s'en inspirent pour la commande contemporaine : lits-cages, armoires à thé, sièges, coffres, écrans, plateaux et coffrets.

Laque et **marqueterie de nacre** sont les principales techniques décoratives. De deux qualités – *trai*, nacre tirée d'une variété de moule, et *xa cu*, nacre irisée provenant de Nha Trang et de Hoi An –, la nacre est tout d'abord taillée et polie en plaques, dans lesquelles les motifs d'incrustation (fleurs, oiseaux, personnages et motifs porte-bonheur) sont découpés à l'aide d'une scie très fine. La préparation des surfaces à incruster dans le bois exige la même minutie d'orfèvre, pour que la pièce nacrée, fixée à la colle, s'adapte parfaitement.

Les costumes traditionnels

Tonkinoises sanglées de noir et de brun sur les routes de pèlerinage, processions de soies éclatantes, parvis pavoisés de jeunes filles en tunique pastel, foule indigo assemblée à la foire dans les hautes terres, les peuples du Vietnam s'affichent en costumes de fête, en habits du dimanche, ou en vêtements quotidiens. Soie aux savants tissages, ou chanvre, jute et coton teints à l'indigo, le costume reste le signe le plus visible des cultures que brasse le pays, même si les populations les plus exposées aux influences occidentales l'ont, surtout dans les villes, troqué contre tee-shirts et pantalons, chemises et jupes. D'une région à l'autre, il invente mille variations à partir de la tunique boutonnée ou enfilée, de la jupe fourreau drapée autour des hanches, de la jupe plissée portée sur des bandes molletières et un pantalon. Parfois déployées sur un simple accessoire, formes, couleurs et techniques déclinent les identités propres à chaque groupe ethnique.

Ao dai, le plus élégant des uniformes

Du Nord au Sud, les jeunes filles s'envolent à la sortie des écoles, vêtues du plus seyant des uniformes, l'élégant **ao dai**. Prononcé « ao zai » au Nord, « ao yai » au Sud, il apparaît comme **costume national**, sur ordre d'un seigneur Nguyen, au milieu du 18e s. Hommes et femmes durent revêtir un ensemble composé d'une longue tunique, boutonnée sur le devant et portée sur un pantalon. Les couturiers des années 1930, puis 1950, métamorphosèrent ce costume en la version irrésistiblement séduisante et exclusivement féminine qu'on lui connaît aujourd'hui. Élargi et allongé jusqu'à dissimuler les pieds, le pantalon confère une grâce ondulante à la démarche. La boutonnière glisse sur le côté de la tunique qui galbe la poitrine et s'ouvre, à partir de la taille, en deux longs pans flottants.

Les maîtres du tissage

Les Khmers, les Chams et les peuples tais sont les tisserands les plus accomplis, mais n'exhibent plus qu'à l'occasion des mariages leurs précieux **sarongs en brocart de soie**, exécutés sur des métiers complexes recourant à plusieurs dizaines de lisses d'appoint.

Les Thaïs

Motifs et couleurs signent l'identité d'un groupe. Ainsi distinguait-on autrefois les **Thaïs noirs** des **Thaïs blancs**, les premiers pour la couleur de leur jupe fourreau, les seconds pour celle de leur tunique. La distinction s'est progressivement effacée aujourd'hui, mais les Thaïs noirs portent encore une tenue très typée, notamment à Son La. Les femmes endossent une veste boutonnée sur le devant, rehaussée de disques d'argent, et drapent leur tête d'une **longue écharpe indigo** sombre, qu'elles replient en disposant une des extrémités brodées en triangle sur le front. Parfois, elles découvrent leurs longs cheveux, enroulés en chignon au sommet du crâne et piqués d'une unique épingle d'argent.

Les Nungs et les Tays

Établis le long de la frontière chinoise, ils font figure de parents pauvres avec leur tunique en coton bleu clair ou foncé, fermée sur le devant ou sur le côté, et portée sur un pantalon noir à la mode sino-vietnamienne. Les femmes nungs drapent leurs cheveux dans un **turban indigo**, auquel les femmes tays préfèrent le **chapeau conique**, dont l'usage est répandu de part et d'autre de la frontière. Parfois, les jours de foire, les jeunes filles nungs arborent les **bijoux** façonnés par ce groupe d'habiles artisans : torques, chaînes et bandeaux à perles d'argent.

Partitions textiles dans le nord

Les Hmongs

Les Hmongs puisent dans le riche répertoire technique du **batik**, de la **broderie** et des **appliqués** pour signer le costume féminin traditionnel, d'une variété telle qu'il dessine des dizaines de sous-groupes aux qualificatifs éloquents. Toutes les femmes hmongs revêtent une jupe, à l'exception des **Hmongs blancs** *(Hmong Trang)* de Muong Lay qui l'ont troquée contre le pantalon. La chevelure, toujours nouée en chignon, peut être cachée sous un fichu coloré ou doublée, voire triplée, d'un postiche pour former un volumineux turban, fait de laine écarlate chez les **Hmongs rouges** *(Hmong Do)* de Sin Ho. Ces dernières, reconnaissables à leur jupe plissée en batik blanc sur fond indigo, l'associent à une tunique rehaussée de pièces brodées cousues au col et sur les manches et la complètent avec un petit sac d'épaule en appliqué.
Les **Hmongs bariolés** *(Hmong Hoa)* ornent de vives couleurs emmanchures, bords et cols de veste et portent des jupes somptueusement travaillées, qu'elles soient plissées et mi-longues, taillées dans une étoffe « batikée » et rehaussée de quelques motifs (à Muong Lay), ou amples, tombant aux chevilles et entièrement couvertes de galons appliqués (à Can Cau).
De leur côté, les **Hmongs noirs** *(Hmong Den)* de Sapa jouent la carte de l'indigo foncé, sans autre ornement que l'éclat de leurs parures d'argent. Leur costume sombre met en valeur le travail du métal où excellent les orfèvres de cette ethnie. Pas un groupe qui ne possède colliers, torques (que portent parfois les hommes), anneaux d'oreilles, broches et boutons façonnés dans l'argent.

Les Daos

Les Daos sont des brodeuses prolifiques. Elles utilisent quasi exclusivement le **point de croix**, travaillé sur l'envers, pour couvrir toutes les grandes surfaces qu'offre leur costume. Elles portent plus volontiers le **pantalon** que la jupe, avec une **tunique à pans**, longue et fermant sur le devant. Comme les Hmongs, elles brodent de mémoire, sans modèle, puisant dans un répertoire transmis de mère en fille depuis des générations.
La diversité des modes et des thèmes ornementaux divise les Daos en **Daos rouges** (*Dao Do*), qui portent en sautoir le long pompon écarlate qui leur vaut leur épithète, **Daos noirs** *(Dao Den)*, Daos « à pantalon blanc » *(Dao Quan Trang)*, Daos « à veste bleue » *(Dao Thanh Y)*, Daos « à tunique » *(Dao Lan Ten)*, ou Daos « aux sapèques » *(Dao Tien)*. Ces dernières arborent une longue veste à pans indigo sur une jupe en batik. Leur cou est serré dans un collier de petites perles colorées qui s'échappent en sautoirs sur la poitrine et dans le dos. Elles drapent autour de leur front épilé une coiffe blanche dont elles laissent le pan brodé retomber sur la nuque.
Les femmes daos noirs de Sin Ho sont surnommées *Khau*, « couturières ». Leur pantalon large et noir est entièrement brodé de frises multicolores. La tunique, mi-longue, rehaussée de galons brodés sur le devant, est fermée par plusieurs rangs de ceintures d'étoffe, et parfois associée à un long tablier indigo. Les cheveux sont serrés dans un volumineux turban indigo qui

Jeunes filles portant l'ao dai.
M. Renaudeau/age fotostock

dégage le front et la nuque. Au cou, elles portent un énorme torque en argent, qui se termine dans le dos par de longues pendeloques où balancent d'anciennes piastres, et au bras, un bracelet en argent émaillé en forme de dragon bicéphale.
Si parfois le costume traditionnel est abandonné, un détail trahit l'origine. Ce peut être une longue ceinture brodée, enroulée sur un chemisier à fleurs en Nylon, des boucles d'oreilles en argent, la coutume de s'épiler les sourcils et le front, ou de laquer ses dents de noir.

Sobriété sur les hauts plateaux

Hormis le **tissage sur métier à dossière**, dit « indonésien », les peuples des Hauts Plateaux sont vanneurs avant d'être tisserands, achetant ou troquant les étoffes auprès d'autres ethnies. Certains groupes ont pratiqué pourtant la technique aujourd'hui révolue du **tapa**, ou « tissu d'écorce », obtenu par martelage de la fibre végétale.
Seuls hommes et femmes âgés portent encore parfois la tenue traditionnelle, commune aux Austroasiatiques et aux Austronésiens montagnards. Pour les hommes, elle se résume à une bande d'étoffe enroulée autour des hanches, passée entre les jambes et nouée de manière à former un pan cache-sexe. Pour les femmes, c'est une jupe fourreau, tombant à mi-mollets. Les jours de fête, une tunique fendue, enfilée par la tête, supplante parfois le tee-shirt, adopté par toutes les générations des deux sexes. Les parures sont discrètes. Quelques vieilles femmes portent encore les « fiches-bobines », ou **tubes d'oreilles**, taillées dans divers matériaux, parfois du bambou. Colliers et bracelets de verroterie, longues épingles de chignon en argent ou en aluminium, peignes de bois, incrustés de métal ou ornés de plumes, composent les bijoux portés sur les Hauts Plateaux.

Religions

La flèche d'une église pointant au-dessus d'une rangée de cocotiers, une mosquée surgissant au détour d'un canal dans la mangrove du delta, la façade colorée d'un temple hindou jouxtant une pagode confucéenne : ce méli-mélo religieux, qui n'est pas le moindre des charmes du pays, émaille les paysages des villes aussi bien que des campagnes. La majorité des Vietnamiens se déclare bouddhiste (75 %). Cependant, soumis à un millénaire d'occupation chinoise (du 2ᵉ s. av. J.-C. au 10ᵉ s. apr. J.-C.), ils ont aussi assimilé le taoïsme et le confucianisme, et ont toujours pratiqué la Triple Religion ou « Tam Giao ». Au 17ᵉ s., l'arrivée du christianisme, religion monothéiste, provoqua une véritable révolution, et le Vietnam est aujourd'hui le deuxième pays catholique en Asie après les Philippines (7 % de la population). De petites communautés adhèrent également à l'islam et à l'hindouisme (moins de 0,5 %), importés depuis fort longtemps, ainsi qu'au caodaïsme (2 %) et au bouddhisme Hoa Hao (2 %), deux mouvements religieux d'inspiration bouddhique apparus au 20ᵉ s. dans le delta du Mékong.

Animisme, taoïsme et confucianisme

L'animisme

Les différents cultes religieux se sont toujours greffés sur d'anciennes croyances autochtones, selon lesquelles les univers céleste, terrestre et humain sont régis par des forces visibles et invisibles, dont il vaut mieux se concilier les bonnes grâces par des offrandes. Le règne céleste est gouverné par le seigneur du Ciel, assisté des esprits du Soleil, de la Lune, du Vent, de la Pluie et des Étoiles, tandis que le monde terrestre est régi par la divinité du Sol et du Foyer, secondée par les génies du Sol, des Fleuves et des Montagnes. Ainsi tous les Vietnamiens entretiennent-ils chez eux un **autel** regroupant la triade domestique, composée des génies du Foyer et du Sol et de la déesse de la Terre. Certains animaux, assimilés à des divinités, sont aussi vénérés pour leurs pouvoirs surnaturels. Parmi eux, le dragon symbolise le principe masculin (yang), la vertu et la prospérité, le phénix représente le principe féminin (yin), la grâce et l'immortalité, tandis que la tortue est signe de longévité, et la licorne, de bonheur.

Le taoïsme

Conçue en Chine au 6ᵉ s. av. J.-C. par **Laozi** (Lao-tseu), sage mystique contemporain et adversaire de Confucius, cette philosophie a pénétré au Vietnam durant la domination chinoise au début de notre ère. Prenant le contre-pied de la doctrine confucéenne

Dans un temple de Cholon à Ho Chi Minh-Ville.
HuyThoai/Getty Images Plus

qui implique l'homme dans la vie politique et sociale, le taoïsme prône le détachement vis-à-vis du monde et la recherche d'une liberté personnelle qui permet de retrouver le **Dao** (ou le *Tao*), la « voie », le « principe de l'univers ». Le *Tao* est en quelque sorte l'ordre harmonieux du monde : il se traduit par une force cosmique, à la fois mâle (le yang actif) et femelle (le yin passif), qui régit la nature, et par une loi ou morale qui, sans parler ni agir, guide les hommes. Seule l'intuition mystique, et non les sens et l'intelligence, permettra à l'individu d'atteindre son but : vivre en osmose avec son environnement et réaliser ainsi sa fusion avec le cosmos.

Une telle conception de l'existence, qui accorde beaucoup d'importance à la vie contemplative et au bonheur intérieur, n'est accessible qu'aux lettrés détachés de la course aux honneurs. Le peuple, lui, s'est emparé du panthéon taoïste et s'est contenté de vénérer les dieux, dont les statues trônent le plus souvent dans les pagodes bouddhistes ou dans des sanctuaires plus petits, les *den*. Il rend ainsi hommage à **Thien Hau Thanh Mau**, la déesse de la Mer, protectrice des marins, des pêcheurs et des voyageurs en mer, et surtout à **Ngoc Hoang** (l'Empereur de Jade), qui règne dans les cieux entouré de ses trois ministres : **Nam Tao** (l'Étoile du Sud) enregistre les naissances, **Bac Dau** (l'étoile Polaire) les décès, et **Tao Quan** (le génie du Foyer) leur fait un rapport sur les familles à chaque nouvel an.

Le confucianisme

Introduit au 3e s. par les Chinois, le confucianisme s'est imposé définitivement comme **philosophie d'État** au 15e s., évinçant ainsi le bouddhisme qui tenait ce rôle auparavant. Cela se fit à la faveur de la victoire de Le Loi, un propriétaire foncier qui libéra son pays du joug chinois grâce aux conseils avisés de son maître à penser, un lettré confucéen doué d'un sens aigu de la stratégie. Échappant à l'influence du clergé bouddhique, le Vietnam fut alors laïcisé. N'espérant plus dans un au-delà meilleur, l'homme confucéen s'attelle à des tâches humaines : il

La vie du Bouddha

Siddharta Gautama, dit Sakyamuni, vit le jour au 6e s. av. J.-C., au sein d'une famille princière des confins de l'Inde et du Népal. L'enfant fut élevé comme son rang l'imposait et connut une existence dorée qui le préservait des peines de ce monde. À 29 ans, il décida pourtant d'abandonner son palais, son épouse et son jeune fils, et entreprit, dans le plus grand dépouillement, de longues années de **quête spirituelle**. Toutes ses tentatives le menèrent à des impasses ou à des déceptions sur la question qu'il se posait quant à l'origine de la souffrance humaine et au moyen de s'en affranchir. C'est finalement seul, abandonné de la poignée de fidèles qui avaient persisté à le suivre, qu'il trouva sa voie, assis sous un banian, au terme d'une nuit de méditation, et qu'il devint ainsi Bouddha, « l'Éveillé ».

étudie, se perfectionne et assume ses obligations sociales.

La définition de l'honnête homme

L'enseignement de **Confucius**, humaniste chinois du 6e s. av. J.-C., prônait une morale sociale et politique applicable au niveau familial comme national. L'honnête homme doit ainsi, à la base de toute action, obéir aux deux principes de **bonté** et de **justice**, et entretenir **six qualités morales** : la piété filiale (qui se traduit par le culte des ancêtres), le courage, la loyauté, la fidélité à la parole donnée, le respect des rites et le respect des règles de préséance. Enfin, pour maintenir l'harmonie et la cohésion sociales, la doctrine confucéenne définit **cinq relations naturelles** : obéissance des sujets à leur roi, du fils à son père, de la femme à son mari, du cadet à son aîné, et respect entre les amis. L'individu est d'abord un être social, qui fait abstraction de sa liberté individuelle pour remplir ses devoirs envers la communauté.

Seule l'**éducation**, accessible à tous, pouvant lui permettre d'acquérir ces valeurs morales, il est important que l'honnête homme soit un homme instruit. L'élève doit ainsi étudier et commenter les textes classiques puisés dans l'histoire chinoise, dans lesquels le comportement des héros lui indique l'attitude juste à adopter. Aujourd'hui, ce sont les parents qui inculquent aux enfants la bonne conduite, notamment à travers le culte des ancêtres et la solidarité familiale.

Le bouddhisme

Quelle est la racine de la souffrance humaine et quel est le moyen de s'en affranchir ? Telle est la grande question à laquelle le prince **Siddharta Gautama** essaya de répondre. Après avoir accédé à la connaissance suprême par l'ascèse et la méditation, il devint **Bouddha** – « l'Éveillé » ou « l'Illuminé » – et passa son existence à enseigner sa doctrine qui ouvre la voie de la délivrance menant à la félicité suprême (nirvana). Il part du constat de l'existence universelle de la **douleur**, née du **désir**. L'homme est attaché à son existence douloureuse par le désir et demeure enchaîné à des passions, par nature illusoires, qui le font renaître dans le monde terrestre. Pour que cesse la souffrance, il faut donc supprimer le désir et mettre fin à ce cycle des réincarnations *(samsara)*, soumis à la loi du karma. Cela est possible pour quiconque renonce à toute forme d'attachement et s'applique à pratiquer **huit vertus** : perfection de l'opinion et de l'intention, de la parole et de l'acte, des moyens de subsistance et de l'effort, de l'attention et de la concentration.

Le bouddhisme au Vietnam

Vers la fin du 2e s., c'est l'école du bouddhisme **mahayana**, ou la voie du Grand Véhicule, qui se répandit d'abord largement dans le nord du Vietnam, puis progressivement vers le sud, en suivant les routes commerciales terrestres et maritimes depuis l'Inde et la Chine. Le bouddhisme a atteint son apogée au 11e s., sous la dynastie des Ly, qui fit appel à des bonzes comme conseillers et ministres. Cela permit aux monastères de s'enrichir en échange des services rendus. De nos jours, ces derniers vivent de l'exploitation des terres qui leur sont allouées par l'État et de la charité des fidèles.

Le panthéon bouddhique

Voir illustration p. 392.

S'écartant des règles austères de l'école du Petit Véhicule (hinayana) qui reste fidèle à l'enseignement originel du Bouddha, les adeptes du mahayana adoptent les trois vertus de la bienveillance, de la compassion et du don, qui leur assurent des mérites. Ils vénèrent les **trois bouddhas** du Passé (Amitabha ou A Di Da), du Présent (Sakyamuni ou Thich Ca) et du Futur (Maitreya ou Di Lac), ainsi que les bodhisattvas, ces « êtres éveillés » qui, renonçant à atteindre le nirvana, préfèrent guider leurs prochains vers le salut. Le plus populaire d'entre eux est **Quan Am**, ou Avalokiteshvara, la déesse de la Compassion, représentée sous les traits d'une femme en tunique blanche, qui trône à l'entrée des pagodes et au cœur du sanctuaire. Deux autres bodhisattvas très vénérés sont **Van Thu**, ou Manjushri, la divinité de la Sagesse et de l'Intelligence, et **Dia Tang**, ou Kshitigarbha, patron des voyageurs et sauveur des âmes damnées.

Le quotidien des moines

Les moines sont recrutés par l'Église bouddhique du Vietnam, organisme d'État qui regroupe deux mouvements : l'école du **Dhyana** (zen ou *thien*), la voie de la méditation, repose sur l'ascèse et demeure la plus répandue au Vietnam ; l'école de la **Terre pure** *(Tinh Do)*, fondée sur les prières faites à Amitabha, le bouddha du Passé, n'est pratiquée que dans le Sud.

Les monastères accueillent aussi bien les moines que les nonnes, qui vivent dans leurs bâtiments respectifs. Ils sont administrés par un **conseil des vénérables**, composé

Quelques mots-clés du bouddhisme

Bodhisattva – Être d'Éveil, saint personnage, masculin ou féminin, du panthéon bouddhique du mahayana.

Hinayana ou theravada – Appellation donnée au bouddhisme originel. On le désigne parfois sous le terme de Petit Véhicule.

Karma – Ensemble des actes, bons ou mauvais, dont la somme, accumulée lors des vies successives, détermine les conditions de la renaissance.

Mahayana – Large voie de délivrance proposée à tous les êtres, à travers l'exemple vertueux des bodhisattvas. Forme de bouddhisme apparue au début de notre ère, appelée aussi Grand Véhicule.

Nirvana – L'« extinction », la cessation de la douleur et du désir, qui permet à ceux qui l'ont atteint de vivre dans un état de complète sérénité.

Parinirvana – La « grande extinction » ou « nirvana total », la fin du cycle des renaissances marquée par la mort physique du Bouddha.

Samsara – Cycle des renaissances, ou réincarnations, qui ne s'achève que par l'obtention de la délivrance.

de moines supérieurs désignés par les plus âgés. Ces derniers ont au moins quarante ans de vie monastique et jouent le rôle de maîtres spirituels. Les novices sont admis à l'âge de 10 ans. Ils peuvent être ordonnés moines ou nonnes dès 13 ans, mais ne prononcent leurs vœux que vers 20 ans. L'**ordination** n'est toutefois pas définitive et il est possible de revenir à la vie laïque après avoir demandé l'autorisation au conseil des vénérables.

La vie quotidienne obéit à un rite immuable : de 5h à 23h, les habitants du monastère prient et méditent, étudient ou enseignent les textes sacrés, font du jardinage et des travaux agricoles. Moines et nonnes se retrouvent au déjeuner et au dîner dans la salle à manger commune, mais mangent séparément et en silence. Le 1er jour (celui de la nouvelle lune) et le 15e jour (celui de la pleine lune) du mois lunaire, la communauté *(sangha)* se réunit sous la houlette du conseil des vénérables pour examiner les manquements à la discipline. Pendant les trois mois du carême bouddhique, qui a lieu à la saison des pluies (de juillet à septembre), la communauté entre en **retraite**, durant laquelle prières et études se font en commun. Deux à trois fois par an, elle part en **pèlerinage** sur les hauts lieux bouddhiques en Chine et en Inde.

Les autres religions

Le caodaïsme

Fondée par **Ngo Van Chieu**, un fonctionnaire vietnamien qui aurait reçu des « révélations » de l'au-delà, cette religion tente de faire un syncrétisme entre les diverses doctrines orientales et occidentales. Élève studieux, taoïste et végétarien, Chieu était un passionné des croyances humaines et des sciences occultes. En 1925, au cours d'une séance de spiritisme, un esprit se manifesta et lui révéla être l'Empereur de Jade, également surnommé **Cao Dai** (« Palais ou Être suprême »), venu enseigner la Voie ; il se présenta ultérieurement sous la forme d'un œil, symbole de la Vision du Tout.

Fondé sur le bouddhisme, le caodaïsme se désigne lui-même comme la « troisième manifestation de Dieu pour le salut de l'humanité », après l'apparition de prophètes tels que Laozi, Confucius, Bouddha, Jésus et Mahomet. Le **panthéon caodaïste** inclut aussi des personnalités choisies pour leurs valeurs morales et humanistes, telles que Jeanne d'Arc, Winston Churchill et le poète Nguyen Du.

Tandis que les dogmes et les rites s'inspirent du bouddhisme (volonté de soustraire l'homme aux réincarnations) et du taoïsme (utilisation des médiums pour communiquer avec l'au-delà), le clergé adopte la hiérarchisation de l'Église catholique. Au Saint-Siège, à Tay Ninh *(voir p. 292)*, un **souverain pontife** règne ainsi sur un corps sacerdotal complexe, composé de dignitaires, de législateurs, de censeurs, de fonctionnaires et de médiums, qui défilent en grande pompe au cours des quatre cérémonies quotidiennes. Les prêtres, hommes et femmes, font vœu de chasteté, de pauvreté, et pratiquent le végétarisme.

Bien que non violents, les caodaïstes se sont engagés par patriotisme dans l'action politique avec des milices armées. Alors que les Français, puis les Américains, les utilisèrent contre les communistes, leurs terres furent confisquées et leurs églises fermées au moment de la réunification du pays en 1975. Depuis 1990, la réouverture des temples a permis à plus de 2 millions de fidèles de pratiquer à nouveau leur culte.

Méditation au temple caodaïste de Tay Ninh.
mauriziobiso/Getty Images Plus

Le bouddhisme Hoa Hao

La secte Hoa Hao fut fondée en 1939 par **Huynh Phu So**, un bonze de 20 ans. Guéri d'une maladie incurable lors d'un séjour au mont Sam, il eut la révélation d'un bouddhisme rénové, opérant un retour à la foi et à la conscience individuelles. Il se mit alors à prêcher pour une voie d'ascèse et de renoncement, le **Phat Giao Hoa Hao** (« paix et bonté dans la voie du Bouddha »), prônant la prière à domicile plutôt que dans les pagodes, considérées comme des intermédiaires inutiles, ainsi que l'abandon des superstitions et des rites occultes.

Crédité de guérisons miraculeuses, le moine attira de nombreux disciples, mais son nationalisme lui valut d'être interné par les Français. Durant la première guerre d'Indochine, sa milice, armée par les Japonais, prit le contrôle d'une grande partie du delta du Mékong, puis entra en lutte contre le Viet-minh, qui fit exécuter Huynh Phu So en 1947. Dans les années 1960, une partie de ses disciples, en opposition avec le président catholique Diem, rejoignit le Viet-cong, ce qui n'empêcha pas les communistes d'interdire la secte en 1975. Celle-ci a survécu et compte aujourd'hui plus d'un million de fidèles dans le sud-ouest du pays.

L'hindouisme

Apporté par les marchands indiens au début de notre ère, l'hindouisme s'est développé pendant plus d'un millénaire le long des côtes du Centre, qui bordent l'ancien royaume du Champa. Aujourd'hui, quelques milliers de Chams, devenus minoritaires après la disparition de leur État au 15e s., honorent encore Shiva.

Le christianisme

Si, à l'occasion des explorations maritimes du 16e s., les premiers missionnaires portugais ont fait de brefs séjours au nord du Vietnam, ce n'est qu'à partir de 1615 que l'évangélisation du pays a vraiment commencé. Envoyés par le pape, dominicains portugais et jésuites français fondèrent des missions

auprès des deux seigneuries rivales qui se partageaient le royaume du Dai Viet : les Trinh au Nord et les Nguyen au Centre et au Sud. Très actifs, ils inventèrent le **quoc-ngu** *(voir p. 400)*, qui consiste en une romanisation de l'écriture vietnamienne. Imprimés dans cette langue, livres de doctrine et de prières furent vite maîtrisés par les catéchistes autochtones, et contribuèrent au succès de la christianisation. On comptait 800 000 catholiques en 1685.
Cette réussite inquiéta les lettrés et mandarins confucéens, car les convertis ne pouvaient plus pratiquer certains cultes, notamment celui des ancêtres, considérés comme de la superstition. Les Trinh, farouches défenseurs de l'identité nationale, expulsèrent la mission du Nord dès 1630. Au cours des deux siècles suivants, les relations entre souverains vietnamiens et missionnaires catholiques furent plus ou moins houleuses et des chrétiens furent même persécutés. Cela servit de prétexte aux Français pour conquérir le pays au 19e s. Après les accords de Genève (1954), qui mirent fin à la présence française et consacrèrent la division du Vietnam en deux États, 600 000 chrétiens du Nord durent partir vers le Sud. En 1975, quand le pays fut réunifié, les institutions chrétiennes, telles que les écoles, furent nationalisées.
Les **protestants** forment une minorité (0,75 %). Convertis en 1911 par des congrégations qui se baptisèrent Églises de la Bonne Nouvelle, les 400 000 croyants sont surtout des montagnards des Hauts Plateaux du centre du pays.

L'islam

Sans doute introduit par des marchands arabes, indiens, javanais ou malais dès le 10e s., **l'islam** se développa vers le 15e s., à la fin du royaume du Champa. La religion du Prophète a recruté ses adeptes chez les **Chams** du Sud ainsi que chez les **Khmers** qui vivent dans le delta du Mékong. Sa faible emprise sur le reste de la population s'explique par la concurrence des Européens, qui monopolisaient à la fois le commerce maritime et la propagation de la foi chrétienne.
Actuellement, les quelque 80 000 musulmans vietnamiens pratiquent un culte assez éloigné des canons orthodoxes, d'autant que les imams parlent et lisent mal l'arabe et possèdent peu de copies du Coran. Ils font une prière hebdomadaire, le vendredi, au lieu des cinq quotidiennes, n'observent que trois jours de jeûne durant le ramadan, ne font pas le pèlerinage à La Mecque et ne mettent pas de tabou sur l'alcool. Autre spécificité propre à l'islam en terre vietnamienne, ses fidèles continuent de vénérer les lingas, symboles phalliques du dieu Shiva conservés dans les temples hindous, ainsi que, en particulier au mont Sam, les génies tutélaires du Sol et des Montagnes qui protègent la Terre ou le monde inférieur.

Arts et culture

Trois grandes civilisations artistiques se sont épanouies sur le sol vietnamien. La première, la civilisation du Dong Son (7e-2e s. av. J.-C.), fut celle du bronze et s'inscrivit dans une formidable aire géographique, de la Chine méridionale à l'Indonésie; la deuxième façonna la brique et sculpta le grès en l'honneur des dieux et des rois du Champa, entre le 7e et le 15e s.; la troisième, sous l'égide des royaumes vietnamiens, à partir du 11e s., tailla le bois pour en faire ses palais, ses temples. Mais les guerres de l'histoire, et plus encore celles de notre monde contemporain, ont réduit de nombreux vestiges au silence. Le dommage est d'autant plus grave que peu d'études avaient été consacrées aux arts du Vietnam jusqu'au milieu du 20e s. Ils sont pourtant plus vivants que jamais, que ce soit dans la tradition artisanale des différents groupes ethniques, la création de ses artistes contemporains ou l'émergence de nouveaux courants littéraires, comme si l'indéfectible vitalité de ce peuple à reconstruire son pays ranimait sans arrêt la flamme d'une immense sensibilité artistique.

Les arts premiers du Vietnam

Durant la fin de l'âge du bronze et le début de l'âge du fer, la métallurgie atteint une technicité remarquable dans le contexte de la culture du **Dong Son** *(voir p. 407)*. Près de ce village du Thanh Hoa, une nécropole de 200 sépultures a livré plusieurs centaines d'objets en bronze, combinant la fonte à la cire perdue avec le martelage, le rivetage et la soudure.

La voix des tambours

Des outils (haches, couteaux), des armes (épées, javelots), quelques statuettes humaines ou animales composent ce mobilier funéraire, aux côtés de deux objets emblématiques, les **tambours** et les **situles** (du latin *situla* « seau »), qui renfermaient parfois grains, monnaies chinoises ou coquillages. De dimensions imposantes, pouvant aller jusqu'à 60 cm de haut pour un diamètre de 80 cm, ce sont des instruments de prestige, dont le décor fait l'objet de plus de conjectures que de certitudes. Réalisées en ronde bosse sur le couvercle des situles, en faible relief sur le corps des tambours, des scènes entières campent l'univers de cette protohistoire, alternant les activités de personnages à la coiffure emplumée et campés de profil (chasse, culture, guerre) et les évolutions des animaux (cervidés, échassiers, crocodiles). Sur les tambours, elles sont organisées en frises concentriques à partir d'un motif central en étoile, qui représente peut-être le soleil ou le plan de frappe du maillet. Les

bandes dessinées du Dong Son se sont progressivement simplifiées pour n'être plus que motifs géométriques, accompagnés de statuettes de grenouilles, allusions à une civilisation de pays d'eau. L'assimilation chinoise aux environs de notre ère l'a réduite au silence, mais a révélé une des dimensions symboliques de ces tambours. Envoyé pour réduire les insurrections dans le Sud, le général Ma Yuan fit fondre ces emblèmes du pouvoir des chefs dongsoniens, à mesure qu'il s'en emparait.

Le legs du Dong Son

Malgré une tentative de christianisation très poussée, les **peuples des Hauts Plateaux** établissent de nos jours un lien avec la civilisation ancienne du Vietnam. Les Austronésiens en particulier s'inscrivent par leurs langues dans une aire culturelle qui fut celle de la diffusion des tambours du Dong Son, dont on a trouvé des exemples aux Philippines et en Indonésie. De part et d'autre de la mer de Chine méridionale, une longue tradition architecturale reproduit le **modèle de maison** qui figure dans le décor des tambours. Toujours élevée sur pilotis, elle frappe par son **ample toiture**, que ce soit la maison en forme de trapèze des E Des, la maison longue des Gia Rais ou la maison commune *(rong)* des Ba Nas, au double toit effilé.

L'ethnographie s'interroge encore sur l'écho des rituels du Dong Son dans ceux des peuples des Hauts Plateaux, dont la maison commune renferme les objets sacrés de la communauté : jarres, gongs et tambours. Plusieurs groupes transmettent le mythe d'un tambour-bateau qui sauva l'humanité du déluge. **Tambours** et **gongs** appellent toujours la communauté à se rassembler lors des sacrifices de buffles qui accompagnent des cérémonies funéraires complexes, au cours desquelles le défunt quitte les vivants pour entrer dans le monde des esprits. Chez les Gia Rais, les E Des et les Ba Nas, le départ définitif des morts est marqué par la construction d'une **maison funéraire** dont la statuaire célèbre la nature et la fertilité.

L'art cham

Voir illustration p. 390.

Le royaume du Champa a cultivé l'héritage de l'Inde, dont les premières influences avaient atteint les bouches du Mékong aux environs de notre ère. À l'instar des Khmers voisins, les souverains chams rendaient un culte aux dieux du panthéon hindou en deux pôles sacrés : My Son *(voir p. 209)*, la « Bonne Montagne », était dédié à Shiva ; Po Nagar *(voir p. 223)*, le « rocher face à la mer », était consacré à la déesse Bhagavati.

À partir du 7e s., les butins de guerre servirent à élever des tours-sanctuaires en brique, au modèle quasi immuable, et à tailler dans le grès des images d'une grande diversité dans le temps. Atavisme des civilisations artistiques développées au Vietnam ? L'art du Champa présente une solution de continuité à partir du 15e s. qui rend son analyse d'autant plus difficile qu'elle fut défavorisée par rapport aux études khmères. Quelques tours jalonnant la route Mandarine, les statues conservées au Vietnam et au musée Guimet à Paris, de vieilles photos des ensembles détruits lors de la guerre du Vietnam et des inscriptions sont les pièces du puzzle de cette civilisation disparue.

Une architecture conservatrice

Les vestiges de l'architecture chame sont exclusivement religieux et fondés sur l'interprétation d'un modèle, repris à partir du 7e s. par tous les grands royaumes indianisés,

Réplique de temples chams, près de Hanoi.
trangiap/Getty Images Plus

de la péninsule indochinoise à l'archipel indonésien : le *sikhara*, ou tour-sanctuaire, appelé **kalan** en langue chame. Demeure du dieu, son espace intérieur est conçu pour le culte, non pour l'assemblée. Exigu, il abrite l'image divine, tantôt sous la forme d'une statue, tantôt sous l'aspect d'un linga dans le cadre du culte de Shiva. Elle est posée sur un piédestal, la *yoni*, parfois muni d'un dispositif d'écoulement pour recueillir les liquides de libation utilisés lors des cérémonies. L'architecture extérieure met en scène le caractère sacré de l'édifice, généralement orienté à l'est. L'élévation s'étage en trois niveaux, reflet de la conception du monde selon la mythologie indienne, du soubassement, peu élevé dans la version chame, qui représente le monde d'ici-bas *(bhurloka)*, à la toiture pyramidale évoquant les sphères célestes *(svarloka)*. L'élancement est accentué par la présence de réductions d'édifice en amortissements d'angle, qui répètent immuablement la silhouette du *kalan*. Les sanctuaires de Hoa Lai (fin 8e-début 9e s.) *(voir p. 231)* en sont les plus anciens exemples. Au 10e s., sur le site de My Son *(voir p. 209)*, apparaît un dispositif plus complexe, regroupant à l'intérieur d'une enceinte d'autres édifices plus ou moins dérivés du *kalan*, tels le **gopura** (tour-porche) qui matérialisait l'entrée dans l'espace sacré, le **mandapa** (pavillon à quatre portes) où se préparaient peut-être les offrandes, ainsi que des constructions de plan barlong, comme le **koshagraha** (bibliothèque), couvert d'une voûte en berceau, où étaient conservés les objets de culte, et les salles longues, protégées d'une charpente. Contrairement aux Khmers, les Chams n'ont pas cherché à organiser ces bâtiments sur de grands plans d'ensemble. Seule exception à cette règle, le complexe bouddhique de Dong Duong (fin 9e s.) a été entièrement détruit pendant la guerre du Vietnam.

Les **matériaux** utilisés dans la construction des édifices chams demeurèrent inchangés au cours des siècles. Il y eut peut-être des prototypes en bois, mais à partir du 8e s. les édifices sont bâtis en **briques**, vraisemblablement liaisonnées à l'aide d'une résine. À l'inverse des Khmers, les Chams limitent l'usage du **grès** à quelques blocs jouant un rôle dans la construction (linteaux et encadrements de porte) ou dans le décor architectural (tympans, frises des soubassements, etc.). La brique est sculptée pour souligner les articulations de l'édifice : pilastres et rampants encadrant le porche d'accès (avant-corps), niches et fausses fenêtres rythmant les côtés, moulures des corniches formant la base du toit. Si la forme des édifices n'a que très peu varié au cours des siècles, ce décor présente une nette évolution stylistique.

Une statuaire inédite

Des œuvres isolées, des groupes de statues provenant d'ensembles disparus, ou d'autres restées *in situ* composent le tableau d'une des statuaires les plus originales de la péninsule indochinoise. Les Chams étaient passés maîtres dans l'art de travailler la brique et certains édifices conservent de superbes sculptures figuratives ou ornementales, taillées à même la maçonnerie : orants sous arcatures scandant les parois du *koshagraha* du groupe B de My Son, statues ornant les trois façades de la salle annexe du temple de Po Nagar. Par son **iconographie**, principalement shivaïte, hormis l'épisode bouddhiste de Dong Duong (fin 9e-début 10e s.) et quelques rares représentations du dieu Vishnou, l'art du Champa est incontestablement d'influence indienne, mais il a développé un langage plastique propre, enrichi d'influences khmères, indonésiennes ou chinoises.

Sobriété et élégance caractérisent les premières œuvres connues provenant de la tour E1 de My Son (milieu du 7e s.). Elles se déploient sur une base d'autel, élément architectonique caractéristique de l'art cham. Rares sont les rondes-bosses de divinités, mais elles combinent savamment le hiératisme qui sied aux dieux et le sens de la vie. À la fin du 9e s., le **style de Dong Duong** est en totale rupture, et pas seulement pour avoir adopté le bouddhisme du Grand Véhicule. Les lourds fleurons et les motifs vermiculés qui tapissent la moindre surface témoignent d'une horreur du vide, et les dieux gardiens *(dvarapala)* sont dépeints avec une attitude et une physionomie outrancières, que soulignent leurs sourcils arqués, leurs yeux exorbités et leur bouche lippue.

Après une phase de transition, on assiste au retour du **classicisme de My Son**, avec les statues de l'ensemble disparu de Tra Kieu (10e s.), dont le piédestal aux apsaras ou l'autel aux danseuses donnent toute la mesure *(voir le musée d'Art cham à Da Nang, p. 185)*. La ligne s'épure, la forme s'assouplit, en même temps que les Chams développent un bestiaire naturaliste, où l'éléphant tient une large part.

Au milieu du 12e s., le **style de Thap Mam** est illustré par un ensemble complet d'idoles, de mobilier cultuel et de décors architecturaux qui renouent avec l'exubérance de Dong Duong. Un nouveau motif, dit « en seins de femmes », cercle en frises socles et autels. Dieux, gardiens et animaux sont couverts de parures traitées avec une minutie d'orfèvre. Avec ses hommes-oiseaux (Garuda), ses lions faisant le poirier, ses dragons couchés donnant la patte, ou ses lions-éléphants, le style de Thap Mam a légué l'un des plus fantastiques bestiaires de l'Asie. Au-delà, l'art cham se répète, puis s'essouffle, et entre dans un long déclin, reflet de son absorption lors de la Marche vers le sud des Vietnamiens *(voir « Histoire », p. 410)*.

L'art des royaumes vietnamiens

Plus encore que le Champa, l'art des royaumes vietnamiens a souffert d'un manque d'intérêt pour avoir longtemps été considéré comme un art chinois « périphérique ». L'épithète se justifie jusqu'aux 10e-11e s. Le Vietnam n'est alors qu'une lointaine province de l'empire du Milieu, et si de nombreuses fondations religieuses remontent à cette époque, il n'en reste rien de visible. La moisson archéologique est maigre et n'a mis au jour que divers objets provenant de sépultures, conçues à la mode chinoise comme des demeures pour l'au-delà et dotées en conséquence de vaisselle et d'édifices miniatures en poterie. L'histoire de l'art vietnamien débute avec celle de l'indépendance du royaume. Dans tous les domaines, elle démontre l'étonnante capacité de cette culture à assimiler des modèles – chinois surtout – pour s'en émanciper ensuite.

Des constructions éphémères

Pour des raisons liées à l'histoire et à la Marche vers le sud, les vestiges les plus anciens se trouvaient dans le nord du pays, malmené par les guerres du 20e s. Les destructions perpétrées par les hommes ne sont toutefois pas les seules raisons de la rareté des ensembles édifiés par les royaumes vietnamiens (quelques édifices remontent aux 14e-15e s., mais la majorité date des 17e-19e s.). Civile ou religieuse, l'architecture vietnamienne ne fut en effet jamais conçue pour être pérenne. Par-delà l'indépendance, le Vietnam est resté dans la sphère chinoise, bien différente de la tradition indienne cultivée par le Champa.

De bois et d'argile

Les matériaux mis en œuvre sont toujours périssables. On bâtit en **bois**, non en brique, et ce sont des **colonnes**, non des murs, qui soutiennent la **charpente**. Celle-ci ne ressemble que superficiellement à sa cousine chinoise. Ampleur et courbure de son toit retroussé sont sans doute à chercher du côté des constructions dongsoniennes. D'un système primitif de ferme à poteau central, elle évolua vers une multiplication des supports, offrant autant de surfaces au ciseau du sculpteur. Le toit est couvert soit de **tuiles** plates, disposées en écailles de poisson, soit de tuiles semi-circulaires, dites « canal », à la mode chinoise. La **poterie** joue par ailleurs un rôle essentiel dans le décor architectural : plaques de revêtement, dalles de sol ou éléments de faîtage. La **pierre** est réservée aux soubassements en terrasse, aux bases de colonnes, aux balustrades, ponts et escaliers. Lorsqu'il y a maçonnerie de brique ou mur de torchis, ce sont de simples enveloppes, pas plus porteuses que ne le sont les cloisons intérieures en bois ou en bambou.

Des édifices démontables

Les cloisons ne sont pas les seuls éléments amovibles de cette architecture dépourvue de toute fondation. La charpente est un assemblage démontable et les colonnes porteuses sont posées sans tenon ni mortaise, à même les socles de pierre. Tout monument est ainsi conçu pour pouvoir être démonté et remonté ailleurs en cas de guerre, de catastrophe naturelle ou de changement de siège du pouvoir. De tels déménagements eurent lieu dans l'enceinte même de la Cité impériale de Hué. En 1833, Minh Mang fit en effet déplacer la salle du trône vers le sud pour construire à son emplacement la Grande Porte dorée, elle-même édifiée avec les matériaux d'un ancien palais de Gia Long.

L'ARCHITECTURE DU CHAMPA

LE PIÉDESTAL DE MY SON

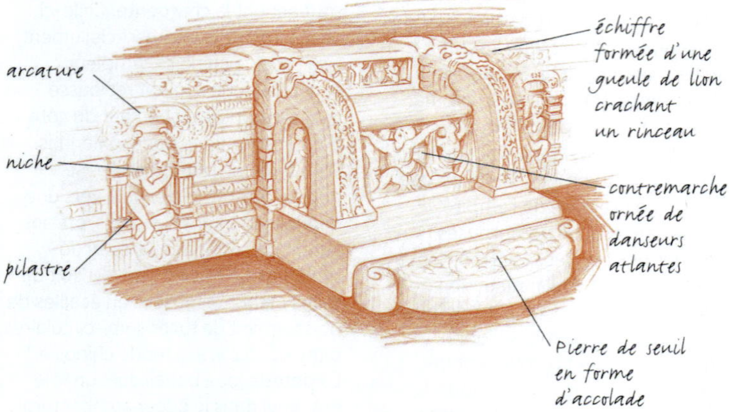

LA TOUR-SANCTUAIRE (KALAN)

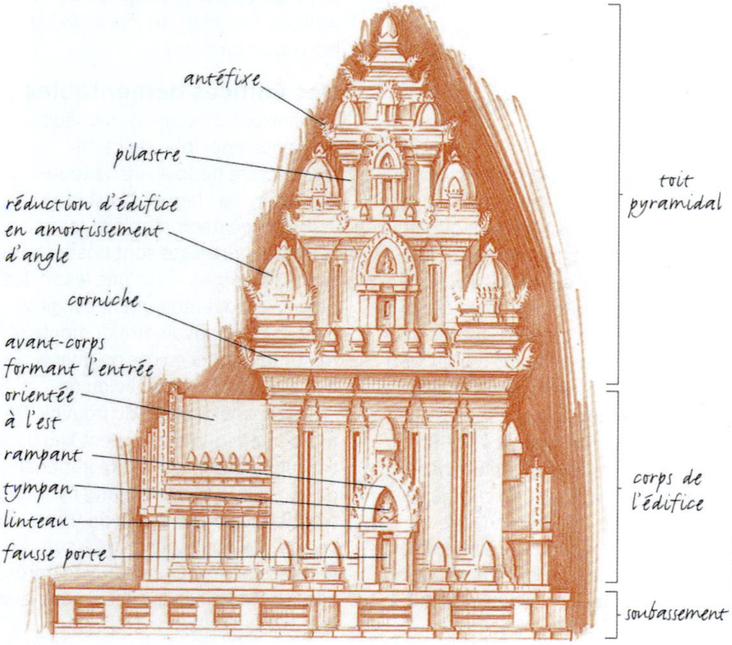

L'architecture religieuse vietnamienne

Élévation d'une pagode

Le plan de la pagode

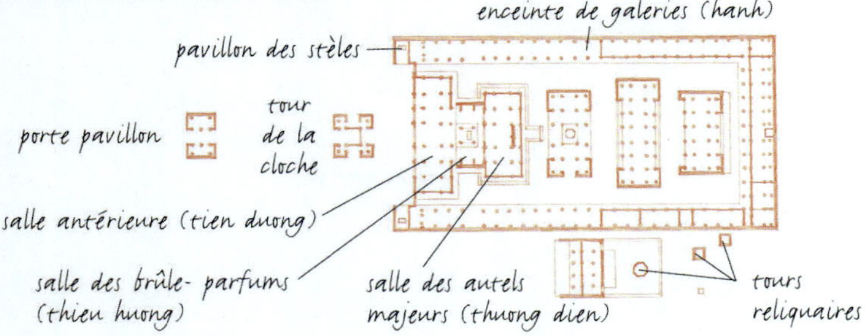

Le porche du temple

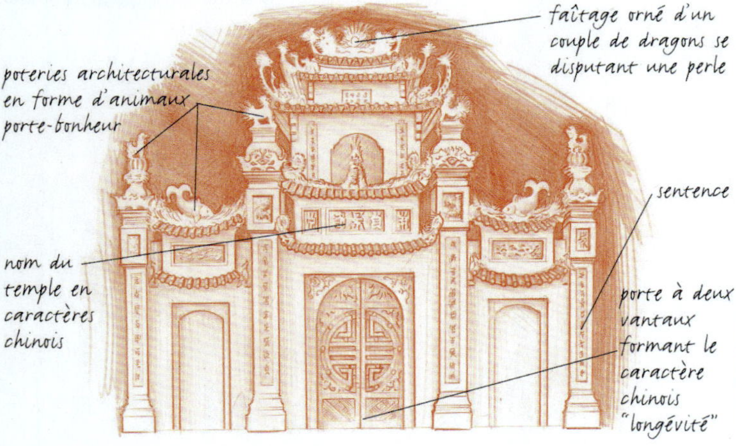

H. Choimet/Michelin

LE PANTHÉON BOUDDHIQUE VIETNAMIEN

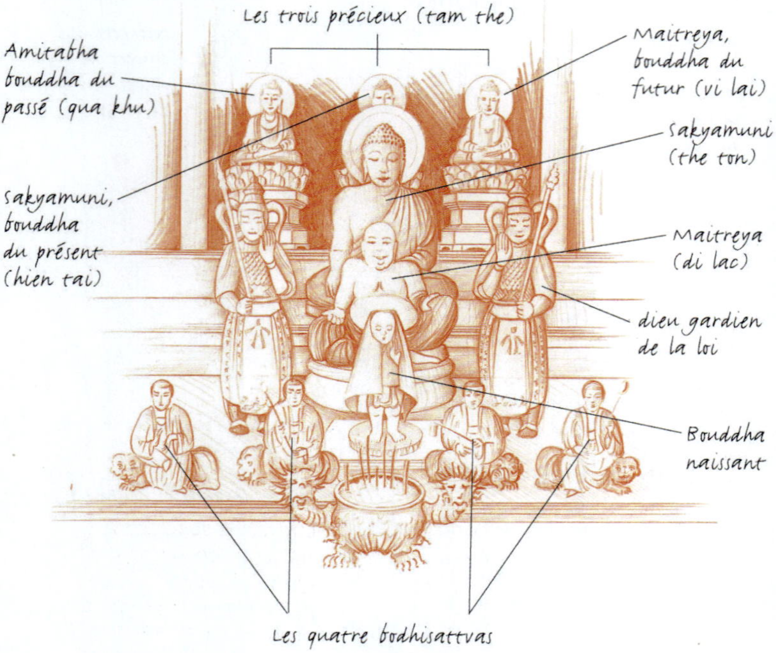

LE COUPLE DES DIEUX GARDIENS DE PORTE (HO PHAP)

QUAN AM, SOUS LA FORME DE LA FEMME BOUDDHA DONNEUSE D'ENFANTS

La fantaisie des monarques ne pouvait seule motiver de tels déplacements, qui obéissaient souvent à des **raisons géomantiques**. Cette science héritée de la Chine examine la conjonction des phénomènes et la configuration des lieux pour déterminer ce qui peut être faste ou néfaste à une construction. C'est elle qui commande l'**orientation face au sud**, dos au nord, de tous les ensembles.

L'art officiel

Des capitales fantômes

Ces généralités sur l'architecture expliquent pourquoi les vestiges des capitales anciennes tiennent en quelques vitrines de musée : il n'en subsiste que pavements estampés, ornements de toiture et tuiles. Hoa Lu *(voir p. 79)*, première capitale du royaume indépendant, fut déménagée à Hanoi ; Hanoi, après huit siècles d'exercice du pouvoir, à Hué. Exception notable à cette règle du déménagement des instances du pouvoir, le **temple de la Littérature** *(voir p. 49)*, fondé au 11e s. à Hanoi pour le culte de Confucius et agrandi au cours des dynasties successives, demeura dans la cité.

Pouvoir et protocole

Ultime capitale impériale, Hué fut aménagée sur le modèle emprunté à la Chine qui avait prévalu dans les cités précédentes. Trois enceintes concentriques carrées dessinent les trois espaces emboîtés de la citadelle et ordonnent le protocole de la cour des Nguyen. La **Cité capitale** *(Kinh Thanh)*, ou citadelle *(voir p. 160)*, matérialise la séparation entre la ville et la zone où logeaient mandarins civils et militaires attachés au service de l'empereur. La monumentale porte du Sud franchit le rempart de la **Cité impériale** *(Hoang Thanh)*, secteur des cérémonies impériales, où s'élèvent la salle du trône et les temples consacrés au culte des ancêtres de la dynastie. Une troisième porte pénètre dans la très fermée Cité pourpre interdite *(Tu Cam Thanh)*, domaine privé de la famille impériale. Les dragons serpentant sur les faîtes pour attraper une perle, les fleurs en céramique, incrustées çà et là, adoucissent la sévérité de ce protocole.

Des palais pour l'éternité

Jusqu'à la dynastie des Le postérieurs au 15e s., les souverains vietnamiens se faisaient inhumer sous de **simples tertres**, signalés par une stèle. Ils empruntèrent ensuite la coutume des empereurs chinois de se faire aménager sur de vastes superficies, au sein d'enceintes concentriques copiées sur celles de leurs citadelles, des palais pour l'éternité, seule entorse au caractère mobile et éphémère de l'architecture au Vietnam. Les **sépultures** des empereurs de Hué sont le paroxysme de cet art funéraire *(voir p. 172)*. Aménagées du vivant du monarque, elles plient la règle de l'organisation du tombeau à la personnalité de son futur occupant : charme et poésie de la tombe de Tu Duc, austérité et rigueur de celle de Minh Mang, grandiloquence de celle de Khai Dinh.

L'art religieux

Voir illustration p. 391.

La pagode bouddhique

Introduit entre le 3e et le 6e s., mais prospère du 11e au 14e s., sous le patronage royal des Ly puis des Tran, le bouddhisme a légué quelques-uns de ses chefs-d'œuvre au Vietnam. Dans le domaine architectural, les grandes lignes du plan de la pagode se mettent en place au 11e s., maintenues lors des travaux de réfection et d'embellissement au cours des âges.

La pagode *(chua)* est un complexe de bâtiments dont le nombre varie selon l'importance du site et la topographie. Leur agencement souligne le sens du rythme et de l'espace propre à cette architecture modulaire qui alterne cours et bâtiments. Il révèle un souci constant d'harmonie avec le paysage environnant, comme pour la pagode Thay, entre montagne et eau *(voir p. 70)*, les pagodes Keo *(voir p. 83)* ou But Thap *(voir p. 73)* dans le plat pays du delta, ou la pagode Tay Phuong coiffant un piton *(voir p. 72)*.

Le cœur de la pagode est le **sanctuaire**. Il est entouré d'une enceinte de galeries *(hanh)*, qui le clôt sur trois côtés, et précédé d'une grande cour, desservie par le portique d'accès. La galerie postérieure renferme les autels consacrés aux patriarches qui vécurent en ces lieux. Les galeries latérales servent d'abri aux pèlerins, et parfois de logement aux moines. Parmi les bâtiments annexes, on relève la présence d'une tour contenant la cloche, ou le tambour, qui sonne les heures de prière, et de **tours-reliquaires** en maçonnerie, les « pagodes » proprement dites, abritant les cendres de moines ou de donateurs civils, comme dans les pagodes de Dau *(voir p. 74)*, Pho Minh *(voir p. 82)* et But Thap *(voir p. 73)*.

Le sanctuaire est composé de trois zones successives, parfois regroupées sous une même charpente : les fidèles se tiennent dans la **salle antérieure** *(tien duong)*, que protègent des divinités gardiennes *(ho phap)* ; la lecture des prières par les moines se déroule dans la **salle des Brûle-Parfums** *(thieu huong)* ; la **salle des Autels majeurs** *(thuong dien)* accueille les divinités du panthéon, alignées sur des gradins de bois ou de maçonnerie, au pied de la Trinité des bouddhas du Présent, du Passé et du Futur.

Rarissimes sont les sculptures en pierre. Les artistes leur ont préféré le **bois sculpté**, peint, laqué, ou laissé brut, pour réaliser des œuvres d'une grande puissance d'expression, à l'image de celles des pagodes But Thap (milieu du 17e s.) *(voir p. 73)* et Tay Phuong (fin du 18e s.) *(voir p. 72)*.

Le panorama de l'art bouddhique vietnamien serait incomplet sans l'une de ses expressions les plus originales, à mi-chemin entre l'œuvre de la nature et celle des hommes. Là où la première a foré des cavernes aux formes étranges, les seconds sont venus investir le labyrinthe rocheux de **pagodes rupestres**, où filtre un jour bleuté à travers des fenêtres naturelles. Parmi les plus célèbres, les montagnes de Marbre à Da Nang *(voir p. 190)*, les grottes de Lang Son *(voir p. 149)* et celles de la montagne des Parfums *(voir p. 74)* sont d'importants lieux de pèlerinage.

Des temples pleins d'esprits

Autrefois, chaque village du Nord avait sa **maison commune**, ou **dinh**, où les notables tenaient séance, sous l'égide des génies tutélaires de la communauté – fondateur, héros ou animal totem. Une grande cour-parvis accueillait la population villageoise lors des fêtes locales. De plan barlong, la construction abritait des autels disposés à chacune de ses extrémités, l'accès étant ménagé sur l'un des côtés longs de la façade. À partir du 17e s., le *dinh* supplanta la pagode en taille et en richesse ornementale. Poutres, solives, linteaux, frontons furent taillés à foison des thèmes les plus divers : animaux de fables, fleurs des saisons, scènes du quotidien et contes. De nos jours, les maisons communes rescapées des guerres ont repris du service, tels le *dinh* Dong Khang de Dinh Bang *(voir p. 73)* ou le *dinh* Hang Kenh de Haiphong *(voir p. 87)*, et leurs intérieurs flamboient à nouveau du rouge et de l'or de leurs autels. D'autres sont relevées, parfois en béton simplement.

De plan très variable, le **den** est un **temple national** ou régional,

Bois peint et laqué dans la Cité pourpre interdite, à Hué.
efired/Getty Images Plus

élevé à la mémoire d'un roi *(voir les* den *de Hoa Lu, p. 79)*, d'un génie *(voir le* den *Quan Thanh de Hanoi, p. 50)* ou d'un personnage célèbre. Développés à partir des Trinh (1533-1789), ces cultes ont contribué à l'élaboration d'une architecture d'inspiration « nationale » qui abandonne les thèmes sinisants du décor au profit d'une verve vietnamienne. Une des particularités du *den* est de ne pas toujours renfermer une statue, mais une **tablette** inscrite du nom du dédicataire, ou les insignes de son pouvoir (couronne, bonnet mandarinal), sur le modèle de l'autel des ancêtres. Lorsqu'il contient une effigie, elle est déposée au fond du sanctuaire, cachée par un claustra de bois sculpté.

Métissage et création aux 20e et 21e s.

De 1860 à 1945, le pays recueillit un nouvel ensemble de formes, véhiculées par la France coloniale. Après la Seconde Guerre mondiale, on passa presque sans transition à une esthétique réaliste socialiste, dont on s'émancipe peu à peu.

Greffons et hybrides du style colonial

Prenant d'abord corps à travers les copies des styles en vigueur sous la IIIe République, l'influence française suscita peu à peu des associations inédites. Cet épisode fut préparé au début du 19e s. par l'intervention des ingénieurs français dans la construction des **citadelles** de Gia Long à Hué *(voir p. 160)*, à Hanoi et à Haiphong (aujourd'hui détruites), inspirées des ouvrages militaires de Vauban, l'architecte militaire de Louis XIV.

Première terre conquise, la Cochinchine fut le premier terrain d'expérimentation d'une architecture occidentale avec le bâtiment des Messageries maritimes, édifié à Saigon en 1862. La création de la colonie accéléra le processus, sous la direction d'**Auguste-Henri Vildieu**, chef du service des Bâtiments civils d'Indochine. La France transposa

alors à Saigon et à Hanoi ses rouages administratifs (hôtel de ville, palais de justice, résidence du gouverneur), économiques (postes, douanes), culturels (théâtres) et religieux (cathédrales), tous logés dans des édifices au néoclassicisme éclectique.
Édifiée à la fin du 19e s., la cathédrale de Phat Diem *(voir p. 82)*, qui puise dans la construction et le décor des temples vietnamiens, annonce la naissance du style hybride des années 1920, synthèse du nouveau courant international et d'emprunts à l'architecture locale. Ce **style « indochinois »** est mis en œuvre pour des institutions à valeur culturelle, tels le musée Louis-Finot (1925, devenu le musée d'Histoire de Hanoi, ou Bao Tang Lich Su) et l'Université indochinoise (1926) à Hanoi, ou le musée Blanchard-de-La Brosse (1929, devenu lui aussi un musée d'Histoire du Vietnam) à Saigon.
Faute de moyens, l'administration coloniale ne réalisa jamais les projets d'urbanisme à grande échelle d'Ernest Hébrard, qui dirigeait alors le Service central d'architecture et d'urbanisme.
Décrié dans un légitime sursaut nationaliste et longtemps négligé des historiens, le legs colonial est désormais remis au goût du jour comme patrimoine à part entière de la marche artistique du Vietnam.

Du réalisme socialiste à la création contemporaine

L'art contemporain vietnamien, émancipé du mécénat religieux et de la tutelle royale, prit ses racines dans la fondation de l'**École des beaux-arts d'Indochine**, créée à Hanoi en 1925. Formée aux grands courants de l'art occidental, une génération de peintres et de sculpteurs, tous nés au début du 20e s., acquit pour la première fois le **statut d'artiste** et découvrit la **liberté** d'une création débarrassée de toutes les entraves de la commande.
À partir de 1945, l'expression artistique fut subordonnée au quotidien, dont elle devait être un reflet fidèle selon les théories de Ho Chi Minh. L'entrée du Vietnam dans l'orbite soviétique en 1975 annihila la création individuelle au profit de la grandiloquence du réalisme socialiste et de la glorification des penseurs marxistes-léninistes.
Fermé au reste du monde, le Vietnam trouva en lui-même les ferments d'un art original, exposé dans les galeries qui ouvrirent à Ho Chi Minh-Ville, à Hanoi et à Da Nang dans le cadre du *doi moi*. La pénurie était telle que les artistes durent recourir à des expédients : sacs de riz et cartons remplaçaient parfois la toile. Un nouveau langage fut forgé en puisant dans l'**héritage**, à la suite d'une importante campagne de relevés, par photographies et moulages, menée sur les sites historiques du pays à la fin des années 1960, ainsi que dans la **tradition** des arts villageois, dont le peintre **Nguyen Tu Nghiem** fut le chef de file. L'intérêt pour l'artisanat traditionnel mit à l'honneur des matériaux inédits comme la **laque**.
À partir de la fin du 20e s., un relatif assouplissement de la censure permet une **expression contemporaine** libre, sans être accusée de décadence, de puiser dans toutes les audaces de l'art plastique, pour dévoiler des fragments de la si secrète et si subtile sensibilité vietnamienne.

Littérature

Si l'art est placé sous le signe de l'éphémère, ce fut en revanche un devoir que de toujours préserver l'écrit *(voir « Papiers et estampes » p. 374)*. Écrire est l'expression par excellence de la sensibilité vietnamienne, que ce soit vis-à-vis de l'occupant chinois ou français, de l'exercice absolu du pouvoir ou, plus tard, de la censure. La littérature du pays ne se résume toutefois pas au patriotisme militant. S'il lui donne du relief, il n'oblitère pas la saveur d'œuvres éprises de leurs racines et n'altère pas la subtilité d'émotions aussi personnelles qu'unanimement vietnamiennes.

Le patrimoine littéraire

À de rares exceptions près, la littérature ancienne du Vietnam fut écrite en langue chinoise. Elle se compose d'ouvrages politiques – proclamations, archives, édits (le plus ancien connu est celui du transfert de la capitale à Thang Long au 11e s.) –, de pamphlets et de réflexions politiques ou morales sur l'exercice du pouvoir, et de poésies, notamment à partir du 14e s.

Nguyen Trai (1380-1442) est l'une des premières grandes figures de la scène littéraire. Archétype du lettré pétri de culture confucéenne (il fut reçu docteur en 1400), il en cultiva toutes les vertus humanistes en s'engageant au côté de Le Loi dans la reconquête du pays occupé par les Chinois *(voir « Histoire », p. 410)*. À côté d'une œuvre importante en chinois classique, il fut l'un des premiers à s'exprimer en *nôm* et donc en vietnamien dans son *Recueil de poèmes en langue nationale (Quoc Am Thi Tap)*. Il y transparaît une droiture, un éloge de la vie simple qui lui attirèrent jalousie et disgrâce puisqu'il périt torturé avec toute sa famille en 1442. N'avait-il pas écrit, en conclusion d'un poème : « Seul le cœur humain reste insondable » ?

Nguyen Binh Khiem (1491-1585), grand poète qui vécut les troubles de l'usurpation des Mac, fit l'éloge d'une vie retirée dans ses poèmes en chinois et en vietnamien : « Jamais les plaisirs rustiques de la solitude ne me lassent. » Même regard critique chez son disciple **Nguyen Du** (16e s.) qui, dans son *Vaste recueil de merveilleuses légendes (Truyen Ky Man Luc)*, raconte des histoires qui sont autant d'apologues sur les travers de ses contemporains.

Doan Thi Diem (1705-1748), surnommée « la femme de lettres du fleuve Rouge », ouvrit la page d'une expression féminine et traduisit en *nôm* le long poème *Plaintes d'une femme dont le mari est parti pour la guerre (Chinh Phu Ngam)* qui trouva des échos douloureux jusque dans le Vietnam contemporain. Autre femme de lettres, **Ho Xuan Huong** écrivait dans un registre très différent, maniant avec malice images et sonorités pour composer des poésies à l'érotisme à peine voilé.

Pas un Vietnamien qui n'ait connaissance du poème-fleuve *Kim Van Kieu* de **Nguyen Du** (1765-1820). Dans ce roman de 3254 vers transparaissent des thèmes restés chers aux romanciers contemporains. L'inflexibilité du destin et la lucidité des personnages lui confèrent un tour tragique sans aucune afféterie. La belle Kieu est éprise du lettré Kim, mais doit se vendre comme courtisane pour aider son père. Kim épouse alors Van, sœur de Kieu, et les trois destinées traversent un flot d'épreuves, prétexte à véhiculer un foisonnement de pensées sur le sens de la vie, de la guerre et de l'amour.

Les voix contemporaines

Les lettrés jouèrent un rôle important dans la résistance antifrançaise, mais le gouvernement colonial leur porta un coup décisif en imposant la romanisation du vietnamien et l'abandon du chinois *(voir « Langues et écriture », p. 399)*. Rapidement adopté, le *quoc-ngu* provoqua une explosion littéraire entre 1925 et 1945, où s'illustrèrent tous les grands courants de la littérature occidentale, dominés par le réalisme qui dénonçait l'exploitation coloniale et l'archaïsme de la société traditionnelle. Les œuvres satiriques de **Nguyen Cong Hoan** (1903-1977), l'ironie mordante de **Nam Cao** (1917-1951), auteur de *Chi Pheo paria casse-cou*, font la chronique impitoyable d'une société dont elles désirent la chute. Il se trouva même une littérature vietnamienne en français avec **Pham Quynh**, qui publia des textes de réflexion sur le difficile dialogue des cultures entre l'Occident et l'Orient, et **Pham Duy Khiem**, auteur des *Légendes des terres sereines*. De nombreux écrivains épousèrent la cause révolutionnaire et prirent le maquis au côté de Ho Chi Minh.

Au milieu des années 1950, la propagande remplaça l'idéal révolutionnaire et la langue de bois devint la seule expression possible, provoquant le sursaut contestataire du **Nhan Van-Giai Pham** (« Culture humaniste-Belles œuvres »). Le mouvement fut réprimé, et l'ensemble de la création artistique muselé. Le silence fut total jusqu'à la fin des années 1980. En 1989, dans la foulée du *doi moi*, le IVe congrès de l'Union des écrivains refuse les directives du Parti, marquant le retour à une expression individuelle dont le chef de file est **Nguyen Huy Thiep**. Dans *Un général part à la retraite*, publié dès 1987, il ouvre un débat kafkaïen sur le caractère grotesque de la destinée dans un monde désormais privé de sens.

À son écriture cruelle et feutrée la romancière **Duong Thu Huong** oppose un style sensuel et passionné qui dénonce sans ambages l'absurdité de l'univers contemporain *(Au-delà des illusions)*. Emprisonnée dans les années 1990 pour avoir réclamé la démocratie dans son pays, elle s'est réfugiée en France en 2006, où, avec une plume acerbe envers le régime vietnamien, elle continue d'écrire (*Terre des oublis*, 2005 ; *Au zénith*, 2009 ; *Sanctuaire du cœur*, 2011). La voix retrouvée de la littérature au Vietnam a aussi rencontré un écho dans l'écriture douloureuse de l'exil, incarnée par des écrivains issus de la génération des *boat people*, tels **Nguyen Khanh Truong**, qui vit aux États-Unis (*Est-ce que tu m'aimes ?*, 1997), **Tran Vu**, réfugié en France depuis 1980 (*Sous une pluie d'épines*, 1998), ou la Québécoise **Kim Thuy** (*Ru*, 2010).

Enfin, de nouvelles plumes, grandies après la guerre et souvent originaires du sud du Vietnam, délaissent les combats politiques et idéologiques de leurs aînées pour explorer les questionnements et les doutes de l'individu. Ces auteurs défrichent de nouveaux styles, comme les

Le lettré, un homme de caractères

Jusqu'à la suppression des concours mandarinaux par les Français, le lettré était un pivot de la société vietnamienne. On désignait ainsi non pas simplement l'homme de lettres, mais celui qui s'était formé à la pensée confucéenne à travers la langue et l'écriture chinoises. Ce cursus permettait de gravir les échelons de la bureaucratie mandarinale en se présentant à des examens de recrutement des fonctionnaires qui, avant de reposer sur des connaissances administratives ou juridiques, contrôlaient la maîtrise des grands principes de la doctrine confucéenne. Nombreux étaient les candidats, peu étaient les lauréats, en particulier au niveau de l'échelon ultime : le grand concours impérial qui avait lieu au Collège national de la capitale. De retour dans leur village natal, les lettrés recalés faisaient office d'instituteurs, formant à leur tour de futures générations de candidats rompus à l'exercice du chinois.

poètes du mouvement *Mo mieng* (**Ly Doi**, **Bui Chat**), ou écrivent leur propre expérience à la première personne du singulier. **Nguyen Viet Ha** s'est fait connaître avec *Une opportunité pour Dieu* (1999), qui aborde les désillusions de la jeunesse citadine de Hanoi, et a publié depuis une dizaine de romans et recueils de nouvelles qui sont autant d'instantanés d'un Vietnam en profonde mutation. Nombre de ces écrivains sont rassemblés dans le recueil de nouvelles *Au rez-de-chaussée du paradis* (éd. Ph. Picquier, 2007). Parmi les étoiles montantes de la littérature vietnamienne, **Thuân** (*L'Ascenseur de Saigon*, 2013 ; *Un avril bien tranquille à Saigon*, 2018) et **Do Kh.** (*Saigon Samedi*, 2014 ; *La Fiancée du lieutenant T.*, nouvelles, 2017) sont traduits en français.

Langues et écriture

Langue nationale, le vietnamien est le pur produit d'une histoire placée sous le signe du métissage, de l'assimilation de contacts et d'apports successifs. Les linguistes s'entendent à le rattacher au groupe austro-asiatique, mais à cette base se sont mêlés de nombreux emprunts, notamment au thaï et plus encore au chinois. Il partage avec ces voisins la particularité d'être une langue tonale, dont la plus petite unité vocalique est une syllabe associée à un ton, et isolante, chaque concept pouvant se limiter à cette seule unité (comme un mot peut se limiter à un caractère en chinois). Mais ce sont là les seuls points communs de ces langues de familles et syntaxes différentes.

L'autre caractéristique du vietnamien est de ne s'être doté que tardivement d'une écriture propre et romanisée, fait notable dans la péninsule sud-est asiatique où, exception faite de la Malaisie, cohabitent des systèmes dérivés d'alphabets d'origine indienne. D'ailleurs, sa **polyphonie linguistique** *(voir le lexique sur le rabat de couverture)* n'est guère illustrée par une diversité des écritures. Si les langues du Vietnam se parlent, elles ne s'écrivent pas toujours. Khmers, Chams et Thaïs utilisent parfois encore leur alphabet dérivé de modèles indiens, mais Tays, Nungs et Daos recourent aux idéogrammes chinois, en particulier dans leurs rituels, domaine que les Muongs et les Pa Thens expriment en pictogrammes archaïques.

Parler en vietnamien, écrire en chinois

Jusqu'au début du 20e s., la littérature, l'administration ou la justice n'employaient que le chinois écrit, prononcé à la vietnamienne. Au même titre que la Corée et le Japon, le Vietnam fut pendant des siècles dans l'orbite du monde sinisé et, comme ces deux pays, puisa dans le répertoire des milliers de caractères chinois pour écrire. Peut-être y eut-il un système d'écriture embryonnaire aux temps protohistoriques ; toujours est-il que les caractères chinois furent introduits avant même la première colonisation par l'Empire. Par-delà l'émancipation au 10e s., le chinois demeura la langue de la diplomatie et de l'administration, mais aussi de la littérature et de la religion. Ainsi véhiculait-il la culture classique, tandis que se développait une langue vietnamienne de tradition orale. Cela n'est pas le moindre aspect de la richesse culturelle vietnamienne, car ces deux langues diffèrent profondément par leur prononciation et la pensée qui les articule. Le legs de cette culture sino-vietnamienne est considérable, puisqu'on s'accorde à compter 50 % de mots d'origine chinoise cohabitant dans le vocabulaire d'aujourd'hui avec des mots vietnamiens de même sens mais de prononciation différente.

Le « nôm », une écriture démotique peu usitée

Il y eut une brève exception à l'usage du chinois dans l'administration impériale, celle du règne des Tay Son qui, à la fin du 18e s., imposèrent l'emploi du vietnamien, écrit avec un système particulier adapté des caractères, appelé le **chu nôm**. Progressivement édifié à partir du 10e s., c'est une savante composition de caractères porteurs de sens (idéogrammes et pictogrammes), et d'autres porteurs de leur prononciation dans la langue vietnamienne (*quoc am*, « les sons du pays »). Il requérait donc une parfaite maîtrise du chinois classique et de la langue vietnamienne. Écriture démotique, c'est-à-dire de la langue populaire, le *nôm*, malgré la difficulté de son exercice, fut toujours considéré comme une expression vulgaire par les milieux lettrés. Peu d'entre eux se sont prêtés à son usage, à l'exception notable du grand lettré patriote Nguyen Trai *(voir p. 397)*.

Le quoc-ngu, une écriture sur mesure

Au début du 20e s., le courant nationaliste et patriotique, représenté par l'École hanoienne de la juste cause animée par Luong Van Can (1847-1927), rejeta l'écriture chinoise pour s'appuyer sur le **quoc-ngu**, une romanisation du vietnamien mise au point par les missionnaires au 17e s. Son acte de naissance est lié à la publication d'un dictionnaire trilingue, vietnamien-latin-portugais, par le **père Alexandre de Rhodes** en 1651. L'alphabet décompose le vietnamien en un jeu de 12 voyelles et 17 consonnes, sur les bases de la phonétique portugaise, auxquelles s'ajoutent diphtongues, consonnes doubles, dont la prononciation varie en fonction de la voyelle qui la suit. La décomposition en syllabes ne pouvant satisfaire la richesse vocalique de la langue, le *quoc-ngu* se double d'**accents** pour traduire les registres haut (accent aigu) et bas (accent grave) de ses six tons, indiqués par un jeu de **signes diacritiques** placés tantôt sur, tantôt sous les voyelles pour indiquer celles qui sont longues ou brèves, ouvertes ou fermées.

Forgé pour le prosélytisme, le *quoc-ngu* resta pendant trois siècles une exclusivité des milieux catholiques. Avant même qu'il ne devienne un instrument du nationalisme, il fut d'ailleurs remis au goût du jour par deux Vietnamiens de cette confession, Paulus Cua et Truong Vinh Ky, dans la seconde moitié du 19e s. Il servit à la traduction d'œuvres littéraires et philosophiques occidentales, avant que son usage ne soit déclaré obligatoire par le gouvernement général d'Indochine en 1910. Le *quoc-ngu* facilite l'assimilation de termes étrangers sur des bases purement phonétiques. De la même manière qu'on forgeait *ca phê* (« café »), *banh mi* (« pain de mie ») ou *xi mang* (« ciment ») à l'époque de l'occupation française, on enfile aujourd'hui des *quan jeans* (« jeans »).

Nature et paysages

Situé au carrefour de l'Asie du Sud et de l'Est, sur les routes commerçantes reliant l'Europe à l'Extrême-Orient, le Vietnam se déroule tel un immense serpent le long de la mer de Chine méridionale. Il s'étire ainsi sur 1650 km à vol d'oiseau du nord au sud, sa largeur variant entre 540 km dans le delta du fleuve Rouge et 50 km à hauteur de Da Nang. Avec une superficie de 331211 km^2, équivalente à celle de la Malaisie, le Vietnam fait figure de poids moyen par rapport aux grandes nations de la région, la Thaïlande, la Birmanie, l'Indonésie, et surtout la Chine, son imposante voisine, avec laquelle il partage 1281 km de frontière. Seuls ses deux voisins occidentaux, le Laos (2130 km de frontière) et le Cambodge (1228 km de frontière), ont une superficie plus réduite. Meurtri par l'histoire récente et soumis à une forte pression démographique, le pays doit faire face à un nouveau défi : une gestion harmonieuse de son espace et de ses richesses naturelles.

Unité géographique récente

La formation du territoire vietnamien est le produit d'un long processus historique, commencé lorsque les Viets du delta du fleuve Rouge s'affranchirent de la tutelle chinoise *(voir « Histoire », p. 407)*. À partir du 11e s., ils entamèrent une lente **Marche vers le sud** *(Nam Tien)*, au détriment des Chams, dont le royaume s'étendait au centre du pays, puis des Khmers, qui contrôlaient le delta du Mékong. Les limites actuelles du pays datent pratiquement du 18e s., même si certains territoires restent contestés. C'est le cas de la frontière cambodgienne, où les escarmouches avec le régime de Pol Pot, à la fin des années 1970, avaient notamment pour motifs des contentieux frontaliers. Si la question de la possession de l'île de Phu Quoc et de ses eaux territoriales a été réglée avec le traité signé entre les deux pays en 2005, celle du statut des îles Paracels et Spratleys suscite toujours des tensions récurrentes avec la Chine *(voir encadré p. 404)*.

Une géologie originale

Du point de vue géologique, les **formations karstiques** que l'on rencontre d'un bout à l'autre du pays constituent l'une des particularités du Vietnam. Il s'agit de massifs calcaires érodés dans lesquels l'écoulement des eaux a créé au fil du temps un réseau de conduits et de grottes parcouru de rivières souterraines. La plus célèbre de ces formations est sans conteste celle de la baie de Ha Long *(voir p. 94)*, un ancien plateau envahi par les eaux de la mer de Chine méridionale, où émergent de petits îlots aux formes irréelles. Un peu

plus au nord, la baie de Bai Tu Long présente les mêmes caractéristiques, tandis que la « baie de Ha Long terrestre », à Tam Coc *(voir p. 80)*, est restée émergée. On trouve d'autres exemples de formations karstiques dans le delta du Mékong, près de Ha Tien, Chau Doc et Tay Ninh, ainsi qu'à Da Nang, où s'élèvent les montagnes de Marbre *(voir p. 190)*. Néanmoins, la plupart des reliefs que vous apercevrez en longeant la côte, notamment le col des Nuages *(voir p. 177)*, sont de type **granitique**. Dans les Hauts Plateaux (à proximité de Buon Ma Thuot et de Plei Ku) et au nord de Ho Chi Minh-Ville (près de Dinh Quan), de petits **volcans** éteints ponctuent le paysage, pour le plus grand bonheur des paysans qui tirent profit de leur terre particulièrement fertile. Dans son ensemble, le pays reste à l'abri des éruptions volcaniques, même s'il subit parfois des secousses.

Par monts et par eaux

Le pays se compose de trois zones géographiques distinctes, le **Bac Bo** (Nord), le **Trung Bo** (Centre) et le **Nam Bo** (Sud), qui correspondent à peu près au découpage administratif mis en place par les Français à l'époque coloniale (Tonkin, Annam et Cochinchine) et dévoilent une belle variété de paysages.

Sur les rives de la mer de Chine méridionale

Longue de 3260 km, la façade maritime du Vietnam, qui possède aussi un débouché sur le **golfe de Thaïlande**, s'étire essentiellement le long de la **mer de Chine méridionale**. En dépit de ce littoral étendu, le pays compte peu d'îles importantes, hormis Phu Quoc, l'archipel de Con Dao, Hon Tre près de Nha Trang et Cat Ba, Van Don et Ban Sen, dans les environs de la baie de Ha Long.

Les deltas

Deux grands bassins fertiles concentrent l'essentiel de la population et de la richesse du pays. Au nord, le **delta du fleuve Rouge** (15000 km^2), qui a vu naître la civilisation vietnamienne, gagne chaque année sur la mer de Chine méridionale en raison des alluvions déversées par les eaux. Le phénomène se répète au sud, dans le **delta du Mékong** (40000 km^2), qui croît de près de 80 m par an en certains endroits. Ces alluvions ont également élevé le niveau des deux fleuves, qui coulent au-dessus des plaines avoisinantes. Le fleuve Rouge a ainsi dû être canalisé par des milliers de kilomètres de digues, qui furent la cible des bombardements américains pendant la guerre.

La majestueuse baie de Ha Long.
DannyIacob/Getty Images Plus

Durant la saison des moussons, les pluies diluviennes font sortir les cours d'eau de leur lit, provoquant de terribles catastrophes ; de dramatiques **inondations** endeuillent chaque année le delta du Mékong. La montée des eaux que fait craindre le réchauffement climatique menace ces zones tropicales très peuplées et de faible altitude.

Montagnes et rivières

Le Vietnam est recouvert aux deux tiers de **montagnes** et de collines, son point culminant, le **Phan Si Pan** *(voir p. 121)*, près de Sapa, culminant à 3143 m. Ce sommet fait partie des **monts Hoang Lien Son**, qui courent presque tout le long de la frontière chinoise. L'autre grande zone montagneuse est la **cordillère Truong Son** (l'ancienne cordillère Annamitique), qui s'étire sur 1200 km du Laos, au nord, jusqu'au centre du Vietnam, dans les Hauts Plateaux. Il s'agit d'une chaîne de moyenne altitude, issue des contreforts du Tibet et culminant au **mont Ngoc**

Le Mékong, « mère des eaux »

Long de 4 300 à 4 800 km selon les calculs, le Mékong fut exploré pour la première fois par le Français **Francis Garnier** (1866-1868), qui cherchait en vain une voie de pénétration en Chine. En 1995, une expédition anglo-française déclara avoir découvert sa source au col de Rup-Sa, sur le plateau du Tibet. Trait d'union entre la Chine, la Birmanie, le Laos, la Thaïlande, le Cambodge et le Vietnam, le fleuve a longtemps été laissé libre en raison des conflits qui ont ensanglanté la région. Depuis le rétablissement de la paix, les États riverains multiplient les projets. En jeu : la course à la production d'hydro-électricité. En amont, la Chine a dressé six barrages depuis 1992, deux sont en construction et autant en projet. Plus en aval, le Laos s'est lancé dans un programme pharaonique : le pouvoir de Vientiane mise sur la production et l'exportation d'électricité pour assurer son développement. Il a ainsi conçu un projet de 55 barrages, dont la réalisation a d'ores et déjà commencé. L'effondrement de l'un d'entre eux, en juillet 2018, alors qu'il allait être mis en service, a dramatiquement révélé les dangers d'une telle course à l'électricité. Au Vietnam, le fleuve s'écoule dans la plaine de son delta : impossible d'y construire un barrage. Le pays est en revanche le premier à subir les conséquences sur l'écosystème des aménagements en amont. De fleuve libre, le Mékong pourrait ne plus présenter à terme qu'une succession de lacs de retenue.

Linh (2 598 m). Le territoire se trouve ainsi cloisonné vis-à-vis de ses voisins, et compartimenté en de multiples petites vallées parcourues de **rivières**. Au nord, le **Song Da** et le **Song Bach Dang**, qui alimentent le fleuve Rouge, ouvrent des voies de passage vers la Chine, tandis que plus au sud, le **Song Ma** prend sa source au Laos. Le Centre compte plusieurs percées : celle du **Song Ca**, qui débouche à Vinh, celle du **Song Xe Pon**, qui pénètre au Laos à proximité du col de Lao Bao, et celle du **Da Rang**, qui descend des environs de Plei Ku vers Tuy Hoa. Au sud, enfin, le **Dong Nai** prend sa source près de Dalat avant de se fondre dans la rivière **Saigon**.

Un ciel capricieux

Si la nature a doté le Vietnam de terres alluvionnaires riches et d'un réseau hydrographique dense, elle lui fait payer le prix de sa générosité en le soumettant régulièrement à des tempêtes et à des inondations catastrophiques.

Le Vietnam s'inscrit dans une région au **climat tropical** et **subtropical**, exposée aux moussons de l'Est asiatique, avec des précipitations et un ensoleillement importants. Situé entre 8° et 23° de latitude nord, le pays bénéficie cependant d'une grande variété de climats, accentuée par son relief. Rien de commun entre les journées glaciales que connaissent en hiver les villages des montagnes du Nord et la chaleur dont bénéficie le delta du Mékong tout au long de l'année. Hanoi jouit d'une température annuelle moyenne de 23 °C avec des écarts pouvant atteindre 12 °C, au contraire de Ho Chi Minh-Ville, où le thermomètre ne s'éloigne jamais des 26 °C.

Deux saisons distinctes se succèdent au **nord** de Da Nang. De novembre à avril, la mousson du nord-est apporte un hiver doux (16 °C en moyenne), voire frais en altitude, avec un crachin quotidien. Des éclaircies rompent la

Les archipels de la discorde

Les Paracels et les Spratleys comptent parmi les rares territoires dont la souveraineté n'a pas encore été attribuée et reconnue internationalement. Situés en mer de Chine méridionale, à 400 km de Da Nang et à 300 km de l'île chinoise de Hainan, les 130 îlots des **Paracels** sont revendiqués par la Chine et le Vietnam avec force arguments juridiques et archéologiques. Ils sont occupés par la Chine depuis 1974, à la suite d'une brève bataille navale entre navires chinois et sud-vietnamiens. Pékin y maintient une présence militaire et civile depuis 2014 avec une colonie d'un millier de pêcheurs. La situation des 33 îles de l'archipel inhabité des **Spratleys** (180 000 km^2) apparaît encore plus inextricable : elles s'égrènent à 450 km du Vietnam, 500 km de Brunei, des Philippines et de la Malaisie, 1 100 km de la Chine et 1 700 km de Taiwan, et tous en revendiquent la souveraineté ! Dans l'attente d'un règlement, chaque pays s'efforce d'y créer un état de fait en maintenant une présence, à commencer par les Chinois ; des photos satellite ont révélé en 2016 qu'ils avaient entrepris d'importants travaux de construction (installations militaires, aéroport). L'intérêt de ces îles réside dans leur situation sur les routes commerçantes, dans leurs ressources halieutiques, et surtout dans les réserves en hydrocarbure de la zone maritime. La construction d'une plate-forme de forage par les Chinois en 2014 a causé une crise majeure entre Hanoi et Pékin. Elle s'est accompagnée au Vietnam de violentes manifestations contre les intérêts et les ressortissants chinois. Pékin a du abandonner son projet.

Rizières en terrasses dans la province de Yen Bai.
quangpraha/Getty Images Plus

monotonie de la grisaille en février et mars. Après une période transitoire survient l'été, de juillet à novembre, marqué par des pluies diluviennes. La moyenne des températures s'élève alors à plus de 30 °C de juin à août. À la fin de l'été, de violents typhons secouent parfois la région.

Le **Centre** du pays connaît un climat intermédiaire, avec des précipitations fréquentes tout au long de l'année, notamment à Hué, où l'on enregistre des records nationaux, même durant la courte saison sèche, de février à avril.

Au **Sud**, les saisons sont marquées par les variations de précipitations plus que par celles des températures. D'avril-mai à octobre, la mousson du sud-ouest apporte des vents chargés de pluies, avec des maximales de précipitations mensuelles supérieures à 400 mm de juillet à septembre. La période la plus sèche court de décembre à avril. Les températures oscillent entre 27 °C et 31 °C, avec des maximales de 35 °C de mars à mai. Des typhons balayent parfois le littoral de la mer de Chine méridionale au mois de novembre. En comparaison, les **Hauts Plateaux** bénéficient d'un climat doux avec des températures excédant rarement 26 °C, voire frais durant l'hiver (d'octobre à mars) où elles passent parfois sous les 4 °C.

Une nature riche mais meurtrie

En dépit des ravages de la guerre et d'une déforestation galopante, le Vietnam conserve de remarquables forêts primaires, refuges d'une faune exceptionnelle.

Une forêt primaire réduite

Le Vietnam était à l'origine presque entièrement couvert de forêts, des montagnes tempérées du Nord aux plaines subtropicales du Sud. Aussi vieille que l'occupation humaine, la **déforestation** est passée à la vitesse supérieure à l'époque coloniale et s'est poursuivie après 1945, pour connaître une accélération après 1975. La forte **pression démographique** conduit en effet le gouvernement

L'écocide de la guerre

Popularisé durant la **guerre du Vietnam**, le terme « écocide » rend compte de l'impact des bombardements américains sur l'environnement. Outre les bombes incendiaires au napalm, divers défoliants furent largués, parmi lesquels l'**agent orange** fut promu à une sinistre célébrité. De 40 à 100 millions de litres de ce puissant poison contenant de la dioxine, qui reste actif 8 à 10 ans, furent épandus de 1962 à 1970. Près du quart des forêts et la moitié des mangroves furent détruites, provoquant des dommages irréparables sur la faune. Dans le Sud, le déluge de feu a durablement appauvri les sols, dont la productivité reste faible. D'énormes efforts ont été accomplis pour replanter les forêts, mais il faudra attendre encore des années sans doute pour éradiquer les traces visibles de la guerre.

central à favoriser les migrations des régions très peuplées vers les zones à faible densité des Hauts Plateaux, où les plantations de thé, de café et de cacao grignotent chaque année les forêts. La culture sur brûlis et l'abattage du bois utilisé comme combustible concourent à aggraver le phénomène. Par ailleurs, dans les deltas, la multiplication des fermes de crevettes menace les mangroves.

Plusieurs initiatives locales de reboisement ont vu le jour et, depuis 2000, 3 millions d'hectares ont retrouvé leur manteau forestier ou leur couvert de mangrove. Les bénéfices de la reforestation ne sont plus à démontrer (stabilisation des sols, prévention des inondations). D'ici 2025, le gouvernement a prévu de planter 1 milliard d'arbres dans les villes et les campagnes.

Une faune menacée

Le Vietnam est un sanctuaire remarquable, riche d'un nombre considérable de familles d'oiseaux (770), de mammifères (280), de reptiles (130), d'amphibiens (80) et de poissons (2500) ! Phénomène très rare dans le monde, les scientifiques ont encore découvert dans les années 1990, à la frontière du Laos, des mammifères inconnus : le **saola** (ou buffle de Vu Quang), le **muntjac géant** (un cervidé d'Asie du Sud-Est), ainsi que des variétés d'oiseaux. Réagissant à ces découvertes, le gouvernement a décidé d'élargir la zone protégée. Dans l'ensemble cependant, le constat se révèle plutôt inquiétant, car de nombreuses espèces sont menacées d'extinction par le braconnage qui alimente la pharmacopée traditionnelle, et surtout par le recul de l'habitat naturel. Entre 1992 et 2012, pas moins d'une dizaine d'espèces de mammifères ont disparu du territoire. Après le tapir et le kouprey, c'est le dernier rhinocéros de Java présent au Vietnam qui s'est éteint en 2010.

Le Vietnam a signé en 1994 une convention internationale bannissant le commerce des espèces en danger, parmi lesquelles figurent l'éléphant d'Asie, le tigre, le saola, le léopard, l'ours noir, l'ours à miel, le cerf, le *serow*, le macaque rhésus, l'entelle douc, le gibbon concolore, le buffle banteng, le **cobra royal**, le python réticulé, ainsi que des tortues et des crocodiles. Une bonne volonté malheureusement insuffisante pour protéger l'extraordinaire biodiversité du pays.

Les oiseaux ont moins souffert que les mammifères de la guerre et de la déforestation, à l'exception de la **grue du Mékong**, qui fut réintroduite après avoir disparu, ainsi que des espèces de paons et de faisans. En outre, 2,2 millions d'ha soit 6,64 % du territoire, sont protégés en tant que parc national ou réserve naturelle.

Histoire

À la croisée des mondes chinois, malais et indien, l'identité vietnamienne s'est forgée au cours d'une difficile entreprise : s'émanciper de la Chine tout en cultivant son héritage. La grande particularité de l'histoire du Vietnam est sa dynamique dans l'espace. Commencée au nord, dans le delta du fleuve Rouge, berceau des Viets, elle aboutit en 1802, sous les Nguyen de Hué, à une morphologie qui sera celle du Vietnam réunifié de 1975. Pareils aux vers à soie grignotant sans relâche les feuilles de mûrier – pour reprendre l'expression d'un mandarin du 19e s. – les Vietnamiens se sont peu à peu approprié leur espace, glissant le long de l'échine montagneuse de la cordillère annamitique, engloutissant au 15e s. les terres rizicoles du Centre, puis le delta du Mékong au 17e s., dans leur longue Marche vers le sud.

Un monde aux marches de la Chine

Une histoire tissée de légendes

Chaque année, le 10e jour du 3e mois lunaire, les Vietnamiens vont en pèlerinage au mont Hung, à Co Tich (à 80 km au nord de Hanoi) pour y renouer les fils de leur longue histoire. Car ce mont, voici 4000 ans, fut le siège de la capitale de leurs tout premiers souverains, les **dix-huit rois Hung**, descendants de l'union d'un dragon et d'une immortelle *(voir « Les peuples du Vietnam », p. 356)*. Le pays s'appelait alors **Van Lang**.

Sur le plan historique et archéologique, ce mythe correspond à un âge du bronze qui débute à la fin du 2e millénaire av. J.-C. Il se prolonge, au-delà du 7e s., dans la **civilisation de Dong Son** (province de Thanh Hoa), qui voit, en même temps que le développement de la technologie du fer, l'apparition du tambour de bronze, un objet répandu jusque dans la première moitié du 20e s., de la Chine du Sud à l'Indonésie orientale. Les scènes ciselées sur les instruments déroulent le quotidien de ces riziculteurs, marins à leurs heures, qui vivent dans des maisons sur pilotis.

En 257 av. J.-C., un royaume rival, **Au Lac**, s'empare du Van Lang. Selon la légende, sa capitale, Co Loa, fut bâtie sur les conseils d'un génie, la **Tortue d'Or**, qui remit au souverain l'une de ses griffes pour qu'elle soit montée en gâchette d'arbalète.

Or il est vrai que, cinquante ans plus tard, le Nam Viet, royaume de la Chine méridionale, ne put envahir Au Lac qu'au prix de nombreux soldats morts sous le tir infaillible de ses **archers**, et que l'archéologie, en fouillant le site de Co Loa, a mis au jour des milliers de pointes de flèche.

Au tournant de notre ère, la Chine, formidable puissance émergée à la fin du 3e s. av. J.-C., ne fait qu'une bouchée de ces petits États. En 111 av. J.-C., la région est annexée jusqu'au col des Nuages et sera pendant mille ans, sous différents noms, **préfecture de l'empire du Milieu** (Chine).

Terre lointaine de l'Empire de Chine

La présence chinoise reste discrète jusqu'au 1er s. de notre ère, mais les choses se gâtent lorsque l'Empire applique l'inflexible politique qui succède à ses conquêtes. Des Chinois sont déportés par milliers pour cultiver ces nouvelles terres. Les descendants des rois Hung ne l'entendent pas de cette oreille. Une vague de rébellion secoue le sud de l'Empire, de Canton au Vietnam, bientôt menée par deux sœurs, **Trung Trac** et **Trung Nhi**. La Chine dépêche son « général dompteur des flots », Ma Yuan, qui écrase la rébellion en 43. Dès lors, dans la lointaine préfecture du Sud, la **sinisation** suit son cours. L'Empire impose non seulement son ordre politique, mais aussi ses rites, sa hiérarchie sociale, sa langue et son écriture.

Où la Chine côtoie l'Inde

Tandis que le nord du pays entre dans l'orbite de la Chine pour un millénaire, une autre page d'histoire s'écrit au sud du col des Nuages. À la fin du 4e s., des **principautés khmère et chame** émergent du delta du Mékong à la porte d'Annam. Leur chronique est rythmée par les dates des ambassades qu'elles envoient à la cour de Chine et les inscriptions qui font l'apologie de leurs rois, de leurs campagnes militaires et de leurs fondations religieuses. Elles sont rédigées en **sanscrit**, l'une des langues de l'Inde ancienne, et la religion royale s'organise autour du **culte du dieu Shiva**, protecteur du royaume. À l'exception de la période qui s'étend du milieu du 7e s. au milieu du 8e s. et les voit glisser plus au sud, autour du temple de Po Nagar *(voir p. 223)*, les Chams demeurent jusqu'au 10e s. centrés sur le pays d'Amaravati et de My Son *(voir p. 209)*, le plus sacré de leurs sanctuaires.

Le face-à-face des grands royaumes

Un État est né

Au milieu du 10e s., le nord du pays, alors nommé préfecture d'Annam, parvient à secouer la tutelle de la Chine, affaiblie par le morcellement de son empire. Celle-ci reste suzeraine, mais cesse d'administrer directement le royaume, baptisé **Dai Viet**. Du coup, ce vide met face à face cette contrée, dont elle a façonné la culture, et le **Champa**, l'État indianisé des Chams. Les deux mondes engagent une lutte qui va durer 900 ans et placer les Chams en tenaille entre leur front nord, où se stabilise le Dai Viet, et leur flanc ouest, où monte la puissance khmère de l'empire d'Angkor.

Les premiers pas du Dai Viet sont difficiles *(voir encadré, p. 78)*. Trois dynasties, les **Ngo**, les **Dinh** et les **Le antérieurs**, se succèdent en moins de cent ans du fait des rivalités entre seigneurs, mais l'indépendance est acquise et la **dynastie des Ly** la valide en la personne de **Ly Thai To** (1009-1028). La capitale est fixée à Thang Long, la future Hanoi. L'État est organisé sur le modèle légué par mille ans d'occupation chinoise. Si le pouvoir absolu est aux mains du souverain, dans les domaines civil et militaire ce sont les fonctionnaires recrutés sur concours qui l'assurent. La société demeure à 80 % rurale. Les 20 % restants regroupent les corporations de commerçants et d'artisans, l'élite intellectuelle des mandarins et des lettrés, la famille

Tombeau impérial de Khai Dinh, Hué.
T. Bognar/Photononstop

royale et ses dignitaires. Jusqu'à la colonisation française, l'organisation traditionnelle du Vietnam repose sur la superposition de deux structures : l'**État bureaucratique**, construit sur le modèle confucéen autour de la fonction impériale, et le **réseau des communautés villageoises**, fortement attachées à leurs génies fonciers, leurs lignées d'ancêtres et leurs héros tutélaires. C'est en ces dernières que le Vietnam puisa toujours sa volonté d'indépendance lorsque les dynasties chancelaient.

L'âge des guerres

Consolidé par les Ly, le Dai Viet menace et pille le Champa, qui cède ses provinces septentrionales en 1069, en dépit du soutien de la Chine. Au 12e s., alors que la maison royale des Ly s'épuise en intrigues, c'est l'**empire khmer d'Angkor**, la nouvelle puissance de l'Asie du Sud-Est, qui harcèle les Chams. Une guerre de cent ans (1145-1220) s'engage entre les deux royaumes. Le Vietnam fut le seul pays d'Asie capable de contrer la **poussée des Mongols** de Chine au 13e s., mais celle-ci a bouleversé les équilibres politiques. Elle marque le crépuscule des royaumes indianisés (mon, cham et khmer) et l'aube de nouveaux pouvoirs (Laos, Siam et Vietnam). La victoire vietnamienne est remportée par les **Tran**, un clan aristocratique qui s'est imposé sur le trône de Hanoi.

En 1360, lors de l'avènement de **Che Bong Nga**, le Champa tente un ultime sursaut pour reconquérir ses terres. Fort de sa reconnaissance par l'empire de Chine, le roi cham entre dans le delta du fleuve Rouge et pille Hanoi en 1371. Il enchaîne les expéditions de harcèlement jusqu'à son assassinat en 1390. La pression est telle que les Tran sont contraints d'augmenter l'impôt et d'enrôler les moines comme soldats. De telles mesures renforcent l'impopularité du gouvernement autoritaire.

Des vers à soie grignoteurs de terres

En 1400, le général Le Qui Ly, grand rival de Che Bong Nga, contraint les Tran à abdiquer et se proclame empereur sous le titre de **Ho Qui Ly**.

Le jugement du Fils du Ciel

En 203 av. J.-C., un général chinois fonda un royaume indépendant au sud de la Chine, qu'il nomma Nam Viet (le Viet du Sud). Il fixa sa capitale à Canton et empiéta sur le Tonkin, mais ses territoires furent absorbés par l'Empire chinois en 111 av. J.-C. En 1802, **Gia Long** envoya une délégation à Pékin pour obtenir l'approbation du Fils du Ciel sur le nom de son empire, le Nam Viet. Prétextant qu'il avait accompli ce que ni les Tran ni les Le n'avaient pu réaliser, la **réunification** du vieux pays d'Annam et des nouvelles terres du Viet Thuong, il demandait la permission de changer l'ancien nom d'Annam en Nam Viet (contraction d'Annam et de Viet Thuong). Mais, pour la Chine, ce nom avait des résonances historiques fâcheuses. Il évoquait trop l'antique royaume sécessionniste. Le Fils du Ciel trancha : il fallait intervertir les deux termes. Ainsi naquit le **Vietnam**.

Craignant pour son trône, le roi cham Jaya Simhavarman V cède au souverain le territoire qui avait été le foyer religieux du Champa depuis sa naissance, l'**Amaravati**. Le sacrifice est énorme, car l'Amaravati n'est pas seulement le cœur mystique du Champa, c'est la terre la plus riche en rizières. Les Chams émigrent alors en masse vers la région montagneuse et pauvre qui s'étend au sud du Quang Ngai. Les Vietnamiens engagent leur **Marche vers le sud** *(Nam Tien)* et appliquent la même politique que celle de la Chine dans le nord du pays au début de notre ère : des colons sont envoyés exploiter le nouveau grenier à riz. Jaya Simhavarman tente de récupérer ce qu'il a cédé en se tournant vers les Chinois, qui ont chassé les Mongols et fondé la dynastie des Ming. Il stigmatise l'usurpation de Ho Qui Ly, tant et si bien que les Impériaux franchissent les frontières, annexent l'État vietnamien et y exercent une domination tyrannique (1413-1428). Contre l'oppression chinoise, le Vietnam aiguise une arme qui a déjà fait ses preuves contre les Mongols : l'astuce des pièges, plus que la stratégie de bataille, la guérilla de harcèlement contre le rouleau compresseur de l'armée impériale. La résistance est animée par deux figures : **Le Loi**, propriétaire terrien du Thanh Hoa, en est le bras armé ; **Nguyen Trai**, lettré pétri de culture chinoise, en est la tête pensante. Leur alliance forme une redoutable machine de guerre, soutenue par l'adhésion sans faille du peuple. Lancée en 1418, la guérilla parvient en 1426 à libérer le delta du fleuve Rouge et Le Loi devient empereur en 1428, sous le nom de **Le Thai To**.

« L'univers déréglé retrouve son harmonie »

Ce vers est tiré de *La Grande Proclamation de la pacification des Ngo*, un long poème écrit par Nguyen Trai pour marquer l'avènement de la dynastie et la paix revenue. Le Thai To négocie avec les Ming une paix durable, engageant son pays dans un lien de vassalité avec l'Empire chinois qui ne sera rompu que par l'intervention française à la fin du 19e s. De son côté, la Chine déplace son centre de gravité loin vers le nord, à Pékin, capitale de l'Empire jusqu'à sa chute en 1911, et située à six semaines de poste montée du Tonkin. Le Thai To parvient également à établir des relations pacifiques avec le Champa, réduit à une peau de chagrin. Il ne reste plus au royaume que les terres arides au sud du cap Varella, soit 1/5 de sa superficie au temps de Che Bong Nga. L'avènement des **Le postérieurs** ouvre **un siècle de paix**. L'État est reconstruit sur les bases jetées au 11e s. par la dynastie des Ly.

Du morcellement à l'unité

Nordistes contre sudistes

À partir de 1527, l'autorité des Le vacille. Partout s'allument des foyers de rébellion et le seigneur **Mac Dang Dung** usurpe le pouvoir. Chassé de Hanoi par les partisans des Le en 1592, il se maintient à Cao Bang, sous la protection de la Chine, jusqu'en 1677. Les Le ne sont plus que des instruments aux mains de deux familles, les **Trinh** et les **Nguyen**, qui ne les « restaurent » que pour mieux s'affronter. Les premiers accaparent la réalité du pouvoir à Hanoi et règnent de fait, forts du contrôle de l'armée, sur l'ensemble du Tonkin. Les seconds s'appuient sur les provinces gagnées sur les Chams, dont ils sont gouverneurs. Ils bénéficient aussi des canons et de la flotte des **Portugais**, qui essaiment entre leurs comptoirs de Goa et de Macao.

Dès 1558, les Nguyen constituent une **seigneurie indépendante** qui, malgré la suite de guerres contre les Trinh (1627-1672), s'érige une capitale à Hué en 1687 *(voir p. 160)* et poursuit pour son compte la Marche vers le sud en absorbant définitivement le Champa (son dernier roi est tué en 1692). Au milieu du 18ᵉ s., ils se rendent maîtres du **delta du Mékong** et exercent leur souveraineté sur les royaumes voisins du Cambodge et du Laos.

L'ouverture au monde

La fondation du **port de Hoi An** *(voir p. 195)* sur l'estuaire du petit fleuve Thu Bon dans la première moitié du 16ᵉ s. fait entrer la seigneurie des Nguyen dans les échanges internationaux. Bien plus que Hanoi et les bouches du fleuve Rouge, repliées à l'intérieur du golfe du Tonkin, Hué et son port bénéficient du vieux réseau maritime entre les mondes chinois et malais. Des corporations de marchands de Chine méridionale viennent s'y établir au début du 17ᵉ s., suivies par des Japonais de Nagasaki. L'arrivée des Portugais ouvre la voie aux premiers missionnaires dominicains, puis franciscains et jésuites, dont la présence se renforce après l'expulsion des étrangers du Japon en 1638. L'un d'eux, le **père Alexandre de Rhodes**, lègue au Vietnam un précieux outil pour le futur : la romanisation de sa langue *(quoc-ngu)*. Des factoreries hollandaises tentent de s'installer, mais doivent se replier dès 1641 pour avoir pris le parti des Trinh contre les Nguyen. En 1698, ces derniers dressent une forteresse sur un site qui avait déjà retenu l'attention des commerçants chinois dans les années 1630-1640 : **Cholon** *(voir p. 275)*, le « Grand Marché », un comptoir établi sur l'un des bras de la rivière Saigon.

La révolte des gueux

Le Vietnam du 18ᵉ s. est un monde divisé et ni la maison royale des Le, ni les Trinh, ni les puissants seigneurs Nguyen ne parviennent à constituer l'unité autour d'eux. Plus encore, les tensions s'accroissent entre les communautés en présence – Tonkinois au Nord, Annamites métissés de Chinois et de Chams au Centre et Cochinchinois descendants de Khmers et de colons chinois dans le delta du Mékong. Les mutations sociales dans les nouveaux territoires du Sud provoquent une révolte paysanne à **Tay Son**. Dirigée par trois frères, Nguyen Hue, Nguyen Nhac et Nguyen Lu, elle remporte des victoires aussi foudroyantes qu'inattendues en 1785, contre les Siamois appelés à la rescousse par le seigneur Nguyen Anh, puis contre les troupes impériales chinoises qui s'étaient portées au secours des Le en 1788. **Nguyen Hue** se proclame roi à Hanoi en 1788, sous le nom de Quang Trung, mais meurt quatre ans plus tard, ne laissant qu'un héritier âgé de 10 ans.

Le dernier Empire

Défait par l'armée des gueux, **Nguyen Anh** trouve refuge à Bangkok auprès des missionnaires français. L'un d'eux, l'archevêque **Pigneau de Béhaine**, se rend en France solliciter le soutien militaire de Louis XVI et l'obtient. Fort de la supériorité de son artillerie et de sa marine, Nguyen Anh entreprend un retour offensif, reprend le delta, Hué, puis le Tonkin (1801) et, pour la première fois, **unifie tous les territoires du Nord, du Centre et du Sud**. En 1802, il devient **Gia Long**, empereur du Vietnam.

Gia Long bâtit son empire sous le signe du dialogue avec l'Occident, mais dès l'avènement de son successeur, **Minh Mang**, les Nguyen s'enferment dans la vieille symbolique impériale et autocratique chinoise pour asseoir l'unité. D'un côté, ils démocratisent l'accession aux plus hautes charges de la bureaucratie en ouvrant à tous les concours mandarinaux ; de l'autre, ils se replient sur les valeurs les plus orthodoxes du confucianisme, privilégiant le lettré pétri de textes classiques à l'économiste pragmatique, et rejetant la diplomatie moderne pour la dialectique du monde sinisé face aux Barbares. En choisissant de régner à **Hué**, ils réveillent les tendances centrifuges du Nord et du Sud qui avaient préludé à la révolte de Tay Son. En 1833, l'**insurrection de Saigon** est durement matée par Minh Mang.

Quand l'univers se dérègle

En se rangeant aux côtés de la Chine et en prônant le non-dialogue avec l'Occident, les Nguyen ont choisi le mauvais camp. Tandis que la cour de Hué se drape dans l'isolationnisme, l'empire du Milieu chancelle sous les coups de boutoir de l'expansion coloniale européenne.

Dernières terres conquises, premières terres perdues

Dès le début du 19e s., la France et l'Angleterre sont lancées dans la conquête du marché chinois et obtiennent traités diplomatiques et commerciaux à l'issue des **guerres de l'Opium** (1839-1842 et 1856-1860). Les manœuvres d'intimidation dans la rade de Da Nang en 1858 et la **prise de Saigon** par un corps de débarquement français en 1859 s'inscrivent dans la foulée de cette politique de la canonnière. Elles sont une riposte aux persécutions contre les catholiques et à la politique franchement anti-occidentale de l'empereur **Tu Duc**. Acculé, celui-ci est contraint d'ouvrir ses ports au commerce international. L'ensemble du delta du Mékong est soumis d'autant plus facilement que les Sudistes ont gardé une dent contre le régime des Nguyen, qui avait réprimé férocement l'insurrection de Saigon.

En 1862, la **colonie de Cochinchine** est créée et le **Cambodge** passe sous protectorat français. Pour la France, prendre pied en Asie du Sud-Est, c'est faire un pas vers la Chine, en contrôlant les bassins de deux fleuves qui ont leur source dans l'empire du Milieu, le fleuve Rouge et le Mékong. Mais l'exploration des sources de ce dernier, conduite par Francis Garnier et Doudart de Lagrée, révèle que cette voie est impraticable. Pour se rapprocher de la Chine, il faut s'emparer du **Tonkin**. C'est la IIIe République qui va, en occupant le Nord, ouvrir l'ère d'une politique ouvertement impérialiste. **Hanoi est prise en 1882**. À l'issue d'une courte guerre en 1885, les

Nguyen Phuc Canh (1780-1801), fils aîné de l'empereur Gia Long. Huile sur toile de Maupérin (- 9 juin 1806), 1787.
Ltd/Alamy/hemis.fr

Français obtiennent de la Chine la reconnaissance de la frontière entre les deux pays et le renoncement à sa suzeraineté sur le Vietnam.

La révolte des lettrés

Le premier sursaut vietnamien est légitimiste. Animé par les lettrés mobilisés autour de l'empereur Ham Nghi, le **Can Vuong**, l'« Aide au roi » (1885-1895), cherche à rétablir l'autorité royale bafouée par les traités. C'est à peine s'il ébranle la France qui, à partir de 1887, construit l'**Union indochinoise**, puzzle administratif d'une unique colonie, la Cochinchine, et de quatre protectorats (Cambodge, Laos, Annam et Tonkin). En abolissant l'écriture chinoise au profit de la romanisation et, surtout, en supprimant les concours mandarinaux entre 1919 et 1925, la France dépouille peu à peu les lettrés de leur prérogative du savoir. Les empereurs ne sont plus que des souverains d'opérette et le nouveau mandarinat est au service des coloniaux.

Les écoles du nationalisme

À l'orée du 20e s., le Japon du Meiji est le seul pays d'Asie qui semble en mesure de concilier la construction d'un État moderne indépendant et le maintien du système impérial. C'est vers ce nouveau modèle que se tournent les premiers nationalismes asiatiques. Au Vietnam, le lettré patriote **Phan Boi Chau** orchestre le **Dong Du**, l'« Exode vers l'est » de recrues qui vont bénéficier d'une instruction politique et militaire à Tokyo. L'autre voix qui se fait entendre est celle de **Phan Chu Trinh**, qui revendique la solution plus radicale d'une démocratie, nécessairement soutenue par la diffusion massive du savoir.

En 1911, l'année où s'effondre l'Empire chinois, un jeune homme imprégné des idées de Trinh s'embarque pour Marseille. Il se nomme **Nguyen Tat Thanh**. Son père est un mandarin déchu qui préféra l'errance à la compromission. En Occident, Thanh fait tous les métiers. Il observe. Il étudie à Paris, à New

York et à Londres, à Moscou enfin à partir de 1923. En 1942, fort des années d'apprentissage et mûr pour la reconquête de l'indépendance, il prend son ultime nom de guerre : « Ho à la Volonté éclairée », **Ho Chi Minh**.

Le patriote apatride

Au lendemain de la Première Guerre mondiale, c'est sous le pseudonyme de Nguyen Ai Quoc, « Nguyen le Patriote », que le futur Ho Chi Minh choisit la voie du **bolchevisme** contre les impérialismes occidental et japonais. Après dix-huit mois passés à Moscou, au cœur même du Komintern, il est à Canton puis à Hong Kong, où il met en place les rouages de son programme de libération nationale. Il crée d'abord l'Association de la jeunesse révolutionnaire vietnamienne, pépinière des futurs cadres de la nation, dont les idées sont diffusées clandestinement au Vietnam de 1925 à 1930, par le biais d'un journal, **Thanh Nien** *(La Jeunesse)*. Elles sont accueillies par une nouvelle élite intellectuelle, formée aux idées modernes de nation dans les lycées Albert-Sarraut de Hanoi, ou Chasseloup-Laubat de Saigon. Elles progressent rapidement dans le monde des travailleurs, dont les conditions de vie sont aussi pénibles que la colonie est prospère.

En 1930, année de la fondation du parti communiste vietnamien, rebaptisé **parti communiste indochinois** quelques mois plus tard, les premières grèves éclatent dans les usines et les plantations, et des manifestations paysannes s'élèvent contre les impôts de la Régie. Ce soulèvement social est la principale force d'action depuis l'échec du parti nationaliste, fondé en 1927 et réprimé trois ans plus tard, à l'issue du soulèvement de la garnison de Yen Bai. Aucun espoir non plus du côté du trône impérial, toujours occupé, après la tentative avortée de l'empereur Bao Dai d'établir une monarchie constitutionnelle.

La contre-offensive du pouvoir colonial contre les mouvements des rouges est impitoyable. Nguyen Ai Quoc lui-même est arrêté en Chine en 1931 et placé sous haute surveillance. Après avoir assisté au VIIe congrès de l'Internationale communiste à Moscou en 1935, il traverse l'Asie centrale pour se rendre à Yan'an, en Chine, quartier général de Mao Zedong et de ses troupes. En 1940, alors que le Vietnam vit sous le compromis de la **Fédération indochinoise**, conclu entre le Japon et la France de Vichy, Nguyen Ai Quoc est à ses portes, prêt à réorganiser la résistance clandestine avec le soutien des communistes chinois.

Le cycle des guerres

En 1939, si les sirènes du nationalisme et les visées impérialistes du Japon apparaissent comme les signes annonciateurs de bouleversements, le pays est loin d'imaginer qu'il a devant lui un demi-siècle de guerres, qui vont l'opposer à presque toutes les grandes puissances militaires de la planète : le Japon, la France, les États-Unis et la Chine. Au sortir de cette période, certains historiens ont pu écrire que le Vietnam avait réussi sa libération mais avait échoué dans sa révolution.

La Seconde Guerre mondiale

1940-1945

L'intermède nippon

Depuis la conquête de la Chine par le Japon, à la fin des années 1930, la puissance coloniale vit dans la crainte d'une invasion. Anticipant le danger, le gouverneur général Catroux reconnaît en juin 1940 le rôle primordial des Japonais en Extrême-Orient et leur octroie diverses facilités militaires, en échange de la reconnaissance de la souveraineté française sur le Vietnam. À l'exception d'une brève incursion nippone en septembre 1940, l'Indochine sera, jusqu'en 1945, la seule région d'Asie orientale à échapper à l'autorité directe de Tokyo. Revenu au Vietnam en 1941, Ho Chi Minh crée l'Alliance pour l'indépendance du Vietnam, le **Viet-minh**, et installe un maquis dans la province de Cao Bang. Dès le printemps 1943, il noue des contacts avec les Américains.

La fin du compromis

Le 9 mars 1945, les Japonais, en réaction à un raid américain sur les côtes d'Indochine, décident de se débarrasser des Français. Les garnisons sont désarmées, le gouverneur général Decoux arrêté, le général Lemonnier et le résident général Auphelle décapités, et les colons envoyés dans des camps d'internement. Un coup irrémédiable vient d'être porté au prestige de la puissance coloniale. Le 11 mars, l'empereur **Bao Dai** proclame l'indépendance, mais celle-ci n'est que de façade, car les Japonais réquisitionnent le riz à leur profit et contrôlent directement la Cochinchine. La famine fait plus de 1,5 million de morts au Tonkin.

Après l'annonce de la capitulation du Japon, le 10 août, les événements s'accélèrent. Les communistes s'affirment comme les porte-parole incontestés de l'indépendance, à laquelle adhère la majorité de la population. Ho Chi Minh s'empare de Hanoi, pousse l'empereur à abdiquer et, le 2 septembre, proclame la **République démocratique du Vietnam (RDV)**. Au Sud, où il doit composer avec la puissance des sectes et des mouvements nationalistes, le Viet-minh parvient à prendre le contrôle de Saigon le 25 août.

Son pouvoir se révèle pourtant fragile, car bientôt les troupes chinoises prennent le contrôle du nord du Vietnam, tandis que les Anglais occupent le sud du 16e parallèle. Armés par les Britanniques, les soldats français fraîchement libérés des camps japonais reprennent le pouvoir en Cochinchine où un climat de violence s'instaure.

La guerre d'Indochine

1946-1954

Une occasion manquée

Le 5 octobre 1945, l'entrée du **général Leclerc** dans Saigon, à la tête d'un puissant corps blindé, marque le rétablissement du pouvoir colonial en Cochinchine. Le général et Jean Sainteny, commissaire de la République au Tonkin, engagent néanmoins la France dans la voie du compromis. Le 6 mars 1946, au moment où les troupes françaises prennent la relève des Chinois dans le nord du Vietnam, un accord est signé avec Ho Chi Minh, qui reconnaît la RDV comme un État libre en échange de son adhésion à l'Union française. Quant à la Cochinchine, un référendum d'autodétermination doit en régler le sort.

Mais le gouvernement Bidault et **Thierry d'Argenlieu**, haut-commissaire en Indochine, ne cautionnent pas cette politique. Animé par la nostalgie de l'empire colonial et des convictions anticommunistes, d'Argenlieu entend rétablir l'autorité française dans son intégralité. Il suscite la création d'un gouvernement provisoire de la Cochinchine, bientôt la proie de violents combats. Le **sommet de Fontainebleau**, en juillet, achoppe sur cette question, et dès novembre les combats se propagent au Nord, où le **bombardement de Haiphong** par le corps expéditionnaire français d'Extrême-Orient (CEFEO) fait près de 6 000 morts. La réplique survient le 19 décembre, avec le soulèvement de Hanoi. La guerre a vraiment commencé.

Un enjeu de la guerre froide

Dans la lutte qui s'engage, le combat semble par trop inégal entre les Français, bien équipés, et le Viet-minh, doté d'un armement rudimentaire, qui opte pour une stratégie de guérilla. Émile Bollaert, qui a remplacé d'Argenlieu en février 1947, décide alors d'ouvrir des négociations avec Bao Dai, exilé à Hong Kong. En décembre, un premier accord octroie une indépendance de façade au Vietnam sous l'égide du nationaliste **Nguyen Van Xuan**. Paris s'attache les sectes caodaïste et Hoa Hao pour combattre le Viet-minh, et s'allie la Thaïlande, inquiète d'une « contagion communiste » en Indochine. Poussée par les États-Unis, la France signe avec Bao Dai un nouvel accord (8 mars 1949) qui donne une indépendance restreinte aux trois États associés : Vietnam, Cambodge et Laos.
L'irruption de la guerre froide en Asie bouleverse la donne et remet en selle le Viet-minh. En janvier 1950, les communistes qui viennent de prendre le pouvoir en **Chine** reconnaissent la RDV, bientôt suivis par l'URSS. Désormais, la résistance va bénéficier d'appuis dans les instances internationales et d'une aide militaire importante. De leur côté, l'Angleterre et les États-Unis reconnaissent les États associés.
Le début de la **guerre de Corée** (juin 1950) convainc en outre les Américains de soutenir Paris. Le revirement est complet par rapport à la conférence de Téhéran (1943), où ils étaient convenus avec les Russes de mettre fin à la présence française. Désormais, Washington est persuadé de l'importance stratégique du Vietnam, où une victoire des communistes entraînerait la chute des régimes alliés de la région. C'est la fameuse **théorie des dominos**, qui va dominer sa politique extérieure pendant des décennies. Commencée en 1950, l'aide américaine représentera les trois quarts des dépenses militaires du pays à la fin de la guerre.
Malgré ce soutien et la présence d'un corps expéditionnaire de 150 000 hommes, les Français n'emportent pas de victoire décisive. Au contraire, lors de la **bataille des Frontières** (octobre 1950), le CEFEO perd 7 000 soldats ainsi que le contrôle de la frontière avec la Chine, par où arrivent les armes pour le Viet-minh. En décembre, la France nomme son plus prestigieux officier, **de Lattre de Tassigny**, commandant en chef et haut-commissaire. Il repousse l'assaut du général **Giap** contre les villes du Tonkin en utilisant pour la première fois les bombardements au napalm, mais il ne réussit pas à mettre un terme aux infiltrations du Viet-minh dans le delta. En outre, le parti communiste vietnamien, reformé sous le nom de **Lao Dong**, parvient à placer sous sa coupe les partis frères du Laos et du Cambodge. Salan, qui a remplacé de Lattre, mort en 1952, doit abandonner la ville de Hoa Binh (février 1952), mais en octobre il repousse l'assaut de l'**armée populaire du Vietnam (APV)** dans le nord-ouest du Tonkin, aux portes du Laos. En mars, les troupes de Giap effectuent une première incursion au Laos.
La crise politique et économique de l'Union française, l'absence de perspective de victoire et le coût du conflit poussent finalement à décharger le CEFEO des opérations de pacification au profit de l'**armée nationale vietnamienne (ANV)** de Bao Dai. Priorité est désormais donnée à la recherche d'une sortie honorable, à charge pour le **général Navarre**, successeur de Salan, de remporter des victoires qui placeront la France dans une meilleure position en vue des pourparlers. En octobre 1953, Paris consent enfin à

Dien Bien Phu

Au mois de décembre 1953, alors qu'il devient clair que le Viet-minh masse ses troupes autour de Dien Bien Phu, **Navarre**, convaincu de l'efficacité de son système de défense et sous-estimant la logistique de son adversaire, se refuse à évacuer le camp. À partir du 27 décembre, le piège se referme. L'attaque est lancée le **13 mars 1954**. **Giap** dispose de 40 000 combattants et de 55 000 réservistes à opposer aux 15 000 Français. Surtout, le commandant viet-minh a fait placer ses canons dans des tunnels creusés dans la montagne, ce qui lui permet d'éviter le contre-feu français. En deux jours, il s'empare de deux avant-postes et neutralise l'aérodrome qui permettait l'approvisionnement du camp. Lors de l'ultime assaut, lancé le 1er mai, ses hommes utilisent des tranchées pour se rapprocher à couvert du camp, qui tombe le 7 mai. Les combats ont fait entre 20 000 et 30 000 victimes côté vietnamien, et près de 3 000 côté français (10 000 prisonniers).

octroyer une véritable indépendance aux États associés.

Le tournant de la guerre

Pour couper à Giap l'accès au Laos et l'empêcher d'effectuer la liaison avec l'Annam et la Cochinchine, Navarre décide d'établir une base militaire dans le nord-ouest du Tonkin, près de la frontière laotienne. Du point de vue militaire, le choix de **Dien Bien Phu** apparaît judicieux, car la largeur de la cuvette (6 km sur 12) obligera l'ennemi à placer ses batteries sur les pentes des montagnes – à portée des canons français – s'il veut bombarder la base. À partir de novembre 1953, les troupes d'élite de l'armée française établissent le camp, tandis que le Viet-minh, poussé par les Chinois, décide d'engager toutes ses forces dans la bataille afin de remporter une victoire psychologique décisive. De fait, la défaite française devait connaître un retentissement énorme et accélérer le règlement d'un conflit vieux de neuf ans.

Le jour de la chute de Dien Bien Phu, le 7 mai 1954, les acteurs du conflit se réunissent dans le cadre de la **conférence de Genève sur la Corée et l'Indochine**. À l'exception de Bao Dai et des États-Unis, tous semblent se résigner à la partition. De leur côté, les Russes et les Chinois veulent profiter de l'arrivée au pouvoir de Pierre Mendès France, qui promet de régler le conflit en un mois, pour amener le Viet-minh à un compromis. Pékin voit en effet d'un bon œil une limitation de la puissance de son remuant voisin.

Le traité du 20 juillet, non ratifié par Washington, prévoit la neutralisation du Laos et du Cambodge et la partition du Vietnam à la hauteur du 17e parallèle. La réunification aura lieu après des élections prévues au plus tard en juillet 1956 sous l'égide de la Commission internationale de contrôle de l'armistice. Le Nord, où les troupes françaises se désengagent, passe sous l'autorité de la RDV, tandis que 900 000 Vietnamiens anticommunistes affluent dans le Sud, où les Américains imposent à Bao Dai le catholique **Ngo Dinh Diem** à la tête du gouvernement.

La « guerre du Vietnam »

Le 26 octobre 1955, Diem proclame la **République du Vietnam (RV)** qu'il déclare ne pas être liée par les accords de Genève. Tout est en place pour une nouvelle guerre.

L'échec de la réunification

1954-1960

Les Américains, qui entendent faire du Sud-Vietnam leur principale base en Asie du Sud-Est, accordent un soutien politique et financier inconditionnel à Diem et prennent en charge la formation de l'**armée de la République du Vietnam (ARV)**. Une frontière hermétique est hérissée entre les deux États, tandis que les Français sont totalement évincés. L'année 1956 s'écoule finalement sans que soient tenues les élections et, le 21 mai, Diem fait prononcer la déchéance de Bao Dai. D'emblée impopulaire, le régime népotique de Diem fait régner la terreur grâce au Can Lao, la police secrète de son frère Ngo Dinh Nhu. Dans les campagnes, il oblige les paysans à payer des arriérés dus aux grands propriétaires. Enfin, il mène une politique de répression féroce contre les sectes qui contrôlent alors de larges portions du delta du Mékong. Au Nord, Ho Chi Minh met en place un régime autoritaire avec parti unique et décide une industrialisation à marche forcée, ainsi qu'une réforme agraire qui donne lieu à des révoltes violemment réprimées (15 000 exécutions). En contradiction avec les accords de Genève, les communistes du Sud entretiennent une petite armée qui organise des actions de propagande et des attentats contre les fonctionnaires du régime. À partir de 1959-1960, la lutte armée reprend, bientôt soutenue par des combattants envoyés par Hanoi. Le 19 décembre 1960, les rebelles sud-vietnamiens fondent le **Front national de libération (FNL)** qui prône une réunification pacifique et une réforme agraire modérée pour ne pas s'aliéner la paysannerie. Dominé par les communistes, il va acquérir la célébrité sous le nom de **Viet-cong**.

L'engagement américain

1961-1964

Début 1961, les différentes organisations du FNL sont regroupées au sein d'une **armée populaire de libération (APL)**, forte de 15 000 hommes, pour préparer une insurrection avec l'aide des communistes du Nord. En outre, la RDV obtient le soutien des deux grands frères désormais rivaux du monde communiste, l'URSS et la Chine. Dans un contexte de guerre froide, le nouveau président Kennedy décide en 1961 d'envoyer des conseillers militaires, en violation de l'armistice de 1954. Leur nombre passe à 17 000 à la fin de 1963. Sa tactique consiste à organiser la défense passive des campagnes, en regroupant les paysans dans des **hameaux stratégiques** implantés en zones sûres. Menée par Ngo Dinh Nhu avec une extrême brutalité, cette politique se révèle très impopulaire. De plus, elle ne parvient pas à couper la paysannerie de la guérilla, et dès 1963 les hameaux sont infiltrés. En réaction, l'ARV bombarde les forêts au défoliant et répand des herbicides dans les campagnes, mais le FNL construit un réseau d'abris souterrains efficace et poursuit ses escarmouches. L'absence de résultats sur le terrain et les négociations entreprises par Nhu avec Hanoi minent les relations entre Diem et les Américains. La crise culmine avec la violente répression menée contre les bouddhistes, lorsqu'en réaction à l'immolation d'un bonze, en juin 1963, la femme de Nhu ironise sur ce « barbecue ». Le 1er novembre, Diem et son frère sont exécutés lors d'un **coup d'État** que les Américains ont laissé perpétrer. Trois semaines plus tard, Kennedy est assassiné et son successeur, Johnson, décide d'élargir le théâtre des opérations au Laos, par où passe la piste Ho Chi Minh. En 1964, le Cambodge accepte le libre passage sur son territoire des armes chinoises à destination du FNL, ce qui entraîne la rupture des relations diplomatiques avec Washington. À Saigon, la junte dirigée par **Duong Van Minh** tente

Avions militaires au musée des Souvenirs de guerre (Ho Chi Minh-Ville).
saiko3p/Getty Images Plus

de former un gouvernement de réconciliation en vue d'ouvrir des tractations avec Hanoi, mais elle est renversée par le **général Nguyen Khanh** en janvier 1964. Toute solution politique est désormais écartée.

Le début de la guerre américaine

Sur le terrain, le Viet-cong conserve son emprise sur une grande partie du Sud-Vietnam et de sa population. À partir de 1964, l'essentiel du FNL reste composé d'hommes du Sud, mais la RDV, désormais impliquée directement, est en mesure de convoyer des unités complètes à travers les zones contrôlées par les communistes laotiens. En face, l'ARV équipée par les Américains est rongée par l'absentéisme et la démotivation des soldats, coupés d'une hiérarchie dominée par des officiers corrompus. Face à l'instabilité politique et à la progression du Viet-cong, Washington décide d'accroître son aide financière, matérielle et humaine. L'agression du navire espion américain, le *Maddox* (4 août), par la marine nord-vietnamienne fournit à Johnson et à son secrétaire à la Défense **McNamara** le prétexte attendu pour obtenir du Congrès carte blanche au Vietnam. Une enquête établira que le destroyer se trouvait dans les eaux territoriales de la RDV lors de la première attaque, et que la seconde n'eut jamais lieu. Le 7 février 1965, le président fait bombarder le Nord-Vietnam et envoie les premières unités combattantes au Sud-Vietnam pour protéger la base aérienne de Da Nang.

L'engrenage

Le commandant américain **Westmorland**, convaincu que la guerre sera courte, obtient un engagement plus important. Passé à 184 000 en 1965, le contingent américain atteindra 536 000 soldats en 1968. La tactique *Search and Destroy*, qui permet de limiter les pertes des GIs, a en effet pour inconvénient de nécessiter une très importante logistique. Des bombardements sont effectués sur Hanoi et Haiphong en 1966 afin de détruire les réserves en pétrole et d'empêcher le ravitaillement de l'APL. Malgré d'importantes pertes humaines (35 000 personnes par an), leur impact est limité, car la RDV a pris soin de camoufler ses usines et ses entrepôts, et continue d'être ravitaillée par la Chine et l'URSS. Début 1967, le régime de Hanoi décide de revenir à des opérations de guérilla pour disperser les forces ennemies. Il est convaincu de disposer d'un avantage numérique décisif et mise sur l'impopularité du président **Nguyen Van Thieu**, contraint de laisser se développer la corruption au sein de l'armée et de l'administration pour éviter un coup d'État. En outre, les bombardements américains et les opérations armées font de nombreuses victimes au Sud-Vietnam et provoquent d'immenses déplacements de population (jusqu'à 4 millions de personnes en 1968). À terme, Hanoi espère que Washington préférera abandonner la partie plutôt que de réduire ses effectifs dans le reste du monde. De fait, le recours à la conscription suscite le mécontentement des Américains à partir de 1967, tandis que le coût de l'engagement oblige à augmenter les impôts et à abandonner les programmes sociaux.

Le tournant du Tet

Alors que les forces semblent se neutraliser sur le terrain, Giap décide de lancer une opération de grande envergure. L'APV mène une offensive dans la région du 17e parallèle afin d'éloigner les troupes américaines des villes, où l'APL lance un assaut destiné à provoquer un soulèvement. Pour contrer l'APV, Westmorland envoie en effet de très importants renforts à la base de **Khe Sanh**, au Nord, et confie la défense de Saigon aux Vietnamiens. Le 31 janvier 1968, pendant la trêve de la fête du Tet, 80 000 rebelles attaquent 105 localités du Sud-Vietnam. Mais le soulèvement populaire n'a pas lieu et la plupart de ces forces sont repoussées sans difficulté par les Américains. L'APL est néanmoins parvenue à mener deux actions spectaculaires, hautement symboliques. À Saigon, elle a investi pendant quelques heures les jardins de l'ambassade américaine devant les caméras du monde entier. Plus au nord, Hué, l'ancienne capitale impériale, est occupée pendant 25 jours et près de 2 500 fonctionnaires accusés de collaboration sont massacrés. Mais la facture est terrible pour l'APL, sacrifiée par Hanoi, qui a perdu 32 000 hommes et la plupart de ses cadres, bientôt remplacés par des Nord-Vietnamiens. Pourtant, cette défaite va se transformer en victoire politique, car elle a mis en lumière la faiblesse de l'ARV. Surtout, les pertes civiles considérables (143 000 morts) créent un choc dans l'opinion qui commence à trouver le coût de la guerre exorbitant.

Lexique : viet-minh et viet-cong

Viet-minh : fondée en 1941 par Ho Chi Minh et des membres du parti communiste indochinois, cette organisation lutte pour l'**indépendance du Vietnam** – alors sous le contrôle des Français – jusqu'en 1954, date de la conférence de Genève et de la fin de la guerre d'Indochine.
Viet-cong : créé en 1960, ce front national de libération du sud du Vietnam comprend de nombreux membres du Viet-minh et se bat pour la **réunification du Vietnam** alors divisé, depuis les accords de Genève en 1954, entre le Sud-Vietnam, sous la domination des Américains, et le Nord gouverné par le parti communiste vietnamien. Ce front vise à la disparition du Sud-Vietnam et au retrait des troupes américaines.

La piste Ho Chi Minh

Mythique et mystérieuse, la piste Ho Chi Minh fut l'instrument décisif de la victoire du Nord, car elle permit de relier entre eux les foyers de résistance au Sud et surtout de les approvisionner. Mais certains rameaux traversant le Laos et le Cambodge valurent à ces pays d'être entraînés dans la guerre. Tracée dans la jungle à partir de 1959 au prix de terribles efforts, elle était constituée d'un réseau complexe s'étirant du nord au sud en une multitude de ramifications couvrant quelque 15 000 km et équipé d'hôpitaux, d'entrepôts et de stocks d'essence. À partir de 1961, des bicyclettes capables de supporter 200 kg de charge y circulèrent, bientôt suivies par des convois nocturnes de camions. Jamais les bombardements et les capteurs électroniques mis en place par les Américains ne purent l'anéantir, et les Viet-congs se payèrent même le luxe de la doubler d'un pipeline long de 2 000 km ! C'est par cette piste que les troupes de Hanoi entreprirent l'assaut qui les mena à Saigon en 1975.

Le 31 mars, Johnson propose dans un discours télévisé l'ouverture de négociations et la limitation des bombardements, et renonce à briguer un second mandat.

La « vietnamisation » du conflit

Les négociations qui s'ouvrent à Paris le 13 mai 1968 réunissent les États-Unis, la RDV, la RV, ainsi qu'un **gouvernement révolutionnaire provisoire** (GRP) qui représente le FNL. Mais les positions apparaissent inconciliables et aucun camp ne dispose d'un avantage suffisant pour imposer sa volonté. En outre, les pourparlers achoppent sur le veto des Sud-Vietnamiens à la présence du GRP. En octobre, Johnson consent cependant à arrêter les bombardements en RDV. Sur le terrain, Washington rappelle Westmorland et confie l'essentiel des opérations de « pacification » à l'ARV, équipée par ses soins. Parallèlement, la CIA organise l'**opération Phoenix**, qui permet d'éliminer près de 20 000 cadres du FNL. Parvenu au pouvoir en 1969, l'année même où disparaît Ho Chi Minh, **Nixon** accroît la présence américaine tout en cherchant une issue honorable au conflit. Avec l'aide de son conseiller, **Kissinger**, il amorce une « détente » avec la Chine et l'URSS afin qu'elles fassent pression sur le Vietnam. Cette politique porte ses fruits, car, en échange de sa reconnaissance diplomatique par les Américains, la Chine pousse pour la première fois son allié à parvenir à un compromis (1971) et accueille Nixon à Pékin en 1972. Cette visite et celle du président américain à Moscou la même année sont vécues comme une trahison par Hanoi. Sur le plan intérieur, pour faire taire les pacifistes, Nixon commence à rapatrier les GIs en 1969 et remplace la conscription par un système de loterie. Mais l'effet sur le moral des jeunes recrues qui n'ont pas eu la chance d'éviter le service se révèle désastreux. Néanmoins, les États-Unis semblent enfin se désengager du bourbier vietnamien, tandis que la lenteur des négociations, le massacre de My Lai *(voir encadré p. 214)* et l'invasion du Cambodge (pays neutre) en avril 1970 continuent de choquer l'opinion publique américaine.

La RDV n'ayant pas cédé, Nixon doit renoncer à l'escalade militaire sous la pression du Sénat.

Hanoi, pour sa part, s'emploie à renforcer sa puissance militaire affaiblie depuis l'offensive du Tet. Le 30 mars 1972, Giap lance 30 000 hommes en direction de

Hué, tandis que l'APL doit préparer l'insurrection dans les villes du Sud. En réplique, Nixon reprend les bombardements sur la RDV pour la première fois depuis 1968 et fait miner les ports de la RDV. Même si elle a révélé la faiblesse de l'ARV, l'**offensive de Pâques** a été un échec et se solde par 100 000 morts viet-congs. Tenu pour responsable, Giap perd de son influence au profit du général **Van Tien Dung**, et Hanoi décide de relancer les négociations entre Kissinger et Le Duc Tho en août.

L'accord semble sur le point d'aboutir, malgré l'opposition de Thieu (qui n'a pas été consulté), lorsque Nixon décide le bombardement du Nord-Vietnam afin de l'obliger à d'ultimes concessions. Cette décision n'est pas comprise et le Congrès décide de couper les fonds aux opérations en Indochine. Finalement, un **accord de cessez-le-feu** est signé le 27 janvier 1973. Il prévoit le retrait total de l'armée américaine, le maintien de l'APL dans les zones qu'elle contrôle et des élections libres au Sud-Vietnam. En échange, Hanoi se retire du Cambodge et du Laos et renonce à infiltrer la RV. Pour faire accepter le traité à Thieu, Nixon garantit son soutien militaire en cas de non-respect de l'accord par la RDV. Par ailleurs, dans une lettre secrète au Premier ministre **Pham Van Dong**, il s'est engagé à verser des réparations à la RDV.

L'effondrement du Sud-Vietnam

Au Laos, les combats cessent rapidement, mais le Cambodge, où les troupes de l'APV se maintiennent, reçoit en six mois plus de bombes que le Japon durant la Seconde Guerre mondiale. En réaction, le Congrès interdit toute participation américaine aux opérations militaires, privant ainsi Nixon de la possibilité d'honorer la promesse faite à Thieu. Plus grave, le scandale du **Watergate** ôte toute marge de manœuvre au président, tandis que la crise du pétrole (octobre 1973) oblige les États-Unis à restreindre leur aide. Coupé de tout soutien populaire, affaibli par la crise économique, le régime de Saigon ne peut plus compter sur une armée démoralisée où les désertions se multiplient, alors que les négociations avec Hanoi pour l'organisation des élections s'enlisent.

Encouragé par la démission de Nixon et sa position renforcée dans le delta du Mékong, le Lao Dong décide, en janvier 1975, de lancer une première grande offensive au nord de Saigon afin de tester la résistance de son

Les dernières heures de Saigon

Le 29 avril 1975, un vent de panique souffle sur Saigon, menacée par 12 divisions nord-vietnamiennes alors qu'elle n'est défendue que par une seule. Depuis quelques semaines, les Américains évacuent leurs ressortissants, ainsi que les premiers d'une liste de 200 000 Vietnamiens « menacés », et détruisent des tonnes de documents. Washington décide alors d'activer l'opération « Vent fréquent » : diffusée sur les ondes, la chanson « White Christmas » indique aux 1 250 Américains restants qu'ils doivent rejoindre leur point d'évacuation. Pendant dix-huit heures, 70 hélicoptères font la navette entre les navires de la VIIe flotte et les toits de 13 immeubles. Près de 6 000 Vietnamiens sont embarqués dans un chaos indescriptible, mais des milliers d'autres sont abandonnés à leur sort, lâchés par leur allié. Les images de ces heures tragiques, qui font le tour du monde, resteront comme le symbole de la débâcle américaine. « L'un des jours les plus tristes de ma vie », déclarera le président Gerald Ford.

adversaire. Le succès remporté le convainc de lancer ses chars sur les Hauts Plateaux en mars. Contre toute attente, l'ARV abandonne Buon Ma Thuot sans presque combattre. Désormais, Saigon est directement menacée. Le long de la côte, la retraite de l'ARV tourne à la bérézina et près de 15 000 soldats et 100 000 civils meurent sous les bombardements nord-vietnamiens. La prise du port de Da Nang, le 29 mars, constitue une victoire décisive pour l'APV qui récupère l'armement abandonné par l'ARV en déroute et lance l'assaut final. La **chute de Saigon**, le 30 avril 1975, après seulement 55 jours d'offensive, provoque la reddition de Duong Van Minh, président depuis deux jours. Les Américains abandonnent leur ambassade le jour même, après avoir évacué 150 000 Sud-Vietnamiens. Pour les États-Unis, qui n'ont pas tenté de sauver leur allié, l'humiliation est totale.

Des lendemains qui déchantent

La fin de la guerre du Vietnam, loin d'apporter la paix dans la péninsule, voit resurgir les vieilles rivalités régionales. L'Indochine reste un enjeu de politique internationale au sein du monde communiste.

Une difficile réunification

Officiellement réunifié le 2 juillet 1976, le pays prend le nom de **République socialiste du Vietnam (RSV)**, avec Hanoi pour capitale et **Le Duan** comme secrétaire général du parti communiste. Saigon se voit quant à elle rebaptisée Ho Chi Minh-Ville. Les institutions sont calquées sur celles de la RDV, avec l'instauration d'un parti unique. Mais pendant plus de vingt ans, le Nord et le Sud ont connu des régimes radicalement différents. La découverte par les populations du Nord, qui ont vécu dans une économie de guerre, des marchés de Saigon croulant sous les biens de consommation américains provoque un choc. Le fossé est profond, d'autant que la guerre n'a pas été vécue du même côté et que les soupçons pèsent. Durant la période 1975-1979, 500 000 cadres venus du Nord s'installent dans l'ancienne capitale du Sud. Près de 15 000 « collaborateurs » sont envoyés en camp de rééducation, où les conditions de vie sont particulièrement pénibles, tandis que des centaines de milliers de Saigonnais sont expulsés pour peupler les régions frontalières du Cambodge et « vietnamiser » les Hauts Plateaux proches du Laos. Le passage à une économie socialiste provoque la réaction des paysans et des commerçants, qui refusent d'écouler leurs produits. Cette politique provoque des fuites massives en bateau, c'est la tragédie des **« boat people »** *(voir encadré p. 424)*.

Le pays sort ruiné par trente ans de guerre, aussi bien au Nord, où le tissu industriel et le réseau routier ont été détruits par les bombardements américains, qu'au Sud, où la campagne est ravagée ou laissée à l'abandon. En outre, Washington, loin de verser les réparations promises par Nixon, exige le rapatriement des 2 300 soldats américains portés disparus au combat et vote un embargo économique. Dès lors, le Vietnam recherche l'aide soviétique, formalisée par un traité en juin 1978.

La troisième guerre d'Indochine

Dès le lendemain de la réunification, la péninsule devient le terrain d'affrontements diplomatique et idéologique entre l'URSS et Pékin, qui ne veut pas d'un Vietnam allié des Soviétiques et hégémonique en Indochine. Avec la formation des axes Hanoi-Moscou et Phnom Penh-Pékin, tout se met en place pour le premier conflit entre des pays

La tragédie des « boat people »

À partir du 30 avril 1975 – date de la chute de Saigon –, la **fuite massive de Vietnamiens** bravant les gardes-côtes et les tempêtes suscita l'émotion de la communauté internationale. Près d'un tiers d'entre eux périrent, tandis qu'un million de survivants furent accueillis dans des camps disséminés en Asie du Sud-Est entre 1975 et 1989. 700 000 environ obtinrent le droit d'émigrer en Occident sous les auspices de l'ONU. À la fin des années 1980, la seconde vague de *boat people*, originaires du Nord et fuyant la misère, provoqua moins de compassion. Après des années dans les camps, certains acceptèrent de revenir au Vietnam avec une aide financière et la promesse de ne pas être maltraités. Sous la pression de la Chine qui souhaitait résoudre le problème des 55 000 réfugiés de Hong Kong avant la réunification, la colonie britannique procéda à des rapatriements forcés qui provoquèrent des émeutes faisant 200 morts en 1995. En février 2000, les derniers d'entre eux furent autorisés à s'établir dans l'île.

communistes. Sur le plan régional, cette opposition se double d'une rivalité entre les pays de l'Asean (Association des nations de l'Asie du Sud-Est), en particulier la Thaïlande, et la péninsule dominée par le Vietnam.

Entre Pékin et Hanoi, les sujets de tension sont nombreux. Outre le contentieux sur les frontières maritimes et la souveraineté sur les îles Spratleys et Paracels *(voir encadré p. 404)*, le sort de l'importante **minorité chinoise** vivant dans le Sud, qui contrôle une grande partie du commerce de Cholon, inquiète Pékin. Sommés d'opter pour la nationalité vietnamienne sous peine de perdre leur emploi et de subir des restrictions alimentaires, 70 000 d'entre eux quittent le pays en 1977.

Alors que le Laos accepte de signer un traité d'amitié avec le Vietnam, le Cambodge, livré à la folie sanguinaire des Khmers rouges, refuse de passer dans l'orbite de Hanoi. Les relations s'enveniment entre les deux pays pour des motifs idéologiques et à propos d'un contentieux territorial dans le delta du Mékong. En outre, **Pol Pot** tient Hanoi pour responsable d'un complot déjoué en 1976. Il n'hésite pas à provoquer son puissant voisin en lançant des incursions sur son territoire, qui font plusieurs centaines de morts. Décidé à renverser le régime khmer rouge, Hanoi s'en prend en 1978 à la communauté de Cholon, par crainte que celle-ci ne serve de « cinquième colonne » à la Chine, alliée au Cambodge. Près de 250 000 Chinois fuient le Vietnam.

Le 25 décembre 1978, Le Duc Tho envahit le Cambodge et installe à Phnom Penh d'anciens Khmers rouges réfugiés au Vietnam. En cinq semaines, le pays est occupé et les fidèles de Pol Pot sont repoussés à la frontière thaïlandaise. Mais, dès le 17 février 1979, la Chine réplique en lançant 120 000 hommes à l'assaut du Tonkin. L'occupation, qui cesse le 16 mars, a fait plus de 20 000 morts dans chaque camp, mais n'a pas provoqué d'embrasement.

Les difficultés économiques s'accumulent toutefois pour le Vietnam, condamné à supporter l'énorme coût d'une invasion qui s'installe dans la durée. Les Khmers rouges poursuivent en effet la guérilla grâce à l'approvisionnement en armes chinoises via la Thaïlande. D'abord populaire pour avoir mis un terme à la dictature de Pol Pot, l'ARV est bientôt détestée comme toutes les armées d'occupation et parce qu'elle a permis l'installation de 500 000 colons vietnamiens. Le renforcement de la frontière du Nord, où les escarmouches se multiplient avec la Chine, accroît encore les dépenses militaires. Hanoi concède la base de Cam Ranh aux Soviétiques afin de rompre son isolement diplomatique et d'obtenir leur aide économique.

L'ouverture

En 1986, le VIe congrès du parti communiste marque un tournant avec l'adoption d'une réforme de l'économie baptisée **doi moi** *(voir p. 349)* et le départ d'une partie de la vieille garde au pouvoir (Le Duc Tho et Pham Van Dong). La Constitution de 1992 favorise l'ouverture sur la société civile (commerçants, chefs d'entreprise, employés du service privé) qui a émergé après 1986.

Dès lors, la troïka au pouvoir à Hanoi apparaît comme le produit d'un triple équilibre entre les réformateurs et les conservateurs, le parti et l'armée, et les trois grandes régions du pays. Mais les réformes démocratiques apparaissent bien timides.

L'année même de l'adoption du *doi moi*, le dégel des relations sino-soviétiques conduit Gorbatchev à faire pression sur le Vietnam pour qu'il apaise ses différends avec Pékin. Au début de 1988, l'APV entame le retrait des troupes stationnées au Cambodge, parachevé en septembre 1989.

Ce geste est entendu par la Chine, qui relâche sa pression sur Hanoi et réduit son aide à la résistance khmère rouge. Désormais, le règlement de la question cambodgienne est pris en charge par l'ONU, et Hanoi peut entrevoir la fin de son isolement diplomatique.

Le nouveau contexte permet tout d'abord un rapprochement avec la Chine, puis avec l'Asean, au sein de laquelle le Vietnam est admis en 1995. De son côté, la normalisation par étapes des relations avec les États-Unis, avec la levée de l'embargo américain (1994) et le rétablissement des relations diplomatiques (1995), a connu sa conclusion avec la visite hautement symbolique de Bill Clinton en l'an 2000.

Les défis économiques

Dans la foulée de l'ouverture politique, Hanoi tente de s'accrocher au wagon des « dragons asiatiques », dont les économies marquent néanmoins un coup d'arrêt lors de la crise de 1997.

Mais, au-delà, il s'agit pour le Vietnam de résoudre la contradiction entre les principes du socialisme, auxquels il continue de se référer, et ses ambitions économiques, affichées depuis 1986 par l'adoption du *doi moi* (« le Renouveau »), une politique d'ouverture au capitalisme.

Depuis, le Vietnam continue les réformes, emmené dans le sillage de son voisin, le géant économique chinois, en attirant des investissements étrangers toujours plus nombreux : le parti et le gouvernement s'efforcent d'améliorer le milieu d'affaires en assurant un environnement socio-politique stable pour susciter la confiance.

L'adhésion du Vietnam à l'Organisation mondiale du commerce (OMC) en 2007, le lancement du premier satellite vietnamien en avril 2008, la construction de nouveaux ponts en 2011 pour désenclaver le delta du Mékong confirment la volonté de croissance du pays. Même si la crise financière mondiale a entraîné un ralentissement économique, le mouvement est donné et se poursuit : dans tout le pays, des microentreprises familiales se créent chaque jour, tandis que les chantiers de construction (ponts, ports, nouveaux quartiers) rivalisent d'ampleur.

Pour plus d'informations sur l'histoire contemporaine, voir p. 348.

Chronologie

Avant le Dai Viet

- **10e s.-2e s. av. J.-C.** – Âge du bronze et civilisation du Dong Son.
- **111 av. J.-C.** – Annexé par la Chine jusqu'au col des Nuages, le Vietnam appartient à l'Empire chinois jusqu'en 938, sous différents noms.
- **2e s. av. J.-C.** – 1re mention dans les sources chinoises d'un royaume indianisé, le Lin Yi, futur Champa.
- **43 apr. J.-C.** – Le général chinois Ma Yuan écrase la révolte des sœurs Trung.
- **3e-6e s.** – Introduction et diffusion du bouddhisme.
- **380-413** – Règne de Bhadravarman Ier, constructeur du premier temple cham.
- **Vers 875-975** – Intermède bouddhiste au royaume du Champa.
- **939** – Libération du pays viet par Ngo Quyen.

De Hoa Lu à Hué

- **939-1009** – 1res dynasties des Ngo, Dinh et Le antérieurs.
- **982** – Les Chams déplacent leur capitale d'Indrapura à Vijaya.
- **1009-1225** – Devenu le Dai Viet, le pays construit son unité autour de la dynastie des Ly. La capitale est fixée à Thang Long (Hanoi) en 1010.
- **1069** – Le Champa perd ses terres du Nord au profit des Ly.
- **1123-1128** – Guerres entre les Chams et l'empire d'Angkor, puis entre les Khmers et le Dai Viet.
- **1371-1390** – Campagnes victorieuses du roi cham Che Bong Nga dans le delta du fleuve Rouge.
- **1413-1428** – Domination chinoise sur le Dai Viet.
- **1418-1428** – La guérilla de Le Loi aboutit à l'indépendance.
- **1428-1527** – Apogée du Vietnam.
- **1471** – Après la prise de leur capitale, les Chams perdent l'Amaravati.
- **1558** – La seigneurie indépendante des Nguyen domine le sud du pays.
- **1687** – Phu Xuan (Hué) devient capitale des seigneurs Nguyen.
- **1771-1792** – Révolte puis règne des frères Tay Son.
- **1802** – Avènement de Gia Long qui fonde la dynastie des Nguyen et l'empire du Vietnam.

De l'Indochine au Vietnam

- **1858** – Début de la tutelle française : les Français s'emparent de Da Nang, puis de Saigon (1859).
- **1862-1869** – La Cochinchine devient colonie française, suivie des protectorats du Tonkin et de l'Annam (1883).
- **1887** – Création de l'Union indochinoise.
- **1940-1945** – Régime de la Fédération indochinoise sous l'occupation japonaise.
- **1941** – Ho Chi Minh fonde l'Alliance pour l'indépendance du Vietnam (Viet-minh) et base son maquis dans la province de Cao Bang.
- **1945** – Ho Chi Minh proclame la République démocratique du Vietnam.
- **1946-1954** – Guerre d'Indochine.
- **1954** – Chute de Dien Bien Phu, conférence de Genève et division des Vietnam-Nord (RDV) et Sud (RV) de part et d'autre du 17e parallèle.
- **1959** – Mise en place de la piste Ho Chi Minh.
- **1959-1975** – La guerre du Vietnam oppose les partisans de l'empereur Bao Dai (cap. Saigon) à ceux de Ho Chi Minh (cap. Hanoi).
- **1960** – Fondation du Front national de libération (Viet-cong) au Sud.
- **1961** – 1ers conseillers militaires envoyés par le président Kennedy.
- **1965** – Le président Johnson fait bombarder le Nord-Vietnam.
- **1968** – Giap lance l'offensive du Tet.
- **1969** – Décès de Ho Chi Minh.

- **1972** – Offensive de Pâques et négociations entre Kissinger et Le Duc Tho.
- **1975** – Chute de Saigon le 30 avril. Le pays réunifié prend le nom de République socialiste du Vietnam. Début de l'exode des *boat people*.
- **1978** – Les troupes vietnamiennes envahissent le Cambodge.
- **1979** – Les troupes chinoises occupent le nord du Vietnam.
- **1986** – Lancement du programme de réforme économique, le *doi moi*. L'économie de marché se substitue à l'économie socialiste.
- **1987** – Le pays s'ouvre au tourisme.
- **1994** – Levée de l'embargo américain.
- **1995** – Entrée du Vietnam dans l'Asean.
- **1997** – Sommet de la francophonie à Hanoi.
- **2000** – Visite officielle du président Clinton et entrée en vigueur de la loi d'encouragement d'investissement et de la loi des entreprises.
- **2002** – Ouverture du pays aux *Viet Kieu*, les Vietnamiens d'outre-mer exilés en 1975.
- **2003** – Les 1ers cas de grippe aviaire sont recensés au Vietnam. Crise du SRAS. Organisation des SEA Games, les jeux d'Asie du Sud-Est.
- **2004** – Visite du président Chirac.
- **2006** – Visite du président George W. Bush.
- **2007** – Adhésion du Vietnam à l'Organisation mondiale du commerce (OMC).
- **2008** – Lancement du premier satellite vietnamien.
- **2010** – Le Vietnam préside l'Asean. Hanoi fête son 1000e anniversaire.
- **2011** – Truong Tan Sang est élu président de la République, et Nguyen Phu Trong, secrétaire général du parti communiste vietnamien.
- **2013** – Mort du général Giap à l'âge de 102 ans.
- **2014** – Crise diplomatique entre la Chine et le Vietnam qui revendiquent tous deux les îles Paracels et Spratleys.
- **2015** – Le mariage entre individus du même sexe n'est plus formellement interdit, mais n'est pas reconnu légalement.
- **2016** – XIIe congrès du parti communiste vietnamien (PCV). Catastrophe écologique dans le Centre ; suite à une pollution marine majeure, plus de 100 tonnes de poissons morts sont rejetées sur les côtes au sud de Hué.
- **2019** – Rencontre Donald Trump-Kim-Jong-un à Hanoi.
- **2021** – Nguyen Phu Trong débute un troisième mandat de secrétaire général du parti communiste vietnamien.
- **2022** – Le Vietnam est élu pour la deuxième fois au Conseil des droits de l'homme des Nations-Unis (mandat 2023-2025).

Le pont doré, dans les collines de Ba Na, par l'architecte Vu Viet Anh (TA Landscape Architecture).
Gwengoat/Getty Images Plus

ORGANISER SON VOYAGE

Types de séjours

Séjour incontournable	
La baie de Ha Long (p. 93)	Le plus grand karst marin du monde. Le choix de l'agence est important pour le bon déroulement de votre excursion en bateau. Évitez les mois de février, mars et avril, très pluvieux et brumeux et préférez les départs depuis Cat Ba (plus authentique).
Séjour au cœur des ethnies	
Circuit à l'ouest du Haut Tonkin (p. 113)	Les plus beaux paysages du Vietnam. Basez-vous à Sapa seulement si vous disposez de peu de temps.
Circuit dans les Hauts Plateaux (p. 248)	Une des régions les moins touristiques du Vietnam. À parcourir en bus ou en Jeep.
Séjour culturel	
Hué (p. 160)	La cité impériale et les tombeaux royaux près de Hué. Louez une moto ou un bateau pour effectuer votre circuit aux alentours de Hué (vers la rivière des Parfums).
Hoi An (p. 195)	La plus belle ville du Vietnam. À éviter pendant la haute saison touristique (de novembre à avril) et les week-ends.
Hanoi (p. 32)	La grande ville historique garde tout son charme malgré ses profondes mutations.
Ho Chi Minh-Ville (p. 262)	Découverte de l'ancienne Saigon et de sa gastronomie. Promenade dans le quartier colonial français et visite du musée d'Histoire du Vietnam.
La route des Chams (p. 209)	Sur les traces du royaume du Champa, à la découverte, notamment, des sites de My Son et de Po Nagar.
Séjour balnéaire	
Mui Ne (p. 233)	Séjour en bord de mer au milieu des palmiers.
Nha Trang (p. 219)	La Côte d'Azur vietnamienne.
Île de Phu Quoc (p. 342)	Séjour à la découverte des plages de sable fin et des fonds marins.
Séjour nature	
Randonnée dans le Haut Tonkin (p. 118)	Vous trouverez à Sapa des guides francophones et expérimentés pour une randonnée à l'assaut, par exemple, du Phan Si Pan (3143 m). Vous pouvez aussi louer des motos pour explorer plus aisément les rizières en terrasses. D'autres villes moins accessibles sont d'excellents points de départ pour des randonneurs plus aventuriers.
Réserves naturelles du delta du Mékong (p. 321, 329)	Partez à la découverte de la faune et des réserves ornithologiques. Attention aux inondations en septembre.
Séjour sur une île	Les îles chames *(Hoi An, p. 203)*, l'île de Hon Ong *(Nha Trang, p. 228)* et Phu Quoc *(p. 340)*.
Dalat (p. 238)	Une halte confortable et rafraîchissante en toute saison sur les Hauts Plateaux, dans la station prisée des Saigonnais pendant la période française.

Aller au Vietnam

Nom officiel : République socialiste du Vietnam
Capitale : Hanoi
Superficie : 331041 km²
Population : 99 500 000 habitants (est. 2023)
Langue officielle : vietnamien
Monnaie : le dong (VND)
1 € = 25900 VND (avril 2023)

En avion

De nombreuses compagnies aériennes desservent chaque jour le Vietnam au départ de l'Europe. La plupart d'entre elles proposent un billet permettant d'arriver à **Hanoi** *(voir p. 54)* et de repartir de **Ho Chi Minh-Ville** *(voir p. 279)*, ou le contraire, sans supplément de prix. Le vol direct entre Paris et l'une de ces deux villes dure environ douze heures. On peut trouver un billet aller-retour à partir de 800 € à condition de s'y prendre suffisamment à l'avance. Lors des pics touristiques, des billets pris au dernier moment dépassent les 1500 €.

Lignes régulières

Air France – *36 54 - www.airfrance.fr.* Tous les jours, vols directs pour Hanoi ou pour Ho Chi Minh-Ville, au départ de Paris.
Vietnam Airlines – *51-53 av. des Champs-Élysées, 75008 Paris - 01 44 55 39 90 - www.vietnamairlines.com.* Vols directs quotidiens pour Hanoi et Ho Chi Minh-Ville au départ de Paris.

Réservation en ligne

Pour obtenir les offres les plus avantageuses, comparez les prix sur plusieurs sites, sans oublier ceux des compagnies aériennes. Vérifiez que les prix annoncés ne dissimulent pas des suppléments (bagages, frais de gestion, etc.).
Il existe deux types de sites de réservation en ligne : les **comparateurs**, dont le moteur de recherche fournit un choix de prestataires proposant le même produit. Une fois le produit sélectionné, vous êtes redirigé vers le site prestataire.
Les **agences de voyage** en ligne proposent également un choix, mais le règlement de la prestation s'effectue directement sur leur site.
Après avoir comparé les prix, il est recommandé d'acheter votre billet d'avion directement sur le site de la compagnie aérienne. En cas de modification ou d'annulation, vous bénéficierez d'un meilleur service après-vente.

Taxes d'aéroport

Partout dans le monde, elles sont perçues par les compagnies aériennes et incluses dans le prix du billet.
Si pour une quelconque raison vous ratiez votre vol, les taxes d'aéroport doivent toujours vous être remboursées, même si votre vol n'était pas remboursable. La demande se fait par lettre recommandée auprès de la compagnie aérienne ou de l'agence de voyage intermédiaire.

Bagages et sécurité

Par mesure de sécurité, le contenu des bagages à main en avion est réglementé. Les liquides, les sprays, les produits en pâte, les objets pointus ou tranchants sont interdits en cabine et devront être enregistrés en soute. Les médicaments, les aliments pour

Sur un quai de gare.
Oleh_Slobodeniuk/Getty Images Plus

bébé et les cosmétiques dont vous pouvez avoir besoin durant le vol devront être présentés dans un sac plastique transparent avec fermeture à glissière au moment du contrôle de sécurité. La liste des produits interdits vous sera remise par la compagnie au moment de l'achat de votre billet.

Avec un voyagiste

Spécialistes de l'Asie

Asia – *1 r. Dante, 75005 Paris - ✆ 01 44 41 50 10 - www.asia.fr.*
NostalAsie – *19 r. Damesme, 75013 Paris - ✆ 01 43 13 29 29 - www.ann.fr.*
Les Maisons du voyage – *76 r. Bonaparte, 75006 Paris - ✆ 01 40 51 95 15 - www.maisonsduvoyage.com.*
Shanti Travel – *14 r. de Tolbiac, 75013 Paris - ✆ 01 82 28 92 28 - www.shantitravel.com.*
Voyageurs du Monde – *55 r. Ste-Anne, 75002 Paris - ✆ 01 42 86 16 00 - www.voyageursdumonde.fr.*

Voyages culturels

Arts et Vie – *251 r. de Vaugirard, 75015 Paris - ✆ 01 40 43 20 21 - www.artsetvie.com.*
Clio – *34 r. du Hameau, 75015 Paris - ✆ 01 53 68 82 82 - www.clio.fr.*
Intermèdes – *10 r. de Mézières, 75006 Paris - ✆ 01 45 61 90 90 - www.intermedes.com.*

Voyages aventure

Allibert Trekking – *37 bd Beaumarchais, 75003 Paris - ✆ 01 44 59 35 35 - www.allibert-trekking.com.*
Atalante – *36 quai Arloing, 69009 Lyon - ✆ 04 81 68 55 60. - www.atalante.fr.*
Explorator – *23 r. Danielle-Casanova, 75001 Paris - ✆ 01 53 45 85 85 - www.explo.com.*
Huwans Club Aventure – *18 r. Séguier, 75006 Paris - ✆ 04 81 68 56 40 - www.huwans-clubaventure.fr.* Agences à Marseille et Chambéry.
Nomade Aventure – *40 r. de la Montagne-Ste-Geneviève, 75005 Paris - ✆ 01 46 33 71 71 - www.nomade-aventure.com.*
Terres d'Aventure – *30 r. St-Augustin, 75002 Paris - ✆ 01 70 82 90 00 - www.terdav.com.*

Avant de partir

Le bon moment pour partir

Caractéristiques climatiques

Le Vietnam bénéficie d'un **climat tropical**, qui se caractérise par un fort ensoleillement, des températures relativement élevées tout au long de l'année et d'importantes précipitations. De manière générale, le pays connaît deux saisons distinctes : une **saison sèche et froide** (de novembre à avril) et une **saison chaude et pluvieuse** (de mai à octobre). Mais le pays s'étirant sur plus de 1600 km, on enregistre des différences notables entre les provinces du Nord et celles du Sud. Les changements de température sont ainsi plus sensibles dans les régions du Tonkin (nord), plus tempérées, tandis qu'ils sont à peine perceptibles à Ho Chi Minh-Ville et dans le delta du Mékong.

Quand partir ?

Vous pouvez visiter le Vietnam en toute saison, mais devrez aménager votre itinéraire de manière à éviter un hiver plus marqué au Nord ou la période des moussons au Sud (entre septembre et octobre).

Ce qu'il faut emporter

Vêtements et accessoires

Emportez des vêtements légers, en coton de préférence, mais un lainage est recommandé pour les endroits climatisés (bus longue distance, restaurants) et les régions montagneuses des Hauts Plateaux ou du Haut Tonkin, où l'amplitude thermique peut être importante entre le jour et la nuit. Un blouson ou un pull sont indispensables si vous voyagez en hiver (de septembre à avril). Prévoyez aussi une cape de pluie, car les pluies sont fréquentes, brèves mais souvent torrentielles, ainsi que des vêtements longs et des chaussettes pour vous protéger des moustiques. Veillez également à avoir une tenue décente pour la visite des lieux de culte et des chaussures confortables et faciles à retirer, car vous devrez vous déchausser à l'entrée de ces derniers. Enfin, des chaussures montantes fermées sont conseillées si vous faites du trekking.

Trousse à pharmacie

Vous trouverez sur place, dans toutes les pharmacies, les

	TEMPÉRATURES	MOIS LE PLUS FROID	MOIS LE PLUS CHAUD	PRÉCIPITATIONS	MOIS LE PLUS SEC	MOIS LE PLUS PLUVIEUX
HANOI	23,4 °C	Janv. 16,5 °C	Juin 28,8 °C	1678 mm	Déc. 350 mm	Août 2020 mm
HUÉ	25,1 °C	Janv. 19,7 °C	Juillet 29,4 °C	3039 mm	Janv. 860 mm	Oct. 1930 mm
HO CHI MINH-V	26,9 °C	Janv. 25,8 °C	Avril 28,9 °C	1952 mm	Fév. 340 mm	Juin 1930 mm

médicaments d'usage courant. Si vous préférez vous constituer une trousse de base avant le départ, demandez conseil à votre pharmacien ou passez commande à la boutique en ligne du **Service médical international voyage et santé** (*✆ 02 30 30 40 48 - smi-voyage-sante.fr*).
Si vous suivez un traitement particulier, emportez vos médicaments en quantité suffisante, avec l'ordonnance du médecin. Vérifiez les conditions de l'importation non commerciale de vos médicaments au Vietnam sur le site de l'ambassade de France.

Adresses utiles

Offices de tourisme

En l'absence d'offices de tourisme en Europe, adressez-vous à l'ambassade du Vietnam de votre pays.
Cap Vietnam (Bureau d'information Vietnam) – *www.cap-vietnam.com.* Cette agence privée travaille en collaboration avec l'Administration nationale du tourisme au Vietnam pour promouvoir les échanges France-Vietnam. Elle fournit des informations sur le tourisme, l'économie et met en relation les internautes intéressés par le Vietnam.
Action-visas – *10-12 r. du Moulin-des-Prés, 75013 Paris - ✆ 01 45 88 56 70 - www.action-visas.com - lun.-vend. 9h30-13h, 14h-17h30.* Société qui facilite l'obtention de visas de tourisme et d'affaires (délai de 1 à 7 j. selon l'urgence), sur place ou en ligne.

Représentations diplomatiques

Pour les représentations diplomatiques étrangères au Vietnam, voir p. 442.

En France

Ambassade – *61 r. de Miromesnil, 75016 Paris - ✆ 01 44 14 64 00 - www.ambassade-vietnam.com.*

En Belgique

Ambassade – *1 bd Général-Jacques, 1050 Bruxelles - ✆ 02 379 27 37 - vnembassy-bruxelles.mofa.gov.vn.*

En Suisse

Ambassade – *Schlösslistrasse 26, CH 3008 Berne - ✆ 31 388 78 78 - www.vietnam-embassy.ch.*

Sites Internet

www.cap-vietnam.com – Le site du Bureau d'information Vietnam, pratique et complet.
www.ambafrance-vn.org – Site de l'ambassade de France au Vietnam.
www.accessvietnam.net – Une partie du site (en anglais) est dédiée aux hôtels et agences de voyage dans le pays.
www.thingsasian.com – Un site (en anglais) sur la culture, l'art, l'histoire et les voyages dans le monde asiatique.
www.abm.fr – Aventure du bout du monde (ABM) est une association de voyageurs conviviale, qui permet à ses adhérents d'échanger des informations.

Centres culturels, associations et librairies spécialisées

Association française des amis de l'Orient (AFAO) – *Maison de l'Asie - 22 av. du Président-Wilson (3e étage), 75116 Paris - ✆ 01 53 70 18 77 - www.afao-asso.fr - lun. et jeu. 10h-17h.* Elle organise des journées d'étude, des cycles de cours et de conférences, des visites guidées d'expositions et des voyages à thème.
Association d'amitié franco-vietnamienne (AAFV) – *www.aafv.org.* Avec pour principale mission de favoriser les relations entre la

Trafic routier à Hanoi.
Will Perrett/Getty Images Plus

France et le Vietnam, elle réalise des actions d'information, de coopération et de solidarité.
Bibliothèque universitaire des langues et civilisations – *65 r. des Grands-Moulins, 75013 Paris - ✆ 01 81 69 18 00 - www.bulac.fr - lun.-sam. 10h-22h.* Consultation des ouvrages sur place (pièce d'identité nécessaire). Beaucoup d'ouvrages en langue originale. Plutôt destinée aux étudiants spécialisés et aux chercheurs.
Les Maisons du voyage – *76 r. Bonaparte, 75006 Paris - ✆ 01 40 51 95 15 - www.maisonsduvoyage.com - lun.-sam. 10h-19h.* Cette agence de voyage édite un calendrier de conférences thématiques ou d'introduction au voyage. Expositions sur le Sud-Est asiatique et Maison de thé.
Sudestasie Librairie – *17 r. du Cardinal-Lemoine, 75005 Paris - ✆ 01 43 25 18 04 - www.cql.fr - lun.-sam. 10h-13h et 14h-18h30.*

Formalités

Les informations ci-dessous sont données à titre indicatif. Assurez-vous auprès de la représentation diplomatique du Vietnam de votre pays *(voir p. 435)* des conditions en vigueur au moment de votre voyage.

Pièces d'identité et visa

Gardez toujours sur vous une copie de votre passeport (six premières pages de votre passeport, page de visa et tampon d'entrée). Vous pouvez aussi les scanner et vous les envoyer sur votre boîte mail. Elles faciliteront vos démarches en cas de perte ou de vol de vos documents originaux.

Passeport

Vous devez être en possession d'un passeport valide encore au moins 6 mois après votre date de retour.

Visa

Le visa n'est plus obligatoire pour les ressortissants français dans le cas d'un séjour de moins de 15 jours. Pour les **séjours de plus de 15 jours**, il existe 3 types de visa :
Visa classique – Il peut être obtenu auprès du consulat vietnamien de votre pays *(voir p. 435)*. Ce visa

est valable de 15 jours à 3 mois, avec entrée simple ou multiples (de 60 à 130 €). Sa validité prend effet à compter de la date d'entrée au Vietnam. Dans le formulaire que vous devrez remplir, il vous faudra indiquer une adresse au Vietnam : en pratique, celle du premier hôtel où vous séjournerez. Il vous faudra aussi fournir une lettre d'autorisation délivrée par le département vietnamien de l'Immigration et que l'on obtient via les agences de voyage locales *(voir ci-dessous)*.

Visa à l'arrivée (Visa On arrival) – Formule moins onéreuse et plus rapide, vous pouvez obtenir votre visa à l'arrivée à condition d'être muni d'une lettre du département vietnamien de l'Immigration dans laquelle sont mentionnés vos nom, numéro de passeport et date d'arrivée ; vous obtiendrez cette **lettre d'autorisation** moyennant env. 30 $ auprès des agences de voyage travaillant avec les services de l'immigration vietnamienne, ou gratuitement si vous avez réservé un circuit *via* l'une de ces agences. À votre arrivée à l'aéroport de Hanoi ou Ho Chi Minh-Ville, présentez-vous au guichet « Landing visa » situé avant le contrôle des passeports, muni de cette lettre, de votre passeport et d'une photo d'identité ; remplissez le formulaire et réglez 25 $ en liquide (pensez à faire l'appoint), et exclusivement en dollars américains, pour obtenir votre visa de 1 mois (entrée unique).

Visa électronique (E-Visa) – Il s'obtient en ligne sur le site officiel du gouvernement *(www.evisa.xuatnhapcanh.gov.vn)* et vous pouvez donc le demander de n'importe où dans le monde. La procédure est assez simple (en anglais) : vous devez être en possession de deux images numérisées : les premières pages de votre passeport et une photo d'identité répondant aux normes internationales (fond blanc, expression neutre de face, pas de lunettes). Coût : 25 $, payable en ligne par carte bancaire. Une fois votre dossier rempli, vous recevrez sous 3 jours ouvrés un numéro qui vous permettra d'imprimer le visa, que vous présenterez avec votre passeport à l'entrée dans le pays. Les E-Visa sont acceptés dans une trentaine de postes-frontières, dont les aéroports internationaux. Ce type de visa est valide pour un séjour n'excédant pas 30 jours et n'est valable que pour une seule entrée dans le pays. Il n'est pas renouvelable sur place.

Si vous envisagez un périple dans plusieurs pays de la région, vous pouvez entrer au Vietnam avec votre visa électronique, en sortir, puis entrer à nouveau pour un séjour de moins de 15 jours (exemption de visa).

Pour obtenir l'un de ces trois visas, vous pouvez aussi contacter le service **Action-visas** *(voir p. 435)*. Le visa tourisme de 1 mois (entrée simple) vous coûtera alors 109 € et son délai d'obtention est de 5 jours environ. Action-visas prélève 1 € de sa marge sur chaque visa pour financer un projet humanitaire au Vietnam.

Prolongation de visa – Seuls les visas obtenus auprès d'un consulat peuvent être prolongés sur place. On doit en principe s'adresser aux services d'immigration, mais les procédures sont complexes et il s'avère plus facile (et moins coûteux en temps) de s'adresser à une agence de voyage (la plupart offrent ce service). Elle remplira les formalités pour vous moyennant une modique commission. Délai d'obtention : 4 à 5 jours.

Permis de conduire

Le permis de conduire international (établi par le pays ayant délivré l'original) est reconnu au Vietnam, mais il doit être obligatoirement accompagné du permis national. En pratique, cette possibilité concerne plus les expatriés que les touristes, car vous ne trouverez pas d'agence louant des voitures sans chauffeur. Par ailleurs, le réseau et le trafic restent désordonnés : le Code de la route n'est pas respecté et les accidents sont fréquents.

La location de **scooters** et de **motos** est autorisée. Légalement, un permis de conduire est exigé, mais en pratique, on ne vous le demandera pas. Le port du casque de moto est obligatoire : il est fourni le plus souvent gratuitement avec la location.

Voir aussi p. 446.

Douanes

La législation autorise l'**importation** de 200 cigarettes, de 1,5 litre d'alcool, de parfum et de bijoux pour un usage personnel, ainsi que de toutes devises étrangères n'excédant pas 5000 $ (déclaration obligatoire au-delà). En revanche, les lois sont très strictes envers toute littérature hostile au gouvernement et toute œuvre à caractère pornographique, toutes deux prohibées.

Si vous suivez un traitement médical, munissez-vous de votre ordonnance et n'emportez que la quantité de médicaments nécessaires à votre séjour.

Attention, les **antiquités** sont interdites à l'**exportation**. Pour éviter tout problème à la sortie du pays, si vous achetez une « fausse antiquité », faites établir une facture ainsi qu'un document précisant qu'il s'agit bien... d'une copie.

La législation vietnamienne est particulièrement sévère en matière de trafic de stupéfiants *(voir aussi p. 444)*. Toute personne en possession de plus de 5 kg d'opium ou de plus de 100 g d'héroïne ou de cocaïne est passible d'une peine de prison à perpétuité ou de la peine de mort.

Vaccination

Le Vietnam ne pose pas de problèmes sanitaires ou de sécurité particuliers, mais il est conseillé de consulter avant de partir les fiches « Conseils aux voyageurs » sur le site du ministère des Affaires étrangères *(www.diplomatie.gouv.fr)*.

Aucun **vaccin** n'est exigé, à l'exception de la fièvre jaune si vous arrivez d'un pays d'Afrique ou d'Amérique latine où elle est endémique. Il est toutefois vivement recommandé d'être à jour dans ses vaccinations contre la poliomyélite, la diphtérie, le tétanos, la typhoïde et les hépatites A et B, ainsi que les méningites A et C et l'encéphalite japonaise pour les longs séjours.

Certaines zones du Vietnam sont impaludées; la malaria et sa prophylaxie étant en constante évolution, demandez l'avis de votre médecin avant votre départ.

La grippe aviaire (H5 N1) est présente au Vietnam par foyers endémiques. Il faut aussi rester prudent face aux animaux errants (chiens, chats, singes) qui peuvent véhiculer la rage.

Centre de vaccination Air France – *38 quai de Jemmapes, 75010 Paris - ✆ 01 43 17 22 00 - www.vaccinations-airfrance.fr.*

Centre médical de l'Institut Pasteur – *209-211 r. de Vaugirard, 75015 Paris - ✆ 01 45 68 80 88 - www.pasteur.fr.*

Hôpital de la Pitié-Salpêtrière – *47-83 bd de l'Hôpital, 75013 Paris - ✆ 01 42 16 01 59 ou 01 42 16 01 01.* Sur RV. Service des maladies infectieuses et tropicales.

Hôpital Bichat-Claude-Bernard – *Pavillon des maladies infectieuses et tropicales - 46 r. Henri-Huchard, 75018 Paris - ✆ 01 40 25 88 92.* Sur RV.

Voir aussi « Santé » p. 449.

Assurances

L'assurance voyage comporte plusieurs volets : annulation (avant le départ), prise en charge des frais hospitaliers et de rapatriement (durant le séjour), vol ou perte de bagages. Afin de limiter ces éventuels frais, il est donc fortement conseillé d'en souscrire une auprès de votre tour-opérateur ou de la compagnie d'assurance de votre choix.

Si vous réglez votre voyage par carte bancaire, sachez que la plupart des banques incluent déjà dans leur contrat ce type d'assurance. Pensez donc à vérifier au préalable les garanties dont vous bénéficiez.

Pour étudier la meilleure offre, il existe différents comparateurs d'assurance, notamment **www.insurly.fr**, très intuitif et complet (comparaison de chaque assurance voyage avec les modalités de la carte bancaire), ou **www.tourdumondiste.com**, adapté aux courts et longs séjours.

Décalage horaire

Il y a **6 heures** de décalage entre la France et le Vietnam en hiver et **5 heures** en été (GMT + 7).

Téléphoner au Vietnam

Pour appeler le Vietnam de l'étranger, composez le 00 + 84 + l'indicatif régional (sans le 0) + le numéro de votre correspondant.

Pour téléphoner depuis le Vietnam ou à l'intérieur du pays, voir p. 454.

Budget

La vie n'est pas chère au Vietnam, mais les prix ne sont pas toujours affichés chez les commerçants, en particulier dans les endroits touristiques, on vous demandera parfois plus que le prix réel ; familiarisez-vous avec les tarifs en vigueur et n'hésitez pas à négocier.

Hébergement

Notre sélection

Retrouvez notre sélection d'hébergements dans les carnets d'adresses, situés à la fin du descriptif de chaque ville ou site de la partie « Découvrir le Vietnam ».

Les hôtels que nous avons sélectionnés sont classés par fourchettes de prix *(voir tableau ci-dessous)*, sur la base d'une **chambre double en haute saison**. Les tarifs indiqués sont parfois en dollars américains ($), beaucoup d'établissements les affichant dans cette monnaie, même si sur place les paiements s'effectuent en dongs (VND).

Les types d'hébergement

Le boom touristique, ininterrompu depuis les années 1990, a provoqué une croissance exponentielle du parc hôtelier. Hôtel *(khach san)*, mini-hôtel, pension, *guesthouse (nha khach, nha*

Nos catégories de prix

	Hébergement	Restauration
Premier prix	moins de 25 $ (moins de 23 €)	moins de 120 000 VND (moins de 5 €)
Budget moyen	de 25 à 50 $ (de 23 à 46 €)	de 120 000 à 300 000 VND (de 5 à 12,50 €)
Pour se faire plaisir	de 50 à 100 $ (de 46 à 92 €)	de 300 000 à 600 000 VND (de 12,50 à 25 €)
Une folie	plus de 100 $ (plus de 92 €)	plus de 600 000 VND (plus de 25 €)

Services ou articles	Prix moyen	Équivalent en euros
Une chambre double dans un mini-hôtel	10 à 25 $	9 à 22 €
Une chambre double dans un hôtel confortable	25 à 50 $	22 à 44 €
Une chambre double dans un hôtel de catégorie supérieure	50 à 90 $	44 à 80 €
Une chambre double dans un palace	à partir de 200 $	à partir de 180 €
Une soupe pho dans une gargote	50 000 VND	2 €
Un repas dans un bon restaurant	300 000 à 600 000 VND	11,50 à 23 €
Un repas dans un restaurant de palace	150 000 VND	57 €
Un litre d'essence	25 000 VND	0,96 €
Un billet de train Ho Chi Minh-Ville-Hué en couchette molle (1071 km)	1,1 million VND	41 €
Un billet de train Ho Chi Minh-Ville-Hanoi en couchette molle (1710 km)	1,5 million VND	58 €
Trajet aéroport de Hanoi/centre-ville en taxi	400 000 VND	15 €
Location d'un vélo pour une journée	80 000 VND	3 €
Service d'un guide pendant une journée	1 000 000 VND	38 €
Une bouteille d'eau minérale	10 000 VND	0,40 €
Un café	30 000 VND	1,20 €
Une bière	30 000 VND	1,20 €
Un timbre pour une carte postale	24 000 VND	0,90 €
Une carte postale	10 000 VND	0,40 €

Calculez votre budget quotidien

Le prix à la journée a été calculé **pour une personne**, sur la base d'un séjour pour deux en haute saison.

Mini-budget, avec une chambre double dans une pension modeste (de 5 à 10 €/pers.), des repas dans des échoppes de trottoir ou des restaurants de marché (autour de 3 €) et des déplacements à moto-taxi, bus ou train : env. **12 à 18 €**.

Petit budget, en utilisant des minibus privés climatisés, en dormant dans des hôtels milieu de gamme équipés d'air conditionné (de 12 à 15 €/pers.) et en prenant un repas par jour dans un restaurant traditionnel vietnamien (10 €) : env. **35 €**.

Budget moyen, avec hébergement dans des hôtels confortables (de 19 à 27 €/pers.), dîner dans de bons restaurants occidentaux ou vietnamiens (15 à 20 €) et en empruntant des taxis. Pour vos excursions, vous passerez par les petites agences de voyage : env. **50 à 60 €**.

Petite folie, avec hébergement dans des hôtels de luxe (à partir de 37 €/pers.), repas dans de grands restaurants (autour de 36 €) et transports en avion ou location de voiture avec chauffeur pour vos excursions dans les endroits reculés (Hauts Plateaux, delta du Mékong) : à partir de **150 €**.

nghi), homestay ou *room for rent*... la désignation d'un établissement reflète des réalités éminemment variables. Les hôtels d'État, ou semi-étatiques, sont généralement placés sous la responsabilité de l'office du tourisme provincial. Ils tendent à se raréfier au profit des mini-hôtels privés, à gestion familiale, souvent des établissements confortables et correctement entretenus, facturant entre 11 et 25 $ la chambre double. Le petit-déjeuner n'est pas toujours inclus. Outre les chambres « standard », ils proposent souvent une série de « deluxe », « suite » ou « VIP » plus chères (50 à 90 $), plus confortables et plus spacieuses.
Des dortoirs font leur apparition dans les pensions pour touristes ou les auberges de jeunesse.
On trouve aussi quelques **hôtels de luxe et de charme** dans les régions touristiques, qu'il s'agisse d'anciens palaces rénovés dans les villes historiques, d'hôtels de chaînes internationales ou de *resorts* en montagne et sur les plages.

Réservation

Vous n'aurez guère de problème pour vous loger et une réservation n'est pas indispensable, sauf pendant la période de la fête du Tet et certaines fêtes locales ou religieuses.

Les prix

Dans les grands centres touristiques, les voyageurs à budget serré trouveront à se loger pour un **minimum de 10 $**, mais il existe de nombreux établissements d'un excellent rapport qualité-prix **entre 20 et 40 $** avec chaînes satellite, réfrigérateur et climatisation. N'hésitez pas à visiter plusieurs chambres, car, dans un même hôtel, le confort et le prix peuvent varier sensiblement en fonction de l'équipement, de l'étage et de l'ancienneté des installations.

Si votre hôtel ne propose pas de **petit-déjeuner**, vous pouvez aisément manger « à la vietnamienne » dans la rue pour moins de 2 €, ou dans des cafés ouvrant leurs portes en général entre 6h et 8h.

Les prix des hôtels sont extrêmement variables en fonction de la fréquentation. En basse saison ou si vous restez plus de trois nuits, voire même en haute saison, on peut bénéficier de tarifs avantageux. Les prix affichés à la réception des hôtels sont des prix maximum. Il vous sera souvent consenti des rabais. De même, dans les hôtels de grand luxe, les prix affichés ne correspondent pas toujours à la réalité. Sur les sites de réservation, il n'est pas rare de dénicher une chambre à moins 30 %, voire 50 %, du prix « officiel ».

Taxes – D'un montant de 15 % (10 % de TVA + 5 % de service), elles sont normalement incluses dans le prix affiché, sauf dans les établissements de luxe.

Rabatteurs

Guides improvisés, conducteurs de moto-taxi ou chauffeurs de taxi, tout le monde se mettra en quatre pour vous trouver un hôtel dans l'espoir d'obtenir une commission (env. 10 % du prix de la nuitée), qui sera répercutée sur votre facture. Certains n'hésiteront pas à vous affirmer que l'hôtel dans lequel vous désirez séjourner a brûlé/est sale/n'existe plus, etc., parce qu'ils savent qu'ils n'y toucheront pas de commission.

Sécurité

À votre arrivée, votre passeport doit être présenté au réceptionniste qui en fera une photocopie.
Quant à la sécurité, comme partout ailleurs, ne laissez pas d'objets de valeur dans votre chambre : gardez-les sur vous ou déposez-les au coffre-fort de la réception ou de votre chambre.

Sur place de A à Z

Ambassades et consulats

Ambassades à Hanoi

Ambassade de France – *57 Tran Hung Dao - ✆ (24) 3944 57 00 - www.ambafrance-vn.org.*

Ambassade de Belgique – *49 Hai Ba Trung - ✆ (24) 3934 61 79 - www.vietnam.diplomatie.belgium.be.*

Luxembourg – Pas de représentation diplomatique au Vietnam : s'adresser à Bangkok *(bangkok.mae.lu).*

Ambassade de Suisse – *44B Ly Thuong Kiet - ✆ (24) 3934 65 89 - www.eda.admin.ch/hanoi.*

Ambassade du Cambodge – *71A Tran Hung Dao - ✆ (24) 3942 47 88.*

Ambassade de Chine – *46 Hoang Dieu - ✆ (24) 3232 16 37 (services consulaires) - vn.china-embassy.org.*

Ambassade du Laos – *40 Quang Trung, Hai Ba Trung - ✆ (24) 3942 45 76.*

Consulats à Ho Chi Minh-Ville

Consulat de France – *27 Nguyen Thi Minh Khai - ✆ (28) 3520 68 00 (urgences, accident, arrestation) ou 09 0372 19 18 - www.ho-chi-minh-ville.consulfrance.org.*

Consulat de Suisse – *2 Hai Trieu St., District 1 - ✆ (28) 6299 12 00.*

Consulat du Cambodge – *41 Phung Khac Khoan - ✆ (28) 3829 27 51.*

Consulat du Laos – *93 Pasteur - ✆ (28) 3829 76 67.*

Pour les représentations diplomatiques du Vietnam à l'étranger, voir p. 435.

Argent

Monnaie

La monnaie locale est le **dong** (VND). Il existe des billets de 500, 1000, 2 000, 5 000, 10 000, 20 000, 50 000, 100 000, 200 000 et 500 000 VND.

À l'heure où nous publions ce guide, 1 $ = env. 23 500 VND et 1 € = env. 25 900 VND. Les tableaux de prix *(voir p. 440)* et les équivalences indiquées dans ce guide utilisent ce taux de change. Vérifiez toutefois le taux en vigueur au moment de votre voyage, sur www.xe.com par exemple.

Change

Hors des grandes villes, vous risquez parfois d'avoir des difficultés à faire accepter vos euros : gardez une provision de **dollars**, plus largement acceptés. Vous pourrez changer votre argent à la **Vietcombank** (les guichetiers sont pointilleux sur l'état des coupures), dans les bureaux de change (moins regardants), et dans quelques hôtels. Lorsque vous quittez les grandes agglomérations, ayez des petites coupures : faire de la monnaie peut se révéler difficile.

Banques et distributeurs

Nombreuses dans les moyennes et grandes villes, les **banques** ouvrent généralement du lundi au vendredi de 7h30 à 11h30 et de 13h à 16h30. Dans les principales agglomérations, certaines sont ouvertes le midi, voire le samedi matin.

Vous trouverez presque partout des **distributeurs de billets** (ATM), même dans les petites villes. Attention, en général le plafond de retrait autorisé est de

2 000 000 VND (env. 76 €) par opération, chacune assujettie à une forte commission ; mieux vaut donc emporter du liquide.

Les néo-banques (exclusivement en ligne) permettent de faire des retraits et des paiements à l'étranger sans frais bancaires.

Cartes de crédit

La majorité des hôtels et restaurants acceptent les cartes de crédit. Une commission de 3 % peut être ajoutée. En cas de perte ou de vol de votre carte bancaire :

Amex – *+ 33 (0)1 47 77 72 00 (24h/24).*

Master Card – *120 115 76*

Visa – Faites opposition depuis le site Internet de votre banque ou appelez votre agence.

Drogue

Si vous ne souhaitez pas que vos vacances virent au cauchemar, refusez systématiquement la drogue que l'on vous proposera dans la rue. Il n'est pas rare que les vendeurs soient de mèche avec la police et les lois au Vietnam sont particulièrement strictes. Tout détenteur de drogue, dure ou douce, encourt plusieurs années de prison.

Eau potable

L'eau du robinet n'est pas potable, mais vous trouverez partout de l'eau minérale en bouteille. Les Vietnamiens font bouillir l'eau qu'ils boivent pour la rendre propre à la consommation et vous pourrez accepter sans crainte un verre ou des glaçons. En revanche, des pastilles de chlore peuvent se révéler utiles dans les endroits reculés.

Électricité

Le courant est de 220 volts : vous n'aurez pas besoin d'adaptateur pour brancher vos appareils électriques sur les prises vietnamiennes.

Enfants

À condition de choisir un programme adapté à l'âge des enfants, le Vietnam se prête très bien au voyage en famille.

Voir « Nos spots en famille », p. 24-25.

Excursions organisées

Les agences de voyage proposent des circuits clé en main. En règle générale, choisissez une agence proche du lieu que vous souhaitez visiter. Vous éviterez ainsi de perdre du temps en transports payés au prix fort pour rejoindre le site.

Pour effectuer un voyage à la carte, mieux vaut louer une voiture avec chauffeur et guide *(voir « Voiture », p. 457)*.

Internet

Vous trouverez du wifi dans la quasi-totalité des hôtels, des restaurants et même des cafés les plus modestes.

Il existe aussi des pass à souscrire avant le départ pour se connecter depuis l'étranger (env. 30 €). Renseignez-vous auprès de votre opérateur de téléphonie mobile.

Vous pouvez aussi acheter à l'aéroport ou en ville une carte SIM (à partir de 200 000 VND) avec un crédit de départ et la 3G pour vous connecter depuis votre téléphone portable. Le plus pratique consiste à apporter un ancien téléphone pour mettre la carte SIM locale.

Jours fériés

Jours fériés fixes

1er janvier – Nouvel An

14 avril – Commémoration des rois Hungs

30 avril – Fête de la Réunification
1er mai – Journée internationale du Travail
2 septembre – Fête nationale, commémorant la fondation de la République démocratique du Vietnam par Ho Chi Minh en 1945 à Hanoi.
25 décembre – Noël.
Si le jour férié tombe un jour chômé, il est reporté au premier jour ouvré suivant. Le calendrier officiel des jours fériés est publié chaque année par le gouvernement *(www.publicholidays.vn)*.

Jours fériés mobiles

Fête du Tet – Du 1er au 3e jour du 1er mois lunaire (mi-janvier-début février). Nombre d'hôtels affichent alors complet, les trains et les avions sont réservés plusieurs mois à l'avance et la plupart des boutiques ferment.

Karaoké

Que ce soit à la campagne ou dans les villes, le karaoké est un loisir très apprécié des Vietnamiens. Il existe deux façons de le pratiquer : dans une grande salle de bar-restaurant où un micro passe entre les rangs ; dans un hôtel-karaoké, pour les plus timides, composé de petits salons privés d'une douzaine de personnes que les clients louent à l'heure.

Marchandage

Il s'impose lors de nombreuses transactions, en particulier dans les zones les plus touristiques.
La première difficulté est de savoir quelle équation appliquer pour parvenir au prix « correct », bien que cette notion présente des contours assez flous. En effet, payer une petite boîte laquée 6 € n'a rien de dramatique, mais il est toujours agaçant de constater qu'elle vaut trois fois moins dans la boutique voisine !
La règle consiste à faire d'abord un tour des magasins pour **comparer les prix**. Cela est particulièrement vrai pour les marchands de rue, qui proposent d'emblée des tarifs parfois deux à trois fois plus élevés que ceux des boutiques.
Dans tous les cas, n'espérez cependant pas payer le même prix qu'un Vietnamien, car l'usage de faire payer plus cher les étrangers, supposés plus riches (c'est le cas la plupart du temps), reste fortement ancré dans les mentalités. Ne prenez pas cette habitude pour une insulte personnelle et, d'une manière générale, veillez toujours à donner à la négociation un caractère bon enfant. Si votre interlocuteur ne vous inspire aucune confiance ou si la négociation est trop âpre à votre goût, rien ne vous oblige à lui acheter quoi que ce soit…

Moto

La plupart des voyageurs utilisent les deux-roues pour rayonner autour de villes-étapes. Cependant, pour le Haut Tonkin *(voir p. 99)* notamment, les plus courageux apprécieront la possibilité d'effectuer en toute liberté une grande boucle à travers la région au guidon d'une Minsk ou d'une Honda.

Location

Le véhicule est théoriquement couvert par une assurance au tiers souscrite par le loueur. Mais, quand vous louez un scooter dans la rue, il y a peu de chance que cette obligation soit remplie. Les assurances de voyage peuvent comprendre une clause « conduite » moyennant un modeste supplément.
Les contrôles policiers sont extrêmement rares à l'égard des étrangers. Sachez cependant qu'en cas de sinistre, vous ne serez

couvert par aucune assurance si votre n'êtes pas en possession du permis de conduire international *(voir p. 437)* mentionnant explicitement le droit de conduire des deux-roues.
Le **tarif de location** oscille entre 5 et 15 $/j. (4,50 et 13,50 €) selon la région, la marque et la cylindrée du véhicule.

Conduite

La conduite diffère sensiblement de celle de nos contrées. Ainsi, lorsque le feu est rouge à un carrefour, il est d'usage, comme aux États-Unis, de passer si vous tournez à droite. En règle générale, observez le comportement des autres motocyclistes et motards, et laissez-vous porter par le flot des véhicules… même si vous manquez votre rue.
Une autre règle essentielle consiste à faire un usage immodéré du **klaxon**, bien plus utilisé que le rétroviseur ! Il y a peu de chance que cela induise une quelconque modification du comportement des autres conducteurs, mais ils ne pourront ignorer votre présence. Hors agglomération, préparez soigneusement votre itinéraire car il y a peu de signalisation routière. Rappelons enfin que le port du casque est obligatoire et que la prudence recommande de porter des vêtements couvrants et de bonnes chaussures.
Voir aussi « Essence » et « En cas d'accident » p. 458.

Musées, monuments et sites

Horaires

Les **musées** sont en général ouverts de 7h ou 8h à 16h ou 17h, avec pause déjeuner entre 11h30 et 13h30. Certains musées ouvrent tous les jours, mais le jour de fermeture est généralement le lundi, parfois le w.-end dans les petites villes.
En règle générale, **pagodes** et **temples** accueillent les visiteurs tous les jours sans interruption (sauf parfois à l'heure du déjeuner), tandis que les **églises** n'ouvrent qu'à l'heure de la messe.

Tarifs

Les droits d'entrée aux principaux musées et monuments varient entre 5000 et 50000 VND (de 0,20 à 2 €). Quand aucun prix n'est affiché, une donation équivalente peut être bienvenue, en particulier dans les édifices religieux. Il faut parfois acquitter un droit supplémentaire pour prendre des photos ou filmer. Certains sites archéologiques pratiquent des tarifs plus élevés, comme My Son, Hoi An ou les tombeaux de Hué (120000 à 150000 VND, soit 4,60 à 6 €).

Sites soumis à autorisation

L'accès à la région du Haut Tonkin, notamment au nord de Ha Giang, est soumis à l'obtention d'un permis délivré sur place *(voir p. 135)*.

Guides

L'utilité d'un guide est affaire d'appréciation personnelle. Vous n'aurez pas toujours le choix, comme dans certains villages des Hauts Plateaux, mais consolez-vous en vous disant que leur apport durant la visite justifie la dépense. Un guide est indispensable pour les randonnées en forêt. La plupart des agences proposent des guides parlant anglais ou français.

Offices de tourisme

Les offices de tourisme vietnamiens dépendent des administrations provinciales. Ils fonctionnent plus comme des agences de voyage que comme des centres d'information, proposant des prestations payantes, ainsi qu'une documentation sommaire qui n'est pas toujours gratuite. Dans certaines provinces, comme à My Tho ou à Plei Ku, ils exercent un monopole sur les excursions ou imposent un permis, voire un guide local, même si le visiteur est déjà accompagné. Ces pratiques n'ont pas cours dans les grands centres touristiques, où ils s'associent parfois avec des agences privées. Les deux agences les plus importantes sont **Saigon Tourist** *(www.saigontouristvietnam.com ou www.sodulich.hochiminhcity.gov.vn)* à Ho Chi Minh-Ville et **Hanoi Tourism Department** *(tourism.hanoi.gov.vn)* à Hanoi. Les agences privées, nombreuses dans les zones touristiques et plus orientées vers les voyageurs individuels, répondront généralement mieux à vos attentes.

Pour les offices de tourisme à l'étranger, voir p. 435.

Photographie

Dans l'ensemble, les Vietnamiens se laissent photographier sans déplaisir, mais la politesse la plus élémentaire exige de leur demander la permission. Tout est affaire de perception, et échanger quelques mots au préalable plutôt que de dégainer votre appareil vous permettra le plus souvent d'obtenir une réponse positive. Dans certaines régions, les femmes opposent systématiquement un refus, la plupart du temps par coquetterie, parce qu'elles s'estiment mal habillées. Ailleurs, comme à Sapa, les enfants sont habitués dès leur plus jeune âge à réclamer de l'argent en compensation...

Dans tous les cas, n'hésitez pas à montrer le résultat, le geste est toujours apprécié. Enfin, respectez les lieux saints et les moments d'intimité comme le bain.

Matériel

Les boutiques des centres commerciaux vendent les derniers modèles d'appareils photo numériques, mais les prix ne sont pas plus avantageux qu'en Europe.

Plages

Le Vietnam possède quelques belles plages, mais qui restent peu nombreuses relativement à la longueur de ses côtes (3451 km). À l'exception de celles de Phu Quoc *(voir p. 340)* et de la presqu'île de Hon Chong *(voir p. 224)*, dans le golfe de Thaïlande, les plus belles s'étirent le long de la mer de Chine méridionale, à Da Nang *(voir p. 185)*, Nha Trang *(voir p. 219)*, Mui Ne *(voir p. 233)* et Vung Tau *(voir p. 294)*. Quant aux sports nautiques (scooter de mer, plongée de surface ou avec bouteille, surf), vous ne trouverez guère d'équipement en dehors de ces grandes stations balnéaires.

Poste

Le Vietnam dispose d'un bon réseau de postes *(buu dien)*.

La plupart des bureaux ouvrent tlj entre 6h et 8h et ferment à 19h ou 20h.

Un **timbre** coûte 24000 VND (0,90 €) pour une carte postale, ou pour une lettre. La durée d'**acheminement** dépend de l'endroit où vous postez votre courrier : comptez env. 3 à 4 semaines.

Un service d'**envoi express** (EMS) est disponible dans la plupart des bureaux de poste.

Pour un **transfert d'argent** depuis l'Europe, adressez-vous aux bureaux de **Western Union** *(www.westernunion.com.vn/en)*.

Envois de colis

La poste transporte les colis jusqu'à 20 kg à l'international. Au-delà, il faut faire appel à une entreprise privée, dont les tarifs sont en général élevés. Pour les envois volumineux, tels que les meubles, adressez-vous à d'autres compagnies :

JVK International Movers – *3 Nguyen Tat Thanh - Ho chi Minh-Ville - ✆ (24) 3715 06 51 - www.jvkmovers.com.*

Saigon Van – *214 Nguyen Van Huong - Thao Dien Ward - District 2, Ho Chi Minh-Ville - ✆ (08) 3744 71 02 - www.saigonvan.com.*

Pourboire

Dans les hôtels et restaurants de luxe, le service (10 %) est ajouté automatiquement à l'addition. Ailleurs, il est laissé à votre libre appréciation et n'est pas systématique.

Il est d'usage de remercier le **guide** (env. 100 000 VND/j./pers.) et le **chauffeur** (un peu moins), ainsi que de faire une **donation** dans les musées gratuits et les sanctuaires religieux (20 000 VND ou plus).

Presse, TV, radio

Presse

Time Out *(www.timeout.com/vietnam)* contient une sélection d'adresses.

L'hebdomadaire le **Courrier du Vietnam** *(www.lecourrier.vn)*, unique magazine d'actualité papier en français du pays, propose une rubrique tourisme et culture.

Le web quotidien francophone **Vietnam Plus** *(fr.vietnamplus.vn)* et le quotidien anglophone **Vietnam News**, en kiosque et sur le net *(www.vietnamnews.vn)*, traitent de l'actualité nationale et internationale.

Le site en anglais du **Vietnam Economic Times** *(en.vneconomy.vn)* regorge d'articles sur la vie économique du pays.

Radio et télévision

Les médias audiovisuels sont contrôlés par le gouvernement.

La **Voix du Vietnam** émet en FM et programme notamment de la musique et des informations en anglais et en français.

Créée en 1970, la télévision nationale comprend une petite dizaine de chaînes dont certaines diffusent également des journaux en anglais et en français, ainsi que des séries *made in Hong Kong*. Dans la plupart des hôtels, vous capterez les chaînes internationales, notamment les programmes de France 24 et TV5 Asie (en français), CNN, MTV et des chaînes de cinéma.

Restauration

Notre sélection

Retrouvez notre sélection de restaurants dans les carnets d'adresses, situés à la fin du descriptif de chaque ville ou site de la partie « Découvrir le Vietnam ».

Les restaurants sélectionnés dans ce guide sont classés par fourchettes de prix *(voir tableau p. 439)*, sur la base d'**une entrée et d'un plat**, sans les boissons. Les tarifs indiqués sont en dongs (VND).

Où se restaurer

Le Vietnam possède une remarquable variété de restaurants *(nha hang)*, des plus modestes *(com pho)*, qui ne servent que du riz et des nouilles, aux plus huppés, où vous pourrez déguster les spécialités locales, des plats français ou d'autres cuisines d'Asie.

Dans les sites non touristiques, il peut être difficile de dîner après 21h. En ville, les cantines de rue s'animent du lever au coucher du soleil, parfois au-delà ; on peut donc à toute heure satisfaire une petite faim ou sa gourmandise.

Dans la rue

C'est souvent dans les petites échoppes de rue ou de marché que l'on déguste la cuisine la plus savoureuse, pour un prix d'environ 50 000 VND (2 €).
Il s'agit soit d'étals provisoires, soit d'établissements permanents avec une salle ouverte sur le trottoir, où sont préparés les plats.
La plupart se spécialisent dans un type de nourriture et ferment quand ils ont épuisé leur stock de produits frais. Pour une soupe, un sandwich ou un beignet, vous pouvez aussi faire appel à un marchand ambulant.

Dans les restaurants

Si vous souhaitez un cadre calme et confortable, optez pour un restaurant, climatisé ou non.
La **carte** est généralement plus variée et les prix sont plus élevés.
Un large choix s'offre à vous, des adresses simples aux plus guindées, fréquentées par la nouvelle bourgeoisie, en passant par celles qui attirent une clientèle occidentale et où l'on sert une cuisine mondialisée. Il en va de même pour les restaurants de cuisine occidentale, nombreux dans les grandes villes.
Des restaurants pour touristes aux tables de gourmets, les prix varient de 100 000 VND à plus de 1 million de VND (de 3,80 à 38 € et plus), mais il vous en coûtera le plus souvent autour de 200 000 VND (7,50 €) pour un repas.
Les **cartes de crédit** sont acceptées dans de nombreux établissements, souvent avec une commission (d'env. 3 %) et une réservation peut s'avérer nécessaire.
Dans les restaurants d'un certain standing, principalement à Hanoi et à Ho Chi Minh-Ville, il vous faudra parfois ajouter les **taxes** (TVA, 10 %, et service, 5 %) au montant de l'addition. En ce cas, l'information doit figurer sur la carte.

Dans les hôtels

À part les palaces de Hanoi et de Ho Chi Minh-Ville, qui possèdent parfois de vrais restaurants de gourmets ou proposent de succulents buffets occidentaux ou asiatiques, les hôtels servent généralement une cuisine de qualité médiocre.

Horaires

La plupart des restaurants sont ouverts tous les jours. Les petites gargotes de rue servent à toute heure ; certaines n'ouvrent qu'à l'heure du déjeuner et ferment quand elles sont à court d'aliments.
La plupart des établissements de catégorie supérieure ne servent qu'aux heures des repas (10h30-14h et 17h-21h).
Dans une adresse plus chic, une grande ville ou un centre touristique, vous pouvez passer commande jusqu'à 22h. Après, vous vous rabattrez sur les restaurants pour touristes, qui servent jusqu'à 23h.

Santé

Consultez le site du ministère des Affaires étrangères (www.diplomatie.gouv.fr, rubrique « Conseils aux voyageurs »), le site de l'Organisation mondiale de la santé (OMS, www.who.int/fr), et le site de l'ambassade de France au Vietnam (ambafrance-vn.org, rubrique « Situation sanitaire »). *Voir aussi « Vaccination » (p. 438).*

Hygiène

Ne buvez jamais l'eau du robinet qui ne serait pas préalablement bouillie ou purifiée avec des pastilles, lavez-vous les mains avant et après chaque repas, pelez fruits et légumes crus avant de les consommer, et ne mangez viandes ou poissons que s'ils sont suffisamment cuits.

Maladies

Tourista

Le changement de climat et d'alimentation peut causer des **troubles intestinaux**, plus gênants qu'alarmants. Dans la plupart des cas, vous y remédierez en mangeant du riz blanc et du bouillon de légumes, en buvant beaucoup (si possible salé) et en prenant un antidiarrhéique et un antiseptique intestinal.

Paludisme

Quasiment aucun risque dans les zones urbaines, en altitude (au-dessus de 1500 m), dans le delta du fleuve Rouge (Nord) et celui du Mékong ou dans les plaines côtières du Centre. Ailleurs, en particulier sur les Hauts Plateaux, la vigilance est de mise, surtout si vous faites de la randonnée. La maladie se transmet par les piqûres de certains moustiques sévissant entre le coucher et le lever du soleil. La prophylaxie commence par une bonne protection contre les moustiques : usez et abusez des répulsifs, portez pantalon, manches longues et chaussures fermées le soir venu, et vérifiez l'état de vos moustiquaires ou faites brûler des spirales. Évitez de porter des couleurs foncées et du parfum. Pour tout traitement préventif ou curatif antipaludéen, consultez l'Institut Pasteur ou un **service de médecine tropicale** avant votre départ *(voir p. 438)*.

Dengue

Elle est également transmise par les moustiques, mais diurnes ceux-là. Les symptômes apparaissent brutalement : fièvre élevée, maux de tête, douleurs musculaires et éruptions cutanées. Il n'y a pas de traitement, ni préventif, ni curatif : la meilleure façon de l'éviter est de se protéger des piqûres de moustiques.

Encéphalite japonaise

Cette maladie transmissible par les moustiques, dans les mêmes conditions que le paludisme, peut se révéler très dangereuse. Elle se manifeste par des fièvres hémorragiques, avec de sérieux risques de déshydratation. Les mêmes conseils prévalent en matière de prophylaxie, mais, en l'absence de traitement médicamenteux préventif ou curatif, seul le vaccin (en trois prises étalées sur un mois) constitue une défense efficace. Celui-ci n'est malheureusement pas toujours bien supporté.

Grippe aviaire

Cette infection virale qui peut toucher presque toutes les espèces d'oiseaux, sauvages ou domestiques, est particulièrement contagieuse chez les poulets et les dindes. La transmission à l'homme s'effectue lors de contacts fréquents et intensifs avec des sécrétions respiratoires ou des déjections d'animaux infectés. En cas de crainte, évitez les marchés aux oiseaux et aux volailles, lavez-vous régulièrement les mains et évitez de consommer des produits alimentaires crus ou peu cuits. Les symptômes sont proches de ceux de la grippe (maux de gorge, douleurs musculaires et troubles respiratoires).

Sida

Le Vietnam n'échappe pas au virus : pensez à vous protéger.

Soleil

Veillez à vous protéger du soleil et de la chaleur pour prévenir tout risque d'**insolation** et de **déshydratation**. Exposez-vous progressivement et pensez toujours à porter chapeau, lunettes de soleil et protection solaire, même par temps couvert. Il est important de boire abondamment et fréquemment.

Services médicaux

La qualité des soins dépend beaucoup de l'endroit où vous vous trouvez. En cas de besoin, adressez-vous d'abord à un grand hôtel. Ils disposent généralement d'un service médical où l'on pourra au moins vous dispenser les premiers soins, avant de vous orienter vers un **médecin** ou un **hôpital**.

En dehors des grandes villes, qui possèdent de bons hôpitaux et des médecins internationaux, vous ne trouverez pas toujours de personnel parlant anglais ou français. En cas de problème sérieux, prenez contact avec votre assurance de voyage.

Vous trouverez dans toutes les villes des **pharmacies** *(cua hang thuoc)* proposant un vaste choix de médicaments, produits par des laboratoires locaux ou internationaux. Vérifiez la date de péremption et méfiez-vous des contrefaçons.

Savoir-vivre

Ce qu'il faut éviter

Les Vietnamiens sont assez accueillants vis-à-vis des touristes. Cependant, les croyances liées à l'honneur et au bonheur sont nombreuses, et mieux vaut les connaître pour faciliter vos contacts et éviter de choquer ou de mettre votre interlocuteur mal à l'aise.

Croyances et interdits – Si vous êtes invité le premier jour du Tet, faites préciser l'heure pour éviter d'être le premier, car de lui dépendra bonheur ou malheur pour le reste de l'année, et votre hôte préférera une personne réputée pour sa moralité et sa position sociale. Ne portez pas de blanc, couleur de deuil, et ne parlez ni de mort ni d'accident ce jour-là. En accueillant les enfants qui vous présentent leurs vœux, il ne faut jamais leur caresser la tête : elle représente l'esprit, donc son honneur et la mémoire de ses ancêtres.

Vêtements – Respectez la pudeur des habitants : dévoiler ses jambes en short peut être choquant, surtout pour une femme. À la campagne, mieux vaut porter un pantalon. N'oubliez pas non plus de vous couvrir les bras pour pénétrer dans un lieu de prière (église ou pagode).

À table – Si vous prenez un repas avec un Vietnamien, abstenez-vous de planter vos baguettes à la verticale dans votre bol de riz : elles évoquent les bâtons d'encens que l'on brûle pour les défunts et sont donc un symbole de mort.

Ce qu'il faut faire

Salutations – On salue une personne en inclinant légèrement la tête. À la campagne, les gens joignent parfois les deux mains devant eux, à hauteur de poitrine. Face à quelqu'un du même âge ou du même rang, un sourire amical permet de rompre plus rapidement la glace. Les citadins, eux, et surtout les hommes, ont pris l'habitude de se serrer la main à l'occidentale.

Sociabilité – Graduez votre familiarité. Les Vietnamiens ont l'habitude de jauger leur interlocuteur par des questions en apparence anodines pour tester leur niveau d'éducation. Répondez naturellement et avec humour. Utilisez des dictons pour contourner les confrontations directes qui pourraient blesser.

Chaussures – On se déchausse avant d'entrer dans une maison et dans certains temples bouddhiques. En position assise, croisez vos jambes en lotus de manière à ne pas présenter vos plantes de pieds aux autels familiaux ou aux bouddhas, ni à vos interlocuteurs.

Repas – Habituellement, tous les convives partagent les plats posés sur la table : chacun se sert avec ses propres baguettes ou ses couverts, dépose la nourriture dans son bol et déguste.

Cadeaux – Si vous êtes invité, n'oubliez pas d'offrir un petit cadeau à vos hôtes, mais n'attendez pas qu'ils l'ouvrent devant vous et se confondent en remerciements. Ils le mettront de côté et ne l'ouvriront qu'après votre départ.

Sécurité

Hormis nos conseils aux voyageurs prenant le bus et le train *(voir « Transports en commun » p. 455)*, la question de la sécurité des touristes au Vietnam n'appelle pas de commentaires particuliers. Ici comme ailleurs, les pickpockets et les voleurs à la tire sévissent ; comme partout, le bon sens vous dictera la conduite à adopter : ne pas faire étalage de ses biens et surveiller ses affaires dans les lieux publics. Conservez une partie de votre argent ou de vos objets de valeur dans le coffre de l'hôtel et gardez dans un endroit à part une copie de vos papiers.

Shopping

Retrouvez notre sélection de boutiques dans les carnets d'adresses, situés à la fin du descriptif de chaque ville ou site de la partie « Découvrir le Vietnam ».

Voir aussi « Marchandage » (p. 445) et « Souvenirs » ci-après.

Marchés

Présent dans tous les bourgs et villes, c'est le lieu d'échanges et de rencontres favori des Vietnamiens. Profitez-en pour y croiser la population locale, faire des achats et vous initier à l'art de marchander. Certains marchés fonctionnent 24h/24, mais la plupart ouvrent très tôt le matin pour fermer en fin d'après-midi.

Souvenirs

Voir aussi « Marchandage » (p. 445) et « Shopping » ci-avant.

Antiquités

Les « fabriques d'antiquités » (bronzes, statues en pierre, pipes à opium, etc.) ne se comptent plus et, à moins d'être un spécialiste, il est parfois difficile de distinguer le vrai du faux. Mieux vaut donc vous abstenir, d'autant qu'il est interdit de sortir des pièces anciennes du Vietnam et que vous courez le risque (au mieux) de vous les faire confisquer en quittant le pays. Préférez une honnête copie qui ne vous vaudra pas de déboires à la frontière (conservez la facture).

Artisanat

Céramique (assiettes, bols, statues, vases), **peinture sur soie**, théières en bronze, **broderies** : l'artisanat vietnamien fait preuve d'une grande vitalité. Les boutiques de Hanoi et de Ho Chi Minh-Ville proposent aussi des reproductions de poupées des spectacles de marionnettes sur l'eau, qui constituent un excellent souvenir. Les étals des **marchés** sont le meilleur endroit pour dénicher les produits les plus inattendus, qu'il s'agisse d'artisanat, d'ustensiles du quotidien, de bouddhas lumineux ou de tout autre objet improbable. Fort logiquement, le **prix** des pièces augmente à mesure que vous vous éloignez de la région de production. Par ailleurs, les boutiques de Hanoi *(voir p. 63)* proposent un choix plus vaste et à un prix moins élevé que celles de Ho Chi Minh-Ville *(voir p. 286)*, en particulier pour l'artisanat ethnique.

Artisanat ethnique

Les minorités du Vietnam manifestent un savoir-faire

exceptionnel dans la réalisation de **vanneries**, paniers, hottes, nasses, chapeaux et nattes. Le prix de la pièce dépend de la complexité de la forme, de la densité du maillage, du raffinement des motifs éventuels, ainsi que de la patine (pas toujours naturelle). Vous en trouverez dans les villages ainsi que dans les boutiques de Hanoi et de Ho Chi Minh-Ville. Les marchés de Sapa *(voir p. 128)* et de Bac Ha *(voir p. 130)* constituent d'excellents endroits pour dénicher des **tissus ethniques**, en général très colorés. Parfois inspirée du style traditionnel, la création contemporaine explore aussi les voies du design épuré, en particulier pour les objets de décoration intérieure.

Laques

Présente d'un bout à l'autre du pays, la laque est d'origine très ancienne *(voir « Artisanat » p. 373)*. Vous trouverez toutes sortes d'objets laqués (boîtes, plateaux) à des prix modiques. Aux côtés des traditionnelles évocations naturalistes, des motifs plus modernes ont fait leur apparition, tels les représentations de la guerre, les compositions abstraites ou les portraits de Tintin !

Textiles et vêtements

Les T-shirts imprimés à l'effigie de Ho Chi Minh ou aux couleurs du pays constituent des souvenirs faciles à dénicher et bon marché. La qualité n'est pas toujours au rendez-vous pour les articles les moins chers. Si vous souhaitez vous faire confectionner des vêtements **sur mesure**, il est conseillé d'apporter un modèle ou un patron pour éviter des déconvenues. Enfin, un « sac à viande » en soie acheté à Hanoi ou à Ho Chi Minh-Ville peut se révéler utile si vous dormez dans un train ou un hôtel à la propreté douteuse.

Vestiges de la guerre

Zippo gravés, tenues militaires, jumelles, montres, horloges, timbres, monnaies, tout ce que vous pouvez imaginer, et même plus, vous sera proposé dans la rue, les boutiques ou les marchés. Avec le temps, les véritables objets historiques se raréfient, et les copies pullulent : mieux vaut donc négocier le prix sur la base de celui d'une imitation.

Stop

Le stop est peu répandu au Vietnam, et le conducteur vous demandera une participation, souvent élevée, qu'il conviendra de négocier. Il est en revanche tout à fait habituel d'être pris en stop par des bus (demandez où les cars ont l'habitude de s'arrêter pour prendre les passagers de dernière minute). Sachez toutefois qu'un billet acheté à bord risque de vous coûter plus cher que si vous l'aviez pris à la gare.

Tabac

Les Vietnamiens sont de gros consommateurs de cigarettes. Vous trouverez sur place la plupart des grandes marques américaines, à des prix beaucoup moins élevés qu'en Europe. Attention aux imitations, dont le goût peut être particulièrement désagréable.

Taxi

De nombreuses compagnies sillonnent les rues des grandes villes et des centres touristiques. Les voitures sont la plupart du temps de fringantes japonaises équipées d'un compteur. La prise en charge varie suivant les compagnies (env. 15 000 VND) et la tarification tourne autour de **20 000 VND/km**.

Les chauffeurs de taxi, souvent originaires de la campagne,

connaissent parfois mal les villes. Gardez sur vous les cartes de visite des lieux où vous vous rendez : le chauffeur pourra ainsi appeler pour se faire guider par téléphone. Plus rares, certains tenteront de vous « balader » pour faire grimper le prix de la course. Gardez un œil attentif sur votre plan : cela devrait suffire à les décourager.

Moto-taxi

Fort répandus dans tout le pays, les **xe om** ou *honda om* sont des véhicules privés transportant des passagers moyennant un tarif négocié. Vous n'aurez aucun mal à en trouver près des marchés, des gares routières ou des carrefours. Le montant de la course est souvent supérieur à celui d'un taxi.

Téléphone

Pour téléphoner au Vietnam depuis l'étranger, voir p. 439.

Appels locaux

Les numéros de téléphone fixe comportent 7 chiffres, précédés d'un indicatif régional à 2 ou 3 chiffres, sauf à Hanoi et à Ho Chi Minh-Ville, où ils comptent 8 chiffres.

Indicatif régional – Chaque province est dotée d'un indicatif régional précédé d'un 0 (noté entre parenthèses dans ce guide).

Depuis un téléphone fixe, inutile de le composer si vous appelez dans la même province. Si vous appelez un numéro dans une autre province, il faudra composer l'indicatif précédé de 0. Si vous appelez depuis un téléphone portable vietnamien *(voir ci-dessous)* il faut toujours composer l'indicatif précédé de 0.

Si vous appelez depuis votre portable français, composez le 84 + le numéro de votre correspondant précédé de l'indicatif sans le 0.

Appels internationaux

Pour téléphoner du Vietnam vers l'étranger, composez le 00 + le code du pays (France 33 ; Belgique 32 ; Suisse 41 ; Canada 1) + le n° de votre correspondant sans le 0 initial.

Évitez d'effectuer vos appels des hôtels, qui pratiquent souvent des tarifs exorbitants. La poste propose des prix inférieurs. Vous pouvez préciser à l'avance le montant maximal de la communication que vous souhaitez passer, mais les employés oublient parfois de prévenir en cas de dépassement.

Téléphone portable

Les numéros de téléphones portables vietnamiens commencent par 08, 09 ou 01. Comme en Europe, la tarification est plus élevée que pour les lignes fixes.

Les **téléphones portables** utilisés en Europe fonctionnent au Vietnam s'ils ne sont pas verrouillés par un code du fabricant, mais le coût des communications reste très élevé. Côté data, les prix s'envolent puisqu'il n'est pas rare que le Mo soit facturé plus de 10 € ! Veillez à bien désactiver les données cellulaires de votre téléphone en arrivant.

Le moyen le plus pratique et le plus économique pour communiquer consiste à acheter une **carte SIM prépayée** *(prepaid)* chez un opérateur local.

Téléphone via Internet

Plusieurs applications, comme **Skype**, **WhatsApp** ou **Viber**, disponibles à partir d'un ordinateur, d'une tablette ou d'un portable, permettent de communiquer sans frais avec ceux qui l'utilisent, en passant par le wifi.

Tourisme sexuel

Au-delà même des considérations morales que l'on peut porter sur cette pratique, sachez que la France poursuit ses ressortissants reconnus coupables de pédophilie dans un pays étranger. Notez aussi que la prostitution est interdite par la loi.

Transports en commun

Voir aussi « Excursions organisées » (p. 444), « Moto » (p. 445), « Stop », et « Taxi » (p. 453), « Vélo » et « Voiture » (p. 457).

Le transport fait partie du dépaysement au Vietnam, mais il faut disposer de temps pour en goûter l'exotisme. Pour un bref aperçu du nord, du centre et du sud du pays en utilisant uniquement la voiture, le bus et le train, un mois se révèle nécessaire. Trois semaines peuvent suffire si vous vous déplacez en avion.

Avion

Le pays étant très étendu du nord au sud, l'avion vous fera économiser temps et énergie pour les grandes distances.

Les tarifs de **Vietnam Airlines** sont peu élevés : comptez 70 € pour un vol Hanoi-Ho Chi Minh-Ville (2h15), soit le même prix qu'en train/couchette molle pour plus de 33h de trajet! Les restrictions en ce qui concerne les bagages en cabine (limités à 7 kg) sont les mêmes que pour les vols internationaux : pensez-y avant l'enregistrement de vos valises en soute.

Voir « Aller au Vietnam », p. 432.

Bateau

En tant que mode de transport, son usage est limité aux liaisons avec certaines îles comme Phu Quoc. Des croisières sont organisées en baie de Ha Long *(voir p. 93)*, dans le delta du Mékong *(voir p. 281, 309 et 330)* et vers les îles au large de Nha Trang *(voir p. 230)*.

Train

Si vous voyagez assis (déconseillé pour les longs trajets), vous avez le choix entre des **sièges mous** ou **durs** (l'équivalent de nos 1re et 2de classes). Les compartiments de sièges mous sont climatisés.

Il existe aussi des compartiments à 4 ou 6 **couchettes**, tous climatisés. Les couchettes surélevées sont moins chères, mais y accéder relève presque de l'exploit, car les cabines sont dépourvues d'échelle et il faut faire attention à ne pas se prendre les cheveux dans le ventilateur... Celles du bas sont toutefois envahies par les passagers du compartiment réveillés dès potron-minet.

L'**Express de la Réunification** (code SE) relie Hanoi à Ho Chi Minh-Ville, desservant une trentaine de villes en chemin, parmi lesquelles Vinh, Dong Hoi, Hué, Da Nang, Dieu Tri et Nha Trang. Il y a 6 départs quotidiens. Pour parcourir les 1726 km de distance entre Hanoi et Ho Chi Minh-Ville, le temps de trajet varie entre 32h et 37h15 et il faut compter environ (prix variables) 30 $ pour un siège dur, 43 $ pour un siège mou, 54 $ pour une couchette dans un compartiment de 6 et 63 $ en compartiment de 4.

Pour les lignes ferroviaires du nord du pays, reportez-vous aux chapitres concernés.

Bagages

Des vols peuvent se produire, comme partout. Fermez vos valises avec un cadenas et ne les laissez pas sans surveillance au moment du départ. Il est souvent possible de faire enregistrer des colis encombrants ou un vélo en bagages « surveillés ».

Billet

Conservez-le jusqu'à votre sortie définitive de la gare : il arrive que des passagers n'ayant pas leur titre de transport soient contraints d'en racheter un.

Réservation

Elle est possible pour toutes les classes et indispensable pour les trains-couchettes. Durant la fête du Tet, les places sont réservées des semaines, voire des mois à l'avance. Vous pouvez réserver directement à la gare ou par l'intermédiaire des agences de voyage, qui proposent toutes ce service. Dans les zones touristiques, de nombreux hôtels peuvent également s'en charger pour vous. Attention, le site de réservation de la compagnie ferroviaire vietnamienne, Vietnam Railways *(dsvn.vn)*, est commode pour s'informer des horaires et des prix, mais il n'accepte en revanche que les cartes délivrées par des banques vietnamiennes.

Le site **www.baolau.com** permet de réserver un billet d'avion ou de train pour toute l'Asie du Sud-Est (payable en ligne).

Restauration

Les billets longue distance incluent un repas que vous pourrez compléter avec les produits proposés par les marchands ambulants à chaque arrêt.

Bus

Un réseau routier dans un état aléatoire, des véhicules d'un confort variable : voyager en bus peut se révéler éprouvant, voire fort en émotions, surtout si vous circulez de nuit. Ce mode de transport très pratique permet cependant de couvrir tout le pays à moindres frais. Il laisse en outre une large place aux imprévus, qui font le piment du voyage.

Les **bus de ligne** sont modernes et confortables, mais gardez un pull avec vous, car la climatisation fonctionne parfois trop bien...

Dans les bus assurant les **dessertes locales**, le confort est rudimentaire et vous serez parfois serré sur d'étroites banquettes mal rembourrées...

Ils partent quand ils sont pleins et s'arrêtent fréquemment sur la route pour embarquer des passagers. Évitez de monter dans un bus presque vide, car vous risquez d'attendre longtemps le départ.

Un peu plus chers, parfois climatisés, les **bus express** sont censés ne pas s'arrêter en route pour prendre d'autres passagers. Dans tous les cas, vous dépasserez rarement les 50 km/h de moyenne.

Gares routières – Elles se situent généralement à la périphérie des villes et les départs ont lieu très tôt le matin. À moins de réserver par l'intermédiaire d'une agence de voyage (pour les grandes lignes uniquement), il faut vous rendre sur place et monter dans le bus. Pour connaître le tarif exact, l'idéal est d'observer combien paient les autres passagers (en gardant à l'esprit qu'ils ne font peut-être pas le même trajet que vous). Quoi qu'il en soit, les tarifs sont modiques. Les règles de prudence élémentaires ont également cours pour vos bagages, fermés et placés si possible dans votre champ de vision. Gardez sur vous, dans un petit sac, vos objets de valeur.

Minibus

Les **minibus ordinaires** appartiennent à des compagnies privées et stationnent près des gares ferroviaires, des gares routières et des embarcadères. Pratiques pour les liaisons moyennes très fréquentées (Hanoi-Haiphong, Ho Chi Minh-Ville-Vung Tau), ils partent quand ils ont un nombre suffisant de passagers, mais s'arrêtent souvent pour charger d'autres clients, ce qui peut rendre le trajet fort long. Le tarif se négocie au départ.

Certaines agences affrètent des **minibus climatisés**, confortables, qui viennent vous chercher à votre hôtel et ne prennent pas de passagers en route. Le voyage perd en exotisme ce qu'il gagne en confort.

Cyclo-pousse

Le **xich lo** est le moyen de transport urbain le plus pittoresque du Vietnam, emprunté uniquement par les touristes. Négociez le prix de la course à l'avance et en dongs (ayez toujours de la petite monnaie), tout en gardant à l'esprit qu'il s'agit d'un travail particulièrement dur. La plupart du temps, les conducteurs perçoivent une commission sur les clients qu'ils déposent devant les hôtels et les boutiques (même s'ils ne sont pour rien dans votre choix), commission qui sera répercutée sur le prix de votre chambre ou de votre achat. Les conducteurs de cyclo-pousse sont souvent issus de la campagne, et louent le triporteur à la journée en dormant parfois dedans.

Urgences

Le personnel des services d'urgence ne parle pas toujours l'anglais : adressez-vous à la réception d'un hôtel qui vous aidera à vous faire comprendre.

Police – ✆ 113.

Pompiers – ✆ 114.

Ambulance – ✆ 115.

Vélo

Il est possible de louer un vélo dans la plupart des villes. Ce moyen de locomotion vous fera découvrir le pays au rythme des Vietnamiens, sans stress. Si vous souhaitez parcourir le pays à vélo, il va sans dire que l'absence de dénivelés dans le delta du Mékong présente certains attraits par rapport aux Hauts Plateaux ou aux montagnes du Nord.

Voiture

Location

Louer une voiture à plusieurs constitue la meilleure manière de visiter le pays, car elle offre le maximum de souplesse. Même si le Vietnam reconnaît le permis de conduire international *(voir p. 437)*, la **location avec chauffeur** est toujours de règle. Demandez autant que possible un chauffeur parlant anglais ou français, et faites préciser si ses repas et son hébergement sont compris, ce qui est normalement le cas. Prenez en compte les horaires de travail habituels, entre 8h et 17h

Distances en km	Hanoi	Sapa	Ha Long City	Hué	Plei Ku	Nha Trang	Dalat	HCM-V	Can Tho
Hanoi		338	155	658	1100	1303	1505	1710	1879
Sapa	338		519	996	1438	1641	1843	2048	2217
Ha Long City	155	519		730	1175	1378	1580	1785	2292
Hué	658	996	730		458	626	841	1071	1240
Plei Ku	1100	1438	1175	458		380	595	550	994
Nha Trang	1303	1641	1378	626	380		215	445	614
Dalat	1505	1843	1580	841	595	215		299	468
HCM-V	1710	2048	1785	1071	550	445	299		169
Can Tho	1879	2217	2292	1240	994	614	468	169	

avec une pause-déjeuner vers 12h. Les chauffeurs n'hésiteront pas à vous faire payer les heures supplémentaires, dont il faut convenir du montant avec eux.
De nombreux hôtels procurent aux chauffeurs une chambre à bon prix, voire gratuite dans certains cas.
Il est difficile d'indiquer un tarif journalier, car celui-ci comprend l'essence et dépend donc de la distance parcourue. Le prix se fixe après négociation, en indiquant aussi précisément que possible l'itinéraire suivi. À titre informatif, comptez selon le type de véhicule 100 à 150 $/j. (de 90 à 135 €/) pour un circuit dans le delta du Mékong, 80 à 110 $ (de 72 à 100 €) sur les Hauts Plateaux au départ de Ho Chi Minh-Ville et la même chose dans le nord du Vietnam.

Réseau routier

Si les nationales, en particulier la RN 1 (dite « route Mandarine »), qui relie Hanoi à Ho Chi Minh-Ville, sont en excellent état, la qualité du réseau routier secondaire reste inégale. Soyez toujours vigilant : après les fortes précipitations de la saison des pluies, le passage des véhicules lourds peut détruire en un rien de temps le revêtement. Sur les Hauts Plateaux et dans le Haut Tonkin, la plupart des routes sont goudronnées, mais les précipitations provoquent de fréquents glissements de terrain.

Conduite

La loi de la jungle règne sur les routes vietnamiennes, que ce soit en ville ou sur les nationales. À la règle du passage en force adoptée par les camions et les bus, les piétons et les deux-roues semblent avoir trouvé pour toute réponse l'indifférence ou le mépris. Ainsi, ne vous étonnez pas de voir parfois une moto, où toute une famille a pris place, refuser de changer de file pour laisser passer un énorme bus filant à vive allure et klaxonnant à tout rompre. La règle de base est de laisser la priorité au véhicule le plus imposant. Le principe s'applique avant tout au face-à-face entre les véhicules de transport collectif et les deux-roues, voire les carrioles.
Les excès de **vitesse** (limitée à 80 km/h sur nationale, 50 voire 40 km/h en agglomération, 20 km/h par endroits) sont punis d'amendes importantes, pour les voitures comme pour les motos.

Essence

Le réseau de stations-service est satisfaisant sur les grands axes, mais beaucoup plus épars sur les routes secondaires des Hauts Plateaux ou dans les montagnes du Nord. Les stations se trouvent généralement à la périphérie des zones urbaines. En cas de besoin, vous pouvez aussi acheter de l'essence auprès des vendeurs installés sur les trottoirs, mais le mélange contient souvent du kérosène, nocif pour le moteur. Comptez env. 25 000 VND (0,96 €) le litre d'essence.

En cas d'accident

En cas d'accident, votre qualité d'étranger vous placera en position de faiblesse, car le litige se règle habituellement en négociant et l'on considère d'emblée que, un Occidental étant plus riche, il lui incombe de rembourser les dommages. Si les revendications sont outrancières ou si la situation s'envenime, n'hésitez pas à invoquer l'arbitrage de la police, qui confisquera probablement les deux véhicules.

MICHELIN vous GuideVert
l'Europe de vos rêves
LE GUIDE VERT Week&GO
CYCLADES
Toutes les infos à jour
Nos sites étoilés
Plus de 130 adresses
Plan détachable
MICHELIN
LE GUIDE VERT Week&GO
ÎLES CANARIES
MICHELIN
LE GUIDE VERT Week&GO
PORTO
MICHELIN
Format poche
Plan détachable
Nos meilleures adresses
Nos incontournables ★★★
MICHELIN

Agenda

Voir aussi « Fêtes et festivals » p. 363.

Janvier-février (1er mois lunaire)

Fête du Tet – Le Nouvel An lunaire, de loin l'événement le plus fêté au Vietnam, se déroule du 1er au 3e jour du 1er mois lunaire.

Fête des Pétards – Le 4e jour, à l'occasion du Nouvel An, concours de fusées et d'explosifs ornés de l'animal symbolique de l'année à Dong Ky (banlieue de Hanoi).

Fête de Ha Loi – Le 6e jour, elle commémore la lutte des sœurs Trung contre l'occupant chinois au 1er s., avec offrande de galettes de riz gluant au temple de Ha Loi à Me Linh (banlieue de Hanoi) et procession de palanquins portés par des femmes.

Avril-mai (3e mois lunaire)

Festival du Thanh Minh – Le 5e jour du 3e mois lunaire, il honore les morts, dont on balaie les tombes et qui reçoivent des offrandes d'argent, de nourriture et de fleurs.

Fête des Rois Hung – Le 10e jour du 3e mois lunaire, elle rend hommage aux fondateurs de la nation vietnamienne, avec cortège d'éléphants, offrandes de gâteaux dans les temples de Hy Cuong (nord de Hanoi) et course de pirogues sur le lac.

Juin-juillet (5e mois lunaire)

Tet Doan Ngo – Le 5e jour du 5e mois lunaire, elle annonce le solstice d'été et évoque l'inévitable déclin vers l'hiver. On l'associe aussi au déclin de la santé et à l'arrivée des malheurs. Pour s'en protéger, on brûle des personnages en papier, on fait des offrandes aux esprits et au dieu de la Mort dans les temples.

Août-septembre (7e mois lunaire)

Trung Nguyen – Le 15e jour du 7e mois lunaire, elle est destinée à la vénération des morts et âmes errantes. Pour éviter que les défunts, libérés de l'enfer, ne viennent tourmenter les vivants, les familles visitent leurs tombes et leur font des offrandes d'aliments dans les pagodes. Les bouddhistes, quant à eux, récitent soutras et prières pour la rémission de leurs fautes.

Septembre-octobre (8e mois lunaire)

Fête de la Mi-Automne – Le 15e jour du 8e mois lunaire, la fête de la Mi-Automne *(Tet Trung Thu)* célèbre la pleine lune. Les enfants partent en procession dans les rues, portant des lanternes en papier qui évoquent astres et animaux. En famille, on goûte des « gâteaux de lune » fourrés d'une pâte de haricots. À la fin de la nuit, on brûle des lanternes votives en hommage à la Lune pour s'assurer sa protection.

Novembre-décembre (10e mois lunaire)

Ok Om Bok – Les 14e et 15e jours du 10e mois lunaire, la fête des Eaux est l'occasion pour les Khmers du delta du Mékong de célébrer la récolte du riz gluant. Ils offrent du riz au génie de la Lune, déposent sur les cours d'eau des radeaux en feuilles de bananier illuminés de bougies pour chasser l'obscurité et organisent des régates de pirogues.

Livres et films

Livres

Romans

Collectif, **Au rez-de-chaussée du paradis**, Philippe Picquier, 2007. Recueil de nouvelles.

Collectif, **Le Goût du Vietnam**, Mercure de France, 2007. Anthologie.

BAO Ninh, **Le Chagrin de la guerre**, Philippe Picquier, 1994. Un homme de 30 ans revient après dix années de guerre. Il essaie de recoller les morceaux épars de son existence.

BERGOT Erwan, **Sud lointain**, Omnibus, 2004. En 1900, quatre jeunes Français découvrent Saïgon et se prennent de passion pour cette ville et ses habitants.

BLOY Georges, **Contes et récits des peuples moïs et annamites**, Équateurs, 2015.

DUONG Thu Huong, **Terre des oublis**, Sabine Wespieser, 2006. Alors qu'elle rentre d'une journée en forêt, Miên, une jeune Vietnamienne, se heurte à un attroupement : l'homme qu'elle avait épousé quatorze ans auparavant et qu'on croyait mort en héros est revenu.

DUONG Thu Huong, **Itinéraire d'enfance**, Livre de poche, 2007. Fin des années 1950 au Vietnam. Bê a douze ans, sa vie dans le bourg de Rêu s'organise entre sa mère, ses amis et ses professeurs.

DUONG Thu Huong, **Au zénith**, Sabine Wespieser, 2009.

DUONG Thu Huong, **Sanctuaire du cœur**, Livre de poche, 2013. Un portrait romanesque de Hô Chi Minh.

DUONG Thu Huong, **Les Collines d'eucalyptus**, Sabine Wespieser, 2014. Le destin contrarié d'un jeune homosexuel dans le Vietnam des années 1980.

DURAS Marguerite, **Un barrage contre le Pacifique**, Gallimard, 1950. La romancière livre ses souvenirs d'adolescence indochinoise (période 1920-1930) au moment même où la France est engagée dans la guerre d'Indochine.

DURAS Marguerite, **L'Amant**, Éditions de Minuit, 1984. En Indochine, une jeune fille française se lie à un Chinois d'au moins 10 ans son aîné. Prix Goncourt.

DURAS Marguerite, **L'Amant de la Chine du Nord**, Gallimard, 1991. Réécriture de son roman *L'Amant*, dont l'adaptation cinématographique, lui a déplu.

FERAY Yveline, **Dix Mille Printemps**, Philippe Picquier, 2022. Le destin prodigieux et romanesque d'un grand lettré et chef d'État du 15e s. au Vietnam.

GREENE Graham, **Un Américain bien tranquille**, 10/18, 2003. Saïgon, 1952. Au cours du Nouvel an chinois, le cadavre d'un jeune Américain est retrouvé aux abords du fleuve. Pour Fowler, correspondant du *London Times*, c'est un souvenir qui resurgit des eaux boueuses du passé.

HUYNH Sabine, **Elvis à la radio**, Éditions Maurice Nadeau, 2022. La narratrice fouille sa mémoire apparemment vide pour tenter de retrouver les traces de souvenirs d'enfance qu'elle croyait disparus.

LARTEGUY Jean, **Le Mal jaune**, Presses de la Cité, 2014. Un roman nostalgique sur le passé de l'Indochine française, mais lucide sur son avenir.

MINH Tran Huy, **Le Lac né en une nuit et autres légendes du Vietnam**, Actes Sud, 2008.

MOÏ Anna, **Riz noir**, Folio, 2006. Deux soeurs sont arrêtées, torturées et incarcérées dans un bagne près de Saïgon pendant la guerre du Vietnam.

NAM Cao, **Chi Pheo, paria casse-cou**, Éditions de l'Aube, 1997. Chi Phèo, paria casse-cou, orphelin et misérable, se débat dans une société totalement hiérarchisée et trouvera sa force dans le rejet pur et simple de ses voisins, paysans et notables de son village.

NGUYEN Huy Thiep, **Un général à la retraite**, Éditions de l'Aube, 2000. Recueil de nouvelles.

NGUYEN Huy Thiep, **Conte d'amour un soir de pluie**, Éditions de l'Aube, 2000. Recueil de nouvelles.

NGUYEN Viet Ha, **Une opportunité pour Dieu**, Riveneuve éd., 2013. De Hanoï à Saïgon, en passant par l'Europe et l'Amérique, de jeunes Vietnamiens sont confrontés à une impasse matérielle et morale. Désespérés, ils se réfugient dans l'exil, l'argent, l'alcool ou la mort.

PAPIN, Line, **Les Os des filles**, Stock éditions, 2019. L'histoire de trois femmes – Ba, sa fille et sa petite-fille (l'auteure elle-même) – qui commence dans les années 1960, pendant la seconde guerre d'Indochine. Ces trois générations de femmes traverseront trois combats : la guerre, l'exil et la maladie.

PHAM Thi Hoai, **La Messagère de cristal**, Des Femmes, 1991. La petite Hoài refuse de grandir, à la puberté, le jour même où elle aurait dû devenir femme.

THUY Kim, **Ru**, Liana Levi, 2010. Une femme voyage à travers le désordre des souvenirs, de son enfance dorée à Saïgon aux premiers frissons dans le froid du Québec.

TÔN Émilie, **Des Rêves d'or et d'acier**, Hors d'atteinte, 2022. Sa fille devenue journaliste raconte le périple de son père, parti du Vietnam pour la France en 1980.

VIET Than Nguyen**, Le Sympathisant**, 10/18, 2018. Un roman d'espionnage offrant un point de vue inédit sur la guerre du Vietnam.

VUILLARD Éric**, Une sortie honorable**, Actes Sud, 2022. Comment, par un prodigieux renversement de l'histoire, deux des premières puissances du monde ont perdu contre un tout petit peuple, le Vietnam.

Romans graphiques

SÉCHAN Lolita, **Les Brumes de Sapa**, Delcourt, 2016.

TRUONG Marcelino, **40 hommes et 12 fusils**, Denoël, 2022 ; **Une si jolie petite guerre**, Denoël, 2012.

Films

ANNAUD Jean-Jacques, **L'Amant**, 1991.

BUI Tony, **Trois Saisons**, 1999.

COPPOLA Francis Ford, **Apocalypse Now**, 1979.

DANG Nhat Minh, **La Saison des goyaves**, 2002.

DE PALMA Brian, **Outrages**, 1989.

KOTCHEFF Ted, **Rambo**, 1982.

KUBRICK Stanley, **Full Metal Jacket**, 1987.

LEVINSON Barry, **Good Morning Vietnam**, 1987.

LORELLE Olivier, **Ciel rouge**, 2017.

NGHIEM Minh Nguyen Vo, **Gardien de buffles**, 2003.

NOYCE Phillip, **Un Américain bien tranquille**, 2002.

PANH Rithy, **Un barrage contre le Pacifique**, 2008.

SCHOENDOERFFER Pierre, **Dien Bien Phu**, 1991.

STONE Oliver, **Platoon**, 1987 ; **Né un 4 juillet**, 1990 ; **Entre ciel et terre**, 1994.

TRAN Anh Hung, **L'Odeur de la papaye verte**, 1993 ; **Cyclo**, 1995 ; **À la verticale de l'été**, 2000.

WARGNIER Régis, **Indochine**, 1992.

DÉCOUVREZ
L'EUROPE AUTREMENT !
More than 40 COUNTRIES
ROAD ATLAS
MICHELIN
EUROPE
DRIVING REGULATIONS
SIGHTS AND SCENIC ROUTES
77 CITY MAPS
MICHELIN
L'Europe en camping-car
25 pays traversés
75 circuits touristiques
850 aires de service et campings
Road trips à moto Europe
35 virées de 2 jours à 2 semaines
18 pays traversés
Guidage GPS inclus
MICHELIN
MICHELIN

Notes

Notes

Notes

Notes

Prononcer le vietnamien

La majorité des lettres de l'alphabet romanisé vietnamien se prononce comme en français. Cependant, le vietnamien est une langue tonale composée de six tons, représentés par cinq signes diacritiques (le premier ton est neutre) qui donnent un sens différent à chaque mot. Ces tons, s'ils sont mal prononcés, constituent un véritable obstacle pour se faire comprendre, mais restent utiles pour décrypter les noms des rues, des magasins et des bâtiments publics.

c	se prononce « k »
-c	en fin de mot (thích = *j'aime*), se prononce comme un « k » esquissé
Ç (barré)	se prononce « d »
d (non barré)	se prononce « z » dans le Nord, « y » dans le Sud
gi-	en début de mot (gió = *heure*), se prononce « z » dans le Nord, « y » dans le Sud
kh-	en début de mot (không = *non*), se prononce comme un « k » très aspiré, plus accentué que celui de « key » en anglais
ng-	en début de mot (ngày = *jour*), se prononce comme dans « magnum »
-ng	en fin de mot (thượng = *aimer*), comme dans « thing » en anglais
nh-	en début de mot (nhà = *maison*), se prononce comme le « gn » de « campagne »
-nh	en fin de mot (anh = *monsieur*), comme « n » suivi du « ng » de « thing » en anglais
ph-	se prononce « f » en début de mot (cà phê = *café*)
r	se prononce « z » dans le Nord, et comme un « r » anglais accentué (« run ») dans le Sud
s	se prononce « s » dans le Nord, et « ch » dans le Sud
th-	en début de mot (thích = *j'aime*), se prononce comme un « t » anglais très aspiré (« thanks »)
tr-	en début de mot (tra = *thé*) se prononce « tch » dans le Nord et comme un « tr » roulé dans le Sud
x	se prononce « s »
â	se prononce « eung »
e	se prononce comme le « er » de « mer », sans insister sur le « r »
ê	se prononce « é »
o	entre le « a » et le « o », ou comme le « o » anglais de « or »
ô	se prononce « o »
Ö	se prononce « eu »
u	se prononce « ou »
Ü	se prononce entre le « eu » et le « u » à peine esquissé

Voir aussi le lexique sur le rabat de couverture.

Hanoi : villes, curiosités et régions touristiques.
Duras, Marguerite : noms historiques ou termes faisant l'objet d'une explication.
Les sites isolés (pagodes, lacs, grottes...) sont répertoriés à leur propre nom.

A

B

C

I-J

K

L

M

Q-R

S

T

U-V

W-X

Y-Z

Carte générale

Premier rabat de couverture

Cartes des régions

Plans de ville

Cartes et plans de sites

Carte des circuits

LÉGENDE DES CARTES ET PLANS

Curiosités et repères

- Itinéraire décrit, départ de la visite
- Église
- Mosquée
- Synagogue
- Temple
- Temple : bouddhique - hindou
- Bâtiment
- Monastère - Phare
- Fontaine
- Point de vue
- Château - Ruine ou site archéologique
- Citadelle et fort
- Barrage - Grotte
- Monument mégalithique
- Tour génoise - Moulin
- Temple - Vestiges gréco-romains
- Autre lieu d'intérêt, sommet
- Distillerie
- Palais, villa, habitation
- Cimetière : chrétien - musulman - israélite
- Oliveraie - Orangeraie
- Mangrove
- Gravure rupestre
- Pierre runique
- Église en bois
- Église en bois debout
- Parc ou réserve national
- Bastide

Sports et loisirs

- Piscine : de plein air - couverte
- Plage - Stade
- Port de plaisance - Voile
- Plongée - Surf
- Refuge - Promenade à pied
- Randonnée équestre
- Golf - Base de loisirs
- Parc d'attractions
- Parc animalier, zoo
- Parc floral, arboretum
- Parc ornithologique réserve d'oiseaux
- Planche à voile, kitesurf
- Pêche en mer ou sportive
- Canyoning, rafting
- Aire de camping - Auberge
- Arènes
- Base de loisirs, base nautique ou canoë-kayak
- Canoë-kayak
- Promenade en bateau

Informations pratiques

- Information touristique
- Parking - Parking - relais
- Gare : ferroviaire - routière
- Voie ferrée
- Ligne de tramway
- Départ de fiacre
- Métro - RER - Tramway
- Station de métro (Lima , ...) (Calgary, ...)(Montréal)
- Téléphérique, télécabine
- Funiculaire, voie à crémaillère
- Chemin de fer touristique
- Transport de voitures et passagers
- Transport de passagers
- Bac (Bateau)
- Observatoire
- Magasin
- Poste
- Poste Japon
- Hôtel de ville
- Palais de justice
- Palais de justice Japon
- Préfecture
- Police
- Gendarmerie
- Musée de plein air
- Hôpital - Hôpital musulman
- Marché couvert
- Aéroport
- Parador, Pousada (Établissement hôtelier géré par l'État)
- Station thermale
- Source thermale
- Embarcadère

Axes routiers, voirie

- Autoroute
- Assimilée
- Échangeur : complet - partiel
- Route
- Rue piétonne
- Escalier - Sentier, piste

Topographie, limites

- Récif corallien
- Marais - Désert
- Frontière - Parc naturel

Comprendre les symboles utilisés dans le guide

LES ÉTOILES

★★★ **Vaut le voyage** ★★ **Vaut le détour** ★ **Vaut la visite**

HÔTELS ET RESTAURANTS

9 ch.	Nombre de chambres		Wi-Fi
7,5 €	Prix du petit-déjeuner en sus		Piscine
50 €	Prix de la chambre double, petit-déjeuner compris	CC	Paiement par cartes de crédit
bc	Menu boisson comprise		Carte de crédit non acceptée
	Air conditionné dans les chambres	P	Parking réservé à la clientèle
	Restaurant dans l'hôtel	Tram	Station de tramway la plus proche
	Établissement servant de l'alcool (à l'étranger)	M	Station de métro la plus proche

SYMBOLES DANS LE TEXTE

	À faire en famille		Organisme de tourisme
	Pour approfondir		Astuce, conseil
	Promenade à pied		Adresse coup de cœur
	Randonnée à vélo	A2 B	Repère sur le plan
	Facilité d'accès pour les personnes à mobilité réduite		Tourisme écoresponsable

Note au lecteur

Michelin a apporté le plus grand soin à la rédaction de ce guide et à sa vérification. Toutefois, les informations pratiques (formalités administratives, prix, adresses, numéros de téléphone, adresses Internet, etc.) doivent être considérées comme des indications du fait de l'évolution constante de ces données.
Il n'est pas totalement exclu que certaines d'entre elles ne soient plus, à la date de parution du guide, tout à fait exactes ou exhaustives. N'hésitez pas à nous signaler toute omission ou inexactitude que vous pourriez constater, ainsi qu'à nous faire part de vos avis et suggestions sur les adresses contenues dans ce guide.
Avant d'entamer toute démarche, formalités administratives ou douanières notamment, vous êtes invité à vous renseigner auprès des organismes officiels. Ces informations ne sauraient, de ce fait, engager notre responsabilité.

Collection sous la direction de Philippe Orain

Responsable d'édition et rédactrice en chef du guide : Natacha Brumard

Secrétaire d'édition : Sandrine Favre

Rédaction : Juliette Tissot, Serge Bathendier, Catherine Bourzat, Charlotte Dang, Hervé Deguine, Sandrine Favre, Gilles Guérard, Hervé Kerros, Hervé Lisandre, Lucie Moulin, Ngoc Loan Lam, Philippe Longin, Marie Perchat, Christophe Perrin, Thi Thu Tra Ha

Ont contribué à ce guide : Gabriel Dragu, Costina-Ionela Lungu (**Cartographie**), Véronique Aissani, Carole Diascorn (**Couverture**), Marion Capera, Marie Simonet (**Iconographie**), Bogdan Gheorghiu, Cristian Catona, Gabriel Dragu, Hervé Dubois, Pascal Grougon (**Prépresse**), Dominique Auclair (**Pilotage**)

Plans et cartes : © MICHELIN 2023

Conception graphique
Christelle Le Déan, Sandro Borel (maquette intérieure)
Véronique Aissani (couverture)

Régie publicitaire et partenariats
contact.clients@editions.michelin.com
Le contenu des pages de publicité insérées dans ce guide n'engage que la responsabilité des annonceurs.

Contacts
Vous souhaitez nous contacter ?
Rendez-vous dans la rubrique contact de notre site internet :
editions.michelin.com

Parution 2024

MICHELIN Éditions
Société par actions simplifiée au capital de 487 500 EUR
57 rue Gaston Tessier – 75019 Paris (France)
R.C.S. Paris 882 639 354

Dépôt légal : 08-2024 – ISSN 0293-9436
Compograveur : MICHELIN Éditions, Voluntari (Roumanie)
Imprimeur : Chirat, St-Just-la-Pendue
Imprimé en France : 11-2024

Sur du papier issu de forêts bien gérées